奇門遁甲秘笈大成

■ 저자 : 도관 박홍식

周易, 命理, 奇門, 六壬, 太乙, 鐵版神數 硏究家

저서 : 사주명리학의 핵심

작명해명 | 이름 속에 운명을 바꾸는 비결이 있다

기문둔갑옥경

사주대성

신수대전

육효대전

기문둔갑비급대성

전화 054) 634—1383

기문둔갑비급대성

1판 1쇄 인쇄일 | 2008년 12월 6일
1판 1쇄 발행일 | 2008년 12월 16일

발행처 | 삼한출판사
발행인 | 김충호
지은이 | 박홍식

신고년월일 | 1975년 10월 18일
신고번호 | 제305-1975-000001호

411-776 경기도 고양시 일산서구 일산동 1654번지
산들마을 304동 2001호

대표전화 (031) 921-0441
팩시밀리 (031) 925-2647

값 39,000원
ISBN 978-89-7460-131-7   03180

신비한 동양철학 · 86

기문둔갑비급대성

박흥식 편저

삼한

■ 머리말

　기문둔갑(奇門遁甲)의 역사는 수천 년 동안 장구하게 이어져 왔
다. 태고(太古)시대 반고씨(盤固氏)가 창시하고 유소씨(有巢氏)·
공공씨(工共氏)가 전했으며, 우리 배달국의 선인이신 자부선사(紫
府仙師)가 삼청궁(三淸宮)에서 헌원황제(軒轅黃帝)와 몇몇 사람에
게 삼황내문(三皇內文)과 칠회제신지력(七回諸神之曆)인 칠정력
(七政曆)과 녹도문(鹿圖文)으로 쓴 천부경(天符經) 등 동방은서(東
方隱書)인 자부비문(紫府秘文)을 전수하였다. 『연파조수가(烟波釣
叟歌)』에 의하면 헌원황제(軒轅黃帝)가 풍후(風后)에게 명하여 문
(文)을 연성(演成)하니 둔갑기문(遁甲奇門)이 여기서 시작되었다
고 한다. 여러 가지 정황으로 보아 기문(奇門)의 역사는 우리나라
가 중국보다 앞섰다는 것을 알 수 있다. 그러나 현재 우리의 기문
학(奇門學)은 전혀 발전하지 못하고 있다.

　기문둔갑(奇門遁甲)은 주진(周秦)시대에는 음부(陰符)라 하였고,
한위(漢魏)시대에는 육갑(六甲)이라 했으며, 진수당송(晋隋唐宋)
시대에는 둔갑(遁甲)이라 하다가 명청(明淸)시대 이후로 기문둔갑
(奇門遁甲)이라 하였다. 중국의 기문(奇門)을 연국기문(烟局奇門)
또는 중기(中奇)라 하고, 한국의 기문(奇門)을 홍국기문(洪局奇門)
또는 동국기문(東國奇門)·동기(東奇)라고 한다. 연국법(烟局法)과
홍국법(洪局法)은 근본은 같으나 조식과정이 일부 다르다. 연국기
문((烟局奇門)은 시간점사(時間占事)에 월등하고, 홍국기문(洪局奇
門)은 기문사주(奇門四柱)에 우수하나. 그러므로 연국(烟局)과 홍
국(洪局)의 장단점을 잘 보완하여 함께 연구해야 한다.

기문둔갑(奇門遁甲)은 예로부터 은밀하게 특권층에만 전승되었다. 기문둔갑(奇門遁甲)은 천문지리(天文地理)·인사명리(人事命理)·법술병법(法術兵法) 등에 영험한 술수다. 기문점사(奇門占事)는 연국기문(烟局奇門)을 공부해야 하고, 기문사주(奇門四柱)는 홍국기문(洪局奇門)을 공부해야 한다. 그러나 아쉽게도 우리나라에는 연국기문((烟局奇門)을 공부하려는 이들에게 도움이 될만한 책이 거의 없다. 필자는 이 점이 안타까워 천견박식함을 돌아보지 않고 감히 책을 내게 되었다. 한 권에 기문학(奇門學)을 다 표현할 수는 없지만 이 책을 사다리 삼아 저 높은 경지로 올라가기 바란다.

　기문둔갑(奇門遁甲)을 익혀 천하에 이름을 떨친 사람은 많으나 몇 사람을 들면 중국에서는 황제(黃帝)·풍후(風后)·강태공(姜太公)·왕통(王通)·손무(孫武)·황석공(黃石公)·장량(張良)·제갈량(諸葛亮)·사마의(司馬懿)·이정(李靖)·악비(岳飛)·유백온(劉伯溫) 등이고, 우리나라에서는 을파소(乙巴素)·을지문덕(乙支文德)·김암(金巖)·설수진(薛秀眞)·옥룡자(玉龍子)·강감찬(姜邯贊)·서화담(徐花潭)·이토정(李土亭)·이율곡(李栗谷)·임경업(林慶業)·박설천(朴雪川)·기로사(奇蘆沙) 등이다. 여러분도 성실하게 공부한다면 제갈공명(諸葛孔明)과 같은 지혜를 발휘할 수 있을 것이다. 내용이 많이 부족하지만 강호제현의 이해와 양해를 부탁드리고, 출판계의 불황에서도 출간을 허락하신 김충호 사장님께 깊은 감사를 드린다.

편저자 박흥식

제 I 부. 입문(入門)

제Ⅱ부. 격국(格局)과 방위(方位)

제Ⅲ부. 해단실예(解斷實例)

|제I부|
입문(入門)

서 설

기문둔갑(奇門遁甲)은 주진(周秦)시대에는 음부(陰符)라 하였고, 한위(漢魏)시대에는 육갑(六甲)이라 했으며, 진수당송(晋隋唐宋) 시대에는 둔갑(遁甲)이라 하다가 명청(明淸)시대 이후로 기문둔갑 (奇門遁甲)이라 하였다. 기문둔갑(奇門遁甲)은 약칭으로는 기문(奇 門) 또는 둔갑(遁甲)이라 한다.

기문둔갑(奇門遁甲)은 시간에 의하여 년가기문(年家奇門)·월가 기문(月家奇門)·일가기문(日家奇門)·시가기문(時家奇門)으로 나 누고, 추연(推演) 방법에 의하여 활반기문둔갑(活盤奇門遁甲) 배궁 법(排宮法)과 비반기문둔갑(飛盤奇門遁甲) 비궁법(飛宮法)으로 나 누고, 용도에 의하여 수리기문(數理奇門)과 법술기문(法術奇門)으 로 나눈다.

수리기문(數理奇門)은 주로 길흉을 볼 때 쓰고, 법술기문(法術奇

門)은 기문(奇門)과 도가법술(道家法術)이 결합된 것이다. 수리기문(數理奇門)의 대표적인 책은『연파조수가(烟波釣叟歌)』이고, 법술기문(法術奇門)의 대표적인 책은『비장통현변화육음통미둔갑진경(秘藏通玄變化六陰洞微遁甲眞經)』인데 약칭 육음통미진경(六陰洞微眞經)이라고 한다. 이 책은『년월일시가기문(年月日時家奇門)』에서 연국기문(烟局奇門)인「시가기문(時家奇門)」을 위주로 썼다.

그렇다면 기문(奇門)은 언제 누가 만들었는지 궁금할 것이다.『연파조수가(烟波釣叟歌)』에 의하면 헌원(軒轅) 황제가 탁록(지금의 하북성 탁현) 들판에서 치우(蚩尤)와 전쟁을 벌였으나 승부가 나지 않았는데 천신께 부결(符訣)을 받는 꿈을 꾸었다. 목욕재계하고 단에 올라 경건한 마음으로 천신께 제사를 올린 후 부결(符訣)의 이치를 터득하여 치우(蚩尤)를 멸망시켰다. 이때 신귀(神龜)가 낙수(洛水)에서 낙서(洛書)를 물고 나타났고, 채봉(彩鳳)은 푸른 구름 속에서 기서(奇書)를 물고나와 황제에게 던져주었다. 황제는 신귀(神龜)의 등에 새겨진 낙서(洛書)와 채봉(彩鳳)이 준 기서(奇書)를 합쳐 풍후(風后)에게 명하여 기록하게 하였다. 이것이 유전된 것이 기문둔갑(奇門遁甲)의 시작이라고 한다.

기문(奇門)을 창시할 당시에는 4,320국법이 있었다. 그러나 너무 방대하여 사용하기 불편하자 풍후(風后)가 1,080국으로 줄였다. 이것을 다시 주대(周代)의 강자아(姜子牙 : 太公)가 기문병법(奇門兵法)을 연구할 때 8괘를 8절로 나누고, 8절은 3기로 나누고, 3기는 3후로 나누어 72후가 되었다. 이것으로 72활국과 매 국마다 60시를 입출(立出)하니 72국은 합계 4,320시가 된 것이다. 한대(漢代)에 이르러 장자방(張子房)이 다시 산첩(刪捷)하여 동지(冬至) 12기를 36후로 나누어 양둔(陽遁) 9국이 되고, 하지(夏至) 12기를 36후로 나누어 음둔(陰遁) 9국이 되므로 음양(陰陽) 18국이 되었다. 이것을 잘 활용하여 공명을 떨친 사람이 제갈공명(諸葛孔明)이다.

이순풍(李淳風)·원천강(袁天罡)의 『만법귀종(萬法歸宗)』 권4에 '자부비문동방은서(紫府秘文東方隱書)'라는 첫 구절이 있는 것으로 보아 우리 배달국의 선인이신 자부(紫府) 선생이 기문(奇門)의 창시자인 것으로 보인다. 일설에 의하면 헌원(軒轅) 황제가 삼청궁(三淸宮)에 가서 자부(紫府) 선생을 찾아뵙고 제자가 되었고, 동방은서(東方隱書)인 칠회제신지력(七回諸神之曆)과 삼황내문경(三皇內文經)과 녹도문(鹿圖文)으로 쓴 『천부경(天符經)』과 『칠정운천도(七政運天圖)』를 전수해 갔다고 한다. 이것이 기문(奇門)의 시초가 된 『자부비문(紫府秘文)』이다.

이렇듯 우리나라 기문(奇門)의 역사는 장구하지만 수많은 외세의 침략과 난리를 겪는 과정에서 거의 다 사라졌다. 다행히도 동국기문(東國奇門)인 『홍연진결(洪烟眞訣)』이 오늘날까지 전해져 명맥을 유지하고 있다. 그러나 애석하게도 많은 내용이 중간에서 사라져 미완성인 상태로 연구 발전되고 있다. 정도생(程道生)의 『둔갑연의(遁甲演義)』에서는 둔갑(遁甲)의 원류인 기문둔갑(奇門遁甲)의 『국수연변(局數演變)』은 4단계로 되어 있다고 하였다.

첫째, 황제가 기문둔갑(奇門遁甲)을 창시할 때는 4,320국이었다. 그

방법은 1세를 8괘에 의하여 8절로 나누었고, 1절에는 3기가 있고 1세는 대체로 24기이며 매 기에는 천인지(天人地) 3후가 있으니 1세에는 72후가 있다. 1후는 5일이고 1세는 360일이며 1일은 12시이니 1세는 4,320시가 된다. 1시는 1국이니 360일×12시는 4,320국이 된다.

둘째, 풍후(風后)가 4,320국을 1,080국으로 줄였다. 동지(冬至)부터 양(陽)이 생겨 감간진손(坎艮震巽) 4괘에서 12후를 통기하니 합계 36을 나누면 540국이 양둔(陽遁)이고, 하지(夏至)에서 음(陰)이 생겨 리곤태건(離坤兌乾) 4괘에서 일으켜 12후를 통기하니 합계 36을 나누면 540국이 음둔(陰遁)이므로 음양둔(陰陽遁)을 모두 합하면 1,080국이 된다. 이것은 4후를 섭(攝)하여 60시 정국을 보니 4개 1,080국은 곧 4,320국이 된다.

셋째, 주대(周代)의 강자아(姜子牙)가 기문둔갑(奇門遁甲)을 포(佈)할 때 8괘를 8절로 나누고, 매 절을 3기로 나누고, 매 기는 3후로 나누어 1세는 72후가 되므로 72활국을 세웠다. 매 국은 60시이므로 72국은 4,320시(60×72＝4,320)가 된다.

넷째, 한대(漢代)의 장자방(張子房)이 산첩(刪捷)하였다. 동지(冬至) 12기를 36후로 나누고, 4후를 촬(撮)하여 양둔(陽遁) 9국이 되고, 하지(夏至) 12기를 36후로 나누고 4후를 촬(撮)하여 음둔(陰遁) 9국이 되는데 음양둔(陰陽遁)을 모두 합하면 18국이 된다. 이상의 4단계 연변(演變)은 모두 정사(正史)에는 기록되어 있지 않으나 기문둔갑(奇門遁甲)이 창제된 과정은 이해할 수 있다.

선진(先秦)시대의 대표적인 병법(兵法)인 『손자병법(孫子兵法)』

권4 「형편(形篇)」에 이르기를 수비를 잘 하려면 구지지하(九地之下)에 숨고, 공격을 잘 하려면 구천지상(九天之上)에서 움직이면 승리한다고 하였다. 당대(唐代)의 이전(李筌)이 쓴 『천일둔갑경(天一遁甲經)』에 이르기를 구천지상(九天之上)에는 병력을 배치해도 좋으나 구지지하(九地之下)에 숨는 것은 옳지 않다고 하였다. 『손자병법(孫子兵法)』과 『천일둔갑경(天一遁甲經)』에서 말한 구지(九地)와 구천(九天)은 기문둔갑(奇門遁甲)의 팔사문(八詐門)인 팔신(八神)의 명사(名詞)다.

이전(李筌)의 『신기제적태백음경(神機制敵太白陰經)』 권9에는 황제가 치우(蚩尤)를 정벌하려고 72번을 싸우고도 이기지 못하자 황제가 나의 잘못이 크다고 한탄하자 오색구름 속에서 홀연히 여섯 옥녀가 서(書)를 갖고 내려오고 두 동자가 나와 구천현녀(九天玄女) 성명을 받으라 하며 『둔갑부경(遁甲符經)』 3권을 내려주어 싸움에서 이길 수 있었다는 글이 있다. 이전(李筌)은 위무제(魏武帝)인 조조(曹操)가 기문둔갑(奇門遁甲)을 알지 못했다고 하였다.

송대(宋代) 태종대에 태사(太師)를 지냈고, 죽은 후에는 상서령(尚書令)과 한왕(韓王)에 봉해진 조보(趙普)가 지은 『연파조수가(烟波釣叟歌)』는 기문(奇門)의 핵심을 집약한 부(賦)다. 기문(奇門)을 연구하는 학도는 반드시 이해해야 한다.

기문둔갑(奇門遁甲)은 술수예측학의 하나이며 태을신수(太乙神數)·육임신과(六壬神課)와 더불어 삼식(三式)이라고 한다. 태을신수(太乙神數)는 주로 국가운명·사회변동·국제관계 등을 점치고,

육임신과(六壬神課)는 주로 인사를 점치고, 기문둔갑(奇門遁甲)은 주로 병사와 지리에 응용한다. 기문학(奇門學)은 천문지리·인사명리·병법전술에 폭넓게 활용되는 보배로운 학문이다.

기문둔갑(奇門遁甲) 방면에서 역사적으로 저명한 인물은 강자아(姜子牙)·장량(張良)·제갈량(諸葛亮)·이정(李靖)·유기(劉基) 등이다. 진대(晉代) 갈홍(葛洪) 포박자(抱樸子)의 『등섭편(登涉篇)』을 보면 명산에 들어가 도를 닦으려면 둔갑비술(遁甲秘術)을 모르면 안된다며, 자신은 젊어서 입신할 뜻이 있어 둔갑서(遁甲書)를 60여 권 공부했으나 다 익힐 수 없어 요점만을 발췌하여 주머니에 넣고 다니면서 완성했다는 대목이 있다. 이것으로 보아 당시에 이미 기문(奇門)에 관한 서적이 60여 종이 넘은 것으로 보인다.

둔갑(遁甲)의 용도에 관해서 명대(明代) 영락(永樂) 12년 흠천감(欽天監) 오관사력(五官司曆)으로 있던 왕손(王巽)은 『경우둔갑부응경(景祐遁甲符應經)』 후서에서 성인이 입법하면 출군하여 적을 정벌할 수 있다. 전쟁에서 이겨 적을 극(剋)하고, 도둑을 만나면 도둑을 붙잡고, 병영을 세워 진을 칠 때는 천문(天門)으로 나가 지호(地戶)로 들면 자취를 숨기며 형체를 감추는 데 더 좋은 것이 없다. 민간에서는 관직에 오르거나 취직·혼인·원행·이사·현인과 귀인알현·장사·구재(求財)·시험·사냥·도박·내기 등 만사에 다 정확하니 증험하지 않음이 없다. 위로는 나라를 이롭게 하고 아래로는 백성을 구제하는 만세의 좋은 법이라고 하였다.

송대(宋代)의 인종(仁宗) 어제(御製)인 『경우둔갑부응경(景祐遁甲

符應經)』둔갑총서(遁甲總序)에서는 옛법에 둔(遁)이란 은(隱)으로 유은(幽隱)의 도(道)이고, 갑(甲)이란 의(儀)로 육갑육의(六甲六儀)를 말하고, 직부(直符)에 있으면 천을귀신(天乙貴神)이다. 항상 육무지하(六戊之下)에 숨고, 대개 병기(兵機)에 취용하고, 신명(神明)의 덕에 통하므로 둔갑(遁甲)이라 한다고 하였다.

명대(明代)의 모원의(茅元儀)가 편집한 『무비지(武備志)』·『기문현람(奇門玄覽)』·『석의제일(釋義第一)』에서는 둔갑(遁甲)이란 무엇인가? 천간(天干)은 무릇 10가지인데 갑(甲)이 우두머리이며 모든 간(干)을 거느리는 지극히 존귀한 것이다. 그가 두려워하는 것은 오직 경금(庚金)이므로 모름지기 숨어서 경금(庚金)의 극(剋)을 받지 않도록 해야 하고, 갑(甲)이 숨는 것을 둔갑(遁甲)이라고 한다고 하였다.

감씨(甘氏)의 『기문일득(奇門一得)』 서설에서는 대저 갑(甲)은 천간(天干)의 머리요 우두머리인데 지지(地支) 인궁(寅宮)에 좌록(坐祿)하여 동방청제(東方靑帝)의 존귀함이고, 화(化)하여 만물을 생(生)하니 공(功)이 막대하다. 갑(甲)의 대궁(對宮)은 경(庚)이고 경(庚)은 양금(陽金)의 정(精)이며 서방태백(西方太白)의 상으로 그 성질이 험독하여 오로지 살벌한 위권을 장악하니 소인의 부류다. 갑(甲)이 이를 심하게 두려워하여 둔(遁)한다고 하였다.

후한서(後漢書) 『고표전(高彪傳)』에서는 천(天)에는 태일(太一)·오장(五將)·삼문(三門)이 있다 하였고, 위진남북조(魏晉南北朝) 때 양(梁)나라 간문제(簡文帝)의 『악부시집(樂府詩集)』 권32에서는 삼문응둔갑(三門應遁甲)·오참학신병(五參學神兵)이라 하였다. 여기서 삼문(三門)은 개휴생문(開休生門)을 말하는 것으로 보인다. 또 후한서(後漢書)『방술열전(方術列傳)』에서는 천문(天門)에 밝고 둔갑(遁甲)을 통효(通曉)하면 능히 귀신을 부릴 수 있고, 기문둔갑(奇門遁甲)은 본시 도가(道家) 남궁파법문(南宮派法門)의 하나인데 구천현녀(九天玄女)가 전했다고 하였다.

주대(周代)에는 음부(陰符), 한대(漢代)에는 육갑(六甲), 진당대(晉唐代)에는 둔갑(遁甲)이라 하다가 송대(宋代) 이후 명청대(明淸代)에 기문둔갑(奇門遁甲)이라 하였다. 포박자(抱樸子)의 『잡응편(雜應篇)』에서는 누군가 축지 않는 도(道)를 묻자 입동(立冬)에 육병육정부(六丙六丁符)를 복용(服用)하거나 폐구(閉口)하여 오화(五火)의 기운을 1,200편 행하면 섣달에도 축지 않다고 하였다.

『기문일득(奇門一得)』·『기문심오(奇門心悟)』·『협기변방(協紀辨方)』에서는 비궁법(飛宮法)을 사용하였고, 팔신(八神)에 태상(太常)을 더하면 구신(九神)이 되니 대비성법(大飛星法)이라고 하였다. 『기문통종(奇門統宗)』·『기문오총귀(奇門五總龜)』·『경우둔갑부응경(景祐遁甲符應經)』·『태백음경(太白陰經)』·상길『象吉)』·『둔갑연의(遁甲演義)』에서는 활반법(活盤法)을 사용하였다.

『기문통종(奇門統宗)』 권2에서는 음둔(陰遁)과 양둔(陽遁) 모두 곤궁(坤宮)에 기(寄)한다고 하였고, 일본에서는 양둔(陽遁)에는 곤궁(坤宮)에 기(寄)하고 음둔(陰遁)에는 간궁(艮宮)에 기(寄)한다고 하였다. 『수서경적지(隋書經籍志)』에 남북조(南北朝)시대 때의 『신도방둔갑(信都芳遁甲)』 2권, 『둔갑(遁甲)』 33권, 『둔갑경(遁甲經)』 2권, 『둔갑입성법(遁甲立成法)』 1권, 『양둔갑용국법(陽遁甲用局法)』 1권, 『둔갑록(遁甲錄)』 1권, 『삼원구궁둔갑(三元九宮遁甲)』 2권이 실린 것으로 보아 남북조(南北朝)시대 때 이미 둔갑서(遁甲書)가 유통된 것으로 보인다. 그러나 일반 백성들은 구하기 어려웠기 때문에 특권층만 배웠던 것으로 보인다.

수대(隋代)의 국사(國師) 소길(蕭吉)의 『오행대의(五行大義)』에 의하면 당시 국군(國君)인 양견(楊堅)이 민간에 명하기를 사가에서는 술수(術數)·위후(緯候)·도참(圖讖)을 가져서는 안된다고 하였고, 양견(楊堅)의 아들 양광(楊廣)은 사자(使者)들을 사방에 파견하여 수사하였다고 한다. 『수서경적지(隋書經籍志)』에는 13종의 서적이 열거되어 있다.

수말당초(隋末唐初)의 이정(李靖)은 이세민(李世民)을 보좌하면서 기문둔갑(奇門遁甲)을 사용하여 여러 번 공을 세웠고, 『둔갑만일결(遁甲萬一訣)』 3권과 『둔갑천일만일결(遁甲天一萬一訣)』을 썼다. 그러나 당대(唐代)에는 술수(術數)에 관한 서적을 통제하였고, 사가에서 소장한 자는 2년 형에 처한다고 하였다.

송대(宋代)의 두 번째 황제 태종(太宗)과 그의 아들 진종(眞宗)은 조서를 내려 사사로이 익히는 자는 엄벌에 처하고, 감추고 말하지 않는 자는 죽음에 처하며, 신고하는 자에게는 십만 전의 상금을 준다고 하였다. 그러나 인종(仁宗) 때는 사천춘광(司天春官) 양유덕(楊惟德)에게 『경우태을복응경(景祐太乙福應經)』·『경우육임신정

경(景祐六壬神定經)』·『경우둔갑부응경(景祐遁甲符應經)』을 쓰도록 명하고 친히 어서(御序)하였다.

명대(明代)의 저명한 병법가(兵法家)인 모원의(茅元儀)의 『무비지(武備志)』와 『기문현람(奇門玄覽)』도 양유덕(楊惟德)의 삼식(三式)을 참고하였고, 청대(淸代) 강희제(康熙帝) 때의 『고금도서집성예술전(古今圖書集成藝術典)』과 『기문둔갑(奇門遁甲)』도 양유덕(楊惟德)의 삼식(三式)을 모범으로 삼아서 썼다. 청대(淸代) 옹정(雍正) 때의 사천총독 연갱요(年羹堯)가 지은 『정서필승점험령경(征西必勝占驗靈經)』이 바로 『경우둔갑부응경(景祐遁甲符應經)』이다. 『연파조수가(烟波釣叟歌)』를 송대(宋代) 태종 때의 재상 조보(趙普)가 지은 것이 사실이라면 기문둔갑(奇門遁甲)은 송대(宋代)에 매우 성행한 것으로 보인다.

원대(元代)에는 다른 종족이 통치하던 시기여서 사사로이 천문(天文)을 익히는 것을 금지하였다. 그러나 유병충(劉秉忠)의 『기문비규(奇門秘竅)』가 세상에 전해졌고, 원대(元代) 말의 유기(劉基)는 청전(靑田), 지금의 절강성(浙江省) 출신으로 진사(進士)가 된 뒤 절강유학제거(浙江儒學提擧) 등의 벼슬을 하다가 주홍무(朱洪武), 즉 주원장(朱元璋)의 부름을 받아 주홍무(朱洪武)를 보좌하여 천하를 평정하는데 협조하여 어사중승(御史中丞) 겸 태사령(太師令)까지 지냈고, 호국군사로서 역사상 제2의 평민황제로 불리며 개국공신으로 성의백(誠意伯)에 봉해졌다.

명대(明代)의 개국공신인 유기(劉基)는 『기문둔갑천지서(奇門遁

甲天地書)』2권 ·『양택둔갑도(陽宅遁甲圖)』1권 ·『기문둔갑비급전서(奇門遁甲秘笈全書)』·『적천수(滴天髓)』·『유백온소병가(劉伯溫燒餠歌)』·『금면옥장기(金面玉掌記』 등의 많은 저서를 남겼다. 명대(明代) 정도생(程道生)의『둔갑연의(遁甲演義)』4권이『사고전서(四庫全書)』에, 지본리(池本理)의 『연파조수가구해(烟波釣叟歌句解)』1권이『고금도서집성(古今圖書集成)』에 수록되어 있다.

방간(坊間)에 전하기를 명대(明代) 무종(武宗) 때 왕수인(王守仁)이 이술(異術)을 수람(收覽)한『기문진전(奇門眞傳)』을 이씨기문(李氏奇門)이라 하였고, 세종(世宗) 때 육병(陸炳)이 다시 서(序)하여 임씨기문(林氏奇門)이라 하다가, 다시 도중(陶仲)이 이씨임씨기문(李氏林氏奇門)을 종합하면서 다른 서적을 참고하여 전한 것이『도진인둔갑신서(陶眞人遁甲神書)』1권이다. 이 무렵 도가서(道家書)인 『옥추보경(玉樞寶經)』이 세상에 나돌았다. 명대(明代)의 기문명저(奇門名著)는『고금도서집성(古今圖書集成)』과 지방지에 기재되어 있다.

당송대(唐宋代)에는 삼식(三式)이 이미 성숙하여 일상생활 외에도 행군과 진을 치는데 그 법결(法訣)을 사용하였다. 송대(宋代) 증공량(曾公亮)의 병서(兵書)인『무경총요(武經總要)』와 허통(許洞)의『호검경(虎鈐經)』은 모두 삼식(三式)의 내용을 응용했는데『묵호금해(墨海金壺)』에도 수록되어 있다. 당대(唐代) 이전(李筌)의『신기제적태백음경(神機制敵太白陰經)』과 송대(宋代)의 명장인 악비(岳飛)의 후손 악가(岳珂)가 찬집한『기문둔갑원기(奇門遁甲

元機)』와 명대(明代) 모원의(茅元儀)의 『무비지(武備志)』에 기재된 삼식(三式)은 더욱 완비된 것이다.

청대(淸代) 옹정(雍正) 때 연갱요(年羹堯)는 촉(蜀 : 四川省)을 진압하는 기간에 사사로이 『제갈무후기문둔갑서(諸葛武侯奇門遁甲書)』와 『헌원황제정갑법(軒轅黃帝丁甲法)』을 얻어 응용하였다. 청대(淸代) 강희제(康熙帝)는 진몽뢰(陳夢雷)를 불러 셋째 아들인 성친왕(誠親王)을 시독하게 하고 『고금도서집성(古今圖書集成)』을 편수하게 하였다. 그 가운데 「예술전(藝術典)」에 수록된 책이 『기문둔갑(奇門遁甲)』·『둔갑천임(遁甲穿壬)』·『경우둔갑부응경(景祐遁甲符應經)』이다.

청대(淸代)에는 훈고고증학(訓詁考證學)이 자못 성행하였다. 삼식(三式)에 대한 책은 그 수가 적지 않았고, 명말청초(明末淸初)의 사람인 황종의(黃宗義)가 지은 『역학상수론(易學象數論)』에서는 삼식(三式)의 원류 및 기본 기례(起例)를 논급하였다. 전대흔(錢大昕)의 『십가재양신록(十駕齋養新錄)』 권17 「기문둔갑주해(奇門遁甲註解)」에도 기문둔갑식(奇門遁甲式)을 언급하였다.

유정섭(兪正燮)은 『계사유고(癸巳類稿)』에서 더욱 상세하게 삼식(三式)의 유래를 고증하였다. 청대(淸代)에는 술수(術數)를 개방하여 자료가 비교적 많고 연구를 쉬지 않아 좋은 서적이 나왔다. 왕쌍지(汪雙池)의 『무급담병(戊笈談兵)』 4권·감림시(甘霖時)의 『기문일득(奇門一得)』 2권·석맹서(錫孟樨)의 『기문법규(奇門法竅)』 8권·나세요(羅世瑤)의 『기문천비전편(奇門闡秘前編)』 6권·주호문

(朱浩文)의 『기문지귀(奇門旨歸)』 등이 있다.

기문둔갑(奇門遁甲)에 내포된 뜻은 비교적 복잡하다. 사용하는 시간이나 전승이 같지 않고, 정국(定局)과 배반(排盤)에 있어서 매우 큰 차이가 있다. 술기문(術奇門)과 법기문(法奇門)은 조작방식에 따라 2가지로 나눈다. 술기문(術奇門)은 일반적인 술수(術數) 원리를 조작하는 음양오행학(陰陽五行學)이고, 역학상수(易學象數)를 주축으로 하면서 천인지(天人地) 삼재(三才)를 연생(衍生)하여 형성된 수상(垂象)을 다시 풀어 함축된 의의를 찾는다. 그리고 법기문(法奇門)은 부록육정육갑(符籙六丁六甲)을 주축으로 하면서 답강보두(踏罡步斗)·구념법결(口唸法訣)·도술정수(道術精髓)에 의지하여 귀신을 물리치거나 부리고, 적극적으로 행하면 피난하며 몸을 숨길 수 있다.

감림시(甘霖時)의 『기문일득(奇門一得)』에 이르기를 천강육무진인결(天罡六戊眞人訣)을 스승없이 배우면 헛되이 마음만 지친다고 하였다. 법기문(法奇門)은 도가(道家)의 산물인 법술이며 부주비어(符呪秘語)로써 사람이 형체를 숨기며 변할 수 있다고 하였다. 법기문(法奇門)은 『경우둔갑부응경(景祐遁甲符應經)』의 옥녀반폐국(玉女反閉局)·진인폐육무법(眞人閉六戊法)·진인보두법(眞人步斗法)은 부작법에 의하고, 『둔갑연의(遁甲演義)』에도 둔갑주법(遁甲呪法)이 있다.

법기문(法奇門)의 중요문헌은 『도장육음통미진경(道藏六陰洞微眞經)』이다. 그리고 『제갈무후기문둔갑전서(諸葛武侯奇門遁甲全書)』

권6에 상세하게 기재되어 있고, 『비록둔갑천서(秘錄遁甲天書)』와 『둔갑현문(遁甲玄文)』에도 완정(完整)되게 서술되어 있다.

년반(年盤)인 년가기문(年家奇門)은 년간지(年干支)를 기준으로 포국(佈局)하되 전적으로 음둔(陰遁)을 사용하고, 월반(月盤)인 월가기문(月家奇門)은 월간지(月干支)를 기준으로 포국(佈局)하되 전적으로 음둔(陰遁)을 사용하고, 일반(日盤)인 일가기문(日家奇門)은 일간지(日干支)를 기준으로 포국(佈局)하되 동지(冬至) 후에는 양둔순행(陽遁順行)하고 하지(夏至) 후에는 음둔역행(陰遁逆行)한다. 시반(時盤)인 시가기문(時家奇門)은 시간지(時干支)를 기준으로 포국(佈局)하되 동지(冬至) 후에는 양둔순행(陽遁順行)하고 하지(夏至) 후에는 음둔역행(陰遁逆行)한다.

이 중에서 시반(時盤)이 가장 중요하다. 년반(年盤)과 월반(月盤)은 기간이 비교적 길어 순식간에 만변하는 요구에 맞지 않기 때문에 사용하는 경우가 매우 적다. 종우련(鍾友聯)은 『기문둔갑학(奇門遁甲學)』에서 년반(年盤)과 월반(月盤)에서 음둔(陰遁)을 사용하는 이유를 천도좌선(天道左旋)·앙관천상(仰觀天象)·두병회인(斗柄回寅)·일년일주(一年一週)가 영원히 시계방향으로 돌기 때문이라고 하였다.

포반법(佈盤法)에는 활반법(活盤法)과 비궁법(飛宮法)이 있다. 활반법(活盤法)은 팔문(八門)과 구성(九星)이 치사(値使)와 치부(値符)의 정궁(定宮)에 의하여 시계배열로 후순하고, 비궁법(飛宮法)은 팔문(八門)과 구성(九星)이 치사(値使)와 치부(値符)의 정궁(定

宮)에 의하여 낙서구궁(洛書九宮) 방식으로 비포(飛佈)한다. 따라서 활반법(活盤法)과 비궁법(飛宮法)으로 얻은 반국(盤局)은 완전히 같지 않다.

황궁(皇宮)에서 비전된 책은 모두 활반법(活盤法)을 사용하였다. 예를 들면 『경우둔갑부응경(景祐遁甲符應經)』·『둔갑연의(遁甲演義)』·『연파조수가구해(烟波釣叟歌句解)』·『어정기문보감(御定奇門寶鑑)』 등이다. 민간에서 유전된 책은 비궁법(飛宮法)을 사용한 것이 많다. 예를 들면 『기문둔갑천지서(奇門遁甲天地書)』·『기문일득(奇門一得)』·『기문법규(奇門法竅)』·『기문천비전편(奇門闡秘前編)』·『기문지귀(奇門旨歸)』 등이다.

풍각점(風角占)은 동한대(東漢代)부터 있었는데 점후학(占候學)에 속하며 기상학(氣象學)의 전신이라고 할 수 있다. 청대(淸代) 장이기(張爾岐)의 『기문둔갑풍각서(奇門遁甲風角書)』가 여기에 속하나 실제 내용은 정통 기문둔갑(奇門遁甲)이 아닌 잡점이다.

기문명가(奇門名家)에는 황제(黃帝)·풍후(風后)·하우(夏禹)·기자(箕子)·강자아(姜子牙)·주문왕(周文王)을 비롯해 춘추전국시대의 귀곡자(鬼谷子)·범려(范蠡)·오자서(伍子胥)·손빈(孫臏), 진대(秦代)의 황석공(黃石公), 한대(漢代)의 장자방(張子房), 삼국시대의 북극교주(北極敎主)·제갈공명(諸葛孔明), 진대(晉代)의 갈홍(葛洪)·곽박(郭璞), 남북조(南北朝)의 신도방(信都芳)·임효공(臨孝恭), 수대(隋代)의 영씨(榮氏)·이씨(李氏)·양유(梁有)·왕침(王琛)·곽원홍(郭遠弘)·허방(許昉)·두중(杜仲)·유비(劉毗)·

석지해(釋智海), 당대(唐代)의 이순풍(李淳風)·승일행(僧一行)·방현령(房玄齡)·곽자의(郭子儀)·여재(呂才)·소군정(蕭君靖)·상도무(桑道茂)·이정(李靖)·소길(蕭吉), 송대(宋代)의 양유덕(楊維德)·조보(趙普)·적청(狄靑)·악비(岳飛)·장계로(張繼老)·풍사고(馮思古)·풍계명(馮繼明), 원대(元代)의 유병충(劉秉忠)·곽수경(郭守敬), 명대(明代)의 유백온(劉伯溫)·정도생(程道生)·지본리(池本理)·모원의(茅元儀)·왕손(王巽)·곽앙렴(郭仰廉)·모록문(茅鹿門)·유용덕(喩龍德)·장이기(張爾岐) 등이 있다.

이 외에 주술학(周述學)·종임(從任)·여문(呂雯)·장성문(章星文)·이의인(李義人) 등이 『술수명류열전(術數名流列傳)』에 올라 있고, 청대(淸代)의 진몽뢰(陳夢雷)·유월(兪樾)·왕불(汪紱)·원탁(貝卓)·감시망(甘時望)·나세요(羅世瑤)·송구준(宋邱濬) 등이 『사고전서(四庫全書)』·『도서집성(圖書集成)』·『청사고(淸史稿)』에 따로 기재되어 있다.

우리나라에서는 자부(紫府)·을파소(乙巴素)·을지문덕(乙支文德)·김암(金巖)·설수진(薛秀眞)·옥룡자(玉龍子)·강감찬(姜邯贊)·서화담(徐花潭)·이토정(李土亭)·이율곡(李栗谷)·박설천(朴雪川)·기로사(奇蘆沙) 등을 꼽을 수 있다. 이 외에도 유명무명의 인물이 많았으나 지금은 상고할 길이 없다.

제1장. 기초

1. 팔괘(八卦)와 방위(方位)

팔괘(八卦)란 건(乾)·태(兌)·리(離)·진(震)·손(巽)·감(坎)·간(艮)·곤(坤)을 말한다. 건괘(乾卦)는 서북방, 태괘(兌卦)는 서방, 리괘(離卦)는 남방, 진괘(震卦)는 동방, 손괘(巽卦)는 동남방, 감괘(坎卦)는 북방, 간괘(艮卦)는 동북방, 곤괘(坤卦)는 서남방에 각각 자리한다.

2. 구궁(九宮)

구궁(九宮)은 구기(九氣)라고도 하며, 일백(一白)·이흑(二黑)·삼벽(三碧)·사록(四綠)·오황(五黃)·육백(六白)·칠적(七赤)·팔백(八白)·구자(九紫)를 말한다. 감(坎)은 일백수(一白水), 곤(坤)은 이흑토(二黑土), 진(震)은 삼벽목(三碧木), 손(巽)은 사록목

巽 東南	離 南	坤 西南
震 東		兌 西
艮 東北	坎 北	乾 西北

팔괘정위(八卦定位)

四 綠	九 紫	二 黑
三 碧	五 黃	七 赤
八 白	一 白	六 白

구궁정위(九宮定位)

(四綠木), 중앙은 오황토(五黃土), 건(乾)은 육백금(六白金), 태(兌)는 칠적금(七赤金), 간(艮)은 팔백토(八白土), 리(離)는 구자화(九紫火)가 된다.

3. 구성(九星)

구성(九星)이란 천봉성(天蓬星)·천예성(天芮星)·천충성(天沖星)·천보성(天輔星)·천금성(天禽星)·천심성(天心星)·천주성(天柱星)·천임성(天任星)·천영성(天英星)을 말한다. 사길성(四吉星)은 심(心)·임(任)·보(輔)·금(禽)이고, 차길성(次吉星)은 충(沖)이고, 중평성(中平星)은 영(英)이고, 삼흉성(三凶星)은 보(輔)·예(芮)·주(柱)다. 그리고 봉(蓬)은 수성(水星), 예(芮)·금(禽)·임(任)은 토성(土星), 충(沖)·보(輔)는 목성(木星), 심(心)·주(柱)는 금성(金星), 영(英)은 화성(火星)이다.

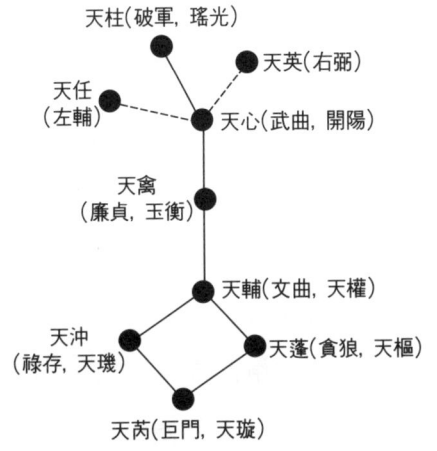

天 輔	天 英	天 芮
天 沖	天 禽	天 柱
天 任	天 蓬	天 心

구성정위(九星定位)

4. 팔문(八門)

팔문(八門)이란 휴문(休門)·생문(生門)·상문(傷門)·두문(杜門)·
경문(景門)·사문(死門)·경문(驚門)·개문(開門)을 말한다. 삼길
문(三吉門)은 개문(開門)·휴문(休門)·생문(生門)이고, 삼흉문(三
凶門)은 사문(死門)·경문(驚門)·상문(傷門)이고, 중평문(中平門)
은 두문(杜門)·경문(景門)이다. 정위(定位)는 휴문(休門)은 북방
감수궁(坎水宮), 생문(生門)은 동북방 간토궁(艮土宮), 상문(傷門)
은 동방 진목궁(震木宮), 두문(杜門)은 동남방 손목궁(巽木宮), 경
문(景門)은 남방 리화궁(離火宮), 사문(死門)은 서남방 곤토궁(坤
土宮), 경문(驚門)은 서방 태금궁(兌金宮), 개문(開門)은 서북방 건
금궁(乾金宮)이다.

5. 팔신(八神)

팔신(八神)이란 직부(直符)・등사(螣蛇)・태음(太陰)・육합(六合)・구진(勾陳)・주작(朱雀)・구지(九地)・구천(九天)을 말한다. 또는 직부(直符)・등사(螣蛇)・태음(太陰)・육합(六合)・백호(白虎)・현무(玄武)・구지(九地)・구천(九天)이라고도 한다.

직부(直符)는 대길하고, 구천(九天)은 중길(中吉)하며, 태음(太陰)・육합(六合)・구지(九地)는 소길(小吉)하고, 등사(螣蛇)・구진(勾陳)・주작(朱雀)은 흉하다. 기록할 때는 부(符)・사(蛇)・음(陰)・합(合)・구(勾)・주(朱)・지(地)・천(天)이나 부(符)・사(蛇)・음(陰)・합(合)・백(白)・현(玄)・지(地)・천(天)으로 적으면 편하다.

太陰	六合	勾陳
螣蛇		朱雀
直符	九天	九地

양국정위(陽局定位)

六合	太陰	螣蛇
白虎		直符
玄武	九地	九天

음국정위(陰局定位)

6. 간지갑자(干支甲子)

십천간(十天干)인 갑을병정무기경신임계(甲乙丙丁戊己庚辛壬癸)와 십이지지(十二地支)인 자축인묘진사오미신유술해(子丑寅卯辰巳午未申酉戌亥)를 조합하면 60개의 간지(干支)가 만들어지는데 이것을 육십갑자(六十甲子)라고 한다. 십간(十干)과 십이지(十二支)를 배합시키다 보면 항상 2개의 지지(地支)가 짝을 이루지 못하는데 이것을 공망(空亡)이라고 한다.

7. 구간(九干)

구간(九干)이란 십천간(十天干)에서 갑(甲)을 뺀 을병정무기경신임계(乙丙丁戊己庚辛壬癸)를 말한다. 이 중에서 을병정(乙丙丁)을 삼기(三奇)라 하고, 무기경신임계(戊己庚辛壬癸)를 육의(六儀)라 한다. 포국(佈局)할 때는 무기경심임계정병을(戊己庚辛壬癸丁丙乙) 순으로 붙인다. 천간(天干)은 원래 십간(十干)인데 육갑(六甲)은 십간(十干)의 우두머리이며 만물 중에서 가장 높고 존귀하므로 노리는 자가 있어 부득불 자신의 몸을 숨겨야 하는데 이것을 둔갑(遁甲)이라 하고, 육의(六儀)는 육갑(六甲)의 은둔처가 된다. 육십갑자(六十甲子) 중 십간(十干)은 6차례 돌아오는데 매 1차례를 1순(旬)이라 하므로 모두 6개의 순(旬)이 있다. 갑(甲)이 순수(旬首)이며 육의(六儀)를 대용(代用)하는데 이것을 부수(符首)라고 한다.

辛	乙	己
庚	壬	丁
丙	戊	癸

양국정위(陽局定位)

丁	己	乙
丙	癸	辛
庚	戊	壬

음국정위(陰局定位)

갑(甲) 아래에 붙은 간지(干支)가 육의(六儀)로 변하는데 다음과 같다. 갑자(甲子) — 무(戊), 갑술(甲戌) — 기(己), 갑신(甲申) — 경(庚), 갑오(甲午) — 신(辛), 갑진(甲辰) — 임(壬), 갑인(甲寅) — 계(癸)다. 이렇게 하면 어떤 간지(干支)라도 순수(旬首)에 의하여 육의(六儀)가 결정된다. 이때 육의(六儀)는 갑(甲)의 대용물이다.

예를 들면 정축(丁丑)은 갑술(甲戌)이 순수(旬首)이고 갑술(甲戌)의 육의(六儀)는 기(己)이며 부수(符首)다. 을미(乙未)는 갑오(甲午)가 순수(旬首)이고 갑오(甲午)의 육의(六儀)는 신(辛)이므로 신(辛)이 갑(甲)의 대용이며 부수(符首)다. 임신(壬申)은 갑자(甲子)가 순수(旬首)이고 육의(六儀)는 무(戊)이니 무(戊)는 갑(甲)의 대용이며 부수(符首)다. 경인(庚寅)은 갑신(甲申)이 순수(旬首)이고 육의(六儀)는 경(庚)이니 경(庚)은 갑(甲)의 대용이며 부수(符首)다. 이렇게 간지(干支)가 무슨 순중(旬中)인지를 알면 순수(旬首)로 부수(符首)를 정할 수 있다.

8. 음양둔(陰陽遁)

　음양둔(陰陽遁)이란 동지상원일국(冬至上元一局)에서 망종하원구국(芒種下元九局)까지가 양둔(陽遁)이고, 하지상원구국(夏至上元九局)에서 대설하원일국(大雪下元一局)까지가 음둔(陰遁)이다. 쉽게 말해서 동지(冬至)부터 하지(夏至) 전까지가 양둔(陽遁)이고, 하지(夏至)부터 동지(冬至) 전까지가 음둔(陰遁)이다.

　그러나 무조건 동지(冬至)부터 양둔(陽遁)이고 하지(夏至)부터 음둔(陰遁)이 아니라 동지(冬至)에서 가장 가까운 갑자일(甲子日)·기묘일(己卯日)·갑오일(甲午日)·기유일(己酉日)부터 양둔(陽遁)이고, 하지(夏至)에서 가장 가까운 갑자일(甲子日)·기묘일(己卯日)·갑오일(甲午日)·기유일(己酉日)부터 음둔(陰遁)이다. 실제로 동지(冬至)나 하지(夏至)보다 며칠 앞이나 뒤에서 시작될 수도 있고, 동지(冬至)나 하지(夏至)와 같은 날이 될 수도 있다.

순수조견표(旬首早見表)

甲					
戊	己	庚	辛	壬	癸
甲子旬中	甲戌旬中	甲申旬中	甲午旬中	甲辰旬中	甲寅旬中
甲子	甲戌	甲申	甲午	甲辰	甲寅
乙丑	乙亥	乙酉	乙未	乙巳	乙卯
丙寅	丙子	丙戌	丙申	丙午	丙辰
丁卯	丁丑	丁亥	丁酉	丁未	丁巳
戊辰	戊寅	戊子	戊戌	戊申	戊午
己巳	己卯	己丑	己亥	己酉	己未
庚午	庚辰	庚寅	庚子	庚戌	庚申
辛未	辛巳	辛卯	辛丑	辛亥	辛酉
壬申	壬午	壬辰	壬寅	壬子	壬戌
癸酉	癸未	癸巳	癸卯	癸丑	癸亥

일진별(日辰別) 삼원국(三元局)

上局（上局）	甲己子午卯酉	甲子,	乙丑,	丙寅,	丁卯,	戊辰
		己卯,	庚辰,	辛巳,	壬午,	癸未
		甲午,	乙未,	丙申,	丁酉,	戊戌
		己酉,	庚戌,	辛亥,	壬子,	癸丑
中局（中元）	甲己寅申巳亥	己巳,	庚午,	辛未,	壬申,	癸酉
		甲申,	乙酉,	丙戌,	丁亥,	戊子
		己亥,	庚子,	辛丑,	壬寅,	癸卯
		甲寅,	乙卯,	丙辰,	丁巳,	戊午
下局（下元）	甲己辰戌丑未	甲戌,	乙亥,	丙子,	丁丑,	戊寅
		己丑,	庚寅,	辛卯,	壬辰,	癸巳
		甲辰,	乙巳,	丙午,	丁未,	戊申
		己未,	庚申,	辛酉,	壬戌,	癸亥

9. 국수(局數)

국(局)은 기문둔갑(奇門遁甲)의 가장 기초이므로 반드시 둔갑반 (遁甲盤)을 형성하기 전에 먼저 결정해야 한다. 국(局)에는 양국 (陽局)과 음국(陰局)이 있고 각각 9개로 나눈다. 국(局)이라는 말

양둔구국도(陽遁九局圖)

辛	乙	己
庚	壬	丁
丙	戊	癸

陽一局

庚	丙	戊
己	辛	癸
丁	乙	壬

陽二局

己	丁	乙
戊	庚	壬
癸	丙	辛

陽三局

戊	癸	丙
乙	己	辛
壬	丁	庚

陽四局

乙	壬	丁
丙	戊	庚
辛	癸	己

陽五局

丙	辛	癸
丁	乙	己
庚	壬	戊

陽六局

丁	庚	壬
癸	丙	戊
己	辛	乙

陽七局

癸	己	辛
壬	丁	乙
戊	庚	丙

陽八局

壬	戊	庚
辛	癸	丙
乙	己	丁

陽九局

은 음양(陰陽)과 국수(局數)를 포함한다. 양둔(陽遁) 9국과 음둔(陰遁) 9국을 합하면 모두 18국이 되므로 음양(陰陽) 18국이라 한다. 한대(漢代)의 장자방(張子房)이 강태공(姜太公)의 72국을 18국으로 정예화시킨 것이다.

음둔구국도(陰遁九局圖)

丁	己	乙
丙	癸	辛
庚	戊	壬

陰一局

丙	庚	戊
乙	丁	壬
辛	己	癸

陰二局

乙	辛	己
戊	丙	癸
壬	庚	丁

陰三局

戊	壬	庚
己	乙	丁
癸	申	丙

陰四局

己	癸	辛
庚	戊	丙
丁	壬	乙

陰五局

庚	丁	壬
辛	己	乙
丙	癸	戊

陰六局

辛	丙	癸
壬	庚	戊
乙	丁	己

陰七局

壬	乙	丁
癸	辛	己
戊	丙	庚

陰八局

癸	戊	丙
丁	壬	庚
己	乙	辛

陰九局

이십사절기(二十四節氣) 삼원국수(三元局數)

卦	三元／節氣	上元	中元	下元	卦	三元／節氣	上元	中元	下元
坎一	冬至	1	7	4	離九	夏至	9	3	6
	小寒	2	8	5		小暑	8	2	5
	大寒	3	9	6		大暑	7	1	4
艮八	立春	8	5	2	坤二	立秋	2	5	8
	雨水	9	6	3		處暑	1	4	7
	驚蟄	1	7	4		白露	9	3	6
辰三	春分	3	9	6	兌七	秋分	7	1	4
	淸明	4	1	7		寒露	6	9	3
	穀雨	5	2	8		霜降	5	8	2
巽四	立夏	4	1	7	乾六	立冬	6	9	3
	小滿	5	2	8		小雪	5	8	2
	芒種	6	3	9		大雪	4	7	1

陽遁 / 陰遁

제2장. 초접(超接)·치윤(置閏)·절보법(折補法)

초접(超接)이란 초신(超神)과 접기(接氣)를 말한다. 초신(超神)의 초(超)는 초월이라는 뜻이고 신(神)은 일(日)이라는 뜻으로 일자가 넘었다는 말이다. 그리고 접기(接氣)의 접(接)은 연접이란 뜻이고 기(氣)는 절기라는 뜻으로 일자가 연접해 온다는 말이다.

절기는 아직 오지 않았는데 절기에서 가장 가까운 갑자(甲子)·갑오(甲午)·기묘(己卯)·기유(己酉) 등의 일자가 먼저 이르렀을 때는 바로 이 날이 절기가 바뀌는 일자다. 사용하려는 절기가 아직 오지 않은 상태를 초(超)라고 한다. 반대로 절기는 이미 지났는데 절기에서 가장 가까운 갑자(甲子)·갑오(甲午)·기묘(己卯)·기유(己酉) 등의 일자가 아직 이르지 않았을 때는 이미 온 절기를 쓴다. 이때 국수(局數)도 고치지 않고 이전의 절기를 계속 쓰는 것을 접(接)이라고 하는데 반드시 갑기자오묘유(甲己子午卯酉) 사중일

(四仲日)이 임하기를 기다렸다가 본 절기를 써야 한다.

초신(超神)은 절기가 도착하기 전 절기에서 가장 가까운 갑자(甲子)·갑오(甲午)·기묘(己卯)·기유(己酉) 등의 일자가 먼저 도착한 것으로, 갑자시(甲子時)가 절기보다 먼저 온 것을 말한다. 만약 상원(上元)에서 정월 1일이 입춘(立春)이고 작년 12월 25일이 갑자일(甲子日)이라면 갑자일(甲子日)을 입춘(立春) 소속으로 보기 때문에 정월 1일은 이미 입춘중원(立春中元)이 된다. 이러한 경우를 초(超) 또는 초신(超神)이라고 한다.

접기(接氣)는 갑자(甲子)·갑오(甲午)·기묘(己卯)·기유(己酉) 등의 일자가 오기 전에 절기가 먼저 왔을 때는 본 절기가 비록 왔더라도 앞 절기를 쓰는 것을 말한다. 예를 들어 음력 정월 1일이 입춘(立春)일 때 갑자일(甲子日)이 정월 5일이라면 정월 1일부터 정월 4일까지는 대한하원(大寒下元)으로 보고, 5일부터 입춘(立春)으로 본다. 음양둔(陰陽遁)은 원래 직선으로 진행하니 갑자(甲子)·갑오(甲午)·기묘(己卯)·기유(己酉) 사중일(四仲日)은 절기의 분계선이 된다.

갑기자오묘유(甲己子午卯酉) 사중일(四仲日)이 너무 빠르게 올 때는 이따금 절기는 아직 오지 않았는데 사중일(四仲日)이 먼저 오고, 갑기자오묘유(甲己子午卯酉) 사중일(四仲日)이 더디게 올 때는 이따금 절기는 이미 왔는데 사중일(四仲日)이 오지 않았으니 초신접기법(超神接氣法)을 쓴다. 갑기자오묘유(甲己子午卯酉) 사중일(四仲日)은 이미 왔으나 절기가 아직 오지 않았으면 비록 절기에 들어가지 못했어도 진입한 것으로 간주한다.

따라서 큰 차이가 있을 때는 이를 조정하기 위해서 윤(閏)을 두는데 대설(大雪)과 망종(芒種)을 위에 둔다. 만약 초접(超接)의 편차가 크면 12일이나 13일 정도인데 이때는 윤(閏)을 설정해야 한다. 다른 절기에는 편차가 10일 정도 되더라도 윤(閏)을 두지 않는다.

그리고 상원부두(上元符頭)인 갑자(甲子)·갑오(甲午)·기묘(己卯)·기유일(己酉日)에 절기가 드는 것을 정수(正授) 또는 정수기(正授奇)라고 한다. 윤(閏)은 망종(芒種)과 하지(夏至), 대설(大雪)과 동지(冬至) 중간에서 초신(超神)이 만 9일을 경과하였을 때만 두고 다른 절기에서는 두지 않는다. 정수(正授) 후에 초신(超神)이 잇고, 초신(超神) 후에 치윤(置閏)이 잇고, 치윤(置閏) 후에 접기(接氣)가 잇고, 접기(接氣) 후에 다시 정수(正授)가 되며 끊임없이 순환한다. 다시 정리하니 차분하게 읽어보기 바란다.

초신(超神)은 부두(符頭)가 먼저 이르고 절기가 뒤에 이른 것이고, 접기(接氣)는 절기가 먼저 이르고 부두(符頭)가 뒤에 이른 것이고, 정수(正授)는 부두(符頭)와 절기가 같이 이른 것이다.

가령 2000년(庚辰年) 음력 1월 15일 우수(雨水) 정미일(丁未日)은 부두(符頭) 갑진일(甲辰日)이 1월 12일에 이미 나타났다. 이러한 경우를 초신(超神)이라고 한다. 1월 12일은 입춘절(立春節) 내이고 갑진부두(甲辰符頭)는 하원(下元)이 된다. 입춘하원(立春下元)은 양이국(陽二局)이므로 갑진(甲辰)부터 을사(乙巳)·병오(丙午)·정미(丁未)·무신일(戊申日)이 정국(定局)이니 입춘하원(立春下

元) 양이국(陽二局) 정국(定局)이 된다.

가령 경진년(庚辰年) 음력 3월 1일 계사일(癸巳日)은 청명절(淸明節)인데 3월 2일 갑오부두(甲午符頭)가 절기보다 뒤에 이르렀다. 이러한 경우를 접기(接氣)라고 한다. 3월 2일 갑오정국(甲午定局)을 보면 3월 2일 갑오(甲午)는 상원(上元)이니 청명상원(淸明上元) 양사국(陽四局)이 된다.

가령 2000년(庚辰年) 음력 5월 4일은 망종(芒種)인데 갑오일(甲午日)이다. 망종절(芒種節)이 마침 부두(符頭) 갑오일(甲午日)과 같다. 이런 경우를 정수(正授) 또는 정수기(正授奇)라고 한다. 갑오(甲午)는 상원(上元)이고 망종상원(芒種上元)은 양육국(陽六局)이니 5월 4일 정국(定局)은 양육국(陽六局)이다.

치윤(置閏)에서는 초신(超神)이 9일 이상 초과하여 망종(芒種)이나 대설(大雪)의 국수(局數)가 1차 중복되면 초신(超神)이 접기(接氣)로 변한다. 치윤(置閏)의 산생(産生)은 너무 많은 수일 때, 상원부두(上元符頭)가 절기 전에 있어 초신(超神)이 비교적 많은 상황일 때, 때로는 1~2일이나 4~5일, 가장 많으면 9일 이상에 도달한다. 마땅히 상원부두(上元符頭)가 절기보다 9일을 초과하면 치윤(置閏)으로 조정해야 한다.

가령 2001년(辛巳年) 음 11월 8일 기미일(己未日) 동지(冬至)는 상원부두(上元符頭) 기유일(己酉日)이 10월 28일에 임했다. 이날부터 동지(冬至)까지 10일이니 9일을 초과해 치윤(置閏)이고, 동지(冬至) 전 대설(大雪) 후부터 기유일(己酉日)까지 15일인데 다시 대설

陽曆	陰曆	日辰	節氣 三元
12. 12	10. 28	己酉	閏大雪上元四局
12. 13	10. 29	庚戌	-
12. 14	10. 30	辛亥	-
12. 15	11. 1	壬子	-
12. 16	11. 2	癸丑	-
12. 17	11. 3	甲寅	閏大雪中元七局
12. 18	11. 4	乙卯	-
12. 19	11. 5	丙辰	-
12. 20	11. 6	丁巳	-
12. 21	11. 7	戊午	-
冬至 12. 22	11. 8	己未	閏大雪下元一局
12. 23	11. 9	庚申	-

(大雪) 4·7·1 상중하원(上中下元) 정국(定局)이 1차 중복된다.

2001년(辛巳年) 11월 7일(음력 9월 22일) 갑술일(甲戌日) 17시 36분(申時)에 입동(立冬)이 들었다. 상원(上元)인 갑자(甲子)·갑오(甲午)·기묘(己卯)·기유일(己酉日)이 입동(立冬) 입절일(入節日)에 함께 임하면 정수(正授)가 되나, 10월 28일(음력 9월 12일)에 갑자일(甲子日)이 들어 입동절(立冬節)보다 10일 전에 상원부두(上元符頭)가 임했으니 초신(超神)이 된다.

11월 2일(음력 9월 27일) 기묘일(己卯日)부터 5일 동안은 초소설상원(超小雪上元) 음오국(陰五局)이고, 11월 17일(음력 10월 3일)

갑신일(甲申日)부터 5일 동안은 초소설중원(超小雪中元) 음팔국(陰八局)이며, 11월 22일(음력 10월 8일) 기축일(己丑日)부터 5일 동안은 초소설하원(超小雪下元) 음이국(陰二局)이다. 11월 22일 15시에 소설(小雪)이 들기 때문에 초소설하원(超小雪下元) 음이국(陰二局)이 되는 것이다.

 11월 27일(음력 10월 13일) 갑오일(甲午日)부터 5일 동안은 초대설상원(超大雪上元) 음사국(陰四局)이고, 12월 2일(음력 10월 18일) 기해일(己亥日)부터 5일 동안은 초대설중원(超大雪中元) 음칠국(陰七局)이며, 12월 7일(음력 10월 23일) 갑진일(甲辰日)부터 5일 동안은 초대설하원(超大雪下元) 음일국(陰一局)이다. 12월 7일 10시 28분(巳時)에 대설(大雪)이 들기 때문에 초대설하원(超大雪下元) 음일국(陰一局)이 되는 것이다.

 12월 12일(음력 10월 28일) 기유일(己酉日)은 상원부두(上元符頭)이며 대설절(大雪節)이고, 절(節)보다 5일 후이며 상원부두(上元符頭)인 갑오(甲午)가 대설(大雪)보다 10일 전에 들어 불가피하게 윤국(閏局)을 둔다. 12월 12일(음력 10월 28일) 기유일(己酉日)부터 5일 동안은 윤대설상원(閏大雪上元) 음사국(陰四局)이고, 12월 17일(음력 11월 3일) 갑인일(甲寅日)부터 5일 동안은 윤대설중원(閏大雪中元) 음칠국(陰七局)이며, 12월 22일(음력 11월 8월) 기미일(己未日) 4시 21분(寅時)에 동지(冬至)가 들지만 기미일(己未日)은 하원(下元)이므로 윤대설하원(閏大雪下元) 음일국(陰一局)이다. 12월 27일(음력 11월 13일) 갑자일(甲子日)부터 5일 동안은 접동지상원

(接冬至上元) 양일국(陽一局)이며, 동지(冬至)보다 5일 후에 상원부두(上元符頭)가 임하니 접기(接氣)다.

2002년 1월 1일(음력 11월 18일) 기사일(己巳日)부터 5일 동안은 접동지중원(接冬至中元) 양일국(陽七局)인데 5일째인 계유일(癸酉日)에 소한(小寒)이 21시 43분(戌時)에 든다. 1월 6일(음력 11월 23일) 갑술일(甲戌日)부터 5일 동안은 접동지하원(接冬至下元) 양사국(陽四局)이고, 1월 11일(음력 11월 28일) 기묘일(己卯日)부터 5일 동안은 접소한상원(接小寒上元) 양이국(陽二局)이며, 1월 16일(음력 12월 4일) 갑신일(甲申日)부터 5일 동안은 접소한중원(接小寒中元) 양팔국(陽八局)이다. 1월 20일(음력 12월 8일) 무자일(戊子日) 15시 1분(未時)에 대한(大寒)이 들지만 갑신중원(甲申中元)에 속하니 접소한중원(接小寒中元) 양팔국(陽八局)이고, 1월 21일(음력 12월 9일) 기축일(己丑日)부터 5일 동안은 접소한하원(接小寒下元) 양오국(陽五局)이다.

예로부터 기문둔갑가(奇門遁甲家)들은 치윤법(置閏法) 정국(定局)을 매우 중시하며 문외인에게 함부로 가르쳐 주지 않았다. 『연파조수가(烟波釣叟歌)』에 '오일도래환일원(五日都來換一元) 접기초신위준적(接氣超神爲準的)'이라는 말이 있다. 치윤법(置閏法) 정국(定局)의 중요성을 강조한 것이다.

양유덕(楊維德)의 『경우둔갑부응경(景祐遁甲符應經)』에서는 절보법(折補法)에 대하여 '치윤교절국보국합리(置閏較折局補局合理) 연정기지조불일(緣節氣遲早不一) 연부두유정(然符頭有定)'이라고 하였다. 절보법(折補法)의 가장 큰 특징은 절기에 드는 시진(時辰)에 따라 일어난다는 말이다. 음양이둔(陰陽二遁) 정국(定局)에 의하여 국(局)을 바꾸는 것이다.

가령 1996년 2월 4일(음력 12월 16일)이 입춘(立春)인데 입절(入節) 시각은 22시 8분이니 입춘(立春)은 당일에 있다. 자시(子時)부터 22시 8분까지는 정국(定局)을 양구국(陽九局)으로 쓰고, 22시 8분 이후부터는 양오국(陽五局)을 쓴다. 신미일(辛未日)은 기사중원(己巳中元)에 속하기 때문이다. 이어서 임신일(壬申日)·계유일(癸酉日)은 양오국(陽五局)을 쓴다.

2월 7일 갑술일(甲戌日)은 하원(下元)이니 입춘하원(立春下元)인 양이국(陽二局)을 쓰고, 이어서 을해일(乙亥日)·병자일(丙子日)·정축일(丁丑日)·무인일(戊寅日)은 모두 양이국(陽二局)을 쓴다.

2월 12일 기묘일(己卯日)은 상원(上元)이니 입춘상원(立春上元)인 양팔국(陽八局)을 쓰고, 이어서 경진일(庚辰日)·신사일(辛巳日)·임오일(壬午日)·계미일(癸未日)은 모두 양팔국(陽八局)을 쓴다.

2월 17일 갑신일(甲申日)은 중원(中元)이니 입춘중원(立春中元)인 양오국(陽五局)을 쓰고, 이어서 을유일(乙酉日)·병술일(丙戌日)에도 양오국(陽五局)을 쓰는데 병술일(丙戌日) 18시 1분에 우수(雨水)가 들어오니 18시 1분 전까지는 양오국(陽五局)을 쓴다. 다만 2월 19일 병술일(丙戌日)에 우수(雨水)가 18시 1분에 드니 18시 1분 이후에는 우수중원(雨水中元) 양육국(陽六局)을 쓴다. 병술일(丙戌日)은 갑신일(甲申日) 중원(中元)에 속하니 우수중원(雨水中元)을 쓰는 것이다. 이처럼 절보법(折補法)과 치윤법(置閏法)의 정국(定局)을 대조해보면 큰 차이가 있다. 각자 경험해보면 장단점과 적중률의 차이를 느낄 수 있을 것이다.

양유덕(楊惟德)의 『경우둔갑부응경(景祐遁甲符應經)』에서는 60시 1국 치윤법(置閏法)과 절보법(折補法)을 썼고 기궁(寄宮)은 곤이궁(坤二宮)이다. 진몽뢰(陳夢雷)의 『고금도서집성(古今圖書集成)』 기문둔갑(奇門遁甲), 정도생(程道生)의 『사고전서(四庫全書)』·『둔갑연의(遁甲演義)』, 모원의(茅元儀)의 『무비지(武備志)』·『기문현람(奇門玄覽)』, 지본리(池本理)의 『기문요략(奇門要略)』·『기문오총귀(奇門五總龜)』, 청대(淸代) 황궁(皇宮)의 비장서인 『어정기문보감(御定奇門寶鑑)』, 장지춘(張志春)의 『신기지문(神奇之門)』, 유광빈(劉廣斌)의 『실용기문예측학(實用奇門預測學)』은 모두 60시 1국 치윤법(置閏法)을 썼고 기궁(寄宮)은 곤이궁(坤二宮)이다.

제갈량(諸葛亮)의 『기문통종대전(奇門統宗大全)』은 60시 1국 치윤법(置閏法)을 썼고, 기궁(寄宮)은 음양둔(陰陽遁) 모두 곤이궁(坤二宮)에 기(寄)하는 방법과 양(陽)은 곤(坤)에 기(寄)하고 음(陰)은 간(艮)에 기(寄)하는 법을 썼다. 제갈량(諸葛亮)은 또 『제갈무후기문둔갑전서(諸葛武侯奇門遁甲全書)』에서는 60시 1국 절보법(折補法)을 썼고 기궁(寄宮)은 곤이궁(坤二宮)이다.

유기(劉基)의 『기문둔갑천지전서(奇門遁甲天地全書)』에서는 10시 1국 치윤법(置閏法)을 썼다. 팔문기궁(八門寄宮)은 팔절팔괘(八節八卦)의 치부(値符)에 따라 양(陽)은 곤(坤)에 기(寄)하고 음(陰)

은 간(艮)에 기(寄)한다. 감림시(甘霖時)의 『기문일득(奇門一得)』
에서는 60시 1국 절보법(折補法)을 썼고, 기궁(寄宮)은 곤이궁(坤
二宮)이다. 석맹서(錫孟樞)의 『기문법규(奇門法竅)』에서는 60시 1국
절보법(折補法)을 썼다. 입춘(立春)에는 간(艮)에 기(寄)하고, 입하
(立夏)에는 손(巽)에 기(寄)하고, 입추(立秋)에는 곤(坤)에 기(寄)
하고, 입동(立冬)에는 건(乾)에 기(寄)한다. 주호문(朱浩文)의 『기
문지귀(奇門旨歸)』에서는 60시 1국 절보법(折補法)을 썼고, 전부
낙서구궁(洛書九宮)에 의한 순역(順逆)으로 비(飛)하며 기궁(寄宮)
이 없다.

陽曆	陰曆	日辰	折補法 定局	置閏法 定局
1. 28	12. 9	甲子	大寒上元 陽三局	陽三局
1. 29	12. 10	乙丑	大寒上元 陽三局	陽三局
1. 30	12. 11	丙寅	大寒上元 陽三局	陽三局
1. 31	12. 12	丁卯	大寒上元 陽三局	陽三局
2. 1	12. 13	戊辰	大寒上元 陽三局	陽三局
2. 2	12. 14	己巳	大寒中元 陽九局	陽九局
2. 3	12. 15	庚午	大寒中元 陽九局	陽九局
2. 4	12. 16	辛未	大寒中元 陽九局 立春 22시 8분 立春中元 陽五局	陽九局
2. 5	12. 17	壬申	立春中元 陽五局	陽九局
2. 6	12. 18	癸酉	立春中元 陽五局	陽九局
2. 7	12. 19	甲戌	立春下元 陽二局	陽六局
2. 8	12. 20	乙亥	立春下元 陽二局	陽六局
2. 9	12. 21	丙子	立春下元 陽二局	陽六局
2. 10	12. 22	丁丑	立春下元 陽二局	陽六局
2. 11	12. 23	戊寅	立春下元 陽二局	陽六局
2. 12	12. 24	己卯	立春上元 陽八局	陽八局
2. 13	12. 25	庚辰	立春上元 陽八局	陽八局
2. 14	12. 26	辛巳	立春上元 陽八局	陽八局
2. 15	12. 27	壬午	立春上元 陽八局	陽八局
2. 16	12. 28	癸未	立春上元 陽八局	陽八局
2. 17	12. 29	甲申	立春中元 陽五局	陽五局
2. 18	12. 30	乙酉	立春中元 陽五局	陽五局
2. 19	1. 1	丙戌	立春中元 陽五局 雨水 18시 1분 雨水中元 陽六局	陽五局
2. 20	1. 2	丁亥	雨水中元 陽六局	陽五局
2. 21	1. 3	戊子	雨水中元 陽六局	陽五局

제3장. 천지반포법(天地盤佈法)

1. 지반포법(地盤佈法)

지반포법(地盤佈法)은 음양둔(陰陽遁)과 일진(日辰)에 의한 24절기의 상중하원(上中下元)을 알면 국수(局數)를 정할 수 있다. 해당국수(局數)에 따라 육의삼기(六儀三奇)를 붙이면 된다. 다만 양국(陽局)은 순행시키고 음국(陰局)은 역행시켜 차례대로 붙인다.

1) 정축년(丁丑年) 을사월(乙巳月) 기유일(己酉日) 계유시(癸酉時) 입하상원(立夏上元) 양둔사국(陽遁四局)

戊	癸	丙
乙	己	辛
壬	丁	庚

입하(立夏)는 양둔(陽遁)이요 기유일(己酉日)은 상원(上元)이다. 입하상원(立夏上元)은 사국(四局)이니 손사궁(巽四宮)에 무(戊)를 붙이되 양둔(陽遁)이므로 순행히어 차례대로 육의삼기(六儀三奇)를 붙인다.

2) 경진년(庚辰年) 을유월(乙酉月) 병자일(丙子日) 병신시(丙申時)
백로하원(白露下元) 음둔육국(陰遁六局)

庚	丁	壬
辛	己	乙
丙	癸	戊

백로(白露)는 음둔(陰遁)이요 병자일(丙子日)은 하원(下元)이다. 백로하원(白露下元)은 육국(六局)이니 건육궁(乾六宮)에 무(戊)를 붙이되 음둔(陰遁)이므로 역행하여 차례대로 육의삼기(六儀三奇)를 붙인다.

3) 갑신년(甲申年) 갑술월(甲戌月) 계해일(癸亥日) 무오시(戊午時)
한로하원(寒露下元) 음둔삼국(陰遁三局)

乙	辛	己
戊	丙	癸
壬	庚	丁

한로(寒露)는 음둔(陰遁)이요 계해일(癸亥日)은 하원(下元)이다. 한로하원(寒露下元)은 삼국(三局)이니 진삼궁(震三宮)에 무(戊)를 붙이되 음둔(陰遁)이므로 역행하여 차례대로 육의삼기(六儀三奇)를 붙인다.

4) 신사년(辛巳年) 기해월(己亥月) 무자일(戊子日) 기미시(己未時)
  소설중원(小雪中元) 음둔팔국(陰遁八局)

壬	乙	丁
癸	辛	己
戊	丙	庚

소설(小雪)은 음둔(陰遁)이요 무자일(戊子日)은 중원(中元)이다. 소설중원(小雪中元)은 팔국(八局)이니 간팔궁(艮八宮)에 무(戊)를 붙이되 음둔(陰遁)이므로 역행하여 차례대로 육의삼기(六儀三奇)를 붙인다.

5) 갑신년(甲申年) 정축월(丁丑月) 갑진일(甲辰日) 을해시(乙亥時)
  소한하원(小寒下元) 양둔오국(陽遁五局)

乙	壬	丁
丙	戊	庚
辛	癸	己

소한(小寒)은 양둔(陽遁)이요 갑진일(甲辰日)은 하원(下元)이다. 소한하원(小寒下元)은 오국(五局)이니 중오궁(中五宮)에 무(戊)를 붙이되 양둔(陽遁)이므로 순행하여 차례대로 육의삼기(六儀三奇)를 붙인다.

2. 천반포법(天盤佈法)

천반포법(天盤佈法)은 지반포국(地盤佈局)이 끝나면 시간 부수(符首)를 시간(時干)이 임한 궁(宮)의 시간(時干) 위에 옮겨 붙이고, 차례로 지반(地盤) 육의삼기(六儀三奇)를 엇갈리게 지반(地盤) 육의삼기(六儀三奇) 위에 붙이는 것이다. 단 시간(時干)과 부수(符首)가 같은 경우에는 제자리에 앉으니 복음국(伏吟局)이 된다.

1) 양이국(陽二局) 경신시(庚申時)

이국(二局)이니 곤이궁(坤二宮)에서 무(戊)를 일으키되 양국(陽局)이므로 육의삼기(六儀三奇)를 구궁(九宮)의 순서대로 순행하여 붙인다. 경신시(庚申時)이므로 계(癸)가 부수(符首)이니 계(癸)를 시간(時干)인 경(庚) 위에 붙이고, 시간(時干) 경(庚) 위에 붙인 부수(符首) 계(癸)를 기점으로 하나씩 차례대로 지반(地盤) 위에 육의삼기(六儀三奇)를 붙인다.

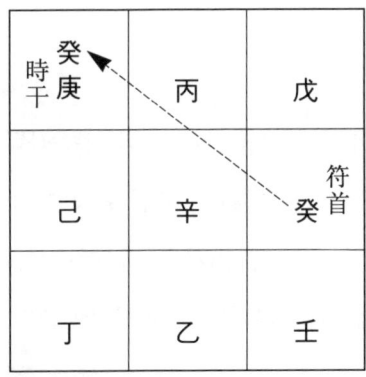 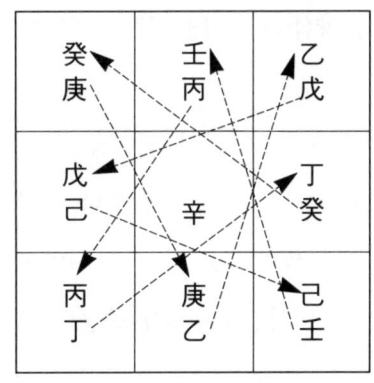

2) 음팔국(陰八局) 병인시(丙寅時)

팔국(八局)이니 간팔궁(艮八宮)에서 무(戊)를 일으키되 음둔(陰遁)이므로 육의삼기(六儀三奇)를 역행하여 차례대로 지반(地盤)을 붙인다. 병인(丙寅)은 갑자순(甲子旬)이므로 무(戊)가 부수(符首)이니 무(戊)를 시간(時干)인 병(丙) 위에 붙이고, 시간(時干) 병(丙) 위에 붙인 부수(符首) 무(戊)를 기점으로 하나씩 차례대로 지반(地盤) 위에 천반(天盤)을 붙인다.

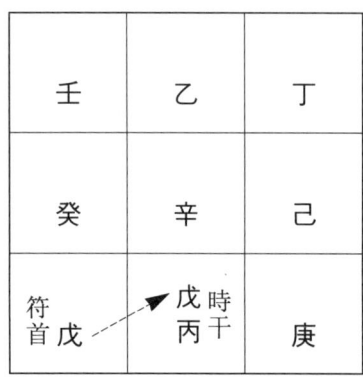 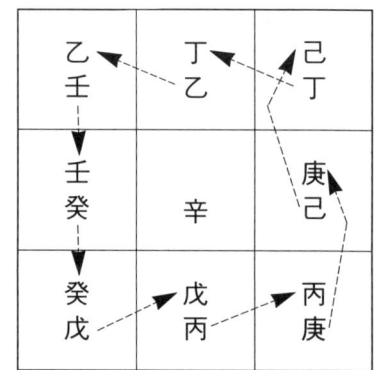

3) 양삼국(陽三局) 임진시(壬辰時)

삼국(三局)이니 진삼궁(震三宮)에서 무(戊)를 일으키되 양둔(陽遁)이므로 순행하여 하나씩 차례대로 지반(地盤)을 붙인다. 임진시(壬辰時)이므로 갑신순(甲申旬)의 경(庚)이 부수(符首)다. 부수(符首)나 시간(時干)이 중궁(中宮)에 낙입(落入)되면 곤이궁(坤二宮)

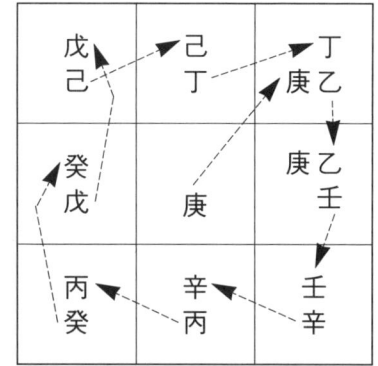

에 기(寄)한다. 부수(符首)인 경(庚)이 중궁(中宮)에 있으니 곤궁 (坤宮)으로 끌어내 기(寄)하므로 을(乙)을 시간(時干)인 임(壬) 위 에 붙인다. 시간(時干) 임(壬) 위에 붙인 부수(符首) 경(庚 : 乙)을 기점으로 하나씩 차례대로 지반(地盤) 위에 천반(天盤)을 붙인다.

4) 음육국(陰六局) 기미시(己未時)

육국(六局)이니 건육궁(乾六宮)에서 무(戊)를 일으키되 음둔(陰 遁)이니 역행하여 차례대로 지반(地盤)을 붙인다. 기미시(己未時) 는 갑인순(甲寅旬)이니 계(癸)가 부수(符首)다. 부수(符首)인 계 (癸)를 시간(時干)인 기(己) 위에 붙여야 하는데 시간(時干)인 기 (己)가 중궁(中宮)에 낙입(落入)되었다. 시간(時干)이나 부수(符 首)가 중궁(中宮)에 낙입(落入)되면 곤이궁(坤二宮)으로 끌어내 더 부살이를 시켜야 한다. 시간(時干) 위에 붙인 부수(符首) 계(癸)를 기점으로 하나씩 차례대로 지반(地盤) 위에 천반(天盤)을 붙인다.

庚	丁	癸 己壬
辛	時干 己	乙
丙	符首 癸	戊

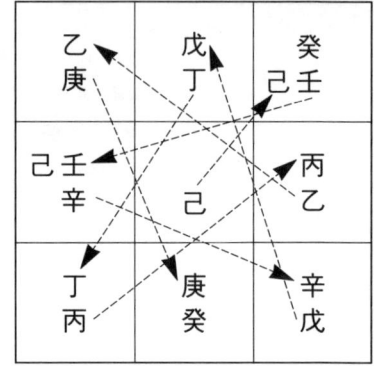

5) 양삼국(陽三局) 신축시(辛丑時)

　삼국(三局)이니 진삼궁(震三宮)에서 무(戊)를 일으키되 양둔(陽遁)이므로 구궁(九宮)의 순서대로 순행하여 지반(地盤)을 붙인다. 신축시(辛丑時)는 갑오순(甲午旬)이니 신(辛)이 부수(符首)다. 부수(符首)인 신(辛)을 시간(時干)인 신(辛) 위에 붙이니 육의(六儀)가 같다. 시간(時干) 위에 붙인 부수(符首) 신(辛)를 기점으로 차례대로 천반(天盤)을 붙이니 복음(伏吟)이 되었다. 부수(符首)와

己	丁	乙
戊	庚	壬
癸	丙	時干 辛 辛 符首

己 己	丁 丁	乙 乙
戊 戊	庚	壬 壬
癸 癸	丙 丙	辛 辛

시간(時干)이 같으면 복음격(伏吟格)이 된다.

6) 음이국(陰二局) 무진시(戊辰時)

이국(二局)이니 곤이궁(坤二宮)에서 무(戊)를 일으키되 음둔(陰遁)이므로 역행하여 차례대로 지반(地盤)을 붙인다. 무진시(戊辰時)는 갑자순(甲子旬)이니 무(戊)가 부수(符首)다. 부수(符首)인 무(戊)를 시간(時干)인 무(戊) 위에 붙인다. 시간(時干) 위에 붙인 부수(符首) 무(戊)를 기점으로 차례대로 천반(天盤)을 붙이니 복음국(伏陰局)이 되었다.

丙	庚	時戊 符 干戊 首
乙	丁	壬
辛	己	癸

丙 丙	庚 庚	戊 戊
乙 乙	丁	壬 壬
辛 辛	己 己	癸 癸

7) 양일국(陽一局) 갑자일(甲子日) 정묘시(丁卯時)

정묘시(丁卯時)는 갑자순(甲子旬)이니 부수(符首)는 무(戊)다. 감궁(坎宮)에 있는 지반부수(地盤符首) 무(戊)를 태궁(兌宮)의 시간

辛	乙	己
庚	壬	戊 時 丁 干
丙	符首 戊	癸

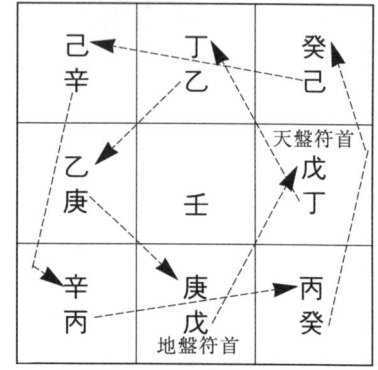

(時干) 정(丁) 위에 옮겨 붙이고, 나머지는 차례대로 천반(天盤)을 붙인다.

8) 음삼국(陰三局) 병오일(丙午日) 임진시(壬辰時)

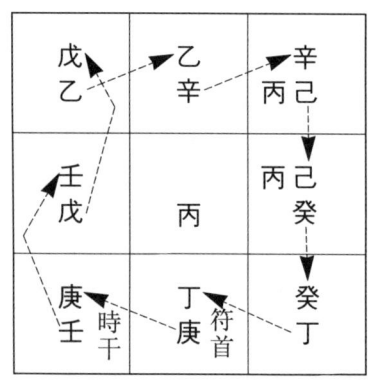

임진(壬辰)은 갑신순(甲申旬)이니 경(庚)이 부수(符首)다. 감궁(坎宮)에 있는 지반부수(地盤符首) 경(庚)을 간궁(艮宮)의 시간(時干) 임(壬) 위에 붙이고, 나머지는 하나씩 차례대로 천반(天盤)을 붙인다.

9) 양삼국(陽三局) 을사시(乙巳時)

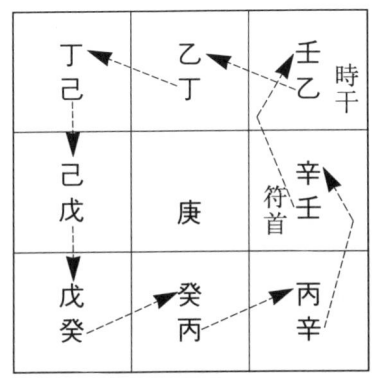

을사(乙巳)는 갑신순(甲申旬)이니 임(壬)이 부수(符首)다. 부수(符首)인 임(壬)을 시간(時干)인 을(乙) 위에 옮겨 붙이고 순서대로 천반(天盤)을 붙인다. 지반(地盤)에 있는 부수(符首)를 지반부수(地盤符首)라 하고, 천반(天盤)에 있는 부수(符首)를 천반부수(天盤符首)라 한다.

제4장. 팔문(八門)의 부법(附法)

팔문(八門)이란 생문(生門)·상문(傷門)·두문(杜門)·경문(景門)·사문(死門)·경문(驚門)·개문(開門)·휴문(休門)을 말한다. 시간부수(時干符首)가 머무는 궁(宮)의 팔문(八門) 정위문(定位門)을 시간이 임한 궁(宮)에 옮겨 붙이되 음양둔(陰陽遁)을 막론하고 시계방향으로 차례대로 순행한다. 시간이 중궁(中宮)에 머물 때는 곤궁(坤宮)으로 끌어내 해당하는 팔문(八門)을 붙인다.

시간을 짚을 때는 일국(一局)이면 감궁(坎宮)에서 갑자(甲子)를 일으키고, 이국(二局)이면 곤궁(坤宮)에서 갑자(甲子)를 일으키고, 삼국(三局)이면 진궁(震宮)에서 갑자(甲子)를 일으키고, 사국(四局)이면 손궁(巽宮)에서 갑자(甲子)를 일으키고, 오국(五局)이면 중궁(中宮)에서 갑자(甲子)를 일으키고, 육국(六局)이면 건궁(乾宮)에서 갑자(甲子)를 일으키고, 칠국(七局)이면 태궁(兌宮)에서 갑자(甲子)를 일으키고, 팔국(八局)이면 간궁(艮宮)에서 갑자(甲

子)를 일으키고, 구국(九局)이면 리궁(離宮)에서 갑자(甲子)를 일으킨다.

그 다음 양둔(陽遁)은 순행시키고 음둔(陰遁)은 역행시켜 육갑(六甲)을 짚어가다가 시주(時柱)가 멈춘 궁(宮)으로 부수(符首)가 임한 궁(宮)의 정위문(定位門)을 옮겨 붙이는데 팔문(八門)을 차례대로 순행시킨다. 팔문(八門)을 붙일 때는 음양둔(陰陽遁) 모두 팔방(八方)으로 순행한다. 시간이 중궁(中宮)에 머물면 곤궁(坤宮)으로 끌어내 곤궁(坤宮)에다 해당하는 문(門)을 붙이고, 부수(符首)가 중궁(中宮)에 있을 때는 곤궁(坤宮)으로 끌어내 곤궁(坤宮)의 정위문(定位門)인 사문(死門)을 시간이 임한 궁(宮)으로 옮겨 붙인다.

육갑양국도(六甲陽局圖)

陽一局

甲午		甲戌
甲申	甲辰	
	甲子	甲寅

陽二局

甲申		甲子
甲戌	甲午	甲寅
		甲辰

陽三局

甲戌		
甲子	甲申	甲辰
甲寅		甲午

陽四局

甲子	甲寅	
	甲戌	甲午
甲辰		甲申

陽五局

	甲辰	
	甲子	甲申
甲午	甲寅	甲戌

陽六局

	甲午	甲寅
		甲戌
甲申	甲辰	甲子

	甲申	甲辰
甲寅		甲子
甲戌	甲午	

陽七局

甲寅	甲戌	甲午
甲辰		
甲子	甲辰	

陽八局

甲辰	甲子	甲申
甲午	甲寅	
	甲戌	

陽九局

육갑음국도(六甲陰局圖)

	甲戌	
	甲寅	甲午
甲申	甲子	甲辰

陰一局

	甲申	甲子
		甲辰
甲午	甲戌	甲寅

陰二局

	甲午	甲戌
甲子		甲寅
甲辰	甲申	

陰三局

甲子	甲辰	甲申
甲戌		
甲寅	甲午	

陰四局

甲戌	甲寅	甲午
甲申	甲子	
	甲辰	

陰五局

甲申		甲辰
甲午	甲戌	
	甲寅	甲子

陰六局

甲午		甲寅
甲辰	甲申	甲子
		甲戌

陰七局

甲辰		
甲寅	甲午	甲戌
甲子		甲申

陰八局

甲寅	甲子	
	甲辰	甲申
甲戌		甲午

陰九局

앞의 육갑도(六甲圖)를 활용하면 시간이 임한 궁을 빨리 알 수 있을 것이다.

팔문포국도(八門佈局圖)

杜門	景門	死門		杜門	景門	死門		傷門	杜門	景門

杜門	景門	死門
傷門		景門
生門	休門	開門

杜門	景門	死門
傷門		驚門
生門	休門	開門

傷門	杜門	景門
生門		死門
休門	開門	驚門

팔문정위(八門定位)

生門	傷門	杜門
休門		景門
開門	驚門	死門

休門	生門	傷門
開門		杜門
驚門	死門	景門

開門	休門	生門
驚門		傷門
死門	景門	杜門

驚門	開門	休門
死門		生門
景門	杜門	傷門

死門	驚門	開門
景門		休門
杜門	傷門	生門

景門	死門	驚門
杜門		開門
傷門	生門	休門

壬 庚	乙 丙	丁 辛 戊
時干 癸 己	辛	己 癸 符首
辛 戊 丁	丙 乙	庚 壬

1) 양이국(陽二局) 무계일(戊癸日) 기미시(己未時)

기미시(己未時)는 갑인순(甲寅旬)이니 부수(符首)는 계(癸)인데 태칠궁(兌七宮)에 임하였다. 상대 팔문(八門)은 경문(驚門)이니 직사(直使)는 경문(驚門)이다. 양이국(陽二局)이니 곤이궁(坤二宮)에 갑자(甲子)를 붙여 기미(己未)가 닿을 때까지 짚으면 기미시(己未時)가 진삼궁(震三宮)에 닿는다. 부수(符首)인 계(癸)가 있는 태칠궁(兌七宮)의 정위문(定位門)인 경문(驚門)을 시(時)가 닿는 진궁(震宮)에 옮겨 붙이는데 차례대로 순행하여 붙인다. 음둔(陰遁)과 양둔(陽遁) 모두 팔문(八門)을 팔방(八方)으로 순행하여 붙인다.

甲 壬 申 庚	丙 乙 辰 丙	甲 戊 丁 子 午 戊
甲 己 癸 戌 未 己	甲 午 辛	甲 己 寅 癸
乙 辛 戊 卯 丁	丁 丙 巳 乙	甲 庚 辰 壬

壬 庚 開	乙 丙 休	丁 戊 生
癸 己 驚	辛	己 癸 傷
辛 戊 丁 死	丙 乙 景	庚 壬 杜

<table>
<tr><td>癸
庚</td><td>丙
丁</td><td>辛
己壬</td></tr>
<tr><td>符首 戊辛</td><td>時干 己</td><td>庚
乙</td></tr>
<tr><td>乙
丙</td><td>己壬
癸</td><td>丁
戊</td></tr>
</table>

2) 음육국(陰六局) 병신일(丙辛日) 기해시(己亥時)

기해시(己亥時)는 갑오순(甲午旬)이니 부수(符首)는 신(辛)인데 진삼궁(震三宮)에 임하였다. 상대 팔문(八門)은 상문(傷門)이니 직사(直使)는 상문(傷門)이다. 음육국(陰六局)이니 건육궁(乾六宮)에 갑자(甲子)를 붙여 역행하여 기해(己亥)가 닿을 때까지 짚으면 기해시(己亥時)가 태칠궁(兌七宮)에 닿는다. 부수(符首)인 신(辛)이 머무는 진삼궁(震三宮)의 정위문(定位門)인 상문(傷門)을 기해(己亥)가 임한 태칠궁(兌七宮)에 붙이는데 팔문(八門)을 차례대로 순행하여 붙인다.

<table>
<tr><td>甲申 癸庚</td><td>丁酉 丙丁</td><td>乙未 辛己壬</td></tr>
<tr><td>甲午 戊辛</td><td>甲戌 己</td><td>己亥 庚乙</td></tr>
<tr><td>戊戌 乙丙</td><td>丙己壬申 癸</td><td>甲子 丁戊</td></tr>
</table>

<table>
<tr><td>開 癸庚</td><td>休 丙丁</td><td>生 辛己壬</td></tr>
<tr><td>驚 戊辛</td><td>己</td><td>傷 庚乙</td></tr>
<tr><td>死 乙丙</td><td>景 己壬癸</td><td>杜 丁戊</td></tr>
</table>

丁 戊	壬 癸	乙 己丙
庚 乙	符首 己	戊 辛
辛 壬	己丙 時干 丁	癸 庚

甲丁 子戊	壬 癸	乙 己丙
庚 乙	甲 戊己	丙戊 子辛
丁辛 丑壬	己丙 丁	乙癸 亥庚

丁 開 戊	壬 休 癸	乙 生 己丙
庚 驚 乙	己	戊 傷 辛
辛 死 壬	己丙 景 丁	癸 杜 庚

3) 양사국(陽四局) 을경일(乙庚日) 정축시(丁丑時)

정축시(丁丑時)는 갑술순(甲戌旬)이니 부수(符首)는 기(己)인데 중궁(中宮)에 낙입(落入)되었으니 곤이궁(坤二宮)에 기(寄)한다. 곤이궁(坤二宮)의 상대 팔문(八門)은 사문(死門)이니 직사(直使)는 사문(死門)이다. 양사국(陽四局)이니 손사궁(巽四宮)에 갑자(甲子)를 붙여 정축(丁丑)이 닿을 때까지 순행하여 짚으면 정축시(丁丑時)가 간팔궁(艮八宮)에 닿는다. 부수(符首)인 기(己)가 중궁(中宮)에 있으니 곤궁(坤宮)으로 끌어내 더부살이를 시켜야 한다. 곤이궁(坤二宮)의 정위문(定位門)인 사문(死門)을 정축시(丁丑時)가 닿은 간팔궁(艮八宮)에 옮겨 붙이는데 팔문(八門)을 차례대로 순행하여 붙인다.

壬 時干 戊	乙庚 符首 壬	丁 乙庚
戊 己	乙	丙 丁
己 癸	癸 辛	辛 丙

甲子 壬戊	甲乙庚 辰壬	甲申 乙庚
甲戊 戊己	戊申 乙	丙午 丙丁
乙巳 己癸	甲午 癸辛	丁未 辛丙

傷 壬戊	杜 乙庚壬	景 丁乙庚
生 戊己	乙	死 丙丁
休 己癸	開 癸辛	驚 辛丙

4) 음사국(陰四局) 정임일(丁壬日) 무신시(戊申時)

무신시(戊申時)는 갑진순(甲辰旬)이니 임(壬)이 부수(符首)인데 리구궁(離九宮)에 임하였다. 상대 팔문(八門)은 경문(景門)이니 직사(直使)는 경문(景門)이다. 음사국(陰四局)이니 손사궁(巽四宮)에 갑자(甲子)를 붙여 무신(戊申)이 닿을 때까지 역행하여 짚으면 무신시(戊申時)가 중궁(中宮)에 닿는다. 중궁(中宮)에는 팔문(八門)을 붙일 수 없으니 곤궁(坤宮)으로 끌어내 더부살이를 시켜야 한다. 부수(符首) 임(壬)이 머무는 리구궁(離九宮)의 정위문(定位門)인 경문(景門)을 무신시(戊申時)가 기(寄)하는 곤이궁(坤二宮)에 붙이는데 차례대로 팔문(八門)을 순행하여 붙인다.

제5장. 구성(九星)의 부법(附法)

　구성(九星)이란 천봉성(天蓬星)·천임성(天任星)·천충성(天沖星)·천보성(天輔星)·천영성(天英星)·천예성(天芮星)·천주성(天柱星)·천심성(天心星)·천금성(天禽星)을 말한다.

　구성(九星)을 붙이는 방법은 시주부수(時柱符首)가 머무는 궁(宮)의 정위성(定位星)을 시간(時干)이 머무는 궁(宮)으로 옮겨 붙이는 것이다. 구성(九星)은 천도좌전(天道左轉)의 원리대로 팔방(八方)으로 좌전(左轉)한다. 중궁(中宮)에 머무는 천금성(天禽星)은 평소에는 중궁(中宮)을 지키다가 부수(符首)가 중궁(中宮)에 낙입(落入)하면 변방으로 나가는데 반드시 곤방(坤方)으로 나간다.

　구성(九星)을 붙이는 또다른 방법이 있다. 앞에서는 구성(九星)이 팔방(八方)으로 좌전(左轉)하여 순행했으나 여기서는 구성(九星)이 팔방(八方)이 아니라 구궁(九宮)으로 순행한다. 시주부수(時柱符首)가 머무는 궁(宮)의 정위성(定位星)을 시간(時干)이 임한 궁

(宮)에 옮겨 붙이는 것은 앞의 방법과 같은데 팔방(八方)으로 순행하느냐 구궁(九宮)으로 순행하느냐의 차이가 있을 뿐이다. 구성(九星)을 붙이는 순서는 앞의 방법과 다르다. 천봉(天蓬)·천예(天芮)·천충(天沖)·천보(天輔) 천금(天禽)·천심(天心)·천주(天柱)·천임(天任)·천영(天英) 순으로 붙인다.

구성포국도(九星佈局圖)

天輔	天英	天芮
天沖	天禽	天柱
天任	天蓬	天心

九星定位

輔	英	芮
沖		柱
任	蓬	心

天蓬在坎

沖	輔	英
任		芮
蓬	心	柱

天蓬在艮

任	沖	輔
蓬		英
心	柱	芮

天蓬在震

蓬	任	沖
心		輔
柱	芮	英

天蓬在巽

心	蓬	任
柱		沖
芮	英	輔

天蓬在離

柱	心	蓬
芮		任
英	輔	沖

天蓬在坤

芮	柱	心
英		蓬
輔	沖	任

天蓬在兌

英	芮	柱
輔		心
沖	任	蓬

天蓬在乾

구성포국도(九星佈局圖)

輔	英	芮
沖	禽	柱
任	蓬	心

天蓬在坎

沖	任	蓬
芮	輔	心
柱	英	禽

天蓬在坤

芮	柱	英
蓬	沖	禽
心	任	輔

天蓬在震

蓬	心	任
英	芮	輔
禽	柱	沖

天蓬在巽

英	禽	柱
任	蓬	沖
輔	心	芮

天蓬在中宮

任	輔	心
柱	英	芮
沖	禽	蓬

天蓬在乾

柱	沖	禽
心	任	蓬
芮	輔	英

天蓬在兌

心	芮	輔
禽	柱	英
蓬	沖	任

天蓬在艮

禽	蓬	沖
輔	心	任
英	芮	柱

天蓬在離

구성사시(九星四時) 왕상휴수표(旺相休囚表)

月 \ 九星	寅卯木	巳午火	申酉金	亥子水	辰戌丑未土
天蓬水	旺	休	死, 廢	相	囚
天芮土	囚	死, 廢	旺	休	相
天沖木	相	旺	囚	死, 廢	休
天輔木	相	旺	囚	死, 廢	休
天禽土	囚	死, 廢	旺	休	相
天心金	休	囚	相	旺	死, 廢
天柱金	休	囚	相	旺	死, 廢
天任土	囚	死, 廢	旺	休	相
天英火	死, 廢	相	休	囚	旺

1) 양이국(陽二局) 기미시(己未時)

기미시(己未時)는 갑인순(甲寅旬)이니 계(癸)가 부수(符首)이고, 부수(符首)인 계(癸)가 머무는 태칠궁(兌七宮)의 정위성(定位星)은 천주(天柱)다. 천주(天柱)를 시간(時干) 기(己)가 임한 진삼궁(震三宮)에 붙이는데 천주(天柱)을 기점으로 차례대로 구성(九星)을 팔방(八方)으로 순행하여 붙인다.

壬 庚	乙 丙	丁 辛 戊
時干 癸 己	辛	符首 己 癸
辛 戊 丁	丙 乙	庚 壬

心 壬 庚	蓬 乙 丙	任 丁 辛 戊
柱 癸 己	辛	沖 己 癸
芮 辛 戊 丁	英 丙 乙	輔 庚 壬

2) 양사국(陽四局) 정축시(丁丑時)

정축시(丁丑時)는 갑술순(甲戌旬)이니 기(己)가 부수(符首)이고, 부수(符首)인 기(己)가 머무는 중궁(中宮)의 정위성(定位星)은 천금(天禽)이다. 중궁(中宮)의 구성(九星)은 곤궁(坤宮)을 거쳐 나가는데 곤궁(坤宮)의 정위성(定位星)은 천예(天芮)다. 부수(符首)인 기(己)가 임한 중궁(中宮)의 정위성(定位星)인 천금(天禽)은 곤궁

丁戊	壬癸	乙 己丙
庚乙	符首 己	戊辛
辛壬	時干 己丙 丁	癸庚

蓬 丁戊	任 壬癸	沖 乙 己丙
心 庚乙	己	輔 戊辛
柱 辛壬	禽 己丙 丁	英 癸庚

(坤宮)을 거쳐 시간(時干) 정(丁)이 임한 감궁(坎宮)에 붙이고, 시
간(時干)에 붙인 천금(天禽)을 기점으로 구성(九星)을 순서대로 팔
방(八方)으로 순행하여 붙인다.

3) 음육국(陰六局) 기해시(己亥時)

기해시(己亥時)는 갑오순(甲午旬)이니 신(辛)이 부수(符首)이고,
부수(符首)인 신(辛)이 머무는 진삼궁(震三宮)의 정위성(定位星)은
천충(天沖)이다. 천충(天沖)을 시간궁(時干宮)에 붙여야 하는데 시
간(時干) 기(己)가 중궁(中宮)에 있다. 곤이궁(坤二宮)으로 끌어내
더부살이를 시켜야 하니 천충(天沖)을 곤궁(坤宮)에 붙이고, 곤궁
(坤宮)에 붙인 천충(天沖)을 기점으로 구성(九星)을 순서대로 순행
하여 붙인다.

4) 음일국(陰一局) 병신일(丙辛日) 정유시(丁酉時)

정유시(丁酉時)는 갑오순(甲午旬)이니 신(辛)이 부수(符首)다. 부수(符首)인 신(辛)이 머무는 태궁(兌宮)의 정위성(定位星)인 천주(天柱)를 시간(時干)인 정(丁)이 머무는 손궁(巽宮)으로 옮겨 붙이고, 구성(九星)을 차례대로 팔방(八方)으로 순행하여 붙인다.

5) 양이국(陽二局) 정임일(丁壬日) 신해시(辛亥時)

신해시(辛亥時)는 갑진순(甲辰旬)이니 임(壬)이 부수(符首)다. 임(壬)이 건궁(乾宮)에 머무르니 건궁(乾宮)의 정위성(定位星)인 천심(天心)을 시간(時干)인 신(辛) 위에 옮겨 붙인다. 시간(時干)이 중궁(中宮)에 머무니 곤궁(坤宮)으로 끌어내 더부살이를 시킨다. 곤궁(坤宮)에 천심(天心)을 붙이되 차례대로 구성(九星)을 순행하여 붙인다.

辛戊 庚	癸 丙	壬 辛戊	辛戊 芮庚	柱癸 丙	心壬 辛戊
丙 己	時干 辛	乙 癸	英丙 己	辛	蓬乙 癸
庚 丁	己 乙	符首 丁 壬	輔庚 丁	沖己 乙	任丁 壬

다음은 구성(九星)이 구궁(九宮)으로 순행하는 예다.

1) 양삼국(陽三局) 무계일(戊癸日) 정사시(丁巳時)

정사(丁巳)는 갑인순(甲寅旬)이니 계(癸)가 부수(符首)다. 부수(符首)인 계(癸)가 머무는 태궁(兌宮)의 정위성(定位星)인 천주(天

<table>
<tr><td>乙
庚</td><td>丁
丙</td><td>己
辛戊</td></tr>
<tr><td>壬
己</td><td>辛</td><td>符首 庚
癸</td></tr>
<tr><td>時干 癸
丁</td><td>辛戊
乙</td><td>丙
壬</td></tr>
</table>

<table>
<tr><td>沖 乙
庚</td><td>任 丁
丙</td><td>蓬 己
辛戊</td></tr>
<tr><td>芮 壬
己</td><td>輔
辛</td><td>心 庚
癸</td></tr>
<tr><td>柱 癸
丁</td><td>辛戊
英 乙</td><td>禽 丙
壬</td></tr>
</table>

柱)를 시간(時干)인 정(丁) 위에 붙이는데 구성(九星)을 차례대로 구궁(九宮)을 순행하여 붙인다.

2) 음구국(陰九局) 갑기일(甲己日) 정묘시(丁卯時)

<table>
<tr><td>壬 丙
蓬 癸</td><td>心 庚
符首 戊</td><td>任 辛
壬 丙</td></tr>
<tr><td>英 戊
時干 丁</td><td>芮
壬</td><td>輔 乙
庚</td></tr>
<tr><td>禽 癸
己</td><td>柱 丁
乙</td><td>沖 己
辛</td></tr>
</table>

정묘(丁卯)는 갑자순(甲子旬)이니 무(戊)가 부수(符首)다. 부수(符首)인 무(戊)가 머무는 리궁(離宮)의 정위성(定位星)인 천영(天英)을 시간(時干)인 정(丁) 위에 붙이는데 구성(九星)을 차례대로 구궁(九宮)을 순행하여 붙인다.

3) 양일국(陽七局) 병신일(丙辛日) 을미시(乙未時)

任 庚 丁	丙 壬 輔 庚	心 戊 丙 壬
柱 丁 癸	英 丙	乙 芮 戊
癸 沖 己	禽 己 辛 符首	蓬 辛 乙 時干

을미(乙未)는 갑오순(甲午旬)이니 신(辛)이 부수(符首)다. 부수(符首)인 신(辛)이 머무는 감궁(坎宮)의 정위성(定位星)인 천봉(天蓬)을 시간(時干)인 을(乙) 위에 붙이는데 구성(九星)을 순서대로 구궁(九宮)을 순행하여 붙인다.

4) 병오년(丙午年) 중원칠국(中元七局) 년반(年盤)

乙 柱 辛	壬 丙 沖 年干	辛 癸 禽
丁 壬 心 符首	任 庚	丙 戊 蓬
己 芮 乙	戊 丁 輔	癸 己 英

년반(年盤)은 음국(陰局)만 사용한다. 병오(丙午)는 갑진순(甲辰旬)이니 임(壬)이 부수(符首)인데 부수(符首)가 임한 진궁(震宮)의 정위성(定位星)은 천충(天沖)이다. 천충(天沖)을 년간(年干) 병(丙)이 임한 리궁(離宮)으로 옮겨 붙이는데 구궁(九宮)을 순행하여 차례대로 구성(九星)을 붙인다.

5) 병오년(丙午年) 병신월(丙申月) 하원사국(下元四局) 월반(月盤)

任 壬戊	輔 庚壬	心 丁庚
柱 戊己	英 乙	芮 丙丁
沖 己癸	禽 癸辛 符首	蓬 辛丙 月干

월반(月盤)은 음국(陰局)만 사용한다. 병신(丙申)은 갑오순(甲午旬)이니 신(辛)이 부수(符首)이고, 부수(符首)인 신(辛)이 임한 감궁(坎宮)의 정위성(定位星)은 천봉성(天蓬星)이다. 천봉성(天蓬星)을 월간(月干) 병(丙)이 임한 건궁(乾宮)으로 옮겨 붙이는데 구궁(九宮)을 순행하여 차례대로 구성(九星)을 붙인다.

6) 정유년(丁酉年) 계축월(癸丑月) 상원육국(上元六局) 월반(月盤)

禽 癸庚	蓬 丙丁	沖 辛壬 符首
輔 戊辛	心 己	任 庚乙
英 乙丙	芮 壬癸 月干	柱 丁戊

계축(癸丑)은 갑진순(甲辰旬)이니 임(壬)이 부수(符首)이고, 부수(符首)인 임(壬)이 임한 곤궁(坤宮)의 정위성(定位星)은 천예성(天芮星)이다. 천예성(天芮星)을 월간(月干) 계(癸)가 임한 감궁(坎宮)으로 옮겨 붙이는데 구궁(九宮)을 순행하여 차례대로 구성(九星)을 붙인다.

7) 정미년(丁未年) 을사월(乙巳月) 계유일(癸酉日) 일반(日盤)

任 乙 戊 符首	輔 戊 癸 日干	心 癸 丙
柱 壬 乙	英 己	芮 丙 辛
沖 丁 壬	禽 庚 丁	蓬 辛 庚

계유(癸酉)는 갑자순(甲子旬)이니 무(戊)가 부수(符首)이고, 부수(符首) 무(戊)가 임한 손궁(巽宮)의 정위성(定位星)은 천보성(天輔星)이다. 천보성(天輔星)을 일간(日干) 계(癸)가 임한 리궁(離宮)으로 옮겨 붙이는데 구궁(九宮)을 순행하여 차례대로 구성(九星)을 붙인다.

8) 정미년(丁未年) 병오월(丙午月) 기미일(己未日) 을축시(乙丑時) 시반(時盤)

沖 辛 癸	任 乙 戊 符首	蓬 己 丙
芮 庚 丁	輔 壬	心 丁 庚
柱 丙 己	英 戊 乙 時干	禽 癸 辛

을축(乙丑)은 갑자순(甲子旬)이니 무(戊)가 부수(符首)이고, 무(戊)가 임한 리궁(離宮)의 정위성(定位星)은 천영성(天英星)이다. 천영성(天英星)을 시간(時干) 을(乙)이 임한 감궁(坎宮)으로 옮겨 붙이는데 구궁(九宮)을 순행하여 차례대로 구성(九星)을 붙인다.

9) 을사년(乙巳年) 기묘월(己卯月) 신사일(辛巳日) 을미시(乙未時) 시반(時盤)

任 乙 己	輔 壬 丁	心 辛 _{時干} 乙
柱 丁 戊	英 庚	芮 丙 壬
沖 己 癸	禽 戊 丙	蓬 癸 _{符首} 辛

을미(乙未)는 갑오순(甲午旬)이니 신(辛)이 부수(符首)이고, 부수(符首) 신(辛)이 임한 건궁(乾宮)의 정위성(定位星)은 천심성(天心星)이다. 천심성(天心星)을 시간(時干)인 을(乙)이 임한 곤궁(坤宮)으로 옮겨 붙이는데 구궁(九宮)을 순행하여 차례대로 구성(九星)을 붙인다.

제6장. 팔신(八神)의 부법(附法)

　팔신(八神)이란 직부(直符)・등사(螣蛇)・태음(太陰)・육합(六合) 구진(勾陳)・주작(朱雀)・구지(九地)・구천(九天)을 말한다. 주로 양둔(陽遁)에서 전용하나 음양둔(陰陽遁)에서 모두 사용하는 학자도 많다. 그리고 음둔(陰遁)에서는 직부(直符)・등사(螣蛇)・태음(太陰)・육합(六合)・백호(白虎) 현무(玄武)・구지(九地)・구천(九天)을 주로 전용하나 음양둔(陰陽遁)을 막론하고 사용하기도 한다. 그러나 반드시 음양둔(陰陽遁)을 구분하여 사용하는 학자도 있다. 이 책은 이 3가지 방법을 모두 인정하는 입장에서 썼다.

　팔신(八神)을 붙이는 방법은 시간(時干)이 임한 궁(宮)에 직부(直符)를 붙이는데 양둔(陽遁)은 순행하고 음둔(陰遁)은 역행한다. 주의할 점은 시간(時干)이 팔방(八方)에 있지 않고 중궁(中宮)에 놓이면 무조건 곤궁(坤宮)으로 끌어내 더부살이를 시키므로 곤궁(坤宮)에 직부(直符)를 붙여야 한다. 그리고 시간(時干)이 갑(甲)이면 해당하는 부수(符首)에 직부(直符)를 붙인다.

　가령 갑자시(甲子時)에는 무(戊)에, 갑술시(甲戌時)에는 기(己)에,

갑신시(甲申時)에는 경(庚)에, 갑오시(甲午時)에는 신(辛)에, 갑진시(甲辰時)에는 임(壬)에, 갑인시(甲寅時)에는 계(癸)에 붙인다. 갑시(甲時)가 아닌 경우에는 무조건 시간(時干)이 있는 궁(宮)에 붙인다. 그리고 년반(年盤)인 경우에는 년간(年干)이 임한 궁(宮)에, 월반(月盤)인 경우에는 월간(月干)이 임한 궁(宮)에, 일반(日盤)인 경우에는 일간(日干)이 임한 궁(宮)에 직부(直符)를 붙인다.

양국순행(陽局順行)

勾陳	朱雀	九地
六合		九天
太陰	螣蛇	直符

直符在乾

六合	勾陳	朱雀
太陰		九地
螣蛇	直符	九天

直符在坎

太陰	六合	勾陳
螣蛇		朱雀
直符	九天	九地

直符在艮

螣蛇	太陰	六合
直符		勾陳
九天	九地	朱雀

直符在震

直符	螣蛇	太陰
九天		六合
九地	朱雀	勾陳

直符在巽

九天	直符	螣蛇
九地		太陰
朱雀	勾陳	六合

直符在離

九地	九天	直符
朱雀		螣蛇
勾陳	六合	太陰

直符在坤

朱雀	九地	九天
勾陳		直符
六合	太陰	螣蛇

直符在兌

음국역행(陰局逆行)

白虎	六合	太陰
玄武		螣蛇
九地	九天	直符

直符在乾

玄武	白虎	六合
九地		太陰
九天	直符	螣蛇

直符在坎

九地	玄武	白虎
九天		六合
直符	螣蛇	太陰

直符在艮

九天	九地	玄武
直符		白虎
螣蛇	太陰	六合

直符在震

直符	九天	九地
螣蛇		玄武
太陰	六合	白虎

直符在巽

螣蛇	直符	九天
太陰		九地
六合	白虎	玄武

直符在離

太陰	螣蛇	直符
六合		九天
白虎	玄武	九地

直符在坤

六合	太陰	螣蛇
白虎		直符
玄武	九地	九天

直符在兌

1) 양이국(陽二局) 무계일(戊癸日) 기미시(己未時)

蛇 壬 庚	陰 乙 丙	合 丁 辛 戊
符 癸 己	辛	勾 己 癸
天 辛 戊 丁	地 丙 乙	朱 庚 壬

시간(時干)인 기(己)가 진삼궁(震三宮)에 있으니 진궁(震宮)에 직부(直符)를 붙인다. 양국(陽局)이니 팔신(八神)을 차례대로 순행하여 붙인다.

2) 음육국(陰六局) 을경일(乙庚日) 무인시(戊寅時)

白 丙 庚	合 辛 丁	陰 庚 己 壬
玄 癸 辛	己	蛇 丁 乙
地 戊 丙	天 乙 癸	符 己 壬 戊

시간(時干)인 무(戊)가 건육궁(乾六宮)에 있으니 건궁(乾宮)에 직부(直符)를 붙인다. 음국(陰局)이니 팔신(八神)을 차례대로 역행하여 붙인다.

3) 양삼국(陽三局) 정임일(丁壬日) 경자시(庚子時)

地 庚乙 己	天 壬 丁	符 辛 庚乙
朱 丁 戊	庚	蛇 丙 壬
勾 己 癸	合 戊 丙	陰 癸 辛

시간(時干)인 경(庚)이 중궁(中宮)에 있으니 곤이궁(坤二宮)으로 끌어내 더부살이를 시켜야 하므로 곤이궁(坤二宮)에 직부(直符)를 붙인다. 양국(陽局)이니 팔신(八神)을 순서대로 순행하여 붙인다.

4) 음육국(陰六局) 병신일(丙辛日) 기해시(己亥時)

陰 癸 庚	蛇 丙 丁	符 辛 己壬
合 戊 辛	己	天 庚 乙
白 乙 丙	己壬 玄 癸	地 丁 戊

시간(時干)인 기(己)가 중궁(中宮)에 있으니 곤이궁(坤二宮)으로 끌어내 더부살이를 시켜야 하므로 곤이궁(坤二宮)에 직부(直符)를 붙인다. 음국(陰局)이니 팔신(八神)을 순서대로 역행하여 붙인다.

5) 양팔국(陽八局) 무계일(戊癸日) 갑인시(甲寅時)

符 癸 癸	蛇 己 己	陰 丁 辛 丁 辛
天 壬 壬	丁	合 乙 乙
地 戊 戊	朱 庚 庚	勾 丙 丙

시간(時干)이 갑(甲)인데 갑(甲)은 항상 육의(六儀) 아래에 숨어 있어 쓰지 않고 부수(符首)를 사용한다. 갑인순(甲寅旬)은 계(癸)가 부수(符首)이니 계(癸)가 임한 손사궁(巽四宮)에 직부(直符)를 붙인다. 양국(陽局)이니 팔신(八神)을 차례대로 순행하여 붙인다.

6) 음사국(陰四局) 갑기일(甲己日) 갑술시(甲戌時)

天 戊 戊	地 壬 壬	玄 乙 庚 乙 庚
符 己 己	乙	白 丁 丁
蛇 癸 癸	陰 辛 辛	合 丙 丙

시간(時干)인 갑(甲)을 사용할 수 없으니 갑술순(甲戌旬)의 부수(符首)인 기(己)를 쓴다. 부수(符首)인 기(己)가 진궁(震宮)에 있으니 진궁(震宮)에 직부(直符)를 붙인다. 음국(陰局)이니 팔신(八神)을 순서대로 역행하여 붙인다.

궁신배합(宮神配合) 길흉표(吉凶表)

九宮＼八神	直符	螣蛇	太陰	六合	勾陳	朱雀	九地	九天
一白	○	×	△	△	×	×	△	△
二黑	○	×	△	△	×	×	△	△
三碧	○	×	△	△	×	×	△	△
四綠	○	×	△	△	×	×	△	△
五黃	×	●	×	×	●	●	×	×
六白	○	×	△	△	×	×	△	△
七赤	○	×	△	△	×	×	△	△
八白	○	×	△	△	×	×	△	△
九紫	○	×	△	△	×	×	△	△

○吉, △小吉, ×小凶, ●大凶

제7장. 상의(象意)

十干	의의	사용목적	의 미
甲木	求官	지위, 승인, 명성, 권위	존귀, 수령, 정직, 고상
乙木	求安	안정, 가정, 화합, 병을 다스림	유순, 부드러움, 공상, 비현실, 친화
丙火	求財	재리, 물질, 위력, 권력	사업, 매매, 금전
丁火	求智	지혜, 학문, 발견, 발명	새로움, 개혁, 진보, 우호
戊土	求信	사교, 순응, 機智	웅변, 표현, 유행
己土	求情	매력, 온정, 색정, 인기	과단성이 없음, 게으름, 색에 빠짐
庚金	求壽	장수, 운명, 재앙, 재난	위험, 불안, 기만, 자기탓
辛金	求道	수업, 마음씨, 情道	냉담, 가혹, 근심, 地味
壬水	求勝	투쟁, 승부	파괴, 성급, 거칠고 천함
癸水	求秘	사물의 비밀	사물의 완결 죽음

1. 천간류신(天干類神)의 상의(象意)

1. 갑수(甲首)

天福·靑龍에 해당하며, 은혜를 베풀거나 덕을 높이고 공을 상주는데 좋다.			
오행	陽木	방위	東
천문	태양	지리	고지, 나무숲
인물	귀족, 국왕, 관리		
신체	쓸개, 머리, 근육, 눈		
색상	청색	미각	신맛
물품	금, 옥, 보석, 왕관, 청색 물건		
옥사	궁전, 탑		
음식	신맛 식물, 아름다운 식물		
공명	예술, 사업		
성음	맑고 신선하지 못함	체형	장방형
본질	강건하고 적극적이며 곧다.		
성격	솔직하며 자부심이 매우 강하다. 그러나 고상하지 못하고 세상물정에 어두우며 사교성이 없다.		
활동	조성한 후에 정식으로 행동한다.		
득령	시기를 얻으면 동량을 이루나 지나치게 생왕하거나 흥왕하면 오히려 유랑하며 주거가 일정하지 않다.		
실령	시기를 잃으면 쓸모없는 사람이 되고, 명운이 극되거나 지나치게 극을 받으면 부패하여 쓸모가 없어진다.		
기문용어	수령·장수를 나타내며, 낡은 것을 없애고 새 것을 창조개혁하는 경향이 많다. 甲은 항상 六儀 아래에 숨는다.		

2. 을기(乙奇)

天德·蓬星·日奇에 해당하며, 덕과 은혜를 베풀고 구휼하는 데 좋다.

오행	陰木	방위	東
천문	달	지리	초원, 화원
인물	여행자, 황후, 선원		
신체	간, 눈, 손톱, 목덜미, 어깨		
색상	청록·푸른·연두색	미각	새콤달콤한 맛
물품	은, 수은, 유실물, 일용품, 녹색 물건		
옥사	식당, 집회소		
음식	떫은맛 식물, 평범한 식물		
공명	비술, 항해업		
성음	미묘한 음성	체형	유연하며 패기가 없음
본질	윤택하나 마음이 여리며 불합리한 면이 있다.		
성격	습성이 까다롭고 연기력이 풍부하나 세상에 잘 순응하며 유순하다.		
활동	활동적이면서도 활동적이지 않다.		
득령	시기를 얻으면 번화하며 무성하고 인격이 좋다.		
실령	시기를 잃으면 마른재목으로 변하므로 생기가 없고 나약하다.		
기문용어	日奇이면 의사·의원·한약·여인·처자를 나타내고, 天盤乙奇이면 상의의 색을 나타내고, 地盤乙奇이면 하의의 색을 나타낸다.		

3. 병기(丙奇)

天威·月奇에 해당하며, 명령을 내려 시행하게 하거나 씩씩한 위엄을 나타내는 데 좋다.			
오행	陽火	방위	南
천문	木星	지리	육지, 가문땅
인물	장군, 교조, 수상		
신체	소장, 입술, 맥, 어깨, 이마		
색상	자색을 띤 홍색, 자적색	미각	쓰고 매운맛
물품	아연, 주석, 상품, 藥石, 홍색 물건		
옥사	재판소, 고층빌딩		
음식	쓴맛 식물, 과일		
공명	학술, 정치		
성음	매우 듬직하다.	체형	튼튼하며 힘이 있다.
본질	청렴결백하며 강렬하다.		
성격	극렬하며 의지가 굳고 옳다고 여기면 절대로 양보하지 않는 경향이 있어 큰 재목을 이룰 수 있으나 지구력이 약하다.		
활동	매우 활발하다.		
득령	시기를 얻으면 빛을 발하며 권위가 있고 전과가 찬란하다.		
실령	시기를 잃으면 무력하고 의기소침하여 구제할 수 없고, 규모가 커도 지속성이 없다. 이런 사람과 친구가 되면 힘을 얻으나 적이 되면 두려운 원수가 된다.		
기문 용어	月奇이면 권위가 있고 혼인에서는 제3의 남자다. 乙丙이 이르면 흉악함이 사라진다. 明에는 이로우나 暗에는 불리하고, 正에는 이로우나 邪에는 불리하다.		

4. 정기(丁奇)

太陰·玉女·星奇에 해당하며, 조용하게 살면 근심이 없다. 좌천되거나 귀양을 가더라도 화내지 마라.

오행	陰火	방위	南
천문	計星	지리	불에 탄 흔적, 번화가
인물	운전수, 조종사, 史官, 躁卜者		
신체	마음, 입술, 기, 소장, 어깨, 이마		
색상	담홍색	미각	쓴맛, 상쾌한 맛
물품	납, 백금, 가위, 차량, 색깔있는 물건		
옥사	도서관, 축사		
음식	향기가 짙은 식물, 굽거나 볶은 것		
공명	점성술, 역술가		
성음	시원, 또렷, 쩌렁쩌렁	체형	보기 좋다.
본질	알랑거리며 아첨하거나 수려하며 청고하다.		
성격	매우 유순하며 화순하나 속으로는 계산적이며 변화가 있다. 교활하여 높이와 깊이를 헤아릴 수 없는 경향이 있다.		
활동	간단하며 민첩하다.		
득령	무슨 일이든 중요한 문제가 해결되면 다른 것도 아주 쉽게 풀린다. 난폭함을 녹이고 간사함을 훤히 꿰뚫어 본다.		
실령	범사에 근심이 그치지 않고 신음·포악·간사함이 있다. 겉으로는 매우 상냥하나 웃음 속에 칼을 감추고 있다.		
기문 용어	星奇·玉女·文科를 나타내며, 혼인에는 제3의 여자가 있다. 수속·면허·허가·전화·번개를 나타내며, 艮八宮에 落入되면 집에 정전이 된다. 혼인점이면 비밀리에 간음하고, 질병과 송사점이면 깊숙하고 어두워 펴기 어렵다. 暗에는 이로우나 明에는 불리하다.		

5. 무의(戊儀)

天武·天門에 해당하며, 명령을 내려 시행하게 하거나 처형하여 죽이는 데 좋다.

오행	陽土	방위	중앙
천문	水星	지리	평원, 제방
인물	대사, 시인, 교사		
신체	위, 혀, 살, 옆구리, 코		
색상	황색, 짙은 황색	미각	달고떫음, 달콤매콤
물품	서적, 붓, 먹, 펜, 문구, 황색 물건		
옥사	학교, 상점		
음식	단맛 식물, 신선한 식물		
공명	의술, 상업		
성음	매우 위엄있다.	체형	태산처럼 침착하다.
본질	극렬하며 돈후하나 매우 흥미없는 사람이다.		
성격	일에 매우 집요하며 절대로 남의 압력을 받지 않고, 강렬하며 조급하다.		
활동	일을 대충한다.		
득령	시기를 얻으면 과감하며 호탕한 기개를 지닌 인격자다.		
실령	시기를 잃으면 우둔하며 나약하고 무능하다.		
기문 용어	천문·자본·금전 등을 나타낸다. 戊는 은둔의 상으로 도망하는 데 이롭다.		

6. 기의(己儀)

六合·明堂·地戶에 해당하며, 지나간 일을 발견하거나 국경과 성을 다스리는 데 좋다. 구름과 안개를 나타내기도 한다.

오행	陰土	방위	중앙
천문	金星	지리	전답, 평원
인물	무용수, 무희, 歌妓, 한가한 사람		
신체	지라, 혀, 지방, 복부, 얼굴		
색상	황색, 연노랑	미각	달고떫음, 달고매움
물품	의복, 반지, 등황색 물건		
옥사	규방, 극장		
음식	단맛 식물, 곡물		
공명	미술, 연극		
성음	매우 매력있다.	체형	조용하며 얌전하다.
본질	박식하며 후중하고 조용하며 차분하다.		
성격	솔직하며 일처리가 관대하고, 작은 일에 연연해 하지 않으며 온순하다.		
활동	안정된 선비와 같다.		
득령	시기를 얻으면 모범의 전형이 되어 만물을 교화시킨다.		
실령	시기를 잃으면 남을 생각하지 않고 자신이 좋아하는 것만 한다.		
기문 용어	地戶·분묘 등을 나타낸다. 己는 六陽의 우두머리로 靜함이 좋다.		

7. 경의(庚儀)

天獄·天刑·白虎에 해당하며, 형옥을 결단하거나 사악함을 벌하여 죽이는 데 좋다.

오행	陽金	방위	西
천문	炁星	지리	광산, 연못
인물	무녀, 간첩, 술취한 남자		
신체	대장, 코, 가죽, 배꼽, 혹. 死門이 임하면 악성 종양·암		
색상	백색	미각	매운맛
물품	강철, 신기한 물건, 신에게 공양하는 그릇, 칼날, 흰색 물건		
옥사	황천. 환상의 세계		
음식	매운맛 식물, 단맛나는 것		
공명	수렵술, 목축업		
성음	찢어지는 듯하다.	체형	경직되고 장방형
본질	고집이 강하고 남을 압박하며 남에게 굴하지 않는다.		
성격	일에 초조해 하지만 효과는 있다. 강건·예리하며 타협할 줄 알지만 남의 규제를 받는 것을 싫어한다.		
활동	초조하게 행동하며 일이 거칠다.		
득령	시기를 얻으면 영도자가 되고 통솔력이 있으나 전제와 독선적이다.		
실령	시기를 잃으면 세도를 부리려고 한다. 분수를 모르며 위엄을 잃어버린다.		
기문 용어	도둑·원수·대장부·경찰·검찰·공안과 검경 간부를 나타낸다.		

8. 신의(辛儀)

天庭·天包에 해당하며, 정법으로 죄수를 다스리는데 좋다.
그러나 길사는 하지마라.

오행	陰金	방위	西
천문	土星	지리	황폐한 토지, 묘
인물	농부, 목공, 仙人		
신체	폐, 코, 털, 흉부, 넓적다리		
색상	백색, 옅은 흰색	미각	쓰고매운맛
물품	도끼, 망치, 활, 화살, 투명한 물건		
옥사	사원, 도관, 사당		
음식	매운맛 식물, 간장이나 소금에 절인 식물		
공명	도술, 무술		
성음	난잡	체형	우아, 안정
본질	매우 예민하고 방정하며 조용하다.		
성격	강하면서 부드럽다. 충성스럽고 시원하며 꿋꿋하다.		
활동	내구력이 강하다.		
득령	시기를 얻으면 매우 위세가 있으며 참다운 사람으로 黃鍾이다.		
실령	시기를 잃으면 계속 무너져 쓸모가 없어진다. 가을의 운세가 가장 강하며 득세할 수 있는 시기다.		
기문 용어	죄인·착오로 법에 저촉된 사람을 나타낸다. 庚辛은 숙살기이므로 동하면 사상을 당하나 도둑이나 고기를 점치는 데는 이롭다.		

9. 임의(壬儀)

天牢·小蛇에 해당하며, 송사는 공평하다. 그러나 길사는 하지 마라.

오행	陽水	방위	北
천문	火星	지리	전쟁터, 싸움터
인물	병사, 도둑, 요리사		
신체	방광, 귀, 골, 삼초, 종아리		
색상	흑색, 짙은 검정색	미각	짠맛
물품	철포, 소총, 등불, 촛불, 지뢰, 흑색 물건		
옥사	군영, 감옥		
음식	매우 짠맛의 식물, 볶은 식물		
공명	군대, 도살업		
성음	무겁고 울린다.	체형	원활하며 활력있다.
본질	매우 윤택하며 원만하나 음탕하다.		
성격	정당하지 않고 부드러우면서도 험하다. 다른 사람과 곤란함은 함께 해도 즐거움은 함께 하기 어렵다.		
활동	소통을 매우 잘한다.		
득령	시기를 얻으면 만물을 구제해 사람을 이롭게 한다.		
실령	시기를 잃으면 음침하며 현자를 배척하여 나라에 해를 끼친다.		
기문 용어	움직이는 사물, 수중물체, 흐르는 물, 석유 등을 나타낸다. 壬은 움직임의 뿌리이고, 占은 싹트고 발생하는 것을 관찰하는 것이다.		

10. 계의(癸儀)

天藏·天網·華蓋에 해당하며, 위세를 부리고 처벌하거나 모으고 거두어 들이는 데 좋다.

오행	陰水		방위	北
천문	羅星		지리	어두운 곳, 황천
인물	간첩, 시체, 살인자			
신체	신장, 귀, 머리카락, 심포락, 발			
색상	흑색, 옅은 검정색		미각	짠맛
물품	冥紙, 생사부, 기록부, 널, 자색 물건			
옥사	동굴, 저승			
음식	담색 식물, 채소로 만든 장아찌			
공명	경찰, 순찰대			
성음	쟁쟁하며 우렁차다		체형	건장하다.
본질	침착하며 듬직하고 신중하다.			
성격	음침하며 음유하고, 천박하며 깊이가 없다.			
활동	–			
득령	시기를 얻으면 행동에 변화가 많다. 용을 쫓아 변하고 남의 권세를 빌려 위세를 부린다.			
실령	시기를 잃으면 남에게 동정받는 사람이 되고, 아첨하며 뭔가에 빠져 낙심하며 음산하다.			
기문용어	여자나 성생활과 관계있는 사물이나 사람을 나타낸다. 癸는 陰水이니 술·눈물·수명을 나타내기도 한다. 천지를 본받아 고요하므로 은둔·감춤·숨는 데 좋다.			

2. 지지류신(地支類神)의 상의(象意)

1. 자(子)	
오행	陽水
방위	北
지리	못, 도랑, 하수, 저수지, 술집 등 물과 관계 있는 곳
인물	부녀자, 도둑, 소인
동물	제비, 박쥐, 쥐, 달팽이
정물	고구마, 부평초, 쥐무, 수박
사정	길신을 만나면 총명 길상하나, 흉신을 만나면 음란하며 쾌락을 쫓는다.

2. 축(丑)	
오행	陰土
방위	東北
지리	뽕밭, 교량, 궁전, 강당, 분묘
인물	귀인, 존장, 神佛
동물	소, 당나귀, 노새
정물	열쇠, 머리장식, 장신구, 진귀한 보물, 구두, 곡식을 되는 용기
사정	길신·길격을 만나면 경사·승진이 따르나, 흉신·흉격을 만나면 구설·시비·관송·질병이 따르고 고향을 떠나 유랑한다.

3. 인(寅)	
오행	陽木
방위	東北
지리	산림, 교량, 산골짜기, 묘지
인물	사위, 장부, 귀인, 청렴한 관리·공무원
동물	호랑이, 표범, 고양이
정물	문서, 재물, 영수증, 향로, 직조기, 널, 증빙서류
사정	길신을 만나면 문서·재물·돈·소식이 따르나, 흉신을 만나면 관재·재물손실·질병이 따른다.

4. 묘(卯)	
오행	陰木
방위	東
지리	큰 거리, 도로, 번화가
인물	형제, 아가씨, 부녀자, 중, 수공업자
동물	토끼, 귀뚜라미
정물	차량, 선박, 문, 창, 창살
사정	길신을 만나면 평안·안정되며 공과 사가 분명하고 차량·선박이 무사하다. 그러나 흉신을 만나면 소송·구설·색정이 따르고 차량이나 선박이 위험하다.

5. 진(辰)	
오행	陽土
방위	東南
지리	높은 산등성이, 분묘, 흙둑, 흙고개, 보리밭, 전원, 절, 도관
인물	군경, 옥졸, 도살업자, 부인, 추한 부인, 사냥꾼, 도인, 중
동물	물고기, 교룡, 뱀
정물	자기, 사기그릇, 그물, 식물체 속의 무기물, 항아리, 모피, 선향, 종이돈
사정	길신을 만나면 의사 · 약물이 따르고, 흉신을 만나면 도살업자 · 쟁투 · 소송이 따른다.

6. 사(巳)	
오행	陰火
방위	東南
지리	부엌, 아궁이, 화로, 쇠를 녹이는 가마
인물	공예가, 요리사, 二女, 거지, 화공, 화가, 소녀, 젊은부인, 옹기장이, 운전수, 조종사
동물	뱀, 지렁이, 매미, 도마뱀, 반딧불이
정물	벽돌, 기와, 부채, 문자, 악기, 직물, 꽃, 과일, 서화, 향로, 직조기, 재물
사정	길신을 만나면 문서 · 소식 · 배급표 · 유가증권이 따르나, 흉신을 만나면 유행성 전염병 · 화재 · 악몽에 시달린다.

7. 오(午)	
오행	陽火
방위	南
지리	대청, 영화관, 오락장소, 회의실, 시장
인물	중, 말타는 사람, 궁녀, 使者, 여비서
동물	말, 노루, 사슴
정물	텔레비전, 음향, 의복, 깃발, 전기, 실, 자수, 화로, 궤
사정	길신을 만나면 소식ㆍ문서가 따르나, 흉신을 만나면 구설ㆍ시비ㆍ화재가 따르고 겁을 내 의심한다.

8. 미(未)	
오행	陰土
방위	西南
지리	안마당, 뜰, 분묘, 들판, 담장, 샘
인물	부모, 양치는 사람, 과부, 도인, 농부, 악사, 박수무당, 늙은남자, 늙은부인
동물	양, 염소, 매, 알락할미새, 황충
정물	의복, 약품, 식물, 술그릇
사정	길신을 만나면 酒食이나 연회가 따르나, 흉신ㆍ흉격을 만나면 질병ㆍ관재ㆍ상복이 따른다.

9. 신(申)	
오행	陽金
방위	西南
지리	역, 정거장, 교차로, 우체국, 밀밭, 보리밭, 불당, 신당
인물	행인, 우체부, 군인, 장사, 악당, 도살업자, 의사
동물	원숭이, 사자
정물	도검, 병기, 금은, 철기, 자동차, 기차, 자전거
사정	길신을 만나면 기쁜 소식이나 아름다운 일이 따르며 노정이 분주하다. 그러나 흉신을 만나면 도로손실·파재·질병·흉재·혈광이 따른다.

10. 유(酉)	
오행	陰金
방위	西
지리	비석, 탑, 언덕, 큰 길, 골목, 창고, 문호, 술집, 石穴
인물	소녀, 눈썹이 아름다운 소녀, 비첩, 부녀자, 술장사, 여동생, 도박꾼
동물	닭, 오리, 비둘기, 거위
정물	금은, 머리장식, 진귀한 보물, 도검, 모피, 돌기둥, 마스크, 과일, 손톱, 발톱
사정	길신을 만나면 소박하며 화합하나, 흉신·흉격을 만나면 질병·이별이 따른다.

11. 술(戌)	
오행	陽土
방위	西北
지리	감옥, 분묘, 산비탈, 고개, 절, 도관, 화장실, 개집
인물	간수, 교도관, 군졸, 어른, 중, 착한 사람, 사냥꾼, 하인
동물	개, 여우, 늑대, 승냥이, 당나귀
정물	콩, 수수, 메밀, 약물, 해골, 구두, 무기, 괭이 모양의 호미, 예복, 질그릇, 열쇠
사정	길신을 만나면 매사가 순조로우나, 흉신을 만나면 속임수·쟁투·감옥의 재액·행방불명이 따른다.

12. 해(亥)	
오행	陰水
방위	西北
지리	강하, 호수, 바다, 누대, 화장실
인물	어린아이, 거지, 술취한 사람, 도둑, 죄인, 고기파는 사람, 雨師, 돼지키우는 사람
동물	고기, 새우, 게, 돼지, 멧돼지
정물	붓, 먹, 모발, 견직물, 삼베, 모시
사정	길신을 만나면 혼인이나 찾거나 요구하는 일이 성사되나, 흉신을 만나면 쟁투·난산이 따른다.

음양속성(陰陽屬性)

項目 屬性	天干	九星	九宮	八門	八卦
屬陽	甲乙丙丁戊	蓬任沖輔禽	1,8,3,4,5	休生傷杜	乾坎艮震
屬陰	己庚辛壬癸	芮英柱心	9,2,7,6	景死驚開	巽離坤兌

오행왕상휴수사(五行旺相休囚)

季節 旺相	春	夏	秋	冬	季月
旺	木	火	金	水	土
相	火	土	水	木	金
休	水	木	土	金	火
囚	金	水	火	土	木
廢(死)	土	金	木	火	水

팔문쇠왕(八門衰旺)

節氣 衰旺	冬至後	立春後	春分後	立夏後	夏至後	立秋後	秋分後	立冬後
旺	休	生	傷	杜	景	死	驚	開
絶	生	傷	杜	景	死	驚	開	休
胎	傷	杜	景	死	驚	開	休	生
沒	杜	景	死	驚	開	休	生	傷
死	景	死	驚	開	休	生	傷	杜
囚	死	驚	開	休	生	傷	杜	景
休	驚	開	休	生	傷	杜	景	死
廢	開	休	生	傷	杜	景	死	驚

3. 팔괘(八卦)의 상의(象意)

1. 건괘(乾卦)

卦數	6	五行	金	卦象	天
卦德	강건	方位	西北	數象	4, 9
五味	매운맛		五色	진한 적색, 검은색, 백색	
卦意	매우 밝음, 창시, 위엄, 넓고 큼, 원만, 존귀하며 권세가 높음, 고귀, 순수, 진실, 정직, 가득함, 장성, 매진, 향상, 정확, 관대, 큰 그릇, 운전, 노련, 지극한 덕, 물가가 뛰어오름, 우승, 결단, 난폭, 오만, 침략				
天時	태양, 쾌청, 고기압, 싸라기눈, 우박, 얼음, 수증기, 물				
時序	가을, 9~10월, 戌亥 년월일시, 庚辛申酉				
地理	서북방, 京都, 큰 군, 풍경이 좋은 곳, 산세나 지세가 높은 곳				
人象	군자, 군주, 국가원수, 영도자, 아버지, 수장, 대인, 손윗사람, 할아버지, 유명인, 관리, 관공서 사람, 주관, 환관, 의사, 머리, 폐, 뼈, 볼, 정수리, 마른체질				
病象	고열, 두면, 신경이 예민함, 답답함, 어지럼증, 폐병, 부종, 식욕감퇴, 복부팽만, 근골병, 위가 막혀 눈에서 열이 남, 한열, 상초. 여름점이면 불안하다.				
動物象	말, 백조, 사자, 코끼리, 좋은 말, 늙은 말, 마른 말, 용, 참새, 물수리, 붕새, 소리개, 진귀한 동물				
靜物象	금, 옥, 보배, 구슬, 둥근 물건, 강한 물건, 왕관, 거울, 둥근 잔, 주자반, 수정, 옥고리, 귀한 물건, 쌀, 콩, 나무열매				
屋舍	관공서, 누각, 높은 집, 빌딩, 역사, 신사, 궁전, 乾宅門路 서북향 집				
婚姻	귀관의 가족, 명성이 있는 집, 가을점이면 성사되기 쉬우나 겨울과 여름점이면 불리하다.				

官貴	조정, 정부기관, 염무관, 태수, 좌주, 기관장, 관아
性情	강건, 정직, 존귀, 사치, 용감, 적극적, 주제넘게 높은 것만 바라봄, 예법에 맞으면 밝고 바르나 그렇지 않으면 악하고 흉폭하다.
人事	강건, 용맹, 결단, 움직임이 많음, 높은 것을 좋아한다.
出行	출행이 이롭고 수도에 들어가면 좋다.
謁見	대인·덕행이 있는 사람·관귀를 보는데 좋고, 원하는 사람을 만날 수 있다.
官訟	소송을 좋아하며 귀인의 도움이 있다. 가을점이면 이로우나 여름점이면 이치에 어긋난다.
凶盜	군인, 궁수, 도적, 오만, 무례
姓名	金 자가 들어 있는 성씨, 商音, 순서는 4·9
墳墓	서북향, 乾山氣脈, 天穴, 높은 곳이 좋다. 가을점이면 귀한 인물이 나오나 여름점이면 대흉하다.
交易	성사되기 쉽다. 금, 옥, 구슬, 진귀한 보배, 귀한 물품이 좋다. 그러나 여름점이면 불리하다.
生産	순산한다. 가을점이면 귀자를 낳으나 여름점이면 손실이 있다. 서북향을 향하면 좋다.
飮食	말고기, 진미, 뼈가 많음, 간, 폐, 마른고기, 나무열매, 머릿고기, 둥근 것, 매운 것
求利	재물, 금, 옥에 이득이 있고 관공서에서 득재한다. 가을점이면 매우 이로우나 여름점이면 손재하고 겨울점이면 재물이 없다.

2. 곤괘(坤卦)

卦數	2		五行	土		卦象	地
卦德	유순		方位	西南		數象	5, 10, 2
五味	단맛				五色	황색, 흑색	
卦意	자양, 온후, 안정, 겸양, 공경, 정절, 친절, 검약, 평균, 법제, 평범, 우둔, 완만, 복종, 이욕, 도당, 노동, 빈천, 쇠미, 허약, 게으름, 인색, 의혹, 邪妄, 은닉, 하락, 공허						
天時	구름, 어둠, 안개, 저기압, 무더움, 흐림						
時序	辰戌丑未월, 未申년월일시, 8·5·10월일						
地理	들판, 고향, 평지, 서남방, 궁궐, 성읍, 담장, 목장, 빈민지역						
人象	황후, 어머니, 신하, 아내, 여자, 노모, 농부, 시골사람, 소인, 많은 사람, 음악인, 배가 큰 사람, 선비, 중, 늙은부인, 소화기관, 배						
病象	냉함, 여위고 약함, 비만, 정기, 허탈, 과로, 비장·위장질환, 소화불량, 복통, 설사, 숙변, 하혈						
動物象	소, 암말, 온갖 새, 갈매기, 까마귀, 비둘기, 물고기						
靜物象	토산물, 부드러운 물건, 비단, 오곡, 명주솜, 수레, 가마, 토기, 사기, 밭에서 쓰는 기구, 솥, 도끼, 배, 대추, 가지, 토란						
屋舍	坤宅門路 서남향, 시골집, 농가, 작고 낮은 집, 흙계단, 창고						
婚姻	이롭다. 재산가, 시골집, 과부집, 부잣집, 장사하는 집, 농가, 추함, 졸렬·인색, 배가 큼, 튼튼함, 아둔함, 얼굴이 누렇다. 봄점이면 불리하다.						

官貴	대신, 교관, 시험문제, 농촌진흥청, 농촌지도소, 토지개발공사, 서남방이 좋으나 봄점이면 허명이다.
性情	어리석으며 자애심이 없고, 순하며 느리고 성실함이 없다. 예법에 부합되면 성현이 되나 그렇지 않으면 사악하고 방탕하다.
人事	인색, 유순, 나약, 주위에 사람이 많다.
出行	이롭다. 서남방·시골·고향·육로가 좋다. 봄점은 불리하다.
謁見	좋다. 시골사람·친구·여자를 만나는데 좋다. 봄점이면 불리하다.
官訟	순리를 따르라. 여러 사람의 동정을 얻고, 송사가 해산된다.
凶盜	외진 곳에 숨어 있다.
姓名	土 자가 든 성씨, 宮音, 순서는 2·5·10
墳墓	서남향 혈이 좋다. 평지나 들판이 가까운 곳과 지대가 낮은 곳이 좋다. 그러나 봄점이면 장사지내는 데 좋지 않다.
交易	이롭다. 土 중이나 천한 물건이나 무거운 물건이 이롭다. 조용한 가운데 득재한다. 그러나 봄점이면 불리하다.
生産	순산한다. 그러나 봄점이면 난산이며 손실이 있거나 산모가 불리하다. 서남방으로 앉는 것이 좋다.
飮食	쇠고기, 土 중 물건, 단맛, 오곡맛, 토란, 죽순, 자연스런 들판의 맛, 복부 내장의 물건
求利	이득이 있다. 土 중 물건, 흔한 상품, 중한 물건이 이롭다. 조용한 가운데 득재한다. 봄점이면 재물이 없고 많은 가운데 이득이 있다.

3. 진괘(震卦)

卦數	3	五行	木	卦象	雷
卦德	奮動	方位	東	數象	3, 8
五味	신맛	五色	청색, 흑색, 녹색, 파란색, 검거나 누런색		
卦意	진동, 면려, 분노, 용간, 활발, 성공, 속력, 발전이 빠름, 재능, 결단, 발성, 경악				
天時	우뢰, 천둥소리, 뇌전, 무지개, 쾌청				
時序	봄, 2월, 卯 년월일시, 4·3·8월일				
地理	동방, 수목, 번잡한 시장, 큰 길, 대나무, 초목이 무성한 곳, 주택가, 문지방				
人象	장남, 현인, 嗣主, 발, 근맥, 낙심함, 성급한 사람, 경찰, 행상인, 장수, 공예가				
病象	정신이상, 공포증, 발광, 逆上, 경련, 간장질환, 각기, 수족외상, 사지피로, 근시, 발병, 근절				
動物象	용, 뱀, 벌, 나비, 백로, 학, 말, 짐승, 날짐승, 곤충류				
靜物象	대나무, 갈대, 나무로 된 악기, 화초, 번잡하고 신선한 물건, 토란, 팥, 곡식, 새로운 과일, 나무쟁반, 대나무 광주리, 주판알, 兵車, 병뚜껑, 북, 치마, 허리띠, 얽어매는 끈, 노끈, 밧줄, 푸르거나 검으며 누런 채색 비단, 폭죽				
屋舍	震宅門路 동향집, 산림에 있는 집, 누각, 훌륭한 누각, 탑				
婚姻	성립된다. 명문가와 인연이 있고 장남의 혼인에 이롭다. 그러나 가을점이면 좋지 않다.				

官貴	감사, 군수, 법관, 순경, 검찰, 교도관, 세무공무원, 명령을 내리는 직책, 시장물품을 담당하는 사람
性情	강하며 결단력이 있고 조급하며 거칠고 큰 것과 공을 좋아한다. 이치에 부합되면 위엄이 있으나 그렇지 않으면 포악하며 조급하다. 상괘는 날고 하괘는 걸어간다.
人事	기동, 노함, 헛되이 놀람, 왁자지껄하다. 움직임이 많고 조용함이 적으며 급진적이다.
出行	동방과 산림의 사람에게 이롭다. 가을점은 불리하고 쓸데없이 놀란다.
謁見	만날 수 있다. 산림이나 산 속에 있는 사찰의 사람을 만나고, 명망 있는 사람을 만나는 데 이롭다.
官訟	승소한다. 헛되이 놀란다.
凶盜	동쪽으로 갔다. 대나무숲이 있는 곳이며 장남이다.
姓名	草木 자가 들어간 성씨, 角音, 순서는 3·8
墳墓	동향이 좋고 산림에 혈이 있다. 가을점이면 불리하다.
交易	이롭다. 움직이면 성사되고 산림·대나무·차에 이득이 있다. 그러나 가을점이면 성사되기 어렵다.
生産	놀라는 일이 있다. 태아의 움직임이 불안하며 반드시 아들을 낳는다. 동쪽을 향하면 좋다. 그러나 가을점이면 반드시 손실이 있다.
飮食	족발, 고기, 날고기, 산나물, 채소, 나무열매
求利	산림, 재목, 대나무, 차, 버섯, 과일이 이롭다. 동쪽에서 재물을 얻고 움직이는 가운데 재물을 얻는다.

4. 손괘(巽卦)

卦數	4		五行	木		卦象	風
卦德	伏入		方位	東南		數象	3, 8, 4
五味	신맛			五色		푸른색, 하얀색, 청색, 녹색	
卦意	출입, 이익, 번창, 공순, 진퇴하지 못함, 의뢰, 명령, 세밀하게 진술함, 팔자에 맡김, 천거, 바침, 풍속, 아첨, 결단력이 없음, 욕심이 많음, 박정함, 따라다님, 회합, 공손히 복종함, 애정변화, 달아남, 재능이 없음, 가볍게 움직임,						
天時	바람, 부드러운 바람, 맑고 신선한 바람, 산들바람, 노을, 무지개						
時序	봄과 여름 사이, 3·4월, 辰巳 년월일시						
地理	동남방 땅, 초목이 무성한 땅, 꽃·과일·채소밭, 동산						
人象	장녀, 수재, 과부, 산림, 선도인, 중, 무당, 봉호, 관직을 받은 여자, 머리숱이 적은 사람, 이마가 넓은 사람, 목수, 막, 넓적다리, 사지, 이마, 눈동자 흰부분이 많은 사람, 애꾸눈, 쓸개, 살찌고 기력이 부족한 체질의 사람						
病象	풍사, 잠열, 우울증, 팔·다리의 병, 腸疾, 중풍, 寒邪, 구린내, 만성 비장 비대증, 류머티즘, 氣疾						
動物象	온갖 새, 닭, 산림 속의 새와 곤충, 물고기, 뱀, 잘 달리며 나는 새						
靜物象	나무향, 노끈, 밧줄, 곧은 물건, 긴 물건, 대나무, 목재, 섬세한 그릇, 현악기의 줄, 대나무 악기, 부채, 자루, 초목, 화원, 채소, 버들, 과일						
屋舍	巽宅門路 동남향 집, 절이나 도관의 樓園, 산에 있는 집						
婚姻	성사된다. 장녀의 혼인에 좋으나 가을점이면 불리하다.						

官貴	관직, 감옥을 관장하는 일, 시험관, 문관, 풍기문란을 단속하는 직책, 세금을 부과하는 직책, 동남방으로 부임하는 데 좋다.
性情	비열함, 야비함, 인색함, 대성통곡. 어렵게 헤쳐나가며 예법에 부합되면 권세를 도모하나 그렇지 않으면 간사하다.
人事	연하며 부드럽고 부정하며 북돋는다. 시세의 3배의 이득이 있다. 진퇴를 결정하지 못한다.
出行	출입에 이득이 있고 동남방으로 행하면 좋으나 가을점이면 불리하다.
謁見	만난다. 산림의 사람, 문인, 秀士를 만나는 데 이롭다.
官訟	화해하는 것이 좋다. 매춘이나 성매매 등 풍기문란으로 문책을 당한다.
凶盜	노비가 상의해서 취했다. 급히 와서 속히 간 분실이고 산림으로 피했다.
姓名	角音, 草木 자가 들어간 성씨. 순서는 3 · 8
墳墓	동남방이 좋다. 산림에 혈이 있고 수목이 많다. 그러나 가을점이면 불리하다.
交易	성사된다. 진퇴가 하나가 아니다. 산림, 목재, 차, 버섯, 산나물 등 산림에 이득이 있다.
生産	딸을 순산한다. 그러나 가을점이면 태아가 손실된다. 동남방을 향하면 좋다.
飮食	닭고기, 산림에서 나오는 음식, 채소, 과일, 신맛이 나는 것.
求利	3배의 이익이 있다. 대나무, 차, 산림에 이득이 있다. 그러나 가을점이면 불리하다.

5. 감괘(坎卦)

卦數	1		五行	水		卦象	水
卦德	위험		方位	北		數象	1, 6
五味	짠맛, 신맛			五色		흑색	
卦意	구덩이에 빠짐, 고생, 수고, 곤란, 궁박, 교활, 장애, 애매함, 간사한 꾀, 숨김, 인내, 적적, 고요, 미혹에 약함, 지혜, 법률, 통달, 말을 잘함, 떠서 움직임						
天時	비, 달, 눈, 서리, 이슬, 한냉, 겨울, 먹구름이 빽빽하게 뒤덮는다.						
時序	겨울, 11월, 子 년월일시, 1·6일						
地理	북방, 강호, 산골짜기에 흐르는 시내, 샘, 낮고 습한 땅, 도랑, 화장실, 언덕의 무덤, 여우나 토끼 동굴						
人象	중남, 도둑, 맹인, 유민, 강호인, 뱃사람, 신장, 귀, 피, 방광, 기름, 머리카락						
病象	강추위, 콕콕 찌르듯이 아픔, 피로, 귀, 신경쇠약, 식독, 가슴, 하혈, 설사, 혈병, 신허, 주독, 위가 냉하여 설사, 심장병, 감한, 냉한, 고질병						
動物象	돼지, 물고기, 수중 물체, 사슴, 코끼리, 여우제비, 우렁이, 소라						
靜物象	보리, 대추, 복숭아, 겉은 부드럽고 속은 견고하며 씨가 있는 것, 철기, 활, 바퀴, 바깥 테를 바로잡는 물건, 술그릇, 수정, 침소, 내						
屋舍	坎宅門路 북향집, 물가, 물가의 집, 강가의 누각, 술집, 다방, 풍월이 있는 곳, 집의 습지						
婚姻	중남의 혼인에 이롭고 북방과 인연이 좋다. 성사되기 어렵다. 辰戌丑未월에는 혼인하지 마라.						

官貴	세관, 항운, 함장, 봉록, 수상, 운송, 물고기, 소금과 관계된 직책, 구명에 어려움이 있다. 북방으로 인명받는 데 좋다.
性情	음험, 지혜, 활동성, 사각형이든 원형이든 곡형이든 잘 따르는 지혜가 있다.
人事	위험, 비하, 모략, 포악, 대담, 외유내강, 떠돌아다녀 불성이고, 물결따라 흘러가는대로 쫓아간다. 먼저는 어려우나 뒤에는 쉽다.
出行	원행은 좋지 않다. 배를 타고 물을 건너는 것은 좋다. 북방행은 모두 좋으나 도둑을 방비하라. 험하고 어려운 일을 만날까 두렵다.
謁見	만나기 어렵다. 강호인과 水 자가 들어간 성씨의 사람을 만난다.
官訟	불리하다. 음험하고 잃어버린 사건이며 곤란한 송사다. 실수로 빠진다.
凶盜	좋은 기회를 잡고 오나 꼬리가 잡히기 쉽고 반드시 잡는다.
姓名	羽音, 水 자가 들어간 성씨. 순서는 1, 6
墳墓	북향 혈이 좋다. 물가에 가까이 있고 장사지내는 데 불리하다.
交易	불리하니 매매하면 손해를 본다. 모함에 빠지기 쉽고 물가에서 교역하는 것이 좋다. 물고기, 소금, 술이 좋고, 水 자가 든 사람과 교역한다.
生産	난산으로 위험하다. 둘째나 중남이면 좋다. 辰戌丑未월이면 손실이 있다. 북향을 향하면 좋다.
飮食	술, 돼지고기, 냉면처럼 찬 음식, 해물맛, 국, 탕, 신맛, 물고기, 피를 띤 것, 씨가 있는 것, 수중 물체, 뼈가 많은 것, 담궈서 저장한 것
求利	재물손실이 있다. 물가의 재물이 좋다. 물고기, 소금, 술, 식초에 이득이 있다. 음모나 도둑을 조심해야 한다.

6. 이괘(離卦)

卦數	9	五行	火		卦象	火
卦德	현명	方位	南		數象	2, 7, 3
五味	쓴맛			五色	붉은색, 자색, 홍색	
卦意	문명, 아름다움, 부착, 현저함, 예의, 이행, 장식, 발명, 비추어 깨짐, 사악한 지혜, 의혹, 성급					
天時	해, 번개, 무지개, 노을, 쾌청, 매우 강하게 내리쬐는 태양, 열, 여름					
時序	여름 5월, 午 년월일시, 3·2·7일					
地理	남방, 매우 건조한 땅, 움부엌, 풀무질하는 곳, 북좌남향, 전당, 中堂, 처마, 부엌					
人象	중녀, 문인, 학자, 예술인, 군인, 공군, 배가 큰 사람, 눈, 심장, 소장, 상초					
病象	고열, 방광, 역상, 화상, 시력이 쇠함, 눈병, 정신과로, 불면증, 먹지 못함, 심장병, 변비, 기가 마름, 태양명삼상화, 여자는 적백대하, 혈질, 여름점이면 더위 먹음과 계절병					
動物象	꿩, 거북, 자라, 소라, 말씹조개, 게, 조개, 반딧불이, 메추라기, 학, 날짐승, 암양, 갑각류					
靜物象	곡식 열매, 들보, 연뿌리, 멧대추나무 꽃잎, 마른 나뭇가지, 마른 옷, 건조한 물건, 불, 문서, 干戈, 전쟁, 갑옷, 宮舍, 적색 물건, 인장, 편지, 詩歌, 수렵, 쇠를 불리다.					
屋舍	離宅門路 남향집, 양지바른 집, 실내가 잘 정비된 집, 빈방					
婚姻	성사되지 않는다. 중녀의 혼인에 이롭다. 여름점이면 성사되고 겨울점이면 불리하다.					

官貴	翰苑, 通判, 교관, 남방이 좋다. 문관으로 임명된다. 제련하는 직책에 좋다.
性情	총명하며 일을 잘 처리한다. 마음으로 똑똑히 관찰하며 성질이 곧아 올바르며 예법을 안다. 그렇지 않으면 온갖 사기를 친다.
人事	문인, 화가의 처소, 총명, 재능, 학문, 겸허, 書事, 우려, 의심, 떠듦, 성급, 쓸데없이 걱정한다.
出行	남방이 좋고 문서로 인한 출행이다. 겨울점이면 가지 않는 것이 좋고 배를 타는 수로는 좋지 않다.
謁見	남방인을 만난다. 겨울점이면 순조롭지 않고, 가을점이면 문서나 시험에 관한 才士를 만난다.
官訟	쉽게 풀린다. 문서로 인한 일이며 소송이 분명하게 가려진다.
凶盜	부인 도둑, 남방으로 숨었다.
姓名	火 자가 들어간 성씨, 徵音, 순서는 2·7
墳墓	남향, 수목이 없는 곳, 陽穴, 여름점이면 문인이 나오고 겨울점이면 불리하다.
交易	성사된다. 문서교역에 좋다.
生産	중녀를 순산한다. 겨울점이면 손실이 있고 남향으로 앉으면 좋다.
飮食	꿩고기, 지지고 볶은 것, 구운 것, 마른포, 훈제하거나 찐 고기
求利	남방이 좋고 문서의 재물이 있다. 겨울점이면 손실이 있다.

7. 간괘(艮卦)

卦數	8	五行	土		卦象	山
卦德	정지	方位	東北		數象	5, 10, 7
五味	단맛			五色	황색	
卦意	독실, 근신, 저축, 인자, 소박, 고상, 완고, 공경, 엄숙, 장해, 꺼칠꺼칠함, 사절					
天時	구름, 안개, 산 속의 습기, 별, 연기, 흐림, 모래바람					
時序	겨울과 봄 사이, 12월, 丑寅 년월일시					
地理	오솔길, 가까운 산성, 언덕, 분묘, 동북방, 골목길, 언덕의 정원, 종묘, 사찰의 난간					
人象	소남, 옥졸, 교도관, 코, 손, 가슴, 허리, 손가락, 뼈, 근육, 비위, 한가한 사람, 산 중의 사람, 관료, 문시지, 사환, 보증인					
病象	허약, 중독, 혈행 불순, 식체, 어깨걸림, 마비, 종기, 신체불수, 손가락, 비위, 手太陽症, 넓적다리, 맥이 풀려 가라앉는다.					
動物象	암소, 고니, 백조, 두견새, 까마귀, 참새, 오리, 갈매기, 쥐, 개, 표범, 곰, 범, 여우, 부리가 검은 동물					
靜物象	토석, 좁은 길 입구, 묘, 문, 성, 안개, 과일, 누런 물건, 흙 속 물건, 콩, 조, 기장, 쟁기, 가마, 兵甲器, 도자기, 질그릇, 냄비, 병, 독, 나무그릇, 돈주머니, 자기, 소라껍질, 통, 속은 부드럽고 겉은 단단한 물건, 누런치마, 승복, 검은 채색이 된 비단, 쇼핑백					
屋舍	艮宅門路 동북향 집, 산에 있고 가까이 돌이 있다. 도로 가까이 있다.					
婚姻	저지되어 성사되기 어렵다. 성사되더라도 더디다. 소남이나 소년의 혼인에 이롭다. 봄점이면 불리하고 시골의 혼인에 좋다.					

官貴	산지에 있는 군으로 遷轉은 없고 막혀 명예가 없다. 동북방으로 임명된다. 산성이나 고궁, 국립공원을 관리하는 직책에 좋다.
性情	머무름, 의심, 우유부단, 외강내유, 고집, 강직
人事	가로막힘, 격리, 고요함, 진퇴를 결정하지 못함, 배반, 멈춤, 보이지 않음. 봄과 여름점이면 온화하며 착하나 가을과 겨울점이면 변덕스럽고 하는 일이 느리며 정지되고 거취가 불안하다.
出行	원행은 불리하며 막힘이 있다. 가까운 육로가 좋다.
謁見	만나는 것이 좋지 않고 장애가 있다. 산림에 사는 사람을 만나는 데 좋다.
官訟	귀인이 지체되며 해결되지 않고 연루되어 결단하지 못한다.
凶盗	하인에게 시킨 일이며 소남이고 산에 숨었다.
姓名	宮音, 土 자가 들어간 성씨, 순서는 5·8·10
墳墓	동북방 혈, 산 중의 혈, 봄점이면 불리하고 도로변 가까이에 돌이 있다.
交易	성사되기 어렵다. 산림전토의 교역이 있다. 봄점이면 손실이 있다.
生産	난산으로 위험하나 동북향을 향하면 좋다. 봄점이면 손실이 있다.
飲食	땅에서 나는 식물, 모든 짐승의 고기, 죽순, 야채, 산나물, 버섯
求利	막힘이 있고 산림에서 재물을 취하는 데 좋다. 봄점이면 불리하며 손실이 있다.

8. 태괘(兌卦)

卦數	7		五行	金		卦象	澤
卦德	기쁨, 즐거움		方位	西		數象	4, 9, 7
五味	매운맛				五色	백색	
卦意	연하고 부드러움, 환희, 친애, 오락, 화순, 두터운 정, 웅변, 설명, 강습, 변명, 웃음, 의논, 호흡, 유혹, 냉정한 욕설, 이기적, 뇌물, 위선, 속임수로 얻음, 중도좌절, 비열, 색정, 여난, 도량이 좁음						
天時	비, 연못, 초승달, 별. 여름과 가을에는 짙은 안개, 겨울에는 큰 눈, 상괘는 비, 하괘는 이슬·싸라기눈, 가을에는 서늘하다.						
時序	가을, 8월, 酉 년월일시, 金 년월일, 2·4·9월일						
地理	못, 물가, 무너진 못, 폐한 샘, 산이 무너지고 파열된 땅, 오지, 염전, 샘, 사방						
人象	소녀, 小女, 첩, 歌妓, 통역관, 입, 광대뼈, 뺨, 혀, 폐, 살이 많은 사람, 배우, 박수, 선생, 손님, 장인, 중매인, 중개인, 방광, 침, 질병						
病象	기침, 훼상, 혈행불순, 폐병, 구설, 인후병, 월경불순, 대소변 불통, 임질, 기도천식, 음식을 먹지 못함, 입술과 치아가 위험함						
動物象	양, 사슴, 원숭이, 표범, 범, 승냥이, 해오라기, 연못 속의 물체, 물고기						
靜物象	金刀, 금속류, 악기, 폐물, 낡아서 훼손된 물건, 조, 대추, 사과, 호두, 석류, 채색, 이빠진 물건, 샘, 물가, 연못, 부채, 필기구, 종이						
屋舍	兌宅門路 서향집, 연못 가까이 있는 집, 담장이 무너진 집, 세대에 손실이 있다.						
婚姻	성사되지 않는다. 가을점이면 성사되나 여름점이면 불리하다. 기쁨이 있고 주로 성사되며 소녀의 혼사에 이롭다.						

官貴	사설글방, 학원, 장수, 현령, 시험, 악사, 법조계, 군인, 경찰, 통역관, 예술계. 서방으로 부임하는 데 좋고 문화와 관계있는 공직에 좋다.
性情	희열, 구설, 매우 아름다움, 말을 잘함, 화순, 음란. 사악한 말과 거짓을 행하고 주관없이 흐름에 따른다.
人事	희열, 구설, 중상모략, 비방, 음식, 입술, 암매, 아내와 치며 다툰다.
出行	원행은 좋지 않다. 구설이나 손실을 방비하라. 서방행이 좋다. 가을점이면 행해도 좋고 이로움이 있다.
謁見	서쪽으로 가면 이롭다. 저주하는 것을 본다.
官訟	쟁송이 그치지 않고 옳고 그름이 판결나지 않으며 공적인 일로 손실이 있다. 형벌을 방비하라. 가을점이면 승소한다.
凶盜	집에서 심부름꾼을 이용한 것이며 벽지로 종적을 감추었다.
姓名	金이나 ㅁ 자가 들어간 성씨. 商音, 순서는 2·4·9
墳墓	서향이 좋다. 못에서 가까운 곳이며 혈 속에 물이 있으니 방비하라. 여름점이면 좋지 않다. 폐한 혈에 장사지낸다.
交易	불리하다. 구설과 다툼이 있다. 여름점이면 불리하나 가을점이면 재물의 기쁨이 있다.
生産	불리하다. 태가 손상될까 두렵고 딸을 낳는다. 여름점이면 불리하나 서쪽을 향하면 좋다.
飮食	양고기, 못에 사는 동식물, 숙성한 맛, 매운맛
求利	이득이 없다. 재리에 손해와 구설이 따른다. 여름점이면 파재하나 가을점이면 재물의 기쁨이 있다.

4. 구궁(九宮)의 상의(象意)

1. 일백(一白)	
천문	비
지리	해양, 호수, 습지, 하천
인물	중남, 술사, 수재, 뱃사람, 중, 도사
성정	냉정·냉혹·방탕하며 지모가 풍부하고 생각을 알기 어렵다.
신체	신장, 방광, 혈기, 음부, 머리카락, 피부
금수	물고기, 돼지, 사나운 말
물품	병, 찻잔, 술잔, 도료, 기름, 차량
옥사	술집, 물 위의 건축물
음식	차, 술, 짠맛 식물, 알맹이가 단단한 수중 물체
사업	염무관. 항운업, 어업, 해운, 운수

2. 이흑(二黑)	
천문	흐림, 이슬, 짙은 안개
지리	평원, 평지, 논밭 경작지, 낮은 담장, 흙집
인물	노모, 임신부, 아내, 황후, 시골사람, 농민, 선비, 중
성정	인색, 유순, 나약, 우둔, 미련, 행동이 느리며 순종하면서도 의심함
신체	임맥, 갈비뼈, 근육, 피부, 복부, 살, 비위
금수	봉, 암소, 암말
물품	곡물, 붉은 기와, 모난 물건, 달구지, 농기구
옥사	낮고 작은 집, 창고, 시골집, 농가
음식	토산품, 단맛 식물, 쇠고기, 오곡
사업	농림부 직원, 경작, 목축, 교직, 보좌대신

3. 삼벽(三碧)	
천문	우뢰, 번개, 지진, 큰 파도
지리	번화가, 도로, 삼림, 시골의 읍
인물	장남, 태자, 사원 관리인, 증인, 행상, 공예가
성정	조급, 허위, 쉽게 노함, 의지, 판단력
신체	포락, 삼초기혈, 인후, 팔꿈치, 간, 발, 근육, 성대
금수	꾀꼬리, 개구리, 튼튼한 말
물품	창, 대포, 북, 악기, 곧은 물건, 건축자재, 손잡이, 마차, 가구
옥사	사당, 도사·불교도가 수행하는 곳, 별장, 누각
음식	과일, 채소, 신맛, 씹는 맛이 좋은 고기
사업	임무관, 찻잎, 상인, 목공, 법관, 검사관, 군수, 소금업무 담당자

4. 사록(四綠)	
천문	바람, 밀물과 썰물, 바람이 시원하고 상쾌함
지리	화원, 항구, 초원, 농원, 공원, 삼림지
인물	장녀, 과부, 의원, 소개인, 기예가 있는 여자, 봉호를 받은 여자
성정	온화, 불확실, 덕, 추세가 부정함, 야비, 인색
신체	간장, 쓸개, 수염, 겨드랑, 사지, 입
금수	닭, 뱀, 빠른 말
물품	침, 실, 시계추, 향기가 강한 물건, 대나무 공예품이나 조각, 풀로 만든 그릇, 목판화나 목각 예술품
옥사	진료소, 병원, 은행, 축사, 산이나 들에 있는 집, 화초와 임목이 많은 곳
음식	밀가루, 국수, 짠맛의 음식, 채소, 닭고기, 산림 사냥감
사업	세관, 세무서, 소개업, 의원, 임업 관원

5. 오황(五黃)	
천문	천재, 자연재해, 태풍, 모래바람, 사막
지리	전쟁터, 불탄 흔적, 묘지, 형장, 지뢰가 매설된 곳
인물	마왕, 도둑, 유랑하는 남자, 사나운 사람, 흉수
성정	음험, 잔인, 흉악, 위험, 거칠음, 야만
신체	인당, 인중, 척추, 뇌, 골수, 죽은 사람의 뼈, 넓적다리
금수	독수리, 코끼리, 늙은 말
물품	도검, 독약, 총, 흉기, 탄포, 폐물, 형벌기구
옥사	황천, 염라전, 귀신이 있는 곳, 공장이 많은 곳, 고압전기
음식	간장이나 소금에 담그거나 절인 것, 썩어서 흐물흐물하거나 부패한 음식
사업	사법관, 자객, 저격수, 형사, 도살업

6. 육백(六白)	
천문	맑음, 활짝 갬, 따뜻한 광선
지리	고성, 고적, 고지, 큰 마을, 큰 성, 큰 군, 요새, 교통 요충지
인물	늙은 아버지, 어른, 황제, 임금, 국가원수, 귀인, 명인
성정	강건, 무용, 결단력이 좋음, 높은 것을 좋아함
신체	독맥, 골격, 천정, 목부위, 머리, 폐, 털, 뺨
금수	용, 사자, 힘센 말
물품	금, 은, 동, 철, 주석, 구슬, 거울, 仙丹, 기계, 수공구
옥사	전망대, 고층빌딩, 역관, 터미널, 발코니
음식	진귀한 식품, 매운 맛 식물, 뼈가 붙어 있는 고기
사업	군관, 교통, 사업, 지방장관, 태수, 나라의 관리

7. 칠적(七赤)	
천문	달, 별
지리	못, 늪, 샘, 명승지, 낮은 곳, 강가, 바닷가
인물	소녀, 가희, 무당, 배우, 의사
성정	수다, 향락, 좌절, 좋은 말을 좋아하며 마음이 맞으면 기쁨이 많다.
신체	폐장, 대장, 항문, 입부분, 혀, 치아, 담, 내분비선
금수	까마귀, 양, 어린 말
물품	종, 방울, 통, 움푹한 물건, 구슬, 보배, 돈, 금을 장식한 물건, 은그릇
옥사	응접실, 기도하는 단, 유령이 있는 곳
음식	젓류, 버터, 매운맛, 양고기, 내장, 사탕, 과자, 꿀떡
사업	번역사, 통역관, 오락업, 현령, 장수, 시험검사관, 대학교직원

8. 팔백(八白)	
천문	안개, 아궁이의 연기, 예측하기 어려운 날씨
지리	제방, 언덕, 산지, 산고개, 사원, 고원, 높은 담장
인물	소남, 죄수, 뚱뚱한 사람, 한가한 사람, 막료, 참모, 직원, 보증인, 사찰에 고용된 하인
성정	반역, 근검, 막힘, 외유내강, 의심, 과단
신체	비장, 위장, 등, 허리, 코, 골격, 무릎, 손가락
금수	학, 개, 준마
물품	탁자, 의자, 솜이불, 무거운 물건, 석기, 돌탁자, 돌의자, 갑옷, 방탄복, 작은 상자, 고귀한 사람의 가마
옥사	큰 문, 돌담, 여관, 빌딩, 다락방, 옥탑방, 산 위의 집
음식	떡, 단맛 식물, 진국 술, 고원식물, 야생과일, 산나물, 둔한 맛
사업	순라업, 순찰, 경비, 개간, 전당포, 금융기관

9. 구자(九紫)	
천문	태양, 번개, 저녁노을, 강렬한 햇빛, 구름없이 맑은 하늘
지리	번화가, 군영, 가문 땅, 양지, 열대지구, 햇빛이 내리쬐는 곳
인물	중간의 딸, 장원, 문인, 仙佛, 장수, 병사, 전쟁하는 사람
성정	총명, 열심, 정의, 뛰어난 지성
신체	심장, 소장, 귀, 눈, 혀
금수	꿩, 표범, 아름다운 말
물품	서적, 등촉, 양초, 전기, 전등, 가스보일러, 광택나는 물건, 열내는 물건
옥사	관아, 재판소, 학교, 학원, 영화관, 오페라극장, 연출·연기하는 장소
음식	말린 고기, 쓴맛 식물, 굽거나 볶은 것, 껍질은 단단하나 속은 맛이 좋은 것
사업	호적계 직원, 修道, 교사, 연극·영화사업

5. 팔문(八門)의 상의(象意)

1. 휴문(休門)	
천문	흰구름, 단이슬
지리	시장, 해양
인물	귀인, 관리, 노인
성정	기지, 호방, 낙관
신체	신장, 귀, 오줌, 뼈
옥사	카페, 차주점, 정자, 기와집
물품	흰색가루, 움직이는 물품
음식	술, 젖
공명	장사, 기업, 실업계

2. 생문(生門)	
천문	황사, 태풍, 광풍
지리	초원, 산악
인물	신부, 소금 관리관, 갓난아기
성정	강개, 반복이 무상함, 적극적, 잘 변함
신체	위, 콧물, 손톱
옥사	은거, 규방, 산장
물품	붉은색 물건, 새로운 물건
음식	채소, 과일
공명	농업, 임업

3. 상문(傷門)	
천문	우뢰, 번개, 푸른 기, 수소
지리	수렵지, 삼림
인물	환자, 의사, 의원, 장애자
성정	화를 잘 내며 거칠고 급하다.
신체	간, 광대뼈, 고름, 근육
옥사	진료소, 병의원, 공장
물품	청색 물건, 파열·파손된 물건
음식	동물, 가축
공명	의약업

4. 두문(杜門)	
천문	자줏빛 무지개, 미풍
지리	병영, 도랑, 하수도
인물	도둑, 경찰, 소년
성정	의혹, 우유부단, 세밀, 소심
신체	간, 눈썹, 눈물, 기운, 쓸개
옥사	화려한 건축물, 여관, 여인숙
물품	녹색 물건, 유연한 물건
음식	말, 물고기, 수산류
공명	어렵, 어업

5. 경문(景門)	
천문	붉은 해, 태양, 저녁노을, 무지개
지리	도읍, 도시, 거리
인물	미인, 관리, 지식인
성정	정직, 허영, 열정, 움직임을 좋아함
신체	마음, 심장, 눈, 피, 맥
옥사	궁전, 기생집
물품	보라색 물건, 아름다운 물건
음식	떡, 카스테라, 과자
공명	국가시험, 공직시험

6. 사문(死門)	
천문	오염된 공기, 서리
지리	묘지, 황야
인물	죄수, 범인, 감옥의 관리, 교도관, 시체
성정	견실, 완고, 인색, 이기적
신체	지라, 뺨, 살, 대변
옥사	감옥, 장의사, 장례식장
물품	흑색 물건, 단단한 물건
음식	분식, 말린 것
공명	경찰, 형사

7. 경문(驚門)	
천문	황우, 벼락, 번개
지리	낭떠러지, 동굴
인물	군인, 무관, 장성
성정	담력이 작으며 허위가 있고 완고하며 고집이 세다
신체	폐, 입, 침, 피부
옥사	병영, 주둔지, 관아
물품	적색 물건, 연한 색의 물건
음식	튀김, 굽거나 볶은 것
공명	군인, 공무원

8. 개문(開門)	
천문	푸른 노을, 짙은 안개
지리	논밭, 들판, 평원
인물	선인, 천문대 · 기상대 직원, 사원관리인, 도시인, 운명을 보는 사람
성정	온건, 독단, 위엄, 듬직, 점잖음
신체	창자, 이마, 땀, 털
옥사	절, 도교사원, 사당
물품	황색 물건, 단약
음식	곡물, 삶은 것
공명	仙佛의 도

6. 팔신(八神)의 상의(象意)

1. 직부(直符)	
천문	맑음
지리	초원, 산악
인물	仙佛, 귀인
성정	기품, 우아, 평온, 태연
신체	위, 코, 눈물, 손톱
물품	금, 은
옥사	사당, 사찰, 부잣집
음식	채소, 과일
공명	수도, 관리

2. 등사(螣蛇)	
천문	태양
지리	묘지, 황야
인물	하녀, 고용인, 딸
성정	허위, 교활, 간사
신체	마음, 눈, 피, 맥
물품	노끈, 밧줄, 계약, 돈
옥사	기생집, 다방, 카페
음식	가루, 분식, 말린 것
공명	개간, 번식

3. 태음(太陰)	
천문	달
지리	낭떠러지, 동굴
인물	문인, 은사, 은둔자
성정	정직, 자애
신체	폐, 입, 침, 피부
물품	조각, 깃털, 필적
옥사	서재, 정자
음식	술, 젖, 유제품
공명	서예, 예술

4. 육합(六合)	
천문	비
지리	병영, 도랑, 하수도
인물	목공, 연예인
성정	선량, 온후
신체	간, 눈썹, 눈물, 기
물품	떡, 과자, 카스테라, 배, 차, 수레, 의복
옥사	극장, 여관
음식	말, 물고기
공명	거문고, 가야금, 비파, 송곳

5. 구진(勾陳)	
천문	우뢰
지리	수렵지, 삼림
인물	사냥꾼, 군인
성정	맹렬, 위세
신체	쓸개, 광대뼈, 고름, 근육
물품	도검, 도끼, 활, 화살, 쇠망치, 철추
옥사	감옥, 군대의 사무소
음식	동물, 가축, 짐승
공명	군대, 경찰

6. 주작(朱雀)	
천문	바람
지리	시장, 해양
인물	술취한 사람, 배우
성정	총명, 초조, 조급, 서두름
신체	신장, 귀, 오줌, 뼈
물품	모자, 석탄, 기름, 소금
옥사	선박, 점포
음식	계란, 꿩이나 메추리 알, 간장에 절인 것
공명	상인, 기업가

7. 구지(九地)	
천문	구름
지리	논밭, 경작지, 평원
인물	임신부, 농민
성정	인색, 우아
신체	지라, 뺨, 오줌, 살
물품	포목, 직물, 상자, 탁자, 의자
옥사	여승이 사는 암자, 은행
음식	고구마, 오이
공명	농업, 목축업, 축산업

8. 구천(九天)	
천문	안개
지리	도읍, 거리, 길거리
인물	의원, 점술인, 노인
성정	강건, 공평
신체	창자, 이마, 땀, 털
물품	차량, 藥石, 영부
옥사	절, 학교
음식	영양이 높은 식물, 조개
공명	수도, 종교

7. 구성(九星)의 상의(象意)

1. 천봉성(天蓬星)	
천문	장마, 궂은비
지리	강하, 해양
인물	창녀, 선원
성정	침체되어 명랑하지 않고 꽁하며 내성적
신체	귀, 신장, 방광
물품	삿갓, 우산, 고기잡는 도구, 페인트
옥사	선박, 식당, 응접실, 기생집, 요정
음식	술, 젖, 우유, 요구르트, 버터
공명	수급업무를 담당하는 관리

2. 천예성(天芮星)	
천문	안개, 이슬
지리	평원, 전원, 경작지
인물	농부, 임신부
성정	고집, 인내
신체	뺨, 임맥, 근육
물품	포목, 바둑판, 빈그릇, 빈상자
옥사	시골집, 농가, 낮고 작은 집, 논밭과 가옥
음식	벼, 보리, 사탕, 오곡
공명	농업에 관한 업무를 담당하는 관리

3. 천충성(天冲星)	
천문	우뢰, 번개
지리	삼림, 과수원
인물	지배인, 사장, 증인
성정	언변, 영리, 교묘
신체	광대뼈, 가슴, 심장, 삼초기혈
물품	도끼, 철퇴, 추, 큰 북, 종, 피리, 방울
옥사	높은 대, 빌딩, 고층아파트
음식	과일, 튀김
공명	임업관리, 산림청 직원

4. 천보성(天輔星)	
천문	무지개
지리	묘지, 화단
인물	중, 목공
성정	장엄, 온순, 온화, 유순
신체	눈썹, 간장, 쓸개
물품	바늘, 실, 붓, 먹, 서신
옥사	사원, 공장
음식	채소, 분식, 밀가루
공명	호적 관리원

5. 천금성(天禽星)	
천문	태풍, 광풍
지리	황야, 절벽, 산지
인물	흉수, 도둑, 살인강도 청부인
성정	야만, 난폭, 도리가 통하지 않음
신체	뇌, 혈액
물품	칼, 창, 수갑, 탄포
옥사	파손된 건축물, 높은 탑
음식	부패한 식물, 썩어서 냄새나는 고기
공명	법을 집행하는 사람, 사법관

6. 천심성(天心星)	
천문	맑은 하늘
지리	대도시, 도성
인물	고관대작, 고위공직자, 나리, 부자
성정	과감, 용맹
신체	이마, 독맥, 골격
물품	보물, 차량, 모자
옥사	궁성, 관아, 군영, 경찰서
음식	말린 고기, 뼈
공명	무관, 군경

7. 천주성(天柱星)	
천문	얼음, 서리
지리	못, 늪, 호수
인물	어부, 무당, 도사
성정	교활, 음험
신체	입, 폐, 대장
물품	냄비, 도끼, 밥공기, 통, 잔
옥사	사당, 강당, 학원, 사원
음식	神佛께 공양하는 것, 조류
공명	사원의 주지, 사당 관리인

8. 천임성(天任星)	
천문	모래바람, 바람에 날리는 모래
지리	산맥, 높은 산, 높은 봉우리
인물	도사, 선인
성정	소극적, 나약함, 퇴각
신체	코, 비장, 위
물품	탁자, 의자, 솜이불, 담요, 병풍
옥사	여관, 창고, 저장하는 곳
음식	채식, 비린내가 나지 않는 것, 지방
공명	교도관, 감옥지기

9. 천영성(天英星)	
천문	타는 듯이 내리쬐는 햇빛
지리	번화가
인물	상인, 수재, 학생
성정	충량, 정직, 열심
신체	눈, 심장, 소장, 혀
물품	등촉, 그림, 도서, 거울
옥사	관아, 경찰서, 상점
음식	김, 내장, 날고기
공명	군사, 도서관 관리원, 발명가, 설계사

제8장. 팔신(八神)

1. 직부(直符)

직부(直符)는 대길한 신으로 모든 신의 우두머리이며 구성(九星)의 영수이니 중앙의 토(土)에 바탕한 귀인의 위(位)가 된다. 천을(天乙)의 신이며 청룡(靑龍)·갑목(甲木)의 성질이 있고, 체(體)는 양화(陽火)에 속하며 능히 만물을 기른다. 도달한 곳은 백 가지 악이 흩어져 모든 흉함이 적멸한다. 매우 길하며 가장 선한 신이다.

인품은 청고하며 후중하고, 사람을 대하는 일도 매우 침착하다. 대장은 그 아래에 거하는 것이 이롭고, 대략 한 걸음 물러나는 것이 유리하다. 선불(仙佛)이나 존귀한 상을 갖추고, 보우·보조·수령·영도·고급품·명화를 나타내고, 기개와 도량이 비범함을 나타낸다. 그러나 시기(時機)를 잃으면 화평함이 평상인과 같고, 실령(失令)하면 중매인이 된다.

물상(物象)으로는 인수(印綬)·문장·금은·머리장식품·마

(麻)・실・베・진귀한 보물・곡물・자라・소를 나타내고, 변하면 물소의 요정・물고기의 요괴를 나타낸다. 사상(事象)으로는 왕상(旺相)이면 조서(詔書)・혼인・회갑・칠순・술과 음식을 나타내고, 휴수쇠(休囚衰)이면 울음・걱정・우울 등 흉한 일을 나타낸다. 형상은 사각형, 색상은 황백, 숫자는 1과 8을 대표한다.

천간(天干)은 갑(甲)에서 시작하고 지지(地支)는 자(子)에서 시작하니 만물의 존자라 하고, 갑자(甲子)와 더불어 육갑(六甲)이 그 가운데 있으니 직부(直符)가 된다. 구직(求職)・부임・소송・건축・구재(求財)・구명(求名) 등 모든 일에 다 좋다. 태백경금(太白庚金)은 흉한 악살이므로 두려워하나, 직부(直符)가 임하면 형체를 감추며 입묘(入墓)되고, 길한 곳에 있으면 길하고 흉한 곳에 있어도 흉하지 않다.

2. 등사(螣蛇)

등사(螣蛇)는 대흉한 신으로 남방의 화행(火行)이며 정화(丁火)의 기(氣)나 실제로는 음토(陰土)에 속한다. 속임수・허비・허전함의 신이며 허위와 간사함이 많고, 부드러우면서도 교묘하게 남을 속인다. 관리・부인의 뜻을 대표하나 시기(時機)를 잃으면 평상인으로 시장상인・노비・인신매매인・소개인・노파를 나타낸다.

물상(物象)으로는 빛나고 밝은 물건・못생긴 물건・비뚤어진 물건・파손된 물건・꽃・배・노끈・밧줄・뱀 등을 나타낸다. 사상

(事象)으로는 생산·혼인·계약서·돈·상품 등을 나타내고, 삼기(三奇)나 길문(吉門)의 길작용을 완충하는 역할을 한다. 그러나 변하면 빛·불·양초·익사한 사람 등을 나타내고, 악몽으로 번뇌가 그치지 않으며 혈액·구설·오염 등을 나타낸다.

등사(螣蛇)는 음침·놀람·괴이함·관사·구설·악랄함·미혹함·오래 앓음·욕설·악취·하는 일이 안팎이 같지 않음 등을 뜻한다. 색상은 홍색이나 백색을 대표하고, 형상은 허망하여 일정하지 않으며, 숫자는 2와 3을 대표한다.

3. 태음(太陰)

태음(太陰)은 소길지신(小吉之神)으로 서방의 음금(陰金)이며 비호와 음우(陰佑)의 신이다. 말못할 비밀을 주관하고, 은닉·애매함·속임수·첩의 일을 좋아하며, 보호와 길상·신불(神佛)의 보호가 있다. 태음(太陰)은 혼인·귀인을 뵘·부임·구명(求名)·구귀(求貴)·피난·비밀모의·임기응변·몰래 유인하는 일 등에 좋고 반드시 이긴다. 정직하며 사심이 없고 화목하며 친밀하다.

리(離)는 신(辛)을 들이며 서방에 배(配)하여 태궁(兌宮)에 위진(位鎭)한다. 태(兌)는 소녀인데 음양(陰陽)이 이르면 대자연이 만물을 생성하거나 발육시키지 못한다. 갑(甲)에서 계(癸)까지 그 수가 끝나고, 자(子)에서 유(酉)까지 그 기(氣)가 다하므로 태음(太陰)이라고 한다. 태음(太陰)은 현인·부부·은밀한 일을 주관하며 성질이 강하여 길들이기 어렵다. 문인·학자·간관(천자나 군왕의 잘못을 간하는 관리)·장모 등을 나타내나 시기(時機)를 잃으면 하녀·시첩·밤도둑이 된다.

물상(物象)으로는 조각품·금은·깃털·청결한 물건·장마·서리·비·이슬·눈·얼음·사원·필적 등을 나타낸다. 만약 왕상(旺相)하면 경사·은택·사면·혼인·생산 등을 대표하고, 휴수(休囚)되면 음란·근심·의심·사기·말못할 비밀·구설·저주·은밀한 계책·획책·울음·음모·밀약·사통·사랑의 도피·밀수 등을 대표한다. 색상은 흰색이고 체형은 유연하며 숫자는 3과 9를 대표한다.

4. 육합(六合)

육합(六合)은 소길(小吉)의 신으로 동방의 음목(陰木)이며 화합과 호위의 신이다. 성질은 화평하며 내유외강하고, 혼인·교역·중개·화합을 나타낸다. 귀족적이거나 은거생활을 하나 시기(時機)를 잃으면 노동자·기예인·중·도사·술사·의원·서도가가 된다.

음목(陰木)은 육갑(六甲)의 매(妹)이며 경금(庚金)에 짝하여 아내가 되니 경(庚)의 태(胎)를 배어 시집보내며 동방에 위진(位鎭)한다. 경(庚)을 들이는 것을 필요로 하니 갑(甲)에서 기(己)까지 그 수가 6이므로 육합(六合)이라고 한다.

육합(六合)은 주로 화려한 색채·연회·혼인·주식·대리·중개・증거・자문이 응(應)이다. 육합(六合)은 뇌부(雷部)의 우사(雨師)이며 호위의 신이니 빠르게 날아올라 변할 수 있다. 현인을 좋아하며 선함을 즐기니 귀족이 되며 고은하다. 만약 실령(失令)하면 섬세한 기예・중・도사・술사・의사・의원・서점・학자가 된다.

물상(物象)으로는 과일・소금・곡식・포백(布帛)・옷・가마・의장・도장・글자・나무지팡이・돈・배・수레를 나타내고, 변이(變異)하면 초목의 요정이나 수족류의 요괴가 된다. 사상(事象)으로는 왕상(旺相)하면 작록(爵祿)・영광・경사・혼인・화합・임신・출산을 나타내고, 휴수(休囚)되면 창녀・구설・재물다툼・질병・공격으로 겁이 많음・비방・공모・항복・유인함을 나타낸다.

색상은 황적이며 형체는 광채가 나고 수는 5와 7이다. 육합(六合)은 우뢰와 비, 하늘을 빙빙돌며 나는 것을 대표하고, 풍부한 변화의 의미가 있다. 어진 사람에게 거하며 음악을 좋아한다.

5. 구진(勾陳)

구진(勾陳)은 대흉의 신으로 중앙의 양토(陽土)에 속하며 서방의 금(金)을 바탕으로 한다. 정화(丁火)의 기(氣)이므로 실제는 음토(陰土)에 속하고, 태(兌)는 정사(丁巳)를 들인다. 구진(勾陳)은 강맹한 신으로 지호(地戶)・기토(己土)의 성질이 있다. 구설・악랄・흉악한 신을 나타내며, 미련하면서도 부드럽고 쟁송을 좋아한다. 두 마음을 지니며 주로 무기・병란・전투・두려움・괴이함・전토

(田土)·관재소송·구류·인수(印綬)의 일을 담당한다. 구진(勾陳)은 손방(巽方)에 위진(位鎭)하여 옥녀둔(玉女遁)이라 하고, 육정육갑(六丁六甲)의 신이며 음신(陰神)의 최령(最靈)이다.

정묘(丁卯)를 거하여 육정(六丁)이 그 가운데 있고, 구진(勾陳)이 중앙 양토(陽土)에 자리한다. 갑(甲)에서 무(戊)까지 수가 5이고, 자(子)에서 진(震)까지의 수도 5다. 간(艮)은 병(丙)을 들이고, 감(坎)은 무(戊)를 들이며 동남에 배(配)한다. 경(經)에 이르기를 지삼피오(知三避五)는 3·5가 반복되어 흉포하고, 완미한 기는 급히 갈 수 없으며 간(艮)에 위진(位鎭)하니 구진(勾陳)이라 한다고 하였다. 피오(避五)는 기경신임계(己庚辛壬癸) 오음간(五陰干)과 상두경사경(傷杜驚死景) 오흉문(五凶門)이다.

구진(勾陳)은 맹렬하며 위세와 권세가 있는 관리·사자(使者)·시위·용사를 대표하고, 실령(失令)하거나 시기(時機)를 잃으면 일반사병·목공·추한 부인·농부·목동·경찰·도살업자·죄수·상복입은 사람·아픈 사람·철·기와·돌·그물을 나타낸다.

물상(物象)으로는 금은·도검·재백(財帛)·나무열매·물고기·자라·교룡 등이다. 변이(變異)하면 우박·광풍·갑작스런 우뢰·사람을 해롭게 하는 물건 등을 나타낸다. 사상(事象)으로는 소송·질병·사상·도로·자빠져 다치거나 사고로 상처입음·유실·머무름·달가워하지 않음 등을 나타낸다. 구진(勾陳)은 시비·손상·흉해·골육상잔 등 모든 일이 좋지 않다. 색상은 창백색, 형상은 예리함, 수는 5와 7을 대표한다.

6. 백호(白虎)

백호(白虎)는 오행(五行)으로는 금(金)에 속하며 서방 금신(金神)인 경금(庚金)이다. 서방의 위엄을 통괄하며 살(殺)을 좋아하는 신이고, 법을 집행하는 신이며 풍백(風伯)이다. 무기・살해・쟁투・행병(行兵)・전쟁・사상(死傷)・질병・교통사고・의사・무당・돈・냄새・행정・법집행・흉기・상복 등을 나타낸다. 성격은 흉맹하며 투쟁을 좋아하고 도로나 바람을 표시한다. 기(奇)가 있으면 편안하고 무기・자문・위권・재백・바람 등을 표시한다.

기(己)는 경금(庚金)을 들이고, 손(巽)은 바람이며 바람은 범을 따르고 서방에 위진(位鎭)한다. 갑(甲)에서 경(庚)까지 그 수가 7이므로 백호(白虎)가 된다. 구진(勾陳)은 백호(白虎) 아래에 숨으므로 지호(地戶) 기토(己土)의 성질이 있고, 기토(己土)는 유(酉)에 장생(長生)되는 까닭이다.

백호(白虎)가 음둔(陰遁)의 용신(用神)이면 혈광을 나타내고, 출산을 촉진하는 신이며 버릇이 성급하고 난폭함을 나타낸다. 결심이 크고 문화가 있으며 고장(故障)과 부대(部隊)를 주관한다. 백호(白虎)는 인사(人事)에서는 환자・도로・보리・원숭이・호랑이와 매우 굳은 의지를 나타내고, 질병에서는 불안과 무서워하는 모양을 나타내며, 색상은 밤색, 숫자는 7을 나타낸다.

7. 주작(朱雀)

주작(朱雀)은 대흉의 신으로 남방의 화신(火神)이며 북방의 수(水)에 바탕한다. 주작(朱雀)은 위(位)는 병(丙)에 있고 병(丙)은 간토(艮土)를 들인다. 왕상(旺相)은 리(離)에 있고 하늘에서는 적조(赤鳥)의 신이며 병화(丙火)에 속하고, 병인(丙寅)을 거하여 육병(六丙)은 그 가운데 있으므로 주작(朱雀)이라고 한다.

주작(朱雀)은 온 천지의 들을 통괄하며 처형·간사함·참언·시비의 신이다. 문명(文明)의 기밀을 전문적으로 책임지며 구설·문서의 직을 장악한다. 성격은 총명하며 조급하고 말재주가 뛰어나지만 하는 일이 거듭 반복된다.

주작(朱雀)은 문사(文士)·술취한 남자·임신부 등을 나타낸다. 득지(得地)하면 문서·인신(印信)에 기쁨이 있고, 시기(時機)를 잃으면 배우·관리·도둑·창부·물고기나 소금을 파는 상인이며, 구설의 화·울음·공상·이별·번뇌·두려움·도망·나쁜계책·유실·무너짐·간사함 등을 나타낸다.

물상(物象)으로는 문장·도장·칙령·의복·물고기·뱀·알·야채장아찌·기름·술·우산·양산·숯 등을 나타내고, 변이(變異)하면 요괴·악마·도깨비를 관할한다. 사상(事象)으로는 알관(謁官)·구망(求望) 등을 나타낸다. 색상은 홍흑색이고, 형상은 단정하지 못하며, 숫자는 4와 9를 나타낸다.

8. 현무(玄武)

현무(玄武)는 오행(五行)으로는 수(水)에 속하며 물의 정(精)이다. 수(水)는 흑색이며 중앙 황토를 얻어 이루므로 현무(玄武)라고 한다. 한편 주작(朱雀)이 현무(玄武) 아래에 숨고, 주작(朱雀)은 본시 남방 병오(丙午)의 위(位)이고, 현무(玄武)는 북방 자수(子水)의 위(位)이니 바로 병화(丙火)가 임신하는 자리라는 설도 있다.

현무(玄武)는 북방의 기를 통괄하며 음모·살해·간사·참언·여인의 사통·도둑·주망(走亡)·유실·비·구름을 전사하는 순음(純陰)의 수(水)이고, 북방 지음(至陰)의 기를 얻었다. 성격은 남녀 간에 몰래 정을 통하는 사통이나 언변·풍운과 비를 나타낸다. 음둔(陰遁)이 용신(用神)이면 도둑·소인·군경·감옥을 나타내고, 신(辛)을 만나면 상습범이 된다.

현무(玄武)는 주로 도덕을 손상시키는 사악한 신이며 애매모호한 신이다. 주로 정부가 있고 소인은 이익을 탐하여 비밀을 고자질한다. 현무(玄武)는 사귀기 쉽도록 강요하며 강간을 나타내고, 하는 일이 부당한 간음의 신이며, 무례·탐재(貪財)·애매모호함·거짓·허풍을 주관한다. 인사(人事)에서는 도둑·간사함·소인·콩·돼지를 나타내고, 질병은 남자는 생식기가 허약한 신허를 나타내고, 여자는 자궁출혈인 혈붕을 나타낸다. 색상은 갈색이며 숫자는 4를 나타낸다.

9. 구지(九地)

구지(九地)는 소길(小吉)의 신으로 곤토(坤土)의 상이며 만물의 어머니요 어둠의 신이며 견고한 신이다. 성질은 고요하며 유순하고 겉으로는 공손하나 인색하다. 생사여탈권을 쥐며 반길반흉의 신이다. 구지(九地)가 임한 방위는 복병·잠복·고수·오랫동안 거주·파종과 양식에 이롭고, 든든함·까마득함·후중함·사서 모아둠·지연됨·소인이 모함함·속임·오랫동안 음모를 꾸밈을 나타낸다.

구지(九地)는 극제(剋制)와 입묘(入墓)를 꺼린다. 봄과 여름에 생(生)하며 가을과 겨울에 살(殺)하여 군후(君后)의 권력을 맡는다. 곤(坤)은 을계(乙癸)를 들이며 을(乙)에서 계(癸)까지의 수가 9이므로 구지(九地)라고 하며, 을축(乙丑)을 거하여 육을(六乙)은 그 가운데 있다.

구지(九地)는 의사·점쟁이·배가 큰 부녀자·늙은 부인·여자도사·향농(鄕農)·옥졸·교도관 등을 상징한다. 물상(物象)으로는 암소·곡물·포백(布帛)·금사석(金沙石)·운모·부적·주문(呪文)·약이(藥餌)·약석(藥石)·유물 등을 뜻한다. 사상(事象)으로는 애매모호함·번뇌·질병·수감·어둠·울음·사망·진위가 불분명함 등을 나타낸다. 구지(九地)는 주로 여인·의복·오곡·매장(埋葬)·짐승이 응(應)이고, 숨고 감춤·은밀하게 도모함·파종과 양식·부정하게 생긴 돈을 챙기는 데 이롭다. 수비는 이로우나 공격은 불리하다.

10. 구천(九天)

　구천(九天)은 중길(中吉)의 신으로 건금(乾金)의 상이며 만물의 아버지로 양금(陽金)에 속한다. 건(乾)은 갑임(甲壬)을 들이며 천(天)은 갑(甲)에서 시작한다. 갑(甲)에서 임(壬)까지의 수가 9이므로 구천(九天)이라고 한다.

　구천(九天)은 명성을 드러내고, 용맹한 신으로 강직하며 동함을 좋아하고, 명분이 정당하며 말도 이치에 맞는 일을 주관한다. 그 명령을 만나면 장애가 없는 지극히 길한 신이다. 성격이 강건하며 높이와 깊이를 헤아릴 수 없다. 만약 문(門)을 얻고 기(奇)를 얻으면 만복이 위력있게 모이고, 설사 기(奇)를 얻지 못해도 흉하지 않다. 그러나 입묘(入墓)되면 힘이 구부러진다.

　구천(九天)은 임금·아버지·관리·중·도사·노인·수뇌·간부·넓적다리와 옆구리를 주관한다. 물상(物象)으로는 말·금·구슬·보석·무기·칼·도마·철추·방울·거울·얼음·강철·구리·과일·돈·실·대나무·관현악기·빛·빛을 발하는 물체·귀여운 물건·회전하는 물건·소리가 매우 큰 물건 등을 나타낸다. 사상(事象)으로는 모망(謀望)·도박·원행·어지럽게 날림·급진적·극도로 흥분·능동적인 것을 나타낸다.

　구천(九天)이 가림(加臨)한 방위는 군사를 거느리고 진을 치거나 행군·전쟁·비행기를 타고 원행하는 데 좋다. 구천(九天)은 주로 문서·인장·창과 봉·불에 태움·천기를 점침·나는 새가 응(應)

이다. 색상은 홍색과 백색, 형상은 단단한 원형, 숫자는 1과 6을 나타낸다.

11. 태상(太常)

태상(太常)은 오행(五行)으로는 화기(化氣)이며 노래와 술을 좋아하는 신이다. 연회 · 제사 · 의백(衣帛) · 고(羔) · 안(雁) · 술과 음식의 일을 담당한다. 태상(太常)은 천금(天禽)을 따라 여러 방위를 두루 노닐며 화(火)를 만나면 화(火)를 따르고, 금(金)을 만나면 금(金)을 따르고, 수(水)를 만나면 수(水)를 따르고, 목(木)을 만나면 목(木)을 따르고, 토(土)를 만나면 토(土)를 따라 오체(五體)와 상합(相合)한다.

태상(太常)은 성질이 일상적이지 않다. 길문(吉門)과 어울리면 길하고, 흉문(凶門)과 어울리면 흉하다. 주로 의복 · 색상 · 효복(孝服)이 바뀐다. 인사(人事)로는 무관 · 술과 음식 · 의관 · 마(麻) · 양 · 기러기를 나타내고, 질병으로는 사지 · 배 · 머리가 편하지 않음을 나타낸다. 색상은 황색, 숫자는 8을 나타낸다. 만약 태상(太常)을 만나면 개성과 줏대가 없고 경망스럽다.

제9장. 팔문(八門)

1. 개문(開門)

개문(開門)은 수는 6이며 서북방 건궁(乾宮)에 거하고 금(金)에 속한다. 하늘의 운행은 튼튼하며 존귀하고 강건하다. 상길(上吉)의 문(門)이며 해(亥)는 갑목(甲木)의 장생지(長生地)다. 개문(開門)은 개시하는 데 좋고, 겹겹의 포위망을 돌파하거나 곤란함을 없애고, 다시 시작하거나 창조와 개발하는 일을 담당한다.

개문(開門)은 손윗사람이나 상사를 찾아뵙거나 이익을 도모하는데 매우 좋다. 집을 짓거나 보수하고, 관리는 반드시 벼슬이 높아지고, 상인은 반드시 큰 돈을 벌고, 목축업자는 반드시 키우는 우마가 살찌며 건장하고, 양봉업자는 매우 많은 꿀을 생산하여 이득을 보고, 평상인은 좋은 후대가 나타나며 자식으로 인한 경사가 있다.

무릇 개문(開門)으로 나가면 원행·여행·외출·귀인·정벌·구모(求謀)·취직·고시·혼인·이사·영업개시·창업·준공·테이

프를 끊음·착공·출병·구귀(求貴)·구명(求名)·구사(求事)·장사·구재(求財)·건축·개안·점안·새로 부임함·제자가 되어 기예를 배움·구신(求神) 등 모든 일이 다 좋다.

개문(開門)은 금(金)에 속하므로 경년(庚年)이나 신년(辛年) 또는 가을에 사용하면 노복을 쓰는 일과 전택(田宅)의 상의(象意)가 있어 목축이나 상업이 모두 길하여 이롭다. 개문(開門)과 을기(乙奇)가 기(己)에 임하면 월정소폐(月精所蔽)를 얻어 지둔(地遁)이 되므로 백사에 길하다. 그러나 개문(開門)이 3·4궁(宮)에 임하면 금극목(金剋木)이 되므로 흉하고, 개문(開門)은 사사로운 정을 따르기 때문에 정치방면에는 적합하지 않다.

2 휴문(休門)

휴문(休門)은 수는 1이며 북방 감궁(坎宮)에 거하고 수(水)에 속한다. 물은 흘러 최후에 이르면 정지하므로 한냉·동면·휴식을 의미한다. 휴문(休門)과 정기(丁奇)가 태음(太陰)에 임하면 성정소폐(星精所蔽)를 얻어 인둔(人遁)이 되므로 백사에 모두 길하다. 휴문(休門)은 수성(水星)이며 감궁(坎宮)에 거하여 득지(得地)하고, 동지(冬至)·소한(小寒)·대한(大寒)에 왕(旺)하다. 휴문(休門)이 리궁(離宮)에 임하면 문박(門迫)이 되므로 흉하다.

휴문(休門) 방위를 사용하면 반드시 부귀가 나타나고 자손의 운기가 왕성하여 창달하며 전원(田園)이 늘어난다. 소선(祖先)과 신불(神佛)에 대한 제사, 액을 바꾸고 휴양하여 병을 고침, 이사·집 수리·혼인·장사·임금이나 귀인을 만남·구재(求財)·이익·벼 슬에 올라 부임함·집을 건축함·취직·학습연구·동업·군대훈 련·입영·압력을 없앰·번뇌를 없앰·분쟁해결·일을 화해함· 관사를 제거함·귀인에게 부탁함·물건을 사들여 소비함·이해와 소통·회식하고 즐김·여가여행·일을 홀가분하고 유쾌하게 처리 함 등을 담당하는 상길(上吉)의 문으로 모든 일에 매우 좋다.

그러나 출산에 이 방위를 사용하면 난산의 위험이 있고, 형을 집 행하거나 소송사건을 판결하는 일에는 적합하지 않다. 이 방위는 수입이 늘어나는 방위이나 겨울에 사용하면 불리하다. 이 외에는 모두 길하며 이롭다. 만약 남방이나 북방의 휴문(休門)을 사용하면 어떤 사람이 와서 중매를 서고, 기타 방면에서 휴문(休門)을 사용 하면 육축이 흥왕하며 관직에 오른 사람은 벼락출세한다.

3. 생문(生門)

생문(生門)의 수는 8이며 동북방 간궁(艮宮)에 거하고 토(土)에 속한다. 가장 길한 문(門)으로 만물의 종시(終始)와 후천(後天)으 로 창생하는 궁(宮)이다. 만물이 소생하는 양기(陽氣)가 돌아와 생 명이 왕성하고, 성장이 신속하며 끊임없이 생기발랄하다.

생문(生門)은 길문(吉門)으로 이 방위를 사용하면 나쁜 일이 모두 땅 속으로 사라진다. 이성친구가 있으면 물질적인 도움을 받아 돈을 벌고, 자손도 그 이득에 힘입어 번영한다. 3년 안에 귀자를 낳고, 먼 곳의 교역도 진전되어 매우 순조롭다. 귀인을 만남 · 일을 도모함 · 벼슬하여 부임함 · 혼인 · 장사 · 매매 · 건축 · 이사 · 입택(入宅) · 원행 · 정벌 · 질병치료 · 구재(求財) · 구리(求利) · 연구 · 학습 · 구의(求醫) · 구자(求子) · 불사(佛事) · 부적을 만드는 일 등 모든 일에 다 좋다.

생문(生門)은 팔문(八門) 중 가장 왕한 문(門)으로 생문(生門)을 등지고 사문(死門)을 향하여 치는 데 좋다. 생문(生門) 방향의 의사를 찾으면 치료가 순조롭고, 장사를 하면 흥륭하여 풍부한 이득을 얻는다. 생문(生門)으로 나가면 악살 · 살인 · 소인을 피할 수 있으니 평안하며 여의하고 만사형통한다.

생문(生門)과 병기(丙奇)가 무(戊)에 임하면 일정소폐(日精所蔽)를 얻어 천둔(天遁)이 되므로 백사에 모두 길하다. 생문(生門)은 입춘(立春) · 우수(雨水) · 경칩(驚蟄) 삼절에 왕하다. 생문(生門)이 2 · 7궁(宮)에 임하면 득지(得地)하고, 1궁(宮)에 임하면 문박(門迫)이 되어 흉하다. 생문(生門)은 모든 일에 다 좋으나 매장 등 장례를 치르는 데는 좋지 않다.

4. 상문(傷門)

상문(傷門)의 수는 3이며 동방 진궁(震宮)에 거하고 목(木)에 속한다. 갑목(甲木) 춘분(春分)이 제왕(帝旺)할 때 물(物)이 다히면 반드시 쉽게 상하며 중도에 변한다. 상문(傷門)은 흉문(凶門)으로 상해와 파괴를 담당한다. 이 방위를 사용하면 인(寅)이나 묘(卯)의 상의(象意)가 나타난다. 고기잡이·사냥·범인을 찾음·빚독촉·출사하여 저항세력을 잡음·배반자 정벌·도박상품이나 재물을 거두어들임·범인과 도둑을 잡는 일 등에 좋다. 이처럼 상문(傷門)은 살상력이 있으니 꼭 필요한 때가 아니면 함부로 사용하면 안된다.

상문(傷門)은 사업·건축·매장(埋葬)·혼인·이사·상관부임·관사(官司)·출행 등 백사에 좋지 않다. 상문(傷門)이 2·8궁(宮)에 임하면 목극토(木剋土)하여 충(沖)되니 대흉하다. 장사를 하면 파재(破財)하고 출행하면 재화가 따르기 쉽다. 상문(傷門)은 소송에 사용하면 반드시 구설이나 사망의 처참한 결과를 만난다. 만약 이 방위로 이사를 하거나 직업을 옮기면 가축이 전염병에 걸리고 집에 화재와 도난이 따르는 등 길하지 못한 일이 생긴다. 기타 방면에서도 부부간에 다투며 눈병·중풍·난산·부상 등이 따르고, 동물한테 물려 상하거나 칼에 살상된다.

상문(傷門)은 차량·비행기·선박에 의하여 상하며 형사·공안·경쟁상대·자동차·운전수를 나타내며, 마작·장기·바둑·도박·경쟁·다툼·질병·화재·칼에 상잔함 등을 나타낸다. 상문(傷門)은 목(木)에 속하므로 봄에는 왕(旺)하고 겨울에는 상(相)하며 여름에는 휴(休)하고 사계에는 수(囚)하며 가을에 사(死)한다.

5. 두문(杜門)

두문(杜門)의 수는 4이며 동남방 손궁(巽宮)에 거하고 목(木)에 속한다. 진(辰)이 있으니 수묘(水墓)·금묘(金墓)가 되고 두절과 닫음을 뜻하며 개문(開門)과 상대한다. 두문(杜門)은 흉문(凶門)으로 막힘·어둠·은밀함을 담당하니 이 방위를 사용하면 흉하다.

두문(杜門)은 오행(五行)으로는 목(木)에 속한다. 인(寅)이나 묘(卯)가 정위(定位)를 얻으면 문제가 없으나 그 정위(定位)가 손(巽)이면 흉하다. 이 방위는 만사가 잘 통하지 않음을 암시하나 악인이나 도둑을 붙잡는 일이나 자신이 먼 곳으로 갈 때는 좋다.

욕망에 대해서는 적합하지 않고, 자취를 감추거나 도망가거나 은둔하거나 피난할 때는 좋다. 몰래 도망가거나 원수를 피하는 일, 비밀회의를 하는 일, 매체를 재빨리 비키는 일, 감춤·비밀문서 전송·매복·미행·흉역주벌·토목·포획 등은 좋다. 은밀한 사건은 오히려 유리하며 쉽게 발견되지 않는다. 두문(杜門)은 구재(求財)에 대한 구사(求事)나 원행에는 좋지 않고, 두문(杜門)이 2·8궁(宮)에 임하면 목극토(木剋土)되어 대흉하다.

만약 입향반(立向盤)에서 두문(杜門)을 사용하면 도둑의 침입과 분쟁을 야기시켜 형벌을 만난다. 기타 방면은 실재(失財)·질병·전기·우뢰로 인한 재화가 있다. 만약 동물원에 가면 동물한테 물려 상할 수 있을 수 있으니 조심해야 하고, 자신의 회사 창고에서 화재가 일어날 수 있으니 쇠약한 상이 있다.

6. 경문(景門)

경문(景門)의 수는 9이며 남방 리궁(離宮)에 거하고 화(火)에 속한다. 리(離)는 부착하는 것, 걸리는 것을 뜻한다. 괘형(卦形)은 실(實)한 가운데 공(空)하므로 허황한 그림자가 된다. 경문(景門)은 번화하면서도 허황한 중길(中吉)의 문(門)으로 작은 이익·화려함·뚜렷하게 드러남·주의를 받음·볼록나옴·실속없이 떠벌리는 것을 담당한다.

물상(物象)으로는 영화관·무도장·학교·전략전술·선전광고·이과(理科)·전화·수려·음식을 나타내고, 사상(事象)으로는 연회석·주점·문장·합동·전신업·붉은빛·얼굴빛·소식·화기·혈광·화려한 곳·번화함·구설·화재를 나타낸다. 이 방위를 사용하면 사오인술(巳午寅戌)의 좋은 상의(象意)가 나타난다. 만약 사자(使者)를 파견하여 이 방위에 이르거나 문장을 쓰거나 발표할 때는 모든 재난이 사라진다.

기타 희망하는 일이나 집을 짓거나 귀인을 만남, 방문·혼인·강연회·술과 음식·구모(求謀)·구재(求財)·병사선발·돌진하여 포위를 뚫음·정벌·습격·대책·암살계획·인재모집·고시·면접시험·진학·보고서·사건보고·건의서·선거·고소·겉치레·표현·매장(埋葬)·사교활동·지위상승·화려한 장면·주목받음·취직·토목·판매장·고시장·연회에 모두 길하다. 능히 지명도가 올라가고 응시능력을 돕는다. 이 외에는 모두 길하지 않은데 경문(景門)으로 나가면 원행에 장애가 있거나 도둑을 만난다. 경문(景門)이 7궁(宮)에 임하면 금(金)을 극(剋)하여 흉하다.

경문(景門)은 여름에는 왕(旺)하고 봄에는 상(相)하며 사계에는 휴(休)하고 가을에는 수(囚)하며 겨울에는 사(死)한다. 백호(白虎)에 승(乘)하면 주로 고장(故障), 등사(螣蛇)에 승(乘)하면 헛소식·헛소문·허위, 왕(旺)하면 참소식, 역마성(驛馬星)에 임하면 소식·전파를 담당한다.

7. 사문(死門)

사문(死門)의 수는 2이며 서남방 곤궁(坤宮)에 거하고 토(土)에 속한다. 계절은 가을의 시초다. 만물은 봄에 태어나며 가을에 죽고, 봄에 파종하며 가을에 수확한다. 생문(生門)과 상대하므로 사문(死門)이라고 한다. 대흉의 문으로 음기·정지·노화·사망·활약하지 못함을 담당한다. 무릇 사문(死門)으로 나가면 원행에는 반드시 중액이 따르며 도로가 막히는 등 백사가 불통이다. 만약 원행하거나 혼인하면 주로 택모가 죽거나 신부가 망하니 대흉하다.

사문(死門)이 1궁(宮)에 임하면 대흉하다. 이 방위를 사용하면 나쁜 일은 이르나 좋은 일은 이르지 못한다. 사문(死門)은 무기곤간(戊己坤艮)과 관계있는 방위로 흉재·무덤·망자·피해자·심한 정신압박·유쾌하지 않은 일·형을 집행하는 사람·백정·전쟁·장례·처벌·흉터를 나타낸다.

사문(死門)은 사계에 왕(旺)하고 여름에 상(相)하며 가을에 휴(休)하고 겨울에 수(囚)하며 봄에 사(死)한다. 사문(死門)은 공망(空亡)을 만나면 작용하지 않는다. 사문(死門)은 재판·사형·처벌·형 집행·물고기 사냥·채취·파토(破土)·안장·전쟁·체포·그물을 설치하여 처리함·성묘·조상제사·망혼제사·살을 피하는 데 효과가 있다. 뒤엉킨 망자의 넋을 달래 멀리 떨어지게 하고, 중상(重喪)을 피하는 등 죽음과 관계있는 일은 모두 길하다.

이 외에는 고르게 길하지 않으니 적극적으로 쓰는 것은 좋지 않고, 구재(求財)·구의(求醫)에도 좋지 않다. 만약 사문(死門) 방위에서 지붕을 덮거나 집을 수리하면 가정의 대소분자가 함께 잘 지낼 수 없고, 뜻밖의 산액이 따른다. 사문(死門) 방위에서는 적게 움직이는 것이 가장 좋다. 그렇지 않으면 재직자는 면직이나 해직되는 등 나쁜 일이 생긴다.

8. 경문(驚門)

경문(驚門)의 수는 7이며 서방 태궁(兌宮)에 거하고 금(金)에 속한다. 경문(驚門)은 흉문(凶門)이며 부족함·결함·칼날·긴장·조바심·정서불안을 담당한다. 또 가을의 차가운 숙살기를 만나 초목이 고생스럽다. 흉함·근심·놀람이 따르므로 경문(驚門)이라고 한다. 따라서 이 방위를 사용하면 두려운 일이 생기고, 관재·구설·괜히 놀람·상처·이빠진 물건·도박·변호사·소송·가수·외교관·교사를 나타낸다.

경문(驚門)은 경신신유(庚申辛酉)와 관계있는 문(門)으로 이 방위를 사용하면 다른 사람과 소송하기 쉽고 형벌을 받기 쉽다. 무릇 경문(驚門)으로 나가 원행하면 두려운 재액이 있고 관사가 그치지 않는다. 출행과 상관(上官) 등 모든 일이 불길하다. 그러나 도둑을 잡는 일·도박·관재·소송·두려움·미혹함·대중을 어지럽힘·열고 닫음·시위발동·적을 치거나 나쁜 사람을 붙잡음·선전포고·경고·놀람·장애·복병 등에는 좋다.

경문(驚門)이 3·4궁(宮)에 임하면 금극목(金剋木)이 되므로 흉하다. 경문(驚門)은 대방(對方)을 놀라게 하며 장애작용을 하지만 상하게 하지는 않는다. 만약 출행하여 두 사람이 싸우는 것을 보면 길하다. 경문(驚門)은 관재구설·교통사고·도난·이성으로 인한 다툼·실물·놀랄 일 등이 따르니 주의해야 한다.

제10장. 구성(九星)

1. 천봉성(天蓬星)

천봉성(天蓬星)은 탐랑성(貪狼星)이라 하며 자(字)는 자금(子禽)이다. 대흉(大凶)의 성(星)이며 북방 감일궁(坎一宮)과 서로 대응한다. 양성(陽星)이며 일감궁(一坎宮)에 거하니 오행(五行)으로는 수(水)에 속한다. 일설에는 북두칠성의 제7성 요광(瑤光)이며 자미두수(紫微斗數)의 파군성(破軍星)이라고도 한다.

수(水)는 겨울에 융성하고 한냉하며 어둡다. 음(陰)을 희(喜)하고 양(陽)을 해(害)하는 것이 본성이다. 수(水)는 귀결점이 있는 것이 좋다. 그렇지 않으면 범람하기 쉬우니 재해가 된다. 흐르는 물이 모여 큰 흐름이 되면 그 세력을 막을 수 없다.

천봉성(天蓬星)은 흉성(凶星)이며 도성(盜星)이고 큰 일을 하는 사람이다. 천봉성(天蓬星)이 재성(財星)에 해당하면 큰 돈을 벌기도 하고 망하기도 한다. 인사(人事)에서는 큰 일을 하는 사람·국

경지대의 지방장관·큰도둑·강도범·범인을 나타낸다.

천봉성(天蓬星)은 봄에 왕(旺)하고 겨울에 상(相)하며 여름에 휴(休)하고 사계에 수(囚)하며 가을에 폐(廢)한다. 사상(事象)에서는 파재(破財)를 뜻한다. 그러나 변경안무·방어력 강화·성지수축·병력양성·도둑을 막는 데는 좋다. 정(精)을 담당하므로 수비에는 좋으나 공격에는 좋지 않고, 주(主)에게는 이로우나 객(客)에게는 불리하다. 따라서 천봉성(天蓬星)이 가림(加臨)하면 토목일을 시작하거나 제방을 튼튼하게 하고, 주둔병은 진지를 지키는 것이 좋다. 장사나 출행은 도둑을 만나거나 파재(破財)하며 병이 나기 쉽다.

천봉성(天蓬星)이 도둑의 용신(用神)이 되면 강도나 살인을 범한다. 천봉성(天蓬星) 방위는 봄과 여름에 매우 좋으니 대승하고, 가을과 겨울에는 불리하니 흥망한다. 소송을 걸 때는 특별히 주의해야 하는 계절이다.

만약 흉문(凶門)·반음(反吟)·복음(伏吟)인데 천봉성(天蓬星)을 쓰면 혼인은 부부 중 한 사람이 먼저 죽고, 벼슬은 순조롭지 못하며 위험하고, 이사는 불리하며 화재가 일어나고, 투쟁은 혈광을 보고, 장사는 손재한다. 범사가 흉이 많아 통달하지 못한다. 따라서 천봉성(天蓬星)을 적극적으로 쓰는 것은 좋지 않다.

이 외에도 매장(埋葬)·여행·입실·궁실수리 등도 모두 좋지 않다. 그러나 반음(反吟)·복음(伏吟)이라도 기문(奇門)이 정연하면 재앙이 소멸되어 나쁜 일이 생기지 않고, 생문(生門)과 병을기(丙乙奇)가 동궁(同宮)에 있으면 모든 일이 좋으니 실하다고 논한다.

2. 천예성(天芮星)

천예성(天芮星)은 거문성(巨門星)이라 하며 자(字)는 자성(子成)이다. 대흉(大凶)의 성(星)이며 서남방 곤이궁(坤二宮)과 서로 대응한다. 음성(陰星)이며 이곤궁(二坤宮)에 거하므로 오행(五行)으로는 토(土)에 속한다. 일설에는 북두칠성 옆의 우필성(右弼星)이라고도 한다.

천예성(天芮星)은 병성(病星)과 고장(故障)의 흉성(凶星)이고, 시비를 주관하며 대단위인 정부기관을 나타낸다. 물고기와 용이 혼잡한 곳이고 질병을 예측하는 용신(用神)이며 학생을 대표한다. 인상(人象)으로는 학생·수녀·병자·고장·사고·질병을 나타내고, 물상(物象)으로는 고장·질병·불단·종교 장소를 나타낸다.

천예성(天芮星)은 주로 도덕을 숭상하며 도나 학문을 전수하거나 제자가 되고, 친구를 사귀는 데 매우 적합하다. 병력양성·방어력 강화·사병훈련·사상과 이념 교육·친구를 존경하는 일과 학습연구·사교활동·조직결성·집회와 소통에 좋다. 그러나 천예성(天芮星)은 정(精)을 주관하므로 공격·모험·혼인·용병(用兵)·쟁송·이사·건축·수리·안장 등에는 불리하다.

천예성(天芮星)은 가을에 왕(旺)하고 사계에 상(相)하며 겨울에 휴(休)하고 봄에 수(囚)하며 여름에 폐(廢)하므로 가을과 겨울에는 길하나 봄과 여름에는 흉하다. 만약 반음(反吟)이면 새로 생긴 병은 치료되나 오래된 병은 죽고, 일을 새로 기획하거나 악한 자를 치는 것은 매우 좋지 않다. 만약 이 방위에서 도둑을 치면 오히려 도둑에게 공격을 당하고, 어린아이가 악한 자에게 맞서면 반드시 어린아이가 살상된다.

또 흉문(凶門)이나 복음(伏吟)에서 천예성(天芮星)을 사용하면 형벌을 만난다. 따라서 천예성(天芮星)을 쓸 때는 계절보다 문(門)의 상황을 보아 정한다. 만약 기문(奇門)을 얻으면 반드시 큰 행운이 따른다. 천예성(天芮星)은 병성(病星)이니 어느 궁(宮)에 임했는지와 왕상휴수(旺相休囚)를 보아 질병의 부위와 상태를 파악한다.

3. 천충성(天沖星)

천충성(天沖星)은 녹존성(祿存星)이라 하며 자(字)는 자교(子翹)다. 중길(中吉)의 성(星)이며 동방 진삼궁(震三宮)과 서로 대응한다. 양성(陽星)이며 오행(五行)으로는 목(木)에 속한다. 일설에는 북두칠성 옆의 좌보성(左輔星)이라고 한다.

천충성(天沖星)은 패기·활약·무력·정벌·쟁투·재무·유동·변경·경쟁을 나타내며 동(動)을 주관하니 정(靜)하면 불리하다. 천충성(天沖星)은 자비심과 조화가 있고 남을 돕는 것을 즐기며 일처리도 빠르고 수완이 있다. 그러나 거칠며 경망스럽고 성격이 조급하며 농업과 관계있다. 선전포고·출병·정벌·공격·원수갚는 일·육상경기·차량경기·경마경주 등의 경쟁과 은혜를 베풀거나 벗을 사귀는 일, 속죄하는 일 등에 좋다. 그러나 구재(求財)·상사·이사·혼인·제사·입관(入官)·수조(修造)건축에는 좋지 않다. 산생(産生)에 불리하며 산액이 있으니 주의해야 한다.

천충성(天沖星)은 차길의 성(星)으로 천심(天心)·천임(天任)·천보(天輔)와 같지 않다. 인상(人象)으로는 무사·체육을 잘하는 사람을 나타내고, 사상(事象)으로는 우뢰가 심하며 바람이 빠르게 불고, 정벌·쟁투·경쟁을 나타낸다.

천충성(天沖星)은 봄과 여름에는 이로우나 가을과 겨울에는 좋지 않고, 여름에 왕(旺)하고 봄에 상(相)하며 사계에 휴(休)하고 가을에 수(囚)하며 겨울에 폐(廢)한다. 천충성(天沖星)의 방위는 봄에 사용하면 특별히 좋다. 특히 보복에 좋아 복수하고자 하면 반드시 위세가 뚜렷이 나타나 성공한다. 천충성(天沖星)이 가림(加臨)하면 장병을 선발하여 출사하는 일, 전투를 벌여 정벌하는 일, 돌격하여 적진을 함락시키는 일, 북을 치며 함성을 지르는 일, 기증과 자선하는 일에 좋다.

4. 천보성(天輔星)

천보성(天輔星)은 문곡성(文曲星)이라 하며 자(字)는 자경(子卿)이다. 상길(上吉)의 성(星)이며 동남 손사궁(巽四宮)과 서로 대응한다. 양성(陽星)이며 오행(五行)으로는 목(木)에 속한다. 일설에는 북두칠성의 제6성 개양(開陽)이며, 자미두수(紫微斗數)의 무곡성(武曲星)이라고도 한다.

천보성(天輔星)은 문화·교육과 관계있는 대길한 성(星)이다. 부귀하며 문무가 쌍전하고, 복수가 뚜렷이 나타나며 명리(名利)가 모두 흥하고, 수축(修築) 방면의 일에 매우 좋다. 만약 악한 자를 정벌하고자 한다면 반드시 길문(吉門)과 배합되고, 봄이나 여름이 좋다. 만약 죄를 범하여 형벌에 처할 때 이 방위를 사용하면 왕왕 대사면되기도 하고, 먼 곳을 여행하거나 벼슬할 때는 좋은 결과가 있고, 혼인은 자손이 많고, 상인은 큰 돈을 번다.

인상(人象)으로는 교사·지도교사·재상·부차적인 지위를 나타내고, 물상(物象)으로는 아름답고 호화로운 물건을 나타내고, 사상(事象)으로는 보좌를 나타낸다. 혼인·장사·구재(求財)·교육·원행·구귀(求貴)·구수(求壽)·건축·매장(埋葬)·진학·고시·수도·개장·상업이윤·금전융통·설교 등 모든 일이 형통하며 사계절이 모두 좋아 흉함이 없다. 그러나 귀인을 만나거나 이사 등의 일에는 무정하여 길하지 않다.

천보성(天輔星)은 여름에 왕(旺)하고 봄에 상(相)하며 사계에 휴(休)하고 가을에 수(囚)하며 겨울에 폐(廢)한다. 천보성(天輔星)이 가림(加臨)하면 학교를 세우거나 문교산업을 진흥시키고, 장사에 좋다. 개강하여 제자에게 학문을 전수하거나 제자가 된다. 친구를 방문하거나 출행·건축·혼인·진학·취직시험·문화교육사업 발전 등에 이롭다.

5. 천금성(天禽星)

천금성(天禽星)은 염정성(廉貞星)이라고 하며 자(字)는 자공(子公)이다. 상길(上吉)의 성(星)이며 중오궁(中五宮)과 서로 대응한다. 곤이궁(坤二宮)에 기(寄)하며 양성(陽星)이고 오행(五行)으로는 토(土)에 속한다. 일설에는 북두칠성의 제5성 옥형(玉衡)이며 자미두수(紫微斗數)의 염정성(廉貞星)이고, 팔괘궁위(八卦宮位)는 손(巽)이라고 한다.

토(土)는 만물을 생(生)하는 영수(領袖)의 성(星)이며 도량이 크고 포용력이 있는 대길의 성(星)이다. 천금성(天禽星)의 방위는 사계절에 차별없이 통한다. 그러나 강력하게 추진하기 곤란한 일이나 특별한 공적을 세우고자 할 때는 왕왕 수확에 이르지 못한다. 이 방위를 사용할 때는 반드시 지모의 배합이 있어야 좋다.

인상(人象)으로는 수도인·단정·통솔·충성·정직을 나타내고, 사상(事象)으로는 혼인과 장사를 나타낸다. 벼슬하거나 상급기관에 출입하여 귀인이나 상급자를 만남, 부임·제사·획책·구복(求福)·신불(神佛)·원행·이사·구수(求壽)·용병(用兵)·구재(求財)·매장(埋葬)·수조(修造) 등과 공을 표창하고 작위를 주는 일에 매우 좋은 방위다.

천금성(天禽星)은 가을에 왕(旺)하고 사계에 상(相)하며 겨울에 휴(休)하고 봄에 수(囚)하며 여름에 폐(廢)한다. 장사·혼인·건축 방면에는 반드시 기문(奇門)이 정연하게 배합되어야 사용할 수 있다. 천금성(天禽星)이 가림(加臨)하면 백사에 다 좋고, 사시가 모두 길하여 백복이 따르며, 계책을 쓰면 싸우지 않아도 적이 복종한다.

6. 천심성(天心星)

천심성(天心星)은 무곡성(武曲星)이라 하며 자(字)는 자양(子襄)이다. 상길(上吉)의 성(星)이며 서북 건육궁(乾六宮)과 서로 대응한다. 음성(陰星)이며 오행(五行)으로는 금(金)에 속한다. 일설에는 북두칠성의 제4성 천권(天權)이며 자미두수(紫微斗數)의 문곡성(文曲星)이라고 한다.

건(乾)은 하늘·머리·아버지·영도이고, 천심성(天心星)은 영도와 재능을 갖춘 성(星)으로 동(動)할 수도 있고 정(靜)할 수도 있으며 능히 군사를 지휘할 수 있다. 천심성(天心星)은 가장 좋은 방위로 정의·건강·귀기(貴氣)·복수(福壽)를 담당한다. 특히 종교생활에 적합하고, 벼슬·혼인·이사·매장(埋葬)·정벌·공격·기술·구의(求醫)·합약·악한 세력을 뿌리뽑음·상업·임관·제사·수조(修造)·여행 등에 좋다. 재물을 관리하거나 질병을 치료할 수 있고, 심계(心計)가 있으며 대길하다.

인상(人象)으로는 심계(心計)가 깊은 사람·회계·의사 서양의약(乙奇는 中藥·漢藥을 나타냄)을 나타내고, 군자를 보면 이롭고 소인을 보면 이롭지 못하다. 물상(物象)으로는 둥근 물건을 나타내고, 사상(事象)으로는 공장증축이나 작업장 확장을 나타낸다. 군대나

인원동원 · 장사 · 혼인 · 구모(求謀) · 의료 · 알귀(謁貴) · 의사 · 점쟁이 · 성상(星相) · 광고 · 선전 등에 이롭다. 용병(用兵)은 가을과 겨울에는 득지(得地)하여 대승하나 봄과 여름에는 불리하다. 그러나 이 방위는 사계절을 논할 것 없이 모두 군자에게는 유리하나 소인에게는 이롭지 않다.

천심성(天心星)은 겨울에 왕(旺)하고 가을에 상(相)하며 봄에 휴(休)하고 여름에 수(囚)하며 사계에 폐(廢)한다. 천심성(天心星)이 가림(加臨)하면 관리와 군대를 다스리는 일, 재물을 관장하여 다스리는 일, 투자 · 금융, 병을 치료하는 일에 이롭다. 만약 생문(生門)과 합(合)되면 사계절을 논할 것 없이 재리(財利)가 백배하며 복수(福壽)를 더하고 모든 일이 다 길하다.

7. 천주성(天柱星)

천주성(天柱星)은 파군성(破軍星)이라 하며 자(字)는 자중(子中)이다. 소흉(小凶)의 성(星)이며 서방 태칠궁(兌七宮)과 서로 대응한다. 음성(陰星)이며 오행(五行)으로는 금(金)에 속한다. 일설에는 북두칠성의 제3성 천기(天璣)이며 삼원구운(三元九運)의 녹존성(祿存星)이라고도 한다.

천주성(天柱星)은 주로 보수적이며 은밀하고, 정(靜)을 좋아하며 동(動)을 좋아하지 않는다. 살(殺)과 싸움을 좋아하고, 사법 · 검찰 등의 법률과 놀람과 괴이함, 파절과 훼손의 직능을 관리하는 흉성

(凶星)이다. 천주성(天柱星)의 방위는 건설과 건축에 가장 좋고, 기술·혼인·물품저장·자취를 감춤·피신·상처치료·보수·안정·제사·구복(求福)·소송·범인심문·진영건축·병사훈련과 주둔병이 요새를 견고하게 지키는 데 이롭다.

인상(人象)으로는 번역인·영수를 나타내고, 사상(事象)으로는 흉재·파패·언어·설교·손실·전파를 나타내므로 정벌하는 일에 이 방위를 사용하면 반드시 재화가 따른다. 또 이사·공개·발표·구재(求財)·장사·원행·구명(求名)·입관(入官)·고시·등산·모험·전투 등에도 좋지 않다. 만약 강행하면 거마가 파손되며 사졸이 패망하고, 파재(破財)하며 본전을 밑지고 의외의 상재(傷災)가 있다. 천주성(天柱星)은 겨울에 왕(旺)하고 가을에 상(相)하며 봄에 휴(休)하고 여름에 수(囚)하며 사계에 폐(廢)한다.

8. 천임성(天任星)

천임성(天任星)은 좌보성(左輔星)이라 하며 자(字)는 자위(子韋)다. 중길(中吉)의 성(星)이며 동북 간팔궁(艮八宮)과 서로 대응한다. 양성(陽星)이며 오행(五行)으로는 토(土)에 속한다. 일설에는 북두칠성의 제2성 천선(天璇)이며 삼원구운(三元九運)의 거문성(巨門星)이라고도 한다.

토(土)는 만물을 생육하며 바탕이 되고, 주로 재리(財利)·인정(人丁)·경사의 요(曜)다. 천임성(天任星)은 어깨에 중임을 지고 대임을 담당할 수 있으며 만사에 매우 좋다. 그리고 사계절을 고려하지 않고 사용해도 되며 객(客)보다 주(主)가 길하다. 만신이 도와주고 적은 스스로 장애가 있다. 인상(人象)으로는 너그럽고 실력 있는 사람을 나타내고, 사상(事象)으로는 혼인·장사·관귀(官貴)·백성을 편안하게 함·자손이 많음을 나타낸다.

천임성(天任星)은 가을에 왕(旺)하고 사계에 상(相)하며 겨울에 휴(休)하고 봄에 수(囚)하며 여름에 폐(廢)한다. 천임성(天任星)이 가림(加臨)하면 선발한 인재가 능력을 발휘하여 중임을 맡길 수 있고, 임무를 완성하여 공명을 이룬다. 천임성(天任星)은 매장(埋葬)·찾아뵘·관귀(官途)·입관(入官)·장사·구재(求財)·시장개척·이사·용병(用兵)·출정에 이롭고, 혼인은 자손이 많고 새로운 관리가 부임하며 군흉(群凶)을 단호히 멸하는 등 백사에 모두 좋고 사시가 모두 길하다.

9. 천영성(天英星)

천영성(天英星)은 우필성(右弼星)이라 하며 자(字)는 자위(子威)다. 중평(中平) 또는 소흉(小凶)의 성(星)이며 남방 리구궁(離九宮)과 서로 대응한다. 음성(陰星)이며 오행(五行)으로는 화(火)에 속한다. 일설에는 북두칠성의 제1성 천추(天樞)이며 삼원구운(三元九運)의 탐랑성(貪狼星)이라고도 한다.

천영성(天英星)은 리궁(離宮)에 거하여 맹렬한 불기가 이글거리며 성질이 조급하여 난폭하기 쉽다. 비록 해가 중천에 떠올라 우주를 눈부시게 비추지만 혈광이나 화염과 관계있는 성(星)이다.

인상(人象)으로는 격렬하거나 인의와 충성스런 사람을 나타내고, 물상(物象)으로는 벽돌가마·벽돌공장·도자기공장 등을 나타낸다. 천영성(天英星)의 방위는 잔치·연회·오락·사교·구귀(求貴)·군왕이나 귀인을 만남·경영·기획·모사·대책·계책·거리구경·쇼핑·도를 지키거나 교(敎)를 설립함·예법을 익힘·매장(埋葬) 등에 좋다. 그러나 벼슬길·상관(上官)·이사·혼인·건축·진영보수·제사·장사·구재(求財)·출병 등에는 좋지 않다.

천영성(天英星)은 도박은 내객에게는 좋으나 주인에게는 불길하고, 장병은 봄과 여름에는 승리하고, 혼인은 자손이 없기 쉽다. 천영성(天英星)은 사계에 왕(旺)하고 여름에 상(相)하며 가을에 휴(休)하고 겨울에 수(囚)하며 봄에 폐(廢)한다.

격국(格局)과 방위(方位)

제1장. 기의백격(奇儀百格)

1. 천반(天盤)이 갑(甲)이고 지반(地盤)이 갑(甲)이면 쌍목성림(雙木成林)이라 한다. 이 방위를 사용하면 위세가 강화되어 부귀를 띤다. 만약 생왕비조(生旺比助)의 궁괘(宮卦)에 들면 강정하며 위엄이 있고 부귀영화를 누린다. 그러나 쇠사상극(衰死傷剋)의 궁괘(宮卦)에 들면 폐음(吠吟)·복음(伏吟)이라 하여 범사가 막히고 장애가 있다. 그러나 분수를 지켜 정수(靜守)하면 길하다.

2. 천반(天盤)이 갑(甲)이고 지반(地盤)이 을(乙)이면 등라반목(藤蘿絆木) 또는 청룡합령(靑龍合靈)이라 한다. 이 방위를 사용하면 상사나 귀인의 도움으로 사업이 튼튼해져 기초가 안정된다. 외진 곳에 가도 의지할 곳이 있고, 큰 그릇은 늦게 이루어진다. 팔문(八門)이 길하면 길하고, 팔문(八門)이 흉하면 불길하다.

3. 천반(天盤)이 갑(甲)이고 지반(地盤)이 병(丙)이면 청룡반수(青龍返首)라고 한다. 이 방위를 사용하면 흉도 길해진다. 좀더 움직이면 큰 이익이 연달아 임하여 부유해진다. 흉을 만나도 길하게 되나 문박(門迫)·궁박(宮迫)·기묘(奇墓)·육의격형(六儀擊刑)을 만나면 길한 일이 흉해진다.

4. 천반(天盤)이 갑(甲)이고 지반(地盤)이 정(丁)이면 청룡요명(青龍燿明) 또는 건시열화(乾柴烈火)라 한다. 이 방위를 사용하면 상사나 윗사람의 도움으로 부탁한 일이 성사되고, 알귀(謁貴)·구명(求名)·구리(求利)에 길하다. 그러나 기묘(奇墓)·문박(門迫)·궁박(宮迫)을 만나면 시비가 따른다.

5. 천반(天盤)이 갑(甲)이고 지반(地盤)이 무(戊)이면 천지복극(天地伏剋) 또는 독산고목(禿山孤木)이라 한다. 이 방위를 사용하면 고립무원이 된다. 한 사람이 많은 사람을 상대해야 하므로 실패하고, 장애가 많아 범사가 이루어지지 않는다. 동(動)하면 반드시 장애가 많으나 안분(安分)하여 정수(靜守)하면 길하다.

6. 천반(天盤)이 갑(甲)이고 지반(地盤)이 기(己)이면 귀인입옥(貴人入獄) 또는 근제송토(根制鬆土)라고 한다. 이 방위를 사용하면 반드시 좋은 협력자를 만나 배합이 잘된다. 사업은 활기가 넘쳐 번영하며 꾀하는 일도 이룰 수 있다. 그러나 공사가 모두 길하지 않

으니 장애가 많아 흉하다.

7. 천반(天盤)이 갑(甲)이고 지반(地盤)이 경(庚)이면 비궁감벌(飛宮砍伐) 또는 치부비궁(値符飛宮)이라 한다. 이 방위를 사용하면 모든 일이 근본부터 흔들려 거꾸러진다. 길한 일은 이루어지지 않고 흉한 일은 더 흉해진다. 모든 일이 파패되니 이 방위는 사용하면 안된다. 마치 숲의 나무가 한 그루씩 쓰러져 원숭이가 놀라 허둥대며 다른 나무로 도망가는 것과 같다.

8. 천반(天盤)이 갑(甲)이고 지반(地盤)이 신(辛)이면 청룡절족(靑龍折足) 또는 목곤쇄편(木棍碎片)이라 하며 금극목(金剋木)된다. 이 방위를 사용하면 백사가 해로움만 있고 이득은 하나도 없다. 만약 길문(吉門)의 생조(生助)를 만나면 도모할 수 있으나, 흉문(凶門)을 만나면 재액을 부르며 손재를 당하고 족질(足疾)이 있기 쉽다. 동(動)하면 일체 좋지 않으니 정(靜)하는 것이 좋다.

9. 천반(天盤)이 갑(甲)이고 지반(地盤)이 임(壬)이면 용입천뢰(龍入天牢) 또는 척범표양(隻帆漂洋)이라 한다. 이 방위를 사용하면 갈 곳은 있어도 돌아올 곳이 없다. 유랑하며 떠도는 사람처럼 길은 있어도 집이 없는 것과 같으니 일신이 고단하다. 공사(公事)·사사(私事)·음사(陰事)·양사(陽事)가 모두 불길하니 이 방위는 사용하면 안된다.

10. 천반(天盤)이 갑(甲)이고 지반(地盤)이 계(癸)이면 청룡화개(靑
龍華蓋) 또는 수근로수(樹根露水)라 하며, 수생목(水生木)하여 길
하다. 이 방위를 사용하면 성격이 같은 사람끼리 서로 도우니 재앙
은 가고 안전해지며, 험함이 변하여 평온해지니 점진적인 발전이
있다. 문(門)이 길하면 복을 불러 길하고, 문(門)이 흉하면 어그러
짐이 많아 불리하다.

11. 천반(天盤)이 을(乙)이고 지반(地盤)이 갑(甲)이면 금상첨화(錦
上添花) 또는 등라반목(藤蘿絆木)이라 한다. 이음해양(利陰害陽)으
로 음인(陰人)·음사(陰事)에는 이로우나 양인(陽人)·양사(陽事)
에는 불리하다. 이 방위를 사용하면 길 위에 길을 더하고 기쁨 위
에 기쁨을 더하니 범사가 매우 길하여 가원이 창영하니 경사로다.
문(門)이 길하면 일을 도모해도 좋으나, 문(門)이 흉하고 흉박(凶
迫)을 만나면 재물이 파되며 사람이 상한다.

12. 천반(天盤)이 을(乙)이고 지반(地盤)이 을(乙)이면 일기복음(日
奇伏吟) 또는 복음잡초(伏吟雜草)라고 하며, 을을비견복음(乙乙比
肩伏吟)이다. 이 방위는 적극적인 전진은 좋지 않으니 진취는 불가
하고, 보수적이며 책임있는 자세로 지위를 굳게 지키며 분수에 맞
게 처신하는 것이 좋다. 이익을 구하거나 귀인을 뵙거나 공명을 구
하는 일에는 좋지 않다. 만약 문(門)이 본궁(本宮)에 들어 복음격
(伏吟格)이 되면 양식을 쌓고 보물을 감추거나 화초나 과수를 재

배하는 것은 좋다.

13. 천반(天盤)이 을(乙)이고 지반(地盤)이 병(丙)이면 기의순수(奇儀順遂) 또는 삼기순수(三奇順遂)라 하며, 을목(乙木)이 병화(丙火)를 생한다. 길성(吉星)이면 벼슬이 올라가거나 직업을 찾지만 흉성(凶星)이면 부부가 반목하거나 이별한다. 또한 기폐명당격(奇敝明堂格)이라 하여 주로 암매(暗昧)하므로 일에 막힘이 많다. 이 방위를 사용하면 지위가 올라가고 명성이 널리 퍼진다.

14. 천반(天盤)이 을(乙)이고 지반(地盤)이 정(丁)이면 기의상좌(奇儀相佐) 또는 삼기상좌(三奇相佐)라고 한다. 을목(乙木)이 정화(丁火)를 생(生)하니 용과 봉황이 길상하다. 문서와 고시에 가장 이롭고, 백사에 모두 좋다. 또한 기조옥녀격(奇助玉女格)이라고도 하여 모든 일에 매우 이롭다.

15. 천반(天盤)이 을(乙)이고 지반(地盤)이 무(戊)이면 선화명병(鮮花名瓶)이라 하며, 을목(乙木)이 무토(戊土)를 극(剋)한다. 이음해양(利陰害陽)이라 하여 음인(陰人)·음사(陰事)에는 이로우나 양인(陽人)·양사(陽事)에는 불리하다. 문(門)에서 흉박(凶迫)을 만나면 재물을 파하며 사람이 상한다. 또한 기입천문격(奇入天門格)이라 하여 관광·여행·혼인 등에 매우 길하다. 음(陰)인 정(靜)은 이로우나 양(陽)인 동(動)은 해롭다.

16. 천반(天盤)이 을(乙)이고 지반(地盤)이 기(己)이면 일기득사(日奇得使) 또는 일기입무(日奇入霧)라 하며, 갑술기(甲戌己)는 을목(乙木)의 묘(墓)가 된다. 개문(開門)을 얻으면 지둔(地遁)이 되어 대길하나, 흉문(凶門)을 만나 일기입묘(日奇入墓)가 되면 토(土)에게 암매(暗昧)되니 흉재를 만난다. 또한 일입지호격(日入地戶格)이라 하여 객(客)은 모든 일에 이로움이 많으나 주(主)는 불리하다. 이 방위를 사용하면 하나로 열을 제압하고, 부드러움으로 강함을 극(剋)한다.

17. 천반(天盤)이 을(乙)이고 지반(地盤)이 경(庚)이면 일기피형(日奇被刑)이라 한다. 경금(庚金)이 을목(乙木)을 극(剋)하므로 흉하니 사용하면 안된다. 집안의 재산다툼이 소송으로 발전하여 부부가 화목하지 못하다. 각자 사심을 품고 있으니 융합하지 못하여 쟁송과 시비가 따른다. 일명 기합태백격(奇合太白格)이라고도 한다.

18. 천반(天盤)이 을(乙)이고 지반(地盤)이 신(辛)이면 청룡도주(靑龍逃走)라고 한다. 흉격(凶格)이니 쓰지 않는 것이 좋다. 을(乙)은 청룡(靑龍)이고 신(辛)은 백호(白虎)인데 을목(乙木)이 신금(辛金)에게 극된다. 이 방위를 사용하면 노복이나 고용인이 배반하며 구슬·보배·패물·재물을 훔쳐간다. 기르는 가축이 전염병에 걸리거나 모두 상하고, 사람이 죽거나 재물을 파하고, 혼인은 여자가 도망간다. 그러나 주(主)는 대승하며 기쁨 위에 기쁨을 더한다. 만약

문(門)과 궁(宮)이 상생(相生)하면 영원히 길상하여 백전백승하고, 간궁(艮宮)에서 생문(生門)을 만나면 주(主)가 매우 이롭다.

19. 천반(天盤)이 을(乙)이고 지반(地盤)이 임(壬)이면 일기입지(日奇入地) 또는 하엽연화(荷葉蓮花)라고 하며, 을(乙)은 일기(日奇)이고 임수(壬水)는 지라(地羅)가 된다. 존비패란(尊卑悖亂)하며 관송시비가 생기기 쉽고 모해하는 일이 있다. 남자는 천하의 좋은 기회를 얻고, 여자는 금귀서(金龜婿)를 얻을 수 있다. 왕후의 문호(門戶)로 돌아가니 사방에 공명을 떨친다. 또한 기문입옥(奇門入獄)이라 하여 주객(主客)의 병사는 모두 고수하는 것이 좋다.

20. 천반(天盤)이 을(乙)이고 지반(地盤)이 계(癸)이면 화개봉성(華蓋逢星) 또는 녹야조로(綠野朝露)라고 한다. 을(乙)은 봉성(逢星)이라 하고 계(癸)는 화개(華蓋)라고 한다. 이 방위는 은거·종교생활·수도·유랑·재난을 피하는 데 길하다. 관인은 은거하고 승도는 수도·은닉·장형(藏形)·재화를 피하는 것이 상책이다. 또한 기봉록추격(奇逢綠緝格)이라 하여 객병(客兵)이 이긴다. 만약 문(門)과 궁(宮)이 상생(相生)하면 주객(主客)이 모두 길하다.

21. 천반(天盤)이 병(丙)이고 지반(地盤)이 갑(甲)이면 비조질혈(飛鳥跌穴)이라 한다. 이 방위를 사용하면 희망이나 부탁한 일을 힘들이지 않고 이룰 수 있다. 백사가 길상하여 모두 통하니 도모하는

일과 바라는 일이 모두 이루어진다.

22. 천반(天盤)이 병(丙)이고 지반(地盤)이 을(乙)이면 일월병행(日月幷行) 또는 염양려화(艶陽麗花)라고 한다. 병(丙)은 월기(月奇)이고 을(乙)은 일기(日奇)다. 이 방위를 사용하면 공사가 모두 길하여 안팎으로 두루 이익을 얻는다.

23. 천반(天盤)이 병(丙)이고 지반(地盤)이 병(丙)이면 월기패사(月奇悖師) 또는 복음홍광(伏吟洪光) 이라 하며, 병병비견복음(丙丙比肩伏吟)이 된다. 병(丙)은 패(悖)가 되고 양(陽)은 강하며 월기복음(月奇伏吟)은 불리하다. 이 방위는 용기는 있어도 꾀가 없는 형상이니 무리하면 손실을 부르니 유익함이 없다. 문서의 핍박·파모(破耗)·유실이 따르고, 증빙서류·증표·티켓 등의 유실이 분명하지 않다.

24. 천반(天盤)이 병(丙)이고 지반(地盤)이 정(丁)이면 성기주작(星奇朱雀) 또는 삼기순수(三奇順邃)라고 한다. 병정(丙丁)은 주작(朱雀)이고 정(丁)은 성기(星奇)이며 음양화기(陰陽化氣)한다. 귀인은 문서와 고시에 이롭고 평상인은 평정하다. 이 방위를 사용하면 사회적인 지위가 높은 사람은 매우 이롭고, 평상인도 작은 이익이 있다. 생문(生門)을 얻으면 천둔(天遁)이 된다.

25. 천반(天盤)이 병(丙)이고 지반(地盤)이 무(戊)이면 월기득사(月奇得使) 또는 비조질혈(飛鳥跌穴)이라 한다. 갑(甲)은 병화(丙火)의 어머니이고 병(丙)은 갑(甲)의 신변으로 돌아오니 비조(飛鳥)가 보금자리로 돌아오는 것과 같다. 이 방위를 사용하면 이득·유익함·꾀·힘이 있으므로 하는 일마다 여의하다. 또한 기봉중생격(奇逢重生格)이라 하여 주객(主客)이 모두 이롭다.

26. 천반(天盤)이 병(丙)이고 지반(地盤)이 기(己)이면 화패입형(火悖入刑) 또는 대지보조(大地普照)라고 한다. 갑술기(甲戌己)의 술(戊)은 병(丙)의 묘(墓)이고 기(己)는 병(丙)의 도기(盜氣)이며 간전사위(干前四位)는 형(刑)이다. 이 방위는 길문(吉門)이면 매우 이로우나 흉문(凶門)이면 흉하다. 죄인은 형장을 맞고, 문서는 이행되지 않는다. 또한 기입명당격(奇入明堂格)이라 하여 일을 하고자 하나 실의하거나 더디다.

27. 천반(天盤)이 병(丙)이고 지반(地盤)이 경(庚)이면 형입태백(熒入太白)이라 한다. 병화(丙火)는 형혹(熒惑)이고 경금(庚金)은 태백(太白)이며 화(火)가 금향(金鄕)에 든다. 이 방위를 사용하면 반드시 문호(門戶)는 파괴·파패되고, 재화는 모산(耗散)되고, 도둑을 맞으나 도둑은 자취를 감춘다. 사업 역시 흉하니 도모하면 안된다. 모든 일은 옛것을 지키는 것이 좋다. 그러나 객병(客兵)은 크게 이롭고 승리한다.

28. 천반(天盤)이 병(丙)이고 지반(地盤)이 신(辛)이면 일월상회(日月相會)라고 하며, 병(丙)과 신(辛)이 상합(相合)한다. 이 방위를 사용하면 희망하는 일이 이루어진다. 그러나 집안에 아픈 사람이 있으면 적합하지 않으나 병자는 회생하니 흉하지 않고 꾀하는 일은 이룰 수 있다. 또한 기신생합격(奇神生合格)이라 하여 만사대길하여 도모하는 일을 모두 이룬다.

29. 천반(天盤)이 병(丙)이고 지반(地盤)이 임(壬)이면 화입천라(火入天羅) 또는 강휘상영(江暉相映)이라 하며, 임수(壬水)가 병화(丙火)를 충극(沖剋)한다. 임(壬)은 나망(羅網)이고 양간(陽干) 임(壬)의 후사(後四)는 파(破)가 되고, 극(剋)되면 불리하여 시비가 많다. 이 방위는 재물을 구하는 데는 좋으나 다른 일에는 복잡하며 시비가 많고, 객(客)에게는 불리하다. 청탁하거나 윗사람을 찾아뵙거나 친구를 방문하는 일에는 좋지 않다. 또한 기신유해격(奇神遊海格)이라 하여 주방(主方)에게는 이롭고, 허하며 부실하나 구명(求名)이나 관송(官訟)에는 길하다.

30. 천반(天盤)이 병(丙)이고 지반(地盤)이 계(癸)이면 화개패사(華蓋悖師) 또는 흑운차일(黑雲遮日)이라 한다. 병(丙)은 패(悖)가 되고 계(癸)는 화개(華蓋)나 천망(天網)이 된다. 이 방위를 사용하면 반드시 남에게 중상을 쉽게 당하고, 의외로 많은 재난과 앙화를 당한다. 또한 기봉화개격(奇逢華蓋格)이라 하는데 주방(主方)은 모든

일이 길하고 명리(名利)가 있으나 병계(丙癸)가 묘궁(卯宮)에 임하면 오히려 객방(客方)이 크게 왕한다.

31. 천반(天盤)이 정(丁)이고 지반(地盤)이 갑(甲)이면 청룡전광(青龍轉光)이라 한다. 이 방위를 사용하면 관리는 승진·영전하고, 평상인도 매우 길하며 순조롭다. 원대한 계획과 도모하는 일을 펼치는 데 가장 좋다.

32. 천반(天盤)이 정(丁)이고 지반(地盤)이 을(乙)이면 성기일요(星奇日耀) 또는 소전종작(燒田種作)이라 한다. 성기(星奇)인 정화(丁火)와 일기(日奇)인 을목(乙木)이 목화상생(木火相生)하니 용과 봉이 상서로움을 나타낸다. 이 방위를 사용하면 귀인이나 관리는 진급하고, 평상인은 부동산을 사면 돈을 번다. 귀인을 뵙거나 혼인이나 재물에 기쁨이 있다. 또한 옥녀기생격(玉女奇生格)이라 하여 모든 일에 대길하다. 싸움은 객병(客兵)이 이롭다.

33. 천반(天盤)이 정(丁)이고 지반(地盤)이 병(丙)이면 성수월전(星隨月轉) 또는 항아분월(嫦娥奔月)이라 한다. 정(丁)은 성기(星奇)이고 병(丙)은 월기(月奇)이며 음양화기(陰陽化氣)한다. 귀인은 관직이 높이 오르나 평상인은 즐거움 속에 슬픔이 생기니 교만하지 말고 참는 것이 좋다. 이 방위를 사용하면 반드시 관직이 오르거나 돈을 번다. 그러나 빨리 진급하고 빨리 돈을 벌므로 거만해져 남에

게 시기를 받을 수 있으니 조심해야 한다. 또한 기신합명(奇神合明)이라 하여 백사가 길경하며 크게 베풂이 있다.

34. 천반(天盤)이 정(丁)이고 지반(地盤)이 정(丁)이면 기입태음(奇入太陰) 또는 양화성염(兩火成炎)이라 한다. 정(丁)은 성기(星奇)인데 중첩되니 하늘에 달이 빛나는 것과 같다. 이 방위를 사용하면 기다리는 문서는 반드시 빨리 오고, 희망하는 일이 순조롭게 이루어지며 경사가 마음대로 된다. 또한 기신상적격(奇神相敵格)이라 하여 비록 모든 일이 길하다고 하나 서로 다투거나 기밀을 알아내 은밀히 도모한다. 먼저 베풀고 뜻을 얻는 것이 좋다. 싸움은 객병(客兵)에게 이롭고, 만약 문(門)이 본궁(本宮)에 들어 복음격(伏吟格)이 되면 수화(收貨)·적량(積糧)·치로(置爐)·작조(作灶)·연단(煉丹)에 좋다.

35. 천반(天盤)이 정(丁)이고 지반(地盤)이 무(戊)이면 청룡전광(青龍轉光) 또는 유화유로(有火有爐)·성기승룡(星奇乘龍)이라 한다. 정화(丁火)가 갑목(甲木) 청룡(青龍)에 승(乘)하여 목화통명(木火通明)이 되니 문명지상(文明之象)이다. 이 방위를 사용하면 만사가 순조롭고 평안하여 걱정이 없으니 사무에 더 정진하여 성공률이 높아진다. 관직에 오르거나 승진하고, 평상인도 위창(威昌)하며 평안하여 수복을 누린다. 또한 옥녀신룡격(玉女神龍格)이라 하여 만사가 대길하니 도모하는 것이 모두 이롭다.

36. 천반(天盤)이 정(丁)이고 지반(地盤)이 기(己)이면 화입구진(火入勾陳) 또는 성타구진(星墮勾陳)이라 한다. 정(丁)은 옥녀이고 갑술기(甲戌己)의 술(戌)은 화고(火庫)이며 기(己)는 구진(勾陳)·육합(六合 : 甲己合)이 된다. 이 방위는 남녀간의 관계로 남의 보복을 받기 쉽고, 시시각각으로 흉계를 받기 쉽다. 개인적인 일이나 비밀스런 일이나 원한을 품은 여자 때문에 일어난다. 또는 옥녀시은격(玉女施恩格)이라 하며 주(主)에게 이롭고, 주로 만사여의하며 의기투합한다.

37. 천반(天盤)이 정(丁)이고 지반(地盤)이 경(庚)이면 옥녀형살(玉女刑殺) 또는 화련진금(火鍊眞金)이라고 한다. 정(丁)은 문서이고 경(庚)은 조격(阻隔)이며 정경(丁庚)이 서로 가(加)하면 파(破)된다. 이 방위를 사용하면 문서에는 장애가 생기나 행인은 반드시 돌아온다. 또한 음입천옥(陰入天獄) 또는 옥녀신살격(玉女神殺格)이라 하여 범사에 강하게 도모함이 반복된다. 만약 경(庚)이 생왕궁(生旺宮)에 임하면 싸움은 주(主)가 이롭다.

38. 천반(天盤)이 정(丁)이고 지반(地盤)이 신(辛)이면 주작입옥(朱雀入獄)이라 한다. 정(丁)은 주작(朱雀)이며 신(辛)은 천옥(天獄)·형정(刑庭)이 된다. 이 방위를 사용하면 평상인은 강제로 남루한 옷을 입고, 관인은 감봉이나 좌천이나 자리를 잃고, 죄인은 석방된다. 또한 소훼주옥(燒毀珠玉) 또는 옥녀복호격(玉女伏虎格)이

라 하며 구모(求謀)는 불리하며 모든 일이 어렵다. 싸움은 객방(客方)이 이롭다.

39. 천반(天盤)이 정(丁)이고 지반(地盤)이 임(壬)이면 성기득사(星奇得使)라고 하며, 오신호합(五神互合)하여 길격(吉格)이다. 주로 상사나 귀인의 은조가 있고, 소송사건은 공평하며, 귀인을 뵙거나 직장을 구하는 데 매우 좋다. 이 방위를 사용하면 상사나 윗사람의 도움으로 소송에서 승소한다. 모든 일이 장애가 없으니 순조롭고 귀인이 인도해준다.

40. 천반(天盤)이 정(丁)이고 지반(地盤)이 계(癸)이면 주작투강(朱雀投江)이라 한다. 정(丁)은 주작(朱雀)이고 계(癸)는 강하(江河)·천망(天網)이며 계수(癸水)가 정화(丁火)를 충극(沖剋)한다. 이 방위를 사용하면 문서에 구설시비가 생겨 반드시 패소하고, 서신이나 소식도 불리하니 듣지 못하고, 모략과 기만을 당하며 놀라는 일이 생긴다.

41. 천반(天盤)이 무(戊)이고 지반(地盤)이 갑(甲)이면 지극천무(地剋天武) 또는 지극청룡(地剋靑龍)이라 하며, 큰 돌이 나무를 눌러 불길하다. 이 방위를 사용하면 여러 사람에게 불평불만을 사서 상대방의 이해를 받을 수 없으니 범사가 순조롭지 않고 장애가 많다. 정리(正理)를 펴기 어렵고 송사도 공평하기 어려우니 분수를 지키

며 정수(靜守)하는 것이 상책이다.

42. 천반(天盤)이 무(戊)이고 지반(地盤)이 을(乙)이면 청룡합령(靑龍合靈)이라 한다. 갑을(甲乙)이 고루 청룡(靑龍)에 자리하여 회합(會合)하니 두 용이 들에서 싸운다. 이 방위를 사용하면 범사가 모두 형통하다. 문(門)이 길하면 길하고 문(門)이 흉하면 흉하나 흉한 일은 쉽게 생기지 않는다. 또한 청룡입운격(靑龍入雲格)이라 하여 생왕(生旺)하면 싸움이 주객(主客) 모두에게 이롭고 모든 일이 대길하다.

43. 천반(天盤)이 무(戊)이고 지반(地盤)이 병(丙)이면 청룡반수(靑龍返首) 또는 일출동산(日出東山)·청룡득명(靑龍得明)·천무명운(天武明雲)이라 한다. 청룡갑목(靑龍甲木)이 병화(丙火)를 생조(生助)한다. 이 방위를 사용하면 시작은 어려우나 결과는 크고, 꾀하는 일은 반드시 이루어진다. 그러나 문박(門迫)·궁박(宮迫)·기묘(奇墓)·육의격형(六儀擊刑)을 만나면 길한 일도 흉해진다.

44. 천반(天盤)이 무(戊)이고 지반(地盤)이 정(丁)이면 청룡요명(靑龍燿明) 또는 청룡광명(靑龍光明)·천무성기(天武星奇)·화소적벽(火燒赤壁)이라 한다. 청룡갑목(靑龍甲木)이 정화(丁火)를 생조(生助)한다. 이 방위를 사용하면 적은 수로 많은 수를 대적하여 이기고, 모든 경기와 승부에서 우세를 차지한다. 귀인을 뵙거나 명예를

구하거나 직장을 구하는 데도 모두 길하다. 그러나 기묘(奇墓)・문박(門迫)・궁박(宮迫)을 만나면 시비를 일으키기 쉽다.

45. 천반(天盤)이 무(戊)이고 지반(地盤)이 무(戊)이면 복음준산(伏吟峻山) 또는 청룡복음(靑龍伏吟)・천무복음(天武伏吟)이라 하며, 갑갑비견(甲甲比肩)이 된다. 갑(甲)은 청룡(靑龍)이니 청룡(靑龍)이 몹시 곤궁하다. 이 방위를 사용하면 일마다 여의치 않고 진퇴양난이 된다. 범사가 모두 막혔으니 정수(靜守)하는 것이 길하다. 만약 생왕(生旺)・득령(得令)에 임하면 모든 일이 대길하고, 싸움은 주객(主客) 모두에게 이롭다. 그러나 실령(失令)하면 위엄과 날카로움을 쌓는 것이 좋고 백사가 더디다.

46. 천반(天盤)이 무(戊)이고 지반(地盤)이 기(己)이면 천문몽진(天門蒙塵) 또는 귀인입옥(貴人入獄)・물이유취(物以類取)라고 한다. 갑자무(甲子戊)는 청룡(靑龍)이고 갑술기(甲戌己)는 무(戊)의 묘(墓)가 된다. 이 방위를 사용하면 안일함에 빠져 노동을 하지 않으니 산처럼 쌓아둔 재물을 다 써버린다. 귀인이 감옥에 들어가는 격으로 공사가 모두 불리하다. 또한 청룡상합격(靑龍相合格)이라고도 한다. 문(門)과 궁(宮)이 극제(剋制)되거나 상생(相生)하면 주객(主客)이 대승하고, 문(門)이 궁(宮)을 생(生)하거나 비화(比和)되면 모든 일이 대길하여 백모에 장애가 없고, 문(門)이 궁(宮)을 극(剋)하면 모든 일이 시작은 있으나 끝이 없다.

47. 천반(天盤)이 무(戊)이고 지반(地盤)이 경(庚)이면 청룡지세(靑龍持勢) 또는 조주위학(助紂爲虐)·직부비궁(直符飛宮)·천무입옥(天武入獄)이라 한다. 갑자무(甲子戊)가 치부(値符)이면 경금(庚金)의 극(剋)을 가장 두려워한다. 이 방위를 사용하면 나쁜 일은 더 나빠지고 좋은 일도 나빠진다. 재물을 구하는 일도 이롭지 않고, 병은 흉하여 아픈 부위가 달라지기 쉽다. 문(門)이 궁(宮)을 극(剋)하면 객(客)이 이롭고, 궁(宮)이 문(門)을 극(剋)하면 주(主)가 이로운데 모든 일이 다 길하다.

48. 천반(天盤)이 무(戊)이고 지반(地盤)이 신(辛)이면 청룡절족(靑龍折足) 또는 반음설기(反吟洩氣)·청룡상침(靑龍相侵)이라 한다. 갑자무(甲子戊)는 갑오신(甲午辛)의 극(剋)을 받아 자오충(子午沖)이 된다. 이 방위를 사용하면 모든 일이 장애가 많아 순조롭지 못하고, 족병과 재액이 따라 십중팔구는 실패한다. 길문(吉門)이 생조(生助)해주면 꾀하는 일을 해도 되나 흉문(凶門)을 만나면 재앙을 만나 재물을 잃고 절상(折傷)된다.

49. 천반(天盤)이 무(戊)이고 지반(地盤)이 임(壬)이면 용입천뢰(龍入天牢) 또는 청룡입뢰(靑龍入牢)·산명수수(山明水秀)라고 한다. 갑자무(甲子戊)는 청룡(靑龍)이고 임(壬)은 천뢰(天牢)가 된다. 무입천뢰(武入天牢) 또는 청룡파옥격(靑龍破獄格)이라고도 하며, 이 방위를 사용하면 용기도 있고 꾀도 있으나 천반(天盤)이 지반(地

盤)을 극(剋)하니 음양사(陰陽事)가 모두 좋지 않다. 그러나 중요한 문제가 하나 해결되면 관련된 것들은 아주 쉽게 해결된다. 만약 문(門)이 궁(宮)을 극(剋)하면 객(客)은 길하나 주(主)는 어떤 것도 도모하기 어렵다. 그러나 궁(宮)이 문(門)을 극(剋)하고 임(壬)이 득령(得令)하면 싸움은 주(主)가 이롭고, 객방(客方)은 모든 일이 흩어진다.

50. 천반(天盤)이 무(戊)이고 지반(地盤)이 계(癸)이면 청룡화개(靑龍華蓋) 또는 암석침식(岩石浸蝕)·청룡상합(靑龍相合)·천무지장(天武地藏)이라 한다. 갑자무(甲子戊)는 청룡(靑龍)이고 계(癸)는 화개(華蓋)인데 무계(戊癸)가 상합(相合)한다. 길문(吉門)을 만나면 복을 불러 문(門)에 임할 수 있으나 흉문(凶門)을 만나면 일이 많고 장애가 있으며 시비가 많아 흉하다.

51. 천반(天盤)이 기(己)이고 지반(地盤)이 갑(甲)이면 견우청룡(犬遇靑龍) 또는 영불발아(永不發芽)라고 한다. 갑술기(甲戌己)의 술(戌)은 개(犬)요 갑(甲)은 청룡(靑龍)이다. 이 방위는 좌절이 허다하고 어떤 기다림도 성사되기 어렵다. 문(門)이 길하면 꾀하는 일이 반드시 합(合)되나 흉하면 장애가 많아 심기만 허비한다.

52. 천반(天盤)이 기(己)이고 지반(地盤)이 을(乙)이면 묘신불명(墓神不明) 또는 유정밀의(柔情密意)·지호봉성(地戶逢星)이라 한다.

갑술기(甲戌己)는 을목(乙木)의 묘(墓)이고 기(己)는 지호(地戶)이며 을(乙)은 봉성(逢星)이 된다. 이 방위를 사용하면 이성의 일로 기쁜 일이 생긴다. 집을 나가거나 종적을 감추거나 은둔하거나 도를 닦는 데는 좋으나 다른 일에는 보통이다. 또 모든 일은 도모하기 어렵고 암매(暗昧)하다.

53. 천반(天盤)이 기(己)이고 지반(地盤)이 병(丙)이면 화패지호(火悖地戶)라고 한다. 갑술기(甲戌己)는 병화(丙火)의 묘(墓)이고 병(丙)은 화패(火悖)이며 기(己)는 지호(地戶)가 된다. 이 방위를 사용하면 남자는 상해를 받으며 서로 원수처럼 해롭게 하고, 여자는 폭행을 당하거나 음란하며 방종하다. 관재구설·원한상해·장애가 따르며 굽어 펴지 못한다. 만약 병(丙)이 생왕(生旺)을 얻고 성문(星門)이 서로 도우면 백사가 모두 길하여 유익하다. 싸움은 주병(主兵)이 이롭다.

54. 천반(天盤)이 기(己)이고 지반(地盤)이 정(丁)이면 주작입묘(朱雀入墓)라고 한다. 술(戌)은 화묘(火墓)이고 정(丁)은 주작(朱雀)이 된다. 이 방위를 사용하면 문서나 소송을 진행할 때는 처음에는 곤란하나 나중에는 승소한다. 먼저는 굽고 뒤에는 바르니 먼저는 왜곡되나 나중에는 일이 바로 잡혀 길한 것이다. 또한 명당탐생격(明堂貪生格)이라 하여 모든 일이 길하기 어렵다. 먼저는 쓸데없이 허비하나 뒤에는 유리하니 상서롭고, 싸움은 객병(客兵)이 이긴다.

55. 천반(天盤)이 기(己)이고 지반(地盤)이 무(戊)이면 견우청룡(犬遇青龍) 또는 육합천문(六合天門) · 명당종록(明堂從祿)이라 한다. 갑술기(甲戌己)의 술(戌)은 개(犬)이고 갑자무(甲子戊)는 청룡(青龍)이다. 이 방위를 쓰면 희망하는 일이 모두 이루어지고 상사나 귀인에게 발탁된다. 문(門)이 길하면 귀인을 뵙거나 관직을 구하는 등의 바라는 일이 이루어지고 상인(上人)의 기쁨을 본다. 그러나 문(門)이 흉하면 쓸데없이 애만 쓴다.

56. 천반(天盤)이 기(己)이고 지반(地盤)도 기(己)이면 지호봉귀(地戶逢鬼) 또는 복음연약(伏吟軟弱)이라 한다. 이 방위를 사용하면 만사가 뜻대로 되지 않고 병자는 반드시 죽는다. 또한 명당중봉격(明堂重逢格)이라 하는데 범사가 스스로 패하며 무슨 일이든 도모하기 어렵다. 진퇴를 결정하지 못하며 마침내는 흉하다. 싸움은 고수하는 것이 좋고, 양식을 쌓거나 토지를 개척하거나 땅을 보태는 일은 좋다. 기다리면 기회가 온다.

57. 천반(天盤)이 기(己)이고 지반(地盤)이 경(庚)이면 형격반명(刑格返名) 또는 전도형격(顚倒刑格)이라 한다. 경(庚)에 기(己)를 가(加)하면 형격(刑格)이 된다. 이 방위를 사용하면 소송이나 남녀문제로 일이 얽혀 재난을 당하고, 관재송사는 먼저 움직인 사람이 불리하다. 살아 있는 귀신이 몸을 휘감는 것과 같다. 가령 소인 · 여자 · 음성(陰星)은 모해의 뜻이 있다. 또한 명당복살격(明堂伏殺格)

이라 하며 주(主)는 모든 일이 유익하다.

58. 천반(天盤)이 기(己)이고 지반(地盤)이 신(辛)이면 유혼입묘(遊魂入墓) 또는 습니오옥(濕泥汚玉)이라 한다. 갑술기(甲戌己)는 갑오신(甲午辛)의 묘(墓)가 된다. 이 방위를 사용하면 일시적인 쾌락을 탐하다가 평생의 유감을 남긴다. 한순간 발을 잘못 딛으면 천년을 두고 후회하니 범사에 신중해야 한다. 음사(陰邪)·귀매(鬼魅)·가귀(家鬼)의 작수(作祟)를 만나기 쉬운데 대인은 귀매(鬼魅), 소인은 가귀(家鬼) 작괴(作怪)가 된다. 또한 천정득세격(天庭得勢格)이라 한다. 진보와 성장은 주(主)가 되고, 모든 일이 희열하며 둘의 뜻이 서로 통한다.

59. 천반(天盤)이 기(己)이고 지반(地盤)이 임(壬)이면 지망고장(地網高障) 또는 반음탁수(反吟濁水)라고 한다. 갑술기(甲戌己)와 갑진임(甲辰壬)은 충(沖)되고, 임(壬)은 지망(地網)·지라(地羅)이며 성질이 음(淫)하다. 기(己)는 갑(甲)의 합으로 육합(六合)이 되고, 명당파형격(明堂破刑格)이라 하여 백사가 이루어지지 않는다. 이 방위를 사용하면 남자는 상해를 입고, 여자는 겁탈을 당하여 정조를 잃는다. 교활한 소년이 여자를 붙들고 강간한 다음 살해하는 형상이다. 교활하고 경박한 소년과 음탕한 여인이 간통사건으로 상당한 상해를 입는다.

60. 천반(天盤)이 기(己)이고 지반(地盤)이 계(癸)이면 지형현무(地刑玄武)라고 한다. 갑술기(甲戌己)는 지형(地刑)이 되고 계(癸)는 현무(玄武)가 된다. 이 방위를 사용하면 좋은 일이 즉각 끊어지고 나쁜 일이 생긴다. 만약 병자가 이 방위를 사용하면 병세가 급속히 나빠져 위급하거나 사망하고, 송사는 감옥에 갇힌다. 또한 명당합화개격(明堂合華蓋格)이라 하여 주로 모든 일이 반복되어 이루어지기 어렵다.

61. 천반(天盤)이 경(庚)이고 지반(地盤)이 갑(甲)이면 천을복궁(天乙伏宮) 또는 복궁최잔(伏宮摧殘)이라 한다. 이 방위를 사용하면 관리는 해직되고 비리를 조사받아 처벌된다. 장사하는 사람은 본전을 까먹고 재물을 잃으니 백사를 도모하면 안된다. 반드시 흉한 응(應)이 있다.

62. 천반(天盤)이 경(庚)이고 지반(地盤)이 을(乙)이면 태백봉성(太白逢星) 또는 태백탐합(太白貪合)이라 한다. 경(庚)은 태백(太白)이고 을(乙)은 봉성(逢星)이며 경을(庚乙)이 상합(相合)한다. 이 방위를 사용하면 좋은 일이 즉시 나빠지고 연달아 나쁜 일이 생긴다. 만약 계속 움직이면 상황은 더 나빠진다. 물러나면 길하고 나아가면 흉하며, 길함은 물러나고 흉함으로 나아가니 도모하는 일은 불리하다. 정(靜)하면 편안하나 동(動)하면 허물이 있고 위태롭다.

63. 천반(天盤)이 경(庚)이고 지반(地盤)이 병(丙)이면 태백입형(太白入熒)이라 한다. 경(庚)은 태백(太白)이고 병(丙)은 형옥(熒惑)이다. 이 방위를 사용하면 백사가 모두 흉하고, 좀도둑을 맞아 재물을 잃는다. 반드시 도둑이 오고, 객(客)은 나가면 이롭고 주(主)는 파재(破財)한다. 또 태백가관격(太白加官格)이라고도 한다.

64. 천반(天盤)이 경(庚)이고 지반(地盤)이 정(丁)이면 정정지격(亭亭之格)이라 한다. 정(丁)은 옥녀(玉女)이고 경(庚)은 태백(太白)이며 태백수제격(太白受制格)이 된다. 이 방위는 문(門)이 길하면 길하고, 문(門)이 흉하면 흉하다. 사사로이 숨겨주거나 남녀관계로 관송시비가 생긴다. 모든 일이 불리하니 이루기 어렵고, 싸움은 주병(主兵)이 이롭다.

65. 천반(天盤)이 경(庚)이고 지반(地盤)이 무(戊)이면 천옥동문(天獄同門) 또는 태백복궁(太白伏宮)이라 하며, 갑신경(甲申庚)이 갑자무(甲子戊)를 극(剋)한다. 이 방위를 사용하면 유로무화(有爐無火)가 되어 백사를 도모함에 좋지 않고 대흉하다. 소년소녀이면 불량소년이 되어 큰 그릇이 되기 어렵다. 주로 쓸데없이 애만 쓰고 뜻대로 이루어지기 어렵다. 또한 태백봉은격(太白逢恩格)이라 한다. 비록 모든 일이 이로우나 먼저는 재백(財帛)을 소모하고 후에는 유익하며, 싸움은 객병(客兵)이 이롭다.

66. 천반(天盤)이 경(庚)이고 지반(地盤)이 기(己)이면 관부형격(官符刑格)이라 한다. 갑신경(甲申庚)에 있는 미(未)와 갑술기(甲戌己)가 술미형(戌未刑)이 된다. 이 방위를 사용하면 주색에 빠지고, 심지어는 관송(官訟)으로 형벌을 받아 감옥에 갇히거나 중형을 받는다. 장사를 하면 재물을 파하고, 출행하면 병에 걸린다. 또한 태백대형격(太白大刑格)이라 하여 하는 바가 불길하니 옛것을 지키는 것이 좋고, 싸움은 객병(客兵)이 이롭다.

67. 천반(天盤)이 경(庚)이고 지반(地盤)이 경(庚)이면 태백동궁(太白同宮) 또는 태백중형(太白重刑)·복음전격(伏吟戰格)이라 한다. 경(庚)은 태백(太白)이며 경경비견(庚庚比肩)이고, 경금(庚金)은 흉악하므로 전격(戰格)이라 한다. 이 방위를 사용하면 법을 어겨 관재를 당하거나 뜻밖의 재화가 침범하고, 가정에서는 형제가 반목하여 늘 다툰다. 때로는 친구나 동료와도 의견대립이 생겨 일을 하는데 지장이 많다.

68. 천반(天盤)이 경(庚)이고 지반(地盤)이 신(辛)이면 백호간격(白虎干格)이라 한다. 경신금(庚辛金)은 백호(白虎)이니 호랑이 두 마리가 영웅을 다투는 형상이다. 태백중봉격(太白重鋒格)이라 하며, 철추가 구슬을 부순다 하여 교통사고가 생긴다. 원행하면 수레나 차량은 구르거나 부서지고, 말이나 사람은 죽는다. 재물을 구하는 일은 대흉하고 모든 일이 불리하며 쟁론이 있다. 싸움은 객병(客

兵)이 이롭다.

69. 천반(天盤)이 경(庚)이고 지반(地盤)이 임(壬)이면 상격(上格)
또는 태백퇴위(太白退位) · 모산소격(耗散小格) · 소격형명(小格刑
名)이라 한다. 임수(壬水)는 유동하고 경(庚)은 조격(阻隔)의 신이
다. 백호둔전(白虎迍邅)이라 하여 백호(白虎)가 머뭇거리는 격이다.
이 방위를 사용하면 원행에서 길을 잃거나 일처리에 착오가 생기
고, 남녀의 소식은 통하기 어려워 슬퍼운다. 이익이 있으려면 백사
에 발자국을 감추는 것이 길하다. 싸움은 주(主)가 이긴다.

70. 천반(天盤)이 경(庚)이고 지반(地盤)이 계(癸)이면 대격(大格)
또는 대격반음(大格反吟)이라 한다. 갑신경(甲申庚)과 갑인계(甲寅
癸)는 신인형충(申寅刑沖)되고, 경(庚)은 도로다. 주로 자동차 사고
가 많고, 행인은 이르지 않으며, 관사는 그치지 않고, 출산은 모자
가 모두 상하니 크게 흉하다. 쇠에 녹이 끼니 사업은 비참하게 실
패하여 재물을 파한다. 또한 태백충형격(太白沖刑格)이라 하여 모
든 일이 좋지 않으니 일을 도모하면 해롭다.

71. 천반(天盤)이 신(辛)이고 지반(地盤)이 갑(甲)이면 곤룡피상(困
龍被傷) 또는 월하송영(月下松影) · 천을복궁(天乙伏宮)이라 한다.
주로 관송(官訟)이나 파재(破財)가 따르니 차분하게 분수를 지키
는 것이 좋다. 이 방위를 사용하면 재능이 뛰어나지만 인정과 칭찬

을 받지 못한다. 재주는 있어도 때를 만나지 못한 형상이고, 종남산(終南山)에 지름길이 없는 형상이다.

72. 천반(天盤)이 신(辛)이고 지반(地盤)이 을(乙)이면 백호창광(白虎猖狂)이라 하며, 신금백호(辛金白虎)가 을목(乙木)을 극(剋)한다. 이 방위를 사용하면 가정에서 중요한 인물이 갑자기 죽어 일가가 뿔뿔이 흩어지며 파가망신의 처참한 상황이 온다. 원행에는 재앙이 많아 의외의 사고가 생기기 쉽다. 존장에게는 우환이 따르고 거선(車船)은 함께 상한다. 혼인점이면 남자 때문에 헤어진다. 시반(時盤)이면 모든 것이 더 좋지 않다. 만약 문(門)이 궁(宮)을 극(剋)하거나 궁(宮)이 문(門)을 생(生)하면 객병(客兵)이 대승하고, 궁(宮)이 문(門)을 극(剋)하거나 문(門)이 궁(宮)을 생(生)하는데 을(乙)이 생왕궁(生旺宮)에 임하면 주병(主兵)이 이긴다.

73. 천반(天盤)이 신(辛)이고 지반(地盤)이 병(丙)이면 간합패사(干合悖師)라고 한다. 병화(丙火)는 패(悖)이고 병신합(丙辛合)되었다. 이 방위를 사용하면 큰 이득이 있다. 문(門)이 길하면 길하고 문(門)이 흉하면 흉하다. 돈버는 일의 점단이면 재물 때문에 소송이 생기기 쉬우니 조심해야 하고, 비가 내릴 때의 점단이면 속히 그치고, 맑은 때의 점단이면 매우 가문다. 또한 천정득명격(天庭得明格)이라 하여 만사대길하니 구하고 도모하는 일은 다 이루어진다.

74. 천반(天盤)이 신(辛)이고 지반(地盤)이 정(丁)이면 옥신득기(玉神得奇)라고 한다. 갑오신(甲午辛)은 정화(丁火) 성기(星奇)의 녹(祿)이 임하고 신(辛)은 천옥(天獄)이 된다. 이 방위를 사용하면 상인은 갑절의 이익을 남기고, 감금된 범인은 사면되는 등 범사가 다 길하다. 또한 백호수상격(白虎受傷格)이라 하여 범사가 시작은 있으나 끝이 없고 소비가 많다. 그러나 구명(求名)과 관송(官訟)에는 길하다. 만약 문(門)이 궁(宮)을 생(生)하거나 궁(宮)이 문(門)을 극(剋)하면 주병(主兵)이 대승한다. 그러나 문(門)이 궁(宮)을 극(剋)하고 쇠묘(衰墓)에 임하면 고수하며 매복하는 것이 좋다.

75. 천반(天盤)이 신(辛)이고 지반(地盤)이 무(戊)이면 반음피상(反吟被傷) 또는 곤룡피상(困龍被傷)·용호쟁강(龍虎爭強)이라 한다. 갑오신(甲午辛)이 갑자무(甲子戊) 청룡(青龍)을 극(剋)하여 자오상충(子午相沖)이 된다. 이 방위를 사용하면 소송시비에서 패소한다. 움직이면 움직일수록 나쁘니 정(靜)하는 것이 좋다. 모든 일이 불화하고 도모하는 것은 불우하며 싸움은 객방(客方)이 이롭다.

76. 천반(天盤)이 신(辛)이고 지반(地盤)이 기(己)이면 입옥자형(入獄自刑)이라 한다. 갑오신(甲午辛)은 천옥(天獄)이며 갑술기(甲戌己)에 임하여 기(己)는 지형(地刑)이 된다. 신(辛)은 죄수이고 술(戌)은 오화(午火)의 고(庫)이니 감옥이 된다. 노복이 주인을 배신하니 부하의 배반으로 곰팡이가 낀 운을 만나고, 소송방면은 하소

연하기 곤란하니 패소하기 쉽다. 또한 호좌명당격(虎坐明堂格)이라 하여 비록 모든 일이 길하나 먼저는 허비하고 뒤에 유익하다. 싸움의 이득은 객병(客兵)에 있고 범사가 다 흉하다.

77. 천반(天盤)이 신(辛)이고 지반(地盤)이 경(庚)이면 백호출력(白虎出力) 또는 호봉태백(虎逢太白)이라 한다. 경신금(庚辛金)은 백호(白虎)이니 두 마리 호랑이가 서로 싸우고, 도(刀)와 인(刃)이 부딪혀 주객(主客)이 모두 다친다. 이 방위를 사용하면 반드시 타투도상(打鬪刀傷)의 사고가 생겨 주객(主客)이 서로 싸운다. 겸손과 사양하는 마음으로 물러나면 약간 좋으나 억지로 밀고나가면 피가 홑옷에 튄다. 만약 문(門)이 궁(宮)을 생(生)하거나 궁(宮)이 문(門)을 극(剋)하고 경(庚)이 녹왕궁(祿旺宮)에 임하면 싸움은 주(主)가 이롭고, 경(庚)이 쇠묘(衰墓)에 임하고 신(辛)이 왕향(旺鄕)에 들면 객(客)이 이롭다

78. 천반(天盤)이 신(辛)이고 지반(地盤)도 신(辛)이면 복음천정(伏吟天庭) 또는 복음상극(伏吟相剋)이라 한다. 신(辛)은 천정(天庭)이며 신신복음(辛辛伏吟)이 되고 갑오신(甲午辛)이 오오자형(午午自刑)이 된다. 이 방위를 사용하면 공사를 내버려 두고 사사로운 이익에 전념하여 비난을 부르고, 송사를 일으키면 스스로 죄명에 걸려 감옥에 가기 쉽다. 또한 천정자형격(天庭自刑格)이라 하여 일은 스스로 파하고 진퇴가 과감하지 않다. 만약 문(門)이 궁(宮)을

생(生)하면 주병(主兵)이 이롭다. 팔문(八門)이 본궁(本宮)에 근원
하여 복음격(伏吟格)이 되면 진식(陣式)을 가르치거나 연습하거나
식량을 쌓고 현인을 구함에는 좋으나 내변이 두렵다.

79. 천반(天盤)이 신(辛)이고 지반(地盤)이 임(壬)이면 흉사입옥(凶
蛇入獄) 또는 한당월영(寒塘月影)·천정봉옥(天庭逢獄)이라 한다.
신(辛)은 천옥(天獄)이고 임(壬)은 현무(玄武)이며 흉사(凶蛇)가
된다. 이 방위를 사용하면 겉으로는 아름다워 보이지만 안으로는
허하다. 주로 두 남자가 한 여자를 놓고 다투는 형상이며 송옥(訟
獄)이 그치지 않는다. 먼저 움직이면 이롭지 않고 도모하는 일이
불리하다.

80. 천반(天盤)이 신(辛)이고 지반(地盤)이 계(癸)이면 천뢰화개(天
牢華蓋) 또는 호투라망(虎投羅網)이라 한다. 신(辛)은 천뢰(天牢)
이고 계(癸)는 화개(華蓋)와 천망(天網)이 된다. 해와 달이 밝음을
잃고 천망(天網)에 잘못 들어 진퇴양난이니 움직임이 어긋난다. 이
방위를 사용하면 남의 계략에 쉽게 빠져 손재와 손실을 당한다. 그
러나 주방(主方)은 모든 일에 도움이 있으니 바라던 바가 성취된
다. 만약 문(門)이 궁(宮)을 생(生)하거나 궁(宮)이 문(門)을 극
(剋)하면 주병(主兵)이 대승하고, 문(門)이 궁(宮)을 극(剋)하거나
신(辛)이 생왕(生旺)에 임하면 객(客)이 이롭다.

81. 천반(天盤)이 임(壬)이고 지반(地盤)이 갑(甲)이면 소사화룡(小蛇化龍) 또는 낭중고주(浪中孤舟)라고 한다. 주로 남자는 사업이 발달하고 여자는 아이를 순산한다. 이 방위를 사용하면 안팎으로 근심이 있을 뿐 아니라 위험하며 우울하다. 도둑을 만나 파재(破財)하며 백사가 불길하다.

82. 천반(天盤)이 임(壬)이고 지반(地盤)이 을(乙)이면 소사득세(小蛇得勢) 또는 축수도화(逐水桃花)·일입지호(日入地戶)·일입구지(日入九地)라고 한다. 임(壬)은 현무수사(玄武水蛇)가 된다. 주로 여자는 유순하고 남자는 통달한다. 임신점이면 자식을 낳고 녹마(祿馬)가 빛나며 화려하다. 이 방위를 사용하면 여자는 음탕하고 남자는 경박해진다. 무릇 하는 일은 이롭지 않고 도모하는 일은 놀람이 많다. 싸움은 주(主)가 이롭다.

83. 천반(天盤)이 임(壬)이고 지반(地盤)이 병(丙)이면 수사입화(水蛇入火) 또는 일락사해(日落西海)·천옥복기(天獄伏奇)라고 한다. 임(壬)은 현무수사(玄武水蛇)이고 병(丙)은 태양·불인데 임병(壬丙)이 상충극(相沖剋)한다. 관재와 형금이 그치지 않고 만사가 불리하니 구모(求謀)는 더 흉해진다. 이 방위를 사용하면 바로 약간 길한 국면이 나타나나 잠시일 뿐 다시 나빠진다.

84. 천반(天盤)이 임(壬)이고 지반(地盤)이 정(丁)이면 간합사형(干

合蛇刑) 또는 간합성기(干合星奇)·태음피옥(太陰被獄)이라 하며 정임(丁壬)이 상합(相合)한다. 이 방위는 문서방면의 일이 순조롭고, 윗사람과 상사에게 인정과 칭찬을 받으며 발탁된다. 귀인은 바쁘게 지나가고, 남자는 길하고 여자는 흉하다. 모든 일에 장애가 있고, 도모하는 일은 암매(暗昧)하다. 싸움은 객방(客方)이 이롭다.

85. 천반(天盤)이 임(壬)이고 지반(地盤)이 무(戊)이면 소사화룡(小蛇化龍) 또는 사입천문(蛇入天門)·청룡입옥(靑龍入獄)이라 한다. 임(壬)은 소사(小蛇)이고 갑자무(甲子戊)는 청룡(靑龍)이다. 이 방위를 사용하면 남자는 사업이 순조롭게 발전하여 출세하고, 여자는 좋은 사람과 혼인하여 자식을 낳는다. 모든 일이 시작은 있으나 끝이 없고, 관송(官訟)과 구명(求名)은 유리하다.

86. 천반(天盤)이 임(壬)이고 지반(地盤)이 기(己)이면 반음사형(反吟蛇刑) 또는 반음니장(反吟泥漿)·천지형충(天地刑沖)이라 한다. 갑진임(甲辰壬)은 수사(水蛇)이고 갑술기(甲戌己)는 지형(地刑)이니 진술충극(辰戌沖剋)이 된다. 이 방위를 사용하면 반드시 큰 재화가 따르고, 만약 소송하면 패소한다. 순조롭게 지키면 길하고 망동하면 반드시 흉하다. 도모하는 일은 모두 불길하고 길한 일도 흉해진다.

87. 천반(天盤)이 임(壬)이고 지반(地盤)이 경(庚)이면 태백금사(太

白擒蛇)라고 한다. 임(壬)은 수사(水蛇)·현무(玄武)이고 경(庚)은 태백(太白)·천옥(天獄)이니 천옥의세(天獄倚勢)라고도 한다. 이 방위를 사용하면 길문(吉門)을 얻어도 길하지 않다. 주로 형옥(刑獄)은 공평하고 정사(正邪)는 바로 판단된다. 그러나 백사가 길하지 않으니 일을 도모하면 애만 쓰고, 싸움은 객병(客兵)이 이롭다.

88. 천반(天盤)이 임(壬)이고 지반(地盤)이 신(辛)이면 등사상전(螣蛇相纏) 또는 도세주옥(淘洗珠玉)·백호범옥(白虎犯獄)이라 한다. 갑진임(甲辰壬)은 수사(水蛇)·현무(玄武)이고 갑오신(甲午辛)은 진수묘(辰水墓)에 들어간다. 설사 기문(奇門)을 얻어도 안녕하지 못하고, 모망(謀望)이 있으면 기만을 당한다. 만약 임(壬)이 득령(得令)하거나 문(門)이 궁(宮)을 극(剋)하거나 궁(宮)이 문(門)을 생(生)하면 객병(客兵)이 이롭고, 임(壬)이 실령(失令)한 궁(宮)에 들거나 궁(宮)이 문(門)을 극(剋)하면 방비하여 수비하는 데 좋고, 주병(主兵)이 이롭다.

89. 천반(天盤)이 임(壬)이고 지반(地盤)이 임(壬)이면 사입지라(蛇入地羅) 또는 복음지망(伏吟地網)·천옥자형(天獄自刑)이라 한다. 임(壬)은 흉사(凶蛇)·지라(地羅)가 되고 갑진임(甲辰壬)은 진진자형(辰辰自刑)이 되니 임임복음(壬壬伏吟)이 된다. 이 방위를 사용하면 안팎으로 두루 불안하다. 밖으로는 사람을 휘감고 안으로는 새끼처럼 꼬여 벌벌 떨게 된다. 그러나 길문(吉門) 길성(吉星)이면

시기를 놓쳐 허송세월하는 것은 면한다. 모든 일에 불안이 반복되어 파패하니 고수하는 것이 좋다.

90. 천반(天盤)이 임(壬)이고 지반(地盤)이 계(癸)이면 유녀간음(幼女奸淫) 또는 음양중지(陰陽重地)라고 한다. 갑인계(甲寅癸)와 갑진임(甲辰壬)의 사(巳)는 형(刑)이고 임(壬)은 성질이 음(淫)하다. 이 방위를 사용하면 집안의 추문이 천리로 퍼진다. 성문(星門)이 길하면 화가 복이 되나 문(門)이 길하고 성(星)이 흉하면 복이 화가 되기 쉽다. 범사가 좋지 않으니 살아갈 방법이 없다.

91. 천반(天盤)이 계(癸)이고 지반(地盤)이 갑(甲)이면 천을회합(天乙會合) 또는 양류감로(楊柳甘露)라고 한다. 비록 곤경에 처해도 귀인의 도움을 받고, 구재(求財)는 순조롭고, 혼인은 길하다. 만약 흉문(凶門)·궁박(宮迫)·문박(門迫)을 만나면 관비(官非)가 있다.

92. 천반(天盤)이 계(癸)이고 지반(地盤)이 을(乙)이면 화개봉성(華蓋逢星) 또는 이화춘우(梨花春雨)라고 한다. 계(癸)는 화개(華蓋)이고 을(乙)은 봉성(逢星)이다. 이 방위를 사용하면 반드시 부부 중 한 사람이 죽거나 이혼한다. 귀인은 녹위(祿位)를 얻고 평상인은 평안하다. 문(門)이 길하면 길하고 문(門)이 흉하면 불길하다.

93. 천반(天盤)이 계(癸)이고 지반(地盤)이 병(丙)이면 화개패사(華

蓋悖師)라고 한다. 계(癸)는 화개(華蓋)이고 병화(丙火)는 패(悖)
다. 귀인과 천인이 모두 불리하다고 하나 귀인은 녹위(祿位)를 얻
으며 기쁜 일에 이르고, 평상인은 평순하며 소길(小吉)하다. 또한
명당범패격(明堂犯悖格)이라고도 하며, 백사에 놀람과 근심과 장애
가 따른다.

94. 천반(天盤)이 계(癸)이고 지반(地盤)이 정(丁)이면 등사요교(螣
蛇妖嬌)라고 한다. 계(癸)는 현무(玄武)와 수사(水蛇)이고 정화(丁
火)는 주작(朱雀)인데 계수(癸水)는 정화(丁火)를 극(剋)하고 정화
(丁火)는 계수(癸水)를 불태운다. 주로 문서나 관사는 불로 태워도
도망가기 어렵다. 이 방위를 사용하면 문서에 착오가 생기고, 소송
이나 화재가 발생한다. 백사에 좋지 않으니 길을 구하면 오히려 흉
해진다. 싸움은 객병(客兵)이 이롭다.

95. 천반(天盤)이 계(癸)이고 지반(地盤)이 무(戊)이면 천을회합(天
乙會合) 또는 청룡입지(靑龍入地)라 하며, 무계(戊癸)가 상합(相
合)한다. 이 방위를 사용하면 착한 사람의 도움으로 일이 성사되고,
구재(求財)는 복을 불러 재물이 들어오고, 혼인에는 기쁨이 있다.
그러나 문(門)이 흉하고 궁박(宮迫)·문박(門迫)·제(制)를 만나면
오히려 관재를 부른다.

96. 천반(天盤)이 계(癸)이고 지반(地盤)이 기(己)이면 화개지호(華

蓋地戸)라 한다. 계(癸)는 화개(華蓋)이고 기(己)는 지호(地戸)다.
이 방위를 사용하면 친한 사람의 소식과 연락이 끊어진다. 남녀문
제를 점칠 때는 소식에 장애가 있고, 남녀간의 문제나 분쟁도 끊임
없이 나타난다. 그러나 재앙과 난을 피하는 데는 길하다. 또한 화개
입명당격(華蓋入明堂格)이라 하여 범사에 길하다고 하나 오직 소
모만 있고 뒤가 없다. 그러나 구명(求名)과 관송(官訟)에는 길하다.
만약 궁(宮)이 문(門)을 극(剋)하거나 문(門)이 궁(宮)을 생(生)하
면 주방(主方)이 대승한다.

97. 천반(天盤)이 계(癸)이고 지반(地盤)이 경(庚)이면 태백입망(太
白入網) 또는 반음침백(反吟浸白)이라 한다. 계(癸)는 천망(天網)
이고 경(庚)은 태백(太白) 흉성(凶星)이다. 이 방위를 사용하면 노
인은 완고하여 통하지 않고, 소년 소녀는 불량해진다. 폭력으로 인
한 쟁투소송이 있고, 스스로 죄책에 걸려들며, 달콤함에 빠져 타락
한다. 또한 천망범충격(天網犯沖格)이라 하여 도모하는 일은 형해
(刑害)가 있고, 구모(求謀)하는 일은 유익함이 없다.

98. 천반(天盤)이 계(癸)이고 지반(地盤)이 신(辛)이면 망개천뢰(網
蓋天牢)라고 한다. 계(癸)는 천망(天網)·화개(華蓋)이고 신(辛)은
천뢰(天牢)·형정(刑庭)이다. 송사점은 패소하고, 병점은 사망하기
쉽다. 이 방위로 나가면 사액이 도망가기 어렵다. 또한 화개수은격
(華蓋受恩格)이라 하여 비록 길해도 먼저 비용을 지불해야 뒤에

유익하다. 만약 문(門)이 궁(宮)을 극(剋)하거나 궁(宮)이 문(門)을 생(生)하고 계(癸)가 득령궁(得令宮)에 임하면 객병(客兵)이 크게 이롭다.

99. 천반(天盤)이 계(癸)이고 지반(地盤)이 임(壬)이면 부견등사(復見螣蛇) 또는 충천부지(沖天奔地)·천망종옥(天網終獄)이라 한다. 계임(癸壬) 모두 현무(玄武)와 수사(水蛇)이고 수(水)는 성질이 음(淫)하다. 이 방위는 용사(用事)에 조급하면 실패한다. 혼인은 반드시 이혼하므로 주로 중혼인데 후가는 자식이 없고 연화(年華)를 보전하기 어렵다. 모든 일은 도모하기 어렵고 불리하다.

100. 천반(天盤)이 계(癸)이고 지반(地盤)이 계(癸)이면 천망사장(天網四張) 또는 복음천라(伏吟天羅)라고 한다. 계(癸)는 천망(天網)이며 계계복음(癸癸伏吟)이 된다. 이 방위를 사용하면 여행은 동행자를 잃거나 떨어지게 되고, 물건을 잃거나 병이 나고, 소송 중인 사람은 결과가 흉하다. 흉한 방위이니 사용하지 말고 옛것을 지키는 것이 좋다.

제2장. 길격(吉格)

1. 청룡반수(靑龍返首)

천반(天盤)이 갑(甲)이고 지반(地盤)이 병기(丙奇)이거나, 천반(天盤)이 무(戊)이고 지반(地盤)이 병(丙)인 경우를 말한다. 일명 청룡회수(靑龍回首)라고 하며 음양둔(陰陽遁)을 불문하고 청룡반수(靑龍返首)를 얻고 다시 길문(吉門)과 합(合)되면 상길(上吉)이다. 비록 길문(吉門)이 없어도 용사(用事)해도 좋다. 위압·군사를 일으킴·구재(求財)·구리(求利)·신관부임·원행·방문이객(利客)·취직·소송·이사·건축·수리 등과 윗사람에게 천거받는 일 등 백사에 모두 길하다.

갈홍(葛洪)이 말하기를 이 국(局)은 백사를 거함에 좋으니 비록 길문쾌국(吉門卦局)이 없어도 용사(用事)해도 된다. 음양이둔(陰陽二遁)이면 출병·행영(行營)·거조(擧造) 등 백사에 길하고, 기(奇)에 합(合)되면 가장 좋다. 육갑(六甲)을 병(丙)에 가(加)하여 문(門) 위에 있으면 대인을 보거나 구명(求名)에 이롭고, 거병(擧兵)은 객(客)이 이롭다. 만리에 위엄을 드날리며 출입에 이롭다. 이때 생문(生門)에서 사문(死門)을 치면 한 사람이 만인을 대적할 수 있다고 하였다.

그러나 『연파조수가(烟波釣叟歌)』에서는 갑(甲)이 병(丙)에 가(加)함이라 하였고, 『기문둔갑통종대전(奇門遁甲統宗大全)』에서는 갑치부(甲値符)가 지반(地盤) 병정(丙丁)에 가(加)함이라 하였고, 『기문현람(奇門玄覽)』에서는 갑치부(甲値符)가 지반(地盤) 병기(丙奇)에 가(加)함이라 하였고, 『태백음경(太白陰經)』에서는 육갑(六甲)이 육병(六丙)에 가(加)함이라 하였고, 『기문비급대전(奇門秘笈大全)』에서는 천반(天盤) 육무(六戊)가 지반(地盤) 육병(六丙)에 가(加)함이라 하였다. 모름지기 주의할 점은 문(門)이 궁(宮)을 극(剋)하거나 지반(地盤)이 진삼궁(震三宮)이 되면 자묘상형(子卯相刑)이 되니 길한 일이 흉해진다는 것이다.

陰 庚 沖 辛 生	合 辛 輔 乙 傷	勾 乙 英 己 杜
蛇 丙 任 庚 休	壬	朱 己 芮 丁 景
符 戊 蓬 丙 開	天 癸 心 戊 驚	地 丁 柱 癸 死

1) 양일국(陽一局) 갑기일(甲己日) 병인시(丙寅時)

간궁(艮宮)의 천반(天盤) 갑자무(甲子戊)가 지반(地盤) 병(丙)에 가(加)하여 청룡반수(靑龍返首) 길격(吉格)이 되었다. 또한 길문

(吉門)인 개문(開門)이 함께 간궁(艮宮)인 동북에 있으니 대인을 뵙거나 구명(求名)·거병(擧兵)에 이롭고, 객(客)이 이로우며 위세를 만리에 떨친다. 이때는 생문(生門)이 놓인 동남에서 사문(死門)이 임한 서북을 치면 적은 수로 많은 수를 이긴다.

朱辛 芮癸驚	地乙 柱己開	天丙 心辛休
勾己 英壬死	丁	符庚 蓬乙生
合癸 輔戊庚	陰壬 沖庚杜	蛇戊 任丙傷

2) 양팔국(陽八局) 을경일(乙庚日) 을유시(乙酉時)

건육궁(乾六宮)의 천반(天盤) 무(戊)와 지반(地盤) 병(丙)이 합(合)하여 임하니 청룡반수(靑龍返首)다.

2. 비조질혈(飛鳥跌穴)

천반(天盤) 병기(丙奇)가 지반부수(地盤符首)에 가(加)하는 것을 말한다. 천반(天盤)이 병(丙)이고 지반(地盤)이 갑(甲)이거나, 천반(天盤) 병(丙)이 지반(地盤) 무(戊)를 합(合)하면 성립된다. 적송자(赤松子)는 진비(進飛)하여 득지(得地)하고 운룡(雲龍)이 취회(聚會)하니 군신의 연희와 거동이 다 이롭다고 하였고, 왕장(王璋)은 이때 생문(生門)에서 사문(死門)을 치면 한 사람이 만인을 대적할 수 있으니 백전백승한다고 하였다.

그리고 갈홍(葛洪)은 육병(六丙)이 육갑(六甲)에 가(加)하는 것을 비조질혈(飛鳥跌穴)이라 하며, 음양이둔(陰陽二遁)에서 출병·행영(行營)·작전·거조(擧造)·장매(葬埋)·매매·구재(求財)·구귀(求貴)·상친(相親)·연회·취직·소송·혼인·이사·토포(討捕)·물건매입이나 교역·여행·원행에 이롭고 백사에 길하다. 대인군자는 이로우나 소인은 불리하고, 생문(生門)에서 사문(死門)을 치면 한 사람이 만인을 대적할 수 있다고 하였다.

희경즉리(喜慶則利)를 주(主)하고 길문(吉門)을 만나지 않아도 단독으로 사용할 수 있고 공효를 발휘한다. 만약 길문(吉門)을 다시 만나면 더욱 강성하다. 하늘이 내린 좋은 기회이니 수고하지 않아도 공이 있고, 도모하는 일은 백성이나 신액을 조심해야 한다.

『연파조수가(烟波釣叟歌)』에서는 병(丙)을 갑(甲)에 가(加)하는 것을 조질혈(鳥跌穴)이라 하였고, 『태백음경(太白陰經)』에서는 육병(六丙)을 육갑(六甲)에 가(加)하는 것을 주작질혈(朱雀跌穴)이라 하였고, 『기문비급대전(奇門秘笈大全)』에서는 비조질혈(飛鳥跌穴)은 병(丙)을 무(戊)에 가(加)하면 격(格)이 길하다고 하였다.

병화(丙火)는 남방 주작(朱雀)인데 병화(丙火)가 갑목(甲木) 어머니에게로 돌아오니 새끼 새가 보금자리로 돌아오는 것과 같아 비조질혈(飛鳥跌穴)이라고 하며, 목화상생(木火相生)하여 기격(奇格)이 되므로 백사에 길하다.

蛇庚 芮壬 生	陰丙 柱戊 傷	合丁 心庚 杜
符戊 英辛 休	癸	勾己 蓬丙 庚
天壬 輔乙 開	地辛 沖己 驚	朱乙 任丁 死

1) 양구국(陽九局) 갑기일(甲己日) 신미시(辛未時)

리궁(離宮)의 천반(天盤) 병기(丙奇)가 지반(地盤) 갑자무(甲子戊)에 가(加)하니 비조질혈(飛鳥跌穴)이다. 이때 생문(生門)인 동남에서 사문(死門)인 서북을 공격하면 한 사람이 만인을 대적할 수 있다. 『연파조수가(烟波釣叟歌)』에서는 반수(返首)와 질혈(跌穴)은 길신(吉神)이므로 일이 십중팔구는 여의하다고 하였다.

地戊 任癸 休	天壬 沖己 生	符癸 輔辛 傷
朱庚 蓬壬 開	丁	蛇己 英乙 杜
勾丙 心戊 驚	合乙 柱庚 死	陰辛 芮丙 庚

2) 양팔국(陽八局) 무계일(戊癸日) 정사시(丁巳時)

간궁(艮宮)의 천반(天盤) 병기(丙奇)가 지반(地盤) 무(戊)에 가(加)하니 비조질혈(飛鳥跌穴)이다.

3. 옥녀수문(玉女守門)

지반(地盤) 정기(丁奇)가 직사문(直使門)에 해당하거나, 인반(人

盤) 치사(値使)가 지반(地盤) 정기(丁奇)에 낙(落)하면 옥녀수문(玉女守門)이라 한다. 정기(丁奇)인 옥녀(玉女)가 치사문(値使門)을 지키면 비밀스런 붕사(朋私)의 일에 좋고, 공정에서 연회를 열어 기뻐하며 즐기기에는 이로우나 나머지 일에는 불길하다.

삼기(三奇)가 육의(六儀)에 머무르는 것을 옥녀수문비(玉女守門扉)라 하고, 천반(天盤) 정(丁)의 팔문(八門)이 직사(直使)가 되는 것을 옥녀수문(玉女守門)이라 한다. 정기(丁奇)를 옥녀(玉女)라고도 하기 때문이다. 만약 음사(陰私)나 화합사(和合事)를 작(作)할 때는 이 중추(中推)를 향해야 한다. 삼기(三奇)가 육의(六儀)에 머무른다는 것은 천상(天上) 을병정(乙丙丁)이 갑자무(甲子戊)·갑술기(甲戌己)·갑신경(甲申庚)·갑오신(甲午辛)·갑진임(甲辰壬)·갑인계(甲寅癸)의 육의(六儀)에서 노는 것을 말한다.

옥녀수문(玉女守門)이란 옥녀(玉女)인 정(丁)이 천을(天乙) 직사문(直使門)을 만나는 것이다. 지반(地盤) 정기(丁奇)가 팔문(八門) 치사(値使) 낙궁(落宮)을 만나는 것은 갑자순(甲子旬) 경오시(庚午時), 갑술순(甲戌旬) 기묘시(己卯時), 갑신순(甲申旬) 무자시(戊子時), 갑오순(甲午旬) 정유시(丁酉時), 갑진순(甲辰旬) 병오시(丙午時), 갑인순(甲寅旬) 을묘시(乙卯時)를 말한다.

옥녀수문방(玉女守門方)은 바로 팔문(八門) 직사(直使)가 천반(天盤) 정(丁)이나 지반(地盤) 정기(丁奇)와 합(合)하여 이루어지고, 남녀의 화합과 인연을 담당한다. 상친(相親)·만남의 약속·인간관계·구혼·혼인·귀인을 구함·화해·잔치에 손님을 초청하여 대접함·여가·음주·오락·사교 등에 좋다. 기쁜 일과 정신과 학문 방면에 모두 좋고, 주로 만사가 화통하며 백살이 불침한다. 교섭·협의·취직·건축·물건을 사는 일에도 좋다.

1) 음사국(陰四局) 정임일(丁壬日) 경자시(庚子時)

陰 丁 柱 戊 休	蛇 丙 心 壬 生	符 辛 蓬 庚 傷
合 庚 芮 己 開	乙	天 癸 任 丁 杜
勾 壬 英 癸 驚	朱 戊 輔 辛 死	地 己 沖 丙 庚

손궁(巽宮)의 휴문(休門)이 직사(直使)인데 천반(天盤) 정기(丁奇) 옥녀(玉女)를 만났으니 옥녀수문방(玉女守門方)이다.

2) 양사국(陽四局) 병신일(丙辛日) 무자시(戊子時)

符 庚 心 戊 傷	蛇 丁 蓬 癸 杜	陰 壬 任 丙 庚
天 辛 柱 乙 生	己	合 乙 沖 辛 死
地 丙 芮 壬 休	朱 癸 英 丁 開	勾 戊 輔 庚 驚

지반(地盤) 정기(丁奇)가 감일궁(坎一宮)에서 직사(直使)인 개문(開門)과 회합(會合)하니 옥녀수문(玉女守門)이다.

4. 삼기승전(三奇昇殿)

삼기승전(三奇昇殿)에는 을기승전(乙奇昇殿)·병기승전(丙奇昇殿)·정기승전(丁奇昇殿)이 있다.

을기승전(乙奇昇殿)은 천반(天盤)의 을기(乙奇)가 진궁(震宮)에 임하면 일출부상(日出扶桑)이 되어 녹향(祿鄉)이 되고, 귀인이 을묘정전(乙卯正殿)에 오르는 격이니 길하다. 만약 지반(地盤)에 경(庚)이 있으면 흉한 뜻을 완화시킬 수 있다.

병기승전(丙奇昇殿)은 천반(天盤)의 병기(丙奇)가 리궁(離宮)에 이르면 월조단문(月照端門)이 되어 화향(火鄉)이 되고, 귀인이 병오정전(丙午正殿)에 오르는 격이니 더욱 강력하게 병(丙)의 길한 징조를 발휘하여 길하다. 만약 지반(地盤)에 신(辛)이 있으면 흉한 뜻을 완화시킬 수 있다.

정기승전(丁奇昇殿)은 천반(天盤)의 정기(丁奇)가 태궁(兌宮)에 임하면 정(丁)이 서방 천신(天神)의 위(位)에 나타나므로 귀인이 정유정전(丁酉正殿)에 오르는 격이니 더욱 강력하게 정(丁)의 길한 징조를 발휘하여 길하다. 만약 지반(地盤)에 무(戊)가 있으면 흉을 만나도 길해진다. 삼기귀인승전(三奇貴人昇殿)을 이루면 취직·매장(埋葬)·건축·약속·정혼·소송·교역·물건구매·오락·협의 등 백사에 길하다.

符 庚 輔 庚 驚	蛇 丙 英 丙 開	陰 戊 芮 戊 休
天 己 沖 己 死	辛	合 癸 柱 癸 生
地 丁 任 丁 景	朱 乙 蓬 乙 杜	勾 壬 心 壬 傷

1) 양이국(陽二局) 정월(正月)
병신일(丙辛日) 경인시(庚寅時)

천반(天盤) 병기(丙奇)가 리궁(離宮)에 이르러 월조단문(月照端門)이 되어 화왕지향(火旺之鄕)이 되었다. 봄에는 화상(火相)이며 귀인이 승전(昇殿)한다. 병기(丙奇)가 리(離)에 이르러 길문(吉門)인 개문(開門)을 만나고, 정월 천마방(天馬方)은 오위(午位)에 있으니 기문우마(奇門遇馬) 길격(吉格)이다. 원행에는 도움을 얻고, 출전하면 공이 있고, 난을 피할 수 있고, 바라는 일은 순조롭게 이루어지는 등 백사에 좋다.

『기문둔갑비급대전(奇門遁甲秘笈大全)』에 다음의 글이 있다.

천반(天盤) 을(乙)이 진(震)에서 개휴생(開休生)을 만나고, 천반(天盤) 병(丙)이 손(巽)에서 개휴생(開休生)을 만나고, 천반(天盤) 정(丁)이 리(離)에서 개휴생(開休生)을 만나면 기(奇)가 녹(祿)에 머문다. 상관봉배(上官封拜) · 구재(求財) · 모망(謀望) · 매장(埋葬) · 이사 · 출행 · 응시에 좋고, 부동산을 사면 좋다.

천반(天盤) 을병정(乙丙丁)이 일간(日干) 귀인방(貴人方)에서 개휴생(開休生)을 만나면 기문봉귀(奇門逢貴)라고 한다. 알귀구명(謁貴求名) · 상관진작(上官進爵) · 출행 · 구재(求財) · 혼인 · 조장(造

葬)·귀자를 낳음·과거·부귀·이사 등 백사에 길하다.

천반(天盤) 을병정(乙丙丁)이 천마방(天馬方)에서 개휴생(開休生)을 만나면 기문우마(奇門遇馬)라고 한다. 원행하면 도움을 얻고 상관가질(上官加秩)하며 출전하면 공이 있고 난을 피할 수 있으며 바라는 일은 순조롭다.

천반(天盤) 을(乙)과 지반(地盤) 정(丁)이 생문(生門)을 만나면 일려중원(日麗中元)이라 한다. 상관알귀(上官謁貴)·모망(謀望)·구재(求財)·고시합격·투병임장(投兵任將)·이사·혼인·조장(造葬)·개문방수(開門放水)·흥사발마(興師發馬)·수기영조(竪旗營造)에 좋다.

천반(天盤) 을(乙)이 리(離)에서 개휴생(開休生)을 만나면 옥토당양(玉兎當陽)이라 한다. 일을 드날림에 좋고 승왕(乘旺)하여 이달 흥륭(利達興隆)하며 병가족인(兵家族人)은 승리하니 길하다.

천반(天盤) 을(乙)이 손(巽)에서 개휴생(開休生)을 만나면 옥토승풍(玉兎乘風)이라 한다. 백사에 길하니 힘을 적게 들여도 공은 배가 되고, 군인은 일당백으로 천풍이 도와 바람을 등지니 습격하는데 순조롭다.

천반(天盤) 을(乙)이 진(震)에서 개휴생(開休生)을 만나면 옥토귀원(玉兎歸垣)이라 한다. 같은 기(奇)가 녹위(祿位)에서 놀고, 을기(乙奇)가 진(震)에 임하였다.

천반(天盤) 을(乙)이 간(艮)에서 개휴생(開休生)을 만나면 옥토유산(玉兎遊山)이라 한다. 제왕지(帝旺地)인 인(寅)에 들었으니 무릇

백 가지 상서로움이 응하여 좋다. 귀인이나 상관을 뵙거나 등과에 좋고, 구재(求財)에는 보배를 얻으며, 출병하여 정토하거나 위세를 멀리까지 떨친다.

천반(天盤) 을(乙)이 감(坎)에서 생(生)을 만나면 옥토음천(玉兎飲泉) 또는 용등벽해(龍騰碧海)라고 한다. 관에 오르거나 과거에 응시하고, 현인을 구하거나 귀인을 만나고, 모망(謀望)·구재(求財)·출행·조장(造葬) 등에 길하다.

천반(天盤) 병(丙)이 간(艮)에서 개(開)를 만나면 병(丙)이 장생지(長生地)인 인(寅)에 임한다. 상관(上官)·구재(求財)·이사·출병·원행·입산·모망(謀望) 등에 길하다.

천반(天盤) 병(丙)이 리(離)에서 생(生)을 만나면 월랑남극(月朗南極)이라 한다. 병(丙)이 제왕(帝旺)의 향(鄕)에 임하니 자오시(子午時) 외에는 사용하면 안된다. 진술인신(辰戌寅申)은 대길하니 귀인이나 임금을 뵙거나 자손의 복을 빌거나 출병하여 적을 탐사하거나 구모(求謀)·조장(造葬)에 좋다.

천반(天盤) 병(丙)이 진(震)에서 개휴생(開休生)을 만나면 월입뇌문(月入雷門)이라 한다. 병(丙)이 관왕지(官旺地)에 임하고, 본궁(本宮) 화(火)가 목왕(木旺)을 만난다. 알귀(謁貴)·구명(求名)·구리(求利)·혼인·이사·조장(造葬)에 모두 길하며 여의하다. 출병·토벌·성을 치는 일에는 싸우지 않고도 항복을 받고, 스스로 성과 땅을 바치러 온다. 병화(丙火)는 금(金)을 녹이므로 정(正)을 도와 사(邪)를 억누르기 때문에 흉은 물러가고 길함은 않는다.

천반(天盤) 병(丙)이 손(巽)에서 개휴생(開休生)을 만나면 화행풍기(火行風起)라 한다. 같은 병기(丙奇)가 녹(祿)에서 머문다.

천반(天盤) 병(丙)이 곤(坤)에서 개휴생(開休生)을 만나면 자산모복(子産母腹)이라 한다. 화(火)는 토(土)를 생(生)하니 곤토(坤土)의 장생방(長生方)이 된다. 무릇 백 가지가 작은 문제이니 성공하기 쉽고, 병전(兵戰)은 천공박취(淺攻迫取)함에 좋고, 작은 적을 부른다. 궁병(窮兵)은 멀리 나가는 것은 좋지 않으니 적을 만나거든 싸우지 말라.

천반(天盤) 정(丁)이 건(乾)에서 개휴생(開休生)을 만나면 화함천문(火陷天門) 또는 옥녀유천문(玉女遊天門)이라 하며 대길하다. 무릇 백간(百諫)하면 어둠은 사라져 밝음으로 나아가고, 쇠함을 거하여 왕함에 드니 일승(日勝)한다.

천반(天盤) 정(丁)이 손(巽)에서 개휴생(開休生)을 만나면 정(丁)이 제왕(帝旺)인 사(巳)에 임한다. 알관근궐(謁官覲闕)·명리(名利)·이사·조장(造葬)·혼인은 매우 길하다. 또 병(兵)에는 신(神)의 도움이 있으니 상대방이 생각하지 못한 기병(奇兵)이나 기계(奇計)로 공격하여 여러 번 공을 세운다.

천반(天盤) 정(丁)이 곤(坤)에서 개휴생(開休生)을 만나면 옥녀유곤(玉女遊坤)이라 한다. 무릇 모망(謀望)이나 경영은 은밀하게 도모하는 것이 좋으니 소문낼 필요가 없고, 병전(兵戰)은 잠복하며 계책을 쓰는 쪽이 대승한다.

천반(天盤)이 을병정(乙丙丁) 삼기(三奇)이고 지반(地盤)이 육갑

(六甲) 직부(直符)이면 환이(懽怡)라 한다. 범사를 도모함에 모두 유리하고, 장병들을 무휼(撫恤)하여 중정(衆情)을 열복(悅服)시킴에 좋다.

5. 삼기득사(三奇得使)

삼기(三奇)란 을병정(乙丙丁)을 말한다. 을기득사(乙奇得使)는 천반(天盤)이 을(乙)이고 지반(地盤)이 기(己)일 때를 말한다. 친애와 화목을 보전할 수 있고, 정신과 예술 방면에 길하다. 을(乙)이 일기(日奇)인데 건육궁(乾六宮)이나 리구궁(離九宮)에 있는 것을 일기득사(日奇得使)라 한다.

병기득사(丙奇得使)는 천반(天盤)이 병(丙)이고 지반(地盤)이 무(戊)일 때를 말한다. 재리(財利)와 금전 방면에 모두 길하다. 교제 방면에도 매우 좋고 유력한 일을 해결할 수 있다. 병(丙)이 월기(月奇)인데 감일궁(坎一宮)이나 곤이궁(坤二宮)에 있으면 월기득사(月奇得使)라 한다.

정기득사(丁奇得使)는 천반(天盤)이 정(丁)이고 지반(地盤)이 임(壬)일 때를 말한다. 분쟁은 멈추고 경쟁하는 일은 모두 길하다. 특히 고시에 길하다. 정(丁)이 성기(星奇)인데 손사궁(巽四宮)이나 간팔궁(艮八宮)에 있으면 성기득사(星奇得使)라 한다.

삼기득사(三奇得使)는 기(奇)가 왕하여도 문(門)이 없으면 사용하기 어렵다. 그러나 기(奇)가 득사(得使)를 만나면 문(門)이 없어도 사용할 수 있고, 길문(吉門)을 만나고 길수(吉宿)가 도와주면 모든 일이 마땅하며 대길하다. 주로 취직·물건구매·건축·매장(埋葬)·빌리는 일·오락·이사·원행·교역·방문·경쟁에 좋다.

『기문일득(奇門一得)』에서는 삼기전사격(三奇專使格)을 다음과 같이 구분하였다. 갑기일(甲己日)에는 을기(乙奇), 을경일(乙庚日)에는 정기(丁奇), 병신일(丙辛日)에는 병기(丙奇), 정임일(丁壬日)에는 을기(乙奇), 무계일(戊癸日)에는 정기(丁奇)다. 삼기득사격(三奇得使格)은 기문둔갑격(奇門遁甲格) 가운데 가장 쟁론이 많은 부분이다.『어정기문보감(御定奇門寶鑑)』에서는 다음과 같이 3가지로 분별하였다.

첫째, 삼기득사(三奇得使)는 을병정(乙丙丁) 삼기(三奇)가 되는 궁(宮)이 다시 개휴생(開休生) 삼길문(三吉門)을 얻으면 직사(直使)가 된다. 은혜를 베풀거나 공을 칭찬하거나 출병과 장수를 보내는 데 길하다. 통솔하는 데 더욱 길하고 출행에 도움이 되며 도모하는 일에 이득이 있다. 상관(上官)의 은혜를 받고 귀인을 이끌어 주며 혼인·이사·조작에 모두 좋다.

둘째, 삼기사유의(三奇使遊儀)는 을(乙)은 갑오(甲午)·갑술(甲戌)의 사(使)가 되고, 병(丙)은 갑신(甲申)·갑자(甲子)의 사(使)가 되고, 정(丁)은 갑인(甲寅)·갑진(甲辰)의 사(使)가 된다. 삼기(三奇)는 각각 그 사(使)를 얻어 직부(直符)가 되어 그 사(使)의 의(儀)에 가서 논다.

셋째, 삼기득사우갑(三奇得使遇甲)은 지반(地盤) 삼기(三奇)가 직사문(直使門)을 얻고, 또 직부(直符)의 갑(甲)을 만나니 모든 일이 다 길하다. 만약 길문(吉門)을 만나면 더 묘해진다.

蛇 丁 芮 乙 傷	陰 庚 柱 壬 杜	合 己 心 丁 景
符 壬 英 丙 生	戊	勾 癸 蓬 庚 死
天 乙 輔 辛 休	地 丙 沖 癸 開	朱 辛 任 己 驚

1) 양오국(陽五局) 정임일(丁壬日) 병오시(丙午時)

병기(丙奇)가 감일궁(坎一宮)에 임하여 갑자(甲子)는 병기득사(丙奇得使)가 된다.

合 丁 英 己 景	勾 乙 芮 丁 死	朱 壬 柱 乙 驚
陰 己 輔 戊 杜	庚	地 辛 心 壬 開
蛇 戊 沖 癸 傷	符 癸 任 丙 生	天 丙 蓬 辛 休

2) 양삼국(陽三局) 무계일(戊癸日) 병진시(丙辰時)

부수(符首)인 계(癸)가 간팔궁(艮八宮)에 낙(落)하고, 직부(直符)는 천임(天任)이고, 직사(直使)는 생문(生門)이다. 감일궁(坎一宮)의 지반(地盤) 병기(丙奇) 위에 부수(符首) 계(癸)가 있고, 직사(直使) 생문(生門)에 임하여 삼기득사우갑(三奇得使遇甲)이다. 모든 일이 매우 길하며 길문(吉門)이 놓였다.

地 戊 沖 乙 驚	朱 乙 輔 辛 開	勾 辛 英 己 休
天 壬 任 戊 死	丙	合 己 芮 癸 生
符 庚 蓬 壬 景	蛇 丁 心 庚 杜	陰 癸 柱 丁 傷

3) 음삼국(陰三局) 병신일(丙辛日)
　임진시(壬辰時)

을기(乙奇)가 리구궁(離九宮)에
임하여 갑오(甲午)는 을기득사
(乙奇得使)가 된다.

6. 구둔(九遁)

구둔(九遁)이란 천둔(天遁)·지둔(地遁)·인둔(人遁)·신둔(神
遁)·귀둔(鬼遁)·용둔(龍遁)·호둔(虎遁)·풍둔(風遁)·운둔(雲
遁)을 말하고, 기문(奇門) 길격(吉格)이면 더 길하다.

1. 천둔(天遁)

천둔(天遁)이란 천반(天盤) 병(丙)이 생문(生門)을 짝하여 지반
(地盤) 정기(丁奇)에 가(加)하는 것을 말한다. 다시 말하면 생문육
병합육정(生門六丙合六丁)이 천둔(天遁)이다. 천둔(天遁)은 이기
(二奇) 병정화(丙丁火)가 생문(生門) 간토(艮土)를 생하는 것이다.
병(丙)은 월정(月精)이고 정(丁)은 옥녀(玉女)이니 생문(生門) 생

기(生氣)가 넘친다. 그러나 기묘형박(奇墓刑迫)을 범하면 흉하다.

『연파조수가(烟波釣叟歌)』에 이르기를 생문(生門) 육병(六丙)이 육정(六丁)에 합(合)되면 천둔(天遁)이 분명하다고 하였다. 천반(天盤)이 병(丙)이고 지반(地盤)이 정(丁)이면서 생문(生門)일 때, 천반(天盤)이 병(丙)이고 지반(地盤)이 무(戊)이면서 생문(生門)일 때, 천반(天盤)이 병(丙)이고 지반(地盤)이 정(丁)이면서 휴문(休門)이나 개문(開門)일 때, 천반(天盤)이 병(丙)이고 지반(地盤)이 정(丁)이며 개휴생문(開休生門)이 있고 구지(九地)나 태음(太陰)이 임하면 천둔(天遁)이라 한다. 이때 월화(月華)를 얻으면 폐(蔽)되니 역시 기묘문박(奇墓門迫)을 범하면 안된다. 그 기(氣)가 올라 안으로는 마음에 응하고 밖으로는 몸을 주관하니 현주능청(玄珠能聽)이라고 한다.

천둔(天遁)은 바로 생문(生門)이 천반(天盤) 병기(丙奇)를 합(合)하는 것이요, 지반(地盤) 정기(丁奇)나 생문(生門)이 천반(天盤) 병기(丙奇)를 합(合)하는 것이요, 지반(地盤) 무(戊)나 개문(開門)이 천반(天盤) 병기(丙奇)나 지반(地盤) 병기(丙奇)를 합(合)하는 것이다. 그러나 기(奇)가 묘(墓)나 문박(門迫)을 만나면 흉하다. 예를 들면 병묘(丙墓)가 건(乾)에 있고 생문박해(生門迫害)가 진손(震巽)에 있는 경우를 말한다.

천둔(天遁)의 역량은 원대하여 월화(月華)를 덮는다. 출병·원정·위진천하, 제위에 오르거나 임금을 알현함, 관직을 구하거나 복을 구함, 장사로 이익을 봄, 원행·여행·관광·이사·혼인·구재(求財)·구리(求利)·개운 등 백사에 대길하다.

옥녀신주(玉女神咒) ─ 정묘옥녀(丁卯玉女) 호아우아(護我祐我). 무령상아(毋令傷我) 시아즉고(視我則瞽) 상아자반수기앙(傷我者反受其殃) 급급여율령(急急如律令) ─ 를 외우고 뒤를 돌아보지 않으면 효험이 증강된다. 특히 천둔(天遁)·지둔(地遁)·인둔(人遁)에서 사용하면 대길하다.

蛇 丁 蓬 戊 景	陰 壬 任 癸 死	合 乙 心 丙 驚
符 庚 心 乙 杜	己	勾 戊 輔 辛 開
天 丁 柱 壬 傷	地 丙 芮 丁 生	朱 癸 英 庚 休

1) 양사국(陽四局) 을경일(乙庚日) 을유시(乙酉時)

감궁(坎宮)의 천반(天盤) 병기(丙奇)가 생문(生門)과 짝하여 지반(地盤) 정기(丁奇)에 가림(加臨)하니 천둔(天遁) 길격(吉格)이다. 생문(生門)이 감궁(坎宮)에 임하여 생문(生門) 토(土)가 감궁(坎宮) 수(水)를 극(剋)하니 문박(門迫)이 된다. 비록 천둔(天遁) 길격(吉格)이지만 문박(門迫)을 범하여 응험이 정확하지 않으니 조심해야 한다. 만약 천둔(天遁)이 천덕(天德)·월덕(月德)·천은(天恩)·천사(天赦)·일록(日祿)에 승(乘)하면 백사에 모두 좋고, 청룡(青龍)에 승(乘)하면 생재·경사가 있고, 주작(朱雀)에 승(乘)하면 문서·상소문·신고서에 이롭다.

符癸 蓬庚休	天丙 任丁生	地辛 沖壬傷
蛇戊 心辛開	己	玄庚 輔乙杜
陰乙 柱丙驚	合壬 芮癸死	白丁 英戊景

리궁(離宮)의 천반(天盤) 병기
(丙奇)가 생문(生門)을 짝하여
지반(地盤) 정기(丁奇)에 가림
(加臨)하니 천둔(天遁) 길격(吉
格)이다. 생문(生門)이 리궁(離宮)에 임하여 화토(火土)가 상생(相
生)하고, 리궁(離宮)은 기묘형박(奇墓刑迫)을 범하지 않았으니 써
도 된다.

2. 지둔(地遁)

지둔(地遁)이란 천반(天盤) 을기(乙奇)가 개문(開門)을 짝하여 지
반(地盤) 기(己)에 가(加)하는 것을 말한다. 다시 말해 개문육을합
육기(開門六乙合六己)가 지둔(地遁)이다. 천반(天盤)이 을(乙)이고
지반(地盤)이 기(己)이며 개휴생(開休生) 삼길문(三吉門) 중 하나
와 구지(九地)·태음(太陰)·육합(六合) 중 하나가 있어도 지둔(地
遁)이라고 한다.

기(己)는 지호(地戶)이고 을(乙)은 일정(日精)이므로 일정소폐(日
精所蔽)가 된다. 그 기는 황(黃)으로 안으로는 비(脾)에 응하며 밖
으로는 형상에 응하니 불러서 맡기고 임용할 수 있어 황파금공(黃

婆金公)이라고 한다. 지둔(地遁)은 바로 개문(開門)에서 을기(乙奇) 천반(天盤)과 지반(地盤) 기(己)를 합(合)하여 이루어진 것이다. 역량이 강하며 힘이 있으나 을묘(乙墓)가 건(乾)에 있고 문(門)이 이박(離迫)에 있으면 꺼린다.

서(書)에 이르기를 이 방위로 나가면 병사를 감추며 정예를 매복시키고, 하채안영(下寨安營)하며 부현(府縣)을 건립하고, 창고·축대·담장을 짓고, 안분개광(安墳開礦)·수도·구선(求仙)·구사(求師)·구귀(求貴)·구재(求財)·도망·종적을 숨김·공격·수비·출진공성(出陣攻城)·소향극첩(所向剋捷) 등 백사에 대길하다. 옥녀신주(玉女神呪)를 외우면 효능이 증강된다고 하였다.

『십간극응가(十干剋應歌)』에 이르기를 을(乙)+기(己)는 일기입무(日奇入霧)가 된다. 파토(破土)하여 암매(暗昧)하고 문(門)이 흉하면 반드시 흉하다. 그러나 삼길문(三吉門)을 얻으면 지둔(地遁)이 된다. 따라서 을(乙)+기(己)는 길할 수 없다. 반드시 길문(吉門)과 배합되어야 하고 더욱이 개문(開門)이어야 지둔(地遁)이 된다. 만약 임한 방(方)이 기묘형박(奇墓刑迫)이면 일체 꺼린다고 하였다. 『연파조수가(烟波釣叟歌)』에서도 개문(開門) 육을(六乙)이 육기(六己)에 합(合)되면 지둔(地遁)이 이와 같다고 하였다.

陰丁 沖癸生	蛇癸 輔戊傷	符戊 英丙杜
合己 任丁休	壬	天丙 芮庚景
勾乙 蓬己開	朱辛 心乙驚	地庚 柱辛死

1) 음구국(陰九局) 갑기일(甲己日) 병인시(丙寅時)

간궁(艮宮)의 천반(天盤) 을기(乙奇)가 개문(開門)과 짝하여 지반(地盤) 기(己)에 임하니 지둔(地遁) 길격(吉格)이다.

天己 任丁生	符癸 沖庚傷	蛇丁 輔壬杜
地辛 蓬癸休	丙	陰庚 英戊景
朱乙 心己開	勾戊 柱辛驚	合壬 芮乙死

2) 양칠국(陽七局) 무계일(戊癸日) 경신시(庚申時)

간궁(艮宮)의 천반(天盤) 을기(乙奇)가 개문(開門)과 짝하여 지반(地盤) 기(己)에 임하니 지둔(地遁) 길격(吉格)이다. 간궁(艮宮)은 기묘형박(奇墓刑迫)을 범하지 않았다. 『기문금장(奇門金章)』에 이르기를 지둔(地遁) 방위는 둔영고수(屯營固守)에 좋다고 하였다.

<table>
<tr><td>符庚
沖辛死</td><td>蛇辛
輔乙驚</td><td>陰乙
英己開</td></tr>
<tr><td>天丙
任庚景</td><td>壬</td><td>合己
芮丁休</td></tr>
<tr><td>地戊
蓬丙杜</td><td>朱癸
心戊傷</td><td>勾丁
柱癸生</td></tr>
</table>

3) 양일국(陽一局) 병신일(丙辛日) 신묘시(辛卯時)

곤궁(坤宮)의 천반(天盤) 을기(乙奇)가 개문(開門)과 짝하여 지반(地盤) 기(己)에 임하니 지둔(地遁) 길격(吉格)이다. 을기(奇墓)가 곤궁(坤宮)에 들어 을기입묘(乙奇入墓)라 하며, 기묘(奇墓)를 범하여 흉하다. 곤궁(坤宮)이 기묘(奇墓)를 범하니 비록 지둔(地遁) 길격(吉格)이나 응험은 확실하지 않으니 조심해야 한다.

3. 인둔(人遁)

천반(天盤) 정기(丁奇)가 생문(生門)과 짝하여 태음(太陰)에 가(加)하는 것을 말한다. 또는 천반(天盤) 정(丁)이 휴문(休門)과 짝하여 태음(太陰)이 될 때, 천반(天盤) 삼기(三奇)가 삼길문(三吉門)이면서 육합(六合)이 될 때, 삼기(三奇)가 생문(生門)이면서 태음(太陰)이 될 때, 을기(乙奇)가 생문(生門)이면서 구지(九地)가 될 때, 천반(天盤)이 정(丁)이고 지반(地盤)이 을(乙)이며 태음(太陰)과 휴문(休門)이 있을 때다. 태음(太陰)은 성정(星精)의 비우(庇佑)를 얻는다. 기(氣)는 청흑(靑黑)이며 안으로는 신(腎)에 응하고 밖으로는 이목(耳目)을 주관하니 환양단수(還陽丹修)라 한다.

서(書)에 이르기를 이 방위로 나가면 현인이나 용장(勇將)을 구하고, 인구를 늘리거나 적과 원수를 달래고, 거병(擧兵)과 열진하며 군사를 모으고, 말을 사거나 투서·대책·방안을 내놓고, 감춤·숨김·매복·혼인·화합·협의·상담·교역에서 이득을 얻을 수 있다. 그러나 기묘형박(奇墓刑迫)은 일체 꺼린다고 하였다.

인둔(人遁)이 만약 일록(日祿)에 승(乘)하고 희신(喜神)이나 귀신(貴神)이면 재물의 경사와 화합하는 일을 주관한다. 천(天)은 그 구하는 바를 따르고, 지(地)는 그 보는 바를 따르며, 인(人)은 그 명령하는 바를 따라 전승의 신묘한 이치를 유지한다.

인둔(人遁)은 바로 휴문(休門)이 천반(天盤) 정기(丁奇)나 팔신(八神) 태음(太陰)을 합(合)하여 형성된 둔갑삼재(遁甲三才)의 하나로 위력이 강하며 감응이 빠르다. 재물·귀인·인정(人丁)을 구하는 일은 천둔(天遁)이나 지둔(地遁)처럼 백사가 대길하다. 옥녀신주(玉女神咒)를 외우고, 천지인(天地人) 삼재(三才)를 알면 왼손은 천(天)을 상(相)하고 오른손은 지(地)를 상(相)한다.

귀인을 뵙거나 벼슬을 구할 때는 천(天), 장사·매매·혼인·회친에는 화(和), 산에서 사냥할 때는 사(獅), 진중이나 군부대에 가거나 지휘·용사(用事)·내기·시합에는 강(强), 하천·강·바다를 건너거나 치수에는 토(土)나 무(戊), 산수를 유람하거나 수도할 때는 용(龍), 혼처를 구하려면 합(合), 출행에는 통(通), 옻·장기·바둑·화투 등에는 건(乾), 밤길에는 괴(魁), 문병에는 귀(鬼), 술을 마실 때는 소(少), 사람이 많은 곳에 갈 때는 둔(遯) 자를 쓴다.

地 乙 心 丁 景	天 辛 蓬 庚 死	符 己 任 壬 驚
朱 戊 柱 癸 杜	丙	蛇 癸 沖 戊 開
勾 壬 芮 己 傷	合 庚 英 辛 生	陰 丁 輔 乙 休

1) 양칠국(陽七局) 을경일(乙庚日) 병자시(丙子時)

건궁(乾宮)의 천반(天盤) 정기(丁奇)가 휴문(休門)과 짝하여 태음(太陰)에 가(加)하니 인둔(人遁) 길격(吉格)이다. 정기(丁奇)가 입묘(入墓)되지 않았다. 『기문금장(奇門金章)』에 이르기를 인둔(人遁)은 선비를 고르며 현인을 구하는 데 좋다고 하였다.

陰 丁 芮 壬 休	蛇 己 柱 乙 生	符 庚 心 丁 傷
合 乙 英 癸 開	辛	天 丙 蓬 己 杜
白 壬 輔 戊 驚	玄 癸 沖 丙 死	地 戊 任 庚 景

2) 음팔국(陰八局) 을경일(乙庚日) 정해시(丁亥時)

손궁(巽宮)의 천반(天盤) 정기(丁奇)가 휴문(休門)과 짝하여 태음(太陰)에 가(加)하니 인둔(人遁) 길격(吉格)이다.

4. 신둔(神遁)

천반(天盤) 병기(丙奇)가 생문(生門)과 짝하여 구천(九天)에 가(加)하는 것을 말한다. 또는 휴문(休門)과 천반(天盤) 을(乙)이 구천(九天)에 있을 때, 개문(開門)이 천반(天盤) 을(乙)과 천심(天心)이나 천금(天禽)이 구천(九天)과 건궁(乾宮)에 있을 때, 천반(天盤) 병기(丙奇)가 천심(天心)이나 천금(天禽)과 구천(九天)이 함께 생문(生門)에 임하였을 때를 말한다. 신둔(神遁) 역시 기묘형박(奇墓刑迫)을 일체 꺼린다.

『구둔가(九遁歌)』에 이르기를 병기(丙奇)와 생문(生門)이 함께 구천(九天)에 임하면 신령의 비우(庇佑)를 얻어 위권과 세력이 증강되며 재물이 들어온다고 하였다. 이 방위에서 신께 제사를 지내거나 성인의 술법을 쓰면 감응이 빠르다. 신께 빌거나 신을 편안하게 하고, 구사(求嗣)·작초(作醮)·기복(祈福)·신상(神像)조성·개광점안(開光點眼)·사당건립·부적제작·책략으로 공격·구의(求醫)·구재(求財)·구리(求利)·수명보전·악마를 쫓거나 제살하는 일 등 백사에 모두 좋다.

天 丙 英 辛 生	地 癸 芮 丙 傷	玄 戊 柱 癸 杜
符 辛 輔 壬 休		庚	白 己 心 戊 景
蛇 壬 沖 乙 開	陰 乙 任 丁 驚	合 丁 蓬 己 死

1) 음칠국(陰七局) 정임일(丁壬日) 임인시(壬寅時)

손궁(巽宮)의 천반(天盤) 병기(丙奇)가 생문(生門)과 짝하여 구천(九天)에 가(加)하니 신둔(神遁) 길격(吉格)이다. 『기문금장(奇門金章)』에서는 신께 제사드리며 기도하는 데 좋다고 하였다.

蛇辛 輔辛杜	陰乙 英乙景	合己 芮己死
符庚 沖庚傷	壬	勾丁 柱丁驚
天丙 任丙生	地戊 蓬戊休	朱癸 心癸開

2) 양일국(陽一局) 을경일(乙庚日)
갑신시(甲申時)

생문(生門)이 천반(天盤) 병기(丙奇)와 팔신(八神)인 구천(九天)과 회동하여 간궁(艮宮)에 임하니 신둔(神遁)이다.

5. 귀둔(鬼遁)

귀둔(鬼遁)이란 천반(天盤) 을기(乙奇)가 두문(杜門)과 짝하여 구지(九地)에 가(加)하는 것을 말한다. 정기(丁奇)와 휴문(休門)이 구지(九地)에 상합(相合)하여 임하면 영귀신(靈鬼神)의 은복과 비호를 받는다. 귀둔(鬼遁)은 바로 두문(杜門)이 천반(天盤) 을기(乙奇)와 합(合)하여 구지(九地)에 임하거나, 휴문(休門)이 천반(天盤) 정기(丁奇)와 합(合)하여 구지(九地)에서 만나는 것이다. 이것이 바로 귀신의 비우(庇佑)를 얻는 것이다. 음신(陰神)이 돕는 것이니 음(陰)의 용사(用事)를 주관한다.

천반(天盤) 정(丁)이 개문(開門)과 함께 구지(九地)에 합하거나, 생문(生門)과 천반(天盤) 정(丁)이 합되고 구지(九地)가 간궁(艮宮)에 있거나, 휴문(休門)에 천반(天盤) 신(辛)과 지반(地盤) 정(丁)이 천보(天輔)와 합하여 간궁(艮宮)에 임하면 귀둔(鬼遁)이다.

고가(古歌)에서는 을(乙)과 두문(杜門)이 구지(九地)에 임하면 귀둔(鬼遁)이 되어 적의 병영을 습격하는 데 좋다고 하였다. 이 방위로 나가면 적의 병영을 기습하는 일, 계획적인 책략을 쓰는 일, 군정을 은밀히 탐사·정찰하는 일, 허위문서와 헛소문을 퍼뜨려 적을 우롱하는 일, 성묘하거나 죽은 사람의 넋을 제도하는 일, 신을 쫓거나 귀신을 부리는 일, 연법(煉法)으로 섭신(攝神)하는 일 등 일체의 어두운 사정에 좋다. 그러나 기묘형박(奇墓刑迫)은 모두 꺼린다.

地乙 輔乙杜	朱辛 英辛景	勾己 芮己死
天戊 沖戊傷	丙	合癸 柱癸驚
符壬 任壬生	蛇庚 蓬庚休	陰丁 心丁開

1) 음삼국(陰三局) 정임일(丁壬日) 갑진시(甲辰時)

두문(杜門)이 천반(天盤) 을기(乙奇)나 구지(九地)와 합(合)하여 손궁(巽宮)에 임하니 귀둔(鬼遁)이다.

合戊 芮丙驚	陰壬 柱庚開	蛇癸 心戊休
白庚 英乙死	丁	符己 蓬壬生
玄丙 輔辛景	地乙 沖己杜	天辛 任癸傷

2) 음이국(陰二局) 을경일(乙庚日) 임오시(壬午時)

감궁(坎宮)의 천반(天盤) 을기(乙奇)가 두문(杜門)과 짝하여 신반(神盤) 구지(九地)에 가(加)

하니 귀둔(鬼遁)이다. 『기문금장(奇門金章)』에서 이르기를 귀둔(鬼遁)은 적의 병영을 기습하는 데 좋다고 하였다.

6. 용둔(龍遁)

용둔(龍遁)은 천반(天盤) 을기(乙奇)가 감궁(坎宮)에서 삼길문(三吉門)과 짝하는 것을 말한다. 또는 일기(日奇)인 을기(乙奇)가 휴문(休門)과 합(合)하여 감궁(坎宮)에 임하는 경우, 천반(天盤) 을(乙)이 건궁(乾宮)에 들고 개문(開門)인 경우, 천반(天盤) 을(乙)이 감궁(坎宮)이나 건궁(乾宮) 또는 곤궁(坤宮)에 들고 휴문(休門)인 경우, 천반(天盤) 정(丁)과 휴문(休門)이 구지(九地)에 들고 감궁(坎宮)에 임한 경우, 천반(天盤) 을(乙)과 지반(地盤) 계(癸)가 휴문(休門)과 합(合)하여 감궁(坎宮)에 임한 경우, 개휴생(開休生) 삼길문(三吉門)과 직부(直符) 천반(天盤)과 천심(天心)이 감궁(坎宮)에 임한 경우를 말한다.

용둔(龍遁)은 정신을 드날리고 운세가 증강되며 강력하게 발전한다. 용둔(龍遁)은 용신(龍神)의 비우(庇佑)를 얻고, 물의 윤택함과 비의 혜택으로 만물의 생장을 주관한다. 용신제 · 기우제, 하천이나 강을 건너거나 수전하여 적을 침, 해전을 연습하거나 나룻터를 수비함, 임기응변의 계략을 운용함, 수원을 개벽함, 저수지나 댐을 조성함, 배를 옮겨 전향함, 배에서 내려 강을 건넘, 다리를 놓거나 우물을 팜, 생산 · 여행 · 건축, 치수하여 강물을 통하게 함, 못을 파고

샘을 만듦, 출항·선박건조·해군행사·방생기도·귀신에게 제배함·수영·물장난·비를 구함·고기잡이 등 물과 관계 있는 모든 일에 대길하다. 고가(古歌)에 이르기를 휴문(休門)이 을(乙)과 합(合)하여 감향(坎鄕)에 임하면 용둔(龍遁)이며 수전(水戰)에 강하다고 하였다.

陰 丙 英 辛 杜	蛇 癸 芮 丙 景	符 戊 柱 癸 死
合 辛 輔 壬 傷	庚	天 己 心 戊 驚
勾 壬 沖 乙 生	朱 乙 任 丁 休	地 丁 蓬 己 開

1) 음칠국(陰七局) 갑기일(甲己日) 계유시(癸酉時)

천반(天盤) 을기(乙奇)가 휴문(休門)과 합(合)하여 감궁(坎宮)에 임하니 용둔(龍遁)이다.

天 戊 英 壬 景	符 庚 禽 戊 死	蛇 丙 柱 庚 驚
地 壬 輔 辛 杜	癸	陰 丁 心 丙 開
朱 辛 沖 乙 傷	勾 乙 任 己 生	合 己 蓬 丁 休

2) 양구국(陽九局) 무계일(戊癸日) 무오시(戊午時)

감궁(坎宮)의 천반(天盤) 을기(乙奇)가 생문(生門)과 짝하여 감궁(坎宮)에 임하니 용둔(龍遁)이다. 『기문금장(奇門金章)』에서는 용둔(龍遁)은 기우(祈雨)와 수전(水戰)에 길하다고 하였다.

7. 호둔(虎遁)

호둔(虎遁)이란 천반(天盤) 을기(乙奇)가 지반(地盤) 신(辛)에 가(加)하고, 휴문(休門)과 짝하여 간궁(艮宮)에 임한 것을 말한다. 원래 을(乙)+신(辛)은 청룡도주(靑龍逃走)로 대흉격(大凶格)이다. 그러나 을기(乙奇)와 생문(生門)이 육신(六辛)에 임한 것을 득호지폐(得虎之蔽)라고 한다.

호둔(虎遁)은 천반(天盤) 을(乙)이 간궁(艮宮)에 들고 생문(生門)일 때, 천반(天盤) 신(辛)이 간궁(艮宮)에 들고 생문(生門)일 때, 천반(天盤) 을(乙)과 지반(地盤) 신(辛)이 간궁(艮宮)에 들고 생문(生門)일 때, 천반(天盤) 을(乙)이 간궁(艮宮)에 들고 휴문(休門)일 때, 천반(天盤) 경(庚)이 태궁(兌宮)에 들고 개문(開門)일 때, 천반(天盤) 을(乙)과 지반(地盤) 신(辛)이 감궁(坎宮)에 들고 휴문(休門)일 때, 천반(天盤) 신(辛)과 지반(地盤) 을(乙)이 간궁(艮宮)에 들고 생문(生門)일 때를 말한다.

호둔(虎遁)은 강맹하며 굳세고 씩씩하다. 공격·요새건립·검문소나 세관을 설립하여 가로막음·연습·처음부터 상대를 제압함·열병진압·도둑을 붙잡음·사냥·관직을 구함·직책을 맡음·신관부임·도망·계책·마귀를 쫓고 살(煞)을 진압함·군대를 거느림·가르쳐 이끄는 일 등 백사에 길하다.

<table>
<tr><td>地 丁
芮 乙 傷</td><td>天 庚
柱 壬 杜</td><td>符 己
心 丁 景</td></tr>
<tr><td>朱 壬
英 丙 生</td><td>戊</td><td>蛇 癸
蓬 庚 死</td></tr>
<tr><td>勾 乙
輔 辛 休</td><td>合 丙
沖 癸 開</td><td>陰 辛
任 己 驚</td></tr>
</table>

1) 양오국(陽五局) 을경일(乙庚日) 무인시(戊寅時)

천반(天盤) 을기(乙奇)와 지반(地盤) 육신(六辛)이 합하고, 다시 간궁(艮宮)에서 휴문(休門)과 회합(會合)하니 호둔(虎遁)이다.

<table>
<tr><td>玄 庚
英 丙 傷</td><td>白 戊
芮 庚 杜</td><td>合 壬
柱 戊 景</td></tr>
<tr><td>地 丙
輔 乙 生</td><td>丁</td><td>陰 癸
心 壬 死</td></tr>
<tr><td>天 乙
沖 辛 休</td><td>符 辛
任 己 開</td><td>蛇 己
蓬 癸 驚</td></tr>
</table>

2) 음이국(陰二局) 병신일(丙辛日) 기해시(己亥時)

간궁(艮宮)의 천반(天盤) 을기(乙奇)가 지반(地盤) 신(辛)에 가(加)하여 휴문(休門)과 짝하고 간궁(艮宮)에 이르니 호둔(虎遁)이다. 『기문금장(奇門金章)』에서는 호둔(虎遁)은 투항하게 하여 귀순시키거나 위험한 일에 좋다고 하였다.

8. 풍둔(風遁)

풍둔(風遁)이란 천반(天盤) 을기(乙奇)가 개휴생(開休生) 삼길문(三吉門)과 합(合)하여 손궁(巽宮)에 임한 것을 말한다. 천반(天

盤) 을(乙)이 손궁(巽宮)에 들고 삼길문(三吉門)인 경우, 천반(天盤) 을(乙)과 지반(地盤) 신(辛)이 삼길문(三吉門)이고 손궁(巽宮)에 든 경우, 지반(地盤) 병(丙)이 손궁(巽宮)에 들고 개문(開門)인 경우, 천반(天盤) 정(丁)이 지반(地盤) 기(己)와 합(合)하고 삼길문(三吉門)이 임한 경우, 천반(天盤) 신(辛)과 지반(地盤) 을(乙)이 합(合)하고 삼길문(三吉門)이 임한 경우에도 풍둔(風遁)이라 한다.

다시 말해 풍둔(風遁)은 천반(天盤) 을기(乙奇)가 개휴생(開休生) 삼길문(三吉門)과 합(合)하여 손궁(巽宮)에 임한 것을 말하는데, 주로 바람의 도움을 받아 순풍하고, 구멍이 없어 들어가지 못하고, 통행에는 장애가 없다. 출항·여행·원행·운전·오락·광고에 길하고, 선전포고하여 세력을 만들고, 기신을 제련하고, 묵묵히 풍운을 들이쉬고, 깃발을 세워 나부끼고, 단을 설치하여 풍제를 지내고, 바람을 빌어 교전하고, 모래가 날고 돌이 구르는 몹시 강한 바람이 흙먼지를 휘날린다.

행병(行兵)은 화공(火攻)에 이롭고 대승한다. 지명도를 타격함, 침투하여 군정을 밀탐함, 사병에게 우러름을 받음, 조용히 음악을 들음, 풍백신(風伯神)께 기도함, 바람을 불러 진을 침, 성벽을 공격하고 진을 파괴함, 노래를 부르며 즐김, 사유(事由)를 탐사함, 신산품(新産品)을 조성함, 새로운 풍조를 만들어 유행시키는 데 좋다. 만약 천보성(天輔星)과 천충성(天沖星)을 승(乘)하면 풍제(風祭)에는 좋으나 행주(行舟)에는 불리하고 소식은 온다.

合乙 芮丁生	陰辛 柱己傷	蛇壬 心乙杜
勾己 英丙休	癸	符戊 蓬辛景
朱丁 輔庚開	地丙 沖戊驚	天庚 任壬死

1) 음일국(陰一局) 갑기일(甲己日) 신미시(辛未時)

천반(天盤) 을기(乙奇)가 삼길문(三吉門)인 생문(生門)과 합(合)하여 손궁(巽宮)에 임하니 풍둔(風遁) 길격(吉格)이다.

合乙 蓬癸休	陰己 任戊生	蛇丁 沖丙傷
白辛 心丁開	壬	符癸 輔庚杜
玄庚 柱己驚	地丙 芮乙死	天戊 英辛景

2) 음구국(陰九局) 무계일(戊癸日) 경신시(庚申時)

손궁(巽宮)의 천반(天盤) 을기(乙奇)가 휴문(休門)과 짝하여 손궁(巽宮)에 임하니 풍둔(風遁) 길격(吉格)이다. 『기문금장(奇門金章)』에서는 풍둔(風遁)은 노래부르며 즐기는 데 좋다고 하였다.

9. 운둔(雲遁)

운둔(雲遁)은 천상(天上) 육을(六乙)이 지하(地下) 육신(六辛)에 가(加)하여 개휴생(開休生) 삼길문(三吉門)에 임한 것을 말한다. 또는 천반(天盤) 을(乙)이 곤궁(坤宮)에 들고 삼길문(三吉門)이 임한 경우, 천반(天盤) 을(乙)과 지반(地盤) 신(辛)이 곤궁(坤宮)에 들고 삼길문(三吉門)이 임한 경우, 천반(天盤) 신(辛)과 지반(地盤) 을(乙)이 같이 있고 삼길문(三吉門)이 임한 경우에도 운둔(雲遁)이라고 한다.

다시 말해 운둔(雲遁)은 천반(天盤) 을기(乙奇)와 지반(地盤) 신(辛)이 삼길문(三吉門)과 회합(會合)한 것이다. 다만 묘(墓)나 문박(門迫)을 만나면 좋지 않다. 영운(靈雲)의 폐호(蔽護)를 얻으므로 운기를 묵묵히 들이쉴 수 있고, 병사들에게 우러름을 받아 길하다. 홀가분하며 여의하고, 더위를 피함, 압력을 줄이는 일을 주관한다. 그러나 을(乙)+신(辛)은 청룡도주(靑龍逃走) 대흉격(大凶格)이므로 비록 삼길문(三吉門)이 있어도 조심해야 한다.

운둔(雲遁)은 주로 둔장(遁藏)·박격(迫擊)·전투·미행·매복·병기제조·병사훈련·영채(營寨)설립·도를 배움·술(術)을 구함·외출·여행·원행·장가·휴가·오락 등에 길하고, 여름에는 비를 구하고 겨울에는 구름을 비는 일 등 백사에 모두 길하다.

『둔갑연의(遁甲演義)』에서는 천반(天盤) 을기(乙奇)가 개문(開門)과 짝하여 곤궁(坤宮)에 임한 것을 운둔(雲遁)이라고 정의하면서, 비록 기문(奇門)이 모두 곤궁(坤宮)에 있어도 삼기입묘(三奇入墓)를 범하면 을기(乙奇)가 미묘(未墓)의 흉함에 든다고 하였다.

朱辛 沖壬 傷	地壬 輔戊 杜	天戊 英庚 景
勾乙 柱辛 生	癸	符庚 芮丙 死
合己 蓬乙 休	陰丁 心己 開	蛇丙 柱丁 驚

1) 양구국(陽九局) 무계일(戊癸日) 병진시(丙辰時)

진궁(震宮)의 천반(天盤) 을기(乙奇)가 지반(地盤) 신(辛)에 가(加)하여 생문(生門)과 짝하니 운둔(雲遁)이다. 『기문금장(奇門金章)』에서는 운둔(雲遁)은 손갑조병(巽甲助兵)에 좋다고 하였다.

勾戊 心庚 傷	合癸 蓬丁 杜	陰丙 任壬 景
朱乙 柱辛 生	己	蛇辛 沖乙 死
地壬 芮丙 休	天丁 英癸 開	符庚 輔戊 驚

2) 음육국(陰六局) 병신일(丙辛日) 무자시(戊子時)

천반(天盤) 을기(乙奇)와 지반(地盤) 신(辛)이 생문(生門)과 합(合)하여 진궁(震宮)에 임하니 운둔(雲遁)이다. 그러나 생문(生門) 토(土)가 진목궁(震木宮)의 해(害)를 만나 운둔(雲遁)의 효력이 줄어들었다.

陰 己 英 癸 開	合 辛 芮 己 休	勾 乙 柱 辛 生
蛇 癸 輔 壬 驚	丁	朱 丙 心 乙 傷
符 壬 沖 戊 死	天 戊 任 庚 景	地 庚 蓬 丙 杜

3) 양팔국(陽八局) 정임일(丁壬日) 무신시(戊申時)

천반(天盤) 을기(乙奇)가 지반(地盤) 신(辛)에 가(加)하여 생문(生門)과 짝하고 곤궁(坤宮)에 임하니 운둔(雲遁)이다.

고전의 기문구둔(奇門九遁)에 관한 정의는 일치하지 않는다. 여기 각각의 정의를 수록하니 참고하기 바란다.

『둔갑연의(遁甲演義)』

① 천둔(天遁)은 육병(六丙)이 생문(生門)과 합(合)하여 육정(六丁)에 임한 것이다.

② 지둔(地遁)은 육을(六乙)이 개문(開門)과 합(合)하여 육기(六己)에 임한 것이다.

③ 인둔(人遁)은 육정(六丁)이 휴문(休門)과 합(合)하여 태음(太陰)에 임한 것이다.

④ 신둔(神遁)은 병(丙)과 생문(生門)이 구천(九天)에 임한 것이다.

⑤ 귀둔(鬼遁)은 육을(六乙)이 두문(杜門)과 합(合)하여 구지(九地)에 임하거나, 을(乙)과 개문(開門)이 구지(九地)에 임한 것이다.

⑥ 용둔(龍遁)은 을기(乙奇)와 휴문(休門)이 감궁(坎宮)에 임하거나, 을기(乙奇)와 휴문(休門)이 육계(六癸)나 감(坎)에 임한 것이다.

⑦ 호둔(虎遁)은 육을(六乙)이 휴문(休門)과 합(合)하고 신(辛)에 임하여 간(艮)에 이르거나, 을기(乙奇)가 생문(生門)과 합(合)하여 신(辛)에 임한 것이다.

⑧ 풍둔(風遁)은 을(乙)이 삼길문(三吉門)과 합(合)하여 손(巽)에 임하거나, 병(丙)이 개문(開門)과 합(合)하여 손(巽)에 임한 것이다.

『고금도서집성기문둔갑(古今圖書集成奇門遁甲)』

① 신둔(神遁)은 병(丙)이 생문(生門)과 합(合)하여 구천(九天)에 임한 것이다.

② 귀둔(鬼遁)은 을(乙)이 두문(杜門)과 합(合)하여 구지(九地)에 임하거나, 정(丁)이 생문(生門)과 합(合)하고 구지(九地)에 임하여 간(艮)에 이른 것이다.

③ 용둔(龍遁)은 을(乙)이 삼길문(三吉門)과 합(合)하여 감(坎)에 임한 것이다.

④ 호둔(虎遁)은 을(乙)이 휴문(休門)과 합(合)하고 신(辛)에 임하여 간(艮)에 이른 것이다.

⑤ 운둔(雲遁)은 을(乙)이 삼길문(三吉門)과 합(合)하고 신(辛)에 임한 것이다.

⑥ 풍둔(風遁)은 을(乙)이 삼길문(三吉門)과 합(合)하고 손(巽)에 임한 것이다.

『기문둔갑전서(奇門遁甲全書)』

① 신둔(神遁)은 병(丙)이 생문(生門)과 합(合)하여 구천(九天)에 임한 것이다.

② 귀둔(鬼遁)은 정(丁)이 휴문(休門)과 합(合)하여 구지(九地)에 임한 것이다.

③ 용둔(龍遁)은 을(乙)이 휴문(休門)과 합(合)하여 감(坎)에 임하거나, 을(乙)이 휴문(休門)과 합(合)하고 육갑(六甲)에 임하여 감(坎)에 임한 것이다.

④ 호둔(虎遁)은 을(乙)이 휴문(休門)과 합(合)하여 신(辛)에 임하거나, 신의(辛儀)가 생(生)과 합(合)하여 감(坎)에 임한 것이다.

⑤ 운둔(雲遁)은 을(乙)이 개문(開門)과 합(合)하여 곤(坤)에 임하거나, 을(乙)이 개문(開門)과 합(合)하여 신(辛)에 임한 것이다.

⑥ 풍둔(風遁)은 병(丙)이 개문(開門)과 합(合)하여 손(巽)에 임하거나, 신(辛)과 휴생문(休生門)이 육을(六乙)에 임한 것이다.

『기문둔갑통종대전(奇門遁甲統宗大全)』

① 신둔(神遁)은 을(乙)과 휴문(休門)이 구천(九天)에 임한 것이다.

② 귀둔(鬼遁)은 을(乙)이 두문(杜門)과 합(合)하여 구지(九地)에 임한 것이다.

③ 용둔(龍遁)은 을(乙)이 휴문(休門)과 합(合)하여 감(坎)에 이른 것이다.

④ 호둔(虎遁)은 을(乙)이 휴문(休門)과 합(合)하여 간신(艮辛)에 이른 것이다.

⑤ 운둔(雲遁)은 을(乙)이 삼길문(三吉門)과 합(合)한 것이다.

⑥ 풍둔(風遁)은 을(乙)이 삼길문(三吉門)과 합(合)한 것이다.

『기문비규(奇門秘竅)』

① 천둔(天遁)은 생병(生丙)이 무(戊)에 임하거나, 개(開)가 병(丙)과 합(合)한 것이다.

② 귀둔(鬼遁)은 개을(開乙)이 구천(九天)과 합(合)하여 간(艮)에 거하거나, 생정(生丁)이 구지(九地)와 합(合)하여 간(艮)에 거한 것이다.

③ 용둔(龍遁)은 을(乙)이 휴문(休門)과 합(合)하여 감(坎)에 임한 것이다.

④ 호둔(虎遁)은 생휴문(生休門)과 을기(乙奇)가 간신(艮辛)과 합(合)한 것이다.

⑤ 운둔(雲遁)은 을(乙)이 삼길문(三吉門)과 합(合)하여 진(震)에 임한 것이다.

⑥ 풍둔(風遁)은 을(乙)이 삼길문(三吉門)과 합(合)하여 손(巽)에 임한 것이다.

『기문둔갑부응경(奇門遁甲符應經)』

① 천둔(天遁)은 생문(生門)과 병기(丙奇)가 지반(地盤) 무(戊)와 합(合)한 것이다.

② 귀둔(鬼遁)은 생정(生丁)이 구지(九地)와 합(合)한 것이다.

③ 용둔(龍遁)은 을(乙)이 휴문(休門)과 합(合)하여 감(坎)에 이른 것이다.

④ 호둔(虎遁)은 을(乙)이 휴문(休門)과 합(合)하여 경신(庚辛)에 임한 것이다.

⑤ 운둔(雲遁)은 을(乙)이 삼길문(三吉門)과 합(合)하여 신(辛)에 임한 것이다.

⑥ 풍둔(風遁)은 을(乙)이 삼길문(三吉門)과 합(合)하여 손(巽)에 임한 것이다.

『기문일득(奇門一得)』

① 천둔(天遁)은 병(丙)이 정(丁)에 가(加)하여 생문(生門)을 만난 것이다.

② 지둔(地遁)은 을(乙)이 기(己)에 가(加)하여 개문(開門)을 만난 것이다.

③ 인둔(人遁)은 정(丁)이 을(乙)에 가(加)하여 생문(生門)과 합(合)하고 태음(太陰)에 임한 것이다.

④ 신둔(神遁)은 병(丙)이 생문(生門)을 만나고 구천(九天)에 임한 것이다.

⑤ 귀둔(鬼遁)은 정(丁)이 을(乙)에 가(加)하여 개휴(開休)를 만나고 구지(九地)에 임한 것이다.

⑥ 용둔(龍遁)은 을(乙)이 계(癸)에 가(加)하여 개휴생문(開休生門)을 만나고 간궁(艮宮)에 임한 것이다.

⑦ 호둔(虎遁)은 을(乙)이 신(辛)에 가(加)하여 생문(生門)을 만나고 감궁(坎宮)에 임한 것이다.

⑧ 운둔(雲遁)은 을(乙)이 신(辛)에 가(加)하여 개휴생문(開休生門)을 만나고 곤궁(坤宮)에 임한 것이다.

⑨ 풍둔(風遁)은 을(乙)이 경(庚)에 가(加)하여 개문(開門)을 만나고 손궁(巽宮)에 임한 것이다.

7. 삼사(三詐)

무릇 만사를 경구(經求)하려면 개휴생(開休生)이 을병정(乙丙丁)과 합(合)해야 길하다. 삼사(三詐)는 진사(眞詐)·중사(重詐)·휴사(休詐)를 말한다. 진사(眞詐)는 개휴생(開休生) 삼길문(三吉門)이 을병정(乙丙丁) 삼기(三奇)와 상합(相合)하고 태음궁(太陰宮)에 임하여 길성(吉星)의 상조(相助)를 받는 것을 말하고, 중사(重詐)는 개휴생(開休生) 삼길문(三吉門)이 을병정(乙丙丁) 삼기(三奇)와 합(合)하고 구지궁(九地宮)에 임하여 길성(吉星)의 상조(相助)를 받는 것을 말하며, 휴사(休詐)는 개휴생(開休生) 삼길문(三吉門)이 을병정(乙丙丁) 삼기(三奇)와 합(合)하고 육합궁(六合宮)에 임하여 길성(吉星)의 상조(相助)를 받는 것을 말한다.

　삼사(三詐)는 음문(陰門)의 상조(相助)를 받는 것으로 태음(太陰)·육합(六合)·구지궁(九地宮)이 기문전비(奇門全備)를 도와 이를 사용하므로 십분의 이로움이 있다. 만약 삼문(三門)이 삼기(三奇)를 만나 무사궁(無詐宮)이 되면 기(奇)가 있어도 음(陰)으로 70%도 이롭지 못하고, 삼문(三門)이 태음(太陰)과 합(合)해도 삼기(三奇)가 없으면 음(陰)이 있어도 기(奇)가 없으니 불리하다.

　팔문(八門)과 팔신(八神)이 길하고 삼기(三奇)가 흉하면 천사(天詐), 삼기(三奇)와 팔신(八神)이 길하고 팔문(八門)이 흉하면 지사(地詐), 삼기(三奇)와 팔문(八門)이 길하고 팔신(八神)이 흉하면 인사(人詐)라고 한다. 천사(天詐)·지사(地詐)·인사(人詐)는 30% 흉한 뜻이 있으나 70%의 길함이 있으니 써도 좋다. 『연파조수가(烟波釣叟歌)』에서는 을병정(乙丙丁) 삼기(三奇)와 개휴생(開休生) 삼길문(三吉門)이 다시 태음(太陰)·육합(六合)·구지(九地)를 짝하는 삼사(三詐)는 가장 얻기 어렵다. 3가지 가운데 2가지만 얻어도 길하고, 혼인·경상(經商)·원행·건축 등 모두 좋다고 하였다.

1. 진사(眞詐)

　진사(眞詐)란 삼길문(三吉門)이 천반(天盤) 삼기(三奇)와 합(合)하고 태음궁(太陰宮)에 임한 것을 말한다. 은혜를 베풀거나 은둔·기도·제사·혼인·구선(求仙)·정벌·장사·매매·원행·영모

(營謀)에 좋고, 구관(求官)에는 귀인의 도움을 받는다.

陰 丁 柱 戊 休	蛇 丙 心 壬 生	符 辛 蓬 庚 傷
合 庚 芮 己 開	乙	天 癸 任 丁 杜
勾 壬 英 癸 驚	朱 戊 輔 辛 死	地 己 沖 丙 景

1) 음사국(陰四局) 정임일(丁壬日) 경자시(庚子時)

손사궁(巽四宮)의 천반(天盤) 정기(丁奇)가 휴문(休門)을 만나 태음궁(太陰宮)에 임하므로 진사(眞詐)다.

符 癸 蓬 乙 驚	蛇 辛 任 壬 開	陰 丙 沖 丁 休
天 己 心 丙 死	戊	合 乙 輔 庚 生
地 庚 柱 辛 景	朱 丁 芮 癸 杜	勾 壬 英 己 傷

2) 양오국(陽五局) 무계일(戊癸日) 을묘시(乙卯時)

곤이궁(坤二宮)의 천반(天盤) 병기(丙奇)가 휴문(休門)과 합(合)하고 태음(太陰)과 짝하므로 진사(眞詐)다. 은혜를 베풀거나 구선(求仙)·구관(求官)·매매·원행에 좋다.

2. 중사(重詐)

중사(重詐)란 삼길문(三吉門)과 천반(天盤) 삼기(三奇)가 합(合)

하고 구지궁(九地宮)에 임한 것을 말한다. 구재(求財)·납재(納財)·구귀(求貴)·직무를 맡거나 관직에 임명됨, 사람을 선발하여 벼슬을 줌, 인구를 들여 왕정(旺丁), 병사를 침투시킴, 전벌(戰伐)·경상(經商)·혼인·원행에 길하다.

1) 음사국(陰四局) 정임일(丁壬日) 신해시(辛亥時)

朱丙 心戊 傷	勾辛 蓬壬 杜	合癸 任庚 景
地丁 柱己 生	乙	陰己 沖丁 死
天庚 芮癸 休	符壬 英辛 開	蛇戊 輔丙 驚

진삼궁(震三宮)의 천반(天盤) 정기(丁奇)가 생문(生門)을 만나 구지궁(九地宮)에 임하므로 중사(重詐)다.

2) 음칠국(陰七局) 갑기일(甲己日) 신미시(辛未時)

符戊 柱辛 死	天己 心丙 驚	地丁 蓬癸 開
蛇癸 芮壬 景	庚	玄乙 任戊 休
陰丙 英乙 杜	合辛 輔丁 傷	白壬 沖己 生

곤이궁(坤二宮)의 천반(天盤) 정기(丁奇)가 개문(開門)과 합(合)하고 구지(九地)와 짝하므로 중사(重詐)다. 인구를 들이거나 재물을 취하고, 관직에 임명되거나 작위를 주는 일에 좋다.

3. 휴사(休詐)

휴사(休詐)란 삼길문(三吉門)이 천반(天盤) 을기(乙奇)와 합(合)하여 육합궁(六合宮)에 임한 것을 말한다. 약을 써서 병을 다스리거나 의원을 구함, 법부(法符)나 사(邪)를 다스림, 제사·기도·기신(祈神)·재앙방비·중매·혼인·손님을 초대하여 잔치를 베풂, 원행·장사에 매우 이롭다.

天丁 蓬辛景	地乙 任丙死	玄壬 冲癸驚
符己 心壬杜	庚	白辛 輔戊開
蛇戊 柱乙傷	陰癸 芮丁生	合丙 英己休

1) 음칠국(陰七局) 을경일(乙庚日) 임오시(壬午時)

건육궁(乾六宮)의 천반(天盤) 병기(丙奇)가 휴문(休門)과 합(合)하고 육합궁(六合宮)에 임하므로 휴사(休詐)다. 약으로 병을 다스리거나 사귀를 쫓고, 기도·원행·장사·혼인에 매우 이롭다.

8. 오가(五假)

오가(五假)란 천가(天假)·지가(地假)·인가(人假)·신가(神假)·귀가(鬼假)를 말한다. 만약 그 방위에 적극(賊克)이 없고 다시 왕상(旺相)한 기(氣)가 있으면 함께 길하다.

1. 천가(天假)

　천가(天假)란 천반(天盤) 을병정(乙丙丁) 삼기(三奇)가 경문(景門)과 짝하여 구천궁(九天宮)에 임한 것을 말한다. 구천(九天)은 양(陽)의 길신(吉神)이고 경문(景門) 역시 양(陽)의 길문(吉門)인데, 다시 삼기(三奇)와 합(合)하니 주로 광명이 빛난다. 응시·강연·발표·선거·구재(求財)·알귀(謁貴)·상서(上書)·청구·간구(干求)·구신(求神)·승진·자아추천·소송·구명(求名)·공명·맹약·전쟁이나 출병하여 적과 싸움, 시위돌격, 상대편의 계책을 역이용하여 공격, 적을 속여 전투를 원조하는 일에 좋다. 경문(景門)이 구천(九天)에 임하여도 천가(天假)로 보는 학자도 있다.

符辛 心癸杜	天乙 蓬戊景	地己 任丙死
蛇辛 柱丁傷	壬	玄丁 沖庚驚
陰丙 芮己生	合戊 英乙休	白癸 輔辛開

1) 음구국(陰九局) 정임일(丁壬日) 계묘시(癸卯時)

　리구궁(離九宮)의 천반(天盤) 을기(乙奇)가 경문(景門)과 짝하고 구천(九天)과 합(合)하므로 천가(天假)다. 이 방위는 알귀(謁貴)·간구(干求)·출사(出師)·양병(揚兵)에 좋다.

朱辛 心癸 驚	勾乙 蓬戊 開	合己 任丙 休
地庚 柱丁 死	壬	陰丁 沖庚 生
天丙 芮己 景	符戊 英乙 杜	蛇癸 輔辛 傷

2) 음구국(陰九局) 갑기일(甲己日) 을축시(乙丑時)

간팔궁(艮八宮)의 천반(天盤) 병기(丙奇)가 경문(景門)과 합(合)하여 구천궁(九天宮)에 임하므로 천가(天假)다.

2. 지가(地假)

지가(地假)란 천반(天盤) 정기계(丁己癸)가 두문(杜門)과 짝하고 태음(太陰)·육합(六合)·구지(九地) 중 어느 하나와 합(合)하는 것을 말한다. 음신(陰神)의 비우(庇佑)를 얻고 그 방위로 출입하면 사람이 보이지 않고, 잠복하거나 병영을 짓고 주둔하는 일에 좋으며, 사람을 보내 헛소문을 퍼트리고 간첩을 파견하여 비밀스런 일을 행하거나 성채를 침투하는 데 좋다.

① 두문(杜門)이 정기계(丁己癸) 중 어느 한 간(干)과 합(合)하고 구지궁(九地宮)에 임하면 은장(隱藏)·은신·은둔·잠복·매복·피난·도망·재액을 피하는 데 길하다.
② 두문(杜門)이 정기계(丁己癸) 중 어느 한 간(干)과 합(合)하고 태음궁(太陰宮)에 임하면 간첩을 파견하는 일, 모의·탐사·비

방을 정탐하는 일, 정보수집, 서신이나 전화 내용 수집·결산보고
등에 길하다.

③ 두문(杜門)이 정기계(丁己癸) 중 어느 한 간(干)과 합(合)하고
   육합궁(六合宮)에 임하면 은장(隱藏)·장형(藏形)·도망·피
   난·도망쳐 숨음·매복 등에 길하다.

　이 3항의 지가(地假)는 음문(陰門)이 음간(陰干)을 합하고, 다시
음신(陰神)을 만나므로 주로 어둡고 밝지 않아 발현하기 쉽지 않
고, 도망하여 숨는 데 쉽다. 두문(杜門)이 구지궁(九地宮)에 임하여
도 지가(地假)로 보는 학자도 있다.

合 癸 輔 癸 杜	勾 己 英 己 景	朱 辛 芮 辛 死
陰 壬 沖 壬 傷	丁	地 乙 柱 乙 驚
蛇 戊 任 戊 生	符 庚 蓬 庚 休	天 丙 心 丙 開

1) 양팔국(陽八局) 을경일(乙庚日)
　　갑신시(甲申時)

손사궁(巽四宮)의 천반(天盤) 계
(癸)가 두문(杜門)과 짝하고 육
합궁(六合宮)에 임하므로 지가
(地假)다.

地 丁 沖 丙 開	天 丙 輔 辛 休	符 辛 英 癸 生
朱 庚 任 丁 驚	乙	蛇 乙 芮 己 傷
勾 壬 蓬 庚 死	合 戊 心 壬 景	陰 己 柱 戊 杜

2) 양육국(陽六局) 병신일(丙辛日) 을미시(乙未時)

건육궁(乾六宮)의 천반(天盤) 기(己)가 두문(杜門)과 짝하고 태음궁(太陰宮)에 임하므로 지가(地假)다. 잠복·장형(藏形)·몸을 숨기는 데 좋다.

3. 인가(人假)

인가(人假)란 천반(天盤) 임(壬)이 경문(驚門)과 짝하여 구천궁(九天宮)에 임한 것을 말한다. 도망자나 범인을 잡는 일, 도망과 탐사, 신임관리가 부임해 위세를 부리거나 잠적하는 데 좋다. 만약 태백입형(太白入熒)이 되면 도망자나 범인은 반드시 잡힌다. 상문(傷門)이 육합궁(六合宮)에 임해도 인가(人假)로 보는 학자도 있다.

天 壬 芮 丁 驚	符 戊 柱 庚 開	蛇 乙 心 壬 休
地 庚 英 癸 死	丙	陰 辛 蓬 戊 生
朱 丁 輔 己 景	勾 癸 沖 辛 杜	合 己 任 乙 傷

1) 양칠국(陽七局) 갑기일(甲己日) 경오시(庚午時)

손사궁(巽四宮)의 천반(天盤) 임(壬)이 경문(驚門)과 짝하여 구천궁(九天宮)에 임하므로 인가(人假)다.

勾 己 輔 己 杜	朱 丁 英 丁 景	地 乙 芮 乙 死
合 戊 冲 戊 傷	庚	天 壬 柱 壬 驚
陰 癸 任 癸 生	蛇 丙 蓬 丙 休	符 辛 心 辛 開

2) 양삼국(陽三局) 병신일(丙辛日) 갑오시(甲午時)

태칠궁(兌七宮)의 천반(天盤) 임(壬)이 경문(驚門)과 짝하여 구천(九天)을 합하니 인가(人假)다. 붙잡거나 도망하는 데 이롭다.

4. 신가(神假)

　신가(神假)란 천반(天盤) 정기계(丁己癸)가 상문(傷門)과 짝하여 구지궁(九地宮)에 임하는 것을 말한다. 지신(地神)의 비우(庇佑)를 얻고, 안신(安神)·기복(祈福)·매장(埋葬)·조분(造墳)·선조의 위패를 모시거나 제사지내는 일, 구귀(求貴)·구신(求神)·신화나 진귀한 물건을 빌림, 섭복(攝服)·많은 수를 대적함에 이롭고, 체포·망한 체하여 속임·숨는 일에 길하다. 만약 이때 숨으면 사람이 탐지할 수 없다. 그리고 상문(傷門)이 정기계(丁己癸) 중 어느한 간(干)과 합(合)하여 육합궁(六合宮)에 임하면 매장(埋葬)·기도·체포·교역·수금·복장·빌려준 돈을 돌려받는 데 길하다. 천반(天盤) 정기계(丁己癸)가 상문(傷門)과 합(合)하고 태음궁(太陰宮)이나 육합궁(六合宮)에 임한 것과 경문(驚門)이 천반(天盤) 직부(直符)와 합(合)한 것도 신가(神假)로 보는 학자도 있다.

天 丙 芮 戊 杜	符 辛 柱 癸 景	蛇 庚 心 丙 死
地 癸 英 乙 傷	己	陰 丁 蓬 辛 驚
朱 戊 輔 壬 生	勾 乙 沖 丁 休	合 壬 任 庚 開

1) 양사국(陽四局) 정임일(丁壬日) 계묘시(癸卯時)

진삼궁(震三宮)의 천반(天盤) 계(癸)가 상문(傷門)과 짝하고 구지궁(九地宮)에 임하니 신가(神假)다. 매장과 신물(神物)·신기(神器)를 빌리는 데 이롭고, 제사나 위패를 봉안하는 데도 좋다.

5. 귀가(鬼假)

귀가(鬼假)란 천반(天盤) 정기계(丁己癸)가 사문(死門)과 짝하고 구지궁(九地宮)에 임하는 것을 말한다. 망혼을 불러 넋을 천도·제도하거나 생명을 구제하는 데 좋고, 백성의 노고를 치하하거나 매장(埋葬)·수리·벌사(伐邪)·수렵 등에 길하다. 천반(天盤) 정기계(丁己癸)가 사문(死門)과 합(合)하고 태음궁(太陰宮)이나 육합궁(六合宮)에 임한 것과 사문(死門)이 태음궁(太陰宮)에 임한 것도 귀가(鬼假)로 보는 학자도 있다.

蛇 庚 任 丙 休	陰 丁 沖 辛 生	合 丙 輔 癸 傷
符 壬 蓬 丁 開	乙	勾 辛 英 己 杜
天 戊 心 庚 驚	地 己 柱 壬 死	朱 癸 芮 戊 景

1) 양육국(陽六局) 정임일(丁壬日) 정미시(丁未時)

감일궁(坎一宮)의 천반(天盤) 기(己)가 사문(死門)과 짝하여 구지(九地)를 합(合)하므로 귀가(鬼假)다. 죽은 사람의 넋을 제도하는 데 길하다.

9. 환이격(懽怡格)

환이(懽怡)란 천반(天盤) 삼기(三奇) 을병정(乙丙丁)이 지반부수(地盤符首)에 가(加)하는 것을 말한다. 주로 귀인의 도움을 받고 백사가 순조롭다. 여행·방문·매장(埋葬)·교섭·상담·이전·오락·물건구매·구재(求財)·교역 등에 좋다.

合 壬 沖 辛 傷	陰 辛 輔 丙 杜	蛇 丙 英 癸 景
勾 乙 任 壬 生	庚	符 癸 芮 戊 死
朱 丁 蓬 乙 休	地 己 心 丁 開	天 戊 柱 己. 驚

1) 음칠국(陰七局) 무계일(戊癸日) 무오시(戊午時)

곤궁(坤宮)의 천반(天盤) 병기(丙奇)가 지반부수(地盤符首)인 계(癸)를 만나므로 환이(懽怡)다.

10. 상좌격(相佐格)

상좌(相佐)란 천반부수(天盤符首)가 지반(地盤) 삼기(三奇) 을병정(乙丙丁)에 가(加)하거나, 천반부수(天盤符首)가 지반(地盤) 을병정(乙丙丁)과 합(合)하여 팔신(八神) 직부(直符)를 만나는 것을 말한다. 주로 귀인의 도움을 받고 백사가 순조롭다. 취직·건축·물건매입·오락·여행·원행·교섭·교역·구재(求財)·구귀(求貴) 등에 길하다. 특히 개문(開門)을 만나면 구복(求福)에 이로우며 장사나 사업 등 모든 일이 좋고, 휴문(休門)을 만나면 구귀(求貴)에 이롭고 귀인의 도움을 받으며 원하는 일이 뜻대로 되고, 생문(生門)을 만나면 구재(求財)에 이로우며 재리(財利) 등 백사가 왕성해지고, 경문(景門)을 만나면 명성과 귀기(貴氣)가 더욱 뚜렷하게 나타나고, 상문(傷門)을 만나면 빚을 독촉하는 일에 유리하다.

朱 丁 蓬 辛 開	勾 乙 任 丙 休	合 壬 沖 癸 生
地 己 心 壬 驚	庚	陰 辛 輔 戊 傷
天 戊 柱 乙 死	符 癸 芮 丁 景	蛇 丙 英 己 杜

1) 음칠국(陰七局) 무계일(戊癸日) 정사시(丁巳時)

감궁(坎宮)의 천반부수(天盤符首) 계(癸)가 지반(地盤) 삼기(三奇) 정(丁)과 합(合)하고, 다시 팔신(八神) 직부(直符)를 만나므로 상좌(相佐)다.

11. 천현시격(天顯時格)

치부(值符)의 육갑대장(六甲大將)이 투출(透出)하고 시간(時干)과 일간(日干)이 상합(相合)하는 때를 천현시격(天顯時格) 또는 천보대길시(天輔大吉時)라고 한다. 이때는 기문격국(奇門格局)이 복음(伏吟)되어도 길하다. 행군·작전·상관(上官)·알현·구재(求財)·원행이 모두 길하고, 죄가 있어도 사면된다. 갑기일(甲己日)에는 갑자시(甲子時)와 갑술시(甲戌時), 을경일(乙庚日)에는 갑신시(甲申時), 병신일(丙辛日)에는 갑오시(甲午時), 정임일(丁壬日)에는 갑진시(甲辰時), 무계일(戊癸日)에는 갑인시(甲寅時)다.

『둔갑현기부(遁甲玄機賦)』에서는 천보시(天輔時)는 흉을 만나도 길해진다고 하였고, 『상길통서(象吉通書)』의 길흉격(吉凶格)에서는 천보시(天輔時)는 죄가 있어도 용서받는다고 하였고, 『삼원경(三元經)』에서는 천보시(天輔時)는 죄를 의심할 바가 없으며 부질(斧鑕)이 앞에 놓여도 하늘의 사면을 받는다고 하였다.

천보시(天輔時)는 천사시(天赦時)라고도 하며 죄가 있어도 저절로 풀려난다. 하늘에서 은혜와 자비를 베푸는 시간이므로 큰 일은 작아지고 작은 일은 사라지며 흉을 만나도 길하게 되는 시간이다. 인정에 매달리거나 용서를 구하는 데 좋고, 마음에 맺힌 것은 풀리고, 그릇된 일도 조화롭게 풀리고, 법적판결도 경감된다. 이것은 둔갑(遁甲)의 왕(旺)한 시(時)가 되고 기문(奇門)의 효능을 끌어올릴 수 있으므로 길한 것은 더 길해지고 흉한 것은 흉하지 않게 된다.

12. 삼기왕상격(三奇旺相格)

　삼기왕상(三奇旺相)에는 일기(日奇)·월기(月奇)·성기(星奇) 왕
상(旺相)이 있고, 을병정(乙丙丁)을 삼기(三奇)라고 한다. 임하는
궁(宮)의 상생(相生)이나 비화(比和)를 얻으면 해당한다.

　을기(乙奇)가 손궁(巽宮)에 이르면 옥토승풍(玉兎乘風)이요 감궁
(坎宮)에 이르면 옥토음천(玉兎飲泉)이니 일기왕상(日奇旺相)이란
을기(乙奇)가 감궁(坎宮)이나 손궁(巽宮)에 임하는 것을 말한다.

　병기(丙奇)가 진궁(震宮)에 이르면 월입뇌문(月入雷門)이요 손궁
(巽宮)에 이르면 화행풍기(火行風起)이니 월기왕상(月奇旺相)이란
병기(丙奇)가 진궁(震宮)이나 손궁(巽宮)에 임하는 것을 말한다.

　정기(丁奇)가 손궁(巽宮)에 이르면 옥녀유랑(玉女留郞)·옥녀유
신(玉女留神)이요 리궁(離宮)에 이르면 승왕화염(乘旺火炎)·승룡
만리(乘龍萬里)이니 성기왕상(星奇旺相)이란 정기(丁奇)가 손궁
(巽宮)이나 리궁(離宮)에 임하는 것을 말한다. 삼기왕상(三奇旺相)
은 어떤 길사에 사용하면 더욱 길하다.

13. 삼기상문격(三奇上門格)

　삼기상문격(三奇上門格)이란 천지반(天地盤) 을병정(乙丙丁) 삼
기(三奇)가 개휴생(開休生) 삼길문(三吉門)에 가(加)하는 것을 말
한다. 주로 능력이 강하여 흉을 만나도 길하게 되니 모든 길사에

쓰면 반드시 길하다. 만약 을병정(乙丙丁) 삼기(三奇)가 이르고 개휴생(開休生) 삼길문(三吉門)이 임하지 않으면 사용할 수 없으나, 삼길문(三吉門)이 이르고 을병정(乙丙丁) 삼기(三奇)가 없으면 사용해도 된다. 삼기(三奇) 길성(吉星)과 길문(吉門)이 함께 이르면 흉격(凶格)을 범하지 않으므로 전적으로 길하다.

14. 삼기득령(三奇得令)

을병정(乙丙丁) 삼기(三奇)와 태음(太陰)·육합(六合)·구지(九地)·구천(九天) 사길신(四吉神)과 개휴생(開休生) 삼길문(三吉門)이 각 방위에 임하면 매사에 길하다.

15. 기유녹위(奇游祿位)

을기(乙奇)가 묘진궁(卯震宮)에 이르고 병기(丙奇)가 사손궁(巳巽宮)에 이르며 정기(丁奇)가 오리궁(午離宮)에 임하면 관직에 부임하거나 재물과 복을 구하는 데 길하다.

16. 기의상합(奇儀相合)

을경(乙庚)과 병신(丙辛)과 정임(丁壬)은 기합(奇合)이라 하고,

갑기(甲己)와 무계(戊癸)는 의합(儀合)이라 한다. 길문(吉門)을 만나면 화합하는 상이니 화해·해결·분배 등 모든 일이 화해된다.

17. 교태격(交泰格)

교태격(交泰格)이란 을기(乙奇)가 정기(丁奇)에 가(加)하거나 을기(乙奇)가 병기(丙奇)에 가(加)하는 것을 말한다. 객(客)이 주(主)를 생(生)하니 객(客)은 불리하나 주(主)는 이롭고 대길하다.

陰 壬 芮 庚 景	蛇 乙 柱 丁 死	符 戊 心 壬 驚
合 丁 英 辛 杜		己	天 癸 蓬 乙 開
勾 庚 輔 丙 傷	朱 辛 沖 癸 生	地 丙 任 戊 休

1) 음육국(陰六局) 갑기일(甲己日)
   임신시(壬申時)

리궁(離宮)의 천반(天盤) 을기(乙奇)가 정기(丁奇)에 가림(加臨)하므로 교태격(交泰格)이다.

18. 천우창기격(天遇昌氣格)

천우창기격(天遇昌氣格)이란 육정(六丁)이 육을(六乙)에 가(加)하는 것을 말한다. 주(主)가 객(客)을 생(生)하니 객(客)이 이롭다. 귀인은 기쁜 일이 있고 평상인은 평범하다.

勾 壬 沖 辛 景	合 辛 輔 丙 死	陰 丙 英 癸 驚
朱 乙 任 壬 杜	庚	蛇 癸 芮 戊 開
地 丁 蓬 乙 傷	天 己 心 丁 生	符 戊 柱 己 休

1) 음칠국(陰七局) 갑기일(甲己日)
  기사시(己巳時)

간궁(艮宮)의 천반(天盤) 정기(丁奇)가 을기(乙奇)에 가림(加臨)하므로 천우창기격(天遇昌氣格)이다.

19. 삼기리합격(三奇利合格)

삼기리합격(三奇利合格)이란 육정(六丁)이 육갑(六甲 : 戊)에 가(加)하는 것을 말한다. 관인은 승진 · 영전하고, 평상인은 위창(威昌)하며 범사가 다 형통하다. 원행에 길하며 죄가 있는 사람은 관대한 사면을 받는다.

陰 丙 柱 壬 開	合 丁 心 戊 休	勾 己 蓬 庚 生
蛇 庚 芮 辛 驚	癸	朱 乙 任 丙 傷
符 戊 英 乙 死	天 壬 輔 己 景	地 辛 沖 丁 杜

1) 양구국(陽九局) 갑기일(甲己日)
  을축시(乙丑時)

리궁(離宮)의 천반(天盤) 정기(丁奇)가 지반(地盤) 갑자무(甲子戊)에 가림(加臨)하므로 삼기리힙격(三奇利合格)이다.

20. 작함화격(雀含花格)

작함화격(雀含花格)이란 천상(天上) 육병(六丙)이 지하(地下) 육을(六乙)에 임하는 것을 말한다. 병기(丙奇)는 주작(朱雀)이고 을기(乙奇)는 꽃나무이니 주작새가 꽃잎을 따서 입에 문 형상이다. 공사나 도모하며 바라는 일 등 백사가 모두 길하고, 기쁜 소식을 듣는다.

陰 辛 柱 戊 驚	合 庚 心 癸 開	勾 丁 蓬 丙 休
蛇 丙 芮 乙 死		己
符 癸 英 壬 景	天 戊 輔 丁 杜	地 乙 冲 庚 傷

1) 양사국(陽四局) 무계일(戊癸日) 임술시(壬戌時)

진궁(震宮)의 병기(丙奇)가 을기(乙奇)에 가림(加臨)하므로 작함화격(雀含花格)이다.

제3장. 흉격(凶格)

1. 년격(年格)

년격(年格)이란 천반(天盤) 경(庚)이 지반(地盤) 본년(本年) 세간 (歲干)에 가림(加臨)하는 것을 말하며, 일명 세격(歲格)이라고도 한다. 『삼원경(三元經)』에서는 육경(六庚)이 당년 태세(太歲)의 간 (干)에 임하는 것을 세격(歲格)이라 하며 이때 용사(用事)하면 흉 하다. 천반(天盤) 경(庚)이 당년의 년간(年干)에 임하면 그 해는 모든 일이 흉하다고 하였다. 『기문대전(奇門大全)』에서는 육경(六 庚)이 금세간(今歲干)에 가(加)하면 대흉하다고 하였다. 예를 들어 갑자년(甲子年)에 경(庚)이 갑자(甲子)에 가(加)하는 것이다.

① 천반(天盤)이 경(庚)이고 지반(地盤)이 년간(年干)인 갑(甲)이

면 생명이 위험하다.

② 천반(天盤)이 경(庚)이고 지반(地盤)이 년간(年干)인 을(乙)이
면 신체에 큰 손상을 입는다.

③ 천반(天盤)이 경(庚)이고 지반(地盤)이 년간(年干)인 병(丙)이
면 권력이나 폭력의 재화를 당한다.

④ 천반(天盤)이 경(庚)이고 지반(地盤)이 년간(年干)인 정(丁)이
면 어떤 일을 이루려면 매우 어렵다.

⑤ 천반(天盤)이 경(庚)이고 지반(地盤)이 년간(年干)인 무(戊)이
면 남에게 속아 손해를 본다.

⑥ 천반(天盤)이 경(庚)이고 지반(地盤)이 년간(年干)인 기(己)이
면 색정에 빠져 크게 실패한다.

⑦ 천반(天盤)이 경(庚)이고 지반(地盤)이 년간(年干)인 경(庚)이
면 다른 사람과 격동하여 매우 친한 사람과 원수가 되거나 관
계가 끊어지거나 사망한다.

⑧ 천반(天盤)이 경(庚)이고 지반(地盤)이 년간(年干)인 신(辛)이
면 매우 중요한 물건을 잃어버린다.

⑨ 천반(天盤)이 경(庚)이고 지반(地盤)이 년간(年干)인 임(壬)이
면 반드시 다른 사람과 분쟁이 생긴다.

⑩ 천반(天盤)이 경(庚)이고 지반(地盤)이 년간(年干)인 계(癸)이
면 자신의 잘못으로 안에서 밖으로 전파되어 사태가 나날이 악
화된다.

合 庚 英 丁 死	勾 壬 芮 庚 驚	朱 戊 柱 壬 開
陰 丁 輔 癸 景	丙	地 乙 心 戊 休
蛇 癸 沖 己 杜	符 己 任 辛 傷	天 辛 蓬 乙 生

1) 정묘년(丁卯年) 양칠국(陽七局)
   을경일(乙庚日) 신사시(辛巳時)

정묘년(丁卯年)은 세간(歲干)이 정(丁)인데 손사궁(巽四宮)의 천반(天盤) 경(庚)이 지반(地盤) 정(丁)에 가림(加臨)하므로 년격(年格)이다. 이때 용사(用事)하면 흉하며 손윗사람과 부모의 근심이 있다.

2. 월격(月格)

월격(月格)이란 천반(天盤) 경(庚)이 지반(地盤) 본월(本月) 월간(月干)에 가림(加臨)하는 것을 말한다. 『삼원경(三元經)』에 이르기를 육경(六庚)을 월(月)에 가(加)하면 삭격(朔格)이 되며 흉한 시간이다. 월격(月格)은 월삭격(月朔格)이라고도 하며, 천반(天盤)이 경(庚)이고 지반(地盤)이 월간(月干)이 될 때를 말한다. 작용력은 년격(年格)과 비슷한데 년반(年盤)에는 월격(月格)이 없고 월격(月格)은 하는 일마다 흉하다고 하였다.

白丁 任己驚	合庚 沖癸開	陰己 輔辛休
玄壬 蓬庚死		戊	蛇癸 英丙生
地乙 心丁景	天丙 柱壬杜	符辛 芮乙傷

1) 계미월(癸未月) 음오국(陰五局)
병신일(丙辛日) 을미시(乙未時)

월간(月干)이 계(癸)인데 리구궁
(離九宮)의 천반(天盤) 경(庚)이
지반(地盤) 계(癸)에 가림(加臨)
하므로 월격(月格)이다. 이때는
흉한 시간이며 대격(大格)이므로 원행에 불리하다. 수레는 파손되
며 말은 죽고, 형제나 같은 또래에게 불리하다.

3. 일격(日格)

일격(日格)이란 천반(天盤) 경(庚)이 지반(地盤) 일간(日干)에 가
림(加臨)하는 것을 말하며, 일명 천을복간격(天乙伏干格)이라고도
한다. 천반(天盤)이 경(庚)이고 지반(地盤)이 일간(日干)일 때를
말하며, 작용은 년격(年格)과 비슷하다. 『삼원경(三元經)』에 이르기
를 육경(六庚)은 태백(太白)인데 육경(六庚)을 당일 일간(日干)에
가(加)하면 복간격(伏干格)이 되는데 이때 용사(用事)하면 대흉하
다고 하였다. 주객(主客)이 싸우면 함께 상하여 불리한데 객(客)보
다 주(主)가 더 흉하다. 일간(日干)이 경금(庚金) 아래에 복재(伏
在)하므로 복간격(伏干格)이라고도 한다. 복간격(伏干格)은 서로
침범하므로 전투를 벌이면 손상되어 불리하고, 주장은 대개 반드시

잡히고 출병과 용사(用事)는 좋지 않다. 년반(年盤)과 월반(月盤)
에는 일격(日格)이 없다.

天 己 任 丁 生	符 癸 沖 庚 傷	蛇 丁 輔 壬 杜
地 辛 蓬 癸 休	丙	陰 庚 英 戊 景
朱 乙 心 己 開	勾 戊 柱 辛 驚	合 壬 芮 乙 死

1) 양칠국(陽七局) 무자일(戊子日) 경신시(庚申時)

일간(日干)이 무(戊)인데 태칠궁
(兌七宮)의 천반(天盤) 경(庚)이
지반(地盤) 무(戊)에 가림(加臨)
하므로 일격(日格)이다. 주객(主
客)이 싸워 상하니 모두 불리하고, 대체로 주(主)는 반드시 잡히며
기신(己身)에게 불리하다.

4. 시격(時格)

시격(時格)이란 천반(天盤) 경(庚)이 지반(地盤) 시간(時干)에 가
림(加臨)하는 것을 말한다. 『삼원경(三元經)』에 이르기를 육경(六
庚)을 본시(本時) 시간(時干)에 가(加)하면 시격(時格)이 되고, 또
한 복음격(伏吟格)이 되니 거병(擧兵)이나 용사(用事)하면 대흉하
다고 하였다.

작용은 년격(年格)과 비슷하나 시격(時格)은 시반(時盤)에만 있
다. 경(庚)은 갑(甲)의 살(殺)이 되는데 다시 세월일시가 와서 도

와주면 반드시 흉하다. 주로 백사가 순조롭지 않으니 장애가 있어 행하기 어렵고, 행병(行兵) · 원행 · 모사 등이 모두 불리하다. 다만 도둑을 잡거나 행방불명된 사람을 찾는 일에는 좋다. 만약 시격(時格)인데 경(庚)이 직부(直符)를 만나면 흉으로 논하지 않는다.

1) 양팔국(陽八局) 병신일(丙辛日) 계사시(癸巳時)

符 庚 蓬 癸 杜	蛇 戊 任 己 景	陰 壬 沖 辛 死
天 丙 心 壬 傷	丁	合 癸 輔 乙 驚
地 乙 柱 戊 生	朱 辛 芮 庚 休	勾 己 英 丙 開

시간(時干)이 계(癸)인데 손사궁(巽四宮)의 천반(天盤) 경(庚)이 지반(地盤) 계(癸)에 가림(加臨)하므로 시격(時格)이다. 경(庚)이 계(癸)에 가(加)하면 대격(大格)이며 원행에 불리하다. 수레와 차량은 파손되고, 말과 사람은 죽거나 위험하며, 주로 아내와 자녀에게 불리하다. 육경(六庚)을 년월일시에 가(加)하는 격(格)은 동(動)하면 흉격(凶格)이 된다. 가택에서는 년(年)은 부모, 월(月)은 형제, 일(日)은 본인, 시(時)는 처자식인데 주로 불리하다. 유실이나 형사 사건은 그 년월일시에 따라 징조를 얻는 것이 마땅하다.

5. 형격(刑格)

형격(刑格)이란 천반(天盤) 경(庚)이 지반(地盤) 기(己)에 가림

(加臨)하는 것을 말한다. 서(書)에 이르기를 육경(六庚)을 육기(六己)에 가(加)하면 형(刑)이 되어 매우 좋지 않다. 모름지기 적지가 천리이고 원행하면 거마가 추락하며 군병은 도중에 그친다고 하였다. 그리고 탕위(湯謂)는 육경(六庚)이 육기(六己)에 가(加)하면 형격(刑格)인데 이때 출군이나 출병하면 수레와 차량은 파손되며 말과 사람은 죽어 중도에서 멈춘다. 사졸은 도망가 찾을 수 없으니 쫓아가면 도리어 흉한 재앙을 부른다고 하였다.

형격(刑格)은 주로 파재(破財)·질병·차량사고·관재구설·형을 당하고, 출행하면 장병과 사졸이 중도에서 사상되고, 경상(經商)은 파재(破財)한다. 따라서 출병·용사(用事)·원행·구재(求財) 등에 모두 좋지 않다. 『기문대전(奇門大全)』에 이르기를 육경(六庚)이 육기(六己)에 가(加)하면 구모(求謀)는 명분을 잃고, 파재(破財)와 질병이 따른다고 하였다.

合乙 英壬傷	陰丁 芮乙杜	蛇己 柱丁景
白壬 輔癸生		符庚 心己死
		辛
玄癸 沖戊休	地戊 任丙開	天丙 蓬庚驚

1) 음팔국(陰八局) 병신일(丙辛日) 기축시(己丑時)

태칠궁(兌七宮)의 천반(天盤) 경(庚)이 지반(地盤) 기(己)에 가(加)하므로 형격(刑格)이다. 주로 관사(官司)나 수형(受刑)이 따르고, 장사에는 파재, 출행에는 병이 따른다.

朱戊 柱丁傷	地乙 心庚杜	天辛 蓬壬景
勾壬 芮癸生	丙	符己 任戊死
合庚 英己休	陰丁 輔辛開	蛇癸 沖乙驚

2) 양칠국(陽七局) 을경일(乙庚日) 무인시(戊寅時)

간궁(艮宮)의 천반(天盤) 경(庚)이 지반(地盤) 기(己)를 만나므로 형격(刑格)이다. 관재나 파재가 따르고 명예를 잃는다.

6. 전격(戰格)

전격(戰格)이란 천반(天盤) 경(庚)이 지반(地盤) 경(庚)을 만나는 것을 말하며, 태백동궁(太白同宮)이라고도 한다. 육의(六儀)가 복음(伏吟)되면 반드시 전격(戰格)이 된다. 일경(一庚)은 궁(宮)에서 외전을 주관하고, 양경(兩庚)은 동궁(同宮)에서 내전을 주관한다.

전격(戰格)은 주로 내부의 싸움이다. 불합하며 서로 잔살(殘殺)하고, 출병은 이득을 잃으니 싸움에 불리하고, 양방이 패하여 함께 상한다. 관재횡화(官災橫禍)가 있고 귀인은 나타나지 않으며 형제는 뇌공(雷攻)한다. 사람을 점치면 사람은 있지 않고, 내인을 점치면 사람은 오지 않는다. 많은 사람을 모으거나 용병(用兵)에는 좋지 않으나 지키거나 숨거나 감추는 일에는 좋다. 격렬한 유혈쟁투가 벌어지고 친한 사람과 생사이별하며 사졸이 중도에서 죽는 등 곤경에 빠진다.

地辛 輔辛休	天乙 英乙生	符己 芮己傷
朱庚 沖庚開	壬	蛇丁 柱丁杜
勾丙 任丙驚	合戊 蓬戊死	陰癸 心癸景

1) 양일국(陽一局) 을경일(乙庚日) 임오시(壬午時)

진삼궁(震三宮)의 천반(天盤) 경(庚)이 지반(地盤) 경(庚)을 만나므로 전격(戰格)이다.

合癸 輔癸死	勾己 英己驚	朱辛 芮辛開
陰壬 沖壬景	丁	地乙 柱乙休
蛇戊 任戊杜	符庚 蓬庚傷	天丙 心丙生

2) 양팔국(陽八局) 병신일(丙辛日) 경인시(庚寅時)

감일궁(坎一宮)의 천반(天盤) 경(庚)이 지반(地盤) 경(庚)에 가림(加臨)하므로 전격(戰格)이다. 관재(官災)의 횡화(橫禍)와 형제 간의 뇌공(雷攻)이 따른다.

7. 소격(小格)

소격(小格)이란 천반(天盤) 육경(六庚)이 지반(地盤) 육임(六壬)에 가림(加臨)하는 것을 말하며, 상격(上格)이라고도 한다. 서(書)에 이르기를 육경(六庚)을 육임(六壬)에 가(加)하면 소격(小格)이라 하며, 복격(伏格)·상격(上格)·이탕격(利蕩格)이라고도 한다.

소격(小格)은 군사를 행함에 좋지 않고, 원행하면 길을 잃어 헤매고, 뜻한 바를 이루지 못한다. 구모(求謀)는 얻지 못하고 파재(破財)와 질병이 따르며 사업은 변동이 많다. 분쟁이 생기고 외인에게 강탈당하여 재물을 점차 잃는다. 남녀간의 소식은 슬피 놀라며 매사에 변동이 많다. 주로 장애가 생겨 순조롭지 못하고, 미실(迷失)하며 손재하고, 용병(用兵)과 출행 등은 좋지 않다.

勾 丙 任 庚 傷	合 辛 沖 丁 杜	陰 庚 輔 壬 景
朱 癸 蓬 辛 生	己	蛇 丁 英 乙 死
地 戊 心 丙 休	天 乙 柱 癸 開	符 壬 芮 戊 驚

1) 음육국(陰六局) 정임일(丁壬日) 무신시(戊申時)

곤궁(坤宮)의 천반(天盤) 경(庚)이 지반(地盤) 임(壬)에 가림(加臨)하므로 소격(小格)이다. 원행은 불길하고 구하는 일은 얻지 못하며 재물손해가 따른다.

地 丁 芮 乙 驚	壬 庚 柱 壬 開	符 己 心 丁 休
朱 壬 英 丙 死	戊	蛇 癸 蓬 庚 生
勾 乙 輔 辛 景	合 丙 沖 癸 杜	陰 辛 任 己 傷

2) 양오국(陽五局) 을경일(乙庚日) 정축시(丁丑時)

리구궁(離九宮)의 천반(天盤) 경(庚)이 지반(地盤) 임(壬)에 가림(加臨)하므로 소격(小格)이다. 군대를 행하면 좋지 않다.

8. 대격(大格)

대격(大格)이란 천반(天盤) 경(庚)이 지반(地盤) 계(癸)에 가(加)하는 것을 말한다. 서(書)에서는 태백(太白) 경(庚)이 계(癸)에 가(加)하면 도모하는 것이 통하지 않는다. 구하는 사람은 만나지 못하고, 조용히 기다리면 영(營)으로 돌아온다고 하였다. 그리고 탕위(湯謂)는 육경(六庚)이 계(癸)를 가(加)하면 대격(大格)이라고 하는데, 이때 용사(用事)하면 백사가 흉하다고 하였다.

대격(大格)은 장애·파재·손상·유실이 따른다. 실물과 구인은 찾지 못하며 도리어 재앙을 부른다. 실패는 본인의 착오 때문인데 안에서 시작해 외부까지 무너진다. 원행도 좋지 않아 수레는 파손되고 말은 죽는다. 조장(造葬)·조작(造作)에도 좋지 않고, 인패파산하며 장사는 파재한다. 행인은 관사(官司)를 당하고, 산모는 모자가 함께 상한다. 명국(命局)이 귀하면 대발하여 부귀를 누리나, 천하면 바람 앞에 놓인 등불과 같다.

天 乙 柱 庚 傷	地 戊 心 丁 杜	玄 癸 蓬 壬 景
符 壬 禽 辛 生	己	白 丙 任 乙 死
蛇 丁 英 丙 休	陰 庚 輔 癸 開	合 辛 沖 戊 驚

1) 음육국(陰六局) 을경일(乙庚日) 신사시(辛巳時)

감일궁(坎一宮)의 천반(天盤) 경(庚)이 지반(地盤) 계(癸)에 가림(加臨)하므로 대격(大格)이다. 원행에 좋지 않으니 수레나 차량은 파손되고 말이나 사람은 죽거나 다친다. 조작인(造作人)은 재물이 흩어진다.

9. 복궁격(伏宮格)

복궁격(伏宮格)이란 천반(天盤) 경(庚)이 지반부수(地盤符首)에 가(加)하는 것을 말한다. 서(書)에 이르기를 천반(天盤) 경(庚)이 지반부수(地盤符首)를 만나면 천을복궁격(天乙伏宮格)이 된다. 주(主)는 싸움이 많아 불리하고 객(客)이 이룬다. 주로 사기가 약하며 귀인이 나타나지 않고, 교역에 불리하며 실패가 많아 성공이 적다고 하였다.

『삼원경(三元經)』에서는 육경(六庚)을 직부(直符)에 가(加)하면 천을복궁격(天乙伏宮格)이 된다. 이때는 주객(主客)이 모두 불리하니 전투를 하면 쌍방이 모두 상한다. 사기가 약해지고, 만나고자 하는 사람은 있지 않고, 기다리는 사람은 오지 않는다. 출병하여 장수를 쓰거나 구재(求財)·구귀(求貴) 등에는 좋지 않다. 천반(天盤)이 경(庚)이고 지반(地盤)이 갑(甲 : 戊)일 때나 천반(天盤) 경(庚)이 직부궁(直符宮)에 임할 때를 말하는데 갑자순(甲子旬)에만 해당한다. 생명이 위험한데 이로부터 일락천장(一落千丈)의 명운을 받으므로 다시는 발전하지 못한다. 출행하면 도둑을 만나거나 교통사고를 당하고, 꾀하는 일은 순조롭지 못하다고 하였다.

『기문대전(奇門大全)』에서는 위의 경(庚)이 아래의 직부(直符)에 가(加)하면 주객(主客)이 모두 불리하다. 육경(六庚)을 천을(天乙) 직부(直符)에 가(加)하면 본궁(本宮)은 복궁(伏宮)이 되므로 용병(用兵)에 불리하니 들판에서 적을 맞는 것이 좋다고 하였다.

1) 양육국(陽六局) 갑기일(甲己日) 을축시(乙丑時)

地癸 芮丙景	天己 柱辛死	符戊 心癸驚
朱辛 英丁杜	乙	蛇壬 蓬己開
勾丙 輔庚傷	合丁 沖壬生	陰庚 任戊休

갑자순(甲子旬)이니 무(戊)가 부수(符首)인데 건육궁(乾六宮)의 천반(天盤) 경(庚)이 지반부수(地盤符首) 무(戊) 위에 가림(加臨)하므로 천을복궁격(天乙伏宮格)이다. 용병(用兵)은 불리하다.

2) 양팔국(陽八局) 갑기일(甲己日) 임신시(壬申時)

符戊 任壬休	天癸 沖乙生	地壬 輔丁傷
蛇丙 蓬癸開	辛	朱乙 英己杜
陰庚 心戊驚	合己 柱丙死	勾丁 芮庚景

갑자순(甲子旬)이니 무(戊)가 부수(符首)인데 간궁(艮宮)의 천반(天盤) 경(庚)이 지반(地盤) 무(戊)에 가림(加臨)하므로 복궁격(伏宮格)이다.

陰 辛 柱 戊 驚	合 庚 心 癸 開	九 丁 蓬 丙 休
蛇 丙 芮 乙 死		己	朱 壬 任 辛 生
符 癸 英 壬 景	天 戊 輔 丁 杜	地 乙 沖 庚 傷

3) 양사국(陽四局) 무계일(戊癸日) 임술시(壬戌時)

갑인순(甲寅旬)이니 계(癸)가 부수(符首)인데 리구궁(離九宮)의 천반(天盤) 경(庚)이 지반부수(地盤符首) 계(癸)에 가(加)하므로 천을복궁격(天乙伏宮格)이다.

10. 비궁격(飛宮格)

비궁격(飛宮格)이란 천반부수(天盤符首)가 지반(地盤) 경(庚)에 가림(加臨)하는 것을 말한다. 천반(天盤)이 무(戊 : 甲)이고 지반(地盤)이 경(庚)일 때를 말하는데, 천반부수(天盤符首)인 갑(甲)이 지반(地盤) 경(庚)에게 극(剋)을 받아 대흉하다.

『삼원경(三元經)』에서는 직부(直符)를 육경(六庚)에 가(加)하면 천을비궁격(天乙飛宮格)이 되는데, 이때는 주객(主客)이 모두 불리하다고 하였다. 그리고 『기문대전(奇門大全)』에서는 상반직부(上盤直符)를 하경(下庚)에 가(加)할 때는 앞에서 천을(天乙)을 만나고, 직부(直符)가 육경(六庚) 위에 가(加)할 때는 나가면 대장이 사로잡히니 고수해야 한다고 하였다.

비궁격(飛宮格)은 주로 주객(主客)이 모두 패하니 불리하다. 진공

(進攻)하면 주장이 사로잡히니 수비하는 것은 좋으나 공격은 좋지 않다. 비궁격(飛宮格)은 사업이 망하니 빨리 계획을 바꾸어야 하고, 생명이 위험하며 지난날 키운 성과는 근본이 뒤집혀 큰 손실이 따른다. 비궁격(飛宮格)은 주로 경년(庚年) 경월(庚月) 경일(庚日) 경시(庚時)에 성립된다.

1) 양구국(陽九局) 을경일(乙庚日) 계미시(癸未時)

地丙 柱壬杜	天丁 心戊景	符己 蓬庚死
朱庚 芮辛傷	癸	蛇乙 任丙驚
勾戊 英乙生	合壬 輔己休	陰辛 沖丁開

부수(符首)가 기(己)이며 곧 천을(天乙)이다. 곤이궁(坤二宮)의 천반(天盤) 기(己)가 지반(地盤) 경(庚)에 가림(加臨)하므로 천을 비궁격(天乙飛宮格)이다. 이때는 주객(主客)이 모두 이롭지 않다.

2) 음육국(陰六局) 정임일(丁壬日) 경자시(庚子時)

符辛 沖庚驚	天庚 輔丁開	地丁 英壬休
蛇丙 任辛死	己	朱壬 芮乙生
陰癸 蓬丙景	合戊 心癸杜	勾乙 柱戊傷

손사궁(巽四宮)의 천반부수(天盤符首) 신(辛 : 甲)이 지반(地盤) 경(庚)을 만나므로 천을비궁격(天乙飛宮格)이다.

地辛 沖壬休	天壬 輔戊生	符戊 英庚傷
朱乙 任辛開	癸	蛇庚 芮丙杜
勾己 蓬乙驚	合丁 心己死	陰丙 柱丁景

3) 양구국(陽九局) 갑기일(甲己日) 경오시(庚午時)

곤궁(坤宮)의 천반부수(天盤符首)인 무(戊)가 지반(地盤) 경(庚)을 만나므로 비궁격(飛宮格)이다.

11. 비간격(飛干格)

비간격(飛干格)이란 천반(天盤)이 일간(日干)이 되고 지반(地盤)이 경(庚)으로 합성된 것을 말한다. 『삼원경(三元經)』에 이르기를 금일의 간(干)을 육경(六庚)에 가(加)하면 비간격(飛干格)이 되는데 이때 전투하면 주객(主客)이 모두 상하며 매사에 불길하다고 하였다.

비간격(飛干格)은 주로 전쟁에 불리하여 주객(主客)이 모두 상하니 출병이나 용사(用事)에 좋지 않다. 형제가 상잔하며 육친의 재액이 있고 친구간에 반목한다. 자신이 재앙과 곤경을 부르기 쉽다. 년반(年盤)에서 년간(年干)이 천반(天盤)이고 지반(地盤)이 경(庚)인 경우, 월반(月盤)에서 월간(月干)이 천반(天盤)이고 지반(地盤)이 경(庚)인 경우, 일반(日盤)에서 일간(日干)이 천반(天盤)이고 지반(地盤)이 경(庚)인 경우, 시반(時盤)에서 시간(時干)이 천반

(天盤)이고 지반(地盤)이 경(庚)인 경우에도 비간격(飛干格)이다.

① 간(干)이 갑(甲)이고 지반(地盤)이 경(庚)일 때는 비궁격(飛宮格)을 참고하라. 생명이 위험하며 지난날 북돋아 기른 성과는 근본이 뒤집혀 큰 손실이 따른다.

② 간(干)이 을(乙)이고 지반(地盤)이 경(庚)일 때는 비궁격(飛宮格)과 비슷하다. 생명이 위험하지는 않다.

③ 간(干)이 병(丙)이고 지반(地盤)이 경(庚)일 때는 사정이 복잡하고 바빠 휴식할 시간이 거의 없다.

④ 간(干)이 정(丁)이고 지반(地盤)이 경(庚)일 때는 한 가지 일을 이루려면 매우 많은 심력과 기력을 소비해야 한다.

⑤ 간(干)이 무(戊)이고 지반(地盤)이 경(庚)일 때는 나쁜 사람에게 사기를 당하여 손해를 본다.

⑥ 간(干)이 기(己)이고 지반(地盤)이 경(庚)일 때는 색정에 빠져 실패한다.

⑦ 간(干)이 경(庚)이고 지반(地盤)이 경(庚)일 때는 전격(戰格)을 참고하라. 병사는 도중에서 사상되고 곤경에 빠진다.

⑧ 간(干)이 신(辛)이고 지반(地盤)이 경(庚)일 때는 중요한 물품을 잃어버린다.

⑨ 간(干)이 임(壬)이고 지반(地盤)이 경(庚)일 때는 소격(小格)을 참고하라. 원행은 불리하며 남녀간의 소식은 슬프고, 분쟁이 일어나며 점차 재물을 잃는다.

⑩ 간(干)이 계(癸)이고 지반(地盤)이 경(庚)일 때는 대격(大格)을 참고하라. 본인의 잘못으로 내부에서 시작하여 외부까지 무너진다. 행인은 관사(官司)를 만나고, 산모는 모자가 함께 상하고, 도둑의 침입을 당한다.

1) 양오국(陽五局) 갑기일(甲己日) 경오시(庚午時)

朱丙 沖乙杜	地乙 輔壬景	天壬死 英丁戊
勾辛 任丙傷	戊	符丁戊 芮庚驚
合癸 蓬辛生	陰乙 心癸休	蛇庚 柱己開

부수(符首)가 무(戊)인데 갑일(甲日)이 태궁(兌宮)에서 경(庚)을 만나므로 비간격(飛干格)이다. 비간격(飛干格)이란 천반(天盤)의 일간(日干)이 지반(地盤) 경(庚)을 만나는 것을 말한다.

2) 양오국(陽五局) 병신일(丙辛日) 정유시(丁酉時)

地己 心乙開	天癸 蓬壬休	符辛 任丁生
朱庚 柱丙驚	戊	蛇丙 沖庚傷
勾丁 芮辛死	合壬 英癸景	陰乙 輔己杜

병일(丙日)이 태궁(兌宮)에서 지반(地盤) 경(庚)을 만나므로 비간격(飛干格)이다. 싸움은 주객(主客)이 모두 상한다.

陰丙 任庚生	蛇辛 沖丁傷	符庚 輔壬杜
合癸 蓬辛休	己	天丁 英乙景
白戊 心丙開	玄乙 柱癸驚	地壬 英戊死

3) 음육국(陰六局) 병자일(丙子日) 임진시(壬辰時)

손사궁(巽四宮)의 천반(天盤) 병(丙)이 일간(日干)인데 지반(地盤) 경(庚)에 가림(加臨)하므로 천을비간격(天乙飛干格)이다. 싸움은 주객(主客)이 모두 상한다.

12. 오불우시(五不遇時)

오불우시(五不遇時)란 용사(用事) 시간(時干)이 일간(日干)을 극(剋)하는 것을 말한다. 양시간(陽時干)은 양일간(陽日干)을 극(剋)하고, 음시간(陰時干)은 음일간(陰日干)을 극(剋)한다. 양(陽)이 양(陽)을 극(剋)하고 음(陰)이 음(陰)을 극(剋)하니 무정(無情)의 극(剋)으로 사주의 칠살(七殺)과 같다. 시간(時干)과 일간(日干)의 중간 차이가 5이므로 오불우시(五不遇時)라고 한다.

일(日)의 손상은 매우 중하므로 둔갑(遁甲)의 흉시(凶時)가 되어 주로 불화하므로 매우 흉하다. 해와 달이 광명을 잃는 것과 같다. 혼인·이사·원행·출병·조작(造作)·수조(修造)·취직·용병(用兵)에 좋지 않고 손상될까 두렵다. 혈광이 있기 쉽고 구재(求財)에 불리하며 처사가 순조롭지 못하니 백사를 피하는 것이 좋다. 비록 기문(奇門)을 얻어도 모든 일은 행하지 않는 것이 좋다.

오불우시(五不遇時)는 갑일(甲日)의 경오시(庚午時), 을일(乙日)의 신사시(辛巳時), 병일(丙日)의 임진시(壬辰時), 정일(丁日)의 계묘시(癸卯時), 무일(戊日)의 갑인시(甲寅時), 기일(己日)의 을축시(乙丑時), 경일(庚日)의 병자시(丙子時), 신일(辛日)의 정유시(丁酉時), 임일(壬日)의 무신시(戊申時), 계일(癸日)의 기미시(己未時)다. 기일(己日)의 을해시(乙亥時)와 경일(庚日)의 병술시(丙戌時)도 오불우시(五不遇時)로 보아야 한다.

13. 청룡도주(靑龍逃走)

청룡도주(靑龍逃走)란 천반(天盤) 을기(乙奇)가 지반(地盤) 신(辛)에 가림(加臨)하는 것을 말한다. 금(金)은 태백(太白)·백호(白虎)이고 목(木)은 청룡(靑龍)으로 금극목(金剋木)이 되고, 또한 음(陰)이 음(陰)을 극(剋)하니 을기(乙奇)가 수제(受制)된다. 따라서 용과 호랑이가 싸우는 형상이니 사용하면 안된다. 주로 실재(失財)·유실·파패가 따르고, 주객(主客)이 함께 상하며 백사가 다 흉하니 군사를 일으키거나 대중을 움직이는 일은 좋지 않다.

이 방위는 정(靜)함은 마땅하나 동(動)함은 마땅하지 않다. 친한 사람도 다시는 협조하지 않고, 몸은 쇠잔하며 명예는 훼손되고, 노비와 종업원은 주인을 배신하고, 일가가 야반도주한다. 육축이 다 상하며 이미 잡아놓은 사냥감도 도망친다. 왕장(王璋)이 말하기를 육을(六乙)을 신(辛)에 가(加)하면 청룡도주(靑龍逃走)라고 하는데 이때는 거병(擧兵)에 좋지 않아 주객(主客)이 모두 상하며 백사가 흉하다고 하였다.

陰 庚 英 丙 驚	蛇 戊 芮 庚 開	符 壬 柱 戊 休
合 丙 輔 乙 死	丁	天 癸 心 壬 生
勾 乙 沖 辛 景	朱 辛 任 己 杜	地 己 蓬 癸 傷

1) 음이국(陰二局) 정임일(丁壬日) 정미시(丁未時)

천반(天盤) 을기(乙奇)가 지반(地盤) 육신(六辛)을 만나 간팔궁(艮八宮)에 임하므로 청룡도주(靑龍逃走)다. 주객(主客) 모두에게 흉하지만 특히 객(客)에게 불리하다. 주(主)는 수세(守勢)하는 것이 좋다.

蛇 癸 沖 丁 杜	陰 丁 輔 庚 景	合 庚 英 壬 死
符 己 任 癸 傷	丙	勾 壬 芮 戊 驚
天 辛 蓬 己 生	地 乙 心 辛 休	朱 戊 柱 乙 開

2) 양칠국(陽七局) 을경일(乙庚日) 계미시(癸未時)

천반(天盤) 을기(乙奇)가 지반(地盤) 신(辛)에 가(加)하여 감궁(坎宮)에 임하므로 청룡도주(靑龍逃走)다.

14. 백호창광(白虎猖狂)

백호창광(白虎猖狂)이란 천반(天盤) 신(辛)이 지반(地盤) 을기(乙奇)에 가림(加臨)하는 것을 말한다. 금목(金木)이 상극(相剋)하니 용호(龍虎)가 투쟁하는 형상이다. 왕장(王璋)은 천상(天上) 육신(六辛)이 지하(地下) 육을(六乙)에 가(加)하면 백호창광(白虎猖狂)이라 하는데, 이때는 주객(主客)이 모두 상하니 거사에 좋지 않고, 혼인과 수조(修造)는 대흉하다고 하였다.

『기문대전(奇門大全)』에서는 행동·출입·전투는 반드시 깜짝 놀랄 일이 있으니 뜻밖의 사고나 속임수를 조심해야 한다. 혼인·수조(修造)·구재(求財) 등 백사가 모두 흉하니 정(靜)함이 좋고 동(動)함은 좋지 않다. 동(動)하면 혈광재액·인망가패가 따르고, 원행하면 존장은 좋지 않고 수레·차량·선박은 모두 상하는 등 재앙이 많다. 특히 여자는 정조를 잃기 쉽다. 그러나 객(客)은 흉하지 않다고 하였다.

合 乙 沖 丙 驚	陰 丙 輔 庚 開	蛇 庚 英 戊 休
勾 辛 任 乙 死	丁	符 戊 芮 壬 生
朱 己 蓬 辛 景	地 癸 心 己 杜	天 壬 柱 癸 傷

1) 음이국(陰二局) 갑기일(甲己日) 임신시(壬申時)

진궁(震宮)의 천반(天盤) 신(辛)이 지반(地盤) 을기(乙奇)에 가(加)하므로 백호창광(白虎猖狂)이다.

合 戊 心 庚 傷	陰 癸 蓬 丁 杜	蛇 丙 任 壬 景
白 乙 柱 辛 生	己	符 辛 冲 乙 死
玄 壬 芮 丙 休	地 丁 英 癸 開	天 庚 輔 戊 驚

2) 음육국(陰六局) 병신일(丙辛日) 을미시(乙未時)

태칠궁(兌七宮)의 천반(天盤) 신(辛)이 지반(地盤) 을기(乙奇)에 가(加)하니 백호창광(白虎猖狂)이다. 흉하나 객(客)은 장애가 없으니 공세를 취하는 방위다.

15. 형입태백(熒入太白)

형입태백(熒入太白)이란 천반(天盤) 병기(丙奇)가 지반(地盤) 육경(六庚)에 가(加)하는 것을 말하며, 형혹입백(熒惑入白)이라고도 한다. 십간십이장생론(十干十二長生論)에서는 경금(庚金)은 사(巳)에서 생(生)하고, 신(申)에서 임관득록(臨官得祿)하며, 유(酉)에서 왕(旺)하므로 서방의 금성(金星)을 태백성(太白星)이라고 한다.

형혹(熒惑)이란 남방 화성(火星)이며 병화(丙火)가 주관한다. 병화(丙火)는 인(寅)에서 장생(長生)하고, 사(巳)에서 녹관(祿官)을 얻고, 오(午)에서 왕(旺)하고, 남방 화(火)에 속한다. 만약 화(火)가 금향(金鄉)에 이르면 천지가 상극(相剋)한다.

적송자(赤松子)는 형입백(熒入白)은 태백(太白)이 상하에서 서로 치니 내왕하여 외멸하고, 화(火)가 금향(金鄉)에 드니 도둑을 만나도 도둑이 물러간다. 소식은 반드시 거짓이 있고, 출병·진격·용사(用事)·구재(求財) 등에 좋지 않다. 항상 바쁘고 성격은 괴팍하며 고집이 매우 세어 남의 말에 귀를 기울이지 않는다. 객(客)은 흥하지 않으나 주(主)는 불리하여 문호(門戶)가 파패된다고 하였다. 탕위(湯謂)는 이때는 도둑이 물러가고 두 성(星)이 서로 흥한 기(氣)에 가로드니 기문(奇門)을 얻어도 행하지 말라고 하였다. 두 성(星)이 방위를 옮기면 금화(金火)의 신은 악신이 된다.

地壬 沖癸死	天癸 輔己驚	符己 英辛開
朱戊 任壬景	丁	蛇辛 芮乙休
勾庚 蓬戊杜	合丙 心庚傷	陰乙 柱丙生

1) 양팔국(陽八局) 을경일(乙庚日) 정축시(丁丑時)

천반(天盤) 병(丙)이 지반(地盤) 경(庚)과 합(合)하여 감궁(坎宮)에 임하니 형입태백(熒入太白)이다. 문호(門戶)가 파패되고 도둑은 도망치니 진격은 좋지 않다.

蛇丁 沖癸傷	符癸 輔戊杜	天戊 英丙景
陰己 任丁生	壬	地丙 芮庚死
合乙 蓬己休	白辛 心乙開	玄庚 柱辛驚

2) 음구국(陰九局) 무계일(戊癸日) 무오시(戊午時)

태칠궁(兌七宮)의 천반(天盤) 병(丙)이 지반(地盤) 경(庚)에 가림(加臨)하므로 형입태백(熒入太白)이다. 객병(客兵)에게는 매우 이로우나 나머지 일은 모두 좋지 않다.

16. 태백입형(太白入熒)

태백입형(太白入熒)이란 천반(天盤) 경(庚)이 병기(丙奇)에 가
(加)하는 것을 말한다. 경(庚)은 금(金)이며 태백(太白)이고 병(丙)
은 화(火)이며 형혹(熒惑)이니 금(金)이 화향(火鄕)에 들어 금(金)
이 화(火)의 극해(剋害)를 받는다. 주로 도둑과 손재·파재 등이
있고, 구재(求財)·용사(用事)에도 좋지 않다. 적은 반드시 쳐들어
오니 철저한 방비가 필요하고, 때로는 권세와 권력의 농간을 당하
기도 하니 중용을 지켜야 한다. 주(主)는 이로우나 객(客)은 불리
하며 혈투와 살상을 조심해야 한다.

勾己 英癸 生	朱辛 芮己 傷	地乙 柱辛 杜
合癸 輔壬 休	丁	天丙 心乙 景
陰壬 沖戊 開	蛇戊 任庚 驚	符庚 蓬丙 死

1) 양팔국(陽八局) 을경일(乙庚日) 병술시(丙戌時)

건육궁(乾六宮)의 천반(天盤) 경
(庚)이 지반(地盤) 병(丙)에 가
(加)하므로 태백입형(太白入熒)
이다. 반드시 도둑이 들어오고
파재(破財)한다.

蛇戊 英癸休	符丙 禽戊生	天庚 柱丙傷
蛇癸 輔丁開	壬	地辛 心庚杜
合丁 冲己驚	白己 任乙死	玄乙 蓬辛景

2) 음구국(陰九局) 정임일(丁壬日) 무신시(戊申時)

곤이궁(坤二宮)의 천반(天盤) 경 (庚)이 지반(地盤) 병(丙)에 가 림(加臨)하므로 태백입형(太白入 熒)이다. 주(主)에게는 이로우나 객에게는 불리하니 고수하며 도둑의 침입을 방비해야 한다.

17. 주작투강(朱雀投江)

주작투강(朱雀投江)이란 천반(天盤) 정기(丁奇)가 지반(地盤) 계 (癸)에 가림(加臨)하는 것을 말하며, 주작입강(朱雀入江)이라고도 한다. 정(丁)은 화(火)에 속하니 주작(朱雀)이 되고 계(癸)는 수 (水)에 속하니 강하가 된다. 따라서 정(丁)이 계(癸)에 가(加)하면 주작투강(朱雀投江)이 되는 것이다.

왕장(王璋)이 말하기를 천상(天上) 육정(六丁)이 지하(地下) 육계 (六癸)에 가(加)하면 주작투강(朱雀投江)이라 하는데 백사가 다 흉 하고, 육정(六丁)이 육계(六癸)에 가(加)하면 주작(朱雀)이 수류에 들어 구설이 그치지 않고 관사(官司)로 근심한다고 하였다.

이 방위는 소송이 있으면 스스로 형옥에 빠지거나 불이 일어나도 구제하지 못한다. 주로 문서로 인한 관재·구설·소송·시비·분실이 따른다. 괴이한 꿈이나 일로 놀라고, 소인배의 모해를 받기 쉽다. 용병(用兵)·출병·용사(用事)와 대중을 움직이는 일 등 백사가 모두 흉하고, 간첩이나 배신자의 간사한 짓을 방비해야 한다. 고시에 응시하면 떨어지고, 소송은 패소하고, 색정에 빠지면 망신하고, 기다리는 소식은 지체된다. 만약 송사를 만나거든 반드시 피하는 것이 좋다.

勾 庚 英 丁 驚	朱 壬 芮 庚 開	地 戊 柱 壬 休
合 丁 輔 癸 死	丙	天 乙 心 戊 生
陰 癸 沖 己 景	蛇 己 任 辛 杜	符 辛 蓬 乙 傷

1) 양칠국(陽七局) 병신일(丙辛日) 을미시(乙未時)

진삼궁(震三宮)의 천반(天盤) 정기(丁奇)가 지반(地盤) 계(癸)에 가림(加臨)하므로 주작투강(朱雀投江)이다.

地 辛 英 乙 傷	玄 己 芮 辛 杜	白 癸 柱 己 景
天 乙 輔 戊 生	丙	合 丁 心 癸 死
符 戊 沖 壬 休	蛇 壬 任 庚 開	陰 庚 蓬 丁 驚

2) 음삼국(陰三局) 갑기일(甲己日) 임신시(壬申時)

태칠궁(兌七宮)의 천반(天盤) 정기(丁奇)가 지반(地盤) 계(癸)에 가림(加臨)하므로 주작투강(朱雀投江)이다. 주(主)는 이로우나 색

(客)은 불리하니 수비하는 것이 좋다.

18. 등사요교(螣蛇妖嬌)

등사요교(螣蛇妖嬌)란 천반(天盤) 계(癸)가 지반(地盤) 정기(丁奇)에 가림(加臨)하는 것을 말한다. 계수(癸水)는 북방에 속하니 현무귀사(玄武龜蛇)이고, 정(丁)은 남방 화(火)에 속하니 뱀이 불에 들어가는 형상이다. 주로 길을 잃거나 까닭없이 놀라고 안녕하지 못하다. 근심과 두려움으로 전진하기 어렵고, 신심도 없고 주견도 없다.

왕장(王璋)이 말하기를 천상(天上) 육계(六癸)가 지하(地下) 육정(六丁)에 가(加)하면 백사가 불리하다. 이 격(格)은 비록 기문(奇門)이 임하더라도 괜히 놀라며 안녕하지 못하다. 잘못 들어선 길을 바로 잡으려고 하지만 근심과 두려움으로 진보하기 어렵다. 격렬한 재난을 만나 마치 축축하게 젖은 옷을 입고 있는 것과 같다. 우환과 관재구설이 생기고, 문서나 인장의 관재로 진퇴양난이 된다. 심하면 비관자살을 하기도 한다. 손재가 따르며 불에 타도 도망가지 못하여 손명한다. 출병·용사(用事) 등 백사가 모두 흉하다. 설령 길문(吉門)의 도움이 있어도 괜히 놀라며 불안하다. 이 방위는 동(動)하면 좋지 않으니 정(靜)하는 것이 좋다.

<table>
<tr><td>蛇癸
沖丁杜</td><td>陰丁
輔庚景</td><td>合庚
英壬死</td></tr>
<tr><td>符己
任癸傷</td><td>丙</td><td>勾壬
芮戊驚</td></tr>
<tr><td>天辛
蓬己生</td><td>地乙
心辛休</td><td>朱戊
柱乙開</td></tr>
</table>

1) 양칠국(陽七局) 을경일(乙庚日) 계미시(癸未時)

손사궁(巽四宮)의 천반(天盤) 육계(六癸)가 지반(地盤) 정기(丁奇)에 가림(加臨)하므로 등사요교(螣蛇妖嬌)다.

<table>
<tr><td>符庚
心戊傷</td><td>蛇丁
蓬癸杜</td><td>陰壬
任丙景</td></tr>
<tr><td>天辛
柱乙生</td><td>己</td><td>合乙
沖辛死</td></tr>
<tr><td>地丙
芮壬休</td><td>朱癸
英丁開</td><td>勾戊
輔庚驚</td></tr>
</table>

2) 양사국(陽四局) 병신일(丙辛日) 무자시(戊子時)

감일궁(坎一宮)의 천반(天盤) 계(癸)가 지반(地盤) 정(丁)에 가림(加臨)하므로 등사요교(螣蛇妖嬌)다. 흉하지만 객(客)은 상함이 없으니 공격을 취하는 방위다.

19. 패격(悖格)

패격(悖格)이란 병기(丙奇)가 직부(直符)에 가(加)하거나, 직부(直符)가 병기(丙奇)에 가(加)하거나, 천반(天盤)이 병기(丙奇)이고 지반(地盤)이 년간(年干)·월간(月干)·일간(日干)·시간(時干)

일 때를 말한다. 상하 순서가 문란하며 안하무인이라 웃어른과 선배에게 무례하다. 기강이 뒤집히고 용병(用兵)과 용사(用事)를 꺼리며, 길한 일도 이루어지지 않고 흉한 일은 더욱 흉해진다.

여기서 주의할 점은 년반(年盤)은 단지 순수(旬首)가 중궁(中宮)에 진입할 때 패격(悖格)이 된다. 병(丙)이 어느 간(干) 위에 있느냐에 따라 년패(年悖)·월패(月悖)·일패(日悖)·시패(時悖)로 구분한다. 년반(年盤)에는 단지 년패(年悖)가 있을 뿐 다른 패격(悖格)은 없고, 월반(月盤)에는 일패(日悖)나 시패(時悖)가 없고, 일반(日盤)에는 시패(時悖)가 없고, 시반(時盤)에는 순수(旬首)가 중궁(中宮)에 진입할 때 비로소 시패(時悖)가 있다.

20. 천라(天羅)

천라(天羅)란 천반(天盤)이 계(癸)이고 지반(地盤)이 년간(年干)·월간(月干)·일간(日干)·시간(時干)일 때를 말하고, 천반(天盤)이 계의(癸儀)이고 지반(地盤)이 용시간(用時干)일 때를 말한다. 귀찮은 일이 생겨 곤경을 벗어날 방법이 없고 법망에 걸려든다. 주로 백물(百物)이 자상(自傷)하니 백사가 불가하다. 주의할 점은 순수(旬首)가 중궁(中宮)에 진입할 때만 천라격(天羅格)이 된다.

21. 지망(地網)

지망(地網)이란 천반(天盤)이 임(壬)이고 지반(地盤)이 년간(年干)·월간(月干)·일간(日干)·시간(時干)일 때를 말하고, 천반(天盤)이 임의(壬儀)이고 지반(地盤)이 용시간(用時干)일 때를 말한다. 작용은 천라(天羅)와 비슷하며 더 적극적이나 후유증이 오래 남지 않는다. 출행·용병(用兵)·행군·거사 등 모두 꺼리니 거동 진취하면 흉하다. 모두 상형(傷刑)되어 자형(自刑)을 자초한다.

22. 복음격(伏吟格)

복음격(伏吟格)은 각 성요(星曜)가 기본궁으로 돌아가거나, 천지십간(天地十干)이 동궁하거나, 천지반(天地盤)의 구간(九干)이 같거나, 같은 정위(定位)의 구성(九星)과 팔문(八門)이 함께 있는 것을 말하며, 구성복음(九星伏吟)·팔문복음(八門伏吟)·직부복음(直符伏吟)이 있다. 구간(九干)·구성(九星)·팔문(八門)이 내포하는 뜻을 더 강하게 하므로 좋은 점은 줄어든다. 주로 복(伏)하여 부진하며 둔갑(遁甲)의 능력이 떨어진다. 이 중에서 전반(全盤)이 복음(伏吟)된 것이 가장 흉하고, 다음은 구성복음(九星伏吟)이 흉한데 주로 상문(喪門)·효복(孝服)·인정(人丁) 손상이 따른다. 그 다음은 십천간복음(十天干伏吟)이 흉하고, 나머지는 소흉(小凶)으로 논한다. 만약 길요(吉曜)가 노와주면 사용해도 장애가 없다. 복음(伏

吟)은 다 흉한데 주(主)보다 객(客)이 더 불리하고, 동(動)보다 정(靜)이 옳으니 움직이면 불리하며 모든 일이 늦어진다.

복음(伏吟)이 되면 용병(用兵)은 좋지 않고 오직 재물을 거두어들이는 것이 좋다. 이 가운데 천봉복음(天蓬伏吟)·사문복음(死門伏吟)·갑오신복음(甲午辛伏吟) 방위가 가장 흉하다. 일반적으로 유실이나 파재되거나 인구가 사상(死傷)되는 일이 많다. 만약 길문(吉門)·길격(吉格)을 만나지 못하면 더 흉하고, 길문(吉門)·길격(吉格)을 만나면 조금 완화되지만 길하지는 않다.

천현시(天顯時)의 복음(伏吟)은 대개 흉하지 않고 도리어 길하다. 용병(用兵)에는 불리하나 금전수금이나 빚독촉에는 길하다. 복음(伏吟) 가운데 흉성(凶星)·흉문(凶門)·흉격(凶格)을 만나면 파재(破財)·실탈(失脫)·인정(人丁) 손상 등의 재앙을 만나지만 길성(吉星)·길문(吉門)·길격(吉格)을 만나면 재앙이 많이 줄어든다.

팔문복음(八門伏吟)

杜門	景門	死門
傷門		驚門
生門	休門	開門

팔문(八門)이 모두 기본궁 위에 돌아와 있다.

구성복음(九星伏吟)

天輔	天英	天芮
天沖	天禽	天柱
天任	天蓬	天心

구성(九星)이 각각 기본궁 위에 거한다.

육의복음(六儀伏吟)

辛	乙	己
庚	壬	丁
丙	戊	癸

육의(六儀)가 기본궁 위에 거한다.

십천간복음(十天干伏吟) · 직부복음(直符伏吟)

辛 辛	乙 乙	己 己
庚 庚	壬 壬	丁 丁
丙 丙	戊 戊	癸 癸

천지반(天地盤)이 동궁(同宮)이고
직부복음(直符伏吟)이 되었다.

지지복음(地支伏吟)은 월장(月將) 천반(天盤)과 시지(時支) 지반(地盤)이 같다. 가령 소설(小雪) 후 월장(月將)이 인(寅)이고 인시(寅時)에 용(用)하면 태충천마(太沖天馬)는 묘(卯)에 있고 정정(亭亭)은 자(子)에 있다.

지지복음(地支伏吟)

巳(巳)	午(午)	未(未)	申(申)
辰(辰)	太沖天馬方 : 卯		酉(酉)
卯(卯) 太沖	亭亭 : 子		戌(戌)
寅(寅)	丑(丑)	子(子) 神后 亭亭	亥(亥)

월장(月將) 인(寅)을 인시(寅時)에서 일으키므로 지지복음(地支伏吟)이다.

<table>
<tr><td>合辛
輔辛杜</td><td>勾乙
英乙景</td><td>朱己
芮己死</td></tr>
<tr><td>陰庚
沖庚傷</td><td>壬</td><td>地丁
柱丁驚</td></tr>
<tr><td>蛇丙
任丙生</td><td>符戊
蓬戊休</td><td>天癸
心癸開</td></tr>
</table>

1) 양일국(陽一局) 갑기일(甲己日) 갑자시(甲子時)

만일 양일국(陽一局) 갑기일(甲己日) 갑자시(甲子時)라면 천반(天盤) 갑자무(甲子戊)와 지반(地盤) 갑자무(甲子戊)가 휴문(休門)·천봉성(天蓬星)과 함께 감궁(坎宮)에 있으니 시반(時盤)은 성(星)·문(門)·부(符)가 모두 복음(伏吟)이 된다.

<table>
<tr><td>地乙
輔乙景</td><td>天壬
英壬死</td><td>符丁 驚
禽丁 (戊)</td></tr>
<tr><td>朱丙
沖丙杜</td><td>戊</td><td>蛇庚
柱庚開</td></tr>
<tr><td>勾辛
任辛傷</td><td>合癸
蓬癸生</td><td>陰己
心己休</td></tr>
</table>

2) 양오국(陽五局) 갑기일(甲己日) 무진시(戊辰時)

만일 양오국(陽五局) 갑기일(甲己日) 무진시(戊辰時)라면 부수(符首) 무(戊)가 중궁(中宮)에 있으니 곤이궁(坤二宮)에 기(寄)한다. 시간(時干)인 무(戊)와 부수(符首)가 같으면 부수(符首)나 십천간(十天干) 천지반(天地盤)이 모두 동궁(同宮)에 있으니 십간복음격(十干伏吟格) 또는 직부복음격(直符伏吟格)이라고 하며, 동시에 구성복음(九星伏吟)이 되어 흉하므로 쓰지 않는다.

23. 반음격(反吟格)

반음격(反吟格)은 성요(星曜)가 기본궁의 대궁(對宮)에 거하는 것을 말한다. 가(歌)에 이르기를 천봉(天蓬)이 천영(天英)에 이르면 모름지기 반음궁(反吟宮)인 것을 알아야 한다고 하였다. 반음(反吟)은 불길하다. 특히 문반음(門反吟)은 더 불리하다. 가령 삼기길문(三奇吉門)을 만나면 구원되고, 흉격(凶格) 흉성(凶星)을 만나면 흉재가 따른다.

반음(反吟)은 주로 일이 빠르며 반복되고, 실물은 찾기 쉽고, 행인은 돌아온다. 재액이 따르며 길한 일도 충산(沖散)되고, 흉한 일은 더 흉하니 용사(用事)함은 좋지 않다. 반음격(反吟格) 가운데 가장 꺼리는 것은 지반부수(地盤符首)와 천반부수(天盤符首)가 대충(對沖)되는 것이다. 이것은 직부반음(直符反吟)이 구성반음(九星反吟)을 병행하기 때문이다.

첫째, 직부반음(直符反吟)은 천반부수(天盤符首)가 지반부수(地盤符首) 대궁(對宮)에 낙입(落入)된 것을 말한다. 둘째, 구성반음(九星反吟)은 구성(九星)이 각각 기본궁의 대궁(對宮)에 거하는 것을 말한다. 셋째, 팔문반음(八門反吟)은 팔문(八門)이 각각 대충궁(對沖宮)에 거하는 것을 말한다. 넷째, 지지반음(地支反吟)은 천반(天盤)의 월장(月將)과 지반(地盤)의 시지(時支)가 충(沖)되는 것을 말한다.

가령 소만(小滿) 후 월장(月將)이 신(申)을 용(用)하고 인시(寅

時)에 용(用)한다면 태충천마방(太沖天馬方)은 유(酉)에 있고 정정(亭亭)과 신후(神后)는 오(午)에 있게 된다. 가령 천봉(天蓬)이 리궁(離宮)에 임하면 구성반음(九星反吟)이 되고, 개문(開門)이 손궁(巽宮)에 임하면 팔문반음(八門反吟)이 되고, 갑자무(甲子戊)가 갑오신방(甲午辛方)에 임하면 직부반음(直符反吟)이 된다.

반음(反吟)은 천반(天盤)이 무(戊)이고 지반(地盤)이 신(辛)일 때, 천반(天盤)이 기(己)이고 지반(地盤)이 임(壬)일 때, 천반(天盤)이 경(庚)이고 지반(地盤)이 계(癸)일 때, 천반(天盤)이 신(辛)이고 지반(地盤)이 무(戊)일 때, 천반(天盤)이 임(壬)이고 지반(地盤)이 기(己)일 때, 천반(天盤)이 계(癸)이고 지반(地盤)이 경(庚)일 때, 정위(定位)가 상반된 구성(九星)과 팔문(八門)이 함께 있으면 성립된다.

반음(反吟)이 되면 각 간(干)·성(星)·문(門)의 길조는 소멸되고 흉조는 강화된다. 주(主)는 불리하나 객(客)에게 이롭고, 길문(吉門) 길격(吉格)은 백사가 빨리 이루어지나 흉문(凶門) 흉격(凶格)은 반복과 재액이 닥친다.

팔문반음(八門反吟)

開門	休門	生門
驚門		傷門
死門	景門	杜門

구성반음(九星反吟)

天心	天蓬	天任
天柱		天沖
天芮	天英	天輔

亥(巳)	子(午) 神后 亭亭	丑(未)	寅(申)
戌(辰)	月將：申 用時：寅		卯(酉) 天馬 太沖
酉(卯)			(戌)
申(寅)	(丑)	神后 子 亭亭	

1) 소만(小滿) 후 월장(月將)
 신(申) 인시(寅時)

월장(月將)은 신(申)이고 용시(用時)는 인(寅)이니 태충천마(太沖天馬)는 유방(酉方)이고 정정(亭亭)은 오방(午方)이다.

天 癸 心 辛 驚	符 戊 蓬 乙 開	蛇 丙 壬 己 休
地 丁 柱 庚 死	壬	陰 庚 沖 丁 生
朱 己 芮 丙 景	勾 乙 英 戊 杜	合 辛 輔 癸 傷

**2) 양일국(陽一局) 갑기일(甲己日)
 을축시(乙丑時)**

직부(直符) 갑자무(甲子戊)가 구성반음(九星反吟)을 병행하였다.

24. 육의격형(六儀擊刑)

육의격형(六儀擊刑)이란 천반부수(天盤符首)가 형(刑)되는 궁(宮)에 가림(加臨)하고, 육갑지지(六甲地支)가 상형(相刑)이나 자형(自刑)되는 것을 말한다. 육의격형(六儀擊刑)은 인오술국형(寅午戌局刑) 사오미향(巳午未鄕), 사유축국형(巳酉丑局刑) 신유술향(申酉戌

鄕), 신자진국형(申子辰局刑) 인묘진향(寅卯辰鄕), 해묘미국형(亥卯未局刑) 해자축향(亥子丑鄕)이다.

쉽게 말하면 천반(天盤) 갑자무(甲子戊)가 진묘궁(震卯宮)에 임하면 자묘(子卯) 무례지형(無禮之刑)이 되고, 천반(天盤) 갑술기(甲戌己)가 곤미궁(坤未宮)에 임하면 술미(戌未) 무은지형(無恩之刑)이 되고, 천반(天盤) 갑신경(甲申庚)이 간인궁(艮寅宮)에 임하면 신인(申寅) 시세지형(恃勢之刑)이 되고, 천반(天盤) 갑오신(甲午辛)이 리오궁(離午宮)에 임하면 오오자형(午午自刑)이 되고, 천반(天盤) 갑진임(甲辰壬)이 손진궁(巽震宮)에 임하면 진진자형(辰辰自刑)이 되고, 천반(天盤) 갑인계(甲寅癸)가 손사궁(巽巳宮)에 임하면 인사(寅巳) 시세지형(恃勢之刑)이 된다.

육의부수(六儀符首)가 각 궁(宮)과 형(刑)되면 꺼린다. 전반적으로 무력하며 둔갑(遁甲)이 무기하여 용사(用事)에 불리하다. 압박감과 두려움으로 놀라고, 주로 도모하는 일이 이루어지지 않으며 백사가 불길하다. 육의(六儀)가 직부(直符)가 되어도 사용이 불가하여 동(動)하면 반드시 재상(災傷)이 따른다.

육의격형(六儀擊刑)을 이루면 육의(六儀)의 길한 징조는 사라지고 흉한 조짐은 증강된다. 거동함은 불가하니 수구안상(守舊安常)하며 본진을 지키는 것이 마땅하다. 만약 행병(行兵)하거나 출정하면 손상되거나 패망하고, 이로움이 적고 마침내 처형당한다. 만약 천망사장(天網四張)을 만나면 반드시 사로잡히거나 감옥에 갇힌다.

蛇 丙 任 辛 死	陰 庚 沖 乙 驚	合 辛 輔 己 開
符 戊 蓬 庚 景	壬	勾 乙 英 丁 休
天 癸 心 丙 杜	地 丁 柱 戊 傷	朱 己 芮 癸 生

1) 양일국(陽一局) 갑기일(甲己日) 경오시(庚午時)

경오시(庚午時)는 갑자무(甲子戊)가 부수(符首)이고 육의(六儀) 무(戊) 천반(天盤)이 진삼궁(震三宮)에 임하므로 육의격형(六儀擊刑)이다. 매우 흉하니 용사(用事)하면 안된다. 무(戊)가 직부(直符)가 되어도 사용하면 안된다.

符 癸 芮 辛 死	天 戊 柱 丙 驚	地 己 心 癸 開
蛇 丙 英 壬 景	庚	朱 丁 蓬 戊 休
陰 辛 輔 乙 杜	合 壬 沖 丁 傷	勾 乙 任 己 生

2) 음칠국(陰七局) 무계일(戊癸日) 신유시(辛酉時)

신유시(辛酉時)는 갑인계(甲寅癸)가 부수(符首)이고 육의(六儀) 계(癸) 천반(天盤)이 손사궁(巽四宮)에 임하므로 육의격형(六儀擊刑)이다.

25. 기격(奇格)

기격(奇格)이란 천반(天盤) 육경(六庚)이 지반(地盤) 삼기(三奇)

을병정(乙丙丁)을 만나는 것을 말하고, 기(奇)가 같지 않으면 감응도 같지 않으니 길흉도 다르다.

천반(天盤) 육경(六庚)이 지반(地盤) 병정(丙丁)을 만나면 하극상(下剋上)이 된다. 이때는 먼저 거한 자는 흉하여 돌아올 기약이 없고, 거병(擧兵)에 이롭지 않으니 병마는 돌아오지 않고, 먼저 발동하여 남을 제(制)하는 일은 좋지 않으니 수비는 이로우나 공격은 불리하다.

천반(天盤) 육경(六庚)이 지반(地盤) 을기(乙奇)를 만나면 상극하(上剋下)가 된다. 이때는 먼저 거한 자가 승리하며 필마척륜(匹馬隻輪)으로도 만인을 대적할 수 있고, 먼저 움직인 손이 강하니 적은 것으로 큰 것을 칠 수 있고, 먼저 발동하여 제인(制人)함에 좋으니 공격은 이로우나 수비는 불리하다.

서(書)에 이르기를 육경(六庚)을 병정기(丙丁奇)에 가(加)하면 천영(天英)·경문(景門)은 하극상(下剋上)이 되어 먼저 거동한 자는 흉하고, 주(主)에 이로우며 돌아올 기약이 없다. 육경(六庚)을 을기(乙奇)에 가(加)하면 천충(天沖)·천보(天輔)·상문(傷門)·두문(杜門)은 상극하(上剋下)가 되어 먼저 움직인 자는 승리하고, 객(客)에게 이로우며 필마척륜(匹馬隻輪)으로도 만인을 대적할 수 있다. 그러나 출행·용병(用兵)·싸움은 불길하니 고수하는 것이 좋다고 하였다.

玄 己 柱 壬 生	白 庚 心 乙 傷	合 丙 蓬 丁 杜
地 丁 芮 癸 休	辛	陰 戊 壬 己 景
天 乙 英 戊 開	符 壬 輔 丙 驚	蛇 癸 沖 庚 死

1) 음팔국(陰八局) 정임일(丁壬日) 병오시(丙午時)

리구궁(離九宮)의 천반(天盤) 경(庚)이 지반(地盤) 을기(乙奇)에 가림(加臨)하니 기격(奇格)이다. 주로 출행·용병(用兵)·전투는 불길하니 고수하는 것이 좋다.

26. 삼기입묘(三奇入墓)

삼기입묘(三奇入墓)란 육을(六乙) 일기(日奇)가 건육궁(乾六宮)이나 곤이궁(坤二宮)에 임하거나, 육병(六丙) 월기(月奇)가 건육궁(乾六宮)에 임하거나, 육정(六丁) 성기(星奇)가 간팔궁(艮八宮)에 임한 것을 말한다. 무릇 삼기입묘(三奇入墓)를 만나면 기문(奇門)이 있어도 거병(擧兵)하면 안된다. 백사에 좋지 않고 뜻한 바가 어긋난다. 일기입묘궁(日奇入墓宮)은 천반(天盤) 을기(乙奇)가 곤궁(坤宮)이나 건궁(乾宮)에 임한 것이고, 월기입묘궁(月奇入墓宮)은 천반(天盤) 병기(丙奇)가 건궁(乾宮)에 임한 것이고, 성기입묘궁(星奇入墓宮)은 천반(天盤) 정기(丁奇)가 간궁(艮宮)에 임한 것을 말한다.

陰 戊 輔 戊 杜	蛇 壬 英 壬 景	符 庚 芮 庚 死
合 己 沖 己 傷	乙	天 丁 柱 丁 驚
白 癸 任 癸 生	玄 辛 蓬 辛 休	地 丙 心 丙 開

1) 음사국(陰四局) 병신일(丙辛日) 경인시(庚寅時)

병(丙)의 묘(墓)는 술건(戌乾)인데 천반(天盤) 병(丙)과 지반(地盤) 병(丙)이 건궁(乾宮)에 임하니 삼기입묘(三奇入墓)다. 백사가 모두 흉하니 설사 기문(奇門)이 있어도 거병(擧兵)하면 안된다.

符 己 心 乙 景	蛇 癸 蓬 壬 死	陰 辛 任 丁 驚
天 庚 柱 丙 杜	戊	合 丙 沖 庚 開
地 丁 芮 辛 傷	朱 壬 英 癸 生	勾 乙 輔 己 休

2) 양오국(陽五局) 갑기일(甲己日) 을해시(乙亥時)

정(丁)의 묘(墓)는 축간(丑艮)인데 천반(天盤) 정(丁)이 간인(艮寅)에 임하므로 삼기입묘(三奇入墓)다.

巳 病	午 死	未 墓	申 絶
辰 衰			酉 胎
卯 帝旺			戌 養
寅 臨官	丑 冠帶	子 沐浴	亥 長生

갑목(甲木)의 묘(墓)는 미(未)에 있다.

巳 沐浴	午 長生	未 養	申 胎
辰 冠帶			酉 絶
卯 臨官			戌 墓
寅 帝旺	丑 衰	子 病	亥 死

을목(乙木)의 묘(墓)는 술(戌)에 있다.

巳 臨官	午 帝旺	未 衰	申 病
辰 冠帶			酉 死
卯 沐浴			戌 墓
寅 長生	丑 養	子 胎	亥 絶

병화(丙火)의 묘(墓)는 술(戌)에 있다.

巳 帝旺	午 臨官	未 冠帶	申 沐浴
辰 衰			酉 長生
卯 病			戌 養
寅 死	丑 墓	子 絶	亥 胎

정화(丁火)의 묘(墓)는 축(丑)에 있다.

27. 삼기수제(三奇受制)

삼기수제(三奇受制)는 일명 삼기수형(三奇受刑)이라고도 하며, 을 병정(乙丙丁)이 궁(宮)에 임하여 극(剋)을 받거나, 지반(地盤) 육 의(六儀)의 제(制)를 받는 것을 말한다.

왕장(王璋)이 말하기를 병기(丙奇)나 정기(丁奇)가 감일궁(坎一宮)에 들면 화(火)가 수지(水池)에 임하는 것이고, 을기(乙奇)가 건육궁(乾六宮)이나 태칠궁(兌七宮)에 들면 목(木)이 금향(金鄕)에 드니 삼기(三奇)가 수제(受制)되므로 만사를 거동하면 안된다. 을기(乙奇)가 건궁(乾宮)·태궁(兌宮)에 임하거나, 지반(地盤) 경신금(庚辛金)의 극(剋)을 받거나, 병기(丙奇)·정기(丁奇)가 감궁(坎宮)에 임하거나, 지반(地盤) 임계수(癸水)의 극(剋)을 받으면 삼기(三奇)의 역량을 발휘하기 어려우니 만사를 함부로 움직이면 안된다고 하였다.

丁奇得使 丙奇得使 乙奇旺相 丁奇旺相	丁奇旺相 丙奇升殿 乙奇得使	丙奇得使 乙奇入墓
丙奇旺相 乙奇升殿		丁奇升殿 乙奇受制
丁奇得使 丁奇入墓	丙奇得使 乙奇旺相 丁奇入墓 丙奇入墓	乙奇得使 丙奇入墓 乙奇受制 乙奇入墓

삼기(三奇)가 각 궁(宮)에 임하는 왕쇠표(旺衰表)

宮位 \ 三奇	坎宮	艮宮	震宮	巽宮	離宮	坤宮	兌宮	乾宮
乙.日奇	○		○	○	○	×	×	×
月.丙奇			○	○	○	○		×
丁.星奇	×			◎	○		○	

28. 천망사장(天網四張)

천망사장(天網四張)이란 천반(天盤) 계(癸)가 지반(地盤) 계(癸)에 가림(加臨)하는 것을 말한다. 혹자는 천반(天盤) 계(癸)가 지반(地盤) 용시간(用時干)에 가(加)하면 천망사장(天網四張)이 된다고도 한다. 『삼원경(三元經)』에서는 천망사장(天網四張)은 만물이 다 상하므로 백사가 모두 흉하니 이때는 군사를 일으키거나 출행에 좋지 않다. 만약 이때 용사(用事)하면 재앙이 있고, 억지로 나가면 즉시 몸에 혈광을 입는다고 하였다.

계시(癸時)는 천망(天網)이고 임시(壬時)는 지망(地網)이 된다. 지망(地網)은 장애가 없으나 천망(天網)은 두렵다. 만약 천망(天網)이 개주(蓋住)되면 길을 떠나는 데 장해를 받고 혈광의 재액이 있기 쉽다. 피난·출행·원행에 좋지 않다. 천반(天盤) 계(癸)를 감궁(坎宮)에서 만나면 그물이 1척이고, 곤궁(坤宮)에서 만나면 2척이며, 진궁(震宮)에서 만나면 3척이고, 손궁(巽宮)에서 만나면 4척이다. 이때 천망(天網)이 비교적 낮으면 쉽게 망주(網住)를 받으므로 출행은 좋지 않다.

만약 계(癸)를 만나 부수시(符首時)가 되면 큰 소리로 외치면서 나오는 데 좋다. 천반(天盤) 계(癸)를 6·7·8·9궁(宮)에서 만나면 그물이 높으니 두 팔로 일도(一刀)를 횡부(橫負)하여 포목으로 기어나와도 좋다. 천망(天網)에 자연히 상하는 바가 없다. 다만 강하게 나와 서면 반드시 상하는데 주로 혈광이 따른다. 이때 적이 와서 침공한다면 천망(天網)을 만나는 것이니 스스로 궤멸한다.

어떤 학자는 천망사장(天網四張)이 1·2·3·4궁(宮)에 있으면 그 물이 얇아 겨우 빠져나갈 수 있으나 6·7·8·9궁(宮)에 있으면 그 물이 높아 쓸 수 없다고 하고, 어떤 학자는 1·2·3·4궁(宮)에 있으면 그물이 얇아 통과할 수 없으나 6·7·8·9궁(宮)에 있으면 그 물이 높아 자유롭게 빠져나갈 수 있다고도 한다. 그러나 진위는 몸소 체험해 보아야 할 것이다.

천망(天網)을 풀려면 천삼문(天三門)에서 기문(奇門)을 가(加)하거나, 기문(奇門)을 찾아 태음(太陰)에 가(加)하여 진사방(眞詐方)으로 나가면 된다. 천망사장(天網四張)은 백사가 흉하다고 하나 피난·도피·은둔·숨어서 도를 닦는 일은 괜찮다고 본다.

蛇辛 輔辛杜	陰乙 英乙景	合己 芮己死
符庚 沖庚傷	壬	勾丁 柱丁驚
天丙 任丙生	地戊 蓬戊休	朱癸 心癸開

1) 양일국(陽一局) 을경일(乙庚日) 갑신시(甲申時)

건육궁(乾六宮)의 천반(天盤) 계(癸)가 지반(地盤) 계(癸)에 가림(加臨)하므로 천망사장(天網四張)이다. 백사가 이루어지지 않으니 거사하면 도리어 재화가 따른다. 기문(奇門) 길수(吉宿)에 합(合)되더라도 용사(用事)하는 데는 좋지 않다.

天戊 輔戊開	地壬 英壬休	朱庚 芮庚生
符己 冲己驚	乙	勾丁 柱丁傷
蛇癸 任癸死	陰辛 蓬辛景	合丙 心丙杜

2) 음사국(陰四局) 을경일(乙庚日) 기묘시(己卯時)

간팔궁(艮八宮)의 천반(天盤) 계(癸)가 지반(地盤) 계(癸)에 임하니 천망사장(天網四張)이다. 출행과 출병에 좋지 않다.

陰癸 任己杜	合戊 冲丁景	勾己 輔乙死
蛇丙 蓬戊傷	庚	朱丁 英壬驚
符辛 心癸生	天壬 柱丙休	地庚 芮辛開

3) 양삼국(陽三局) 정임일(丁壬日) 계묘시(癸卯時)

우수(雨水) 후 월장(月將)은 해(亥)이고 용시(用時)는 묘시(卯時)다. 천반(天盤) 계(癸)가 손사궁(巽四宮)에 임하므로 천망(天網)은 4척이며 건궁(乾宮)으로 나가는 것이 좋다. 즉 천삼문(天三門)의 소길(小吉)이 해(亥)에 있으니 건궁(乾宮)이 되고, 또 기문(奇門)을 만나 동궁(同宮)이 되었기 때문이다.

大吉 (丑) 巳	功曹 (寅) 午	太冲 (卯) 未	天罡 (辰) 申
神后 (子) 辰			太乙 (巳) 酉
登明 (亥) 卯			勝光 (午) 戌
河魁 (戌) 寅	從魁 (酉) 丑	傳送 (申) 子	小吉 (未) 亥

축방(丑方)에 종괴(從魁), 미방(未方)에 태충(太沖), 해방(亥方)에 소길(小吉)이 놓였다. 종괴(從魁)·태충(太沖)·소길(小吉)이 천삼문(天三門)이다.

29. 문박(門迫)·궁박(宮迫)

팔문(八門)이 구궁(九宮)을 극(剋)하면 박(迫)이라 하고, 구궁(九宮)이 팔문(八門)을 극(剋)하면 제(制)라 하며, 팔문(八門)이 구궁(九宮)을 생(生)하면 화(和)라 하고, 구궁(九宮)이 팔문(八門)을 생(生)하면 의(義)라고 한다. 길문(吉門)이 박(迫)되면 일이 이루어지지 않고, 흉문(凶門)이 박(迫)되면 흉한 일이 더 흉해진다.

문(門)이 궁(宮)을 극(剋)하면 문박(門迫) 또는 길박(吉迫)이라 하는데 길문(吉門)이라도 문박(門迫)이 되면 길하지 않다. 흉문(凶門)이 문박(門迫)이 되면 재화가 겹치고, 궁(宮)이 문(門)을 제(制)하면 흉박(凶迫)이라고 한다. 박(迫)이 되면 각 문(門)의 길한 징조가 사라지며 때때로 압박감을 받는다.

팔문(八門)이 구궁(九宮)을 만나면 생극길흉(生剋吉凶)이 발생하기 때문에 화(和)·의(義)·박(迫)·제(制) 4가지로 나눈 것이다.

화(和)는 길에 속하며 기문(奇門)의 효능을 상승시키고, 의(義)는 길함에 속하며 둔갑(遁甲)의 효능을 증강시키고, 박(迫)은 중평(中平)에 속하며 문(門)의 운행이 궁(宮)의 영향을 받지 않고, 제(制)는 흉에 속하며 길사를 만나도 이루어지지 않고 흉사를 만나면 더 흉해진다.

화의박제도(和義迫制圖)

休 (水)	傷杜 (木)	景 (火)
休 (水)	和	死生 (土)
景 (火)	驚開 (金)	死生 (土)

景 (火)	死生 (土)	驚開 (金)
景 (火)	義	休 (水)
驚開 (金)	傷杜 (木)	休 (水)

驚開 (金)	休 (水)	傷杜 (木)
驚開 (金)	迫	景 (火)
傷杜 (木)	死生 (土)	景 (火)

死生 (土)	驚開 (金)	休 (水)
死生 (土)	制	傷杜 (木)
休 (水)	景 (火)	傷杜 (木)

陰 丁 柱 戊 休	蛇 丙 心 壬 生	符 辛 蓬 庚 傷
合 庚 芮 己 開	乙	天 癸 任 丁 杜
勾 壬 英 癸 驚	朱 戊 輔 辛 死	地 己 沖 丙 景

1) 음사국(陰四局) 정임일(丁壬日) 경자시(庚子時)

개문(開門)은 건궁(乾宮)의 금신(金神)인데 진궁(震宮)에 임하여 건궁(乾宮)의 금(金)이 진궁(震宮)의 목(木)을 금극목(金剋木)하므로 문박격(門迫格)이다.

30. 지라차격(地羅遮格)

지라차격(地羅遮格)이란 육임(六壬)이 시간(時干)에 가(加)하거나 육계(六癸)가 곤이궁(坤二宮)에 임하는 것을 말한다. 출병·출행에 대흉하니 만약 거병이나 거동하면 매우 흉하다.

勾 己 任 丁 驚	朱 癸 沖 庚 開	地 丁 輔 壬 休
合 辛 蓬 癸 死	丙	天 庚 英 戊 生
陰 乙 心 己 景	蛇 戊 柱 辛 杜	符 壬 芮 乙 傷

1) 양칠국(陽七局) 정임일(丁壬日) 을사시(乙巳時)

건궁(乾宮)의 육임(六壬)이 시간(時干)인 을기(乙奇)에 가림(加臨)하므로 지라차격(地羅遮格)이다.

31. 이룡상비격(二龍相比格)

 이룡상비격(二龍相比格)은 육갑(六甲) 직부(直符) 무(戊)가 을기 (乙奇)에 임하거나, 천반(天盤) 을기(乙奇)가 지반(地盤) 육갑(六 甲) 직부(直符) 무(戊)를 만난 것을 말한다. 문(門)이 길하면 흉함 이 없으나 문(門)이 흉하면 흉하다. 경기·경쟁·분쟁 등의 대립관 계가 생긴다.

地 丙 蓬 己 傷	天 癸 任 丁 杜	符 戊 沖 乙 景
朱 辛 心 戊 生	庚	蛇 己 輔 壬 死
勾 壬 柱 癸 休	合 乙 芮 丙 開	陰 丁 英 辛 驚

1) 양삼국(陽三局) 갑기일(甲己日) 을축시(乙丑時)

 곤궁(坤宮)의 천반(天盤) 직부 (直符) 무(戊)가 을기(乙奇)에 가림(加臨)하므로 이룡상비격(二 龍相比格)이다.

32. 화피수지격(火被水地格)

 화피수지격(火被水地格)이란 천상(天上) 병정기(丙丁奇)가 감궁 (坎宮)에 임하는 것을 말한다. 모든 일이 흉하니 만사에 거동하지 마라. 주(主)는 흉하지 않으나 객(客)은 흉하다.

陰 丙 蓬 壬 生	蛇 戊 任 乙 傷	符 癸 沖 丁 杜
合 庚 心 癸 休	辛	天 壬 輔 己 景
勾 己 柱 戊 開	朱 丁 芮 丙 驚	地 乙 英 庚 死

1) 음팔국(陰八局) 무계일(戊癸日)
 정사시(丁巳時)

병기(丙奇)가 감수궁(坎水宮)에 임하므로 화피수지격(火被水地格)이다.

33. 목입금향(木入金鄕格)

목입금향(木入金鄕格)이란 을기(乙奇)가 건태궁(乾兌宮)에 임하는 것을 말한다. 거동·진취·영모(營謀)를 일체 행하지 마라. 만약 거동하면 반드시 손상된다. 객(客)은 흉함이 많으나 주(主)는 흉함이 적다.

合 辛 芮 癸 生	勾 乙 柱 己 傷	朱 丙 心 辛 杜
陰 己 英 壬 休	丁	地 庚 蓬 乙 景
蛇 癸 輔 戊 開	符 壬 沖 庚 驚	天 戊 任 丙 死

1) 양팔국(陽八局) 정임일(丁壬日)
 경술시(庚戌時)

을기(乙奇)가 태금궁(兌金宮)에 임하므로 목입금향격(木入金鄕格)이다.

34. 화림금위격(火臨金位格)

화림금위격(火臨金位格)이란 병정기(丙丁奇)가 건태궁(乾兌宮)에 임하는 것을 말한다. 모든 일이 흉하니 일을 도모하여 거동하면 흉재를 당한다.

蛇 壬 心 丁 驚	符 戊 蓬 己 開	天 庚 任 乙 休
陰 辛 柱 丙 死	癸	地 丙 沖 辛 生
合 乙 芮 庚 景	勾 己 英 戊 杜	朱 丁 輔 壬 傷

1) 음일국(陰一局) 갑기일(甲己日) 기사시(己巳時)

병정기(丙丁奇)가 태금궁(兌金宮)과 건금궁(乾金宮)에 각각 가림(加臨)하므로 화림금위격(火臨金位格)이다.

35. 금벽목림격(金劈木林格)

금벽목림격(金劈木林格)이란 경신금(庚辛金)이 진손궁(震巽宮)에 임하는 것을 말한다. 거동이나 진취하면 재액과 상해가 따른다. 주(主)는 흉하나 객(客)은 흉이 적으며 승리한다.

地 戊 蓬 辛 景	天 丙 任 乙 死	符 庚 沖 乙 驚
朱 癸 心 庚 杜	壬	蛇 辛 輔 丁 開
勾 丁 柱 丙 傷	合 己 芮 戊 生	陰 乙 英 癸 休

1) 양일국(陽一局) 병신일(丙辛日) 기축시(己丑時)

경신금(庚辛金)이 각각 진손목궁(震巽木宮)에 임하므로 금벽목림격(金劈木林格)이다.

36. 지라점장격(地羅占葬格)

지라점장격(地羅占葬格)이란 천반(天盤) 임(壬)이 지반(地盤) 임(壬)에 가(加)하는 것을 말한다. 복음(伏吟)의 하나로 뱀이 지라(地羅)에 드는 격이므로 안팎의 일이 모두 이루어지지 않는다.

地 癸 輔 癸 景	天 己 英 己 死	符 辛 芮 辛 驚
朱 壬 沖 壬 杜	丁	蛇 乙 柱 乙 開
勾 戊 任 戊 傷	合 庚 蓬 庚 生	陰 丙 心 丙 休

1) 양팔국(陽八局) 정임일(丁壬日) 신축시(辛丑時)

진궁(震宮)의 천반(天盤) 육임(六壬)이 지반(地盤) 육임(六壬)에 가림(加臨)하므로 지라점장격(地羅占葬格)이다.

37. 청룡수곤격(靑龍受困格)

　청룡수곤격(靑龍受困格)이란 육갑(六甲) 무(戊)가 육무(六戊)에 가(加)하는 것을 말한다. 매사가 위험하며 특히 출병과 원행에 불리하다.

蛇 己 輔 己 開	陰 丁 英 丁 休	合 乙 芮 乙 生
符 戊 沖 戊 驚		勾 壬 柱 壬 傷 　庚
天 癸 任 癸 死	地 丙 蓬 丙 景	朱 辛 心 辛 杜

1) 양삼국(陽三局) 갑기일(甲己日) 무진시(戊辰時)

　진궁(震宮)의 천상직부(天上直符) 무(戊)가 육무(六戊)에 가림(加臨)하므로 청룡수곤격(靑龍受困格)이다.

38. 야전격(野戰格)

　야전격(野戰格)이란 직사(直使)가 육경(六庚)에 가(加)하는 것을 말한다. 병사들의 사기가 떨어지고 정신이 흐리멍텅하며 주병(主兵)은 곤경에 빠진다.

地 庚 英 丁 死	天 壬 芮 庚 驚	符 戊 柱 壬 開
朱 丁 輔 癸 景	丙	蛇 乙 心 戊 休
勾 癸 沖 己 杜	合 己 任 辛 傷	陰 辛 蓬 乙 生

1) 양칠국(陽七局) 갑기일(甲己日)
   병인시(丙寅時)

직사(直使)인 칠경(七驚)이 육경
(六庚)에 임하므로 야전격(野戰
格)이다.

39. 목래극토격(木來剋土格)

목래극토격(木來剋土格)이란 을기(乙奇)가 곤간궁(坤艮宮)에 임
하는 것을 말한다. 압박을 받으므로 주로 화란이 있고, 객(客)은 이
로우나 주(主)는 흉하다.

符 辛 心 己 死	蛇 丙 蓬 丁 驚	陰 癸 任 乙 開
天 壬 柱 戊 景	庚	合 戊 沖 壬 休
地 乙 芮 癸 杜	朱 丁 英 丙 傷	勾 己 輔 辛 生

1) 양삼국(陽三局) 병신일(丙辛日)
   기해시(己亥時)

을기(乙奇)가 곤토궁(坤土宮)에
임하므로 목래극토격(木來剋土
格)이다.

40. 발격(勃格)

발격(勃格)이란 천반(天盤) 병기(丙奇)가 지반(地盤) 육경(六庚)을 만나거나, 천반(天盤) 육경(六庚)이 지반(地盤) 육계(六癸)를 만나는 것을 말한다. 천반(天盤) 병기(丙奇)가 지반(地盤) 육경(六庚)을 만나면 기율(紀律)이 없어 매우 혼란스럽고, 출병이나 많은 사람을 모으는 일은 좋지 않으니 수비하는 것이 좋다. 그리고 천반(天盤) 육경(六庚)이 지반(地盤) 육계(六癸)를 만나면 장애가 있으니 행하기 어렵고, 백사가 통하지 않으니 병사를 통솔하거나 대중을 이끄는 일은 좋지 않다.

이 외에 천반(天盤) 경(庚)이 지반(地盤)에서 년월일시간(年月日時干)이 되면 세월일시격(歲月日時格)과 같다. 다만 다르게 칭할 때는 발(勃)이라고 하며 주로 장애가 생겨 혼란하다. 또 발(勃)이란 천반(天盤) 병기(丙奇)가 지반(地盤) 년월일시간(年月日時干)을 만난 것이다. 그러나 이때 병기(丙奇)가 있으면 흉이 길로 변하니 흉으로 논하지 않는다. 단 주의할 것은 지반(地盤)에서 정(丁)을 만나면 안된다. 병정(丙丁)이 동궁(同宮)에 있으면 화성(火星)이 발하여 대옥(大屋)을 태우기 때문이다. 이 궁(宮)은 동(動)하면 좋지 않은데 주로 화재가 일어난다. 패격(悖格)을 참고하기 바란다.

勾 庚 芮 戊 死	合 丁 柱 壬 驚	陰 丙 心 庚 開
朱 壬 英 己 景	乙	蛇 辛 蓬 丁 休
地 戊 輔 癸 杜	天 己 沖 辛 傷	符 癸 任 丙 生

1) 음사국(陰四局) 무계일(戊癸日)
　병진시(丙辰時)

천반(天盤) 병(丙)이 지반(地盤)
경(庚)을 만나 곤이궁(坤二宮)에
임하므로 발격(勃格)이다.

符 庚 蓬 癸 杜	蛇 戊 任 己 景	陰 壬 沖 辛 死
天 丙 心 壬 傷	丁	合 癸 輔 乙 驚
地 乙 柱 戊 生	朱 辛 芮 庚 休	勾 己 英 丙 開

2) 양팔국(陽八局) 병신일(丙辛日)
　계사시(癸巳時)

천반(天盤) 경(庚)이 지반(地盤)
계(癸)를 만나 손사궁(巽四宮)에
임하므로 발격(勃格)이다.

41. 묘격(墓格)

1. 기묘(奇墓)

　기묘(奇墓)는 천반(天盤) 을기(乙奇)가 곤궁(坤宮)에 진입할 때,
천반(天盤) 병기(丙奇)가 건궁(乾宮)에 진입할 때, 천반(天盤) 정
기(丁奇)가 건궁(乾宮)에 진입할 때를 말한다. 삼기(三奇)의 길한

징조는 사라지고 기대하는 것은 파멸되니 앞길에 희망이 없다. 백사가 마땅하지 않고 여러 동작이 다하여 휴휴(休休)하다. 삼기입묘(三奇入墓)를 참고하기 바란다.

2. 시묘(時墓)

시묘(時墓)는 을미시(乙未時)에서 천반(天盤) 을기(乙奇)가 미곤궁(未坤宮)에 진입할 때, 병술시(丙戌時)에서 천반(天盤) 병기(丙奇)가 술건궁(戌乾宮)에 진입할 때, 무술시(戊戌時)에서 천반(天盤) 무(戊)가 술건궁(戌乾宮)에 진입할 때, 신축시(辛丑時)에서 천반(天盤) 신(辛)이 축간궁(丑艮宮)에 진입할 때, 임진시(壬辰時)에서 천반(天盤) 임(壬)이 진손궁(震巽宮)에 진입할 때를 말한다. 구간(九干)의 흉의가 나타나며 재난이 잇달아 백사가 마땅하지 않고 제반 동작이 다하여 휴휴(休休)하다.

3. 시간입묘(時干入墓)

시간입묘(時干入墓)란 용사시(用事時)의 시간(時干)이 묘(墓)에 드는 것을 말한다. 갈홍(葛洪)이 말하기를 삼기(三奇)의 병술시(丙戌時)는 황혼이므로 월기(月奇)가 입묘(入墓)되는 시간(時干)이고, 을경일(乙庚日)이 정축시(丁丑時)를 만나면 정기(丁奇)가 입묘(入墓)되니 이때 거사하면 안된디고 하였나.

정축시(丁丑時)의 정(丁)은 축(丑)이 묘(墓)요, 계미시(癸未時)의 계(癸)는 미(未)가 묘(墓)요, 병술시(丙戌時)의 병(丙)은 술(戌)이 묘(墓)요, 기축시(己丑時)의 기(己)는 축(丑)이 묘(墓)요, 임진시(壬辰時)의 임(壬)은 진(辰)이 묘(墓)요, 무술시(戊戌時)의 무(戊)는 술(戌)이 묘(墓)다. 무술(戊戌)·임진(壬辰)·계미(癸未)·기축시(己丑)은 비록 삼기입묘시(三奇入墓時)는 아니지만 시간궁(時干宮)에서 묘(墓)를 만나니 역시 사용하면 안된다.

제4장. 기타 비결

1. 지사문(地私門)

　지사문(地私門)이란 십이신장(十二神將)인 귀인(貴人)·등사(螣蛇)·주작(朱雀)·육합(六合)·구진(勾陳)·청룡(靑龍)·천공(天空)·백호(白虎)·태상(太常)·현무(玄武)·태음(太陰)·천후(天后) 중에서 육합(六合)·태음(太陰)·태상(太常)을 만나는 것을 말한다. 만약 다시 기문(奇門)을 만나면 백사에 대길하니 출문(出門)하면 모든 일이 기쁘며 활기차다. 양시(陽時)는 객(客)과 공격하는 일에 이롭고, 음시(陰時)는 주(主)와 지키는 일에 이롭다.

　그리고 지사문(地私門)은 일반(日盤)과 시반(時盤), 양귀(陽貴)와 음귀(陰貴)로 나눈다. 일반(日盤)의 포치(佈置)에는 해일(亥日)부터 진일(辰日)까지는 양(陽)이며 순포(順佈)하고, 사일(巳日)부터 술일(戌日)까지는 음(陰)이며 역포(逆佈)한다. 이로써 일(日)에도 음양(陰陽)의 구분이 있고, 음양귀인(陰陽貴人)은 논하지 않는다.

가령 정해일(丁亥日)이면 해(亥)는 양일(陽日)이고 병정(丙丁)은 해유(亥酉)에서 귀인(貴人)을 일으키니 음양귀(陰陽貴)를 논하지 않고 십이신장(十二神將)을 순포(順佈)한다. 시반(時盤)은 월장(月將)을 용시(用時)에 가(加)하고, 다시 본일의 귀인이 무엇인지를 찾고, 다시 양귀(陽貴)는 순포(順佈)하고 음귀(陰貴)는 역포(逆佈)하여 추단한다.

가령 정월의 월장(月將)은 해(亥)에 있는데 갑일(甲日) 진시(辰時)에 용사(用事)한다면 월장(月將) 해(亥) 천반(天盤)을 진시(辰時) 지반(地盤)에 포(佈)하고, 본일 양귀(陽貴) 미(未) 천반(天盤)에서 지반(地盤) 자(子)까지 찾는다. 자(子)에서 귀인을 일으켜 순포(順佈)하니 축(丑)에 등사(螣蛇), 인(寅)에 주작(朱雀), 묘(卯)에 육합(六合), 진(震)에 구진(勾陳), 사(巳)에 청룡(靑龍), 오(午)에 천공(天空), 미(未)에 백호(白虎), 신(申)에 태상(太常), 유(酉)에 현무(玄武), 술(戌)에 태음(太陰), 해(亥)는 천후(天后)가 된다. 양귀(陽貴)의 지사문(地私門)은 묘신술(卯申戌)에 거한다.

가령 음귀(陰貴)를 사용하면 월장(月將) 해(亥) 천반(天盤)을 용시(用時) 진(辰) 지반(地盤)에 포(佈)하고, 순수(旬首)로 음귀(陰貴) 축(丑) 천반(天盤)이 지반(地盤) 오위(午位)에 있으므로 오(午)에서 귀인을 일으켜 역포(逆佈)하면 사(巳)에 등사(螣蛇), 진(辰)에 주작(朱雀), 묘(卯)에 육합(六合), 인(寅)에 구진(勾陳), 축(丑)에 청룡(靑龍), 자(子)에 천공(天空), 해(亥)에 백호(白虎), 술(戌)에 태상(太常), 유(酉)에 현무(玄武), 신(申)에 태음(太陰), 미

(未)는 천후(天后)가 된다. 이때 음귀(陰貴) 지사문(地私門)은 묘술신(卯戌申)에 거한다.

青龍 (子) 巳	天空 (丑) 午	白虎 (寅) 未	太上 (卯) 申 地私門
勾陳 (亥) 辰	月將 : 亥 甲日 辰時 陽貴 : 未		玄武 (辰) 酉
地私門 六合 (戌) 卯			太陰 (巳) 戌 地私門
朱雀 (酉) 寅	螣蛇 (申) 丑	貴人 (未) 子	天后 (午) 亥

螣蛇 (子) 巳	貴人 (丑) 午	天后 (寅) 未	太陰 (卯) 申 地私門
朱雀 (亥) 辰	月將 : 亥 甲日 辰時 陰貴 : 丑		玄武 (辰) 酉
六合 (戌) 卯 地私門			太常 (巳) 戌 地私門
勾陳 (酉) 寅	青龍 (申) 丑	天空 (未) 子	白虎 (午) 亥

十天干	甲	乙	丙	丁	戊	己	庚	辛	壬	癸
陽貴人	未	申	酉	亥	丑	子	丑	寅	卯	巳
陰貴人	丑	子	亥	酉	未	申	未	午	巳	卯

2. 천삼문(天三門) · 지사호(地四戶)

천삼문(天三門)이란 태충(太沖) · 소길(小吉) · 종괴(從魁)를 말하고, 지사호(地四戶)란 위(危) · 정(定) · 제(除) · 개(開)를 말한다. 천삼문(天三門)은 사사로이 출행하는 데 좋고, 지사호(地四戶)는 어떤 일을 거사함에 좋다. 천을회합(天乙會合)한 여음사(女陰私)는 삼기(三奇)가 임하고, 육의(六儀)와 삼기(三奇)는 길문(吉門)과 태충(太沖) · 종괴(從魁) · 소길(小吉)의 천삼문(天三門)과 합(合)하고, 제정위개(除定危開) 지사호(地四戶)를 가(加)하면 복식(福食)·원행·출입에 모두 길하다.

천삼문(天三門)은 십이월장(十二月將)에서 정월 우수(雨水) 후에 해(亥)를 일으켜 등명(登明)이 되고, 2월 춘분(春分) 후에 술(戌)을 일으켜 하괴(河魁)가 되고, 3월 곡우(穀雨) 후에 유(酉)를 일으켜 종괴(從魁)가 되고, 4월 소만(小滿) 후에 신(申)을 일으켜 전송(傳送)이 되고, 5월 하지(夏至) 후에 미(未)를 일으켜 소길(小吉)이 되고, 6월 대서(大暑) 후에 오(午)를 일으켜 승광(勝光)이 되고, 7월 처서(處暑) 후에 사(巳)를 일으켜 태을(太乙)이 되고, 8월 추분(秋分) 후에 진(辰)을 일으켜 천강(天罡)이 되고, 9월 상강(霜降) 후에 묘(卯)를 일으켜 태충(太沖)이 되고, 10월 소설(小雪) 후에 인(寅)을 일으켜 공조(功曹)가 되고, 11월 동지(冬至) 후에 축(丑)을 일으켜 대길(大吉)이 되고, 12월 대한(大寒) 후에 자(子)를 일으켜 신후(神后)가 된다.

용법은 월장(月將)을 시(時)에 가(加)하여 순산(順算)하는데 태충(太沖)·소길(小吉)·종괴(從魁)를 만나면 천삼문(天三門)이라고 한다. 가령 정월 우수(雨水) 후 오시(午時)에 출문(出門)하고자 하면 월장(月將)인 해등명(亥登明)을 오(午)에 가(加)한다. 신후(神后)는 미(未)에 있고, 대길(大吉)은 신(申)에 있고, 공조(功曹)는 유(酉)에 있고, 태충(太沖)은 술(戌)에 있고, 천강(天罡)은 해(亥)에 있고, 태을(太乙)은 자(子)에 있고, 승광(勝光)은 축(丑)에 있고, 소길(小吉)은 인(寅)에 있고, 전송(傳送)은 묘(卯)에 있고, 종괴(從

魁)는 진(辰)에 있고, 하괴(河魁)는 사(巳)에 있다.

인진술(寅辰戌), 즉 간손건방(艮巽乾方)이 천삼문(天三門)이 되므로 이곳으로 출입하면 귀인의 도움을 받는다. 그러나 기문(奇門)을 만나지 못하면 단독으로 사용할 수 없다. 만약 다시 기문(奇門)이나 삼기(三奇)를 만나고 부수(符首)를 가(加)하며 지사호(地四戶)를 합(合)하면 복식(福食)·원행·출입이 모두 길하다. 지사호(地四戶)는 용시(用時)에 월건(月建)을 가(加)하여 건제십이신(建除十二神)을 일으켜 제위정개(除危定開)를 만나면 성립된다.

용법은 가령 9월 모일 사시(巳時)에 출문(出門)하려면 술(戌)을 사(巳)에 가(加)하고, 해(亥)를 오(午)에 가(加)하고, 자(子)를 미(未)에 가(加)하고, 축(丑)을 신(申)에 가(加)하고, 인(寅)을 유(酉)에 가(加)하고, 묘(卯)를 술(戌)에 가한다. 건(建)은 묘(卯)에 있고, 제(除)는 진(辰)에 있고, 만(滿)은 사(巳)에 있고, 평(平)은 오(午)에 있고, 정(定)은 미(未)에 있고, 집(執)은 신(申)에 있고, 파(破)는 유(酉)에 있고, 위(危)는 술(戌)에 있고, 성(成)은 해(亥)에 있고, 수(收)는 자(子)에 있고, 개(開)는 축(丑)에 있고, 폐(閉)는 인(寅)에 있다. 따라서 술월(戌月) 사시(巳時)의 지사호(地四戶)는 진술축미(辰戌丑未) 즉 손건간곤(巽乾艮坤)에 있다.

河魁(戌)巳	登明(亥)午	神后(子)未	大吉(丑)申
從魁(酉)辰 天三門			功曹(寅)酉
傳送(申)卯			太沖(卯)戌 天三門
小吉(未)寅 天三門	勝光(午)丑	太乙(巳)子	天罡(辰)亥

정월 우수(雨水) 후 오시(午時) 출문(出門)

戌 ● 巳 危	亥 午 成	子 未 收	丑 ● 申 開
酉 辰 破	月建：戌 用時：巳		寅 酉 閉
申 卯 執			卯 戌 建
未 ● 寅 定	午 丑 平	巳 子 滿	辰 ● 亥 除

9월 모일 사시(巳時) 출문(出門)

제위정개(除危定開)가 지사호(地四戶)인데 인신사해방(寅申巳亥方)에 임하고 천반(天盤) 진술축미(辰戌丑未)를 만나므로 손건간곤방(巽乾艮坤方)이 지사호(地四戶)다.

戌 乾 巳	亥 除 午 ●	子 滿 未	丑 平 申
酉 閉 辰	月建：戌 用時：巳		寅 定 酉 ●
申 開 卯 ●			卯 執 戌
未 收 寅	午 成 丑	巳 危 子 ●	辰 破 亥

월건(月建)인 술(戌)을 사(巳)에 가(加)하여 차례대로 붙인다. 제(除)는 오(午)에 붙고, 정(定)은 유(酉)에 붙고, 위(危)는 자(子)에 붙고, 개(開)는 묘(卯)에 붙으니 자오묘유(子午卯酉)가 지사호(地四戶)다. 위의 방법보다 아래의 방법을 주로 쓴다.

건제십이신(建除十二申)

月別 / 十二申	正月 立春後	二月 驚蟄後	三月 清明後	四月 立夏後	五月 芒種後	六月 小暑後	七月 立秋後	八月 白露後	九月 寒露後	十月 立冬後	十一月 大雪後	十二月 小寒後
建	寅	卯	辰	巳	午	未	申	酉	戌	亥	子	丑
除	卯	辰	巳	午	未	申	酉	戌	亥	子	丑	寅
滿	辰	巳	午	未	申	酉	戌	亥	子	丑	寅	卯
平	巳	午	未	申	酉	戌	亥	子	丑	寅	卯	辰
定	午	未	申	酉	戌	亥	子	丑	寅	卯	辰	巳
執	未	申	酉	戌	亥	子	丑	寅	卯	辰	巳	午
破	申	酉	戌	亥	子	丑	寅	卯	辰	巳	午	未
危	酉	戌	亥	子	丑	寅	卯	辰	巳	午	未	申
成	戌	亥	子	丑	寅	卯	辰	巳	午	未	申	酉
收	亥	子	丑	寅	卯	辰	巳	午	未	申	酉	戌
開	子	丑	寅	卯	辰	巳	午	未	申	酉	戌	亥
閉	丑	寅	卯	辰	巳	午	未	申	酉	戌	亥	子

3. 태충천마(太沖天馬)

월장지(月將支)를 용시지(用時支)에 가(加)하여 순륜십이(順輪十二)하여 묘(卯)를 만나 멈춘다. 묘(卯)가 멈춘 궁(宮)이 천마방(天馬方)이 된다. 이 방위는 피난하는 일에 참으로 형통하고 이롭다. 서(書)에 이르기를 태충천마방(太沖天馬方)은 가장 귀하며, 갑자기 생긴 난을 피하는 데 좋다고 하였다.

일으키는 방법은 월장(月將)을 천반(天盤)으로 삼고 용시(用時)를 지반(地盤)으로 포(佈)하여 순산(順算)으로 천반(天盤) 묘위(卯位)에 이른다. 이 위치의 지반(地盤)이 곧 태충천마방(太沖天馬方)이 된다. 가령 정월 우수(雨水) 후는 월장(月將)이 해(亥)가 되고, 자시(子時)에 쓴다면 해(亥)가 천반(天盤)이 되어 자(子) 지반(地盤)에 가(加)하여 순포(順佈)로 천반(天盤) 묘(卯)에 이르면 지반(地盤)은 진(辰)이 되는데 진방(辰方)이 곧 태충천마방(太沖天馬方)이 되는 것이다.

巳	午	未	申
(卯) 辰	月將 : 亥 用時 : 子 太沖天馬方 : 辰		酉
(寅) 卯			戌
(丑) 寅	(子) 丑	(亥) 子	亥

(子) 巳	(丑) 午	(寅) 未	(卯) 申
(亥) 辰	月將 : 亥 用時 : 辰 太沖天馬方 : 申		酉
卯			戌
寅	丑	子	亥

태충천마방(太冲天馬方)

月將 \ 用時	正月 雨水後 亥將	二月 春分後 戌將	三月 穀雨後 酉將	四月 小滿後 申將	五月 夏至後 未將	六月 大暑後 午將	七月 處暑後 巳將	八月 秋分後 辰將	九月 霜降後 卯將	十月 小雪後 寅將	十一月 冬至後 丑將	十二月 大寒後 子將
子	辰	巳	午	未	申	酉	戌	亥	子	丑	寅	卯
丑	巳	午	未	申	酉	戌	亥	子	丑	寅	卯	辰
寅	午	未	申	酉	戌	亥	子	丑	寅	卯	辰	巳
卯	未	申	酉	戌	亥	子	丑	寅	卯	辰	巳	午
辰	申	酉	戌	亥	子	丑	寅	卯	辰	巳	午	未
巳	酉	戌	亥	子	丑	寅	卯	辰	巳	午	未	申
午	戌	亥	子	丑	寅	卯	辰	巳	午	未	申	酉
未	亥	子	丑	寅	卯	辰	巳	午	未	申	酉	戌
申	子	丑	寅	卯	辰	巳	午	未	申	酉	戌	亥
酉	丑	寅	卯	辰	巳	午	未	申	酉	戌	亥	子
戌	寅	卯	辰	巳	午	未	申	酉	戌	亥	子	丑
亥	卯	辰	巳	午	未	申	酉	戌	亥	子	丑	寅

4. 정정백간(亭亭白奸)

왕장(王璋)이 말하기를 정정(亭亭)이란 천(天)의 귀신인데 등지고 그 충(沖)을 치면 승리한다고 하였다. 추단하는 방법은 천월장(天月將)을 용시(用時)에 가(加)하여 신후(神后)가 임한 궁(宮)에 정정(亭亭)이 그 위에 거한다. 그 방위가 정정방(亭亭方) 또는 정정간방(亭亭奸方)이다.

정정백간(亭亭白奸)은 월일시반(月日時盤)으로 나눈다. 시(時)의 정정(亭亭)은 천월장(天月將)이 천반(天盤)이고, 용시(用時)가 지반(地盤)이 되게 포국(佈局)하여 계산하되 천반(天盤) 자위(子位) 신후(神后)에 이르면 이 지반(地盤) 자리가 곧 정정(亭亭)이 된다.

수(數)가 지반(地盤) 인오술(寅午戌)에 이르고 인신사해(寅申巳亥) 중 에서 하나를 만나면 이 사맹방(四孟方)이 백간(白奸)이 된다. 그래서 백간(白奸)은 항상 인신사해(寅申巳亥) 자리에 거한다. 가령 정월 천월장(天月將)은 해(亥)인데 묘시(卯時)에 용사(用事)하면 해(亥)는 천반(天盤)이 되어 지반(地盤) 묘궁(卯宮)에 포입(佈入)하여 진궁(辰宮)에 이르면 천반(天盤) 자(子)가 임하니 자(子)는 신후(神后)이므로 곧 정정(亭亭)이다. 그러므로 정정(亭亭)은 진(辰)에 있고, 지반(地盤) 오(午)는 천반(天盤)에서 인(寅)을 얻으니 시(時)의 백간(白奸)은 인(寅)에 있는 것이다.

大吉 (丑) 巳	功曹 (寅) 白奸 午	太沖 (卯) 未	天罡 (辰) 申
神后 (子) 亭亭 辰	月將 : 亥 用時 : 卯		太乙 (巳) 酉
登明 (亥) 卯	亭亭 : 辰 白奸 : 寅		勝光 (午) 對沖方 戌
河魁 (戌) 寅	從魁 (酉) 丑	傳送 (申) 子	小吉 (未) 亥

월장(月將)은 해(亥), 용시(用時)는 묘(卯), 정정(亭亭)은 진(震), 백간(白奸)은 인(寅)이다. 진방(辰方)을 등지고 술방(戌方)을 치면 백전백승한다.

功曹 (寅) 巳	太沖 (卯) 午	天罡 (辰) 未	太乙 (巳) 申
大吉 (丑) 辰	月將 : 午 用時 : 酉		勝光 (午) 對沖方 酉
神后 (子) 亭亭 卯			小吉 (未) 戌
登明 (亥) 白奸 寅	河魁 (戌) 丑	從魁 (酉) 子	傳送 (申) 亥

월장(月將)은 오(午), 용시(用時)는 유(酉)다. 묘방에서 유방(酉方)으로 용사(用事)한다.

河魁 (戌) 巳	登明 (亥) 午	神后 (子) 亭亭方 未	大吉 (丑) 申
從魁 (酉) 辰	月將 : 亥 用時 : 午		功曹 (寅) 酉
傳送 (申) 卯			太沖 (卯) 戌
小吉 (未) 寅	勝光 (午) 對沖方 丑	太乙 (巳) 子	天罡 (辰) 亥

월장(月將)은 해(亥), 용시(用時)는 오시(午時)다. 미방(未方)에서 축방(丑方)으로 용사(用事)한다.

5. 삼승궁(三勝宮)

　가(歌)에 이르기를 천을길신(天乙吉神)이 있는 궁(宮)은 대장이 거하여 대충(對沖)을 치는 데 좋다고 하였다. 가령 부수(符首)가 리구(離九)에 거하고 천영(天英)이 앉아 천봉(天蓬)을 기격(起擊)하면 제1승 천을궁(天乙宮)이라 하고, 천상부수(天上符首)가 타면 천을궁(天乙宮)이 되므로 상장(上將)이 여기에 거하여 용병(用兵)하되 그 충(沖)을 치면 백승한다. 만약 양둔(陽遁)이면 천상부수(天上符首)가 거하는 궁(宮)을 쓰고, 음둔(陰遁)이면 지하부수(地下符首)가 거하는 궁(宮)을 쓴다.

　제1승은 바로 부수궁(符首宮)에 거하여 대궁(對宮)을 치면 반드시 이긴다. 다만 음양둔국(陰陽遁局)을 보아 양둔(陽遁)이면 천반(天盤)의 부수궁(符首宮)을 쓰고, 음둔(陰遁)이면 지반(地盤)의 부수궁(符首宮)을 쓴다. 가령 부수(符首)나 천영(天英)이 리구궁(離九宮)에 있으면 남에 좌하여 북을 치는 것이 좋다. 즉 감궁(坎宮) 천봉(天蓬)이 거하는 위(位)를 치면 이긴다.

　제2승은 구천궁(九天宮), 즉 양둔(陽遁) 천상(天上) 직부일(直符一)이 구천(九天)이 되고, 음둔(陰遁) 직부(直符) 전 1이 구천(九天)이 된다. 아군이 구천(九天)에 임하여 그 충(沖)을 치면 적이 우리의 봉(鋒)을 감당하지 못한다. 제2승은 바로 팔신(八神)의 구천궁(九天宮)이다. 양둔(陽遁)이면 직부(直符) 후 1위가 구천궁(九天宮)이고, 음둔(陰遁)이면 직부(直符) 전 1위가 구천궁(九天宮)이니 구천궁(九天宮)에 임하여 대궁(對宮)을 치면 적은 절대로 우리의 공격을 막을 수 없다.

제3승은 생문(生門)을 등지고 사문(死門)을 친다. 만약 생문(生門)이 다시 삼기(三奇)의 도움을 만나면 반드시 백전백승한다.

또 정정(亭亭)을 등지고 천문(天門)을 향하는 것이 1승이요, 월건(月建)을 등지는 것이 2승이요, 생문(生門)을 등지고 사문(死門)을 치는 것이 3승이니 대동소이하다고 하였다.

이 외에 삼승결(三勝訣) 방법이 또 있다. 정정(亭亭)을 등지고 대궁(對宮)을 향하여 치는 것이 1승이요, 월건(月建)이나 태세(太歲)를 등지고 대궁(對宮)을 치는 것이 2승이요, 생문(生門)을 등지고 사문(死門)을 향해 치는 것이 3승이다. 이것 역시 비슷하며 역시 용사(用事)하는 데 좋다.

天癸 任己驚	符戊 沖丁開	蛇己 輔乙休
地丙 蓬戊死	庚	陰丁 英壬生
朱辛 心癸景	勾壬 柱丙杜	合乙 芮辛傷

1) 양삼국(陽三局) 갑기일(甲己日) 정묘시(丁卯時)

천반부수(天盤符首)인 무(戊)가 구리(九離)에 임하여 천을궁(天乙宮)이 되니 1승이요, 팔신(八神)의 구천(九天)이 손궁(巽宮)에 거하니 2승이요, 생문(生門)이 정기(丁奇)와 합(合)하여 태궁(兌宮)에 있으니 3승이 된다. 따라서 남에서 북을 치거나 서에서 동을 치거나 동남에서 서북을 치면 좋다.

地壬 輔壬生	朱乙 英乙傷	勾丁 芮丁杜
天癸 沖癸休	辛	合己 柱己景
符戊 任戊開	蛇丙 蓬丙驚	陰庚 心庚死

2) 음팔국(陰八局) 갑기일(甲己日) 무진시(戊辰時)

지반부수(地盤符首)가 간팔(艮八)에 있어 천을궁(天乙宮)이 되니 1승이요, 팔신(八神)의 구천(九天)이 진궁(震宮)에 있으니 2승이요, 생문(生門)이 손궁(巽宮)에 임하니 3승이 된다. 이 반(盤)은 동부에 임하면 크게 이롭고, 서부를 향해서 치면 길하다.

6. 오불격(五不擊)

오불격(五不擊)의 궁위(宮位)는 다음과 같다. 일불격(一不擊)은 부수(符首)의 천을궁(天乙宮)이요, 이불격(二不擊)은 팔신(八神)의 구천궁(九天宮)이요, 삼불격(三不擊)은 생문궁(生門宮)이요, 사불격(四不擊)은 팔신(八神)의 구지궁(九地宮)이요, 오불격(五不擊)은 팔문(八門) 직사(直使) 둔갑궁(遁甲宮)이다. 이상의 궁위(宮位)는 공격하는 데 좋지 않다.

가(歌)에 이르기를 제1 불격(不擊)은 천을궁(天乙宮), 제2 불격(不擊)은 구천궁(九天宮), 제3 불격(不擊)은 생문궁(生門宮), 제4 불격

(不擊)은 구지궁(九地宮), 제5 불격(不擊)은 직사궁(直使宮)이다. 이상은 모두 공격하는 것은 좋지 않다고 하였다.

地乙 柱癸傷	天丙 心己杜	符庚 蓬辛景
朱辛 芮壬生	丁	蛇戊 任乙死
勾己 英戊休	合癸 輔庚開	陰壬 沖丙驚

1) 양팔국(陽八局) 병신일(丙辛日) 신묘시(辛卯時)

일불격(一不擊)은 천을궁(天乙宮)이며 양둔(陽遁) 천반부수(天盤符首)가 곤이궁(坤二宮) 서남에 거하고, 이불격(二不擊)은 팔신(八神)의 구천(九天)이며 리구궁(離九宮) 정남에 거하고, 삼불격(三不擊)은 생문(生門)이며 진삼궁(震三宮) 정동에 거하고, 사불격(四不擊)은 팔신(八神)의 구지(九地)이며 손사궁(巽四宮) 동남에 거한다. 오불격(五不擊)은 직사일휴(直使一休)이며 간팔궁(艮八宮) 동북에 거한다. 이상의 간진손리곤(艮震巽離坤) 오궁위(五宮位)가 오불격(五不擊)이다.

2) 음칠국(陰七局) 갑기일(甲己日) 병인시(丙寅時)

일불격(一不擊)은 천을궁(天乙宮)으로 음둔(陰遁) 지반부수(地盤符首) 무(戊)가 태칠궁(兌七宮)에 거하고, 이불격(二不擊)은 구천(九天)으로 곤이궁(坤二宮)에 거하고, 삼불격(三不擊)은 생문(生

蛇癸 芮辛景	符戊 柱丙死	天己 心癸驚
陰丙 英壬杜	庚	地丁 蓬戊開
合辛 輔乙傷	勾壬 沖丁生	朱乙 任己休

門)으로 감일궁(坎一宮)에 거하고, 사불격(四不擊)은 구지(九地)로 태칠궁(兌七宮)에 거하고, 오불격(五不擊)은 직사(直使)이며 직사(直使) 칠경(七驚)이 오궁(五宮)에 있으므로 곤이궁(坤二宮)에 기(寄)한다. 이상의 감태곤(坎兌坤) 삼궁위(三宮位)가 오불격(五不擊)이다.

7. 유삼피오(遊三避五)

3은 생기(生氣)이고 5는 사기(死氣)다. 3을 만나면 왕성하며 대길하고, 5를 만나면 해롭고 대흉하니 피하는 것이 좋다. 3은 생기(生氣)이니 유삼(遊三)이고, 5는 해기(害氣)이니 피오(避五)다. 3은 위(威)이고 5는 무(武)다. 3에서 성(盛)하고 5에서 쇠(衰)한다. 승리는 3에 있고 쇠(衰)는 5에 있다.

가령 양일국(陽一局) 갑기일(甲己日)에 갑자시(甲子時)를 일으키면 3에 병인시(丙寅時)가 된다. 이때 생기(生氣)가 높고 발랄하면 백사에 모두 좋다. 다시 5에 무진시(戊辰時)가 되고 해기(害氣)이니 대흉하므로 백사에 피하는 것이 좋다.

또 『삼원경(三元經)』에 이르기를 직사(直使)를 진궁삼(震宮三)에 가(加)하면 생(生)이 되어 이를 향함에 좋고, 직사(直使)를 중궁

(中宮)에 가(加)하면 이궁(二宮)에 기(寄)하여 사(死)가 되므로 피하는 것이 좋다. 또 직사(直使)가 되어 진삼궁(震三宮)에 이르면 유삼(遊三)이 된다는 설도 있다. 암기할 때는 유삼(遊三)은 직사도진삼궁(直使到震三宮), 피오(避五)는 직사도오황중궁기곤(直使到五黃中宮寄坤)으로 외우면 편하다.

朱庚 英丙傷	勾戊 芮庚杜	合壬 柱戊景
地丙 輔乙生	丁	陰癸 心壬死
天乙 沖辛休	符辛 任己開	蛇己 蓬癸驚

1) 음이국(陰二局) 병신일(丙辛日) 기해시(己亥時)

직사(直使) 생문(生門)이 진삼궁(震三宮)에 이른다. 진궁(震宮)은 백사가 대길하니 사용해도 좋다. 다만 직사(直使)를 만나 오황중궁(五黃中宮)에 있을 때는 이 직사(直使)는 반드시 곤이(坤二)에 기(寄)하므로 곤(坤)이 5를 만나면 흉하니 쓰지 말아야 한다.

陰乙 沖丙傷	蛇丙 輔庚杜	符庚 英戊景
合辛 任乙生	丁	天戊 芮壬死
勾己 蓬辛休	朱癸 心己開	地壬 柱癸驚

2) 음이국(陰二局) 병신일(丙辛日) 무자시(戊子時)

직사(直使) 구경(九景)이 오궁(五宮)을 만나므로 곤이궁(坤二宮)에 기(寄)한다. 곤궁(坤宮)이 5를 만나면 피하는 것이 좋다.

8. 덕위지시(德威之時)

육병(六丙)은 위(威)이고 육갑(六甲)은 덕(德)이 된다. 객(客)이 이롭고 명령을 내려 시행하거나 그 나라에 들어가는 데 좋다. 개는 짖지 않고 말은 울지 않으며 돌아오는 수레는 바퀴가 멈춘다. 만리를 움직여 감히 거병하는 자는 모두 자멸하고, 도둑은 반드시 망한다. 객(客)은 대승하나 주(主)는 이롭지 않으니 오직 둔영을 지키며 천시(天時)를 기다려야 한다.

1. 육갑위덕(六甲爲德)

육갑위덕(六甲爲德)은 주로 존귀하거나 귀인의 도움을 받고, 둔갑(遁甲)의 효과를 끌어올린다. 시간(時干)에서 만나면 구재(求財)·구귀(求貴)·구사(求事) 등은 효능이 올라가고, 다시 천반(天盤)에서 만나면 둔갑(遁甲)의 역량이 더욱 증강된다.

合辛 輔辛杜	勾乙 英乙景	朱己 芮己死
陰庚 沖庚傷		壬	地丁 柱丁驚
蛇丙 任丙生	符戊 蓬戊休	天癸 心癸開

1) 양일국(陽一局) 갑기일(甲己日) 갑자시(甲子時)

이 반(盤)은 육갑(六甲)을 만나면 덕위지시(德威之時)가 되어 둔갑(遁甲)의 효능이 올라간다. 다시 갑(甲) 시간(時干)을 감

(坎)에서 만나므로 감궁(坎宮)이 더 왕성해진다.

2. 육병위위(六丙爲威)

육병위위(六丙爲威)는 주로 기세가 왕성하며 위세로 사람을 핍박한다. 적을 제압하며 귀인을 맞아들이고 소인을 핍퇴(逼退)할 수 있다. 객(客)은 이로우나 주(主)는 불리하다. 구재(求財)·구사(求事)·구승(求勝)·구귀(求貴) 등에 좋다. 육병시(六丙時)에 육병위위(六丙爲威)를 만나면 이롭고, 천반(天盤)에서 다시 병기(丙奇)를 만나면 효력이 증강되어 백사가 형통하다.

陰 庚 沖 辛 生	合 辛 輔 乙 傷	勾 乙 英 己 杜
蛇 丙 任 庚 休		朱 己 芮 丁 景
符 戊 蓬 丙 開	天 癸 心 戊 驚	地 丁 柱 癸 死

1) 양일국(陽一局) 갑기일(甲己日) 병인시(丙寅時)

이 반(盤)은 육병시(六丙時)를 만나 덕위(德威)의 시(時)가 되므로 둔갑(遁甲)의 효능이 올라간다. 다시 병(丙) 시간(時干)을 진(震)에서 만나므로 진궁(震宮)이 더 강성해진다.

9. 오양오음리법(五陽五陰利法)

1. 둔갑오양리객(遁甲五陽利客)

오양(五陽)은 갑을병정무(甲乙丙丁戊)이며 오천간시(五天干時)다. 오양시(五陽時)가 동부 생기(生氣)에 거하는 것을 말한다. 객(客)은 먼저 거동하는 데 이롭고, 동(動)은 유리하나 정(靜)은 불리하고, 객(客)은 이로우나 주(主)는 불리하다. 공격은 이로우나 수비는 불리하고, 밖은 이로우나 안은 이롭지 않다. 공격 · 원행 · 구재(求財) · 상관임직(上官任職) · 이사 · 혼인 · 찾아뵘 · 구사(求事) 등 모든 일에 길하다.

2. 둔갑오음리주(遁甲五陰利主)

오음(五陰)은 기경매임계(己庚辛壬癸)이며 오천간시(五天干時)다. 오음시(五陰時)가 서부 살기(煞氣)에 거하는 것을 말한다. 주로 후에 동(動)하는 것이 이롭다. 정(靜)하되 동(動)은 불리하고, 주(主)는 이로우나 객(客)은 불리하고, 수비는 이로우나 공격은 불리하고, 안은 이로우나 밖은 불리하다. 계략 · 음모 · 비밀모의 · 사전기획 · 준비 · 훈련 · 학습 · 구복 · 의견교환 등에 좋다. 오음간(五陰干)은 악신의 치사(治事)인데 오음살기(五陰煞氣)는 부동함이 좋다. 관직 · 출행 · 이사 등 대외활동은 좋지 않다.

10. 둔갑택일(遁甲擇日)

육십갑자일(六十甲子日)에는 천간지지(天干地支)의 생극(生剋)과 비화(比和)가 있다. 즉 일(日)의 길흉은 보(寶)·의(義)·화(和)·제(制)·벌(伐) 5가지로 나눈다.

보(寶)는 상길(上吉)의 날이며 천간(天干)이 지지(地支)를 생부(生扶)한다. 가령 갑오일(甲午日)은 천간(天干) 갑목(甲木)이 지지(地支) 오화(午火)를 생부(生扶)한다.

의(義)는 차길(次吉)의 날이며 지지(地支)가 천간(天干)을 생부(生扶)한다. 가령 갑자일(甲子日)은 지지(地支) 자수(子水)가 천간(天干) 갑목(甲木)을 생부(生扶)한다.

화(和)는 소길(小吉)의 날이며 천간(天干)과 지지(地支)가 비화(比和)된다. 가령 임자일(壬子日)은 천간(天干) 임수(壬水)와 지지(地支) 자수(子水)가 비화(比和)된다.

제(制)는 중평(中平)의 날이며 천간(天干)이 지지(地支)를 극(剋)한다. 가령 갑술일(甲戌日)은 천간(天干) 갑목(甲木)이 지지(地支) 술토(戌土)를 극(剋)한다.

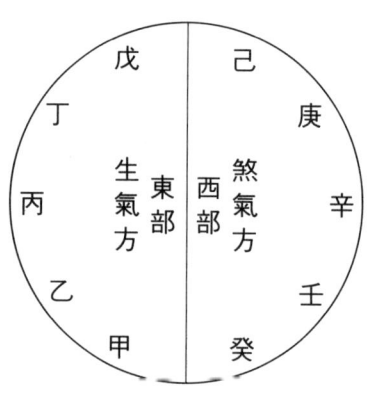

벌(伐)은 극흉(極凶)의 날이며 지지(地支)가 위에 있는 천간(天干)을 극(剋)한다. 가령 갑신일(甲申日)은 지지(地支) 신금(申

金)이 위의 천간(天干) 갑목(甲木)을 극(剋)한다.

11. 고허법(孤虛法)

황석공(黃石公)이 말하기를 고(孤)를 등지고 허(虛)를 치면 한 여
자가 열 사나이를 대적할 수 있다고 하였다. 10인은 시고(時孤)를
쓰고, 100인은 일고(日孤)를 쓰고, 1,000인은 월고(月孤)를 쓰고,
10,000인은 년고(年孤)를 쓰는데, 시고(時孤)가 가장 영험하다.

① 갑자순(甲子旬)에는 술해(戌亥)가 고(孤)요 진사(辰巳)가 허(虛)다.
② 갑술순(甲戌旬)에는 신유(申酉)가 고(孤)요 인묘(寅卯)가 허(虛)다
③ 갑신순(甲申旬)에는 오미(午未)가 고(孤)요, 자축(子丑)이 허(虛)다.
④ 갑오순(甲午旬)에는 진사(辰巳)가 고(孤)요, 술해(戌亥)가 허(虛)다.
⑤ 갑진순(甲辰旬)에는 인묘(寅卯)가 고(孤)요, 신유(申酉)가 허(虛)다.
⑥ 갑인순(甲寅旬)에는 자축(子丑)이 고(孤)요, 오미(午未)가 허(虛)다.

고(孤)로 허(虛)를 치면 왕기(旺氣)는 10배이고, 상기(相氣)는 5배
이고, 휴기(休氣)는 수(數)와 같고, 수기(囚氣)는 감소하고, 사기(死
氣)는 반감된다.

12. 삼갑합(三甲合)

만약 갑일(甲日) 갑시(甲時)를 만났는데 천반(天盤) 직부방(直符方)이 갑(甲)이면 삼갑합방(三甲合方)이라고 한다. 이때는 둔갑(遁甲)이 왕성하며 백사가 길하다. 가(歌)에서 이르기를 금일이 갑(甲)이고 직부(直符)와 시(時)가 모두 갑(甲)이면 삼갑(三甲)이 합(合)하여 길하다고 하였다.

13. 시가삼기(時加三奇)

을(乙)은 천덕(天德), 병(丙)은 천위(天威), 정(丁)은 태음(太陰)이다. 시간(時干)에 임하면 시기(時奇)가 와서 도와주므로 흉이 길해지고, 둔갑(遁甲)의 공이 올라간다. 가(歌)에서 이르기를 육을천덕길신호(六乙天德吉神護) 육병명당창천위(六丙明堂彰天威) 육정옥녀위태음(六丁玉女爲太陰) 시간봉지일월성(時干逢之日月星) 삼기부지길신림(三奇扶持吉神臨)이라고 하였다.

14. 오제왕기(五帝旺氣) 좌향방위(坐向方位)

가(歌)에서 이르기를 정오구월정남방(正五九月正南方) 면북대승(面北大勝), 이육십월정동방(二六十月正東方) 면서대승(面西大勝), 삼칠십일월정북방(三七十一月正北方) 면남대승(面南大勝), 사팔십이월정서방(四八十二月正西方) 면동대승(面東大勝)이라고 하였다.

1·5·9월에는 정남쪽을 등지고 북쪽을 향하면 대승하고, 2·6·10월에는 정동을 등지고 서쪽을 향하면 대승하며, 3·7·11월에는 정북쪽을 등지고 남쪽을 향하면 대승하고, 4·8·12월에는 정서쪽을 등지고 동쪽을 향하면 대승한다는 뜻이다.

15. 오제왕기방(五帝旺氣方 : 月德貴人方)

인오술월(寅午戌月)에는 병방(丙方), 해묘미월(亥卯未月)에는 갑방(甲方), 신자진월(申子辰月)에는 임방(壬方), 사유축월(巳酉丑月)에는 경방(庚方)에 앉으면 귀인의 도움을 받아 기세가 왕성해져 이익을 얻고 승리한다. 담판·경기·시합·회의·착공·파토(破土)·수조(修造)·용사(用事)·사고(思考)·구재(求財)·구귀(求貴) 등 백사에 모두 길하다.

16. 천을귀인(天乙貴人)

양귀(陽貴)는 선천괘(先天卦) 곤궁(坤宮)에서 자위(子位)를 일으켜 순포(順佈)한다. 갑(甲)은 자(子)에, 을(乙)은 축(丑)에, 병(丙)은 인(寅)에, 정(丁)은 묘(卯)에, 진(辰)은 천라(天羅)가 되어 귀인이 거하지 않고, 무(戊)는 사(巳)에, 오(午)는 곤괘(坤卦) 대궁(對宮)의 천공(天空)에 거하여 귀인이 거하지 않고, 기(己)는 미(未)

에, 경(庚)은 신(申)에, 신(辛)은 유(酉)에, 술(戌)은 지망(地網)이 되어 귀인이 거하지 않고, 임(壬)은 해(亥)에, 자(子)는 천공(天空)의 충위(沖位)가 되어 오직 갑(甲)에 거하여 계(癸)는 축(丑)에 포한다.

그러나 천간오합(天干五合)은 간덕합(干德合)이라 하여 귀(貴)가 된다. 갑기합(甲己合)의 기귀(己貴)는 자(子)에 있고, 을경합(乙庚合)의 경귀(庚貴)는 축(丑)에 있고, 병신합(丙辛合)의 신귀(辛貴)는 인(寅)에 있고, 정임합(丁壬合)의 임귀(壬貴)는 묘(卯)에 있고, 무계합(戊癸合)의 계귀(癸貴)는 사(巳)에 있고, 기갑합(己甲合)의 갑귀(甲貴)는 미(未)에 있고, 경을합(庚乙合)의 을귀(乙貴)는 신(申)에 있고, 신병합(辛丙合)의 병귀(丙貴)는 유(酉)에 있고, 임정합(壬丁合)의 정귀(丁貴)는 해(亥)에 있고, 계무합(癸戊合)의 무귀(戊貴)는 축(丑)에 있다.

음귀(陰貴)는 후천괘(後天卦) 곤궁(坤宮)에서 신위(申位)를 일으켜 역포(逆佈)한다. 갑(甲)은 신(申)에, 을(乙)은 미(未)에, 병(丙)은 오(午)에, 정(丁)은 사(巳)에, 진(辰)에는 거하지 않고, 무(戊)는 묘(卯)에, 인(寅)은 천공(天空), 기(己)는 축(丑)에, 경(庚)은 자(子)에, 신(辛)은 해(亥)에, 술(戌)은 거하지 않고, 임(壬)은 유(酉)에, 계(癸)는 미(未)에 있다.

음귀(陰貴) 간덕합(干德合)은 갑기합(甲己合)은 기귀(己貴)가 신(申)에 있고, 을경합(乙庚合)은 경귀(庚貴)가 미(未)에 있고, 병신합(丙辛合)은 신귀(辛貴)가 오(午)에 있고, 정임합(丁壬合)은 임귀

(壬貴)가 사(巳)에 있고, 무계합(戊癸合)은 계귀(癸貴)가 묘(卯)에
있고, 기갑합(己甲合)은 갑귀(甲貴)가 축(丑)에 있고, 경을합(庚乙
合)은 을귀(乙貴)가 자(子)에 있고, 신병합(辛丙合)은 병귀(丙貴)
가 해(亥)에 있고, 임정합(壬丁合)은 정귀(丁貴)가 유(酉)에 있고,
계무합(癸戊合)은 무귀(戊貴)가 미(未)에 있다.

천을귀인시(天乙貴人時)는 백사에 대길하다. 『성평회해(星平會
海)』에 기록된 천을귀인(天乙貴人)은 다음과 같다. 갑무경일(甲戊
庚日)에는 축미시(丑未時), 을기일(乙己日)에는 자신시(子申時), 병
정일(丙丁日)에는 유해시(酉亥時), 신일(辛日)에는 인오시(寅午時),
임계일(壬癸日)에는 사묘시(巳卯時)다.

제5장. 방위의 길흉

<table>
<tr><td>螣輔癸
蛇杜癸</td><td>直英戊
符景戊</td><td>勾芮丙
天死丙</td></tr>
<tr><td>太沖丁
陰傷丁</td><td>禽壬</td><td>九柱庚
地驚庚</td></tr>
<tr><td>六任己
合生己</td><td>九蓬乙
陳休乙</td><td>朱心辛
雀開辛</td></tr>
</table>

1. 갑자순(甲子旬) 갑자시(甲子時)

순수(旬首) : 무(戊)

용간(用干) : 무(戊)

직부(直符) : 천영(天英)

직사(直使) : 경문(景門)

① 건궁(乾宮)의 천신(天辛)·지신(地辛)은 복음천정(伏吟天庭),
   복음상극(伏吟傷剋), 천정자형(天庭自刑)이며 흉방(凶方)이다.

② 태궁(兌宮)의 천경(天庚)·지경(地庚)은 태백동궁(太白同宮),
   태백중형(太白重刑), 복음전격(伏吟戰格)이며 흉방(凶方)이다.

③ 곤궁(坤宮)의 천병(天丙)·지병(地丙)은 월기패사(月奇孛師),
   복음홍광(伏吟洪光), 일월패사(日月孛師)이며 흉방(凶方)이다.

④ 리궁(離宮)의 천무(天戊)·지무(地戊)는 천무복음(天武伏吟),

복음준산(伏吟峻山), 청룡입지(靑龍入地)이며 흉방(凶方)이다.

⑤ 손궁(巽宮)의 천계(天癸)·지계(地癸)는 천라사장(天羅四張), 복음천라(伏吟天羅), 천망중장(天網重張)이며 흉방(凶方)이다.

⑥ 진궁(震宮)의 천정(天丁)·지정(地丁)은 기입태음(奇入太陰), 복음실위(伏吟失位), 기신상적(奇神相敵)이며 길방(吉方)이다.

⑦ 간궁(艮宮)의 천기(天己)·지기(地己)는 지호봉귀(地戶逢鬼), 복음연약(伏吟軟弱), 명당중봉(明堂重逢)이며 흉방(凶方)이다.

⑧ 감궁(坎宮)의 천을(天乙)·지을(地乙)은 일기복음(日奇伏吟), 복음잡초(伏吟雜草), 기중복기(奇中伏奇)이며 반흉반길하고 동(動)하면 흉하고 정(靜)하면 길하다.

2. 갑자순(甲子旬) 을축시(乙丑時)

朱 沖 辛 雀 驚 癸	勾 任 乙 陳 開 戊	六 蓬 己 合 休 丙
九 芮 庚 地 死 丁	輔 壬	太 心 丁 陰 生 庚
九 柱 丙 天 景 己	直 英 戊 符 杜 乙	螣 禽 癸 蛇 傷 辛

순수(旬首) : 무(戊)

용간(用干) : 을(乙)

직부(直符) : 천영(天英)

직사(直使) : 경문(景門)

① 건궁(乾宮)의 천계(天癸)·지신(地辛)은 망개천뢰(網蓋天牢), 천망뇌옥(天網牢獄), 화개수은(華蓋受恩), 양쇠음퇴(陽衰陰退)이며 흉방(凶方)이다.

② 태궁(兌宮)의 천정(天丁)·지경(地庚)은 음입천옥(陰入天獄),

화련진금(火鍊眞金), 옥녀신살(玉女神殺)이며 흉방(凶方)이다.

③ 곤궁(坤宮)의 천기(天己)·지병(地丙)은 화개지호(華蓋地戶)이며 흉방(凶方)이다.

④ 리궁(離宮)의 천을(天乙)·지무(地戊)는 이음해양(利陰害陽), 선화명병(鮮花名甁), 기입천문(奇入天門)이며 음(陰)에 이롭고 양(陽)에 해로우며 반흉반길이다.

⑤ 손궁(巽宮)의 천신(天辛)·지계(地癸)는 천뢰화개(天牢華蓋), 호투라망(虎投羅網)이며 흉방(凶方)이다.

⑥ 진궁(震宮)의 천경(天庚)·지정(地丁)은 정정지격(亭亭之格), 태백수제(太白受制)이며 반흉반길하다.

⑦ 간궁(艮宮)의 천병(天丙)·지기(地己)는 화패입형(火悖入熒), 대지보조(大地普照), 기입명당(奇入明堂)이며 반길반흉하다.

⑧ 감궁(坎宮)의 천무(天戊)·지을(地乙)은 청룡합령(靑龍合靈), 청룡입운(靑龍入雲)이며 반길반흉하다.

3. 갑자순(甲子旬) 병인시(丙寅時)

太芮丁 陰生癸	螣柱癸 蛇傷戊	直英戊 符杜丙
六蓬己 合休丁	沖壬	九禽丙 天景庚
勾心乙 陳開己	朱任辛 雀驚乙	九輔庚 地死辛

순수(旬首) : 무(戊)

용간(用干) : 병(丙)

직부(直符) : 천영(天英)

직사(直使) : 경문(景門)

① 건궁(乾宮)의 천경(天庚)·지신(地辛)은 백호간격(白虎干格), 철추쇄옥(鐵鎚碎玉), 태백중봉(太白重鋒)이며 흉방(凶方)이다.

② 태궁(兌宮)의 천병(天丙)·지경(地庚)은 형입태백(熒入太白), 형혹입백(熒惑入白)이며 흉방(凶方)이다.

③ 곤궁(坤宮)의 천무(天戊)·지병(地丙)은 천무명당(天武明堂), 일출동산(日出東山), 청룡회수(靑龍回首), 청룡득명(靑龍得明)이며 길방(吉方)이다.

④ 리궁(離宮)의 천계(天癸)·지무(地戊)는 천을봉합(天乙逢合), 천을회합(天乙會合), 청룡입지(靑龍入地)이며 길방(吉方)이다.

⑤ 손궁(巽宮)의 천정(天丁)·지계(地癸)는 주작투강(朱雀投江)이며 흉방(凶方)이다.

⑥ 진궁(震宮)의 천기(天己)·지정(地丁)은 주작입묘(朱雀入墓), 명당탐생(明堂貪生)이며 반길반흉하고 선흉후길하다.

⑦ 간궁(艮宮)의 천을(天乙)·지기(地己)는 일기득사(日奇得使), 일입지호(日入地戶)이며 길방(吉方)이다.

⑧ 감궁(坎宮)의 천신(天辛)·지을(地乙)은 백호창광(白虎猖狂)이며 흉방(凶方)이다.

九 蓬 丙 天 休 癸	九 心 庚 地 生 戊	朱 任 辛 雀 傷 丙
直 英 戊 符 開 丁	芮 壬	勾 輔 乙 陳 杜 庚
螣 禽 癸 蛇 驚 己	太 柱 丁 陰 死 乙	六 沖 己 合 景 辛

4. 갑자순(甲子旬) 정묘시(丁卯時)

순수(旬首) : 무(戊)

용간(用干) : 정(丁)

직부(直符) : 천영(天英)

직사(直使) : 경문(景門)

① 건궁(乾宮)의 천기(天己)·지신(地辛)은 유혼입묘(遊魂入墓), 습니오옥(濕泥汚玉), 천정득세(天庭得勢)이며 흉방(凶方)이다.

② 태궁(兌宮)의 천을(天乙)·지경(地庚)은 일기피형(日奇被刑), 기합태백(奇合太白)이며 반길반흉이다.

③ 곤궁(坤宮)의 천신(天辛)·지병(地丙)은 간합패사(干合孛師), 청룡회수(靑龍迴首), 천정득명(天庭得明)이며 반길반흉하나 상문(傷門)에 앉아 흉하다.

④ 리궁(離宮)의 천경(天庚)·지무(地戊)는 천옥동문(天獄同門), 유로무화(有爐無火), 태백봉은(太白逢恩)이며 흉방(凶方)이다.

⑤ 손궁(巽宮)의 천병(天丙)·지계(地癸)는 화개패사(華蓋孛師), 흑운차일(黑雲遮日), 기봉화개(奇逢華蓋)이며 흉방(凶方)이다.

⑥ 진궁(震宮)의 천무(天戊)·지정(地丁)은 천무성기(天武星奇), 화소적벽(火燒赤壁), 청룡요명(靑龍耀明)이며 길방(吉方)이다.

⑦ 간궁(艮宮)의 천계(天癸)·지기(地己)는 화개지호(華蓋地戶), 화개입명당(華蓋入明堂)이며 흉방(凶方)이다.

⑧ 감궁(坎宮)의 천정(天丁)·지을(地乙)은 성기일요(星奇日耀), 소전종작(燒田種作), 옥녀기생(玉女奇生)이며 길방(吉方)이다.

螣輔癸 蛇杜癸	直英戊 符景戊	九芮丙 天死丙
太沖丁 陰傷丁	禽壬	九柱庚 地驚庚
六任己 合生己	勾蓬乙 陳休乙	朱心辛 雀開辛

5. 갑자순(甲子旬) 무진시(戊辰時)

순수(旬首) : 무(戊)

용간(用干) : 무(戊)

직부(直符) : 천영(天英)

직사(直使) : 경문(景門)

① 건궁(乾宮)의 천신(天辛)·지신(地辛)은 복음천정(伏吟天庭), 복음상극(伏吟相剋), 천정자형(天庭自刑)이며 흉방(凶方)이다.

② 태궁(兌宮)의 천경(天庚)·지경(地庚)은 태백동궁(太白同宮), 태백중형(太白重刑), 복음전격(伏吟戰格)이며 흉방(凶方)이다.

③ 곤궁(坤宮)의 천병(天丙)·지병(地丙)은 월기패사(月奇孛師), 일월패사(日月孛師), 복음홍광(伏吟洪光)이며 흉방(凶方)이다.

④ 리궁(離宮)의 천무(天戊)·지무(地戊)는 천무복음(天武伏吟), 복음준산(伏吟峻山), 청룡입지(靑龍入地)이며 흉방(凶方)이다.

⑤ 손궁(巽宮)의 천계(天癸)·지계(地癸)는 천망사장(天網四張), 천망중장(天網重張), 복음천라(伏吟天羅)이며 흉방(凶方)이다.

⑥ 진궁(震宮)의 천정(天丁)·지정(地丁)은 기입태음(奇入太陰), 복음실위(伏吟失位), 기신상적(奇神相敵)이며 길방(吉方)이다.

⑦ 간궁(艮宮)의 천기(天己)·지기(地己)는 지호봉귀(地戶逢鬼), 복음연약(伏吟軟弱)이며 흉방(凶方)이다.

⑧ 감궁(坎宮)의 천을(天乙)·지을(地乙)은 일기복음(日奇伏吟), 복음잡초(伏吟雜草), 기중복기(奇中伏奇)이며 반길반흉하고 정(靜)하면 길하나 동(動)하면 흉하다.

九禽庚 地景癸	朱蓬辛 雀死戊	勾沖乙 陳驚丙
九輔丙 天杜丁	心壬	六任己 合開庚
直英戊 符傷己	螣芮癸 蛇生乙	太柱丁 陰休辛

6. 갑자순(甲子旬) 기사시(己巳時)

부수(符首) : 무(戊)

용간(用干) : 기(己)

직부(直符) : 천영(天英)

직사(直使) : 경문(景門)

① 건궁(乾宮)의 천정(天丁)·지신(地辛)은 주작투강(朱雀投江), 주작입옥(朱雀入獄), 소훼주옥(燒毁珠玉), 옥녀복호(玉女伏虎)이며 흉방(凶方)이다.

② 태궁(兌宮)의 천기(天己)·지경(地庚)은 형격반명(刑格返名), 전도형격(顚倒刑格), 명당복살(明堂伏殺)이며 흉방(凶方)이다.

③ 곤궁(坤宮)의 천을(天乙)·지병(地丙)은 기의순수(奇儀順遂), 삼기순수(三奇順遂)이며 길방(吉方)이다.

④ 리궁(離宮)의 천신(天辛)·지무(地戊)는 반음피상(反吟被傷), 곤룡피상(困龍被傷), 용호쟁강(龍虎爭强)이며 흉방(凶方)이다.

⑤ 손궁(巽宮)의 천경(天庚)·지계(地癸)는 반음대격(反吟大格), 태백충형(太白沖刑)이며 흉방(凶方)이다.

⑥ 진궁(震宮)의 천병(天丙)·지정(地丁)은 삼기순수(三奇順邃)이며 길방(吉方)이다.

⑦ 간궁(艮宮)의 천무(天戊)·지기(地己)는 천문몽진(天門蒙塵), 귀인입옥(貴人入獄), 청룡상합(靑龍相合)이며 흉방(凶方)이다.

⑧ 감궁(坎宮)의 천계(天癸)·지을(地乙)은 화개봉성(華蓋逢星), 이화춘우(梨花春雨), 일침구지(日沈九地)이며 반길반흉하고 문(門)이 길하면 길하고 문(門)이 흉하면 흉하다.

六合 心死 己癸	太陰 芮驚 丁戊	螣蛇 輔開 癸丙
勾陳 禽景 乙丁		柱 壬	直符 英休 戊庚
朱雀 蓬杜 辛己	九地 沖傷 庚乙	九天 任生 丙辛

7. 갑자순(甲子旬) 경오시(庚午時)

부수(符首) : 무(戊)

용간(用干) : 경(庚)

직부(直符) : 천영(天英)

직사(直使) : 경문(景門)

① 건궁(乾宮)의 천병(天丙)·지신(地辛)은 일월상회(日月相會), 기신생합(奇神生合)이며 길방(吉方)이다.

② 태궁(兌宮)의 천무(天戊)·지경(地庚)은 천무입옥(天武入獄), 조주위학(助紂爲虐), 직부비궁(直符飛宮), 청룡지세(靑龍持勢)이며 흉방(凶方)이다.

③ 곤궁(坤宮)의 천계(天癸)·지병(地丙)은 화개패사(華蓋孛師), 명당범패(明堂犯悖)이며 길방(吉方)이다.

④ 리궁(離宮)의 천정(天丁)·지무(地戊)는 성기승룡(星奇乘龍), 유화유로(有火有爐), 청룡득광(靑龍得光), 옥녀신룡(玉女神龍)이며 길방(吉方)이다.

⑤ 손궁(巽宮)의 천기(天己)·지계(地癸)는 지형현무(地刑玄武), 명당합화개(明堂合華蓋)이며 흉방(凶方)이다.

⑥ 진궁(震宮)의 천을(天乙)·지정(地丁)은 기의상좌(奇儀相佐), 삼기상좌(三奇相佐), 기조옥녀(奇助玉女)이며 길방(吉方)이다.

⑦ 간궁(艮宮)의 천신(天辛)·지기(地己)는 입옥자형(入獄自刑), 호좌명당(虎坐明堂)이며 흉방(凶方)이다.

⑧ 감궁(坎宮)의 천경(天庚)·지을(地乙)은 태백봉성(太白逢星), 태백탐합(太白貪合)이며 반길반흉하고 동(動)하면 흉하고 정(靜)하여 지키면 길하다.

8. 갑자순(甲子旬) 신미시(辛未時)

勾柱乙 陳傷癸	六沖己 合杜戊	太禽丁 陰景丙
朱心辛 雀生丁	任壬	螣蓬癸 蛇死庚
九芮庚 地休己	九輔丙 天開乙	直英戊 符驚辛

순수(旬首) : 무(戊)

용간(用干) : 신(辛)

직부(直符) : 천영(天英)

직사(直使) : 경문(景門)

① 건궁(乾宮)의 천무(天戊)·지신(地辛)은 반음설기(反吟洩氣), 청룡절족(靑龍折足), 청룡상침(靑龍相侵)이며 흉방(凶方)이다.

② 태궁(兌宮)의 천계(天癸)·지경(地庚)은 태백입망(太白入網), 반음침백(反吟浸白), 천망범충(天網犯沖)이며 흉방(凶方)이다.

③ 곤궁(坤宮)의 천정(天丁)·지병(地丙)은 성수월전(星隨月轉), 항아분월(嫦娥奔月), 기신합명(奇神合明)이며 길방(吉方)이다.

④ 리궁(離宮)의 천기(天己)·지무(地戊)는 육합천문(六合天門), 견우청룡(犬遇靑龍), 명당종록(明堂從祿)이며 반길반흉하나 두문(杜門)을 만나 흉하다.

⑤ 손궁(巽宮)의 천을(天乙)·지계(地癸)는 화개봉성(華蓋逢星), 녹야조로(綠野朝露)이며 반길반흉하다.

⑥ 진궁(震宮)의 천신(天辛)·지정(地丁)은 옥신득기(玉神得奇), 백호수상(白虎受傷)이며 길방(吉方)이다.

⑦ 간궁(艮宮)의 천경(天庚)·지기(地己)는 관부형격(官符刑格), 태백대형(太白大刑)이며 흉방(凶方)이다.

⑧ 감궁(坎宮)의 천병(天丙)·지을(地乙)은 일월병행(日月幷行), 염양려화(艶陽麗花)이며 길방(吉方)이다.

太任丙 陰開癸	螣輔庚 蛇休戊	直心辛 符生丙
六柱戊 合驚丁	英壬	九芮乙 天傷庚
勾沖癸 陳死己	朱禽丁 雀景乙	九蓬己 地杜辛

9. 갑오순(甲午旬) 병신시(丙申時)

순수(旬首) : 신(辛)

용간(用干) : 병(丙)

직부(直符) : 천심(天心)

직사(直使) : 개문(開門)

① 건궁(乾宮)의 천기(天己)·지신(地辛)은 유혼입묘(遊魂入墓), 습니오옥(濕泥汚玉)이며 흉방(凶方)이다.

② 태궁(兌宮)의 천을(天乙)·지경(地庚)은 일기피형(日奇被刑)이며 반길반흉하나 상문(傷門)이 낙입(落入)되어 흉하다.

③ 곤궁(坤宮)의 천신(天辛)·지병(地丙)은 간합패사(干合孛師)이며 반길반흉하나 생문(生門)이 낙좌(落坐)하여 길하다.

④ 리궁(離宮)의 천경(天庚)·지무(地戊)는 천옥동문(天獄同門), 태백복궁(太白伏宮), 유로무화(有爐無火)이며 흉방(凶方)이다.

⑤ 손궁(巽宮)의 천병(天丙)·지계(地癸)는 화개패사(華蓋孛師), 흑운차일(黑雲遮日)이며 흉방(凶方)이다.

⑥ 진궁(震宮)의 천무(天戊)·지정(地丁)은 천무성기(天武星奇), 화소적벽(火燒赤壁), 청룡광명(靑龍光明)이며 길방(吉方)이다.

⑦ 간궁(艮宮)의 천계(天癸)·지기(地己)는 화개지호(華蓋地戶)이며 흉방(凶方)이다.

⑧ 감궁(坎宮)의 천정(天丁)·지을(地乙)은 성기일요(星奇日耀),

소전종작(燒田種作), 옥녀기생(玉女奇生)이며 길방(吉方)이다.

九 任 庚 天 杜 壬	九 輔 丙 地 景 乙	朱 心 戊 雀 死 丁
直 柱 己 符 傷 癸	英 辛	勾 芮 癸 陳 驚 己
螣 冲 丁 蛇 生 戊	太 禽 乙 陰 休 丙	六 蓬 壬 合 開 庚

10. 갑술순(甲戌旬) 계미시(癸未時)

순수(旬首) : 기(己)

용간(用干) : 계(癸)

직부(直符) : 천주(天柱)

직사(直使) : 경문(驚門)

① 건궁(乾宮)의 천임(天壬)·지경(地庚)은 태백금사(太白擒蛇), 등사상전(螣蛇相纏)이며 흉방(凶方)이다.

② 태궁(兌宮)의 천계(天癸)·지기(地己)는 화개지호(華蓋地戶)이며 흉방(凶方)이다.

③ 곤궁(坤宮)의 천무(天戊)·지정(地丁)은 천무성기(天武星奇), 화소적벽(火燒赤壁)이며 길방(吉方)이다.

④ 리궁(離宮)의 천병(天丙)·지을(地乙)은 일월병행(日月並行), 염양려화(艶陽麗花)이며 길방(吉方)이다.

⑤ 손궁(巽宮)의 천경(天庚)·지임(地壬)은 소격형명(小格刑名), 모산소격(耗散小格)이며 흉방(凶方)이다.

⑥ 진궁(震宮)의 천기(天己)·지계(地癸)는 지형현무(地刑玄武)이며 흉방(凶方)이다.

⑦ 간궁(艮宮)의 천정(天丁)·지무(地戊)는 성기승룡(星奇乘龍),

유화유로(有火有爐)이며 길방(吉方)이다.

⑧ 감궁(坎宮)의 천을(天乙)·지병(地丙)은 기의순수(奇儀順遂),
   삼기순수(三奇順遂)이며 길방(吉方)이다.

六沖戊 合驚癸	太任丙 陰開戊	螣蓬庚 蛇休丙
勾芮癸 陳死丁	輔壬	直心辛 符生庚
朱柱丁 雀景己	九英己 地杜乙	九禽乙 天傷辛

11. 갑오순(甲午旬) 경자시(庚子時)

순수(旬首) : 신(辛)

용간(用干) : 경(庚)

직부(直符) : 천심(天心)

직사(直使) : 개문(開門)

① 건궁(乾宮)의 천을(天乙)·지신(地辛)은 청룡도주(靑龍逃走)이
   며 흉방(凶方)이다.

② 태궁(兌宮)의 천신(天辛)·지경(地庚)은 백호출력(白虎出力)이
   며 흉방(凶方)이다.

③ 곤궁(坤宮)의 천경(天庚)·지병(地丙)은 태백입형(太白入熒)이
   며 흉방(凶方)이다.

④ 리궁(離宮)의 천병(天丙)·지무(地戊)는 월기득사(月奇得使)이
   며 길방(吉方)이다.

⑤ 손궁(巽宮)의 천무(天戊)·지계(地癸)는 암석침식(岩石浸蝕),
   청룡화개(靑龍華蓋), 천무지장(天武地藏)이며 반길반흉하나 경
   문(驚門)이 앉아 흉하다.

⑥ 진궁(震宮)의 천계(天癸)·지정(地丁)은 등사요교(螣蛇妖嬌)이며 흉방(凶方)이다.

⑦ 간궁(艮宮)의 천정(天丁)·지기(地己)는 화입구진(火入勾陳), 성타구진(星墮勾陳)이며 흉방(凶方)이다.

⑧ 감궁(坎宮)의 천기(天己)·지을(地乙)은 묘신불명(墓神不明), 유정밀의(柔情密意)이며 반길반흉하다.

12. 갑오순(甲午旬) 정유시(丁酉時)

柱　　乙 天休癸	沖　　己 地生戊	禽　　丁 雀傷丙
心　　辛 符開丁	任壬	蓬　　癸 陳杜庚
芮　　庚 蛇驚己	輔　　丙 陰死乙	英　　戊 合景辛

순수(旬首) : 신(辛)

용간(用干) : 정(丁)

직부(直符) : 천심(天心)

직사(直使) : 개문(開門)

① 건궁(乾宮)의 천무(天戊)·지신(地辛)은 객방(客方)이 주방(主方)을 생(生)하니 주방(主方)은 정(靜)하면 좋다.

② 태궁(兌宮)의 천계(天癸)·지경(地庚)은 주방(主方)이 객방(客方)을 생(生)하니 객방(客方)은 동(動)하면 좋다.

③ 곤궁(坤宮)의 천정(天丁)·지병(地丙)은 주방(主方)과 객방(客方)이 비조(比助)되니 주방(主方)은 정(靜)하면 좋고 객방(客方)은 동(動)하면 좋다.

④ 리궁(離宮)의 천기(天己)·지무(地戊)는 주방(主方)과 객방(客

方)이 비조(比助)되지만 천충(天沖) 목성(木星)이 객방(客方)을 극(剋)하니 주객(主客) 모두 정(靜)하면서 지키는 것이 좋다.

⑤ 손궁(巽宮)의 천을(天乙)·지계(地癸)는 주방(主方)이 객방(客方)을 생(生)하니 객방(客方)은 동(動)하면 좋다.

⑥ 진궁(震宮)의 천신(天辛)·지정(地丁)은 주방(主方)이 객방(客方)을 극(剋)하니 객방(客方)은 동(動)하면 좋지 않다.

⑦ 간궁(艮宮)의 천경(天庚)·지기(地己)는 주방(主方)이 객방(客方)을 생(生)하니 객방(客方)은 동(動)하면 좋다.

⑧ 감궁(坎宮)의 천병(天丙)·지을(地乙)은 주방(主方)이 객방(客方)을 생(生)함므로 객방(客方)은 동(動)하면 좋다.

13. 갑술순(甲戌旬) 임오시(壬午時)

柱 己 符 休 壬	沖 庚 天 生 乙	禽 丙 地 傷 丁
心 丁 蛇 開 癸	任 辛	蓬 戊 雀 杜 己
芮 乙 陰 驚 戊	輔 壬 合 死 丙	英 癸 陳 景 庚

순수(旬首) : 기(己)

용간(用干) : 임(壬)

직부(直符) : 천주(天柱)

직사(直使) : 경문(驚門)

① 건궁(乾宮)의 천계(天癸)·지경(地庚)은 주방(主方)이 객방(客方)을 생(生)하니 객방(客方)은 동(動)하면 좋다.

② 태궁(兌宮)의 천무(天戊)·지기(地己)는 주객방(主客方)이 비조(比助)되고 천봉(天蓬) 수성(水星)이 낙입(落入)되므로 객방(客

方)은 동정(動靜) 모두 장애가 따른다.

③ 곤궁(坤宮)의 천병(天丙)·지정(地丁)은 주객방(主客方)이 비조(比助)되고 천금(天禽) 토성(土星)이 낙입(落入)되므로 객방(客方)은 한 번 동(動)하면 반드시 소모한다.

④ 리궁(離宮)의 천경(天庚)·지을(地乙)은 주객방(主客方)이 합화금(合化金)되므로 객방(客方)은 동(動)하면 좋다.

⑤ 손궁(巽宮)의 천기(天己)·지임(地壬)은 객방(客方)이 주방(主方)을 극(剋)하니 객방(客方)은 동(動)하면 좋다.

⑥ 진궁(震宮)의 천정(天丁)·지계(地癸)는 주방(主方)이 객방(客方)을 극(剋)하니 주방(主方)은 정(靜)하면 좋다.

⑦ 간궁(艮宮)의 천을(天乙)·지무(地戊)는 객방(客方)이 주방(主方)을 극(剋)하니 객방(客方)은 동(動)하면 좋다.

⑧ 감궁(坎宮)의 천임(天壬)·지병(地丙)은 객방(客方)이 주방(主方)을 극(剋)하니 객방(客方)은 동(動)하면 좋다.

14. 갑오순(甲午旬) 신축시(辛丑時)

輔　癸 陳 生 癸	英　戊 合 傷 戊	芮　丙 陰 杜 丙
沖　丁 雀 休 丁	禽 壬	柱　庚 蛇 景 庚
任　己 地 開 己	蓬　乙 天 驚 乙	心　辛 符 死 辛

순수(旬首) : 신(辛)

용간(用干) : 신(辛)

직부(直符) : 천심(天心)

직사(直使) : 개문(開門)

① 건궁(乾宮)의 천신(天辛)·지신(地辛)은 객방(客方)과 주방(主方)이 비조(比助)되고 천심(天心) 금성(金星)이 낙입(落入)되므로 객방(客方)은 동(動)하면 좋다.

② 태궁(兌宮)의 천경(天庚)·지경(地庚)은 주방(主方)과 객방(客方)이 비조(比助)되고 천주(天柱) 금성(金星)이 낙입(落入)되므로 객방(客方)은 동(動)하면 좋다.

③ 곤궁(坤宮)의 천병(天丙)·지병(地丙)은 천예(天芮)가 낙입(落入)되므로 객방(客方)은 동(動)하면 좋지 않다.

④ 리궁(離宮)의 천무(天戊)·지무(地戊)는 천영(天英)이 낙입(落入)되므로 객방(客方)은 동(動)하면 좋지 않다.

⑤ 손궁(巽宮)의 천계(天癸)·지계(地癸)는 천보(天輔)가 낙입(落入)되므로 객방(客方)은 동(動)하면 좋지 않다.

⑥ 진궁(震宮)의 천정(天丁)·지정(地丁)은 천충(天沖)이 낙입(落入)되므로 객방(客方)은 동(動)하면 좋다.

⑦ 간궁(艮宮)의 천기(天己)·지기(地己)는 천임(天任)이 낙입(落入)되므로 객방(客方)은 동(動)하면 좋다.

⑧ 감궁(坎宮)의 천을(天乙)·지을(地乙)은 천봉(天蓬)이 낙입(落入)되므로 객방(客方)은 동(動)하면 좋다.

蓬　庚 地 休 壬	心　丙 雀 生 乙	任　戊 陳 傷 丁
英　己 天 開 癸	芮　辛	輔　癸 合 杜 己
禽　丁 符 驚 戊	柱　乙 蛇 死 丙	沖　壬 陰 景 庚

순수(旬首) : 신(辛)

용간(用干) : 무(戊)

직부(直符) : 천금(天禽)

직사(直使) : 사문(死門)

① 건궁(乾宮)의 천임(天壬)·지경(地庚)은 주방(主方)이 객방(客方)을 생(生)하니 객방(客方)은 동(動)하면 좋다.

② 태궁(兌宮)의 천계(天癸)·지기(地己)는 주방(主方)이 객방(客方)을 극(剋)하니 객방(客方)은 동(動)하면 좋지 않다.

③ 곤궁(坤宮)의 천무(天戊)·지정(地丁)은 주방(主方)이 객방(客方)을 생(生)하니 객방(客方)은 동(動)하면 좋다.

④ 리궁(離宮)의 천병(天丙)·지을(地乙)은 주방(主方)이 객방(客方)을 생(生)하니 객방(客方)은 동(動)하면 좋다.

⑤ 손궁(巽宮)의 천경(天庚)·지임(地壬)은 객방(客方)이 주방(主方)을 생(生)하니 주방(主方)은 정(靜)하면 좋다.

⑥ 진궁(震宮)의 천기(天己)·지계(地癸)는 객방(客方)이 주방(主方)을 극(剋)하니 객방(客方)이 한 번 동(動)하면 주방(主方)은 반드시 극(剋)을 받는다.

⑦ 간궁(艮宮)의 천정(天丁)·지무(地戊)는 객방(客方)이 주방(主方)을 생(生)하니 주방(主方)은 정(靜)하면 좋다.

⑧ 감궁(坎宮)의 천을(天乙)·지병(地丙)은 객방(客方)이 주방(主方)을 생(生)하니 객방(客方)이 한 번 동(動)하면 주방(主方)은 이익을 본다.

芮 癸 合 景 壬	柱 壬 陰 死 乙	英 乙 蛇 驚 丁
蓬 戊 陳 柱 癸	沖 辛	禽 丁 符 開 己
心 丙 雀 傷 戊	任 庚 地 生 丙	輔 己 天 休 庚

16. 갑오순(甲午旬) 기해시(己亥時)

순수(旬首) : 신(辛)

용간(用干) : 기(己)

직부(直符) : 천금(天禽)

직사(直使) : 사문(死門)

① 건궁(乾宮)의 천기(天己)·지경(地庚)은 객방(客方)이 주방(主方)을 생(生)하니 주방(主方)은 정(靜)하면 좋다.

② 태궁(兌宮)의 천정(天丁)·지기(地己)는 객방(客方)이 주방(主方)을 생(生)하니 객방(客方)이 한 번 동(動)하면 주방(主方)은 이득을 얻는다.

③ 곤궁(坤宮)의 천을(天乙)·지정(地丁)은 객방(客方)이 주방(主方)을 생(生)하니 주방(主方)은 정(靜)하면 좋다.

④ 리궁(離宮)의 천임(天壬)·지을(地乙)은 객방(客方)이 주방(主方)을 생(生)하니 객방(客方)은 동(動)하면 좋지 않다.

⑤ 손궁(巽宮)의 천계(天癸)·지임(地壬)은 객방(客方)과 주방(主方)이 비소(比助)되고 천예성(天芮星)이 낙입(落入)되므로 주방

(主方)은 정(靜)하면 좋다.

⑥ 진궁(震宮)의 천무(天戊)·지계(地癸)는 객방(客方)과 주방(主方)이 합화화(合化火)되므로 객방(客方)이 동(動)하면 주방(主方)은 이롭지 않다.

⑦ 간궁(艮宮)의 천병(天丙)·지무(地戊)는 객방(客方)이 주방(主方)을 생(生)하니 주방(主方)은 정(靜)하면 좋다.

⑧ 감궁(坎宮)의 천경(天庚)·지병(地丙)은 주방(主方)이 객방(客方)을 극(剋)하니 객방(客方)은 동(動)하면 좋지 않다.

17. 갑진순(甲辰旬) 갑진시(甲辰時)

輔　癸 陰 杜 癸	英　戊 蛇 景 戊	芮　丙 符 死 丙
沖　丁 合 傷 丁	禽 壬	柱　庚 天 驚 庚
任　己 陳 生 己	蓬　乙 雀 休 乙	心　辛 地 開 辛

순수(旬首) : 임(壬)

용간(用干) : 임(壬)

직부(直符) : 천금(天禽)

직사(直使) : 사문(死門)

① 건궁(乾宮)의 천신(天辛)·지신(地辛)은 천심성(天心星)이 낙입(落入)되므로 객방(客方)은 동(動)하면 좋고 주방(主方)은 정(靜)하면 좋다.

② 태궁(兌宮)의 천경(天庚)·지경(地庚)은 천주성(天柱星)이 낙입(落入)되므로 객방(客方)은 정(靜)하면 불리하고 주방(主方)은 동(動)하면 불리하다.

③ 곤궁(坤宮)의 천병(天丙)·지병(地丙)은 천예성(天芮星)이 낙입 (落入)되므로 객방(客方)은 동(動)하면 좋지 않다.

④ 리궁(離宮)의 천무(天戊)·지무(地戊)는 천영성(天英星)이 낙입 (落入)되므로 주방(主方)은 정(靜)하면 좋다.

⑤ 손궁(巽宮)의 천계(天癸)·지계(地癸)는 천보성(天輔星)이 낙입 (落入)되므로 객방(客方)은 동(動)하면 좋지 않다.

⑥ 진궁(震宮)의 천정(天丁)·지정(地丁)은 천충성(天沖星)이 낙입 (落入)되므로 객방(客方)은 동(動)하면 좋다.

⑦ 간궁(艮宮)의 천기(天己)·지기(地己)는 천임성(天任星)이 낙입 (落入)되므로 객방(客方)은 동(動)하면 좋다.

⑧ 감궁(坎宮)의 천을(天乙)·지을(地乙)은 천봉성(天蓬星)이 낙입 (落入)되므로 객방(客方)은 동(動)하면 좋다.

任　乙 雀　死　癸	輔　己 陳　驚　戊	心　丁 合　開　丙
柱　辛 地　景　丁	英　壬	芮　癸 陰　休　庚
沖　庚 天　杜　己	禽　丙 符　傷　乙	蓬　戊 蛇　生　辛

18. 갑진순(甲辰旬) 을사시(乙巳時)

순수(旬首) : 임(壬)

용간(用干) : 을(乙)

직부(直符) : 천금(天禽)

직사(直使) : 사문(死門)

① 건궁(乾宮)의 천무(天戊)·지신(地辛)은 객방(客方)이 주방(主 方)을 생(生)하니 주방(主方)은 정(靜)하면 좋고, 객방(客方)은 동(動)하면 반드시 모손(耗損)한다.

② 태궁(兌宮)의 천계(天癸)·지경(地庚)은 주방(主方)이 객방(客方)을 생(生)하니 객방(客方)은 동(動)하면 좋다.

③ 곤궁(坤宮)의 천정(天丁)·지병(地丙)은 천심성(天心星)이 낙입(落入)되므로 주방(主方)은 정(靜)하면 좋고, 객방(客方)은 동(動)하면 막힘이 있다.

④ 리궁(離宮)의 천기(天己)·지무(地戊)는 천보성(天輔星)이 낙입(落入)되므로 객방(客方)은 동(動)하면 좋지 않다.

⑤ 손궁(巽宮)의 천을(天乙)·지계(地癸)는 주방(主方)이 객방(客方)을 생(生)하니 주방(主方)은 동(動)하면 좋지 않다.

⑥ 진궁(震宮)의 천신(天辛)·지정(地丁)은 주방(主方)이 객방(客方)을 극(剋)하니 객방(客方)은 동(動)하면 좋지 않다.

⑦ 간궁(艮宮)의 천경(天庚)·지기(地己)는 주방(主方)이 객방(客方)을 생(生)하니 객방(客方)은 동(動)하면 좋다.

⑧ 감궁(坎宮)의 천병(天丙)·지을(地乙)은 주방(主方)이 객방(客方)을 생(生)하니 주방(主方)은 정(靜)하면 좋다.

19. 갑오순(甲午旬) 무술시(戊戌時)

蓬　庚 蛇　死　癸	心　辛 符　驚　戊	任　乙 天　開　丙
英　丙 陰　景　丁	芮　壬	輔　己 地　休　庚
禽　戊 合　杜　己	柱　癸 陳　傷　乙	沖　丁 雀　生　辛

순수(旬首) : 신(辛)

용간(用干) : 무(戊)

직부(直符) : 천심(天心)

직사(直使) : 개문(開門)

① 건궁(乾宮)의 천정(天丁)·지신(地辛)은 객방(客方)이 주방(主方)을 극(剋)하니 객방(客方)은 동(動)하면 좋다.

② 태궁(兌宮)의 천기(天己)·지경(地庚)은 객방(客方)이 주방(主方)을 생(生)하니 주방(主方)은 정(靜)하면 좋다.

③ 곤궁(坤宮)의 천을(天乙)·지병(地丙)은 객방(客方)이 주방(主方)을 생(生)하니 객방(客方)은 동(動)하면 좋지 않다.

④ 리궁(離宮)의 천신(天辛)·지무(地戊)는 주방(主方)이 객방(客方)을 생(生)하니 객방(客方)은 동(動)하면 좋다.

⑤ 손궁(巽宮)의 천경(天庚)·지계(地癸)는 객방(客方)이 주방(主方)을 생(生)하니 주방(主方)은 정(靜)하면 좋고, 객방(客方)은 동(動)하면 좋지 않다.

⑥ 진궁(震宮)의 천병(天丙)·지정(地丁)은 천영성(天英星)이 낙입(落入)되므로 객방(客方)은 동(動)하면 좋다.

⑦ 간궁(艮宮)의 천무(天戊)·지기(地己)는 천금성(天禽星)이 낙입(落入)되므로 객방(客方)은 동(動)하면 좋다.

⑧ 감궁(坎宮)의 천계(天癸)·지을(地乙)은 객방(客方)이 주방(主方)을 생(生)하니 주방(主方)은 정(靜)하면 좋다.

芮　　己 地 傷 癸	柱　　丁 雀 杜 戊	英　　癸 陳 景 丙
蓬　　乙 天 生 丁	沖 壬	禽　　戊 合 死 庚
心　　辛 符 休 己	任　　庚 蛇 開 乙	輔　　丙 陰 驚 辛

20. 갑오순(甲午旬) 기해시(己亥時)

순수(旬首) : 신(辛)

용간(用干) : 기(己)

직부(直符) : 천심(天心)

직사(直使) : 개문(開門)

① 건궁(乾宮)의 천병(天丙)·지신(地辛)은 주객방(主客方)이 합화
　 수(合化水)되고 천보성(天輔星)이 낙입(落入)되므로 객방(客方)
　 은 동(動)하면 좋고, 이 곳으로 행하면 반드시 위험하다.

② 태궁(兌宮)의 천무(天戊)·지경(地庚)은 객방(客方)이 주방(主
　 方)을 생(生)하니 주방(主方)은 정(靜)하면 좋다.

③ 곤궁(坤宮)의 천계(天癸)·지병(地丙)은 객방(客方)이 주방(主
　 方)을 극(剋)하니 객방(客方)은 동(動)하면 좋다.

④ 리궁(離宮)의 천정(天丁)·지무(地戊)는 객방(客方)이 주방(主
　 ·方)을 생(生)하니 객방(客方)은 동(動)하면 소모되고 주방(主
　 方)은 이익이 있다.

⑤ 손궁(巽宮)의 천기(天己)·지계(地癸)는 객방(客方)이 주방(主
　 方)을 극(剋)하니 객방(客方)은 동(動)하면 좋다.

⑥ 진궁(震宮)의 천을(天乙)·지정(地丁)은 객방(客方)이 주방(主
　 方)을 생(生)하니 주방(主方)은 정(靜)하면 좋다.

⑦ 간궁(艮宮)의 천신(天辛)·지기(地己)는 주방(主方)이 객방(客

方)을 생(生)하니 객방(客方)은 동(動)하면 좋다.

⑧ 감궁(坎宮)의 천경(天庚)·지을(地乙)은 주방(主方)과 객방(客方)이 합화금(合化金)되고 천임성(天任星)이 낙입(落入)되므로 객방(客方)은 동(動)하면 좋다.

21. 갑인순(甲寅旬) 무오시(戊午時)

任 丁 蛇 傷 癸	輔 癸 符 杜 戊	心 戊 天 景 丙
柱 己 陰 生 丁	英 壬	芮 丙 地 死 庚
沖 乙 合 休 己	禽 辛 陳 開 乙	蓬 庚 雀 驚 辛

순수(旬首) : 계(癸)

용간(用干) : 무(戊)

직부(直符) : 천보(天輔)

직사(直使) : 두문(杜門)

① 건궁(乾宮)의 천경(天庚)·지신(地辛)은 천봉성(天蓬星)이 낙입(落入)되므로 주방(主方)은 정(靜)하면 좋고, 객방(客方)은 동(動)하면 손해가 있다.

② 태궁(兌宮)의 천병(天丙)·지경(地庚)은 객방(客方)이 동(動)하면 주방(主方)은 상한다.

③ 곤궁(坤宮)의 천무(天戊)·지병(地丙)은 주방(主方)이 동(動)하면 객방(客方)은 이익이 있다.

④ 리궁(離宮)의 천계(天癸)·지무(地戊)는 객방(客方)이 동(動)하면 주방(主方)은 합(合)된다.

⑤ 손궁(巽宮)의 천정(天丁)·지계(地癸)는 객방(客方)은 동(動)하

면 좋지 않다.

⑥ 진궁(震宮)의 천기(天己)·지정(地丁)은 주방(主方)은 동(動)하
면 좋지 않다.

⑦ 간궁(艮宮)의 천을(天乙)·지기(地己)는 객방(客方)이 동(動)하
면 주방(主方)이 매우 불리하다.

⑧ 감궁(坎宮)의 천신(天辛)·지을(地乙)은 객방(客方)은 동(動)하
면 좋다.

英　　丙 地 死 癸	禽　　庚 雀 驚 戊	柱　　辛 陳 開 丙
任　　戊 天 景 丁	蓬 壬	沖　　乙 合 休 庚
輔　　癸 符 杜 己	心　　丁 蛇 傷 乙	芮　　己 陰 生 辛

22. 갑인순(甲寅旬) 기미시(己未時)

순수(旬首) : 계(癸)

용간(用干) : 기(己)

직부(直符) : 천보(天輔)

직사(直使) : 두문(杜門)

① 건궁(乾宮)의 천기(天己)·지신(地辛)은 객방(客方)이 동(動)하
면 주방(主方)은 이익이 있다.

② 태궁(兌宮)의 천을(天乙)·지경(地庚)은 주방(主方)은 정(靜)하
면 좋다.

③ 곤궁(坤宮)의 천신(天辛)·지병(地丙)은 객방(客方)이 동(動)하
면 주방(主方)은 합(合)된다.

④ 리궁(離宮)의 천경(天庚)·지무(地戊)는 객방(客方)은 동(動)하

면 좋다.

⑤ 손궁(巽宮)의 천병(天丙)·지계(地癸)는 객방(客方)은 동(動)하면 좋지 않고 동(動)하면 스스로 상한다. 주방(主方)은 정(靜)하면 좋다.

⑥ 진궁(震宮)의 천무(天戊)·지정(地丁)은 객방(客方)이 동(動)하면 주방(主方)은 스스로 소모된다.

⑦ 간궁(艮宮)의 천계(天癸)·지기(地己)는 객방(客方)은 동(動)하면 좋지 않다.

⑧ 감궁(坎宮)의 천정(天丁)·지을(地乙)은 주방(主方)은 동(動)하면 좋지 않다.

輔　　癸 陰 生 癸	英　　戊 蛇 傷 戊	芮　　丙 符 杜 丙
沖　　丁 合 休 丁	禽 壬	柱　　庚 天 景 庚
任　　己 陳 開 己	蓬　　乙 雀 驚 乙	心　　辛 地 死 辛

23. 갑진순(甲辰旬) 임자시(子時)

순수(旬首) : 임(壬)

용간(用干) : 임(壬)

직부(直符) : 천금(天禽)

직사(直使) : 사문(死門)

① 건궁(乾宮)의 천신(天辛)·지신(地辛)은 천심(天心)이 낙입(落入)되므로 객방(客方)은 동(動)하면 좋다.

② 태궁(兌宮)의 천경(天庚)·지경(地庚)은 천주(天柱)가 낙입(落入)되므로 주방(主方)은 정(靜)하면 좋다.

③ 곤궁(坤宮)의 천병(天丙)·지병(地丙)은 천예(天芮)가 낙입(落入)되므로 객방(客方)은 동(動)하면 모손(耗損)하니 좋지 않다.

④ 리궁(離宮)의 천무(天戊)·지무(地戊)는 천영(天英)이 낙입(落入)되므로 객방(客方)은 동(動)하면 이로움이 있다.

⑤ 손궁(巽宮)의 천계(天癸)·지계(地癸)는 천보(天輔)가 낙입(落入)되므로 주방(主方)과 객방(客方) 모두 정(靜)하면 좋다.

⑥ 진궁(震宮)의 천정(天丁)·지정(地丁)은 천충(天沖)이 낙입(落入)되므로 객방(客方)은 동(動)하면 좋다.

⑦ 간궁(艮宮)의 천기(天己)·지기(地己)는 천임(天任)이 낙입(落入)되므로 주방(主方)은 동(動)하면 좋지 않다.

⑧ 감궁(坎宮)의 천을(天乙)·지을(地乙)은 천봉(天蓬)이 낙입(落入)되므로 객방(客方)은 동(動)하면 좋다.

24. 갑오순(甲午旬) 계묘시(癸卯時)

心 辛 符 杜 癸	芮 乙 天 景 戊	輔 己 地 死 丙
禽 庚 蛇 傷 丁	柱 壬	英 丁 雀 驚 庚
蓬 丙 陰 生 己	沖 戊 合 休 乙	任 癸 陳 開 辛

순수(旬首) : 신(辛)

용간(用干) : 계(癸)

직부(直符) : 천심(天心)

직사(直使) : 개문(開門)

① 건궁(乾宮)의 천계(天癸)·지신(地辛)은 객방(客方)이 이긴다.

② 태궁(兌宮)의 천정(天丁)·지경(地庚)은 객방(客方)이 이긴다.

③ 곤궁(坤宮)의 천기(天己)·지병(地丙)은 객방(客方)이 이기고, 주방(主方)은 고수하는 것이 좋지 않다. 응전도 좋지 않고 응하면 먼저 퇴피해야 한다.

④ 리궁(離宮)의 천을(天乙)·지무(地戊)는 객방(客方)은 동(動)하면 좋다.

⑤ 손궁(巽宮)의 천신(天辛)·지계(地癸)는 주방(主方)이 이긴다. 주방(主方)은 쉬면서 역량을 준비했다가 적이 지쳤을 때 싸우는 것이 좋다.

⑥ 진궁(震宮)의 천경(天庚)·지정(地丁)은 객방(客方)이 전환하여 주방(主方)이 되면 좋다.

⑦ 간궁(艮宮)의 천병(天丙)·지기(地己)는 객방(客方)이 전환하여 동(動)하면 좋지 않다.

⑧ 감궁(坎宮)의 천무(天戊)·지을(地乙)은 객방(客方)은 주방(主方)이 되면 좋다.

心 己 陰 生 癸	芮 丁 蛇 傷 戊	輔 癸 符 杜 丙
禽 乙 合 休 丁	柱 壬	英 戊 天 景 庚
蓬 辛 陳 開 己	沖 庚 雀 驚 乙	任 丙 地 死 辛

25. 갑인순(甲寅旬) 병진시(丙辰時)

순수(旬首) : 계(癸)

용간(用干) : 병(丙)

직부(直符) : 천보(天輔)

직사(直使) : 두문(杜門)

① 건궁(乾宮)의 천병(天丙)·지신(地辛)은 주방(主方)이 전환하여 객방(客方)이 되면 좋다.

② 태궁(兌宮)의 천무(天戊)·지경(地庚)은 천영(天英)이 낙입(落入)되므로 객방(客方)은 동(動)하면 좋지 않고, 싸움은 주방(主方)이 이롭다.

③ 곤궁(坤宮)의 천계(天癸)·지병(地丙)은 객방(客方)은 동(動)하면 좋다.

④ 리궁(離宮)의 천정(天丁)·지무(地戊)는 객방(客方)이 주방(主方)이 되면 좋다.

⑤ 손궁(巽宮)의 천기(天己)·지계(地癸)는 주방(主方)이 객방(客方)이 되면 좋다.

⑥ 진궁(震宮)의 천을(天乙)·지정(地丁)은 주방(主方)은 정(靜)하면 좋다.

⑦ 간궁(艮宮)의 천신(天辛)·지기(地己)는 싸움의 이득은 객방(客方)에 있다.

⑧ 감궁(坎宮)의 천경(天庚)·지을(地乙)은 주방(主方)이 객방(客方)이 되면 좋다.

輔　　癸 符 杜 癸	英　　戊 天 景 戊	芮　　丙 地 死 丙
沖　　丁 蛇 傷 丁	禽 壬	柱　　庚 雀 驚 庚
任　　己 陰 生 己	蓬　　乙 合 休 乙	心　　辛 陳 開 辛

26. 갑인순(甲寅旬) 계해시(癸亥時)

순수(旬首) : 계(癸)

용간(用干) : 계(癸)

직부(直符) : 천보(天輔)

직사(直使) : 두문(杜門)

① 건궁(乾宮)의 천신(天辛)·지신(地辛)은 천심(天心)이 낙입(落入)되므로 싸움의 승리는 객방(客方)에 있다.

② 태궁(兌宮)의 천경(天庚)·지경(地庚)은 천주(天柱)가 낙입(落入)되므로 싸움은 객방(客方)이 이로우니 동(動)하면 좋다.

③ 곤궁(坤宮)의 천병(天丙)·지병(地丙)은 주방(主方)은 동(動)하면 좋지 않다.

④ 리궁(離宮)의 천무(天戊)·지무(地戊)는 싸움은 객방(客方)이 이로우니 동(動)하면 좋다.

⑤ 손궁(巽宮)의 천계(天癸)·지계(地癸)는 객방(客方)이 전환하여 주방(主方)이 되면 좋다.

⑥ 진궁(震宮)의 천정(天丁)·지정(地丁)은 주방(主方)이 전환하여 객방(客方)이 되면 좋다.

⑦ 간궁(艮宮)의 천기(天己)·지기(地己)는 싸움은 객방(客方)이 이로우니 동(動)하면 좋다.

⑧ 삼궁(坎宮)의 천을(天乙)·지을(地乙)은 객방(客方)이 이롭다.

蓬 乙 合 休 癸	心 己 陰 生 戊	任 丁 蛇 傷 丙
英 辛 陳 開 丁	芮 壬	輔 癸 符 杜 庚
禽 庚 雀 驚 己	杜 丙 地 死 乙	沖 戊 天 景 辛

27. 갑인순(甲寅旬) 경신시(庚申時)

순수(旬首) : 계(癸)

용간(用干) : 경(庚)

직부(直符) : 천보(天輔)

직사(直使) : 두문(杜門)

① 건궁(乾宮)의 천무(天戊)·지신(地辛)은 싸움의 승리는 주방(主方)에 있으니 정(靜)하면 좋다.

② 태궁(兌宮)의 천계(天癸)·지경(地庚)은 주방(主方)은 동(動)하면 모손(耗損)한다.

③ 곤궁(坤宮)의 천정(天丁)·지병(地丙)은 천임(天任)이 낙입(落入)되어 싸움은 주방(主方)이 이로우니 정(靜)하면 좋다.

④ 리궁(離宮)의 천기(天己)·지무(地戊)는 천심(天心)이 낙입(落入)되므로 객방(客方)은 동(動)하면 좋지 않다.

⑤ 손궁(巽宮)의 천을(天乙)·지계(地癸)는 주방(主方)이 좋지 않다.

⑥ 진궁(震宮)의 천신(天辛)·지정(地丁)은 객방(客方)이 불리하다.

⑦ 간궁(艮宮)의 천경(天庚)·지기(地己)는 주방(主方)은 동(動)하면 소모와 손실이 많다.

⑧ 감궁(坎宮)의 천병(天丙)·지을(地乙)은 객방(客方)은 동(動)하면 좋다.

芮 辛 陳 開 癸	柱 乙 合 休 戊	英 己 陰 生 丙
蓬 庚 雀 驚 丁	沖 壬	禽 丁 蛇 傷 庚
心 丙 地 死 己	任 戊 天 景 乙	輔 癸 符 杜 辛

28. 갑인순(甲寅旬) 신유시(辛酉時)

순수(旬首) : 계(癸)

용간(用干) : 신(辛)

직부(直符) : 천보(天輔)

직사(直使) : 두문(杜門)

① 건궁(乾宮)의 천계(天癸)・지신(地辛)은 주방(主方)은 동(動)하면 좋지 않다.

② 태궁(兌宮)의 천정(天丁)・지경(地庚)은 싸움은 객방(客方)이 이로우니 동(動)하면 좋다.

③ 곤궁(坤宮)의 천기(天己)・지병(地丙)은 주방(主方)이 동(動)하면 객방(客方)이 이긴다.

④ 리궁(離宮)의 천을(天乙)・지무(地戊)는 객방(客方)은 동(動)하면 좋다.

⑤ 손궁(巽宮)의 천신(天辛)・지계(地癸)는 객방(客方)이 동(動)하면 주방(主方)이 이긴다.

⑥ 진궁(震宮)의 천경(天庚)・지정(地丁)은 객방(客方)은 동(動)하면 좋지 않다.

⑦ 간궁(艮宮)의 천병(天丙)・지기(地己)는 객방(客方)은 정(靜)하면 좋고 크게 잃는 것은 없다.

⑧ 감궁(坎宮)의 천무(天戊)・지을(地乙)은 객방(客方)은 동(動)하

면 반드시 극(剋)을 받고, 주방(主方)이 되면 좋다.

柱　　癸 陰　驚癸	沖　　戊 蛇　開戊	禽　　丙 符　休丙
心　　丁 合　死丁	任 壬	蓬　　庚 天　生庚
芮　　己 陳　景己	輔　　乙 雀　杜乙	英　　辛 地　傷辛

29. 갑진순(甲辰旬) 병오시(丙午時)

순수(旬首) : 임(壬)

용간(用干) : 병(丙)

직부(直符) : 천금(天禽)

직사(直使) : 사문(死門)

① 건궁(乾宮)의 천신(天辛)·지신(地辛)은 천영성(天英星)이 낙입
(落入)되므로 주방(主方)이 승리하며 정(靜)하면 좋다.

② 태궁(兌宮)의 천경(天庚)·지경(地庚)은 주방(主方)이 승리하며
정(靜)하면 좋다.

③ 곤궁(坤宮)의 천병(天丙)·지병(地丙)은 객방(客方)은 동(動)하
면 좋지 않다.

④ 리궁(離宮)의 천무(天戊)·지무(地戊)는 객방(客方)이 주방(主
方)이 되면 좋다.

⑤ 손궁(巽宮)의 천계(天癸)·지계(地癸)는 주방(主方)은 정(靜)하
면 승리한다.

⑥ 진궁(震宮)의 천정(天丁)·지정(地丁)은 객방(客方)은 크게 동
(動)하면 좋다.

⑦ 간궁(艮宮)의 천기(天己)·지기(地己)는 싸움은 객방(客方)이

이롭고 동(動)하면 좋다.

⑧ 감궁(坎宮)의 천을(天乙)·지을(地乙)은 주방(主方)이 전환하여 객방(客方)이 되면 좋다.

30. 갑진순(甲辰旬) 정미시(丁未時)

心　　庚 天 杜 癸	芮　　辛 地 景 戊	輔　　乙 雀 死 丙
禽　　丙 符 傷 丁	柱 壬	英　　己 陳 驚 庚
蓬　　戊 蛇 生 己	沖　　癸 陰 休 乙	任　　丁 合 開 辛

순수(旬首) : 임(壬)

용간(用干) : 정(丁)

직부(直符) : 천금(天禽)

직사(直使) : 사문(死門)

① 건궁(乾宮)의 천정(天丁)·지신(地辛)은 객방(客方)에 싸움의 이득이 있고 동(動)하면 좋다.

② 태궁(兌宮)의 천기(天己)·지경(地庚)은 주방(主方)은 정(靜)하면 좋다.

③ 곤궁(坤宮)의 천을(天乙)·지병(地丙)은 객방(客方)이 동(動)하면 주방(主方)이 매우 이롭다.

④ 리궁(離宮)의 천신(天辛)·지무(地戊)는 객방(客方)이 동(動)하면 주방(主方)은 반드시 손해를 본다.

⑤ 손궁(巽宮)의 천경(天庚)·지계(地癸)는 주방(主方)이 승리하고 정(靜)하면 좋다.

⑥ 진궁(震宮)의 천병(天丙)·지정(地丁)은 천금성(天禽星)이 낙입

(落入)되므로 주방(主方)이 이기고 정(靜)하면 좋다.

⑦ 간궁(艮宮)의 천무(天戊)·지기(地己)는 객방(客方)은 동(動)하면 막힘이 있다.

⑧ 감궁(坎宮)의 천계(天癸)·지을(地乙)은 주방(主方)은 정(靜)하면 좋다.

31. 갑자순(甲子旬) 계유시(癸酉時)

英 戊 符 杜 癸	禽 丙 天 景 戊	柱 庚 地 死 丙
任 癸 蛇 傷 丁	蓬 壬	沖 辛 雀 驚 庚
輔 丁 陰 生 己	心 己 合 休 乙	芮 乙 陳 開 辛

순수(旬首) : 무(戊)

용간(用干) : 계(癸)

직부(直符) : 천영(天英)

직사(直使) : 경문(景門)

① 건궁(乾宮)의 천을(天乙)·지신(地辛)은 객방(客方)은 동(動)하면 좋지 않다.

② 태궁(兌宮)의 천신(天辛)·지경(地庚)은 천충성(天沖星)이 낙입(落入)되니 객방(客方)은 한 번 동(動)하면 반드시 방해가 있다.

③ 곤궁(坤宮)의 천경(天庚)·지병(地丙)은 객방(客方)은 동(動)하면 피해가 있다.

④ 리궁(離宮)의 천병(天丙)·지무(地戊)는 주방(主方)은 정(靜)하면 좋고 반드시 이긴다.

⑤ 손궁(巽宮)의 천무(天戊)·지계(地癸)는 주방(主方)이 전환하여

객방(客方)이 되면 좋다.

⑥ 진궁(震宮)의 천계(天癸)·지정(地丁)은 객방(客方)에 싸움의 이득이 있고 동(動)하면 좋다.

⑦ 간궁(艮宮)의 천정(天丁)·지기(地己)는 주방(主方)에 싸움의 이득이 있고 정(靜)하면 좋다.

⑧ 감궁(坎宮)의 천기(天己)·지을(地乙)은 객방(客方)은 동(動)하면 반드시 패한다.

芮 丁 合 開 癸	柱 癸 陰 休 戊	英 戊 蛇 生 丙
蓬 己 陳 驚 丁	沖 壬	禽 丙 符 傷 庚
心 乙 雀 死 己	任 辛 地 景 乙	輔 庚 天 杜 辛

32. 갑진순(甲辰旬) 경술시(庚戌時)

순수(旬首) : 임(壬)

용간(用干) : 경(庚)

직부(直符) : 천금(天禽)

직사(直使) : 사문(死門)

① 건궁(乾宮)의 천경(天庚)·지신(地辛)은 천보(天輔)가 낙입(落入)되므로 주방(主方)은 고요히 수비하는 것이 좋고, 객방(客方)은 동(動)하면 막힘이 따른다.

② 태궁(兌宮)의 천병(天丙)·지경(地庚)은 객방(客方)이 동(動)하면 주방(主方)은 반드시 패한다.

③ 곤궁(坤宮)의 천무(天戊)·지병(地丙)은 주방(主方)이 동(動)하면 객방(客方)은 반드시 이긴다.

④ 리궁(離宮)의 천계(天癸)·지무(地戊)는 객방(客方)이 전환하여 주방(主方)이 되면 좋다.

⑤ 손궁(巽宮)의 천정(天丁)·지계(地癸)는 주방(主方)이 싸움에서 이기고 정(靜)하면 좋다.

⑥ 진궁(震宮)의 천기(天己)·지정(地丁)은 주방(主方)이 동(動)하면 객방(客方)은 반드시 승리한다.

⑦ 간궁(艮宮)의 천을(天乙)·지기(地己)는 객방(客方)은 동(動)하면 좋다.

⑧ 감궁(坎宮)의 천신(天辛)·지을(地乙)은 객방(客方)이 동(動)하면 주방(主方)은 반드시 패한다.

33. 갑진순(甲辰旬) 신해시(辛亥時)

沖　己 陳 傷 癸	任　丁 合 杜 戊	蓬　癸 陰 景 丙
芮　乙 雀 生 丁	輔　壬	心　戊 蛇 死 庚
杜　辛 地 休 己	英　庚 天 開 乙	禽　丙 符 驚 辛

순수(旬首) : 임(壬)

용간(用干) : 신(辛)

직부(直符) : 천금(天禽)

직사(直使) : 사문(死門)

① 건궁(乾宮)의 천병(天丙)·지신(地辛)은 주방(主方)은 객방(客方)이 되면 좋다.

② 태궁(兌宮)의 천무(天戊)·지경(地庚)은 객방(客方)이 동(動)하면 주방(主方)은 반드시 승리한다.

③ 곤궁(坤宮)의 천계(天癸)·지병(地丙)은 싸움의 승리는 객방(客方)에 있고 동(動)하면 좋다.

④ 리궁(離宮)의 천정(天丁)·지무(地戊)는 객방(客方)이 동(動)하면 주방(主方)은 반드시 승리한다.

⑤ 손궁(巽宮)의 천기(天己)·지계(地癸)는 객방(客方)이 동(動)하면 주방(主方)은 반드시 패한다.

⑥ 진궁(震宮)의 천을(天乙)·지정(地丁)은 객방(客方)이 동(動)하면 주방(主方)은 반드시 승리한다.

⑦ 간궁(艮宮)의 천신(天辛)·지기(地己)는 주방(主方)이 동(動)하면 객방(客方)은 반드시 승리한다.

⑧ 감궁(坎宮)의 천경(天庚)·지을(地乙)은 싸움은 객방(客方)이 이롭고 동(動)하면 좋다. 주방(主方)이 전환하여 객방(客方)이 되면 좋다.

蓬 辛 陰 死 癸	心 乙 蛇 驚 戊	任 己 符 開 丙
英 庚 合 景 丁	芮 壬	輔 丁 天 休 庚
禽 丙 陳 杜 己	柱 戊 雀 傷 乙	沖 癸 地 生 辛

34. 갑술순(甲戌旬) 병자시(丙子時)

순수(旬首) : 기(己)

용간(用干) : 병(丙)

직부(直符) : 천임(天任)

직사(直使) : 생문(生門)

① 건궁(乾宮)은 생문(生門)이 건궁(乾宮)을 생(生)하니 주방(主方)이 이롭고, 주방(主方)이 동(動)하면 객방(客方)이 이롭다.

② 태궁(兌宮)은 궁괘(宮卦)가 휴문(休門)을 생(生)하니 객방(客方)이 이롭고, 객방(客方)은 동(動)하면 대승한다.

③ 곤궁(坤宮)은 궁괘(宮卦)가 개문(開門)을 생(生)하니 객방(客方)이 이롭고, 객방(客方)이 동(動)하면 주방(主方)은 반드시 손해가 따른다.

④ 리궁(離宮)은 궁괘(宮卦)가 경문(驚門)을 극(剋)하니 주방(主方)이 이롭고, 주방(主方)이 동(動)하면 객방(客方)이 승리한다.

⑤ 손궁(巽宮)은 궁괘(宮卦)가 사문(死門)을 극(剋)하니 주방(主方)이 이롭고 정(靜)하면 좋다.

⑥ 진궁(震宮)은 궁괘(宮卦)가 경문(景門)을 생(生)하니 객방(客方)이 이로우나 주방(主方)이 정(靜)하면 그렇지 않다.

⑦ 간궁(艮宮)은 두문(杜門)이 궁괘(宮卦)를 극(剋)하니 객방(客方)이 이로우나 주방(主方)이 정(靜)하면 그렇지 않다.

⑧ 감궁(坎宮)은 궁괘(宮卦)가 상문(傷門)을 생(生)하니 객방(客方)이 이로우나 주방(主方)이 정(靜)하면 이기기 어렵다.

輔　　癸 符 杜 癸	英　　戊 天 景 戊	芮　　丙 地 死 丙
沖　　丁 蛇 傷 丁	禽 壬	柱　　庚 雀 驚 庚
任　　己 陰 生 己	蓬　　乙 合 休 乙	心　　辛 陳 開 辛

순수(旬首) : 계(癸)

용간(用干) : 계(癸)

직부(直符) : 천보(天輔)

직사(直使) : 두문(杜門)

① 건궁(乾宮)은 문(門)과 궁(宮)이 비조(比助)되고 천심(天心)이 낙입(落入)되므로 객방(客方)이 이롭다.

② 태궁(兌宮)은 문(門)과 궁(宮)이 비조(比助)되고 천주(天柱)가 낙입(落入)되므로 객방(客方)이 이롭다.

③ 곤궁(坤宮)은 문(門)과 궁(宮)이 비조(比助)되고 천예(天芮)가 낙입(落入)되므로 주방(主方)이 이롭다.

④ 리궁(離宮)은 문(門)과 궁(宮)이 비조(比助)되고 천영(天英)이 낙입(落入)되므로 객방(客方)이 이롭다.

⑤ 손궁(巽宮)은 문(門)과 궁(宮)이 비조(比助)되고 천보(天輔)가 낙입(落入)되므로 주방(主方)이 이롭다.

⑥ 진궁(震宮)은 문(門)과 궁(宮)이 비조(比助)되고 천충(天沖)이 낙입(落入)되므로 객방(客方)이 이롭다.

⑦ 간궁(艮宮)은 문(門)과 궁(宮)이 비조(比助)되고 천임(天任)이 낙입(落入)되므로 객방(客方)이 이롭다.

⑧ 감궁(坎宮)은 문(門)과 궁(宮)이 비조(比助)되고 천봉(天蓬)이

낙입(落入)되므로 객방(客方)이 이롭다.

<table>
<tr><td>柱　庚
雀 景 癸</td><td>沖　辛
陳 死 戊</td><td>禽　乙
合 驚 丙</td></tr>
<tr><td>心　丙
地 杜 丁</td><td>任 壬</td><td>蓬　己
陰 開 庚</td></tr>
<tr><td>芮　戊
天 傷 己</td><td>輔　癸
符 生 乙</td><td>英　丁
蛇 休 辛</td></tr>
</table>

36. 갑인순(甲寅旬) 을묘시(乙卯時)

순수(旬首) : 계(癸)

용간(用干) : 을(乙)

직부(直符) : 천보(天輔)

직사(直使) : 두문(杜門)

① 건궁(乾宮)은 궁(宮)이 문(門)을 생(生)하니 객방(客方)이 이롭고 동(動)하면 대승한다.

② 태궁(兌宮)은 문(門)과 궁(宮)이 비조(比助)되고 천반(天盤)이 지반(地盤)을 생(生)하니 주방(主方)이 이롭고 정(靜)하면 좋다.

③ 곤궁(坤宮)은 궁(宮)이 문(門)을 생(生)하니 객방(客方)이 이롭다. 그러나 천반(天盤)이 지반(地盤)을 생(生)하니 주방(主方)이 고요히 지키면 객방(客方)은 이기기 어렵다.

④ 리궁(離宮)은 궁(宮)이 문(門)을 생(生)하니 객방(客方)이 이롭고, 주방(主方)이 동(動)하면 대승한다.

⑤ 손궁(巽宮)은 궁(宮)이 문(門)을 생(生)하니 객방(客方)이 이롭다. 그러나 천반(天盤)이 지반(地盤)을 생(生)하니 주방(主方)이 정(靜)하면 이기기 어렵다.

⑥ 진궁(震宮)은 문(門)과 궁(宮)이 비조(比助)되고 천심(天心)이

낙입(落入)되므로 객방(客方)은 동(動)하면 막힘이 생긴다.

⑦ 간궁(艮宮)은 문(門)이 궁(宮)을 극(剋)하니 객방(客方)이 이롭
고 동(動)하면 좋다.

⑧ 감궁(坎宮)은 문(門)이 궁(宮)을 극(剋)하니 객방(客方)이 이롭
다. 그러나 천반(天盤)이 지반(地盤)을 생(生)하니 주방(主方)이
정(靜)하면 승리하기 어렵다.

37. 갑술순(甲戌旬) 경진시(庚辰時)

禽 庚 合 開 癸	蓬 辛 陰 休 戊	沖 乙 蛇 生 丙
輔 丙 陳 驚 丁	心 壬	任 己 符 傷 庚
英 戊 雀 死 己	芮 癸 地 景 乙	柱 丁 天 杜 辛

순수(旬首) : 기(己)

용간(用干) : 경(庚)

직부(直符) : 천임(天任)

직사(直使) : 생문(生門)

① 건궁(乾宮)은 궁(宮)이 문(門)을 극(剋)하니 주방(主方)이 이롭
고 정(靜)하면 좋다.

② 태궁(兌宮)은 궁(宮)이 문(門)을 극(剋)하니 주방(主方)이 이롭
고 정(靜)하면 좋다.

③ 곤궁(坤宮)은 문(門)과 궁(宮)이 비조(比助)되고 천반(天盤)이
지반(地盤)을 생(生)하니 주방(主方)이 이롭고 정(靜)하면 좋다.

④ 리궁(離宮)은 문(門)이 궁(宮)을 극(剋)하니 객방(客方)이 이롭
고 동(動)하넌 좋다.

⑤ 손궁(巽宮)은 문(門)이 궁(宮)을 극(剋)하니 객방(客方)이 이롭다. 그러나 천반(天盤)이 지반(地盤)을 생(生)하니 주방(主方)이 고요히 지키면 승리하기 어렵다.

⑥ 진궁(震宮)은 문(門)이 궁(宮)을 극(剋)하니 객방(客方)이 이롭고, 천보성(天輔星)이 낙입(落入)되므로 객방(客方)이 대승한다.

⑦ 간궁(艮宮)은 문(門)과 궁(宮)이 비조(比助)되고 천영(天英)이 낙입(落入)되므로 객방(客方)이 이롭다.

⑧ 감궁(坎宮)은 궁(宮)이 문(門)을 극(剋)하니 주방(主方)이 이롭고 정(靜)하면 좋다.

38. 갑술순(甲戌旬) 신사시(辛巳時)

心 丙 陳 景 癸	芮 庚 合 死 戊	輔 辛 陰 驚 丙
禽 戊 雀 杜 丁	柱 壬	英 乙 蛇 開 庚
蓬 癸 地 傷 己	沖 丁 天 生 乙	任 己 符 休 辛

순수(旬首) : 기(己)

용간(用干) : 신(辛)

직부(直符) : 천임(天任)

직사(直使) : 생문(生門)

① 건궁(乾宮)은 궁(宮)이 문(門)을 생(生)하니 객방(客方)이 이로우나 천반(天盤)이 지반(地盤)을 생(生)하니 주방(主方)이 정(靜)하면 이기기 어렵다.

② 태궁(兌宮)은 문(門)과 궁(宮)이 비조(比助)되므로 주방(主方)은 정(靜)하면 승리하고 객방(客方)은 동(動)하면 손해가 따른

다. 지반(地盤)이 천반(天盤)을 극합(剋合)하고 천영(天英)이 낙입(落入)되었기 때문이다.

③ 곤궁(坤宮)은 궁(宮)이 문(門)을 생(生)하니 객방(客方)이 이로우나 주방(主方)이 정(靜)하면 그렇지 않다.

④ 리궁(離宮)은 궁(宮)이 문(門)을 생(生)하니 객방(客方)이 이롭고 동(動)하면 좋다.

⑤ 손궁(巽宮)은 궁(宮)이 문(門)을 생(生)하니 객방(客方)이 이로우나 주방(主方)이 정(靜)하면 그렇지 않다.

⑥ 진궁(震宮)은 문(門)과 궁(宮)이 비조(比助)되고 지반(地盤)이 천반(天盤)을 생(生)하니 객방(客方)이 이롭다.

⑦ 간궁(艮宮)은 문(門)이 궁(宮)을 극(剋)하니 객방(客方)이 이로우나 주방(主方)이 정(靜)하면 그렇지 않다.

⑧ 감궁(坎宮)은 문(門)이 궁(宮)을 극(剋)하니 객방(客方)이 이롭고 동(動)하면 좋다.

39. 갑술순(甲戌旬) 갑술시(甲戌時)

輔　　癸 地 杜 癸	英　　戊 雀 景 戊	芮　　丙 陳 死 丙
沖　　丁 天 傷 丁	禽 壬	柱　　庚 合 驚 庚
任　　己 符 生 己	蓬　　乙 蛇 休 乙	心　　辛 陰 開 辛

순수(旬首) : 기(己)

용간(用干) : 기(己)

직부(直符) : 천임(天任)

직사(直使) : 생문(生門)

① 건궁(乾宮)은 문(門)과 궁(宮)이 비조(比助)되고 천심(天心)이

낙입(落入)되므로 객방(客方)이 이롭다.

② 태궁(兌宮)은 문(門)과 궁(宮)이 비조(比助)되고 천주(天柱)가 낙입(落入)되므로 객방(客方)이 이롭다.

③ 곤궁(坤宮)은 문(門)과 궁(宮)이 비조(比助)되고 객방(客方)이 정(靜)하면 주방(主方)이 이긴다.

④ 리궁(離宮)은 문(門)과 궁(宮)이 비조(比助)되고 남으로 전진하면 객방(客方)이 대승한다.

⑤ 손궁(巽宮)은 문(門)과 궁(宮)이 비조(比助)되고 동남으로 전진하면 객방(客方)은 반드시 패한다.

⑥ 진궁(震宮)은 문(門)과 궁(宮)이 비조(比助)되고 동방으로 전진하면 객방(客方)은 반드시 승리한다.

⑦ 간궁(艮宮)은 문(門)과 궁(宮)이 비조(比助)되고 서남방으로 전진하면 객방(客方)이 이긴다.

⑧ 감궁(坎宮)은 문(門)과 궁(宮)이 비조(比助)되고 북방으로 전진하면 객방(客方)이 이긴다.

40. 갑술순(甲戌旬) 을해시(乙亥時)

芮　戊 雀　驚　癸	柱　丙 陳　開　戊	英　庚 合　休　丙
蓬　癸 地　死　丁	沖　壬	禽　辛 陰　生　庚
心　丁 天　景　己	任　己 符　杜　乙	輔　乙 蛇　傷　辛

순수(旬首) : 기(己)

용간(用干) : 을(乙)

직부(直符) : 천임(天任)

직사(直使) : 생문(生門)

① 건궁(乾宮)은 궁(宮)이 문(門)을 극(剋)하니 주방(主方)이 이롭고 정(靜)하면 좋다.

② 태궁(兌宮)은 문(門)이 궁(宮)을 생(生)하니 주방(主方)이 이롭고, 객방(客方)이 동(動)하면 주방(主方)이 승리한다.

③ 곤궁(坤宮)은 궁(宮)이 문(門)을 극(剋)하니 주방(主方)이 이롭다. 주방(主方)이 남방에서 조용히 매복하면 반드시 대승한다.

④ 리궁(離宮)은 궁(宮)이 문(門)을 극(剋)하고 천반(天盤)이 지반(地盤)을 생(生)하니 주방(主方)이 대승한다.

⑤ 손궁(巽宮)은 문(門)이 궁(宮)을 극(剋)하고 천반(天盤)이 지반(地盤)을 극(剋)하니 객방(客方)은 동북방에서 대승한다.

⑥ 진궁(震宮)은 궁(宮)이 문(門)을 극(剋)하고 천반(天盤)이 지반(地盤)을 극(剋)하니 주방(主方)은 동방에서 정(靜)하면 이기고 객방(客方)은 서방·서북방에서 동(動)하면 이긴다.

⑦ 간궁(艮宮)은 문(門)이 궁(宮)을 생(生)하고 천반(天盤)이 지반(地盤)을 생(生)하니 주방(主方)이 대승한다.

⑧ 감궁(坎宮)은 궁(宮)이 문(門)을 생(生)하고 지반(地盤)이 천반(天盤)을 극(剋)하니 주방(主方)이 대승한다.

任　戊 符　休　壬	輔　癸 天　生　乙	心　壬 地　傷　丁
柱　丙 蛇　開　癸	英　辛	芮　乙 雀　杜　己
沖　庚 陰　驚　戊	禽　己 合　死　丙	蓬　丁 陳　景　庚

41. 갑자순(甲子旬) 임신시(壬申時)

순수(旬首) : 무(戊)

용간(用干) : 임(壬)

직부(直符) : 천임(天任)

직사(直使) : 생문(生門)

① 건궁(乾宮)은 문(門)이 궁(宮)을 극(剋)하고 천반(天盤)이 지반
(地盤)을 극(剋)하니 객방(客方)이 대승한다.

② 태궁(兌宮)은 궁(宮)이 문(門)을 극(剋)하고 천반(天盤)이 지반
(地盤)을 극(剋)하니 주객(主客)이 모두 이롭다. 주방(主方)은
서방에서 정(靜)하면 이기고, 객방(客方)은 동남방에서 동(動)
하면 이긴다.

③ 곤궁(坤宮)은 문(門)이 궁(宮)을 극(剋)하고 천반(天盤)이 지반
(地盤)을 극합(剋合)하니 객방(客方)이 대승한다.

④ 리궁(離宮)은 궁(宮)이 문(門)을 생(生)하고 천반(天盤)이 지반
(地盤)을 생(生)하니 주객(主客)이 모두 승부가 있다.

⑤ 손궁(巽宮)은 문(門)이 궁(宮)을 생(生)하고 천반(天盤)이 지반
(地盤)을 극(剋)하니 주(主)는 동남방에서 정(靜)하면 승리한다.

⑥ 진궁(震宮)은 문(門)이 궁(宮)을 극(剋)하고 지반(地盤)이 천반
(天盤)을 극(剋)하니 주방(主方)은 북방에서 정(靜)하면 이긴다.

⑦ 간궁(艮宮)은 궁(宮)이 문(門)을 생(生)하고 지반(地盤)이 천반

(天盤)을 생(生)하니 객방(客方)이 대승한다.

⑧ 감궁(坎宮)은 문(門)이 궁(宮)을 극(剋)하고 지반(地盤)이 천반 (天盤)을 생(生)하니 객방(客方)이 대승한다.

42. 갑자순(甲子旬) 계유시(癸酉時)

英　癸 天 杜 壬	禽　壬 地 景 乙	柱　乙 雀 死 丁
任　戊 符 傷 癸	蓬 辛	沖　丁 陳 驚 己
輔　丙 蛇 生 戊	心　庚 陰 休 丙	芮　己 合 開 庚

순수(旬首) : 무(戊)

용간(用干) : 계(癸)

직부(直符) : 천임(天任)

직사(直使) : 생문(生門)

① 건궁(乾宮)은 문(門)과 궁(宮)이 비화(比和)되고 천반(天盤)이 지반(地盤)을 생(生)하니 주방(主方)이 이롭다.

② 태궁(兌宮)은 문(門)과 궁(宮)이 비화(比和)되고 천반(天盤)이 지반(地盤)을 생(生)하니 주방(主方)이 이롭다.

③ 곤궁(坤宮)은 문(門)과 궁(宮)이 비화(比和)되고 천반(天盤)이 지반(地盤)을 생(生)하니 객방(客方)이 동(動)하면 주방(主方) 이 대승한다.

④ 리궁(離宮)은 문(門)과 궁(宮)이 비화(比和)되고 천반(天盤)이 지반(地盤)을 생(生)하니 객방(客方)이 북방에서 동(動)하거나 주방(主方)이 동남방에서 정(靜)하면 주방(主方)이 대승한다.

⑤ 손궁(巽宮)은 문(門)과 궁(宮)이 비화(比和)되고 천영(天英)을

만나므로 객방(客方)은 동(動)하면 장애가 생긴다.

⑥ 진궁(震宮)은 문(門)과 궁(宮)이 비조(比助)되고 천반(天盤)이 지반(地盤)을 극합(剋合)하니 객방(客方)이 이롭다.

⑦ 간궁(艮宮)은 문(門)과 궁(宮)이 비조(比助)되고 천반(天盤)이 지반(地盤)을 생(生)하니 주방(主方)이 이롭다.

⑧ 감궁(坎宮)은 문(門)과 궁(宮)이 비조(比助)되고 지반(地盤)이 천반(天盤)을 극(剋)하니 주방(主方)이 이롭다.

43. 갑술순(甲戌旬) 무인시(戊寅時)

沖　乙 蛇 生 癸	任　己 符 傷 戊	蓬　丁 天 杜 丙
芮　辛 陰 休 丁	輔 壬	心　癸 地 景 庚
杜　庚 合 開 己	英　丙 陳 驚 乙	禽　戊 雀 死 辛

순수(旬首) : 기(己)
용간(用干) : 무(戊)
직부(直符) : 천임(天任)
직사(直使) : 생문(生門)

① 건궁(乾宮)은 문(門)이 궁(宮)을 생(生)하고 천반(天盤)이 지반(地盤)을 생(生)하니 주방(主方)이 대승한다.

② 태궁(兌宮)은 문(門)이 궁(宮)을 극(剋)하고 지반(地盤)이 천반(天盤)을 생(生)하니 객방(客方)이 대승한다.

③ 곤궁(坤宮)은 문(門)이 궁(宮)을 극(剋)하고 천지반(天地盤)이 비조(比助)되니 객방(客方)이 승리하나 천봉성(天蓬星)이 낙입(落入)되었으니 북방에서 동(動)하면 오히려 불리하다.

④ 리궁(離宮)은 문(門)이 궁(宮)을 생(生)하니 주방(主方)이 이롭다. 그러나 천임(天任)이 낙입(落入)되었으니 객방(客方)이 서남방에서 동(動)하면 승리하기 어렵다.

⑤ 손궁(巽宮)은 궁(宮)이 문(門)을 극(剋)하고 지반(地盤)이 천반(天盤)을 생(生)하니 주객(主客) 모두 승부가 있다.

⑥ 진궁(震宮)은 문(門)이 궁(宮)을 생(生)하고 지반(地盤)이 천반(天盤)을 극(剋)하니 주방(主方)이 대승한다.

⑦ 간궁(艮宮)은 궁(宮)이 문(門)을 생(生)하고 지반(地盤)이 천반(天盤)을 생(生)하니 객방(客方)이 대승한다.

⑧ 감궁(坎宮)은 문(門)이 궁(宮)을 생(生)하고 지반(地盤)이 천반(天盤)을 생(生)하니 객방(客方)은 남방이나 동남방에서 동(動)하면 승리하나 북방에서 동(動)하면 패한다.

輔　　癸 地 傷 癸	英　　戊 雀 杜 戊	芮　　丙 陳 景 丙
沖　　丁 天 生 丁	禽 壬	柱　　庚 合 死 庚
任　　己 符 休 己	蓬　　乙 蛇 開 乙	心　　辛 陰 驚 辛

44. 갑술순(甲戌旬) 기묘시(己卯時)

순수(旬首) : 기(己)

용간(用干) : 기(己)

직부(直符) : 천임(天任)

직사(直使) : 생문(生門)

① 건궁(乾宮)은 문(門)과 궁(宮)이 비조(比助)되고 천심(天心)이 낙입(落入)되므로 객방(客方)이 이롭다.

② 태궁(兌宮)은 문(門)이 궁(宮)을 생(生)하고 천반(天盤)과 지반(地盤)이 비조(比助)되므로 주방(主方)이 이롭다.

③ 곤궁(坤宮)은 문(門)이 궁(宮)을 생(生)하니 주방(主方)은 남방에서 조용히 지키면 승리한다.

④ 리궁(離宮)은 문(門)이 궁(宮)을 생(生)하니 주방(主方)은 동북방에서 고요히 지키면 승리한다.

⑤ 손궁(巽宮)은 문(門)과 궁(宮)이 비조(比助)되고 천보(天輔)가 낙입(落入)되니 객방(客方)은 동북방에서 동(動)하면 패한다.

⑥ 진궁(震宮)은 궁(宮)이 문(門)을 극(剋)하니 주방(主方)은 남방에서 고요히 수비하면 승리한다.

⑦ 간궁(艮宮)은 궁(宮)이 문(門)을 극(剋)하니 주방(主方)은 서남방에서 고요히 지키면 승리한다.

⑧ 감궁(坎宮)은 문(門)이 궁(宮)을 생(生)하니 객방(客方)이 동(動)하면 주방(主方)이 대승한다.

45. 갑신순(甲申旬) 갑신시(甲申時)

輔　　癸 合 杜 癸	英　　戊 陰 景 戊	芮　　丙 蛇 死 丙
沖　　丁 陳 傷 丁	禽 壬	柱　　庚 符 驚 庚
任　　己 雀 生 己	蓬　　乙 地 休 乙	心　　辛 天 開 辛

순수(旬首) : 경(庚)

용간(用干) : 경(庚)

직부(直符) : 천주(天柱)

직사(直使) : 경문(驚門)

① 건궁(乾宮)은 문(門)과 궁(宮)이 비조(比助)되므로 주객(主客)은 남방에서 동정(動靜)하면 모두 흉하다.

② 태궁(兌宮)은 문(門)과 궁(宮)이 비조(比助)되므로 주객(主客)이 서방에서 동정(動靜)하면 좋다.

③ 곤궁(坤宮)은 문(門)과 궁(宮)이 비조(比助)되므로 객방(客方)은 동(動)하면 반드시 손해를 본다.

④ 리궁(離宮)은 문(門)과 궁(宮)이 비조(比助)되므로 객방(客方)은 남방에서 동(動)하면 이긴다.

⑤ 손궁(巽宮)은 문(門)과 궁(宮)이 비조(比助)되므로 객방(客方)은 동남에서 동(動)하면 매우 꺼린다.

⑥ 진궁(震宮)은 문(門)과 궁(宮)이 비조(比助)되므로 객방(客方)은 동방에서 동(動)하면 승리한다.

⑦ 간궁(艮宮)은 문(門)과 궁(宮)이 비조(比助)되므로 객방(客方)은 동북방에서 동(動)하면 승리한다.

⑧ 감궁(坎宮)은 문(門)과 궁(宮)이 비조(比助)되므로 객방(客方)은 북방에서 동(動)하면 승리한다.

蓬　　己 雀　傷　癸	心　　丁 陳　杜　戊	任　　癸 合　景　丙
英　　乙 地　生　丁	芮　　壬	輔　　戊 陰　死　庚
禽　　辛 天　休　己	柱　　庚 符　開　乙	沖　　丙 蛇　驚　辛

46. 갑신순(甲申旬) 을유시(乙酉時)

순수(旬首) : 경(庚)

용간(用干) : 을(乙)

직부(直符) : 천주(天柱)

직사(直使) : 경문(驚門)

① 건궁(乾宮)은 문(門)과 궁(宮)이 비조(比助)되고 천반(天盤)이 지반(地盤)을 극합(剋合)하니 객방(客方)은 동하면 좋다.

② 태궁(兌宮)은 문(門)이 궁(宮)을 생(生)하고 천반(天盤)이 지반(地盤)을 생(生)하니 주방(主方)이 대승한다.

③ 곤궁(坤宮)은 문(門)이 궁(宮)을 생(生)하고 천반(天盤)이 지반(地盤)을 극(剋)하니 주객(主客) 모두 이로우나 객방(客方)은 동북·서남방에서 동(動)하면 크게 흉하다.

④ 리궁(離宮)은 문(門)이 궁(宮)을 생(生)하고 천반(天盤)이 지반(地盤)을 생(生)하니 주방(主方)이 대승한다.

⑤ 손궁(巽宮)은 문(門)과 궁(宮)이 비조(比助)되고 천봉(天蓬)이 낙입(落入)되므로 객방(客方)은 동(動)하면 좋지 않다.

⑥ 진궁(震宮)은 궁(宮)이 문(門)을 극(剋)하고 천반(天盤)이 지반(地盤)을 생(生)하니 주방(主方)이 대승한다.

⑦ 간궁(艮宮)은 궁(宮)이 문(門)을 극(剋)하고 지반(地盤)이 천반(天盤)을 생(生)하니 주방(主方)은 동북에서 고요히 지키면 좋다.

⑧ 감궁(坎宮)은 문(門)이 궁(宮)을 생하고 천반(天盤)이 지반(地盤)을 극합(尅合)하니 주방(主方)은 북방에서 조용히 지키면 좋다.

柱 辛 合 休 癸	沖 乙 陰 生 戊	禽 己 蛇 傷 丙
心 庚 陳 開 丁	任 壬	蓬 丁 符 杜 庚
芮 丙 雀 驚 己	輔 戊 地 死 乙	英 癸 天 景 辛

47. 갑술순(甲戌旬) 임오시(壬午時)

순수(旬首) : 기(己)

용간(用干) : 임(壬)

직부(直符) : 천임(天任)

직사(直使) : 생문(生門)

① 건궁(乾宮)은 문(門)이 궁(宮)을 극(尅)하고 지반(地盤)이 천반(天盤)을 생(生)하니 객방(客方)이 대승한다.

② 태궁(兌宮)은 궁(宮)이 문(門)을 극(尅)하고 천반(天盤)이 지반(地盤)을 극(尅)하니 주방(主方)은 서방에서 고요히 수비하는 것이 좋고, 객방(客方)은 동남방이나 남방에서 동(動)하면 좋다.

③ 곤궁(坤宮)은 문(門)이 궁(宮)을 극(尅)하고 지반(地盤)이 천반(天盤)을 생(生)하니 객방(客方)이 대승한다.

④ 리궁(離宮)은 궁(宮)이 문(門)을 생(生)하고 천반(天盤)이 지반(地盤)을 극(尅)하니 객방(客方)이 대승한다.

⑤ 손궁(巽宮)은 문(門)이 궁(宮)을 생(生)하고 천반(天盤)이 지반(地盤)을 생(生)하니 주방(主方)이 대승한다.

⑥ 진궁(震宮)은 문(門)이 궁(宮)을 극(尅)하고 지반(地盤)이 천반

(天盤)을 극(剋)하니 주방(主方)은 남방에서 고요하게 지키는 것이 좋고, 객방(客方)은 서북방에서 동(動)하면 좋다.

⑦ 간궁(艮宮)은 궁(宮)이 문(門)을 생(生)하고 천반(天盤)이 지반 (地盤)을 생(生)하니 주방(主方)은 동북이나 서남방에서 고요히 수비하면 좋다.

⑧ 감궁(坎宮)은 문(門)이 궁(宮)을 극(剋)하고 지반(地盤)을 천반 (天盤)을 극(剋)하니 주객(主客)이 모두 승부가 있다.

48. 갑술순(甲戌旬) 계미시(癸未時)

任　　己 符杜癸	輔　　丁 天景戊	心　　癸 地死丙
柱　　乙 蛇傷丁	英壬	芮　　戊 雀驚庚
沖　　辛 陰生己	禽　　庚 合休乙	蓬　　丙 陳開辛

순수(旬首) : 기(己)
용간(用干) : 계(癸)
직부(直符) : 천임(天任)
직사(直使) : 생문(生門)

① 건궁(乾宮)은 문(門)과 궁(宮)이 비조(比助)되고 천반(天盤)이 지반(地盤)을 극합하니 객방(客方)이 이롭고 동(動)하면 좋다.

② 태궁(兌宮)은 문(門)과 궁(宮)이 비조(比助)되고 천반(天盤)이 지반(地盤)을 생(生)하니 주방(主方)이 이롭고 정(靜)하면 좋다.

③ 곤궁(坤宮)은 문(門)과 궁(宮)이 비조(比助)되고 천반(天盤)이 지반(地盤)을 극(剋)하니 객(客)은 북방에서 동(動)하면 좋다.

④ 리궁(離宮)은 문(門)과 궁(宮)이 비조(比助)되고 천반(天盤)이 지

반(地盤)을 생(生)하니 객방(客方)은 동북방에서 고수하면 좋다.

⑤ 손궁(巽宮)은 문(門)과 궁(宮)이 비조(比助)되고 천반(天盤)이 지반(地盤)을 극하니 객방(客方)은 서남방에서 동(動)하면 좋다.

⑥ 진궁(震宮)은 문(門)과 궁(宮)이 비조(比助)되고 천반(天盤)이 지반(地盤)을 생(生)하니 주방(主方)은 남방에서 고수하면 좋다.

⑦ 간궁(艮宮)은 문(門)과 궁(宮)이 비조(比助)되고 지반(地盤)이 천반(天盤)을 생하니 객방(客方)은 서방에서 동(動)하면 좋다.

⑧ 감궁(坎宮)은 문(門)과 궁(宮)이 비조(比助)되고 천반(天盤)이 지반(地盤)을 극합(剋合)하니 객방(客方)은 동(動)하면 승리한다.

49. 갑자순(甲子旬) 갑자시(甲子時)

輔　壬 地 杜 壬	英　乙 雀 景 乙	芮　丁 陳 死 丁
沖　癸 天 傷 癸	禽 辛	柱　己 合 驚 己
任　戊 符 生 戊	蓬　丙 蛇 休 丙	心　庚 陰 開 庚

순수(旬首) : 무(戊)

용간(用干) : 무(戊)

직부(直符) : 천임(天任)

직사(直使) : 생문(生門)

① 건궁(乾宮)은 문(門)과 궁(宮)이 비조(比助)되고 천심(天心)이 낙입(落入)되므로 객방(客方)은 서북방에서 동(動)하면 좋다.

② 태궁(兌宮)은 문(門)과 궁(宮)이 비조(比助)되고 천주(天柱)가 낙입(落入)되므로 객방(客方)이 동(動)하면 반드시 손해본다.

③ 곤궁(坤宮)은 문(門)과 궁(宮)이 비조(比助)되고 천예(天芮)가

낙입(落入)되므로 주방(主方)은 고요히 지키면 이긴다.

④ 리궁(離宮)은 문(門)과 궁(宮)이 비조(比助)되고 천영(天英)이 낙입(落入)되니 객방(客方)은 남방에서 동(動)하면 반드시 패한다.

⑤ 손궁(巽宮)은 문(門)과 궁(宮)이 비조(比助)되고 천보(天輔)가 낙입(落入)되므로 동남방에서 객방(客方)이 동(動)하면 흉하다.

⑥ 진궁(震宮)은 문(門)과 궁(宮)이 비조(比助)되고 천충(天沖)이 낙입(落入)되므로 객방(客方)이 동방에서 동(動)하면 꺼린다.

⑦ 간궁(艮宮)은 문(門)과 궁(宮)이 비조(比助)되고 천임(天任)이 낙입(落入)되므로 객방(客方)은 동(動)하면 좋다.

⑧ 감궁(坎宮)은 문(門)과 궁(宮)이 비조(比助)되고 천봉(天蓬)이 낙입(落入)되므로 주방(主方)이 고요히 지키면 승리한다.

50. 갑자순(甲子旬) 을축시(乙丑時)

沖　丙 蛇驚壬	任　戊 符開乙	蓬　癸 天休丁
芮　庚 陰死癸	輔辛	心　壬 地生己
柱　己 合景戊	英　丁 陳杜丙	禽　乙 雀傷庚

순수(旬首) : 무(戊)

용간(用干) : 을(乙)

직부(直符) : 천임(天任)

직사(直使) : 생문(生門)

① 건궁(乾宮)은 궁(宮)이 문(門)을 극(剋)하고 지반(地盤)이 천반(天盤)을 극합(剋合)하니 주방(主方)이 대승한다.

② 태궁(兌宮)은 문(門)이 궁(宮)을 생(生)하고 지반(地盤)이 천반

(天盤)을 극(剋)하니 주방(主方)이 대승한다.

③ 곤궁(坤宮)은 궁(宮)이 문(門)을 극(剋)하고 천반(天盤)이 지반
(地盤)을 극(剋)하니 객방(客方)은 북방에서 동(動)하면 좋고,
주방(主方)은 서남방에서 정(靜)하면 좋다.

④ 리궁(離宮)은 궁(宮)이 문(門)을 극(剋)하고 지반(地盤)이 천반
(天盤)을 극(剋)하니 주방(主方)이 대승한다.

⑤ 손궁(巽宮)은 문(門)이 궁(宮)을 극(剋)하고 지반(地盤)이 천반
(天盤)을 극(剋)하니 객방(客方)은 동방에서 동(動)하면 좋다.

⑥ 진궁(震宮)은 궁(宮)이 문(門)을 극(剋)하고 천반(天盤)이 지반
(地盤)을 생(生)하니 주방(主方)이 대승한다.

⑦ 간궁(艮宮)은 문(門)이 궁(宮)을 생(生)하고 천주(天柱)가 낙입
(落入)되므로 주방(主方)은 정(靜)하면 대승한다.

⑧ 감궁(坎宮)은 궁(宮)이 문(門)을 생(生)하고 천영(天英)이 낙입
(落入)되므로 객방(客方)은 동(動)하면 대승한다.

51. 갑신순(甲申旬) 병술시(丙戌時)

英　　戊 陰 杜 癸	禽　　丙 蛇 景 戊	柱　　庚 符 死 丙
任　　癸 合 傷 丁	蓬 壬	沖　　辛 天 驚 庚
輔　　丁 陳 生 己	心　　己 雀 休 乙	芮　　乙 地 開 辛

순수(旬首) : 경(庚)

용간(用干) : 병(丙)

직부(直符) : 천주(天柱)

직사(直使) : 경문(驚門)

① 건궁(乾宮)은 문(門)과 궁(宮)이 비조(比助)되고 지반(地盤)이
  천반(天盤)을 극(剋)하니 주방(主方)이 정(靜)하면 승리한다.
② 태궁(兌宮)은 문(門)과 궁(宮)이 비조(比助)되고 천충(天沖)이
  낙입(落入)되니 객방(客方)이 동(動)하면 주방(主方)이 이긴다.
③ 곤궁(坤宮)은 문(門)과 궁(宮)이 비조(比助)되고 지반(地盤)이
  천반(天盤)을 극(剋)하니 객방(客方)이 동(動)하면 주방(主方)
  이 승리한다.
④ 리궁(離宮)은 문(門)과 궁(宮)이 비조(比助)되고 천반(天盤)이
  지반(地盤)을 생(生)하니 주방(主方)은 정(靜)하면 승리한다.
⑤ 손궁(巽宮)은 문(門)과 궁(宮)이 비조(比助)되고 천반(天盤)이
  지반(地盤)을 극합(剋合)하니 객방(客方)이 동(動)하면 이긴다.
⑥ 진궁(震宮)은 문(門)과 궁(宮)이 비조(比助)되고 천반(天盤)이
  지반(地盤)을 극하므로 객방(客方)은 북방에서 동(動)하면 이기
  고, 서남이나 동북방에서 동(動)하면 좋지 않다.
⑦ 간궁(艮宮)은 문(門)과 궁(宮)이 비조(比助)되고 천반(天盤)이
  지반(地盤)을 생(生)하니 주방(主方)은 정(靜)하면 이긴다.
⑧ 감궁(坎宮)은 문(門)과 궁(宮)이 비조(比助)되고 지반(地盤)이
  천반(天盤)을 극(剋)하니 객방(客方)이 동(動)하면 주방(主方)
  은 반드시 이긴다.

<table>
<tr><td>任　辛
天　驚　癸</td><td>輔　乙
地　開　戊</td><td>心　　己
雀　休　丙</td></tr>
<tr><td>柱　庚
符　死　丁</td><td>英　壬</td><td>芮　　丁
陳　生　庚</td></tr>
<tr><td>沖　丙
蛇　景　己</td><td>禽　戊
陰　杜　乙</td><td>蓬　　癸
合　傷　辛</td></tr>
</table>

52. 갑신순(甲申旬) 정해시(丁亥時)

순수(旬首) : 경(庚)

용간(用干) : 정(丁)

직부(直符) : 천주(天柱)

직사(直使) : 경문(驚門)

① 건궁(乾宮)은 궁(宮)이 문(門)을 극(剋)하고 지반(地盤)이 천반 (天盤)을 생(生)하니 주방(主方)은 동(動)하면 패한다.

② 태궁(兌宮)은 문(門)이 궁(宮)을 생(生)하고 천반(天盤)이 지반 (地盤)을 극(剋)하니 주방(主方)이 정(靜)하면 객방(客方)은 이 기기 어렵다.

③ 곤궁(坤宮)은 궁(宮)이 문(門)을 극(剋)하고 지반(地盤)이 천반 (天盤)을 생(生)하니 주방(主方)이 정(靜)하면 패하지 않는다.

④ 리궁(離宮)은 궁(宮)이 문(門)을 극(剋)하고 천반(天盤)이 지반 (地盤)을 극(剋)하니 객방(客方)은 동남방에서 동(動)하면 이긴다.

⑤ 손궁(巽宮)은 문(門)이 궁(宮)을 극(剋)하고 천반(天盤)이 지반 (地盤)을 생(生)하니 객방(客方)은 북방에서 동(動)하면 패한다.

⑥ 진궁(震宮)은 궁(宮)이 문(門)을 극(剋)하고 지반(地盤)이 천반 (天盤)을 극(剋)하니 주방(主方)이 대승한다.

⑦ 간궁(艮宮)은 문(門)이 궁(宮)을 생(生)하고 천반(天盤)이 지반 (地盤)을 생(生)하니 주방(主方)이 대승한다.

⑧ 감궁(坎宮)은 궁(宮)이 문(門)을 생(生)하고 지반(地盤)이 천반
(天盤)을 극(剋)하니 주방(主方)과 객방(客方) 모두 승부가 있
고, 주방(主方)은 북방에서 고요히 지키는 것이 좋다.

輔　　癸 合 生 癸	英　　戊 陰 傷 戊	芮　　丙 蛇 杜 丙
沖　　丁 陳 休 丁	禽 壬	柱　　庚 符 景 庚
任　　己 雀 開 己	蓬　　乙 地 驚 乙	心　　辛 天 死 辛

53. 갑신순(甲申旬) 경인시(庚寅時)

순수(旬首) : 경(庚)

용간(用干) : 경(庚)

직부(直符) : 천주(天柱)

직사(直使) : 경문(驚門)

① 건궁(乾宮)은 문(門)이 궁(宮)을 생(生)하고 신(辛)이 심성(心
星)에 복(伏)되니 주방(主方)은 정(靜)하면 좋다.

② 태궁(兌宮)은 문(門)이 궁(宮)을 극(剋)하고 경(庚)이 주성(柱
星)에 복(伏)되니 객방(客方)은 동(動)하면 이긴다.

③ 곤궁(坤宮)은 문(門)이 궁(宮)을 극(剋)하고 병(丙)이 예성(芮
星)에 복(伏)되니 객(客)은 서남방에서 동(動)하면 매우 흉하다.

④ 리궁(離宮)은 문(門)이 궁(宮)을 생(生)하고 무(戊)가 영성(英
星)에 복(伏)되니 주방(主方)은 정(靜)하면 패하지는 않는다.

⑤ 손궁(巽宮)은 궁(宮)이 문(門)을 극(剋)하고 계(癸)가 보성(輔
星)에 복(伏)되니 객(客)이 동(動)하면 주방(主方)이 승리한다.

⑥ 진궁(震宮)은 문(門)이 궁(宮)을 생(生)하고 정(丁)이 충성(沖

星)에 복(伏)되니 주방(主方)은 정(靜)하면 이긴다.

⑦ 간궁(艮宮)은 궁(宮)이 문(門)을 생(生)하고 기(己)가 임성(任星)에 복(伏)되니 객방(客方)은 동북방에서 동(動)하면 이긴다.

⑧ 감궁(坎宮)은 문(門)이 궁(宮)을 생(生)하고 을(乙)이 봉성(蓬星)에 복(伏)되니 주방(主方)은 고요히 수비하면 이긴다.

禽 丁 陳 死 癸	蓬 癸 合 驚 戊	沖 戊 陰 開 丙
輔 己 雀 景 丁	心 壬	任 丙 蛇 休 庚
英 乙 地 杜 己	芮 辛 天 傷 乙	柱 庚 符 生 辛

54. 갑신순(甲申旬) 신묘시(辛卯時)

순수(旬首) : 경(庚)

용간(用干) : 신(辛)

직부(直符) : 천주(天柱)

직사(直使) : 경문(驚門)

① 건궁(乾宮)은 문(門)이 궁(宮)을 생(生)하고 천주(天柱)가 낙입(落入)되므로 주방(主方)은 정(靜)하면 좋다.

② 태궁(兌宮)은 궁(宮)이 문(門)을 생(生)하고 천반(天盤)이 지반(地盤)을 극(剋)하니 객방(客方)이 대승한다.

③ 곤궁(坤宮)은 궁(宮)이 문(門)을 생(生)하고 지반(地盤)이 천반(天盤)을 생(生)하니 객방(客方)이 대승한다.

④ 리궁(離宮)은 궁(宮)이 문(門)을 극(剋)하고 지반(地盤)이 천반(天盤)을 극합(剋合)하니 주방(主方)이 대승한다.

⑤ 손궁(巽宮)은 궁(宮)이 문(門)을 극(剋)하고 지반(地盤)이 천반

(天盤)을 극(剋)하니 주방(主方)이 대승한다.

⑥ 진궁(震宮)은 궁(宮)이 문(門)을 생(生)하고 지반(地盤)이 천반(天盤)을 생(生)하니 객방(客方)이 대승한다.

⑦ 간궁(艮宮)은 문(門)이 궁(宮)을 극(剋)하고 천반(天盤)이 지반(地盤)을 극(剋)하니 객방(客方)은 동(動)하면 이긴다.

⑧ 감궁(坎宮)은 궁(宮)이 문(門)을 생(生)하고 천반(天盤)이 지반(地盤)을 극(剋)하니 객방(客方)이 대승한다.

55. 갑신순(甲申旬) 임진시(壬辰時)

心　庚 符 景 壬	芮　丙 天 死 乙	輔　戊 地 驚 丁
禽　己 蛇 杜 癸	柱 辛	英　癸 雀 開 己
蓬　丁 陰 傷 戊	沖　乙 合 生 丙	任　壬 陳 休 庚

순수(旬首) : 경(庚)

용간(用干) : 임(壬)

직부(直符) : 천심(天心)

직사(直使) : 개문(開門)

① 건궁(乾宮)은 궁(宮)이 문(門)을 생(生)하고 지반(地盤)이 천반(天盤)을 생(生)하니 객방(客方)이 대승한다.

② 태궁(兌宮)은 문(門)과 궁(宮)이 비조(比助)되고 지반(地盤)이 천반(天盤)을 극(剋)하니 주방(主方)은 정(靜)하면 이긴다.

③ 곤궁(坤宮)은 궁(宮)이 문(門)을 생(生)하고 지반(地盤)이 천반(天盤)을 생(生)하니 객방(客方)이 대승한다.

④ 리궁(離宮)은 궁(宮)이 문(門)을 생(生)하고 지반(地盤)이 천반

(天盤)을 생(生)하니 주방(主方)은 동(動)하면 반드시 패한다.

⑤ 손궁(巽宮)은 궁(宮)이 문(門)을 생(生)하고 천반(天盤)이 지반 (地盤)을 생(生)하니 주방(主方)은 북방에서 고요히 수비하면 패하지는 않는다.

⑥ 진궁(震宮)은 문(門)과 궁(宮)이 비조(比助)되고 천반(天盤)이 지반(地盤)을 극(剋)하니 객방(客方)은 동(動)하기 쉽다.

⑦ 간궁(艮宮)은 문(門)이 궁(宮)을 극(剋)하고 천반(天盤)이 지반 (地盤)을 생(生)하니 주(主)는 조용히 지키면 패하지는 않는다.

⑧ 감궁(坎宮)은 문(門)이 궁(宮)을 극(剋)하고 천반(天盤)이 지반 (地盤)을 생(生)하니 주방(主方)은 고요히 수비하면 좋다.

56. 갑신순(甲申旬) 계사시(癸巳時)

柱　丙 天 杜 壬	沖　戊 地 景 乙	禽　癸 雀 死 丁
心　庚 符 傷 癸	任 辛	蓬　壬 陳 驚 己
芮　己 蛇 生 戊	輔　丁 陰 休 丙	英　乙 合 開 庚

순수(旬首) : 경(庚)

용간(用干) : 계(癸)

직부(直符) : 천심(天心)

직사(直使) : 개문(開門)

① 건궁(乾宮)은 문(門)과 궁(宮)이 비조(比助)되고 지반(地盤)이 천반(天盤)을 극합(剋合)하니 주방(主方)은 정(靜)하면 이긴다.

② 태궁(兌宮)은 문(門)과 궁(宮)이 비조(比助)되고 지반(地盤)이 천반(天盤)을 극(剋)하니 주방(主方)이 이긴다.

③ 곤궁(坤宮)은 문(門)과 궁(宮)이 비조(比助)되고 천반(天盤)이 지반(地盤)을 극(剋)하니 객방(客方)이 이긴다.

④ 리궁(離宮)은 문(門)과 궁(宮)이 비조(比助)되고 지반(地盤)이 천반(天盤)을 극(剋)하니 주방(主方)은 정(靜)하면 이롭다.

⑤ 손궁(巽宮)은 문(門)과 궁(宮)이 비조(比助)되고 지반(地盤)이 천반(天盤)을 극(剋)하니 주방(主方)은 정(靜)하면 이긴다.

⑥ 진궁(震宮)은 문(門)과 궁(宮)이 비조(比助)되고 천반(天盤)이 지반(地盤)을 생(生)하니 객방(客方)이 동(動)하면 주방(主方)은 반드시 이긴다.

⑦ 간궁(艮宮)은 문(門)과 궁(宮)이 비조(比助)되고 천예(天芮)가 낙입(落入)되므로 객방(客方)은 크게 동(動)하면 좋고, 주방(主方)은 고요히 잠복하여 움직이지 않는 것이 좋다.

⑧ 감궁(坎宮)은 문(門)과 궁(宮)이 비조(比助)되고 천보(天輔)가 낙입(落入)되므로 객방(客方)은 동남방에서 동(動)하면 이긴다.

57. 갑오순(甲午旬) 갑오시(甲午時)

輔　癸 陳杜癸	英　戊 合景戊	芮　丙 陰死丙
沖　丁 雀傷丁	禽壬	柱　庚 蛇驚庚
任　己 地生己	蓬　乙 天休乙	心　辛 符開辛

순수(旬首) : 신(辛)

용간(用干) : 신(辛)

직부(直符) : 천심(天心)

직사(直使) : 개문(開門)

① 건궁(乾宮)은 문(門)과 궁(宮)이 비조(比助)되고 신(辛)이 심성(心星)에 복(伏)되어 대복음(大伏吟)이 되니 주방(主方)은 고요히 잠복하면 좋고, 객방(客方)은 서방에서 동(動)하면 좋다.

② 태궁(兌宮)은 문(門)과 궁(宮)이 비조(比助)되고 경(庚)이 주성(柱星)에 복(伏)되니 주객(主客) 모두 동(動)하면 좋지 않다.

③ 곤궁(坤宮)은 문(門)과 궁(宮)이 비조(比助)되고 병(丙)이 예성(芮星)에 복(伏)되니 객(客)은 한 번 동(動)하면 반드시 패한다.

④ 리궁(離宮)은 문(門)과 궁(宮)이 비조(比助)되고 무(戊)가 영성(英星)에 복(伏)되니 객방(客方)은 남방에서 동(動)하면 좋다.

⑤ 손궁(巽宮)은 문(門)과 궁(宮)이 비조(比助)되고 계(癸)가 보성(輔星)에 복(伏)되니 객방(客方)은 동(動)하면 좋지 않다.

⑥ 진궁(震宮)은 문(門)과 궁(宮)이 비조(比助)되고 정(丁)이 충성(沖星)에 복(伏)되니 주방(主方)은 정(靜)하면 좋다.

⑦ 간궁(艮宮)은 문(門)과 궁(宮)이 비조(比助)되고 기(己)가 임성(任星)에 복(伏)되니 객방(客方)은 동북방에서 동(動)하면 좋다.

⑧ 감궁(坎宮)은 문(門)과 궁(宮)이 비조(比助)되고 을(乙)이 봉성(蓬星)에 복(伏)되니 객방(客方)은 북방에서 동(動)하면 좋다.

58. 갑신순(甲申旬) 무자시(戊子時)

芮　丙 蛇 開 癸	柱　庚 符 休 戊	英　辛 天 生 丙
蓬　戊 陰 驚 丁	沖 壬	禽　乙 地 傷 庚
心　癸 合 死 己	任　丁 陳 景 乙	輔　己 雀 杜 辛

순수(旬首) : 경(庚)

용간(用干) : 무(戊)

직부(直符) : 천주(天柱)

직사(直使) : 경문(驚門)

① 건궁(乾宮)은 궁(宮)이 문(門)을 극(剋)하고 천반(天盤)이 지반(地盤)을 생(生)하니 주방(主方)이 대승한다.

② 태궁(兌宮)은 궁(宮)이 문(門)을 극(剋)하고 지반(地盤)이 천반(天盤)을 극합(剋合)하니 주방(主方)이 대승한다.

③ 곤궁(坤宮)은 문(門)과 궁(宮)이 비조(比助)되고 지반(地盤)이 천반(天盤)을 극합(剋合)하니 주방(主方)은 정(靜)하면 이긴다.

④ 리궁(離宮)은 문(門)이 궁(宮)을 극(剋)하고 지반(地盤)이 천반(天盤)을 생(生)하니 객방(客方)이 대승한다.

⑤ 손궁(巽宮)은 문(門)이 궁(宮)을 극(剋)하고 지반(地盤)이 천반(天盤)을 극(剋)하니 주방(主方)은 북방에서 고요히 지키면 좋다.

⑥ 진궁(震宮)은 문(門)이 궁(宮)을 극(剋)하고 지반(地盤)이 천반(天盤)을 생(生)하니 객방(客方)이 대승한다.

⑦ 간궁(艮宮)은 문(門)과 궁(宮)이 비조(比助)되고 지반(地盤)이 천반(天盤)을 극(剋)하니 주방(主方)은 정(靜)하면 승리한다.

⑧ 감궁(坎宮)은 궁(宮)이 문(門)을 극(剋)하고 지반(地盤)이 천반

(天盤)을 생(生)하니 주방(主方)은 정(靜)하면 패하지 않으나 동(動)하면 반드시 손해를 본다.

冲　乙 地 景 癸	任　己 雀 死 戊	蓬　丁 陳 驚 丙
芮　辛 天 杜 丁	輔 壬	心　癸 合 開 庚
柱　庚 符 傷 己	英　丙 蛇 生 乙	禽　戊 陰 休 辛

59. 갑신순(甲申旬) 기축시(己丑時)

순수(旬首) : 경(庚)

용간(用干) : 기(己)

직부(直符) : 천주(天柱)

직사(直使) : 경문(驚門)

① 건궁(乾宮)은 궁(宮)이 문(門)을 생(生)하고 천반(天盤)이 지반(地盤)을 생(生)하니 주방(主方)은 동(動)하면 패하고 북방에서 정수(靜守)하면 좋지 않다.

② 태궁(兌宮)은 문(門)과 궁(宮)이 비조(比助)되고 지반(地盤)이 천반(天盤)을 생(生)하니 객방(客方)은 동(動)하면 승리한다.

③ 곤궁(坤宮)은 궁(宮)이 문(門)을 생(生)하고 천봉(天蓬)이 낙입(落入)되므로 객방(客方)은 북방에서 동(動)하면 좋지 않다.

④ 리궁(離宮)은 궁(宮)이 문(門)을 생(生)하고 천임(天任)이 낙입(落入)되므로 객방(客方)은 동(動)하면 좋다.

⑤ 손궁(巽宮)은 궁(宮)이 문(門)을 생(生)하고 지반(地盤)이 천반(天盤)을 생(生)하니 객방(客方)이 대승한다.

⑥ 진궁(震宮)은 문(門)과 궁(宮)이 비조(比助)되고 지반(地盤)이

천반(天盤)을 극(剋)하니 주방(主方)이 유리하다.

⑦ 간궁(艮宮)은 문(門)이 궁(宮)을 극(剋)하고 지반(地盤)이 천반 (天盤)을 생(生)하니 객방(客方)이 대승한다.

⑧ 감궁(坎宮)은 문(門)이 궁(宮)을 극(剋)하고 지반(地盤)이 천반 (天盤)을 생(生)하니 객방(客方)은 동(動)하면 승리한다.

芮 乙 雀 死 壬	柱 丁 陳 驚 乙	英 己 合 開 丁
蓬 壬 地 景 癸	沖 辛	禽 庚 陰 休 己
心 癸 天 杜 戊	任 戊 符 傷 丙	輔 丙 蛇 生 庚

60. 갑자순(甲子旬) 병인시(丙寅時)

순수(旬首) : 무(戊)

용간(用干) : 병(丙)

직부(直符) : 천임(天任)

직사(直使) : 생문(生門)

① 건궁(乾宮)은 문(門)이 궁(宮)을 생(生)하고 천반(天盤)이 지반 (地盤)을 극(剋)하니 객방(客方)은 동남방에서 동(動)하면 이기 고, 주방(主方)은 동북방에서 정수(靜守)하면 패하지 않는다.

② 태궁(兌宮)은 궁(宮)이 문(門)을 생(生)하고 지반(地盤)이 천반 (天盤)을 생(生)하니 객방(客方)이 대승한다.

③ 곤궁(坤宮)은 궁(宮)이 문(門)을 생(生)하고 지반(地盤)이 천반 (天盤)을 생(生)하니 객방(客方)은 동(動)하면 대승한다.

④ 리궁(離宮)은 궁(宮)이 문(門)을 극(剋)하고 지반(地盤)이 천반 (天盤)을 생(生)하니 주방(主方)은 정(靜)하면 좋다.

⑤ 손궁(巽宮)은 궁(宮)이 문(門)을 극(剋)하고 지반(地盤)이 천반(天盤)을 생(生)하니 주방(主方)은 서방이나 서북방에서 조용히 수비하면 좋다.

⑥ 진궁(震宮)은 궁(宮)이 문(門)을 생(生)하고 천봉(天蓬)이 낙입(落入)되므로 객방(客方)은 북방에서 동(動)하면 좋다.

⑦ 간궁(艮宮)은 문(門)이 궁(宮)을 극(剋)하고 지반(地盤)이 천반(天盤)을 극합(剋合)하니 객방(客方)은 서북방에서 동(動)하면 패하지는 않는다.

⑧ 감궁(坎宮)은 궁(宮)이 문(門)을 생(生)하고 지반(地盤)이 천반(天盤)을 생(生)하니 객방(客方)이 대승한다.

61. 갑신순(甲申旬) 계사시(癸巳時)

柱 庚 符 杜 癸	沖 辛 天 景 戊	禽 乙 地 死 丙
心 丙 蛇 傷 丁	任 壬	蓬 己 雀 驚 庚
芮 戊 陰 生 己	輔 癸 合 休 乙	英 丁 陳 開 辛

순수(旬首) : 경(庚)

용간(用干) : 계(癸)

직부(直符) : 천주(天柱)

직사(直使) : 경문(驚門)

① 건궁(乾宮)은 문(門)과 궁(宮)이 비조(比助)되고 천반(天盤)이 지반(地盤)을 극(剋)하니 주방(主方)은 정(靜)하면 좋고, 객방(客方)은 남방에서 동(動)하면 대승한다.

② 태궁(兌宮)은 문(門)과 궁(宮)이 비조(比助)되고 천반(天盤)이

지반(地盤)을 생(生)하니 객방(客方)은 동(動)하면 좋지 않다.

③ 곤궁(坤宮)은 문(門)과 궁(宮)이 비조(比助)되고 천반(天盤)이 지반(地盤)을 생(生)하니 객방(客方)은 동(動)하면 좋지 않다.

④ 리궁(離宮)은 문(門)과 궁(宮)이 비조(比助)되고 지반(地盤)이 천반(天盤)을 생(生)하니 주방(主方)이 동(動)하면 반드시 객방(客方)이 이긴다.

⑤ 손궁(巽宮)은 문(門)과 궁(宮)이 비조(比助)되고 천반(天盤)이 지반(地盤)을 생(生)하니 객방(客方)은 동(動)하면 좋지 않다.

⑥ 진궁(震宮)은 문(門)과 궁(宮)이 비조(比助)되고 천심(天心)이 낙입(落入)되므로 주객(主客) 모두 동(動)하면 좋지 않다.

⑦ 간궁(艮宮)은 문(門)과 궁(宮)이 비조(比助)되고 천예(天芮)가 낙입(落入)되므로 객방(客方)은 동(動)하면 좋다.

⑧ 감궁(坎宮)은 문(門)과 궁(宮)이 비조(比助)되고 천반(天盤)이 지반(地盤)을 생(生)하니 주방(主方)은 고요하게 승리를 기다리는 것이 좋다.

62. 갑자순(甲子旬) 경오시(庚午時)

心 丁 陳 開 壬	芮 己 合 休 乙	輔 庚 陰 生 丁
禽 乙 雀 驚 癸	柱 辛	英 丙 蛇 傷 己
蓬 壬 地 死 戊	沖 癸 天 景 丙	任 戊 符 杜 庚

순수(旬首) : 무(戊)

용간(用干) : 경(庚)

직부(直符) : 천임(天任)

직사(直使) : 생문(生門)

① 건궁(乾宮)은 궁(宮)이 문(門)을 극(剋)하고 천반(天盤)이 지반(地盤)을 생(生)하니 주방(主方)이 대승한다.

② 태궁(兌宮)은 궁(宮)이 문(門)을 극(剋)하고 천반(天盤)이 지반(地盤)을 생(生)하니 주방(主方)이 대승한다.

③ 곤궁(坤宮)은 문(門)과 궁(宮)이 비조(比助)되고 지반(地盤)이 천반(天盤)을 극(剋)하니 주방(主方)은 정(靜)하면 승리한다.

④ 리궁(離宮)은 문(門)이 궁(宮)을 극(剋)하고 지반(地盤)이 천반(天盤)을 극(剋)하니 주객(主客) 모두 승부가 있다.

⑤ 손궁(巽宮)은 문(門)이 궁(宮)을 극(剋)하고 지반(地盤)이 천반(天盤)을 극합(剋合)하니 주방(主方)은 정(靜)하면 좋다.

⑥ 진궁(震宮)은 문(門)이 궁(宮)을 극(剋)하고 지반(地盤)이 천반(天盤)을 생(生)하니 객방(客方)이 대승한다.

⑦ 간궁(艮宮)은 문(門)과 궁(宮)이 비조(比助)되고 지반(地盤)이 천반(天盤)을 극(剋)하니 객방(客方)이 대승한다.

⑧ 감궁(坎宮)은 궁(宮)이 문(門)을 극(剋)하고 천반(天盤)이 지반(地盤)을 극(剋)하니 병화(丙火) 지반(地盤)은 동방 천충성(天沖星) 정위(定位)에서 정수(靜守)하면 패하지는 않는다.

輔　壬 合 杜 壬	英　乙 陰 景 乙	芮　丁 蛇 死 丁
沖　癸 陳 傷 癸	禽 辛	柱　己 符 驚 己
任　戊 雀 生 戊	蓬　丙 地 休 丙	心　庚 天 開 庚

63. 갑술순(甲戌旬) 갑술시(甲戌時)

순수(旬首) : 기(己)

용간(用干) : 기(己)

직부(直符) : 천주(天柱)

직사(直使) : 경문(驚門)

① 건궁(乾宮)은 문(門)과 궁(宮)이 비조(比助)되고 경(庚)이 심성(心星)에 복(伏)되니 객방(客方)은 동(動)하면 좋다.

② 태궁(兌宮)은 문(門)과 궁(宮)이 비조(比助)되고 기(己)가 주성(柱星)에 복(伏)되니 객방(客方)은 동(動)하면 좋지 않다.

③ 곤궁(坤宮)은 문(門)과 궁(宮)이 비조(比助)되고 정(丁)이 예성(芮星)에 복(伏)되니 객방(客方)은 동(動)하면 좋지 않다.

④ 리궁(離宮)은 문(門)과 궁(宮)이 비조(比助)되고 을(乙)이 영성(英星)에 복(伏)되니 객방(客方)은 동(動)하면 모손(耗損)되고 남방에서 동(動)하면 위태롭다.

⑤ 손궁(巽宮)은 문(門)과 궁(宮)이 비조(比助)되고 임(壬)이 보성(輔星)에 복(伏)되니 주방(主方)은 정(靜)하면 좋다.

⑥ 진궁(震宮)은 문(門)과 궁(宮)이 비조(比助)되고 계(癸)가 충성(沖星)에 복(伏)되니 객방(客方)은 동(動)하면 좋지 않다. 만약 동방에서 동(動)하면 반드시 위험해진다.

⑦ 간궁(艮宮)은 문(門)과 궁(宮)이 비조(比助)되고 무(戊)가 임성

(任星)에 복(伏)되니 객방(客方)은 동(動)하면 좋다.

⑧ 감궁(坎宮)은 문(門)과 궁(宮)이 비조(比助)되고 병(丙)이 봉성
(蓬星)에 복(伏)되니 객방(客方)은 한 번 동(動)하면 필패한다.

芮 丁 蛇 傷 壬	柱 己 符 杜 乙	英 庚 天 景 丁
蓬 乙 陰 生 癸	沖 辛	禽 丙 地 死 己
心 壬 合 休 戊	任 癸 陳 開 丙	輔 戊 雀 驚 庚

64. 갑술순(甲戌旬) 을해시(乙亥時)

순수(旬首) : 기(己)

용간(用干) : 을(乙)

직부(直符) : 천주(天柱)

직사(直使) : 경문(驚門)

① 건궁(乾宮)은 문(門)과 궁(宮)이 비조(比助)되고 천반(天盤)이
지반(地盤)을 생(生)하니 주방(主方)이 이긴다.

② 태궁(兌宮)은 문(門)이 궁(宮)을 생(生)하고 천반(天盤)이 지반
(地盤)을 생(生)하니 주방(主方)이 대승한다.

③ 곤궁(坤宮)은 문(門)이 궁(宮)을 생(生)하고 지반(地盤)이 천반
(天盤)을 극(剋)하니 주방(主方)이 대승한다.

④ 리궁(離宮)은 문(門)이 궁(宮)을 생(生)하고 지반(地盤)이 천반
(天盤)을 극(剋)하니 주방(主方)이 이긴다.

⑤ 손궁(巽宮)은 문(門)과 궁(宮)이 비조(比助)되고 지반(地盤)이
천반(天盤)을 극합(剋合)하니 객방(客方)이 이긴다.

⑥ 진궁(震宮)은 궁(宮)이 문(門)을 극(剋)하고 지반(地盤)이 천반

(天盤)을 생(生)하니 객방(客方)은 북방 천봉성(天蓬星) 정위
(正位)에서 동(動)하면 좋다.

⑦ 간궁(艮宮)은 궁(宮)이 문(門)을 극(剋)하고 지반(地盤)이 천반
(天盤)을 극(剋)하니 주방(主方)이 대승한다.

⑧ 감궁(坎宮)은 문(門)이 궁(宮)을 생(生)하고 천반(天盤)이 지반
(地盤)을 극(剋)하니 객방(客方)은 서북방 개문(開門) 정위(正
位)에서 동(動)하면 좋다.

65. 갑신순(甲申旬) 갑신시(甲申時)

輔　壬 陳 杜 壬	英　乙 合 景 乙	芮　丁 陰 死 丁
沖　癸 雀 傷 癸	禽 辛	柱　己 蛇 驚 己
任　戊 地 生 戊	蓬　丙 天 休 丙	心　庚 符 開 庚

순수(旬首) : 경(庚)

용간(用干) : 경(庚)

직부(直符) : 천심(天心)

직사(直使) : 개문(開門)

① 건궁(乾宮)은 문(門)과 궁(宮)이 비조(比助)되고 경(庚)이 심성
(心星)에 복(伏)되니 객방(客方)은 동(動)하면 좋다.

② 태궁(兌宮)은 문(門)과 궁(宮)이 비조(比助)되고 기(己)가 주성
(柱星)에 복(伏)되니 주방(主方)은 정(靜)하면 좋다.

③ 곤궁(坤宮)은 문(門)과 궁(宮)이 비조(比助)되고 정(丁)이 예성
(芮星)에 복(伏)되니 주방(主方)은 정(靜)하면 좋다.

④ 리궁(離宮)은 문(門)과 궁(宮)이 비조(比助)되고 을(乙)이 영성

(英星)에 복(伏)되니 객방(客方)은 남방 천영(天英) 정위(正位)
에서 동(動)하면 매우 흉하다.

⑤ 손궁(巽宮)은 문(門)과 궁(宮)이 비조(比助)되고 임(壬)이 보성
(輔星)에 복(伏)되니 객방(客方)은 동(動)하면 좋지 않다.

⑥ 진궁(震宮)은 문(門)과 궁(宮)이 비조(比助)되고 계(癸)가 충성
(沖星)에 복(伏)되니 주객(主客) 모두 정(靜)하면 좋다.

⑦ 간궁(艮宮)은 문(門)과 궁(宮)이 비조(比助)되고 무(戊)가 임성
(任星)에 복(伏)되니 주(主)는 동북에서 고요히 매복하면 좋다.

⑧ 감궁(坎宮)은 문(門)과 궁(宮)이 비조(比助)되고 병(丙)이 봉성
(蓬星)에 복(伏)되니 객방(客方)은 동(動)하면 좋지 않다.

66. 갑술순(甲戌旬) 무인시(戊寅時)

沖 丙 地 開 壬	任 戊 雀 休 乙	蓬 癸 陳 生 丁
芮 庚 天 驚 癸	輔 辛	心 壬 合 傷 己
柱 己 符 死 戊	英 丁 蛇 景 丙	禽 乙 陰 杜 庚

순수(旬首) : 기(己)

용간(用干) : 무(戊)

직부(直符) : 천주(天柱)

직사(直使) : 경문(驚門)

① 건궁(乾宮)은 궁(宮)이 문(門)을 극(剋)하고 지반(地盤)이 천반
(天盤)을 극합(剋合)하니 주방(主方)이 대승한다.

② 태궁(兌宮)은 궁(宮)이 문(門)을 극(剋)하고 지반(地盤)이 천반
(天盤)을 극(剋)하니 주방(主方)이 대승한다.

③ 곤궁(坤宮)은 문(門)과 궁(宮)이 비화(比和)되고 천반(天盤)이 지반(地盤)을 극(剋)하고 천봉성(天蓬星)이 낙입(落入)되므로 객방(客方)은 동(動)하면 대승한다.

④ 리궁(離宮)은 문(門)이 궁(宮)을 극(剋)하고 지반(地盤)이 천반(天盤)을 극(剋)하니 주객(主客) 모두 승부가 있다.

⑤ 손궁(巽宮)은 문(門)이 궁(宮)을 극(剋)하고 지반(地盤)이 천반(天盤)을 극(剋)하니 객방(客方)은 동방에서 동(動)하면 좋다.

⑥ 진궁(震宮)은 문(門)이 궁(宮)을 극(剋)하고 천반(天盤)이 지반(地盤)을 생(生)하니 주방(主方)은 고요히 지키면 좋다.

⑦ 간궁(艮宮)은 문(門)과 궁(宮)이 비조(比助)되고 천주(天柱)가 낙입(落入)되므로 객방(客方)은 동(動)하면 좋지 않다.

⑧ 감궁(坎宮)은 궁(宮)이 문(門)을 극(剋)하고 천영(天英)이 낙입(落入)되므로 객방(客方)은 남방에서 동(動)하면 좋다.

<table>
<tr><td>輔　　壬
合景壬</td><td>英　　乙
陰死乙</td><td>芮　　丁
蛇驚丁</td></tr>
<tr><td>冲　　癸
陳杜癸</td><td>禽辛</td><td>柱　　己
符開己</td></tr>
<tr><td>任　　戊
雀傷戊</td><td>蓬　　丙
地生丙</td><td>心　　庚
天休庚</td></tr>
</table>

67. 갑술순(甲戌旬) 기묘시(己卯時)

순수(旬首) : 기(己)

용간(用干) : 기(己)

직부(直符) : 천주(天柱)

직사(直使) : 경문(驚門)

① 건궁(乾宮)은 궁(宮)이 문(門)을 생(生)하고 경(庚)이 심성(心

星)에 복(伏)되니 객방(客方)은 동(動)하면 좋다.

② 태궁(兌宮)은 문(門)과 궁(宮)이 비조(比助)되고 기(己)가 주성(柱星)에 복(伏)되니 주방(主方)은 정(靜)하면 좋다.

③ 곤궁(坤宮)은 궁(宮)이 문(門)을 생(生)하고 정(丁)이 예성(芮星)에 복(伏)되니 주방(主方)은 정(靜)하면 패하지 않는다.

④ 리궁(離宮)은 궁(宮)이 문(門)을 생(生)하고 을(乙)이 영성(英星)에 복(伏)되니 객방(客方)은 동(動)하면 손해를 본다.

⑤ 손궁(巽宮)은 궁(宮)이 문(門)을 생(生)하고 임(壬)이 보성(輔星)에 복(伏)되니 주객방(主客方) 모두 정(靜)하면 좋다.

⑥ 진궁(震宮)은 문(門)과 궁(宮)이 비조(比助)되고 계(癸)가 충성(沖星)에 복(伏)되니 객방(客方)은 동(動)하면 좋지 않다.

⑦ 간궁(艮宮)은 문(門)이 궁(宮)을 극(剋)하고 무(戊)가 임성(任星)에 복(伏)되니 객방(客方)은 동(動)하면 좋다.

⑧ 감궁(坎宮)은 문(門)이 궁(宮)을 극(剋)하고 병(丙)이 봉성(蓬星)에 복(伏)되니 주방(主方)은 정(靜)하며 기다리는 것이 좋다.

68. 갑술순(甲戌旬) 경진시(庚辰時)

禽 癸 陳 生 壬	蓬 壬 合 傷 乙	沖 乙 陰 杜 丁
輔 戊 雀 休 癸	心 辛	任 丁 蛇 景 己
英 丙 地 開 戊	芮 庚 天 驚 丙	柱 己 符 死 庚

순수(旬首) : 기(己)

용간(用干) : 경(庚)

직부(直符) : 천주(天柱)

직사(直使) : 경문(驚門)

① 건궁(乾宮)은 문(門)이 궁(宮)을 생(生)하고 천반(天盤)이 지반 (地盤)을 생(生)하니 주방(主方)은 정(靜)하면 이긴다.

② 태궁(兌宮)은 문(門)이 궁(宮)을 극(剋)하고 천반(天盤)이 지반 (地盤)을 생(生)하니 주(主)는 정(靜)하며 기다리는 것이 좋다.

③ 곤궁(坤宮)은 문(門)이 궁(宮)을 극(剋)하고 천반(天盤)이 지반 (地盤)을 생(生)하니 객방(客方)은 동(動)하면 좋다.

④ 리궁(離宮)은 문(門)이 궁(宮)을 생(生)하고 천반(天盤)이 지반 (地盤)을 생(生)하니 주방(主方)이 대승한다.

⑤ 손궁(巽宮)은 궁(宮)이 문(門)을 극(剋)하고 천금(天禽)이 낙입 (落入)되므로 객방(客方)은 동(動)하면 좋지 않다.

⑥ 진궁(震宮)은 문(門)이 궁(宮)을 생(生)하고 천반(天盤)이 지반 (地盤)을 극합(剋合)하고 천보(天輔)가 낙입(落入)되므로 주객 (主客) 모두 동(動)하면 좋지 않다.

⑦ 간궁(艮宮)은 궁(宮)이 문(門)을 생(生)하고 천반(天盤)이 지반 (地盤)을 생(生)하니 주(主)는 정(靜)하며 기다리는 것이 좋다.

⑧ 감궁(坎宮)은 문(門)이 궁(宮)을 생(生)하고 지반(地盤)이 천반 (天盤)을 극(剋)하니 주방(主方)이 대승한다.

英　癸 雀　開　壬	禽　壬 陳　休　乙	柱　乙 合　生　丁
任　戊 地　驚　癸	蓬　辛	沖　丁 陰　傷　己
輔　丙 天　死　戊	心　庚 符　景　丙	芮　己 蛇　杜　庚

69. 갑신순(甲申旬) 병술시(丙戌時)

순수(旬首) : 경(庚)

용간(用干) : 병(丙)

직부(直符) : 천심(天心)

직사(直使) : 개문(開門)

① 건궁(乾宮)은 궁(宮)이 문(門)을 극(剋)하고 천반(天盤)이 지반(地盤)을 생(生)하니 주방(主方)이 대승한다.

② 태궁(兌宮)은 궁(宮)이 문(門)을 극(剋)하고 천반(天盤)이 지반(地盤)을 생(生)하니 주방(主方)은 정(靜)하면 이긴다.

③ 곤궁(坤宮)은 문(門)과 궁(宮)이 비조(比助)되고 천반(天盤)이 지반(地盤)을 생(生)하니 객(客)이 동(動)하면 주(主)가 이긴다.

④ 리궁(離宮)은 문(門)이 궁(宮)을 극(剋)하고 천반(天盤)이 지반(地盤)을 생(生)하니 주(主)는 정(靜)하며 기다리는 것이 좋다.

⑤ 손궁(巽宮)은 문(門)이 궁(宮)를 극(剋)하고 천영(天英)이 낙입(落入)되므로 객방(客方)은 동(動)하면 장애가 생기기 쉽다.

⑥ 진궁(震宮)은 문(門)이 궁(宮)을 극(剋)하고 천반(天盤)이 지반(地盤)을 극합(剋合)하니 객방(客方)이 대승한다.

⑦ 간궁(艮宮)은 문(門)과 궁(宮)이 비조(比助)되고 천반(天盤)이 지반(地盤)을 생(生)하니 객방(客方)이 동(動)하면 주방(主方)이 대승한다.

⑧ 감궁(坎宮)은 궁(宮)이 문(門)을 극(剋)하고 지반(地盤)이 천반
(天盤)을 극(剋)하니 주방(主方)이 대승한다.

任　丁 陰休壬	輔　己 蛇生乙	心　庚 符傷丁
杜　乙 合開癸	英辛	芮　丙 天杜己
沖　壬 陳驚戊	禽　癸 雀死丙	蓬　戊 地景庚

70. 갑신순(甲申旬) 정해시(丁亥時)

순수(旬首) : 경(庚)

용간(用干) : 정(丁)

직부(直符) : 천심(天心)

직사(直使) : 개문(開門)

① 건궁(乾宮)은 문(門)이 궁(宮)을 극(剋)하고 천반(天盤)이 지반
(地盤)을 생(生)하니 주방(主方)은 조용히 수비하면서 승리를
기다리는 것이 좋다.

② 태궁(兌宮)은 궁(宮)이 문(門)을 극(剋)하고 천반(天盤)이 지반
(地盤)을 생(生)하니 주방(主方)이 대승한다.

③ 곤궁(坤宮)은 문(門)이 궁(宮)을 극(剋)하고 지반(地盤)이 천반
(天盤)을 극(剋)하니 객방(客方)은 서북방 천심성(天心星)에서
동(動)하면 패하지는 않는다.

④ 리궁(離宮)은 궁(宮)이 문(門)을 생(生)하고 지반(地盤)이 천반
(天盤)을 극(剋)하니 객방(客方)은 동(動)하면 좋지 않다.

⑤ 손궁(巽宮)은 문(門)이 궁(宮)을 생(生)하고 지반(地盤)이 천반
(天盤)을 극합(剋合)하니 주방(主方)이 대승한다.

⑥ 진궁(震宮)은 문(門)이 궁(宮)을 극(剋)하고 지반(地盤)이 천반
  (天盤)을 생(生)하니 객방(客方)이 대승한다.

⑦ 간궁(艮宮)은 궁(宮)이 문(門)을 생(生)하고 지반(地盤)이 천반
  (天盤)을 극(剋)하니 객방(客方)은 동(動)하면 좋지 않다.

⑧ 감궁(坎宮)은 문(門)이 궁(宮)을 극(剋)하고 천반(天盤)이 지반
  (地盤)을 극(剋)하니 객방(客方)은 동(動)하면 대승한다.

英 乙 陰 驚 壬	禽 丁 蛇 開 乙	柱 己 符 休 丁
任 壬 合 死 癸	蓬 辛	沖 庚 天 生 己
輔 癸 陳 景 戊	心 戊 雀 杜 丙	芮 丙 地 傷 庚

71. 갑술순(甲戌旬) 정축시(丁丑時)

순수(旬首) : 기(己)

용간(用干) : 정(丁)

직부(直符) : 천주(天柱)

직사(直使) : 경문(驚門)

① 건궁(乾宮)은 궁(宮)이 문(門)을 극(剋)하고 천반(天盤)이 지반
  (地盤)을 극(剋)하니 주객(主客) 모두 동(動)하면 좋지 않다.

② 태궁(兌宮)은 문(門)이 궁(宮)을 생(生)하고 지반(地盤)이 천반(天
  盤)을 생(生)하니 주방(主方)이 동(動)하면 객방(客方)이 이긴다.

③ 곤궁(坤宮)은 궁(宮)이 문(門)을 극(剋)하고 지반(地盤)이 천반
  (天盤)을 생(生)하니 주객(主客) 모두 동(動)하면 좋지 않다.

④ 리궁(離宮)은 궁(宮)이 문(門)을 극(剋)하고 지반(地盤)이 천반
  (天盤)을 생(生)하니 주방(主方)은 동(動)하지 않으면 패하지

는 않는다.

⑤ 손궁(巽宮)은 문(門)이 궁(宮)을 극(剋)하고 지반(地盤)이 천반(天盤)을 생(生)하니 객방(客方)이 대승한다.

⑥ 진궁(震宮)은 궁(宮)이 문(門)을 극(剋)하고 천임(天任)이 낙입(落入)되므로 주방(主方)은 정수(靜守)하면 승리하고, 객방(客方)은 한 번 동(動)하면 도리어 패한다.

⑦ 간궁(艮宮)은 문(門)이 궁(宮)을 생(生)하고 지반(地盤)이 천반(天盤)을 극합(剋合)하니 주방(主方)이 대승한다.

⑧ 감궁(坎宮)은 궁(宮)이 문(門)을 생(生)하고 지반(地盤)이 천반(天盤)을 생(生)하니 객방(客方)이 대승한다.

72. 갑신순(甲申旬) 경인시(庚寅時)

輔　壬 陳驚壬	英　乙 合開乙	芮　丁 陰休丁
沖　癸 雀死癸	禽辛	柱　己 蛇生己
任　戊 地景戊	蓬　丙 天杜丙	心　庚 符傷庚

순수(旬首) : 경(庚)

용간(用干) : 경(庚)

직부(直符) : 천심(天心)

직사(直使) : 개문(開門)

① 건궁(乾宮)은 궁(宮)이 문(門)을 극(剋)하고 경(庚)이 심성(心星)에 복(伏)되니 주방(主方)은 정(靜)하면 이긴다.

② 태궁(兌宮)은 문(門)이 궁(宮)을 생(生)하고 기(己)가 주성(柱星)에 복(伏)되니 객(客)이 동(動)하면 주방(主方)이 이긴다.

③ 곤궁(坤宮)은 궁(宮)이 문(門)을 극(剋)하고 정(丁)이 예성(芮星)에 복(伏)되니 객방(客方)은 동(動)하면 반드시 모손된다.

④ 리궁(離宮)은 궁(宮)이 문(門)을 극(剋)하고 을(乙)이 영성(英星)에 복(伏)되니 객방(客方)은 동(動)하면 좋지 않다.

⑤ 손궁(巽宮)은 문(門)이 궁(宮)을 극(剋)하고 임(壬)이 보성(輔星)에 복(伏)되니 객방(客方)은 서방 경문(驚門) 정위(正位)에서 동(動)하면 좋다.

⑥ 진궁(震宮)은 궁(宮)이 문(門)을 剋하고 계(癸)가 충성(沖星)에 복(伏)되니 객방(客方)은 동(動)하면 반드시 패한다.

⑦ 간궁(艮宮)은 문(門)이 궁(宮)을 생(生)하고 무(戊)가 임성(任星)에 복(伏)되니 객방(客方)은 동북방 천임성(天任星) 본위에서 동(動)하면 좋다.

⑧ 감궁(坎宮)은 궁(宮)이 문(門)을 생(生)하고 병(丙)이 봉성(蓬星)에 복(伏)되니 객방(客方)은 동남방 두문(杜門) 정위(正位)에서 동(動)하면 좋다.

73. 갑자순(甲子旬) 무진시(戊辰時)

輔　壬 地 生 壬	英　乙 雀 傷 乙	芮　丁 陳 杜 丁
沖　癸 天 休 癸	禽 辛	柱　己 合 景 己
任　戊 符 開 戊	蓬　丙 蛇 驚 丙	心　庚 陰 死 庚

순수(旬首) : 무(戊)

용간(用干) : 무(戊)

직부(直符) : 천임(天任)

직사(直使) : 생문(生門)

① 건궁(乾宮)은 문(門)이 궁(宮)을 생(生)하고 경(庚)이 심성(心星)에 복(伏)되니 주방(主方)은 정(靜)하면 이긴다.

② 태궁(兌宮)은 문(門)이 궁(宮)을 극(剋)하고 기(己)가 주성(柱星)에 복(伏)되니 주객(主客) 모두 동(動)하면 좋지 않다.

③ 곤궁(坤宮)은 문(門)이 궁(宮)을 극(剋)하고 정(丁)이 예성(芮星)에 복(伏)되니 객방(客方)은 동남방 두문(杜門) 정위(正位)에서 동(動)하면 좋다.

④ 리궁(離宮)은 문(門)이 궁(宮)을 생(生)하고 을(乙)이 영성(英星)에 복(伏)되니 객(客)이 동(動)하면 주방(主方)이 승리한다.

⑤ 손궁(巽宮)은 궁(宮)이 문(門)을 극(剋)하고 임(壬)이 보성(輔星)에 복(伏)되니 객방(客方)은 동(動)하면 반드시 패한다.

⑥ 진궁(震宮)은 문(門)이 궁(宮)을 생(生)하고 계(癸)가 충성(沖星)에 복(伏)되니 주방(主方)은 정(靜)하면 이긴다.

⑦ 간궁(艮宮)은 궁(宮)이 문(門)을 생(生)하고 무(戊)가 임성(任星)에 복(伏)되니 객방(客方)은 동(動)하면 좋다.

⑧ 감궁(坎宮)은 문(門)이 궁(宮)을 생(生)하고 병(丙)이 봉성(蓬星)에 복(伏)되니 객방(客方)은 동(動)하면 좋지 않다.

禽 己 合 傷 壬	蓬 庚 陰 杜 乙	沖 丙 蛇 景 丁
輔 丁 陳 生 癸	心 辛	任 戊 符 死 己
英 乙 雀 休 戊	芮 壬 地 開 丙	柱 癸 天 驚 庚

74. 갑자순(甲子旬) 기사시(己巳時)

순수(旬首) : 무(戊)

용간(用干) : 기(己)

직부(直符) : 천임(天任)

직사(直使) : 생문(生門)

① 건궁(乾宮)은 문(門)과 궁(宮)이 비조(比助)되고 지반(地盤)이 천반(天盤)을 생(生)하니 객방(客方)은 동(動)하면 이긴다.

② 태궁(兌宮)은 문(門)이 궁(宮)을 생(生)하고 천임(天任)이 낙입 (落入)되므로 객방(客方)은 동북방에서 동(動)하면 좋다.

③ 곤궁(坤宮)은 문(門)이 궁(宮)을 생(生)하고 천충(天沖)이 낙입 (落入)되니 주방(主方)은 정(靜)하며 기다리는 것이 좋다.

④ 리궁(離宮)은 문(門)이 궁(宮)을 생(生)하고 천반(天盤)이 지반 (地盤)을 극합(剋合)하니 주객(主客) 모두 동(動)하면 흉하다.

⑤ 손궁(巽宮)은 문(門)과 궁(宮)이 비조(比助)되고 천반(天盤)이 지반(地盤)을 극(剋)하니 객방(客方)이 대승한다.

⑥ 진궁(震宮)은 궁(宮)이 문(門)을 극(剋)하고 지반(地盤)이 천반 (天盤)을 극(剋)하니 주방(主方)이 대승한다.

⑦ 간궁(艮宮)은 궁(宮)이 문(門)을 극(剋)하고 천반(天盤)이 지반 (地盤)을 극(剋)하니 주객(主客) 모두 동(動)하면 좋지 않다.

⑧ 감궁(坎宮)은 문(門)이 궁(宮)을 생(生)하고 천반(天盤)이 지반

(地盤)을 극(剋)하니 객방(客方)은 동(動)하면 좋지 않다.

75. 갑오순(甲午旬) 임인시(壬寅時)

禽　癸 地 開 乙	蓬　丁 雀 休 辛	沖　庚 陳 生 己
輔　己 天 驚 戊	心 丙	任　壬 合 傷 癸
英　辛 符 死 壬	芮　乙 蛇 景 庚	柱　戊 陰 杜 丁

순수(旬首) : 신(辛)

용간(用干) : 임(壬)

직부(直符) : 천영(天英)

직사(直使) : 경문(景門)

① 건궁(乾宮)은 궁(宮)이 문(門)을 극(剋)하고 지반(地盤)이 천반(天盤)을 생(生)하니 주객(主客) 모두 동(動)하면 좋지 않다.

② 태궁(兌宮)은 궁(宮)이 문(門)을 극(剋)하고 천임(天任)이 낙입(落入)되므로 주방(主方)은 정(靜)하면 이긴다.

③ 곤궁(坤宮)은 문(門)과 궁(宮)이 비조(比助)되고 지반(地盤)이 천반(天盤)을 생(生)하니 주방(主方)이 동(動)하면 반드시 객방(客方)이 이긴다.

④ 리궁(離宮)은 문(門)이 궁(宮)을 극(剋)하고 천반(天盤)이 지반(地盤)을 극(剋)하니 객방(客方)이 대승한다.

⑤ 손궁(巽宮)은 문(門)이 궁(宮)을 극(剋)하고 천반(天盤)이 지반(地盤)을 생(生)하므로 주방(主方)은 정(靜)하면 좋다.

⑥ 진궁(震宮)은 문(門)이 궁(宮)을 극(剋)하고 천보(天輔)가 낙입(落入)되므로 객방(客方)은 동(動)하면 좋지 않다.

⑦ 간궁(艮宮)은 문(門)과 궁(宮)이 비조(比助)되고 천반(天盤)이
지반(地盤)을 생(生)하니 주방(主方)이 대승한다.

⑧ 감궁(坎宮)은 궁(宮)이 문(門)을 극(剋)하고 지반(地盤)이 천반
(天盤)을 극합(剋合)하니 주방(主方)이 대승한다.

心　　壬 合 杜 乙	芮　　戊 陰 景 辛	輔　　乙 蛇 死 己
禽　　庚 陳 傷 戊	柱 丙	英　　辛 符 驚 癸
蓬　　丁 雀 生 壬	冲　　癸 地 休 庚	任　　己 天 開 丁

76. 갑오순(甲午旬) 계묘시(癸卯時)

순수(旬首) : 신(辛)

용간(用干) : 계(癸)

직부(直符) : 천영(天英)

직사(直使) : 경문(景門)

① 건궁(乾宮)은 문(門)과 궁(宮)이 비조(比助)되고 지반(地盤)이
천반(天盤)을 생(生)하니 객방(客方)은 동(動)하면 좋다.

② 태궁(兌宮)은 문(門)과 궁(宮)이 비조(比助)되고 천반(天盤)이
지반(地盤)을 생(生)하니 주방(主方)은 정(靜)하면 승리한다.

③ 곤궁(坤宮)은 문(門)과 궁(宮)이 비조(比助)되고 천반(天盤)이
지반(地盤)을 극(剋)하니 객방(客方)은 동(動)하면 승리한다.

④ 리궁(離宮)은 문(門)과 궁(宮)이 비조(比助)되고 천반(天盤)이
지반(地盤)을 생(生)하니 주방(主方)은 정(靜)하며 승리를 기다
리는 것이 좋다.

⑤ 손궁(巽宮)은 문(門)과 궁(宮)이 비조(比助)되고 천반(天盤)이

지반(地盤)을 생(生)하니 객방(客方)은 동(動)하면 반드시 진다.

⑥ 진궁(震宮)은 문(門)과 궁(宮)이 비조(比助)되고 지반(地盤)이 천반(天盤)을 생(生)하니 싸움은 객방(客方)이 이롭다.

⑦ 간궁(艮宮)은 문(門)과 궁(宮)이 비조(比助)되고 지반(地盤)이 천반(天盤)을 극합(剋合)하니 싸움은 주방(主方)이 이롭다.

⑧ 감궁(坎宮)은 문(門)과 궁(宮)이 비조(比助)되고 지반(地盤)이 천반(天盤)을 생(生)하니 객방(客方)은 주방(主方)이 동(動)하기를 기다렸다가 승리를 취하는 것이 좋다.

| 제Ⅲ부 |

해단실예(解斷實例)

제1장. 기문점사법(奇門占事法)

1. 구재·경영

일간(日干)은 구점인, 시간(時干)은 재물·돈·물품, 생문(生門)은 이자·이윤·가옥, 개문(開門)은 영업개시·창립, 사문(死門)은 부지·대지·토지, 육합(六合)은 중매인·중개상인·브로커다. 월간(月干)은 동종업계 경쟁자, 직부(直符)와 경문(景門)은 행정(行情), 시간(時干)과 직사문낙궁(直使門落宮)은 경영 항목, 개휴생문(開休生門) 낙궁(落宮)은 득재(得財) 방향, 생문(生門)이 임한 성(星)은 재성(財星), 갑자무(甲子戊)는 자본, 생문(生門) 낙궁수(落宮數)는 득재(得財) 수량이다. 직부(直符)는 은행·자금을 방출하는 사람·채권자, 직사(直使) 또는 천을(天乙)은 돈을 빌리는 사람·부채인, 상문(傷門)은 빚을 독촉하는 사람이다.

① 갑자무(甲子戊)와 생문(生門)이 공망(空亡)·반음(反吟)·묘절에 낙(落)하고, 다시 흉격(凶格)·흉신(凶神)이 있으면 재(財)를 얻지 못하고 도리어 시비를 부른다.

② 생문(生門)이 휴수궁(休囚宮)에 낙(落)하면 이익이 작고, 다시 흉격(凶格)을 만나면 이익이 없고 밑진다.

③ 생문(生門)이 상궁(相宮)에 낙(落)하면 평범하고, 왕궁(旺宮)에 낙(落)하여 기(奇)와 길격(吉格)을 얻으면 이득이 크다. 갑자무(甲子戊)와 생문(生門) 위에 길성(吉星)이 승(乘)하면 더 길하고, 흉성(凶星)이 승(乘)하면 길한 가운데 흉함이 있다.

④ 지반(地盤) 갑자무(甲子戊) 위에 승(乘)한 간(干)으로 득재(得財) 정도를 판단한다.

⑤ 지반(地盤) 시간궁(時干宮)의 지지(地支)로 응기(應期)를 정하며 득재(得財)하는 년월일시다.

⑥ 복음(伏吟)이 되면 생문(生門)이 충(沖)한 궁(宮)의 지지(地支)가 응기(應期)다.

⑦ 갑자무(甲子戊)와 생문(生門)이 함께 내반(內盤)에 낙(落)하면 가깝고 빠르다. 하나는 내반(內盤)에 있고 하나는 외반(外盤)에 있으면 느리고, 모두 외반(外盤)에 있으면 더 더디며 멀다.

1. 개점구재(開店求財)

일간(日干)은 구점인, 개문(開門)은 공장·영업개시·주점·여관,

시간(時干)은 점포다. 일시간(日時干) 지지(地支)의 왕상(旺相)·휴수(休囚)·생극(生剋)의 관계로 본다.

① 시간(時干)은 손님인데 길문(吉門)·길격(吉格)·길신(吉神)과 왕상(旺相)한 기에 승(乘)하고 개문(開門)과 상생(相生)되면 손님이 많고 반대이면 손님이 적다.

② 개문(開門)이 왕상(旺相)한 기에 승(乘)하고 삼기(三奇)·길성(吉星)·길격(吉格)·길신(吉神)을 띠고 일간낙궁(日干落宮)을 생(生)하면 대길대리하다.

③ 개문(開門)이 왕상(旺相)한 기에 승(乘)하고 삼기(三奇)·길성(吉星)·길격(吉格)·길신(吉神)을 띠고 일간낙궁(日干落宮)과 비화(比和)되면 차길이다.

④ 개문(開門)이 입묘(入墓)·공망(空亡)·반음(反吟)되면 개점할 수 없다. 만약 이미 개점했으면 생산이 중단되거나 폐업한다.

⑤ 개문낙궁(開門落宮)에 흉신(凶神)·흉격(凶格)이 승(乘)하여 일간궁(日干宮)을 충극(沖剋)하면 반드시 파모(破耗)하여 본전을 밑지거나 개점으로 인한 파재가 따른다.

⑥ 일간(日干)은 구점인, 시간(時干)은 손님, 갑자무(甲子戊)는 자본, 개문(開門)은 영업개시·창업·창립, 생문(生門)은 이윤·이자를 나타낸다.

2. 동업구재(同業求財)

지반(地盤) 일간(日干)은 아방·구점인이고, 승(乘)한 천반(天盤)의 간(干)은 공동경영자·동업자다.

① 천반(天盤)의 간(干)이 지반(地盤) 일간(日干)을 생(生)하면 아방이 유리하고, 그렇지 않으면 타방이 유리하고, 비화(比和)되면 공평하다. 둘이 상극(傷剋)되면 이루어지지 않고, 성사되더라도 순조롭지 않다. 일간(日干)은 아방·구점인이고, 시간(時干)은 동업자다.

② 시간(時干)이 기문(奇門)·길격(吉格)에 승(乘)하여 일간궁(日干宮)을 생(生)하면 아방이 유리하고, 일간궁(日干宮)이 시간궁(時干宮)을 생(生)하면 타방이 유리하다.

③ 일간(日干)과 시간(時干)이 비화(比和)되면 공평하고, 시간궁(時干宮)이 일간궁(日干宮)을 극(剋)하면 아방이 불리하고, 일간궁(日干宮)이 시간궁(時干宮)을 극(剋)하면 타방이 불리하다. 동시에 생문(生門)과 일간궁(日干宮)의 관계로 아방의 유리 여부를 본다.

④ 생문궁(生門宮)이 아방인 일간(日干)을 생(生)하면 길하나 극(剋)하면 불길하다.

3. 교역구재(交易求財)

일간(日干)은 사는 사람, 시간(時干)은 파는 사람, 육합(六合)은 중개인·중개상인을 나타낸다.

① 일간(日干)이 시간(時干)을 생(生)하면 파는 쪽이 이롭고, 시간 (時干)이 일간(日干)을 생(生)하면 사는 쪽이 이롭다.
② 일간(日干)이 시간(時干)을 극(剋)하면 사는 쪽에서 사지 않고, 시간(時干)이 일간(日干)을 극(剋)하면 파는 쪽에서 팔지 않아 성사되지 않는다.
③ 일간(日干)과 시간(時干)이 비화(比和)되면 공평하게 거래된다.
④ 일간(日干)이나 시간(時干) 중에서 하나가 공망(空亡)되면 교역 이 성사되지 않는다.
⑤ 육합(六合)이 일간(日干)을 생(生)하면 중개인의 마음이 사는 쪽에 향하고, 육합(六合)이 시간(時干)을 생(生)하면 파는 쪽에 향한다.
⑥ 육합(六合)이 입묘(入墓)나 공망(空亡)되면 반드시 간사함과 기 만하는 일이 있다.

4. 대출차전(貸出借錢)

 직부(直符)는 돈 주인·은행이고, 직사(直使)는 빌리는 사람이다.

① 직부(直符)가 직사(直使)를 생(生)하거나 직사(直使)가 직부(直符)를 극(剋)하면 돈을 빌리거나 대출받을 수 있다.

② 직부(直符)가 직사(直使)를 극(剋)하거나 직사(直使)가 직부(直符)를 생(生)하면 돈을 빌리거나 대출이 순조롭지 않다.

③ 직부(直符)나 직사(直使) 중에서 하나가 공망(空亡)되면 돈을 빌리지 못한다.

④ 지반(地盤)은 정(靜)·주(主)·전주(錢主)·은행이고, 천반(天盤)은 동(動)·객(客)·돈을 빌리는 사람이다.

⑤ 돈을 빌리는 방위가 공망(空亡)되면 전주(錢主)가 돈이 없거나 사람이 없고, 빌리러 가도 성사되지 않는다.

⑥ 천반성(天盤星)이 임한 간(干)이 지반(地盤) 묘고(墓庫)에 들면 전주(錢主)가 인색하여 돈을 빌려주지 않는다.

⑦ 지반성(地盤星)과 천반성(天盤星)이 상극(相剋)되면 돈을 빌리지 못하며 오히려 치욕을 당한다.

⑧ 지반성(地盤星)과 천반성(天盤星)이 비화(比和)되면 돈을 빌리고 싶으면서도 머뭇거리며 결정하지 못한다.

⑨ 지반성(地盤星)이 천반성(天盤星)을 생(生)하면 반드시 돈을 빌려주거나 대출한다.

5. 대출차화(貸出借貨)

직부(直符)는 은행·대출하는 사람, 천을(天乙)은 빌리는 사람, 생문(生門)은 이자·이윤이다. 여기서 천을(天乙)은 직부(直符) 아래에 임한 지반성(地盤星)을 말한다.

① 직부(直符)가 천을낙궁(天乙落宮)을 극(剋)하면 길하고, 천을(天乙)이 직부낙궁(直符落宮)을 극(剋)하면 흉하다.

② 천을(天乙)이 직부낙궁(直符落宮)을 생(生)하면 길하고, 직부(直符)가 천을낙궁(天乙落宮)을 생(生)하면 흉하다.

③ 생문(生門)과 천을(天乙)이 함께 직부낙궁(直符落宮)을 극(剋)하면 방출한 대출금이 거의 다 손실되었다는 뜻이다.

④ 생문(生門)과 천을(天乙)이 함께 직부낙궁(直符落宮)을 생(生)하면 대출금이나 대부금 이자를 전액 회수할 수 있다.

⑤ 생문(生門)과 천을(天乙)이 직부궁(直符宮)을 하나는 생(生)하고 하나는 극(剋)하면 빌려준 돈을 전액 받을 수 없거나 기한이 지나 겨우 받는다.

⑥ 천을낙궁(天乙落宮)이 직부궁(直符宮)을 생(生)하지만 휴수(休囚)되어 무력하면 돈을 빌리는 사람이 갚을 힘이 없음을 나타낸다. 결국 빌려준 돈을 전액 회수할 수 없거나 기한이 지나 겨우 받는다.

6. 토채(討債)

직부(直符)는 돈을 빌려주는 사람, 천을(天乙)은 돈을 빌리는 사람, 상문(傷門)은 빚을 독촉하는 사람이다.

① 상문(傷門)이 천을(天乙)을 극(剋)하면 빚을 독촉하는 사람이 진심으로 빚독촉을 돕는다.

② 천을(天乙)이 상문(傷門)을 극(剋)하면 서로 불복함을 나타내고, 빚을 독촉하는 데 막힘이 있다.

③ 상문(傷門)과 천을(天乙)이 함께 직부(直符)를 생(生)하면 원금에 이자까지 독촉한다는 뜻이다.

④ 상문(傷門)과 천을(天乙)이 직부(直符)를 극(剋)하면 원금과 이자를 모두 회수할 수 없음을 나타낸다.

⑤ 상문(傷門)이 직부(直符)를 생(生)하고 천을(天乙)을 극(剋)하면 독촉하여 받는다.

⑥ 상문(傷門)이 천을(天乙)을 생(生)하고 직부(直符)를 극(剋)하면 독촉해도 받지 못한다.

⑦ 천을(天乙)이 왕상(旺相)하여 상문(傷門)을 극(剋)하면 빌린 사람이 능력이 있으면서도 갚지 않는다.

⑧ 천을(天乙)이 경신(庚辛)에 승(乘)하여 직부(直符)를 극(剋)하면 반드시 소송이 따른다.

⑨ 직부(直符)가 천을(天乙)이 승(乘)한 정기(丁奇)이나 경문(景

門)이 낙(落)한 사궁(四宮)을 극(尅)하면 사궁두문(四宮杜門)은 법을 집행하는 기관이므로 소송이 따른다.

⑩ 천을(天乙)이 천봉(天蓬)이나 현무(玄武)에 승(乘)하고 직부궁(直符宮)을 극(尅)하면 채무인이 마음은 있으나 갚지 않는다.

⑪ 갑자무(甲子戊)가 개문(開門)을 만나 내반(內盤)에 낙(落)하면 빨리 돌려준다.

7. 투자구재(投資求財)

갑자무(甲子戊)는 자본, 생문(生門)은 이윤·이자·주식배당금을 나타낸다.

① 생문낙궁(生門落宮)이 기(奇)·길격(吉格)·길성(吉星)을 얻고 갑자무낙궁(甲子戊落宮)을 생(生)하면 반드시 갑절의 이익이 있다.

② 생문낙궁(生門落宮)이 기(奇)·길격(吉格)·길성(吉星)을 얻고 갑자무낙궁(甲子戊落宮)과 비화(比和)되면 중간 정도의 이득이 있다.

③ 생문(生門)이 갑자무낙궁(甲子戊落宮)을 극(尅)하고 흉신(凶神)·흉격(凶格)을 만나면 반드시 밑진다.

④ 갑자무낙궁(甲子戊落宮)이 생문낙궁(生門落宮)을 생(生)하면 자본이 추가되고 이익을 얻는다.

⑤ 생문(生門)이 묘절지(墓絶地)에 낙(落)하고 다시 흉신(凶神)·
흉격(凶格)이 되면 반드시 자본을 다 써버린다. 묘절지(墓絶地)
는 해당 월령(月令)과 생문(生門)의 관계다.

8. 매화구재(買貨求財)

매화(買貨)는 물품을 사는 것을 말한다. 일간(日干)은 사는 쪽, 시
간(時干)은 상품·물품·화물이다.

① 일간(日干)이 시간(時干)을 생(生)하면 사는 쪽이 주동적으로
산다.
② 일간(日干)이 시간(時干)을 극(剋)하면 살 수 있다.
③ 시간(時干)이 일간(日干)을 생(生)하면 좋은 물품이든 나쁜 물
품이든 모두 유리하다.
④ 시간(時干)이 일간(日干)을 극(剋)하거나 공망(空亡)이나 묘절
(墓絶)되면 이익이 없다.
⑤ 시간궁(時干宮)이 왕상(旺相)하고 길문(吉門)·길격(吉格)을 얻
고 위에 길신(吉神)이 승(乘)하면 물품의 품질이 좋다.
⑥ 시간궁(時干宮)이 휴수(休囚)되고 길문(吉門)·길격(吉格)·길
신(吉神)을 얻지 못하면 물품의 품질이 좋지 않다.
⑦ 시간궁(時干宮)이 휴수(休囚)되고 흉문(凶門)·흉격(凶格)이 임
하고 위에 현무(玄武)가 승(乘)하면 물품이 반드시 썩고 문드러

지며 변질되거나 가짜다.

9. 매화구재(賣貨求財)

매화(賣貨)는 물품을 파는 것을 말한다. 직부(直符)는 파는 쪽, 직
사(直使)는 사는 쪽, 육합(六合)은 중개인이다.

① 직사(直使)가 길격(吉格)에 승(乘)하고 직부(直符)를 생(生)하
   거나 둘이 비화(比和)되면 팔아도 좋다.
② 직부(直符)가 직사(直使)를 생(生)하거나 둘이 상극(相剋)되면
   팔지 못한다.
③ 일간(日干)은 파는 쪽, 시간(時干)은 물품이나 화물, 갑자무(甲
   子戊)는 자본, 생문(生門)은 이윤을 나타낸다.
④ 일간(日干)이 시간(時干)을 생(生)하면 파는 쪽이 물건을 좋아
   해 팔려고 하지 않는다.
⑤ 시간(時干)이 일간(日干)을 생(生)하면 물품을 아끼는 사람을
   나타내므로 팔리지 않는다.
⑥ 일간(日干)이 시간(時干)을 극(剋)하면 빨리 팔려고 하나 거래
   가 더디고 늦어진다.
⑦ 시간(時干)이 일간(日干)을 극(剋)하면 거래가 빨리 성사된다.
⑧ 시간궁(時干宮)이 갑자무(甲子戊)나 생문궁(生門宮)을 생(生)하
   지 않거나 둘이 상극(相剋)되면 이익이 없다.

⑨ 시간궁(時干宮)이 갑자무(甲子戊)나 생문궁(生門宮)을 생(生)하
   면 이득이 있다.

⑩ 시간궁(時干宮)에 흉신(凶神) · 흉격(凶格)이 승(乘)하고 일간궁
   (日干宮)을 충극(沖剋)하면 반드시 손해를 본다.

⑪ 2 · 8궁(宮)이 반음(反吟)이 되지 않으면 비화(比和)로 판단하고,
   반음(反吟)이면 대충(對沖)으로 판단한다.

10. 부동산구재

① 일간(日干)은 사거나 파는 쪽이고, 시간(時干)은 가옥 · 부지 ·
   대지다. 일간(日干)과 시간(時干)을 통과하는 생극(生剋) 관계
   로 길흉과 이익을 판단한다.

② 일간(日干)은 사거나 파는 쪽, 생문(生門)은 가옥, 사문(死門)은
   부지 · 대지다. 통과하는 일간(日干)과 생문(生門) 또는 사문(死
   門)의 생극(生剋) 관계로 길흉과 이익을 판단한다.

③ 생문(生門)은 가옥, 사문(死門)은 부지, 직부(直符)는 사거나 파
   는 사람이다.

④ 생문(生門)과 사문(死門)이 삼기(三奇) 길격(吉格)에 승(乘)하
   면 가옥과 부지가 좋고, 직부궁(直符宮)을 생(生)하면 사는 쪽
   이 유리하며 산 후에 발달한다.

⑤ 생문(生門)과 사문(死門)이 길격(吉格)이 아니면 가옥과 부지가
   좋지 않고, 직부궁(直符宮)을 생(生)하면 파는 쪽에게 유리하며

판 후에 발달한다. 만약 생문(生門)과 사문(死門)이 비화(比和)되면 평안하다.

⑥ 생문(生門)과 사문(死門)이 휴수(休囚)되어 무력하고 흉신(凶神)·흉격(凶格)이 승(乘)하면 가옥과 부지가 좋지 않다. 만약 생문(生門)과 사문(死門)이 직부궁(直符宮)을 극하면 매입 후에 파가·파재하고, 직부(直符)가 생문(生門)과 사문(死門)의 낙궁(落宮)을 생(生)하면 반드시 택산(宅産)이 파탄하니 흉하다.

2 직업·취업·작사

① 년간(年干)은 최고주관·상급지도자·상부영도자, 직부(直符)는 직속상관, 월간(月干)은 동료나 같이 일하는 사람, 일간(日干)은 구점인, 시간(時干)은 하급직장·부하·종업원·직공을 뜻한다.

② 개문(開門)은 사무직·문관 일·직장·부서, 두문(杜門)은 무관 일·직장, 지반(地盤)은 취직방향, 직부(直符)는 직속주관이다.

③ 개문(開門)은 관사성(官司星)이며 임한 구성(九星)은 인품을 나타낸다. 만약 개문(開門)에 길성(吉星)이 임하면 호인이나 군자이고, 흉성(凶星)이 임하면 악인이나 소인이다.

④ 개문(開門)에 천보성(天輔星)이 임하면 우아하며 점잖고, 천심성(天心星)이 임하면 정직하며 선량하고, 천임성(天任星)이 임하면 자상하며 인후하고, 천금성(天禽星)이 임하면 충직하고 온후하며 성실하고, 천봉성(天蓬星)이 임하면 매우 악한 무뢰한이

고, 천주성(天柱星)이 임하면 간사하며 교활하고, 천예성(天芮星)이 임하면 매우 음흉하며 탐욕스럽고, 천영성(天英星)이 임하면 우매하며 강렬하고, 천충성(天沖星)이 임하면 가르치며 격려하는 정성스런 마음이 있다.

⑤ 년명(年命)이나 일간(日干)이 두문(杜門)이나 개문(開門)을 극(剋)하면 능동성을 발휘하며 일이나 관직을 얻는다. 그러나 천시(天時)나 지리(地利)가 이롭지 않고 두문(杜門)이나 개문(開門)이 충극(沖剋)하면 일이나 관직을 얻지 못한다.

⑥ 년명(年命)이나 일간낙궁(日干落宮)이 왕상(旺相)하고 길문(吉門)·길격(吉格)·길신(吉神)을 얻으면 자신의 조건이 좋지 않다는 뜻이고, 천시(天時)와 지리(地利)를 얻고 다시 두문(杜門)이나 개문(開門)이 상생(相生)되면 일이나 관직을 얻기 쉽다.

⑦ 태세(太歲)가 용신(用神)을 극(剋)하면 상급지도자는 기뻐하지 않고, 직부(直符)가 용신(用神)을 극(剋)하면 직속상관이 사랑하지 않고, 월간(月干)이 용신(用神)을 극(剋)하면 동료가 탄핵하고, 시간(時干)이 용신(用神)을 극(剋)하면 아래위가 범하며 군중이 고소한다.

⑧ 개문(開門)이 용신(用神)을 극(剋)하면 문관은 좌천되고, 두문(杜門)이 용신(用神)을 극(剋)하면 무관은 강직된다. 반음(反吟)은 전임(轉任)되고, 공망(空亡)은 면직되고, 입묘(入墓)는 처벌받는다.

⑨ 직업·취업·작사를 점칠 때는 첫째는 천시(天時), 둘째는 지리

(地利), 셋째는 인화(人和), 넷째는 자신의 조건과 운기를 본다. 자신의 조건이 좋고 년간(年干)·직부(直符)·개문(開門)이 상생(相生)되면 반드시 승진하나 반대이면 불가하다.

⑩ 두문(杜門)은 관장(官長)이고 일간(日干)은 퇴역인이다. 만약 두문(杜門)이 일간(日干)을 생(生)하면 지도자가 남겨둘 뜻이 있으니 전업이나 퇴역시키지 않고, 두문(杜門)이 일간(日干)을 극(剋)하거나 비화(比和)되면 반드시 물러나고, 일간(日干)에 청룡도주(靑龍逃走)나 태백입형(太白入熒)이 임하면 물러나고, 형혹입백(熒惑入白)이나 백호창광(白虎猖狂)이 임하면 물러나지 못하고, 일간(日干)에 등사(螣蛇)가 임하면 관사(官司)로 시달리거나 물러나려 해도 불가하고, 대격(大格)이나 주작투강(朱雀投江) 흉격(凶格)을 보면 사직한다.

1. 문무영전(文武榮轉)

① 개문(開門)이나 두문(杜門)이 기문(奇門)에 승(乘)하고 다시 왕상(旺相)하여 년명(年命)이나 일간(日干)을 상생(相生)하면 반드시 승진한다.
② 태세(太歲)가 년명(年命)이나 일간(日干)을 생(生)하면 최고 책임자의 발탁으로 특별히 영전한다.
③ 직부(直符)가 년명(年命)이나 일간(日干)을 생(生)하면 직속 책임자의 보증으로 추천된다.

④ 월건(月建)이 년명(年命)이나 일간(日干)이나 개문(開門)을 생(生)하면 동료나 같이 일하는 사람의 추천으로 승진하고, 공직자는 부서 사람의 추천으로 승진한다.

⑤ 이상이 만약 개문(開門)이 다시 왕상(旺相)하고 상생(相生)하면 반드시 영전이 빠르다.

⑥ 문(門)은 얻고 기(奇)를 얻지 못해도 승진하나 기(奇)는 얻었는데 문(門)을 얻지 못하면 직함을 더하나 영전은 하지 못한다.

2. 문무좌천(文武左遷)

① 개문(開門)이 년명(年命)이나 일간(日干)을 극하면 문관은 좌천된다.

② 두문(杜門)이 년명(年命)이나 일간(日干)을 극하면 무관은 좌천된다.

③ 반음(反吟)되면 전근되고, 공망(空亡)되면 면직이나 파면되고, 입묘(入墓)되면 처벌 뿐 아니라 죄과를 받는다.

④ 태세(太歲)가 년명(年命)이나 일간(日干)을 극(剋)하면 죄가 작지 않거나 최고 책임자가 좋아하지 않는다.

⑤ 직부(直符)가 년명(年命)이나 일간(日干)을 극(剋)하면 직속상사가 좋아하지 않는다.

⑥ 월간(月干)이 일간(日干)을 극하면 함께 일하는 사람이 탄핵하고, 시간(時干)이 일간(日干)을 극하면 하급부하가 고발한다.

⑦ 좌천의 원인은 팔신(八神)의 배합으로 판단한다. 현무(玄武)는 절도, 백호(白虎)는 살인, 주작(朱雀)은 인신(印信), 등사(螣蛇)는 타인에게 연루, 태음(太陰)은 파직이나 음험·사악함, 육합(六合)은 도화(桃花)·색정, 구진(勾陳)은 탐혹, 구지(九地)는 전지(田地)·음모, 구천(九天)은 섭외, 직부(直符)는 상사의 참견이다. 이상은 개문(開門)과 두문(杜門)이 왕상(旺相)에 승(乘)하여 년명(年命)이나 일간(日干)을 상생(相生)하거나 삼기(三奇) 길격(吉格)을 얻는 것을 참고하라.

3. 부임자의 개성

개문(開門)은 관성(官星)이고 그 임한 곳의 구성(九星)으로 인품과 개성을 논한다.

① 천봉(天蓬)은 음탕하며 도둑질을 좋아한다.
② 천예(天芮)는 독하며 탐욕스럽다.
③ 천충(天沖)은 성급하다.
④ 천보(天輔)는 문명(文明)과 글을 잘하며 예법에 밝다.
⑤ 천금(天禽)은 충후(忠厚)하며 성실하다.
⑥ 천심(天心)은 정직하며 선량하고 꿋꿋하며 과단하다.
⑦ 천주(天柱)는 교묘한 말과 구설이 있고 벼슬을 해도 부정하다.
⑧ 천임(天任)은 인자하며 선량하고 가난한 사람을 구제하며 백성

을 불쌍히 여긴다.

⑨ 천영(天英)은 성질이 조급하며 마음이 허하다.

3. 구학(求學)·고시(考試)

구학(求學)이란 학교에서 공부를 하거나 학문을 연구하는 것을 말한다. 수험생 본인이 예측을 구하는 경우이면 일간(日干)이 수험생이고, 부모가 예측을 구하는 경우이면 시간(時干)이 수험생이다. 그러나 모두 수험생의 년명(年命)을 보아야 하므로 년명(年命)이 용신(用神)이다. 천보성(天輔星)은 시험장소나 고시원, 직부(直符)는 주임 시험관이나 시험 감독관, 직사(直使)는 부주임 시험관이나 시험 부감독관, 정기(丁奇)는 수험생의 문장, 경문(景門)은 시험지, 년간(年干)은 합격시키는 학교다.

① 수험생 낙궁(落宮)이 왕상(旺相)하고, 삼기(三奇)·길문(吉門)·길격(吉格)을 얻고, 천보성(天輔星)·직부(直符)를 얻고, 년간(年干)이 상생(相生)되면 원하는 학교에 합격한다.

② 수험생 낙궁(落宮)이 왕상(旺相)하고, 삼기(三奇)·길문(吉門)·길격(吉格)을 얻고, 천보성(天輔星)·직부(直符)·년간(年干)을 극(剋)하면 비교적 좋은 학교에 합격한다.

③ 수험생 낙궁(落宮)이 휴수(休囚)되어 무력하고, 기문(奇門) 길격(吉格)을 얻지 못했으나 천보성(天輔星)·직부(直符)·년간

(年干)이 상생(相生)되면 성적이 좋지 않아도 합격한다.

④ 수험생 낙궁(落宮)이 사절입묘(死絶入墓)나 공망(空亡)이 되고, 흉문(凶門)·흉격(凶格)을 얻고, 천보성(天輔星)·직부(直符)· 년간(年干)이 상극(相剋)되면 반드시 떨어진다.

⑤ 정기(丁奇)는 수험생의 문장이고 경문(景門)은 시험지이니 둘의 낙궁(落宮) 상태나 천보성(天輔星)·직부(直符)·년간(年干)의 생극(生剋) 관계로 득점 상황을 판단한다.

4. 배사학예(拜師學藝)·입산방도(入山訪道)

배사학예(拜師學藝)는 문하생이나 제자가 되어 기예를 배우는 것을 말하고, 입산방도(入山訪道)는 산에 들어가 도를 추구하는 것을 말한다. 천예성(天芮星)은 구도인 즉 배우는 사람이고, 천보성(天輔星)은 전도인 즉 가르치는 사람을 말한다.

① 천보(天輔)가 길문(吉門)이나 길격(吉格)을 얻고 천예(天芮)를 생(生)하면 반드시 높은 사람에게 전수받는다. 그러나 서로 비화(比和)되면 만남이 헛되어 전도받지 못하고, 서로 극(剋)되면 사람을 만나지 못하거나 전도하지 못한다.

② 문하생이나 제자는 천충(天沖)이 무사(武士)이고, 직부(直符)는 무술이 뛰어난 무사(武師)나 무술교관이다. 천충(天沖)과 직부(直符)가 상생(相生)되면 이로우나 상극(相剋)되면 불리하고,

천충성(天沖星)이 직부(直符)이면 매우 이로우나 반음(反吟)이나 복음(伏吟)되면 이롭지 않다.

③ 양일(陽日)에는 승도의 전도를 받고, 음일(陰日)에는 선인의 전도를 받는다.

5. 인체질병

① 천심성(天心星)은 의신(醫神)으로 의원이나 의사, 을기(乙奇)는 의약이나 의치자, 천예성(天芮星)은 병신(病神)으로 질병을 나타낸다. 생문(生門)과 사문(死門)으로 생사를 논한다.

② 천예성(天芮星) 낙궁(落宮)에 임한 문(門)·신(神)·삼기(三奇)·육의(六儀) 등의 생극제화(生剋制化)와 격국(格局)으로 종합하여 분석한다. 문(門)·신(神)·기의(奇儀)·절기·계절 등의 요인과 영향으로 질병의 성질·부위·형성원인과 발전여부를 예측한다.

③ 천심성(天心星)·을기(乙奇)의 낙궁(落宮)과 천예성(天芮星) 낙궁(落宮)의 생극(生剋) 관계로 질병의 치료효과와 성패를 본다.

④ 직부(直符)는 밖으로 나타난 양증이고, 구지(九地)는 안으로 숨은 음증이다. 대구리일(戴九履一) 팔괘(八卦) 각 궁(宮)의 신체 부위를 음양둔(陰陽遁)으로 내외 증세를 구분한다.

⑤ 구궁(九宮) 팔괘(八卦)는 인체의 각 부위를 나타낸다. 리구궁(離九宮)은 머리·눈·얼굴 부위를 나타내고, 리(離)는 화(火)

이며 심장·심혈관·뇌혈관 등을 나타낸다.

⑥ 곤이궁(坤二宮)은 오른팔·오른손·오른쪽 귀·근육·피부를 나타낸다. 곤(坤)은 토(土)이므로 비위·식도·췌장 등 소화기 관을 나타낸다.

⑦ 손사궁(巽四宮)은 왼팔·머리카락·왼쪽 귀를 나타낸다. 손(巽)은 목(木)이며 바람이니 간담·혈관·경락·기혈 등을 뜻한다.

⑧ 태칠궁(兌七宮)은 오른쪽 갈비·오른쪽 옆구리·오른쪽 허리를 나타낸다. 태(兌)는 입이므로 입·혀·치아 등을 나타내고, 또 태(兌)는 금(金)이므로 폐·오른쪽 폐·기관지 등을 나타낸다.

⑨ 진삼궁(震三宮)은 왼쪽 옆구리·왼쪽 갈비·왼쪽 허리를 나타낸다. 진(震)은 동(動)이므로 다리 부위를 나타내고, 또 진(震)은 목(木)이므로 간담·왼쪽 폐 등을 나타낸다.

⑩ 간팔궁(艮八宮)은 왼쪽 다리·왼쪽 발을 나타내고, 간(艮)은 산이므로 코를 나타낸다. 간(艮)은 토(土)이므로 비위 등 소화 계통을 나타낸다.

⑪ 건육궁(乾六宮)은 오른쪽 다리·오른쪽 발을 나타내고, 건(乾)은 하늘이며 머리이니 머리 부위를 나타내며, 건(乾)은 금(金)이므로 척수·근골·대장 등을 나타낸다.

⑫ 감일궁(坎一宮)은 남녀의 외음부를 나타내고, 감(坎)은 수(水)이므로 신장·방광·내분비 계통을 나타낸다.

⑬ 천예낙궁(天芮落宮)으로 판단하고, 다시 대구리일(戴九履一)의 법으로 무슨 병인지를 판단한다. 천예낙궁(天芮落宮)에 있는 간

(干)으로 한열허실(寒熱虛實)을 증험하고, 절기와 계절을 자세히 살펴야 한다.

⑭ 천예낙궁(天芮落宮)이 병인데 생사이문(生死二門)으로 판단한다. 천예(天芮)가 생문(生門)을 얻으면 살고, 사문(死門)을 얻으면 죽는다.

⑮ 천예(天芮)가 건태(乾兌)에 낙(落)하여 왕하면 치유할 수 없고, 리궁(離宮) 중오(中五)에 낙(落)하면 병이 떨어지지 않고, 진손(震巽)에 낙(落)하면 병신(病神)이 극(剋)되니 약을 쓰지 않아도 낫고, 감궁(坎宮)에 낙(落)하여 휴수(休囚)되면 병이 달라붙어 떨어지지 않으나 오히려 치료할 수 있다.

⑯ 신병(新病)이 공망(空亡)에 낙(落)하면 살고, 구병(久病)이 공망(空亡)에 낙(落)하면 죽는다.

⑰ 일간(日干)이 사수(死囚)의 기(氣)를 띠고 흉신(凶神)·흉격(凶格)을 띠거나 기문(奇門)을 얻지 못하면 죽는다.

⑱ 천예낙궁(天芮落宮)에 흉신(凶神)·흉격(凶格)이 승(乘)하면 일간(日干)이 비록 왕상(旺相)하더라도 천예(天芮)가 년명(年命)을 충극(沖剋)하면 죽는다.

⑲ 환자의 일간(日干)이 입묘(入墓)되면 죽는다.

⑳ 사문(死門)에 생문(生門)이 가(加)하면 죽은 사람이 살아난다.

㉑ 천심성(天心星)이나 을기(乙奇)는 의원이나 의사다. 천심성(天心星)이나 을기낙궁(乙奇落宮)에 기문(奇門)·길격(吉格)이 승(乘)하거나, 천심성(天心星)·을기낙궁(乙奇落宮)이 왕상(旺相)

하면 기문(奇門)·길격(吉格)을 얻지 않아도 모두 명의를 만난다. 천심성(天心星)이나 을기낙궁(乙奇落宮)에 왕상(旺相)이 승(乘)하지 않고 기문(奇門)·길격(吉格)을 얻지 못하면 돌팔이를 만난다. 만약 병신낙궁(病神落宮)이 천심성(天心星)이나 을기낙궁(乙奇落宮)을 극(剋)하면 명의를 만나도 치료할 수 없다.

㉒ 천예낙궁(天芮落宮)은 병인데 천예낙궁(天芮落宮)을 극(剋)하는 간지(干支)가 낫는 때다. 예를 들면 갑을목(甲乙木)이 무기토(戊己土)를 극(剋)하는 때를 말한다.

6. 연애·혼인

① 천반(天盤) 을기(乙奇)는 여자쪽, 천반(天盤) 경(庚)은 남자쪽, 육합(六合)은 중매인을 나타낸다. 기혼자는 용신(用神)이 방입된 것을 취하는데 용신(用神)이 상합(相合)한 간(干)이 배우자다. 두 사람의 낙궁(落宮)의 생극(生剋)과 형충파해(刑沖破害) 등으로 남녀 쌍방의 년명낙궁(年命落宮)의 정황을 분별하여 관계와 결국(結局)을 판단한다. 정기(丁奇)는 개입한 제3의 여자이고, 병기(丙奇)는 개입한 제3의 남자다.

② 을경낙궁(乙庚落宮)이 상생(相生)·비화(比和)되고 길문(吉門)·길격(吉格)을 만나면 연애가 이루어지며 매우 만족한 혼인을 한다.

③ 을경낙궁(乙庚落宮)이 상충(相沖)·상극(相剋)되면 혼사가 성

사되기 어렵거나 부부관계가 어울리지 않는다.

④ 육합낙궁(六合落宮)이 을기낙궁(乙奇落宮)을 생(生)하면 중매
인이 여자쪽으로 기울고, 육합낙궁(六合落宮)이 경낙궁(庚落宮)
을 생(生)하면 중매인이 남자쪽으로 기운다.

⑤ 을기(乙奇)나 경낙궁(庚落宮)에 임한 문(門)·성(星)·신(神)·
격국(格局)은 쌍방의 성격·몸집·용모·직업 등을 나타낸다.

⑥ 구성(九星)에서 천봉(天蓬)은 검고 키가 작으며 남에게 말 못할
병이 있고, 천임(天任)은 쌍둥이면 성격이 괴팍하며 모양이 추
하고, 천충(天沖)은 음성이 온후하며 몸매가 호리호리하고, 천보
(天輔)는 가정형편이 넉넉하며 재능이 뛰어나고 용모가 아름다
우며 목소리가 우렁차고 색은 적자(赤紫)다. 천영(天英)은 영준
하고 대범하며 소탈하고 음성이 우렁차고 교활하며 임기응변에
능하다. 천예(天芮)는 반점이 있고 건강하며 색은 황흑이다. 천
금(天禽)은 단정하며 청수하다. 천주(天柱)는 몸매가 수척하고
목소리가 쟁쟁하다. 천심(天心)은 평화롭고 행동이 매끈하다.

⑦ 팔신(八神)에서 직부(直符)는 혼인을 주관한다. 등사(螣蛇)는
중매인, 태음(太陰)은 여자의 장식품이나 남자의 옷차림, 육합
(六合)은 선물이나 예물, 구진(勾陳)과 백호(白虎)는 방해하는
형극(刑剋), 주작(朱雀)과 현무(玄武)는 구설·간사·속임수·
소개, 구지(九地)는 흉포하며 강렬한 여자, 구천(九天)은 위풍당
당한 남자이며 가사를 묻지 않는다.

⑧ 직사(直使) 팔문(八門)에서 휴문(休門)은 중남이며 아둔하고 생

기가 없음을 나타낸다. 생문(生門)은 소남이며 나이 차이가 많음을 나타낸다. 상문(傷門)은 장남이며 남자쪽의 변쾌(變卦)를 나타낸다. 두문(杜門)은 장녀이며 발희와 여자쪽이 약속을 어긴다는 뜻이다. 경문(景門)은 중녀이며 속임수를 나타낸다. 사문(死門)은 어머니·시어머니·시고모·할머니·오만방자함을 나타낸다. 경문(驚門)은 소녀이며 장애자를 나타낸다. 개문(開門)은 아버지이며 나이가 많음, 혼수용품을 나타낸다.

⑨ 구궁(九宮)에서 감일궁(坎一宮)이 득령(得令)하면 현숙하고 정결하며 우아하나, 실령(失令)하면 방탕하며 떠돌아다닌다. 곤이궁(坤二宮)이 득령(得令)하면 돈후하나, 실령(失令)하면 간사하며 음탕하다. 진삼궁(震三宮)이 득령(得令)하면 풍채가 좋으나, 실령(失令)하면 흉터나 반점이 있다. 손사궁(巽四宮)은 절(節)이 신자진(申子辰)에 거하면 어두우며 총명하고, 기(氣)가 사유축(巳酉丑)에 거하면 피부가 누렇고 의지가 굳다. 중오궁(中五宮)은 절(節)이 사유토(四維土)에 거하면 단정하며 순박하고, 기(氣)가 사고토(四庫土)에 거하면 요염하며 바람기가 있다. 건육궁(乾六宮)은 절(節)이 인오술(寅午戌)에 거하면 얼굴에 반점이 있고 색깔은 적홍이며, 기(氣)가 해묘미(亥卯未)에 거하면 용모가 수려하다. 태칠궁(兌七宮)은 득령(得令)하면 명문의 후예이나, 실령(失令)이나 형극(刑剋)되면 고아나 과부다. 간팔궁(艮八宮)은 득령(得令)하면 얼굴이 수려하며 혈색이 좋으나, 실령(失令)하면 절름발이다. 리구궁(離九宮)은 득령(得令)하면 수

려하며 키가 크고 온순하나, 실령(失令)하면 표일하고 요절하거
나 불구가 된다.

⑩ 십간(十干)에서 갑(甲)은 남자호주, 을(乙)은 수미한 중매인, 병
(丙)은 성미가 급한 중매인, 정(丁)은 유순한 중매인, 무(戊)는
예의와 겉치레, 기(己)는 돈후한 중매인, 경(庚)은 간사하고 교
활하며 탐욕스런 중매인, 신(辛)은 정직하며 상쾌한 중매인, 임
(壬)은 총명하며 우수한 중매인, 계(癸)는 음험하며 애매한 중
매인이다.

⑪ 남자 집안은 천문(天門)으로 보고, 여자 집안은 지호(地戶)로
본다. 문(門)에 직부(直符)·구천(九天)·육합(六合)이 낙(落)하
면 남자가 창성하고, 호(戶)에 태음(太陰)·구지(九地)가 있으
면 여자가 창성한다.

⑫ 삼갑(三甲)에서 맹갑(孟甲 : 甲寅·甲申)은 장남·장녀를 보며
초혼에 이롭다. 중갑(仲甲 : 甲午·甲子)은 중남·중녀를 보고,
계갑(季甲 : 甲辰·甲戌)은 소남·소녀를 보며 재가에 이롭다.
양개(陽開)에 형(刑)이 없으면 남자 집안이 화려하고, 음합(陰
合)에 형(刑)이 없으면 여자 집안이 웅장하며 아름답다.

⑬ 길흉격(吉凶格)에서 반수(返首)·승룡(乘龍)은 비상한 사윗감
이고 질혈(跌穴)은 부귀한 신부감이다. 호광(虎狂)·용주(龍走)
는 남녀가 서로 상하고, 천둔(天遁)·인둔(人遁)은 백년 좋은
합(合)이고, 삼사오가(三詐五假)는 과사(過舍)하여 후처로 가고,
득사(得使)는 난새가 치장하여 눈부시고, 수호(守戶)는 여자가

남자의 기강을 장악하고, 사요(蛇妖)는 여자가 거칠며 사납고, 투강(投江)은 중매인이 불량하고, 복간(伏干)·비간(飛干)은 강하며 사납고, 복궁(伏宮)·비궁(飛宮)은 피차 상당하고, 대격(大格)·소격(小格)은 과부가 수절하며 고독하고, 형격(刑格)·패격(悖格)은 남녀가 모두 포악하며 강하고, 세격(歲格)·월격(月格)은 공고(公姑)가 불리하고, 시격(時格)·일격(日格)은 부처(夫妻)가 불량하고, 입백(入白)·입형(入熒)은 각자 사의를 품고, 불우(不遇)는 변화가 있고, 형격(刑格)은 성질이 미치광이고, 입묘(入墓)·나망(羅網)은 억울한 일을 당하고, 반음(反吟)·복음(伏吟)·문박(門迫)은 재앙을 초래한다. 남녀 년명(年命)에 생합(生合)이 승(乘)하면 백발 아들과 손자가 만당하다.

⑭ 육을(六乙)은 여자, 육경(六庚)은 남자다. 갑(甲)은 을매(乙妹)를 경(庚)에게 시집보내는 의를 취하고, 육합(六合)은 중매인이다. 가령 을경낙궁(乙庚落宮)이 상생합(相生合)되면 성사되고, 둘이 형극(刑剋)하면 성사되지 않는다. 육합낙궁(六合落宮)이 육을낙궁(六乙落宮)을 생(生)하면 중매인이 여자쪽으로 기울고, 육합낙궁(六合落宮)이 육경낙궁(六庚落宮)을 생(生)하면 중매인이 남자쪽으로 기운다. 육경궁(六庚宮)이 육을궁(六乙宮)을 극(剋)하면 여자가 두려워하여 시집가지 않고, 육을궁(六乙宮)이 육경궁(六庚宮)을 극(剋)하면 남자가 여자를 싫어하여 장가가지 않는다. 육을궁(六乙宮)이 격형(擊刑)을 띠면 여자가 흉악하고, 덕합(德合)을 띠면 여자의 지조가 강하다. 육경궁(六庚宮)

이 흉신(凶神)이면 남자의 천성이 격하며 사납고, 덕합(德合)을 띠면 남자의 천성이 온후하다. 육을궁(六乙宮)과 육경궁(六庚宮)이 상생(相生)이나 상비(相比)되면 시집장가 기약이 있으나 그렇지 않으면 시간을 질질 끈다.

⑮ 병경(丙庚)이 년월일시간(年月日時干)에 가(加)하거나 년월일시간(年月日時干)이 경병(庚丙)에 가(加)하면 그냥 시간을 지연시키는 것이 아니라 다른 잘못이 있다. 천반(天盤) 육경궁(六庚宮)이 지반(地盤) 육을궁(六乙宮)을 생(生)하고, 경(庚) 위에 길성(吉星)이 있으면 남편의 성질이 온순하며 장구하나 그렇지 않으면 불리하다. 남자가 아내를 취할 때는 모름지기 지반(地盤) 육을궁(六乙宮)이 천반(天盤) 육경궁(六庚宮)을 생(生)해야 한다. 그렇지 않으면 성사되지 않는다.

7. 임신 · 출산

① 곤궁(坤宮)은 산실, 천예성(天芮星)은 산모, 천반(天盤)에 임한 성(星)은 태아다. 고법(古法)에서는 일간(日干)은 어머니, 시간(時干)은 자식, 곤궁(坤宮)은 어머니 · 임신부, 건궁(乾宮)은 아버지, 곤궁(坤宮)의 천반성(天盤星)은 태아 · 산실, 직부(直符)는 산모, 곤상(坤上)에 얻은 문(門)과 직사(直使)와 육합(六合)은 태아라고 하였다.

② 천예성(天芮星)이 천반성(天盤星)을 극(剋)하면 빨리 출산하고,

천반성(天盤星)이 지반성(地盤星) 천예(天芮)를 생(生)하면 자식이 어머니의 배를 사랑하여 출산이 더디다.

③ 천반성(天盤星)이 지반성(地盤星) 천예(天芮)를 극(剋)하면 자식이 어머니를 극(剋)하니 산모가 흉하다.

④ 지반(地盤) 천예성(天芮星)이 천반성(天盤星)을 극(剋)하면 어머니가 자식을 극(剋)하니 자식이 망한다.

⑤ 만약 왕상(旺相)한 기(氣)나 기문(奇門)·길격(吉格)을 얻으면 장애가 없다.

⑥ 시간(時干)이 임한 천반성(天盤星)이 지반(地盤) 묘(墓)에 낙(落)하면 태아가 어머니 뱃속에서 죽는다.

⑦ 천지반(天地盤)이 흉문(凶門)·흉격(凶格)에 임하면 모자가 모두 흉하다.

⑧ 곤궁(坤宮)에 임한 문(門)은 태아이고, 백호(白虎)는 최산신(催産神)이다.

⑨ 궁(宮)이 문(門)을 극(剋)하면 산실이 태아를 극(剋)하니 태가 불안하다.

⑩ 문(門)이 곤궁(坤宮)을 극(剋)하면 임신부가 늘 병에 시달린다.

⑪ 만약 복음(伏吟)되면 자식이 어머니의 배를 사랑하니 태가 안정되나 출산이 더디고, 위에 백호(白虎)가 승(乘)하면 빨리 출산한다.

⑫ 문(門)이 곤궁(坤宮)에 이르렀는데 휴수(休囚)·입묘(入墓)되면 태아가 죽는 경우가 많으나 삼기(三奇)가 임하면 길하다.

⑬ 곤궁(坤宮) 천예성(天芮星)이 어머니이고, 천반(天盤) 곤궁(坤宮)에 임한 성(星)이 태아다. 양성(陽星)은 아들이고, 음성(陰星)은 딸이다.

⑭ 천금성(天禽星)이 곤궁(坤宮)에 임하면 쌍둥이고, 양간(陽干)은 아들, 음간(陰干)은 딸이다.

⑮ 곤궁(坤宮)에 임한 문(門)이 태아인데 양문(陽門)은 아들이고, 음문(陰門)은 딸이다.

⑯ 직부(直符)는 산모이고, 육합(六合)이나 직사(直使)는 태아다.

⑰ 곤궁(坤宮)의 대충궁(對沖宮) 천반(天盤)에 임한 간(干)이 응기(應期)다. 음일(陰日)에는 경(庚) 위의 간(干)을 보고, 양일(陽日)에는 경(庚) 아래의 간(干)을 보아 출산시기를 판단한다.

⑱ 구성(九星)에서 천봉(天蓬)은 수왕기(水旺氣), 천임(天壬)은 토왕기(土旺氣), 천충(天沖)은 목왕기(木旺氣), 천보(天輔)는 목왕기(木旺氣), 천영(天英)은 화왕기(火旺氣), 천예(天芮)는 토왕기(土旺氣), 천금(天禽)은 토왕기(土旺氣), 천주(天柱)는 금왕기(金旺氣), 천심(天心)은 금왕기(金旺氣)다.

⑲ 팔신(八神)에서 직부(直符)는 태모, 등사(螣蛇)는 유산, 태음(太陰)은 산파·조산사, 육합(六合)은 남녀화합, 구진(勾陳)·백호(白虎)는 산문·최산신(催産神), 주작(朱雀)·현무(玄武)는 태막과 태반·산후의 더러운 진액, 구지(九地)는 태신(胎神), 구천(九天)은 산신(産神)이다.

⑳ 팔문(八門)에서 휴문(休門)은 출산이 안정되나 더디며 아들을

낳고, 생문(生門)은 출산이 순조롭고 아들을 낳고, 상문(傷門)은 산모가 놀라며 아들을 낳는다. 두문(杜門)은 공산(空産)을 예방해야 하며 주로 딸을 낳고, 경문(景門)은 태가 편안하고 산이 빠르며 딸을 낳고, 사문(死門)은 산모와 태아가 불리하며 딸을 낳고, 경문(驚門)은 손절 우려가 있고 딸을 낳는다. 개문(開門)은 출산에는 이로우나 태아에게는 꺼리며 주로 아들을 낳는다.

㉑ 감일궁(坎一宮)은 본궁(本宮) 일시(日時)나 갑오일(甲午日) 인시(寅時)이면 주로 아들을 낳고, 곤이궁(坤二宮)은 사유토양(四維土陽)이면 아들을 낳고, 진삼궁(震三宮)은 본궁(本宮) 일시(日時)나 축인일시(丑寅日時)이면 아들을 낳고, 손사궁(巽四宮)은 절(節)이 신자진(申子辰)에 거하고 기(氣)가 사유축(巳酉丑)에 거하지 않으면 뜻대로 되지 않고 형해(刑害)가 따른다. 중오궁(中五宮)은 절기가 토(土)에 거하면 쌍태를 낳고, 건육궁(乾六宮)은 절(節)이 인오술(寅午戌)에 거하고 기(氣)가 해묘미(亥卯未)에 거하면 남자는 헛되이 놀라고 여자는 휴수(休囚)되니 흉하다. 태칠궁(兌七宮)은 본궁(本宮) 일시(日時)나 진사일(辰巳日) 해시(亥時)이면 딸을 낳고, 간팔궁(艮八宮)은 사고토(四庫土) 음(陰)이면 딸을 낳고, 리구궁(離九宮)은 본국(本局) 일시생(日時生)이나 유일(酉日) 묘시(卯時)나 해일(亥日) 사시(巳時)이면 딸을 낳는다.

㉒ 맹갑(孟甲 : 甲寅 · 甲申)은 초태에 이롭고, 중갑(仲甲 : 甲午 · 甲子)은 차태에 이롭고, 계갑(季甲 : 甲辰 · 甲戌)은 삼태에 이

로운데 년명(年命)이 어느 갑(甲) 아래에 있는지를 본다.

㉓ 곤괘(坤卦)는 주(主), 곤상(坤上)의 문(門)은 태(胎), 천반(天盤)은 산실이다. 산실이 문(門)을 극(剋)하면 자(子)가 있지 않고, 곤(坤)이 위 문(門)을 극(剋)하면 태가 불안하다. 문(門)이 곤궁(坤宮)을 극(剋)하면 임신부가 늘 아프고, 천반(天盤)이 지반(地盤)을 극(剋)하면 임신부가 불안하다. 문(門)이 양(陽)에 속하면 아들이고, 음(陰)에 속하면 딸이다. 태가 복음(伏吟)되면 자식이 어머니의 배를 사랑하여 안정되나 난산이고, 백호(白虎)가 나타나면 혈광신이므로 출산이 매우 빠르고, 문(門)이 곤궁(坤宮)에 이르러 입묘(入墓)되면 태아가 죽는다. 천반성(天盤星)이 문궁(門宮)에서 묘(墓)되면 불길한데 곤(坤)의 묘(墓)가 되면 산모가 불리하고, 문(門)의 묘(墓)가 되면 태아가 불리하다.

㉔ 곤궁(坤宮) 천예(天芮)는 산모이고, 천반(天盤)이 곤(坤)에 임한 성(星)은 태식(胎息)이다. 양성(陽星)은 아들이고 음성(陰星)은 딸이다. 만약 천금(天禽)이 곤(坤)에 임하면 쌍태인데 양간(陽干)이면 아들이고 음간(陰干)이면 딸이다.

㉕ 곤궁(坤宮)은 산실, 천예(天芮)는 산모, 천반(天盤)에서 얻은 성(星)은 태다. 천예(天芮)가 천반성(天盤星)을 극(剋)하면 출산이 빠르고, 천반성(天盤星)이 지반성(地盤星) 천예(天芮)를 생(生)하면 태아가 어머니의 배를 사랑하여 출산이 더디다. 천반성(天盤星)이 지반성(地盤星)을 극(剋)하면 산모가 흉하고, 지반싱(地盤星)이 천반성(大盤星)을 극(剋)하면 태아가 흉하다.

그러나 왕상(旺相)한 기(氣)나 기문(奇門)·길격(吉格)을 얻으면 길하다. 가령 천반성(天盤星)이 지반성(地盤星) 고(庫)에 낙(落)하면 태아가 산모의 뱃속에서 죽는다. 천지반(天地盤)에 흉문(凶門)·흉격(凶格)이 임하면 산모와 태아가 모두 흉한데 천지반(天地盤)에 사절(死絶)의 기(氣)가 임하기 때문이다.

㉖ 감리궁(坎離宮)은 음양(陰陽)을 나누는 시초다. 가령 11월부터 4월까지는 모두 양(陽)인데 감간진손(坎艮震巽)은 내, 리곤태건(離坤兌乾)은 외가 된다. 5월부터 10월까지는 모두 음(陰)인데 리곤태건(離坤兌乾)은 내, 감간진손(坎艮震巽)은 외가 된다. 년(年)은 부모, 월(月)은 형제, 일(日)은 본인, 시(時)는 자식이다. 본국의 간지(干支)로 추단하라. 만약 두 곳을 거하면 분거된다. 한 곳은 불분되고 궁분지간(宮分支干)을 세월일시와 대조하여 일기(日期)를 정하고 왕상휴수(旺相休囚)로 길흉을 판단한다.

8. 출행·출국

① 일간낙궁(日干落宮)은 구점인·출행인을 나타낸다. 출행방향의 낙궁(落宮)과 일간(日干)과의 생극(生剋) 관계와 함께 일간(日干)과 시간(時干)의 관계도 함께 보면서 출행의 길흉을 판단한다. 지반(地盤)은 방향, 경문(景門)은 도로, 상문(傷門)은 차량·배, 휴문(休門)은 수로, 개문(開門)은 비행기, 구천(九天)은 비행항로다. 음양둔(陰陽遁)으로 안팎의 원근을 판단한다.

② 출행방향 낙궁(落宮)이 길문(吉門)·길격(吉格)을 얻고 일간낙궁(日干落宮)을 극(剋)하면 비록 억지로 가더라도 반드시 순조롭지 않다.

③ 출행방향이 흉문(凶門)·흉격(凶格)을 만나고 일간낙궁(日干落宮)을 충극(沖剋)하면 대흉하니 출행에 이롭지 않다.

④ 출행방향이 시간(時干) 공망지(空亡地)가 되거나 일간(日干)의 묘지(墓地)이면 곤궁·몽매함을 나타내므로 출행이 불리하다.

⑤ 출행방향 낙궁(落宮)이 일간(日干)이나 년명(年命)에서 형(刑)·묘(墓)·공망(空亡)되면 출행이 불리하며 상절(傷折)되기 쉽다.

⑥ 출행방향의 낙궁(落宮)에 길문(吉門)·길격(吉格)이 와서 일간낙궁(日干落宮)을 생(生)하면 출행에 거침이 없고 순조롭다.

⑦ 출행방향의 낙궁(落宮)에 길문(吉門)·길격(吉格)이 없고 일간낙궁(日干落宮)과 비화(比和)되면 출행이 이롭다.

⑧ 일간낙궁(日干落宮)에 길문(吉門)·길격(吉格)을 얻고 출행방향 낙궁(落宮)을 극(剋)하면 출행해도 좋다.

⑨ 차를 타고 갈 때는 경문(景門)이 임한 궁(宮)이 도로이고, 상문(傷門)이 차량이다. 만약 백입형(白入熒) 흉격(凶格)을 만나면 도둑을 만나기 쉽고, 형입백(熒入白) 흉격(凶格)을 만나면 화재를 당하고, 천봉(天蓬)·현무(玄武)가 임하면 도둑에게 돈을 빼앗긴다.

⑩ 배를 타고 갈 때는 휴문낙궁(休門落宮)이 수로이고, 상문(傷門)

이 선박이다. 만약 을신(乙辛) 청룡도주(青龍逃走)나 신을(辛乙) 백호창광(白虎猖狂) 흉격(凶格)을 만나면 순조롭지 않거나 폭풍을 많이 만나고, 정계(丁癸) 주작투강(朱雀投江)이나 계정(癸丁) 등사요교(螣蛇妖嬌) 흉격(凶格)을 만나면 물에 빠지거나 배가 침몰할 위험이 많다.

⑪ 비행기를 타고 출행할 때는 구천(九天)이 임한 궁(宮)이 비행 항로이고, 개문(開門)이 비행기다. 구천낙궁(九天落宮)과 개문낙궁(開門落宮)의 생극(生剋) 관계로 길흉을 판단한다.

⑫ 천봉(天蓬)·천예(天芮)는 행인이다. 행인이 천리 밖에 있으면 천봉성(天蓬星)이 용신(用神)이고, 천리 안에 있으면 천예성(天芮星)이 용신(用神)이다.

⑬ 출행시간은 일간(日干)과 시간(時干) 낙궁(落宮)의 내외반(內外盤)으로 판단한다. 만약 일간(日干)과 시간(時干) 낙궁(落宮)이 모두 내반(內盤)에 있으면 출행시간이 비교적 가깝고, 모두 외반(外盤)에 있거나 하나는 내에 있고 하나는 외에 있으면 비교적 멀다. 시간(時干)은 출행하는 사람이고, 일간(日干)은 서로 잡아당겨 절제받는 사람이나 일이고, 개문낙궁(開門落宮)이 얻은 간(干)은 출발하는 시간이다. 만약 일간낙궁(日干落宮) 상하 모두를 극(剋)하면 떠날 수 있고, 시간(時干)이 일간(日干)을 극(剋)하면 즉시 떠나고, 일간(日干)이 시간(時干)을 극제(剋制)하면 떠날 수 없다. 만약 망설이며 결정하지 못한 상황에서 시간(時干)이 외반(外盤)에 있으면 떠날 수 있고, 시간(時干)이 내반

(內盤)에 있으면 떠나지 못한다.

⑭ 행인이 밖에서 길흉을 예측할 때는 일간(日干)이 출행하는 사람이다. 용신(用神)과 년간낙궁(年干落宮), 임한 성(星)·문(門)·신(神)·기의(奇儀)의 왕쇠(旺衰)와 생극(生剋) 관계, 격국(格局)으로 길흉을 판단한다.

⑮ 돌아오는 시기를 예측할 때는 천예성(天芮星)은 행인이고, 시간(時干)은 돌아오는 때다. 만약 시간(時干)이 천봉(天蓬)이나 천예(天芮)에 임하면 돌아올 수 있고, 용신(用神)이 복음(伏吟)되면 돌아올 수 없으나 반음(反吟)되면 돌아오고, 용신(用神)이 삼기(三奇)나 삼길문(三吉門)에 임하고 삼기육의(三奇六儀)가 행인의 년간(年干)에 임하면 즉시 돌아오고, 흉성(凶星)·흉문(凶門)이 행인의 년간(年干)에 임하면 반드시 장애가 있어 돌아오지 못한다.

⑯ 돌아오는 시기는 경격(庚格)으로 판단한다. 음일(陰日)에는 경(庚) 위의 간(干)이 돌아오는 시기이고, 양일(陽日)에는 경(庚) 아래의 간(干)이 돌아오는 시기다. 만약 년격(年格)을 만나면 그 해에 돌아오고, 월격(月格)을 만나면 그 달에 돌아오고, 일격(日格)을 만나면 그 날 돌아오고, 시격(時格)을 만나면 시진(時辰) 안에 돌아온다. 그러나 격(格)을 만나지 못하면 돌아오지 못한다. 격(格)을 만나지 못한다는 것은 을경(乙庚)이 상합(相合)되거나 경금(庚金)이 입묘(入墓)나 공망(空亡)되는 경우를 말한다.

⑰ 출문일(出門日)의 일간낙궁(日干落宮) 아래에 임한 지반(地盤)
의 간(干)이 돌아오는 날이다.

⑱ 길격(吉格)이면 일마다 모두 길하고, 흉격(凶格)이면 일마다 모
두 흉하다. 요교(妖嬌)는 구설을 방비하고, 투강(投江)은 먼 거
리를 가지 말고, 비간(飛干)·복간(伏干)은 도중에 변이가 있다.
복궁(伏宮)·비궁(飛宮)은 아침저녁 여숙하는 데 재앙이 많고,
대격(大格)·소격(小格)은 주거(舟車)를 방비하는 것이 좋고,
형격(刑格)·패격(悖格)은 도둑에게 겁탈당하거나 다친다. 형입
백(熒入白)은 불을 조심하고, 백입형(白入熒)은 군수품을 조심
해야 한다. 불우시(不遇時)는 무슨 고생을 하려고 멀리 가느냐?
격형(擊刑)은 행장을 꾸리지 마라. 입묘나망(入墓羅網)은 험한
곳을 가볍게 여기지 마라. 반음(反吟)·복음(伏吟)·문박(門迫)
은 진퇴가 곤란하다.

⑲ 출행점에서 일간낙궁(日干落宮)은 출행을 계획하는 사람이다.
가려는 방향에 길문(吉門)·길격(吉格)이 있고 일간낙궁(日干
落宮)을 생(生)하면 출행이 매우 이롭다. 설사 길문(吉門)·길
격(吉格)이 일간(日干)이 생(生)하지 않고 일간(日干)과 비화
(比和)되어도 이로우나 그렇지 않으면 불리하다. 출행방향에 흉
문(凶門)·흉격(凶格)이 있고 일간(日干)을 충극(沖剋)하면 대
흉하고, 출행방향이 공망(空亡)되거나 입묘방(入墓方)이거나 일
간(日干)·년명(年命)이 형묘(刑墓)·공망(空亡)되면 불리하다.

⑳ 일간(日干)이 시간(時干)을 극제(剋制)하면 행할 수 없고, 시간

(時干)이 일간(日干)을 극(剋)하면 곧 행하고, 일간궁(日干宮)을 상하 모두 극(剋)하면 행한다. 망설이는 사람은 시간(時干)이 외에 있으면 떠나고, 내에 있으면 떠나지 못한다. 개문낙궁(開門落宮)에서 얻은 간(干)으로 출발 날짜를 판단한다.

㉑ 휴문(休門)은 수로이고 경문(景門)은 육로다. 휴문낙궁(休門落宮)과 천지반(天地盤)이 합(合)하고 삼기(三奇)가 승(乘)하면 수로가 길하고, 경문(景門)에 삼기(三奇)가 있으면 육로가 길하다. 행선은 청룡도주(靑龍逃走)나 백호창광(白虎猖狂) 흉격(凶格)은 폭풍이 따르고, 등사요교(螣蛇妖嬌)는 흉재가 따르고, 주작투강(朱雀投江)은 물에 빠진다. 경문(景門)은 육로이고 상문(傷門)은 말·수레·차량이다. 태백입형(太白入熒)은 주로 도둑을 만나고, 형입태백(熒入太白)은 불을 만나고, 현무(玄武)·천봉(天蓬)은 도둑을 만난다. 수로는 경문(驚門)이 휴문(休門)을 극(剋)하는 것을 꺼리며 배가 상할까 두렵다. 간(艮)은 수(水)가 없으니 육로에 이롭다. 휴가경(休加景)은 주로 진흙탕이라 행하기 어렵다. 만약 이문(二門)이 입묘(入墓)되면 관문과 교량이 막혀 움직이기 어렵다.

㉒ 감(坎)은 수로, 간(艮)은 육로, 직사낙궁(直使落宮)은 행인을 나타낸다. 감(坎)이나 간(艮)이 직사낙궁(直使落宮)을 생(生)하면 길하고, 직사낙궁(直使落宮)을 극(剋)하면 흉하다. 직사낙궁(直使落宮)이 휴문(休門)이나 생문낙궁(生門落宮)을 생(生)하면 행해도 좋다.

㉓ 돌아오는 날은 보통 출행 전에 정한다. 천봉(天蓬)이 내사궁(內四宮)에 있으면 전반년에 돌아오고, 외사궁(外四宮)에 있으면 후반년에 돌아온다. 천봉낙궁(天蓬落宮)이 얻은 지지(地支)가 시한이다.

㉔ 출행 후 돌아오는 날을 정할 때는 사유(四維 : 丑辰未戌) 중 어느 지지(地支)가 출행 일간(日干)의 장생궁(長生宮)이면 해당하는 궁(宮) 지반(地盤)의 간(干)이 돌아오는 날이다.

㉕ 행인이 돌아올 날은 행인의 년명(年命) 경격(庚格)을 전적으로 본다. 음일(陰日)에는 경(庚) 아래의 간(干)을 보고, 양일(陽日)에는 경(庚) 위의 간(干)을 본다.

㉖ 년격(年格)은 년(年)에 오고, 월격(月格)은 월(月)에 오고, 시격(時格)은 시(時)에 오고, 격(格)을 이루지 못하면 오지 않는다. 격(格)을 이루지 못했다는 것은 을경합(乙庚合)이나 경금(庚金)이 입묘(入墓)나 공망(空亡)된 경우를 말한다.

㉗ 년명(年命)은 행인이고, 지반(地盤)의 지간(支干)으로 일기(日期)를 정한다.

㉘ 년명낙궁(年命落宮)이 내사궁(內四宮)에 있으면 돌아오고, 외사궁(外四宮)에 있으면 돌아올 마음이 있으나 끈질지게 따라붙어 돌아오기 어렵다. 년명(年命)이 길문(吉門)·길성(吉星)을 만나면 평안하게 돌아오고, 흉성(凶星)·흉문(凶門)을 만나면 돌아오나 문제가 있다.

㉙ 도로의 길흉을 볼 때는 시간(時干)이 낙(落)한 전일궁(前一宮)

에 천봉(天蓬)이 있으면 도둑이다. 가령 시간(時干)이 낙(落)한 전일궁(前一宮)에서 천봉(天蓬)을 얻지 못하면 도중에 도둑을 만나지 않고, 시간낙궁(時干落宮)이 삼기(三奇)·길문(吉門)·길격(吉格)·왕상(旺相)을 얻으면 돌아오는 길이 평안하고, 설령 전일궁(前一宮)에 천봉(天蓬)이 승(乘)해도 무방하다.

㉚ 길동무의 선악을 볼 때는 지반(地盤) 시간(時干)이 본인이고, 그 위의 천반성(天盤星)이 동반자다. 금심충보임(禽心沖輔任)을 얻으면 길인이고, 봉예영주(蓬芮英柱)를 얻으면 흉인이다. 흉성(凶星)이 왕상(旺相)하고 시간(時干)이 폐몰(廢沒)되면 주로 침해가 있고, 시간(時干)이 왕상(旺相)하고 흉성(凶星)이 폐몰(廢沒)되면 감히 해하지 못하고, 시간(時干)과 흉성(凶星)이 함께 폐몰(廢沒)되거나 왕상(旺相)하면 역시 해를 가하지 못한다. 시간(時干)을 해하고 휴생개(休生開)를 얻고 삼기(三奇) 길격(吉格)이면 주로 해를 입으나 그런 가운데 생기(生氣)가 있다. 시간(時干)이 왕상(旺相)하고 형격(刑格)·흉격(凶格)을 얻으면 침해가 있으나 무방하다.

31. 모텔·여관·여인숙 등의 투숙 길흉을 볼 때는 시간(時干)이 행인이고, 그 위 천반성(天盤星)은 투숙처다. 시간낙궁(時干落宮)에서 금심충보임(禽心沖輔任)을 만나면 길하고, 봉예영주(蓬芮英柱)를 만나면 흉하다. 시간낙궁(時干落宮)이 삼기(三奇)·길문(吉門)을 만나고 모두 길격(吉格)이면 비록 악의가 있어도 감히 해하지 못한다. 길격(吉格)이 없으나 왕상(旺相)이 승(乘)

해도 역시 무방하다. 만약 시간(時干)이 흉성(凶星)·흉격(凶格)·휴수(休囚)·폐몰(廢沒)을 만나면 침해가 따른다.

32. 선주(船主)의 선악을 볼 때는 진삼궁(震三宮)이 배이고, 천반성(天盤星)이 선주(船主)다. 진궁(震宮)에 임한 성(星)이 보금심(輔禽心)이면 상길이고, 충임(沖任)이면 중길이고, 봉예영주(蓬芮英柱)이면 대흉하니 배를 타면 안된다.

33. 이동의 길흉을 볼 때는 구성(九星)·구궁(九宮)으로 방향을 판단한다. 삼기(三奇)·길문(吉門)이 있고 다시 천금(天禽) 사계월(丑辰未戌)을 만나면 모두 길하다. 천보(天輔)를 얻으면 봄과 여름에는 매우 이롭고, 천심(天心)을 얻으면 가을과 겨울에는 불리하고, 나머지는 모두 불리하다. 구점인이 왔을 때 어떤 성(星)이 천을(天乙)인지를 보아 정한다.

9. 천시·기상

① 휴문(休門)은 구름과 비, 생문(生門)은 바람, 상문(傷門)과 개문(開門)은 우뢰, 두문(杜門)은 번개, 경문(驚門)은 무지개, 경문(景門)은 맑음을 나타낸다.

② 천봉성(天蓬星)은 운무·수신(水神)·비, 천충성(天沖星)은 뇌조(雷祖)·뇌공(雷公)으로 큰 천둥소리, 천보성(天輔星)은 풍백(風伯)으로 바람, 천심성(天心星)과 천주성(天柱星)은 우사(雨師)·눈, 천영성(天英星)은 화신(火神)으로 청(晴), 천심(天心)

은 설응(雪凝), 천예(天芮)는 섬전(閃電)을 나타낸다.

③ 직부(直符)는 일월(日月), 구천(九天)은 청(晴), 구지(九地)는 흐림과 음청고한(陰晴苦寒), 육합(六合)은 바람과 일려(日麗), 백호(白虎)는 바람, 구진(勾陳 : 白虎)은 폭풍과 폭우, 현무(玄武)는 비, 주작(朱雀 : 玄武)은 짙은 구름과 가랑비, 태음(太陰)은 비구름·서리·눈, 등사(螣蛇)는 번개·무지개를 나타낸다.

④ 갑을(甲乙)은 바람, 병정(丙丁)은 불, 무기(戊己)는 비구름, 경신(庚辛)은 얼음·눈, 임계(壬癸)는 비·빗물을 나타내는데 임(壬)은 큰 비이고 계(癸)는 작은 비다.

⑤ 천봉성(天蓬星)에 임계(壬癸) 이간(二干)이 승(乘)하고 감진태궁(坎震兌宮)에 유하거나, 천주성(天柱星)에 임계(壬癸) 이간(二干)이 승(乘)하고 감진태궁(坎震兌宮)에 유하면 비가 내린다. 동시에 천충성(天沖星)·천보성(天輔星) 낙궁(落宮) 천반(天盤)의 간(干)이 지반(地盤)의 간(干)을 극(剋)하면 반드시 풍우·번개·우뢰가 동시에 온다. 직부(直符)와 가까우면 비가 빠르게 오고, 멀면 비가 느리게 온다.

⑥ 천영성(天英星)이 왕상(旺相)에 승(乘)하고 진손궁(震巽宮)에 낙(落)하거나 일시(日時) 이간(二干)을 극(剋)하면 맑다.

⑦ 천보성(天輔星)이 왕상(旺相)에 승(乘)하고 리궁(離宮)에 낙(落)하거나, 낙(落)한 궁(宮)을 극(剋)하고 일시(日時) 이간(二干)을 극(剋)하면 바람이 불며 맑다.

⑧ 천봉성(天蓬星)·천주성(天柱星)에 임계(壬癸) 이간(二干)이 승

(乘)하고 곤궁(坤宮)에 유하면 짙은 구름이나 비는 없다. 천봉성(天蓬星)·천주성(天柱星)에 임계(壬癸) 수신(水神)이 승(乘)하지 않으면 설사 감진태궁(坎震兌宮)에 유해도 비는 없다.

⑨ 동월(冬月)에 천심(天心)과 천주(天柱)에 임계(壬癸)가 승(乘)하여 건태(乾兌) 이궁(二宮)에 이르면 주로 눈이 내린다.

⑩ 수재(水災)를 볼 때는 천봉(天蓬)·휴문(休門)이 용신(用神)이며 홍수의 증감을 판단한다. 천봉(天蓬)·휴문(休門)이 왕상(旺相)한 기(氣)에 승(乘)하고 삼기(三奇)를 얻으면 물이 불어나나 범람하지는 않는다. 천봉(天蓬)·휴문(休門)이 왕상(旺相)한 기(氣)에 승(乘)하고 경격(庚格)을 얻으면 하수가 막히며 범람한다. 만약 다시 갑진임(甲辰壬)이 등사(螣蛇)를 띠고 승(乘)하면 홍수로 사람이 죽는다. 천봉(天蓬)·휴문(休門)이 곤궁(坤宮)·중궁(中宮)·간궁(艮宮)에 낙(落)하면 토(土)가 수(水)를 극(剋)하니 홍수가 사라지거나 물이 없다.

1. 점청(占晴)

① 천보(天輔)·천영(天英)이 왕상(旺相)한데 리구궁(離九宮)에 낙(落)하거나 낙궁(落宮)을 극(剋)하거나 일시(日時) 이간(二干)을 극(剋)하면 주로 맑다.

② 천영(天英)이 왕상(旺相)하고 3·4궁(宮)에 낙(落)하거나 일시(日時) 이간(二干)을 극(剋)하면 맑다.

③ 양문(陽門)·양성(陽星)을 만나고 양궁(陽宮)에 비림(飛臨)하고
   화토성(火土星)이 동궁(同宮)에 있으면 반드시 오래도록 맑다.

2. 점우(占雨)

① 천봉(天蓬)이 감태진(坎兌震)에 유하거나, 천주(天柱)·천충(天
   沖)이 임계(壬癸) 이간(二干)에 승(乘)하고 감태진궁(坎兌震宮)
   에 유하면 비가 온다. 만약 천영(天英)·천보궁(天輔宮) 천반
   (天盤)의 간(干)이 지반(地盤)의 간(干)을 극(剋)하면 반드시
   큰 우뢰와 비가 온다.
② 음성(陰星)·음문(陰門)이 합수(合水)되거나, 금성(金星)이나
   임계(壬癸) 휴문(休門)이 음궁(陰宮)에 비림(飛臨)하고 이국(二
   局)이 병합해 상생(相生)이나 목욕(沐浴)이 되면 큰 비가 온다.
③ 천금(天禽)이 왕상(旺相)한 궁(宮)에 임하면 큰 비가 온다. 천주
   (天柱)·갑진임(甲辰壬)이 1·3·7궁(宮)에 유하거나 아래에 갑
   진임(甲辰壬)이 임하기 때문이다.
④ 갑인계(甲寅癸) 아래에 갑인계(甲寅癸)가 1·3·7궁(宮)에 임하
   면 작은 비나 가랑비가 온다.
⑤ 갑진임(甲辰壬)이 진궁(震宮)에 임하면 용이 뇌문(雷門)에 오르
   니 뇌우·우뢰·비가 따른다.
⑥ 정(丁)이 하반(下盤) 등사(螣蛇)에 임하고 흉문(凶門)에 승(乘)
   하면 뇌룡발교(雷龍發蛟)하니 섬전(閃電)·번개가 있다.

⑦ 진(震)이 괴이하게 공망(空亡)·묘고궁(墓庫宮)에 낙(落)하면 흐리나 비는 오지 않는다. 동월(冬月)에 천심성(天心星)과 천임토수(天任土宿)가 임계(壬癸)를 띠기 때문이다.

⑧ 아래에 임계(壬癸)가 임하거나 현무(玄武)·백호(白虎)가 승(乘)하면 수토(水土)가 응결되니 눈이 온다.

⑨ 공망(空亡)이 입묘(入墓)되면 주로 음한(陰寒)이다.

⑩ 백호창광(白虎猖狂)이면 큰 바람이 분다.

⑪ 청룡도주(青龍逃走)이면 바람이 불어 구름이 흩어지니 비가 오지 않는다.

⑫ 태백입형(太白入熒)은 우박이 내린다.

⑬ 형혹입백(熒惑入白)은 맑다.

⑭ 천주(天柱)가 1·3·7궁(宮) 아래에 임계(壬癸)를 띠거나 아래 임계궁(壬癸宮)에 임하면 무지개가 나타나 비가 멈춘다.

⑮ 임계(壬癸)가 보이지 않고 등사(螣蛇)가 나타나면 매우 가문다. 낙궁(落宮) 아래에 주작(朱雀)이 임하거나 공망(空亡)에 낙(落)하기 때문이다.

3. 점운(占雲)

① 겨울에 천심(天心)·천주(天柱)가 임계(壬癸)에 승(乘)하여 건태궁(乾兌宮)에 이르면 주로 눈이 내린다.

4. 길흉격(吉凶格)

① 질혈(跌穴)은 맑고 반수(返首)는 비가 온다. 양궁(陽宮)에 얽매어 있으면 맑고, 음원(陰垣)에 이거(移居)하면 비가 내린다.

② 백호창광(白虎猖狂)은 즉시 바람이 일어난다.

③ 등사요교(螣蛇妖嬌)는 먹구름이 짙게 끼고, 주작투강(朱雀投江)은 큰 비가 흥건하다.

④ 형혹입백(熒惑入白)은 무지개가 일어나고, 태백입형(太白入熒)은 번개와 우뢰가 희미하다.

⑤ 경격(庚格)은 음청(陰晴)이 겹쳐 변하고, 비와 우뢰가 날에 따라 이동한다.

⑥ 나망사장(羅網四張)은 어둠이 널리 퍼진다.

⑦ 시일(時日)의 생극(生剋)은 청우(晴雨)의 진정한 기미다.

5. 기타 단결

① 경문(景門)을 만나 토수(土宿)에 비림(飛臨)하면 비가 있을 때도 있고 없을 때도 있거나 정오에 비가 온다.

② 음성(陰星) 양문(陽門)이 음궁(陰宮)에 가(加)하거나 음성(陰星) 음문(陰門)이 양궁(陽宮)에 가(加)하면 주로 반은 흐리고 반은 맑다.

③ 임계(壬癸)나 신자진(申子辰) 일시(日時)가 천봉(天蓬) 휴문(休

門)이면 비가 온다.

④ 화토성(火土星)을 만나고 수일시(水日時)를 만나지 않고 목욕 (沐浴)이 되면 비가 오지 않는다.

⑤ 수성(水星)이 충합(沖合)되면 큰 비가 온다.

⑥ 부천주사구(符天朱蛇勾)의 신(神)과 생경사두금영보예(生景死 杜禽英輔芮)가 화목국(火木局)에 병기(幷起)하고 삼기(三奇)가 득위(得位)하고 무기(戊己)가 당권(當權)하고 양성(陽星)이 열 리면 반드시 맑다.

⑦ 지음현백(地陰玄白)의 신(神)과 휴경개상봉주심충(休驚開傷蓬 柱心沖)이 금수국(金水局)에 병기(幷起)하고 경신임계(庚辛壬 癸)가 당권(當權)하고 음성(陰星)이 합(合)되면 반드시 궂은비 가 온다.

10. 풍수 · 가택

1. 양택(陽宅 : 家宅)

① 일간(日干)은 거주하는 사람, 생문(生門)은 가옥, 사문(死門)은 집터 · 건축부지, 직부(直符)는 새 집, 직사(直使)는 이전에 살던 집 · 헌 집이다. 일간(日干)은 거주하는 사람, 시간(時干)은 가옥 이다.

② 시간낙궁(時干落宮)이 삼기(三奇) · 길문(吉門) · 길성(吉星) ·

길신(吉神)·길격(吉格)에 임하고 왕상(旺相)에 승(乘)하여 일간(日干)을 생(生)하면 사람에게 가장 이로운 집이다.

③ 시간(時干)이 삼기(三奇)·길문(吉門)에 임하지 않았으나 길성(吉星)·길신(吉神)·길격(吉格)에 임하고 왕상(旺相)에 승(乘)하여 일간궁(日干宮)을 생(生)하면 비교적 좋은 집이다.

④ 시간낙궁(時干落宮)의 성(星)·문(門)·신(神)·기의(奇儀) 등에 길도 있고 흉도 있으면 일반적인 집이다.

⑤ 시간낙궁(時干落宮)에 흉문(凶門)·흉신(凶神)·흉성(凶星)·흉격(凶格)이 임하고 일간낙궁(日干落宮)을 극(剋)하면 대흉한 집이다.

⑥ 일간(日干)은 구점인, 시간(時干)은 가옥, 생문(生門)은 가옥, 사문(死門)은 택지, 직부(直符)는 새 집, 직사(直使)는 헌 집이다. 왕상휴수(旺相休囚)와 일간(日干)의 생극(生剋) 관계로 좋고 나쁨을 판단한다. 만약 칸이 많으면 마지막 번호를 영활하게 취용하여 그 궁위(宮位)의 길흉과 일간(日干)의 생극(生剋)을 본다.

1) 길흉격(吉凶格)

① 반수(返首)는 공을 많이 들여 훌륭하고, 질혈(跌穴)은 바람을 감추고 기운이 모인 집이다.

② 구둔(九遁)은 공호(拱護)가 유정하고, 득사(得使)는 빽빽하게 줄지어 늘어선 집이다.

③ 수문(守門)은 청길하고, 유의(遊儀)는 출외에 좋은 집이다.

④ 을가신(乙加辛)은 현관·복도에 손실이 있고, 신가을(辛加乙)은 호수(虎首) 집이 강하다.

⑤ 계가정(癸加丁)은 부엌·화장실이 불리하고, 정가계(丁加癸)는 망령 원귀의 앙얼·도깨비의 재앙이 있는 집이다.

⑥ 복간(伏干)은 사람과 집이 모두 불리하고, 비간(飛干)은 터가 재앙을 부르는 집이다.

⑦ 복궁(伏宮)은 사람이 투해(妬害)하고, 비궁(飛宮)은 화가 집 안에서 일어난다.

⑧ 대격(大格)·소격(小格)은 이웃집에 충사(沖射)가 있고, 형격(刑格)·패격(悖格)은 가족이 편안하지 않다.

⑨ 백입형(白入熒)은 괴이함이 있으니 방비해야 하고, 형입백(熒入白)은 화촉(火燭)으로 놀라고 무섭다.

⑩ 오불우(五不遇)는 사람이 손실되고, 망라포(網羅布)는 일의 괴이함이 과장된다.

⑪ 육의격형(六儀擊刑)은 흉재를 거듭 보고, 삼기입묘(三奇入墓)는 암실·깊숙한 방·집이다.

⑫ 반음(返吟)은 불길하고 복음(伏吟)은 분명하지 않다.

2) 고결(古訣)

① 백호(白虎)가 문(門)에 들면 사람이 흩어진다.

② 주작(朱雀)이 형(刑)을 띠면 관리가 쫓는다.

③ 구진(勾陳)이 문(門)을 형(刑)하면 재화가 있다.

④ 백호(白虎)가 간(干)을 해(害)하면 인재(人災)가 있다.

⑤ 등사(螣蛇)가 봉성(蓬星)에 붙으면 줄곧 싸우며 어린 식구가 놀라 걱정이다.

⑥ 현무(玄武)가 임수(任宿)를 만나면 당권(當權)하며 간사한 사람이나 사악한 요괴다.

⑦ 육합(六合) 천주(天柱)는 자녀가 원망하며 나무란다.

⑧ 태음(太陰) 경영(景英)은 총비(寵婢)가 자리만 차지한다.

⑨ 구지(九地) 경신(庚辛)은 복우(伏雨)인데 경상(驚傷)을 만나고 형해(刑害)를 띠면 암중에 손실이 있다.

⑩ 구천(九天) 병정(丙丁)은 비행접시·원반인데 갑을(甲乙)에 승(乘)하고 극전(克戰)을 만나면 귀괴(鬼怪)를 방비해야 한다.

⑪ 주작(朱雀)이 다시 병정(丙丁)에 붙으면 시끄럽다.

⑫ 현무(玄武)가 다시 임계(壬癸)를 만나면 도둑이 날뛴다.

⑬ 경신(庚辛) 백호(白虎)가 득지(得地)하면 흉세가 더 커진다.

⑭ 무기(戊己)·구진(勾陳)이 형충(刑沖)되면 곧 파패된다.

⑮ 몸을 태우는 백호(白虎)는 먼저는 흉하나 나중에는 길하다.

⑯ 토(土)에 든 등사(螣蛇)는 채운 후에 방비해야 한다.

⑰ 비부(飛符)가 귀향(鬼鄕)에 들면 그 휴수(休囚)를 본다.

⑱ 문(門)이 궁(宮)의 상간(上干)과 하지(下支)를 생(生)하고 을병정(乙丙丁)과 육의(六儀)가 왕녹생궁(旺祿生宮)에 임하면 가옥이 청녕(淸寧)하고 사람이 편안하며 전택(田宅)을 더한다.

⑲ 생문(生門)이 궁(宮)을 생(生)하면 전산(田産)·포백(布帛)·오

곡이 진익(進益)하고, 개문(開門)이 궁(宮)을 생(生)하면 금옥·
보배·재물·귀인의 이익이 있고, 팔문(八門)의 생극(生剋)을
자세하게 추리해야 한다.

⑳ 흉성문(凶星門)이 궁(宮)을 극(剋)하고 지반(地盤)이 쇠묘(衰
墓)에 임하여 수상(受傷)되면 구설·재액·감옥의 병이 있고,
소인은 근심과 놀람을 면하지 못한다. 가령 양성(陽星)이 피상
(被傷)되면 남자의 재비(災非)요, 음성(陰星)이 수극(受剋)되면
반드시 여자의 병난이다.

㉑ 본명이 묘절궁(墓絶宮)에 있고 충극(沖剋)되면 재해로 명이 끊
기고, 비화(比和)되어 생(生)을 만나면 어려운 가운데 구원된다.

2. 음택(陰宅 : 무덤)

① 사문(死門)은 용신(用神), 사문낙궁(死門落宮)의 지반(地盤)은
죽은 사람, 천반(天盤)은 산 사람이다.

② 사문(死門)이 곤중간리궁(坤中艮離宮)에 낙(落)하면 길하고, 건
태궁(乾兌宮)에 낙(落)하면 차길하며, 감진손궁(坎震巽宮)에 낙
(落)하면 불길하다.

③ 사문낙궁(死門落宮) 천반(天盤)이 지반(地盤)을 극(剋)하면 죽
은 사람이 불리하고, 지반(地盤)이 천반(天盤)을 극(剋)하면 산
사람이 불리하다.

④ 사문낙궁(死門落宮)이 흉신(凶神)·흉성(凶星)에 낙(落)하여 기

(奇)를 얻지 못하는데 다시 상하가 상극(相剋)되면 흉하다.

⑤ 사문낙궁(死門落宮)이 길성(吉星)을 얻었는데 삼기(三奇)를 얻고 상하가 상생(相生)되면 길하다.

⑥ 구성(九星)에서 천봉(天蓬)은 수형(水形)이며 방첨(方尖)하고, 천임(天任)은 토형(土形)이며 곡첨(曲尖)하고, 천충(天沖)은 목형(木形)이며 길게 비스듬하고, 천보(天輔)는 목형(木形)이며 수려하고, 천영(天英)은 화형(火形)이며 첨허(尖虛)하고, 천예(天芮)는 토형(土形)이며 한쪽으로 치우치고, 천금(天禽)은 토형(土形)이며 방정(方正)하고, 천주(天柱)는 금형(金形)이며 앙결(仰缺)하고, 천심(天心)은 금형(金形)이며 문와(門窩)하다.

⑦ 일간(日干)은 사람, 시간(時干)은 땅, 일간(日干)은 산정(山情), 시간(時干)은 주향(走向)이다. 직부(直符) 팔신(八神)에서 직부(直符)는 산천·묘방(廟旁) 분묘의 용맥(龍脈)·용혈(龍穴)의 주세(走勢)나 형태다. 등사(螣蛇)는 도로·제방·산맥의 주향(走向)이다. 태음(太陰)은 산림을 따라 분포된 용혈(龍穴)이다. 육합(六合)은 면향도로·마을 안에 위치한다. 구진(勾陳)·백호(白虎)는 모래언덕, 내세가 공대함, 외세는 사혈(砂穴)이다. 주작(朱雀)·현무(玄武)는 명당·흐르는 물·산의 용맥(龍脈)이고, 구지(九地)는 움푹 패인 낮은 지대다. 구천(九天)은 대면한 산이 형성되어 조림(照臨)한 형세다.

⑧ 직사(直使) 팔문(八門)에서 휴문(休門)은 임자계(壬子癸) 황천(黃泉)이 진(辰)에 있으므로 무진일시(戊辰日時)를 꺼린다. 생

문(生門)은 축간인(丑艮寅) 황천(黃泉)이 인(寅)에 있으므로 병인일시(丙寅日時)를 꺼린다. 상문(傷門)은 갑묘을(甲卯乙) 황천(黃泉)이 신(申)에 있으므로 경신일시(庚申日時)를 꺼린다. 두문(杜門)은 진손사(辰巽巳) 황천(黃泉)이 유(酉)에 있으므로 신유일시(辛酉日時)를 꺼린다. 경문(景門)은 병오정(丙午丁) 황천(黃泉)이 해(亥)에 있으므로 기해일시(己亥日時)를 꺼린다. 사문(死門)은 미곤신(未坤申)에 황천(黃泉)이 묘(卯)에 있으므로 을묘일시(乙卯日時)를 꺼린다. 경문(驚門)은 경유신(庚酉辛) 황천(黃泉)이 사(巳)에 있으므로 정사일시(丁巳日時)를 꺼린다. 개문(開門)은 술건해(戌乾亥) 황천(黃泉)이 오(午)에 있으므로 병오일시(丙午日時)를 꺼린다.

11. 전물유실(錢物遺失)

① 전물(錢物)은 돈을 말한다. 일간(日干)은 잃어버린 사람, 시간(時干)은 잃어버린 물건, 현무(玄武)는 좀도둑, 천봉(天蓬)은 큰 도둑이다.

② 시간(時干)이 현무(玄武)에 임하면 도둑을 맞았거나 본인이 잃어버린 경우가 많다.

③ 시간낙궁(時干落宮)이 현무(玄武)나 천봉낙궁(天蓬落宮)에게 극(剋)되면 도둑맞은 것이다.

④ 현무(玄武)나 천봉(天蓬) 낙궁(落宮)이 왕상(旺相)·유기(有氣)

하면 도둑이 젊은 사람이고, 그렇지 않으면 나이 많은 사람이다.

⑤ 현무(玄武)나 천봉(天蓬) 낙궁(落宮)의 성(星)이 양성(陽星)이면 도둑이 남자이고 음성(陰星)이면 여자다.

⑥ 시간(時干)이 낙궁(落宮)에 있고 일간(日干)이 외반(外盤)에 있으면 잃어버린 것은 집 안에 있다.

⑦ 일간(日干)과 시간(時干) 낙궁(落宮)이 함께 내반(內盤)에 있으면 잃어버린 곳은 집 안이나 집 근처다. 일간낙궁(日干落宮)이 내반(內盤)에 있고 시간낙궁(時干落宮)이 외반(外盤)에 있으면 밖에 있고, 일간(日干)과 시간(時干) 낙궁(落宮)이 함께 외반(外盤)에 있으면 외지나 먼 곳에서 잃어버린 것이다.

⑧ 일시간(日時干)이 동궁(同宮)에 있으면 잃어버린 것이 아니니 찾을 수 있고, 시간낙궁(時干落宮)이 왕상(旺相)한 기(氣)에 승(乘)하여 일간낙궁(日干落宮)을 생(生)하면 찾을 수 있고, 시간(時干)이 공망(空亡)이나 묘절궁(墓絶宮)에 낙(落)하면 찾기 어렵고, 반음(反吟)되면 찾을 수 있고, 복음(伏吟)되면 찾을 수 없다.

⑨ 찾는 시간은 시간(時干)이 일간(日干)을 생(生)하는 일시(日時)이고, 묘고(墓庫)에 임하면 충출(沖出)되는 일시(日時)이고, 순공(旬空)되면 출순(出旬)하여 전실(塡實)되는 일시(日時)다. 경격(庚格)으로 볼 때는 음간(陰干)은 경(庚) 위를 찾고, 양간(陽干)은 경(庚) 아래를 찾는다.

1. 실물(失物)

① 시간(時干)은 물건을 잃어버린 사람이고, 상응(相應)한 구상(具象)의 문(門)은 잃어버린 물건이다. 마땅히 문(門)에 승(乘)한 성(星)이 왕상(旺相)하고 육합(六合)에 승(乘)하면 실물을 찾을 수 없고, 승(乘)한 성(星)이 휴수폐(休囚廢)되면 찾을 수 있다.

② 문(門)이 임한 지반(地盤)은 방향, 천간(天干)은 찾는 날이다.

③ 문(門)이 공망(空亡)에 낙(落)하면 잃어버렸거나 도둑맞은 것이니 모두 찾을 수 없다.

④ 상응(相應)의 문(門)이 구지(九地)·태음(太陰)에 승(乘)하면 누군가가 숨긴 것이다.

⑤ 문(門)에 구천(九天)이 임하면 실물은 밖에 있으니 찾기 어렵다. 구천(九天)은 멀리 간 것으로 보기 때문이다.

⑥ 상응(相應)한 문(門)이 현무(玄武)에 승(乘)하면 도둑맞은 것이고, 현무(玄武)가 보이지 않으면 자신이 잃어버린 것이다.

⑦ 상응(相應)의 문(門)이 등사(螣蛇)에 승(乘)하면 추궁받는다.

⑧ 상응(相應)의 문(門)이 주작(朱雀)에 승(乘)하면 실물의 소식을 듣는다.

⑨ 상응(相應)의 문(門)이 구진(勾陳)에 승(乘)하면 자기가 관리하는 공공재물을 훔친다.

⑩ 육경(六庚)이 년격(年格)이면 년(年)에 얻고, 월격(月格)이면 월(月)에 얻고, 일격(日格)이면 일(日)에 얻고, 시격(時格)이면 시

(時)에 얻는다.

⑪ 육계(六癸)가 내사궁(內四宮)에 있으면 실물을 찾을 수 있다.

⑫ 시간(時干)은 물건을 잃어버린 사람이고, 육합낙궁(六合落宮)은 잃어버린 물건이다. 육합낙궁(六合落宮)과 시간낙궁(時干落宮)이 내외사궁(內外四宮) 중 어디에 있는지를 보아 원근을 구분한다. 시간(時干)과 육합(六合)이 모두 내사궁(內四宮)에 있으면 집 안에 있으니 찾기 쉽고, 외사궁(外四宮)에 있으면 먼 곳에 있으니 찾기 어렵고, 육합(六合)은 외사궁(外四宮)에 있고 시간(時干)은 내사궁(內四宮)에 있으면 찾기 어렵다. 육합낙궁(六合落宮)은 방향이다. 육합(六合)이 왕상(旺相)한 성(星)을 얻고 개휴생두(開休生杜) 사문(四門)에 거하면 찾을 수 없고, 그렇지 않으면 찾을 수 있다.

⑬ 일간낙궁(日干落宮)은 물건을 잃어버린 사람이고, 시간낙궁(時干落宮)은 잃어버린 물건이다. 시간낙궁(時干落宮)이 왕상(旺相)하고 일간낙궁(日干落宮)을 생(生)하면 실물을 찾을 수 있고, 반음(反吟)이어도 역시 찾을 수 있다. 그러나 시간낙궁(時干落宮)이 공망(空亡)·묘지(墓地)이면 찾을 수 없다.

⑭ 건(乾)은 금쇄·보물·둥근 동철·모자의 턱끈·말이다. 감(坎)은 수정·진주·붓·펜·먹·물감·모발이 가늘고 부드러운 물건·돼지다. 간(艮)은 산·옥석·그릇·신발·소·개·고양이다. 진(震)은 수레·차량·배·목기·푸른색 의복·노새·당나귀다. 손(巽)은 주단·포목·섬세하며 부드러운 물건·채색된

가늘고 길며 무리를 이룬 물건이다. 리(離)는 문명(文明)·도서·두루마리·서예나 미술작품·인신(印信)·문권(文券)·채금(彩禽)·따뜻한 옷이다. 곤(坤)은 동철·고경(鼓磬)·가운데가 비어 소리가 나는 솥·상아·양이다. 태(兌)는 금은·머리장식·양·닭·비금류(飛禽類)다.

2. 실도(失盜)

① 천봉(天蓬)은 큰 도둑, 현무(玄武)는 작은 도둑, 천봉(天蓬)과 현무(玄武)는 도둑이다. 천봉(天蓬)이나 현무(玄武)가 왕상(旺相)한 기에 승(乘)하고 기문(奇門)·길격(吉格)을 얻거나 길신(吉神)이 임하면 도둑이 귀인이고, 휴수(休囚)한 기에 승(乘)하고 기문(奇門)·길격(吉格)을 얻지 못하거나 흉신(凶神)이 임하면 도둑이 비천한 사람이다.

② 천봉(天蓬)이나 현무(玄武)가 양간(陽干)에 승(乘)하면 도둑이 남자이고, 음간(陰干)에 승(乘)하면 여자다. 천봉(天蓬)이나 현무(玄武)가 왕상(旺相)한 기에 승(乘)하면 도둑이 소년이고, 휴수(休囚)한 기에 승(乘)하면 노인이다. 천봉(天蓬)이나 현무(玄武)가 임한 천간(天干)은 도둑의 의복 색상을 나타낸다.

③ 지지(地支)의 구상(具象)으로 도둑의 직업을 판단한다. 인(寅)은 정부기관에서 일하는 사람, 묘(卯)는 중개인·브로커, 진술(辰戌)이 흉살이면 군인, 사(巳)는 수공예자, 축오(丑午)는 길손,

미(未)는 잘 아는 사람, 신(申)은 범인, 유(酉)는 공예가·도박
꾼·술꾼, 해자(亥子)는 어민이나 선원이다.

④ 천봉(天蓬)이나 현무(玄武)가 임한 괘상(卦像)으로 도둑을 추단
한다. 건(乾)은 노년 남자, 진(震)은 중년 남자, 감(坎)은 청년
남자, 간(艮)은 소년이다. 곤(坤)은 노년 여자, 손(巽)은 중년 여
자, 리(離)는 청년 여자, 태(兌)는 소녀다.

⑤ 천봉(天蓬)이나 현무(玄武)가 내사궁(內四宮)에 있으면 도둑이
잘 아는 사람이고, 외사궁(外四宮)에 있으면 모르는 사람이다.

12. 형사안건(刑事案件)

① 재물을 훔친 것과 경미한 경제범죄·건달·강간은 현무(玄武)
가 용신(用神)이다. 경(庚)은 살인을 계획한 사람·적, 신(辛)은
죄인, 천봉(天蓬)은 중대한 범죄자. 사문(死門)은 죽은 사람,
상문(傷門)은 상한 사람, 두문(杜門)은 감춘 방위, 현무(玄武)는
경미한 범죄자, 육합(六合)은 도망범이다.

② 간통살인·약탈살인·탐관오리의 중대한 뇌물죄는 천봉(天蓬)
이 용신(用神)이다.

③ 천봉(天蓬)이나 현무(玄武)가 경(庚)에 많이 임하면 매우 음험
하고 교활한 중대한 범죄자다.

④ 천봉(天蓬)이나 현무(玄武)가 신(辛)에 임하면 상습범이나 일찍
감옥에 들어가 갱생교육을 받은 사람인 경우가 많다.

⑤ 천봉(天蓬)이나 현무(玄武)가 임계(壬癸)에 임하면 도피 중인 범인이 많다.

⑥ 성문(星門) 복음(伏吟)이나 용신(用神)이 내반(內盤)에 낙(落) 하면 직장이나 본지 사람인 경우가 많다.

⑦ 성문(星門) 반음(反吟)이나 용신(用神)이 외반(外盤)에 낙(落) 하면 직장 밖이나 부서 밖의 사람이니 외지인이나 도망범이 재차 저지른 범죄다. 용신낙궁(用神落宮)의 왕쇠(旺衰)와 임한 성(星)·문(門)·신(神)·기의(奇儀)를 근거로 직업·키·얼굴·좋아하는 것·성격의 특징을 판단한다.

⑧ 사건을 일으킨 수단과 은닉·도주한 방향을 예측할 때는 육합(六合)이 도망범이고, 두문낙궁(杜門落宮)이 은닉한 방향이다. 육합낙궁(六合落宮)의 내외반(內外盤)과 육합(六合)·두문(杜門) 낙궁수(落宮數)로 범죄자의 원근을 판단한다.

⑨ 천봉(天蓬)이나 현무(玄武)가 상문(傷門)에 임하거나 상문낙궁(傷門落宮)이 천봉(天蓬)이나 현무(玄武) 낙궁(落宮)을 생(生)하면 차량으로 일으킨 사건이다.

⑩ 천봉(天蓬)이나 현무(玄武)가 경문(景門)에 임하거나 경문낙궁(景門落宮)이 천봉(天蓬)이나 현무(玄武) 낙궁(落宮)을 생(生)하면 총기나 화기로 일으킨 사건이다.

⑪ 천봉(天蓬)이나 현무(玄武)가 경신(庚辛)에 임하거나 경신(庚辛) 낙궁(落宮)이 천봉(天蓬)이나 현무(玄武) 낙궁(落宮)을 생(生)하면 뾰족한 칼이나 비수로 일으킨 사건이다.

⑫ 천봉(天蓬)이나 현무(玄武)가 손궁(巽宮)에 임하거나 등사(螣蛇)에 임하면 노끈이나 밧줄로 목졸라 일으킨 사건이다.

⑬ 천봉(天蓬)이나 현무(玄武)가 갑을(甲乙)에 임하거나 상두(傷杜) 이문(二門)에 임하면 야구방망이·곤봉·각목 등으로 사람을 상하게 한 사건이고, 천봉(天蓬)이나 현무(玄武)가 사문(死門)에 임하거나 구지(九地)이면 구덩이에 묻어 죽인 사건이다.

⑭ 사망원인을 추단할 때는 사문(死門)이 죽은 사람·시체다. 사문(死門)이 갑자무(甲子戊)에 임하면 돈이나 재물 때문에 피살된 경우가 많고, 사문(死門)이 태음(太陰)·육합(六合)에 승(乘)하면 사사로운 일이나 애매한 일로 피살된 경우가 많고, 사문(死門)이 을경정임(乙庚丁壬)에 임하거나 도화(桃花)이면 간통으로 피살된 경우가 많다.

⑮ 형사사건을 볼 때는 상문(傷門)·백호(白虎)·경(庚)·직사문(直使門)은 경찰·검찰·공안 등 도둑을 잡는 사람이다. 경격(庚格)이 있으면 경(庚)이 임하는 년월일시에 사건이 해결된다.

⑯ 성문(星門)이 반음(反吟)되면 사건이 해결되고, 범인이 재차 사건을 일으켰을 때는 시(時)에 해결되고, 성문(星門)이 복음(伏吟)되면 해결되기 어렵다.

⑰ 경찰·검찰·공안 낙궁(落宮)이 왕상(旺相)하고 범죄자 낙궁(落宮)을 충극(沖剋)하면 반드시 사건이 해결된다. 그렇지 않으면 해결하기 어렵거나 끝내 해결하지 못한다.

⑱ 두문(杜門)이 경신임계(庚辛壬癸)를 만나거나, 천반(天盤) 육의

(六儀)가 지반(地盤) 육의(六儀)를 극(剋)하거나, 지반(地盤) 육의(六儀)가 천반(天盤) 육의(六儀)를 생(生)하면 해결된다.

⑲ 사건의 해결시기를 볼 때는 음일(陰日)에는 경(庚) 위의 간(干)을 보고, 양일(陽日)에는 경(庚) 아래의 간(干)을 본다. 시간(時干)이 음성(陰星)에 임하면 경(庚) 위의 간(干)을 보고, 시간(時干)이 양성(陽星)에 임하면 경(庚) 아래의 간(干)을 본다.

13. 관사소송

① 원고는 소직부(小直符)이고 피고는 천을(天乙 ：直符落宮·地盤九星)인데 천을(天乙)은 소직부(小直符)가 낙(落)한 궁(宮)이니 고정된 반상(盤上)의 성(星)이다. 개문(開門)은 법관·중재, 육합(六合)은 증인·증거·증거물, 경문(景門)은 소장이다. 정기(丁奇)는 소환장, 경문(驚門)은 변호사, 갑오신(甲午辛)은 죄인·범죄자다. 육임(六壬)은 지뢰(地牢)·천뢰(天牢), 육계(六癸)는 천망(天網)·지망(地網)이다. 등사(螣蛇)는 타인과 연루되는 것이고, 육신(六辛)은 천옥(天獄)·천정(天庭), 갑진임(甲辰壬)은 연루된 것이다.

② 소직부낙궁(小直符落宮)이 왕상(旺相)하며 유기(有氣)하고 길문(吉門)·길성(吉星)·길격(吉格)에 승(乘)하여 천을낙궁(天乙落宮)을 극(剋)하면 원고가 승소한다.

③ 천을낙궁(天乙落宮)이 왕상(旺相)하며 유기(有氣)하고 길문(吉

門)·길성(吉星)·길격(吉格)에 승(乘)하여 소직부궁(小直符宮)
을 극(剋)하면 피고가 승소한다.

④ 소직부낙궁(小直符落宮)과 천을낙궁(天乙落宮)이 비화(比和)되
면 화해한다.

⑤ 소직부낙궁(小直符落宮)이 천을낙궁(天乙落宮)을 생(生)하면
원고가 화해를 청한다.

⑥ 천을낙궁(天乙落宮)이 소직부낙궁(小直符落宮)을 생(生)하면
피고가 화해를 청한다.

⑦ 개문낙궁(開門落宮)이 소직부궁(小直符宮)을 극(剋)하고 천을
궁(天乙宮)을 극(剋)하면 법관이 인정이나 정실에 끌리지 않고
공정하게 심판한다.

⑧ 개문낙궁(開門落宮)이 소직부낙궁(小直符落宮)을 생(生)하면
법관이 원고를 두둔한다.

⑨ 개문낙궁(開門落宮)이 천을낙궁(天乙落宮)을 생(生)하면 법관
이 피고를 두둔한다.

⑩ 개문(開門)이 입묘(入墓)되면 법관의 심리가 깨끗하지 않다.

⑪ 개문(開門)이 공망(空亡)되면 심리하지 않고, 문(門)이 반음(反
吟)되면 법관을 바꿔 심리한다.

⑫ 경문낙궁(景門落宮)이 왕상(旺相)하고 삼기(三奇) 길격(吉格)을
얻으면 소장이 이치에 맞고, 개문낙궁(開門落宮)에게 충극(沖
剋)되지 않으면 소송사건이 반드시 수리되나 반대이면 수리되
지 않는다.

⑬ 경문낙궁(景門落宮)이 공망(空亡)되고 현무(玄武)나 등사(螣蛇)가 동궁(同宮)에 있으면 소송한 일이 거짓이다.

⑭ 육합낙궁(六合落宮)이 공망(空亡)되면 증거가 부족하다.

⑮ 갑오신(甲午辛)이 임계(壬癸)에 임하면 반드시 감옥에 갇히고, 삼기(三奇)가 임하여 특별히 정기(丁奇)이면 무죄로 석방된다.

⑯ 용신낙궁(用神落宮) 아래에 신(辛)이 임하면 감옥에 갇히고, 임계(壬癸)에 임하면 천라지망(天羅地網)에 잘못 들게 된다.

⑰ 천반(天盤) 임계(壬癸)가 지반(地盤) 신(辛)에 임하면 속박되어 멍해지므로 수감 시간이 길어진다.

⑱ 용신(用神)이 공망궁(空亡宮)에 낙(落)하면 수감되지 않는다.

⑲ 갑오신(甲午辛)은 죄인, 개문(開門)은 법관·취조관·심문관이다. 개문낙궁(開門落宮)이 갑오신낙궁(甲午辛落宮)을 생(生)하면 법관·취조관의 동정을 받아 죄를 가하지 않고, 개문낙궁(開門落宮)과 갑오신낙궁(甲午辛落宮)이 상비(相比)되면 죄가 가볍고, 개문낙궁(開門落宮)과 갑오신낙궁(甲午辛落宮)이 충극(沖剋)되거나 흉격(凶格)에 승(乘)하면 죄가 무겁고, 갑오신(甲午辛)이 공망(空亡)에 낙(落)하고 기문(奇門)·길격(吉格)을 얻어 상구(相救)되면 반드시 죄를 면한다.

⑳ 갑오(甲午)는 죄인, 신(辛)은 천옥(天獄), 임(壬)은 지뢰(地牢), 계(癸)는 천망(天網)이다. 일간낙궁(日干落宮) 아래에 갑오신(甲午辛)이 임하면 주로 수감되고, 아래에 계(癸)가 임하면 천뢰(天牢)에 잘못 들고, 충파(沖破)되는 날 반드시 석방된다. 천

반(天盤) 임계(壬癸) 아래의 지반(地盤)에 갑오신(甲午辛)이 임하면 주로 수감되고, 천상성의(天上星儀)가 지반(地盤) 묘고(墓庫)나 임계(壬癸)에 낙(落)하면 출옥하지 못하고 감옥에서 귀신이 되고, 갑오(甲午)가 공망궁(空亡宮)에 낙(落)하면 감옥이 비게 되어 수감되지 않는다.

㉑ 관사(官司)는 갑진임(甲辰壬) 등사(螣蛇)로 추단하는데 직부궁(直符宮)은 원고, 을사낙궁(乙巳落宮)은 피고다. 직부낙궁(直符落宮) 아래에 갑진임(甲辰壬) 등사(螣蛇)가 임하면 원고 쪽에 많은 사람이 연루되고, 을기낙궁(乙奇落宮) 아래에 갑진임(甲辰壬) 등사(螣蛇)가 임하면 피고 쪽에 많은 사람이 연루되고, 개문낙궁(開門落宮) 아래에 갑진임(甲辰壬) 등사(螣蛇)가 임하면 법관·취조관 쪽에 많은 사람이 연루되고, 갑진임(甲辰壬) 등사(螣蛇)가 공망(空亡)에 낙(落)하면 연루되지 않는다. 만약 경계(庚癸) 대격(大格)을 만나면 연루되어도 해롭지 않다.

㉒ 장사(狀詞 : 소장)는 경문(景門)·주작(朱雀)은 소장 장사((狀詞)이고 개문(開門)은 관청의 장이다. 경경(景驚) 이문(二門)이 왕상(旺相)한 기에 승(乘)하고 삼기(三奇)·길격(吉格)을 얻으면 주로 정사(情詞)가 간절하고, 개문(開門)이 충극(沖剋)하지 않으면 틀림없다. 경경(景驚) 이문(二門)이 기의(奇儀)·길격(吉格)을 얻지 못하고 개문(開門)과 충극(沖剋)되면 주로 관(官)이 진노하여 부정확하고, 이미 틀림없는 것은 죄과를 치른다. 경경(景驚) 이문(二門)이 입묘(入墓)되면 주로 정사(情詞)가

분명하지 않으니 정확하지 않다. 경경(景驚) 이문(二門)이 공망 (空亡)에 낙(落)하면 근거없이 날조되어 부정확하다. 개문(開 門)이 입묘(入墓)나 공망(空亡)에 낙(落)하면 관(官)이 동정하 지 않으니 정확하지 않다.

㉓ 심사나 문책은 경격(庚格)으로 판단한다. 직부낙궁(直符落宮)이 원고, 을기낙궁(乙奇落宮)이 피고, 육합(六合)이 증인이다. 경금 (庚金)이 승(乘)한 궁(宮)이 직부궁(直符宮)을 극(剋)하면 주로 원고가 피책되고, 을기낙궁(乙奇落宮)을 극(剋)하면 피고가 피 책되고, 육합(六合)을 극(剋)하면 증인이 피책된다. 경금(庚金) 이 입묘(入墓)되거나 공망궁(空亡宮)에 낙(落)하면 관(官)이 용 서하여 꾸짖지 않는다.

㉔ 관(官)에 의뢰할 때는 개문낙궁(開門落宮)이 법관·취조관, 직 부낙궁(直符落宮)이 원고, 을기낙궁(乙奇落宮)이 피고다. 직부낙 궁(直符落宮)이 개문낙궁(開門落宮)을 생(生)하면 주로 원고가 은밀하게 법관·취조관에게 부탁하고, 을기낙궁(乙奇落宮)이 개 문낙궁(開門落宮)을 생(生)하면 주로 피고가 은밀하게 법관· 취조관에게 부탁한다.

㉕ 관사(官司)가 받아들여지는지 아닌지를 예측할 때는 개문낙궁 (開門落宮)이 취조관·법관, 직부낙궁(直符落宮)이 원고, 을기낙 궁(乙奇落宮)이 피고, 육합(六合)이 증인이다. 상생(相生)되면 이롭고 상극(相剋)되면 이롭지 않다. 개문낙궁(開門落宮)이 직 부(直符)를 생(生)하면 법관이 원고를 두둔하고, 개문낙궁(開門

落宮)이 을기(乙奇)를 생(生)하면 법관이 피고를 두둔하고, 개문낙궁(開門落宮)이 육합(六合)을 생(生)하면 법관이 증인의 말을 듣는다. 개문(開門)이 입묘(入墓)되면 법관이 흐리멍텅하여 심리가 분명하지 않고, 개문(開門)이 공망(空亡)에 낙(落)하면 심리하지 않고, 개문(開門)이 반음(反吟)되면 법관을 바꾸어 심리한다.

㉖ 사송(詞訟)에는 직부(直符)가 원고이고, 직부낙궁(直符落宮)이 피고다. 직부(直符)가 직부낙궁(直符落宮)을 극(剋)하면 원고가 이기고, 직부낙궁(直符落宮)이 직부(直符)를 극(剋)하면 피고가 이긴다.

14. 행방불명

① 행방불명된 시간으로 예측하고, 일간(日干)은 행방불명된 사람이며 용신(用神)이다. 조부모·부모·장인·장모 등 노인의 행방을 물을 때는 년간(年干)이 용신(用神)이고, 형제·자매·같은 또래의 행방을 물을 때는 월간(月干)이 용신(用神)이고, 자녀의 행방을 물을 때는 시간(時干)이 용신(用神)이고, 어린아이의 행방을 물을 때는 육합(六合)이 용신(用神)인데 행인의 년명(年命) 천간(天干)을 겸해서 보아야 한다.

② 행인의 길흉을 볼 때는 용신낙궁(用神落宮)의 격국(格局)으로 판단한다. 만약 용신(用神)이 휴수(休囚)되어 무력하고 흉성(凶

星)・흉신(凶神)・흉문(凶門)・흉격(凶格)・공망(空亡)・육의
격형(六儀撃刑)・입묘(入墓)를 만나면 대흉하다.

③ 행방불명된 방향은 육합낙궁(六合落宮)으로 본다. 직부낙궁(直
符落宮)・직사문낙궁(直使門落宮)은 행인이 잠시 머문 곳이고,
용신낙궁(用神落宮)은 최종에 찾거나 사망한 방향이고, 두문낙
궁(杜門落宮)은 도망하여 숨은 방향이다. 만약 구성(九星)이나
팔문반음(八門反吟)이나 용신궁(用神宮)이 공망(空亡)되면 용
신낙궁(用神落宮)의 대충궁(對沖宮)이 행방불명된 방향이다.

④ 행방불명된 사람의 원근은 내반(內盤)과 외반(外盤)으로 판단
한다. 양둔(陽遁)인데 용신낙궁(用神落宮)이 1・8・3・4궁(宮)에
있으면 내반(內盤)이니 가까이 있고, 9・2・7・6궁(宮)에 있으면
외반(外盤)이니 멀리 있다. 음둔(陰遁)인데 용신낙궁(用神落宮)
이 9・2・7・6궁(宮)에 있으면 내반(內盤)이니 가까이 있고, 1・
8・3・4궁(宮)에 있으면 외반(外盤)이니 멀리 있다.

⑤ 행방불명된 사람을 찾을 수 있는지를 볼 때는 일간(日干)과 시
간(時干)을 본다. 일간(日干)과 시간(時干)이 동궁(同宮)에 있거
나 시간(時干)이 일간(日干)을 생(生)하면 쉽게 찾거나 스스로
돌아오고, 일간(日干)이 시간(時干)을 생(生)하거나 일간(日干)
이 시간(時干)을 극(剋)하거나 시간(時干)이 일간(日干)을 극
(剋)하면 쉽게 돌아오지 않고, 용신(用神)이 왕상(旺相)하고 개
휴생두(開休生杜) 사문(四門)에 임하면 찾기 어렵고, 용신(用
神)이 휴수(休囚)되고 상경사경(傷景死驚) 사문(死門)에 임하면

소식이 있고 찾거나 돌아온다.

⑥ 행방불명된 사람의 안부는 용신(用神)이 직부(直符)·육합(六合)에 승(乘)하면 평안무사하고, 용신(用神)이 등사(螣蛇)에 승(乘)하면 다른 사람에게 붙잡힌 것이고, 용신(用神)이 태음(太陰)에 승(乘)하면 피신한 것이고, 용신(用神)이 백호(白虎)에 승(乘)하면 밖에서 병이 났으니 형상(刑傷)을 막아야 하고, 용신(用神)이 현무(玄武)에 승(乘)하면 다른 사람이 속여 빼앗거나 꼬여낸 것이고, 용신(用神)이 구지(九地)·태음(太陰)에 승(乘)하면 숨은 것이고, 용신(用神)이 구천(九天)에 승(乘)하면 먼 곳으로 가버린 것이다. 용신(用神)이 복음(伏吟)에 승(乘)하면 돌아오기 어려우나 반음(反吟)에 승(乘)하면 반드시 돌아온다.

⑦ 행방불명된 사람이 돌아오는 시간을 볼 때는 용신(用神)과 직부(直符)를 살핀다. 만약 순공(旬空)되었으면 전공(塡空)될 때나 충돌될 때 돌아온다. 충(沖)을 만나면 합(合)될 때 돌아오고, 합(合)을 만나면 충(沖)될 때 돌아온다.

⑧ 경격(庚格)으로 돌아오는 시간을 판단한다. 만약 년격(年格)을 만나면 그 해에 돌아오고, 월격(月格)을 만나면 그 달에 돌아오고, 일격(日格)을 만나면 그 날 돌아오고, 시격(時格)을 만나면 본 시진(時辰) 안에 돌아온다. 음일(陰日)에는 경(庚) 위의 간(干)을 보고, 양일(陽日)에는 경(庚) 아래의 간(干)을 보아 돌아오는 시간을 예측한다. 시간(時干)이 음성(陰星)에 임하면 경(庚) 위의 간(干)이 응기(應期)이고, 시간(時干)이 양성(陽星)에

임하면 경(庚) 아래의 간(干)이 응기(應期)다.

⑨ 마성(馬星)으로 돌아오는 시간을 판단한다. 마성(馬星)이 동(動)하거나 마성(馬星)을 충동(沖動)할 때 돌아온다.

⑩ 길흉격(吉凶格)을 볼 때는 반수(返首)·질혈(跌穴)은 몸소 여장을 꾸린 것으로 돌아오는 시기의 더디고 빠름은 형합(刑合)을 참조하여 본다. 호광(虎狂)은 붙잡혀 돌아오지 못하는 것이고, 용주(龍走)는 뜻을 이루지 못하여 돌아오지 않는 것이다. 격(格)이 시일양원(時日兩元)과 합(合)되면 돌아오고, 사가(詐假)는 백호주사(白虎朱蛇)이면 반드시 서신이 온다. 사요(蛇妖)는 도로에 재역(災疫)이 있고, 투강(投江)은 귀계(歸計)로 방황한다. 비간(飛干)·복간(伏干)은 내정(來情)이 좋지 않고, 복궁(伏宮)·비궁(飛宮)은 멀리 떨어진 궁벽한 곳에 있다. 대소격(大小格)은 시일을 지연시키고, 형패격(刑悖格)은 피차 모두 상한다. 백입형(白入熒)은 행인이 도착하고, 형입백(熒入白)은 서신이 모두 공(空)이다. 불우(不遇)는 무엇을 간절히 바라리요, 격형(擊刑)은 일이 있고 해롭다. 입묘(入墓)는 무방하니 도착한다고 할 수 있고, 나망(羅網)은 서로 방해하니 돌아온다고 할 수 없다. 반복음박(反伏吟迫)은 행인의 원근을 구분한다. 만약 역마(驛馬)가 임한 궁(宮)과 합(合)되면 도리어 주(主)는 가고 객(客)은 당(堂)에 오른다.

⑪ 찾는 장소를 볼 때는 육합(六合)이 승(乘)한 성(星)이 용신(用神)이다. 가령 육합(六合)이 천봉성(天蓬星)을 얻으면 육합궁

(六合宮)에서 가까운 물이 있는 곳을 찾거나 지명에 수(氵·水)가 들어간 곳이나 수방(水旁)을 찾아라. 그 외 구성(九星)은 그 오행(五行)으로 유추한다.

⑫ 어린아이를 찾을 때는 양둔(陽遁)은 천반(天盤) 육합(六合)의 방위를 보고, 음둔(陰遁)은 지반(地盤) 육합(六合)의 방위를 보고 추측한다.

⑬ 여자 종을 찾을 때는 양둔(陽遁)에는 천반(天盤) 태음(太陰) 방위를 보고, 음둔(陰遁)에는 지반(地盤) 태음(太陰) 방위를 본다. 육합(六合)·태음(太陰)이 일간(日干) 묘고(墓庫)에 낙(落)하면 찾기 어렵고, 공망(空亡)에 낙(落)하면 다른 곳으로 간 것이다. 일간(日干)과 용신(用神)이 상합(相合)되는 낙궁(落宮)에 가면 찾을 수 있다.

⑭ 동물이나 가축을 찾을 때는 육축을 나타내는 팔괘(八卦)를 참조한다. 당나귀·노새는 상문(傷門)·천충(天沖)이 용신(用神)이고, 소·양은 사문(死門)·천예(天芮)가 용신(用神)이고, 돼지·물고기는 휴문(休門)이 용신(用神)이고, 닭·오리는 두문(杜門)이 용신(用神)이고, 말은 건궁(乾宮)의 성(星)이 용신(用神)이다.

15. 체육경기

① 주팀은 지반(地盤) 일간(日干)이나 시간(時干)이 용신(用神)이

고, 객팀은 천반(天盤) 일간(日干)이나 시간(時干)이 용신(用神)이고, 선수는 일간(日干)이나 시간(時干)이 용신(用神)이다. 심판·주심·부심은 직부(直符)가 용신(用神)이고, 기술지도·감독·코치는 경문(景門)이 용신(用神)이고, 시합 기계나 기구는 경(庚)이 용신(用神)이고, 금메달은 신(辛)이 용신(用神)이다.

② 일간(日干)이나 시간(時干) 낙궁(落宮)의 왕상휴수(旺相休囚)를 근거로 격국(格局)의 길흉과 생극(生剋) 관계로 순서를 정하고, 기타 용신(用神)을 보아 종합적으로 분석하여 판단한다.

③ 시간(時干)은 운동선수, 천반(天盤) 시간(時干)은 객팀, 지반(地盤) 시간(時干)은 주팀, 경문(景門)은 기술지도, 직부(直符)는 심판, 경(庚)은 시합기구, 신(辛)은 금메달이다. 기문둔갑(奇門遁甲)에서 가장 좋은 경기 응용 반국(盤局)은 다음과 같다. 팔문(八門)에서는 생문(生門)·개문(開門)이고, 천지간(天地干)에서는 부수(符首)·을병정(乙丙丁)이고, 구성(九星)에서는 천보(天輔)·천심(天心)·천충(天沖)·천임(天任)이다. 팔신(八神)에서는 직부(直符)·구천(九天)·구지(九地)·육합(六合)·태음(太陰)이다. 길격(吉格)에서는 질혈(跌穴)·반수(返首)·진사(眞詐)·중사(重詐)·휴사(休詐)·천둔(天遁)·지둔(地遁)·인둔(人遁)·운둔(雲遁)·풍둔(風遁)·용둔(龍遁)·호둔(虎遁)·신둔(神遁)·환이(懽怡)·상좌(相佐) 등이다.

16. 군사 · 전쟁

① 치부낙궁(値符落宮)이 주방(主方)이고, 경낙궁(庚落宮)이 객방 (客方)이며 적이다.

② 경문(景門)은 군사정보와 일반정보이며 주작(朱雀)을 참고한다.

③ 작전계획은 치부(値符)가 상급이고, 개문(開門)이 장관(長官)이 며, 경(庚)은 적이다.

④ 전진(戰陣)은 경(景) · 경(驚)을 주로 한다. 경(經)에 이르기를 경문(景門)은 진을 파괴하는 데 좋고, 난을 다스리는 법은 경문 (驚門)을 본다고 하였다.

⑤ 군에 입대하는 것은 천충(天沖)은 응역(應役)무사, 치부(値符) 는 사령관, 일간(日干)은 징집된 사람, 개문(開門)은 수장이다.

1. 전쟁승부

① 치부낙궁(値符落宮)이 경낙궁(庚落宮)을 극(剋)하면 주방(主方) 이 승리한다.

② 경낙궁(庚落宮)이 치부낙궁(値符落宮)을 극(剋)하면 객방(客方) 이 승리한다.

③ 치부(値符)나 경낙궁(庚落宮)이 왕상(旺相)하면 이기고, 휴수 (休囚)되면 패한다.

④ 주객(主客)이 상생(相生)되면 중간에서 누군가가 화해시킨다.

⑤ 주객(主客)이 모두 왕상(旺相)하고 경(景)·경(驚)·형극(刑剋)을 얻지 못하면 역량이 비슷하니 서로 두려워하여 싸우지 않고 이긴다.

⑥ 치부(値符)와 경(庚)이 동궁(同宮)에 있으면 승부를 가리기 어렵다.

⑦ 일간(日干)이 경(庚)을 가(加)하면 주(主)가 이기고, 경(庚)이 일간(日干)을 가(加)하면 객(客)이 이긴다.

⑧ 일간(日干)은 아방이고 시간(時干)은 적방이다. 일간(日干)과 시간(時干)의 생극(生剋)으로 승부를 판단한다.

2. 정보

① 경문(景門)이 왕상(旺相)한 기에 승(乘)하고 삼기(三奇)를 얻으면 믿을 만한 정보다.

② 경문(景門)이 휴수(休囚)되고 삼기(三奇)를 얻지 못하고 주작(朱雀)에 승(乘)하면 들을 필요도 없는 거짓 정보다.

③ 경문(景門)이 공망(空亡)에 낙(落)하고 입묘(入墓)되며 주작(朱雀)을 띠면 근거없는 헛소문이다.

3. 작전계획

① 개문(開門)이 경(庚)과 치부(値符)의 극제(剋制)를 받고, 휴수(休囚)·입묘(入墓)되고, 길성(吉星)의 상조(相助)가 없으면 계획과 배치가 부당하니 손실이 많아 상급의 꾸짖음을 받는다.

② 치부(値符)가 개문(開門)을 생(生)하고 경낙궁(庚落宮)을 극제(剋制)하면 계획이나 배치가 마땅하니 상급의 표창을 받고 등급이 오른다.

4. 적이 오느냐 오지 않느냐

① 경낙궁(庚落宮)이 내사궁(內四宮)에 있으면 적이 오고, 외사궁(外四宮)에 낙(落)하면 적이 오지 않는다.

② 태백입형(太白入熒)이면 적이 오고, 형입태백(熒入太白)이면 적이 간다.

③ 적이 이미 지경에 들어왔을 때는 경(庚)이 내사궁(內四宮)에 있으면 가지 않고, 외사궁(外四宮)에 있으면 간다.

④ 경낙궁(庚落宮)이 경(庚)을 극제(剋制)하면 적의 병영을 짓고, 주둔이 편안하지 않아 스스로 물러간다.

⑤ 경(庚)이 그 낙궁(落宮)을 극(剋)하고 현무(玄武)·천봉(天蓬)·백호(白虎)에 승(乘)하면 반드시 한바탕 큰 싸움이 벌어진다. 만약 구천(九天)에 승(乘)하면 대대적인 위력과 기세로 북

을 치면서 진격해 오고, 구지(九地)에 승(乘)하면 깃발을 내리고 북을 멈추고 온다.

⑥ 경(庚) 아래의 간(干)으로 적이 오고 가는 시간을 본다.

5. 복역·퇴역

① 치부낙궁(値符落宮)과 천충낙궁(天沖落宮)이 상생(相生)되면 잘 어울린다.

② 치부낙궁(値符落宮)과 천충낙궁(天沖落宮)이 상극(相剋)되면 뽑지 않는다.

③ 식반(式盤)이 복음(伏吟)되면 곧 돌아온다.

④ 식반(式盤)이 반음(反吟)되면 반복이 불확실하다.

⑤ 천충성(天沖星)이 치부(値符)이면 높이 승진하기 쉽다.

⑥ 일간(日干)이 기문(奇門)을 얻고 왕상(旺相)에 승(乘)하거나 개문(開門)이 왕상(旺相)하여 일간(日干)을 생(生)하면 부대에서 중용되기 쉽다.

⑦ 일간(日干)이 왕상(旺相)에 승(乘)하지 못하고 기문(奇門)을 얻지 못하고 개문(開門)이 상생(相生)하면 징집조건이 좋아 부대에서 채용하기를 원한다.

⑧ 일간낙궁(日干落宮)과 개문낙궁(開門落宮)이 충격되면 채용되지 않고, 채용되더라도 전쟁터에서 죽을 염려가 있다.

⑨ 개문(開門)이 일간(日干)을 생(生)하면 수장이 미련을 두니 제

대가 불확실하다.

⑩ 개문낙궁(開門落宮)이 일간(日干)을 극(剋)하면 수장이 확실히 퇴역하며 질책을 당한다.

⑪ 개문낙궁(開門落宮)과 일간(日干)이 비화(比和)되면 수장의 비판으로 물러난다.

⑫ 청룡도주(靑龍逃走)나 형혹입백(熒惑入白)을 만나면 반드시 제대하고, 그렇지 않으면 도망가기 쉽다.

⑬ 태백입형(太白入熒)을 만나면 제대하지 못한다.

⑭ 등사요교(螣蛇妖嬌)를 만나면 놀랄 일이 생기거나 퇴역하지 못한다.

⑮ 대격(大格)이나 주작투강(朱雀投江)을 만나면 반드시 제대하거나 면직된다.

6. 길흉격(吉凶格)

① 반수(返首)는 일전(一戰)에서 성공하고, 질혈(跌穴)은 복병(伏兵)이 이긴다.

② 천둔(天遁)은 깃발과 북을 크게 열고 싸우면 반드시 극(剋)하고, 지둔(地遁)은 성채를 설치하면 편안하고, 인둔(人遁)은 정탐에 이롭고, 신둔(神遁)은 음모에 이롭고, 귀둔(鬼遁)은 훔치는 데 좋고, 용둔(龍遁)은 기도하는 데 크게 이롭고, 호둔(虎遁)은 초토하여 원방을 위진(威鎭)하는 데 좋고, 풍둔(風遁)·운둔(雲

遁)은 도망가거나 피하는 데 좋다.

③ 삼사(三詐)는 반드시 이기고, 오가(五假)는 변진(變陣)에서 성공한다.

④ 삼기득사(三奇得使)는 비장(裨將 : 副將)의 효력이 있고, 옥녀수문(玉女守門)은 음사(陰私)를 행해도 좋다.

⑤ 삼사궁(三詐宮)은 백번 싸워 모두 이기고, 천보시(天輔時)는 죄가 있어도 용서된다.

⑥ 천삼문(天三門)은 초무(招撫)하는 깃발을 펼치는 데 좋고, 지사호(地四戶)는 매복하는 군졸이고, 지사문(地私門)은 감추거나 숨는 데 좋고, 천마방(天馬方)은 피난하는 일이 많다.

⑦ 문(門)·성(星)·치부(値符)가 길하면 싸움에서 이기고 공(功)을 골고루 누린다.

⑧ 을가신(乙加辛)은 패배를 막는 것이 좋고, 신가을(辛加乙)은 도모하지 말아야 한다.

⑨ 계가정(癸加丁)은 군요에 변이 있고, 정가계(丁加癸)는 장수가 철수할 마음을 품는다.

⑩ 복간(伏干)은 사납게 나가는 군사가 염려되고, 비간(飛干)은 적의 계략에 빠질까 염려된다.

⑪ 복궁(伏宮)은 강적이라 방어하기 어렵고, 비궁(飛宮)은 선봉이 기회를 잃는다.

⑫ 대격(大格)은 약탈을 만날까 두렵고, 소격(小格)은 복병(伏兵)을 막아야 한다.

⑬ 형격(刑格)은 전투에 이로움이 드물고, 패격(悖格)은 잠깐 군대
의 약탈이 일어난다.

⑭ 세격(歲格)은 영(營)에 변이 생기고, 월격(月格)은 장수가 상하
고, 일시격(日時格)은 어찌 싸움을 감당하겠는가.

⑮ 오불우(五不遇)는 진정(進征)하지 말고, 육의격형(六儀擊刑)은
비록 싸움이 이로우나 손실이 있다. 문(門)이 공망(空亡)·제박
(制迫)되면 영(營)이 견고하더라도 충(沖)을 막아야 한다.

⑯ 형입백(熒入白)은 거짓으로 물러갔다가 반드시 돌아오고, 백입
형(白入熒)은 궁지에 몰린 적이라도 추격하지 마라.

⑰ 나망(羅網)은 어찌 사람을 함정에 몰아넣는 것을 피하리요. 반
음(反吟)·복음(伏吟)은 도리어 교전을 꺼린다.

⑱ 삼기(三奇)가 입묘(入墓)·형제(刑制)되면 부장(副將) 원병이
협정하지 않는다.

17. 신명운세

1. 판단법칙

① 리(離)는 머리·얼굴, 곤손(坤巽)은 어깨·귀, 진태(震兌)는 좌
우 가슴 속, 건간(乾艮)은 양 발, 중(中)은 심장·배, 진(震)은
간담, 태(兌)는 폐, 건간(乾艮)은 하지(下肢), 감(坎)은 음부·생
식기관·신장·회음부다. 낙서구궁(洛書九宮)인 대구리일(戴九

履一)·좌삼우칠(左三右七)·이사위견(二四爲肩)·육팔위족(六八爲足)·오거중앙(五居中央)에 의한 방법이다.

② 천예(天芮)는 병부(病符)이니 음양둔(陰陽遁)에 의하여 내외를 구분하여 아픈 부위와 표리의 증세를 본다. 상문(傷門)은 상처이니 낙궁(落宮)으로 상처나 흉터 부위를 논한다.

③ 년간(年干)은 부모, 월간(月干)은 형제, 일간(日干)은 자신·구점인, 시간(時干)은 자녀·처첩이다.

④ 생문(生門)은 조상의 유산을 받았거나 스스로 가업을 세웠다.

⑤ 일간낙궁(日干落宮)과 년명낙궁(年命落宮)의 왕상휴수(旺相休囚)·구성(九星)·팔신(八神)을 근거로 하여 인물의 면모·개성을 논하고, 일간낙궁(日干落宮)과 년명낙궁(年命落宮)에서 만난 기의(奇儀)·팔문(八門)·구성(九星)·팔신(八神)을 근거로 하여 일·직무·성취를 논한다.

⑥ 정확한 출생 년월일시 정국(定局)으로 시반(時盤)을 일으키거나 구점인이 찾아온 시간이나 우연히 만난 시간의 정국(定局)으로 시반(時盤)을 일으킨다. 그 다음 구점인이 낙좌(落坐)한 방위·수·색 등으로 방위를 분별하여 예측한다.

2. 격국(格局)의 고저

① 격국(格局)의 강약을 자세히 살펴 번영과 쇠퇴를 판단한다. 왕상(旺相)하고 기(奇)를 얻으면 부귀하고, 사수묘절(死囚墓絶)되

면 매우 빈천하다.

② 격국(格局)의 경중을 구분하여 명운의 득실을 판단한다. 먼저
고허왕상(孤虛旺相)을 보고 천지승시(天地乘時)를 말한다. 일
(日)이 고(孤)를 만나고 시(時)가 허(虛)를 만나면 소년에 의지
할 데가 없고, 시(時)가 고(孤)에 낙(落)하고 일(日)이 허(虛)에
낙(落)하면 노년에 홀아비나 과부가 된다.

③ 명(命 : 年命·日干)이 충극(沖剋)되면 길에서 얻어 먹고, 일
(日)이 묘절(墓絶)에 임하면 근심에 잠긴 눈이 풀리기 어렵다.

④ 재궁(財宮)이 생왕(生旺)하여 부귀를 이루는 것은 비조질혈(飛
鳥跌穴)이 덮힌 까닭이고, 산업이 흥왕하여 발달한다.

⑤ 청룡반수(靑龍返首)는 장원급제다.

⑥ 청룡전광(靑龍轉光 : 丁奇加戊)은 읍장·현령·군수다.

⑦ 청룡요명(靑龍燿明 : 戊加丁奇)은 부귀하며 영광스럽다.

⑧ 백호창광(白虎猖狂)은 흉완한 부류다.

⑨ 청룡도주(靑龍逃走)는 나약하며 주로 아내로 인한 성패가 있고,
곱사등이거나 몸이 굽는다.

⑩ 주작투강(朱雀投江)은 대서·서기·문서를 담당하는 관리다.

⑪ 등사요교(螣蛇妖嬌)는 독한 마음을 지닌 소인이고, 실시(失時)
하면 눈과 귀가 어둡고 기를 타면 불이 몸을 태운다.

⑫ 태백입형(太白入熒)은 진자(進者)는 먼저는 가난하나 뒤에는
부유하다.

⑬ 형입백(熒入白)은 퇴하여 가업이 적적하다.

⑭ 경가무(庚加戊)・무가경(戊加庚)은 성공도 많고 실패도 많다. 이 땅은 다른 땅과 비교가 안된다.

⑮ 비간(飛干)・복간(伏干)은 다른 사람과 비교가 안된다.

⑯ 대격(大格)은 부평초처럼 사해를 떠돌고, 소격(小格)은 잠시 청빈하다.

⑰ 신(辛)은 천옥(天獄)이고 임(壬)은 지뢰(地牢)이니 품위가 낮고 우울함을 펴기 어렵다. 계(癸)는 천망(天網)이니 모름지기 고저를 높여라. 높은 자는 화개(華蓋)가 되어 귀격이 되고, 앉은 자는 천망(天網)이 몸을 얽어매니 적적하며 고빈하다.

⑱ 모든 격(格)은 공망(空亡)에 떨어지는 것을 꺼린다. 길한 사람은 창성함이 줄어들고, 고생하는 사람은 더 고생한다. 만약 묘절지(墓絶地)에 임하면 하소연할 곳 없는 어려운 백성이다. 팔문(八門)을 추측할 때는 반음(反吟)이 가장 두렵고, 복음(伏吟)도 흉신(凶神)이다.

3. 산업

① 산업은 생문(生門)으로 보는데 삼기(三奇)를 얻어야 하고 성패는 내외로 나누며 생극(生剋)으로 득실을 판단한다.

② 생문(生門) 태백(太白)이 충함(沖陷)을 만나면 고향을 떠난다.

③ 충극(沖剋)되면 조상의 옛동산을 다 팔아버린다.

④ 생(生)이 외에 있고 신(身)이 내에 있으면 옮겨 살면 반드시 부

자가 된다.

⑤ 신(身)이 외에 있고 생(生)이 내에 있으면 조상의 업이 있어도 지키기 어렵다.

⑥ 신생(身生)이 함께 내에 있으면 평안하다. 하인·말·승용차를 부리며 행복한 생활을 누린다.

⑦ 신생(身生)이 모두 외에 있으면 먼 곳에서 창업한 사람이다.

이상은 모두 기의(奇儀)·성(星)·문(門)·신(神)을 고려하여 길흉을 더하거나 감하여 본다. 아울러 신(身)과 생(生)의 낙궁(落宮)이나 월령(月令)의 왕상휴수사(旺相休囚死)를 고려하여 판단한다.

4. 성격·면모

성격과 면모는 일간(日干)과 년명낙궁(年命落宮)의 왕상휴수(旺相休囚)와 구성(九星)과 팔신(八神)을 중시한다.

① 직부(直符)는 새로운 일이 시작되는 처음, 기개가 웅위함, 보기보다 실속이 없음, 감추어 드러나지 않음, 세력을 쌓아 출발을 기다린다.

② 등사(螣蛇)는 구설과 헛되이 놀람, 간교하여 아첨을 잘하고 마음이 독함, 변화가 많고 구성지다.

③ 태음(太陰)은 소인이 몰래 흉계를 꾸미고, 침체되어 쓸데없이

소심하고, 주도면밀하게 계획하고, 먼 장래를 고려한다.

④ 육합(六合)은 친척이나 친구를 불러 위로하고, 화애하며 자상하고 감동하기 쉽다.

⑤ 구진(勾陳)·백호(白虎)는 일에 어려움이 많고, 과감하며 집요하고, 도로에서 겁에 질리고, 흉악한 용맹으로 권세를 이룬다.

⑥ 주작(朱雀)·현무(玄武)는 송사·시비·교묘한 변론이 있고, 학문에 능하나 거짓이나 속임수가 있고, 간사하며 음험하다.

⑦ 구지(九地)는 장애를 방비하는 것이 좋고, 매우 기민하며 도량이 넓고, 음험함을 헤아리기 어렵다.

⑧ 구천(九天)은 고되게 뛰어다니며 떠돌아다닌다. 낮은 곳에서 높은 곳으로 옮기고, 위풍이 당당한 대가이며, 실속없이 큰 소리를 친다. 구성(九星)은 예로부터 성격을 분별하고, 각각 오행(五行)에 따라 경(經)을 상고하고, 고허왕상(孤虛旺相)과 년명(年命)을 참고하여 본다.

⑨ 천봉(天蓬)은 뺨이 길고 수염이 많으며 얼굴이 약간 검은 편이다. 항상 강호(江湖)의 사람과 놀며 용맹함과 침체가 있다.

⑩ 천임(天任)은 비만하며 황백색이고, 팔다리가 짧으며 몸집이 작고, 눈이 둥글며 입이 크고, 늘 산림에 거주한다. 난쟁이·절름발이·박수인 경우가 많고, 책임을 남에게 전가하며 속인다.

⑪ 천충(天沖)은 사람이 탁월하며 털이 많고, 동(動)함을 좋아하며 패기가 있다. 오표(五表)가 유달리 아름답고, 말을 잘하며 훌륭하다.

⑫ 천보(天輔)는 청수하며 고상하고, 겸허하며 화순하다. 노래와 춤을 잘하며, 고요함을 좋아하여 은폐한다.

⑬ 천영(天英)은 머리가 뾰족하며 몸이 크고, 대머리이거나 얼굴이 붉고, 수염이 푸르거나 말이 많고, 성격이 급하다.

⑭ 천금(天禽)은 성격이 일상적이지 않고, 얼굴이 모가 나며 팔다리가 짧고, 몸집이 작은 독립된 사람이다. 단정하며 실제적인 것을 추구하고, 충량(忠良)하며 정직하다.

⑮ 천예(天芮)는 피부가 검고 키가 작으며 뚱뚱하다. 얼굴은 누렇고 복부가 크다. 소심하며 고지식하고, 인내심이 많으며 일을 처리하는 데 고집이 있다.

⑯ 천주(天柱)는 영리하며 말솜씨가 교묘하고, 이가 빠졌거나 입술이 찢어졌고, 음험하며 교활하다. 체격이 크고 성격이 강렬하며 조급하고 잔인하다.

⑰ 천심(天心)은 사람이 모나거나 넓으며 하얗다. 기개와 위풍이 당당하고, 과단하며 우아하고 강직하다.

5. 육친

① 갑(甲)은 아버지·형·스승·고인·군자, 을(乙)은 고모·시누이·시어머니·중·도사·예능인, 병(丙)은 아들·손자·손녀·생질·시인·묵객, 정(丁)은 딸·손자·손녀·중매인, 무(戊)는 첩, 기(己)는 아내·하녀·농민·미장이, 경(庚)은 조

부·장수, 신(辛)은 조모·도자기·제련·공예가, 임(壬)은 어머니·세객(說客)·선원·운반공, 계(癸)는 어머니·이모·참모·박사를 나타낸다.

② 태백(太白)이 건곤(乾坤)에 임하면 어릴 때 부모가 몰락한다.

③ 태백(太白)이 형제궁에 임하면 형제간이 원수가 된다.

④ 일기피형(日奇被刑)이면 장(莊)에 탄식이 생겨 명운이 어렵다.

⑤ 경(庚)이 시간(時干)에 임하면 등통(鄧通)처럼 아이가 없다. 등통(鄧通)은 한대(漢代)의 남안(南安) 사람으로 문제(文帝) 때 상대부(上大夫)를 지낸 정치가이며 대부호다.

⑥ 태백(太白)이 동궁(同宮)에 있으면 형제가 뇌공(雷攻)한다.

⑦ 태백봉성(太白逢星)이면 아내가 항상 병에 시달린다.

⑧ 성(星)이 태백(太白)을 만나면 야박하고 추한 소리다.

⑨ 옥녀수문(玉女守門)이면 아내가 남을 따라 행한다.

⑩ 을정(乙丁) 처첩은 누가 친하고 누가 소원한가를 본다.

⑪ 을기(乙奇)가 입묘(入墓)되면 아내가 자식을 낳지 못한다.

⑫ 정을(丁乙)이 동궁(同宮)에 있으면 따로 계속해서 친하게 지낸다. 을기(乙奇)가 위에 있으면 처첩이 화해하고, 정(丁)이 을(乙) 위에 있으면 첩을 총애한다.

⑬ 부모가 휴문(休門)에 있으면 때로 더 친절하고, 형제가 애경심성을 다하고, 자손은 합취되지 않으나 때로 흥장하고, 관록은 평안하나 병은 평온하기 어렵다. 처첩은 보배처럼 중하고 재백(財帛)은 풍륭하여 길이 끊이지 않는다.

⑭ 부모가 상문(傷門)에 있으면 반은 부평초와 같고, 형제간의 우애는 담백하나 무정하고, 아들·후예의 기미(氣美)는 부흥시킴이 많다. 관록은 자못 좋으나 병은 불성하고, 처첩은 재능과 덕행이 있고, 재백(財帛) 욕심이 많으나 때로는 근면하다.

⑮ 부모가 두문(杜門)에 있으면 해후하기 어렵고, 형제가 내왕함을 감당하기 어렵다. 아들·후예는 음공을 얻고자 하고, 관록은 매우 어렵고, 병은 치료되고, 처첩의 성격은 조화되기 어렵고, 만년에 재백(財帛)을 허락한다.

⑯ 부모가 경문(景門)에 있으면 거짓으로 사랑한다. 형제는 겉으로 대우하고, 자식·후예는 많으나 실함은 적다. 조년에 관록과 질액이 있고, 처첩은 처음에는 화합하나 나중에는 원망하고, 재물은 허화하여 다함과 같다.

⑰ 부모가 사문(死門)에 있으면 구제하기 어렵다. 형제는 인의를 펴지 못하고, 자손은 있어도 없는 것과 같다. 관록과 질액은 무기하고, 처첩은 극되어 남겨두고, 재백(財帛)은 모상하여 조금 모은다.

⑱ 부모가 경문(驚門)에 있으면 편안하기 어렵다. 형제는 서로 조심하고, 자식은 재주는 많으나 덕이 없다. 관록은 산천(散遷)하나 병이 있다. 부부는 안으로 불화하고, 재백(財帛)은 있어도 없는 것과 같다.

⑲ 부모가 개문(開門)에 있으면 성품이 부평초와 같다. 형제는 소원하며 냉담하니 반은 정이다. 자손은 매우 영준하고, 관록은 풍

룽하며 질병은 침입하지 못한다. 처첩은 어질며 덕이 많고, 재물은
모을 수 있으나 도난당한다.

6. 사업 · 직무

① 개문(開門)에 기(奇)가 있으면 사무직이다. 개문(開門) · 심성
   (心星)이 약간 유기(有氣)하면 의복성상(醫卜星相) · 역학자이
   고, 만약 사수(死囚)를 만나면 수예로 부지런하다.
② 휴문(休門)이 기(奇)와 합(合)되면 의전실 실장이고, 휴문(休門)
   · 천봉(天蓬)은 수(水)인데 약간 유기(有氣)하면 군사와 무기 ·
   사병을 부리는 관리이고, 사수(死囚)를 만나면 군졸 · 도둑이다.
③ 생문(生門)이 기(奇)를 얻으면 부가 석숭처럼 족하다. 생문(生
   門) · 천임(天任)은 토수(土宿)인데 득지(得地)하면 지주로 전지
   (田地)가 많고, 실시(失時)하면 고용살이하는 농민이다.
④ 상문(傷門)이 득령(得令)하면 호신(虎臣)이다. 상문(傷門) · 천
   충(天沖)은 모두 목(木)인데 약간 유기(有氣)하면 장교 · 군지휘
   관이고, 사휴(死休)를 만나면 마부 · 사병이다.
⑤ 두문(杜門)이 득지(得地)하면 비밀을 지키는 군인 · 경찰이다.
   두문(杜門) · 천보(天輔)는 목(木)인데 약간 유기(有氣)하면 궁
   한 서생이고, 묘절(墓絶)되면 산림에 있는 중 · 도사다.
⑥ 경문(景門)이 합국(合局)되면 붉은 하늘처럼 문명(文明)하고,
   경문(景門) · 천영(天英)은 화수(火宿)인데 약간 유기(有氣)하면

큰 일을 하는 사람이고, 실국(失局)하면 평범하며 고생한다.

⑦ 사문(死門)이 기(奇)를 얻으면 사형직(司刑職)이고, 사문(死門)·천예(天芮)는 모두 토(土)인데 약간 유기(有氣)하면 높고 큰 가장이고, 묘(墓)나 공망(空亡)을 만나면 외롭고 궁색하다.

⑧ 경문(驚門)이 입식(入式)하면 말을 잘하는 사람이다. 경문(驚門)·천주(天柱)는 모두 금(金)인데 약간 유기(有氣)하면 막빈(幕賓) 교수이고, 실령(失令)하면 말하며 노래하는 무당이다.

⑨ 천보(天輔)가 왕상(旺相)하고 기문(奇門)을 얻으면 문명한 한원(翰苑)이다. 천보(天輔)는 문창(文昌)인데 득기(得氣)하면 우아한 벼슬아치이고, 지리(地利)를 잃으면 승려·도사·화가다.

⑩ 봉성위(蓬星位)가 북원(北垣)을 진(鎭)하고 기문(奇門)을 얻으면 역적처럼 배신하며 의를 버리는 소인이다. 천봉(天蓬)이 승시(乘時)하면 변강(邊疆)의 장수이고, 실지(失地)하면 군졸·도둑이다.

⑪ 천임(天任)은 좌보(左輔)이며 사농직(司農職)이다. 천임(天任)이 득지(得地)하면 전토(田土)·하인·말·자가용을 부리는 부자이고, 극(剋)을 받으면 농원·농장에서 고생하는 사람이다.

⑫ 천충(天沖)이 왕상(旺相)하고 기의(奇儀)를 얻으면 위엄이 변강을 진압하고, 천충(天沖)이 유기(有氣)하면 무귀(武貴)하고, 때를 만나지 못하면 거선(車船)·강호의 부류다.

⑬ 천영성(天英星) 우필(右弼)이 길격(吉格)과 합(合)되면 정부의 고급관리다. 천영(天英) 화(火)는 남리(南離)를 맡고 승권(乘權)

하면 반드시 문명(文明)하고, 때를 잃으면 매우 탐욕스럽고 잔학하
며 멍청하고 어리석다.

⑭ 천금위(天禽位)가 중궁(中宮)에 진(鎭)하고 기문(奇門)을 얻으
면 백관의 우두머리·한 지구의 수뇌·극품이다.

⑮ 천예(天芮)가 득지(得地)하지 못하고 기문(奇門)을 만나면 경
찰·공안·검찰·법관이며, 조조(曹操)와 동탁(董卓)의 부류다.
천예(天芮)는 흑성(黑星)인데 천시(天時)를 얻으면 성질이 악하
여 패도를 쫓고, 실시(失時)하면 부자·노예·하인·농민·평범
한 기술자다.

⑯ 천주(天柱)가 합식(合式)이면 직언을 간한다. 칠적천주위(七赤
天柱位)가 서원(西垣)을 진(鎭)하고 유기(有氣)하면 설변으로
당세(當世)하고, 충극(沖剋)되면 배우·기예인·악공·가수다.

⑰ 천심(天心)이 입원(入垣)하면 의약에 매우 좋다. 천심(天心)은
원래 육백(六白)인데 득지(得地)하면 재능이 뛰어나 나라의 기
둥이 된다. 그러나 공망(空亡)이나 묘(墓)를 만나면 구류인(九
流人)이다.

7. 재화·상복(祥福)

① 등사(螣蛇)가 금(金)을 머금으면 구설이나 홀연히 물에 떨어지
는 재난을 당한다.

② 백호경주(白虎驚柱)이면 칼을 입에 물까 두렵다.

③ 주작두경(朱雀杜景)이면 고함치며 시끄러운 일이 생긴다.

④ 태음(太陰) 나체가 6·7에 임하고 육백이 유(酉)에 임하면 음모를 꺼린다.

⑤ 구진(勾陳)이 묘위(卯位)이면 공사(公事)로 근심하며 요란하고, 간(艮)이 신경(申庚)에 가(加)하면 문(門)이 훼진하니 문책을 당한다.

⑥ 현무(玄武)가 건(乾)에 거하면 종세(終勢)할 수 없어 불안하다.

⑦ 구천(九天)이 생개(生開)에 있으면 운룡(雲龍)이 변하므로 출세한다.

⑧ 구지(九地)가 두사(杜死)이면 이빨이 빠져 들을 수 없으니 명성을 얻지 못한다.

⑨ 갑을춘영(甲乙春榮)·병정하성(丙丁夏盛)·무기사계(戊己四季)·경신왕추(庚辛旺秋)·임계희동(壬癸喜冬)은 모두 발달하여 뛰어난 사람이다.

⑩ 갑(甲)이 기(己)를 얻으면 중정가풍(中正可風)이요, 을(乙)이 경(庚)을 만나면 강유상제(强柔相濟)하고, 병신합(丙辛合)하면 위엄을 떨치고, 정(丁)이 임(壬)을 만나면 음미(淫媚)하고, 무계(戊癸)는 강경하며 결단력이 있으나 어쩔 수 없어 도둑질을 한다.

⑪ 팔궁(八宮)이 호합(互合)하면 상냥하며 착하고, 각 궁(宮)이 편당(偏黨)하면 천박하며 비열하다.

⑫ 합(合) 중에 형(刑)을 띠면 아름다움이 부족하고, 흉이 공망(空亡)되면 길이 실하며 즐거움이 유여하다.

⑬ 청룡반수(靑龍返首)이면 사업이 순조롭고, 비조질혈(飛鳥跌穴)이면 세상에 명성을 드러낸다.

⑭ 둔(遁)을 얻으면 재주가 권세와 변화를 감당하고, 사(詐)를 만나면 스스로 주선할 수 있다.

⑮ 득사(得使)는 안팎으로 도움이 있고, 수문(守門)은 출입이 형통하다.

⑯ 오가(五假)는 기회와 인연이 출중하고, 삼승(三勝)은 담력과 지모가 뛰어나다.

⑰ 요교(妖嬌)는 일을 함에 헛되이 놀라고, 투강(投江)은 문서를 유실한다.

⑱ 대격(大格)·소격(小格)은 도모함이 순조롭지 못하고, 형격(刑格)·패격(悖格)은 내심에 화가 있다.

⑲ 복간(伏干)은 재물이 출유(出遺)하고, 비간(飛干)은 강함을 믿다가 스스로 상한다.

⑳ 복궁(伏宮)은 도둑을 방비해야 하고, 비궁(飛宮)은 사업이 소망망(消亡)한다.

㉑ 백입형(白入熒)은 외적을 막아야 좋고, 형입백(熒入白)은 원수가 스스로 망한다.

㉒ 청룡도주(靑龍逃走)는 몸의 불운을 방비해야 하고, 백호창광(白虎猖狂)은 물(物)이 비뚤어질 우려가 있다.

㉓ 오불우(五不遇)는 거동이 좌절되고, 나망(羅網)과 사장(四張)은 출입을 방비하는 것이 좋다.

㉔ 육의격형(六儀擊刑)은 흉재가 각각이고, 삼기입묘(三奇入墓)는 도모함을 드날리지 못한다.

㉕ 반음(反吟)과 복음(伏吟)은 찌르륵 쩍쩍함이 많고, 길흉문박(吉凶門迫)은 상서롭지 못하다. 천마(天馬) 길문(吉門)이 명상에 임하면 생방(生方)으로 말을 채찍질하여 전진하니 재앙이 없다.

8. 수명 · 년명(年命)

① 수명은 천충(天沖) · 천주(天柱) 이성(二星)을 사문(死門)과 합하여 판단한다.

② 남자는 천충(天沖)에서 순포(順佈)로 기의(奇儀)를 일으키고, 여자는 천주(天柱)에서 역포(逆佈)로 기의(奇儀)를 일으킨다.

③ 수수(壽數)는 천충(天沖) · 사문(死門)으로 본다. 대개 천충(天沖)은 삼궁(三宮)의 신으로 생기(生氣)이고, 5는 사기(死氣)다. 대체로 90세로 하고 구궁(九宮)은 매 궁(宮)을 10년으로 본다.

④ 사문(死門)에 이른 것을 보아 서로 떨어진 거리가 몇 궁(宮)인지를 보는데 1궁(宮)을 10년으로 계산하여 수수(壽數)를 판단하고, 나머지는 다시 1궁(宮)을 1년으로 계산한다.

⑤ 천충낙궁(天沖落宮)으로 원근을 보아 그 수를 정한다. 가령 천충(天沖)이 왕상(旺相)이면 일생 근심이 없고, 휴수사(休囚死)이면 항상 울퉁불퉁 어려움이 있다.

⑥ 천충낙궁(天沖落宮)에서 수를 일으키는데 양둔(陽遁)은 구궁

(九宮)을 순행하고, 음둔(陰遁)은 구궁(九宮)을 역행한다. 수가 사문낙궁(死門落宮)에 이르면 자기가 경과한 수수(壽數)를 제하여 얻은 나머지 세(歲)로 논한다. 가령 년(年)이 삼순(三旬)에 이르고 사수(四數)를 얻으면 아직 10년의 수가 있는 것이다.

⑦ 년명(年命)은 사주의 일간(日干)을 위주로 한다. 본인이 승(乘)한 방(方)으로 천지(天地)와 합(合)하여 그 년명(年命)이 앉은 방(方)과 합(合)하여 추리한다.

⑧ 기문(奇門)·길격(吉格)을 얻으면 길하고, 흉문(凶門)에 승(乘)하여 년명(年命)을 상극(相剋)하면 흉하고, 극(剋)하지 않아도 역시 흉하다.

⑨ 본방이 기문(奇門)·길격(吉格)을 얻으면 년명(年命)이 길하다.

⑩ 년명낙궁(年命落宮)이 기문(奇門)·길격(吉格)과 합(合)되면 역시 길하다.

⑪ 년명(年命) 좌방(坐方)이 기문(奇門)·길격(吉格)과 함께 합(合)하고, 다시 왕상(旺相)한 기에 승(乘)하면 반드시 의외의 만남과 발전이 있다.

⑫ 지반(地盤) 묘고(墓庫)에 임하면 어두움을 나타낸다.

⑬ 공망(空亡)에 낙(落)하면 백사가 불성이다.

⑭ 사문(死門)에 임하면 사망한다.

⑮ 상문(傷門)을 얻으면 병이 있다.

⑯ 경문(驚門)을 얻으면 구설·소송이 있다.

⑰ 경문(景門)을 얻으면 혈광·화재가 있다.

⑱ 두문(杜門)을 얻으면 주저하며 망설인다.

⑲ 개문(開門)을 얻으면 견귀하다.

⑳ 생문(生門)을 얻으면 돈을 벌며 기쁨이 있다.

㉑ 치부(値符) 구성(九星)은 청소년의 조화를 관장하고, 치사문(値使門)은 중년을 관장하고, 지반궁(地盤宮)은 노년을 관장한다.

㉒ 복음(伏吟)이 만반(滿盤)이면 일생 재액과 병이 많다.

㉓ 육경(六庚)과 육을낙궁(六乙落宮)을 자세히 보면 혼인할 사람이 거주하는 방위를 알 수 있다.

㉔ 일간(日干)을 위주로 십이장생(十二長生)에서 장생(長生)·관대(冠帶)·임관(臨官)·제왕(帝旺)의 왕운년(旺運年)과 묘(墓)·사(死)·절(絶)의 패운년(敗運年)을 찾는다. 늙은이는 장생(長生)·제왕(帝旺)이 두렵고, 젊은이는 묘(墓)·사(死)·절(絶)이 두렵다.

㉕ 사문낙궁(死門落宮)은 사람이 죽는 질병을 나타낸다. 사문낙궁(死門落宮)이 관장하는 년(年)과 유년(流年)이 천극지충(天剋地沖)되거나 묘(墓)·사(死)·절(絶)에 들어가면 수명을 마친다.

9. 기타

1) 치사팔문(値使八門)과 인물

① 성(星)·신(神)을 만나 기의합국(奇儀合局)을 이루면 반드시 대부내귀하고, 실국(失局)하면 평범한 백성이다.

② 개문(開門)이 삼기(三奇)를 만나면 문관이다.

③ 상문(傷門)이 득령(得令)을 만나면 군인이다.

④ 생문(生門)이 삼기(三奇)를 얻으면 큰 부자다.

⑤ 경문(景門)이 합국(合局)되면 문인·묵객·원고쓰는 사람이다.

⑥ 경문(驚門)이 입식(入式)하면 변론가·토론가·평론가·연설가다.

⑦ 사문(死門)이 삼기(三奇)를 얻으면 경찰·공안·검찰·법조계의 고급관원이다.

⑧ 휴문(休門)이 건궁(乾宮)을 만나면 만년에 관직을 얻는다.

⑨ 두문(杜門)이 삼기(三奇)를 만나면 속세 밖의 고인(高人)이다.

2) 치사팔문(値使八門)과 일의 성패

① 휴문(休門)은 알현·안장·고집과 세력을 길러 발함을 기다리는 데 좋다.

② 생문(生門)은 경영·안장·규정된 시간을 준수함·이름을 널리 알려 사람을 놀라게 하는 데 이롭다.

③ 상문(傷門)은 사냥·수렵·예리한 무기·공구의 직업으로 도축업이나 수술에 이롭다.

④ 두문(杜門)은 막음·분수에 만족함·비밀을 숨김·세속에 동조하지 않고 고고함을 지니는 데 좋다.

⑤ 경문(景門)은 투서·알현·고관·문서·소식에 이롭다.

⑥ 사문(死門)은 목매어 죽음, 재물을 모으는 일, 상망(傷亡)의 일을 방비해야 한다.

⑦ 경문(驚門)은 쫓아가 잡음·소송·성명이 세상을 진동한다. 엄숙하며 무시무시하여 헛되이 놀람에 이롭다.

⑧ 개문(開門)은 원행·모략·건축·원방탐구 발전에 이롭다.

3) 구궁(九宮)과 인품

① 감일궁(坎一宮)은 득령(得令)하면 재명(才名)이 모두 아름답고, 실령(失令)하면 풍류 건달이다.

② 곤이궁(坤二宮)은 득령(得令)하면 부가 두텁고, 실령(失令)하면 돈을 물쓰듯 한다.

③ 진삼궁(震三宮)은 득령(得令)하면 지혜와 꾀가 많고, 실령(失令)하면 시작은 있으나 끝이 없다.

④ 손사궁(巽四宮)은 절(節)이 신자진(申子辰)에 거하면 공명을 이루고, 기(氣)가 사유축(巳酉丑)에 거하면 득실이 근심이다.

⑤ 중오궁(中五宮)은 절(節)이 사유토(四維土)에 거하면 조상을 빛내고, 기(氣)가 해묘미(亥卯未)에 거하면 사방이 피난이다.

⑥ 건육궁(乾六宮)은 절(節)이 인오술(寅午戌)에 거하면 어려운 시험에 합격하고, 기(氣)가 해묘미(亥卯未)이면 앞길을 헤아리기 어렵다.

⑦ 태칠궁(兌七宮)은 득령(得令)하면 위세와 명성이 뭇사람을 복종시키고, 실령(失令)하면 형극(刑剋)되어 험악하다.

⑧ 간팔궁(艮八宮)은 득령(得令)하면 길이 있고, 실령(失令)하면 일에 상애가 많다.

⑨ 리구궁(離九宮)은 득령(得令)하면 청수한 문인 묵객이고, 실령(失令)하면 은밀함을 조작한다.

4) 문호(門戶)

① 영귀(榮貴)함은 천문(天門)을 보고, 부후(富厚)함은 지호(地戶)를 본다. 문호(門戶)가 양궁(陽宮)에 합(合)하고 양성(陽星)이 득령(得令)하면 위풍이 당당하며 귀(貴)에 가깝고, 음궁(陰宮)에 합(合)하고 음성(陰星)이 실령(失令)하면 간악하며 음흉한 소인이다.

② 직부(直符) 천을(天乙)은 길함이 많고, 등사(螣蛇)는 괴상하며 반은 허비하고, 태음(太陰)은 계획이 아름답지 못하고, 육합(六合)은 권세가 많으니 어찌 거짓이 되는가. 백호(白虎)는 불구와 파손이 따르고, 현무(玄武)는 간사하며 허위가 있고, 구지(九地)는 컴컴하여 번화하지 않고, 구천(九天)은 무정하니 차라리 거짓이 된다.

③ 청룡(靑龍)에 앉으면 인풍(仁風)이니 미격(美格)이 되어 시작도 많고 결과도 많다.

④ 등사(螣蛇)는 허위·괴이·구설·간사하고, 희롱하며 진실함이 없고, 의심도 많고 신음도 많다.

⑤ 태음(太陰)은 재주와 꾀가 많고, 강유가 그 성질이며 청렴결백함이 그 덕이다.

⑥ 육합(六合)은 다정하며 심성이 부평초와 같고, 남자는 인색함이

없고 여자는 요염하며 음탕하다.

⑦ 백호(白虎)는 금신(金神)으로 성질이 급하여 일상적이지 못하고, 여자는 상(傷)이 많고 남자는 형(刑)이 많다.

⑧ 현무(玄武)는 변덕스러우며 침입과 도둑이 있고, 간사하며 거짓이 많고 은밀하게 계획한다.

⑨ 구지(九地)는 번성하고 공손하며 깊이 감추어져 드러나지 않으나 마음 속으로 계산하니 독하며 흉하다.

⑩ 구천(九天)은 댕강댕강하고, 그 기는 양양하며 사심이 없고, 곡(曲)하며 사납고 강하다.

⑪ 직부(直符)가 사정궁(四正宮 : 감진리태(坎震離兌)에 낙(落)하고 길문(吉門)·길격(吉格)·길성(吉星)을 얻으면 정책임자가 되기 쉽고, 사우궁(四隅宮 : 艮巽坤乾)에 낙(落)하여 길문(吉門)·길격(吉格)·길성(吉星)을 얻으면 부책임자가 되기 쉽다.

18. 응기(應期) 정하는 법

갑자(甲子) 치부(値符)가 이구궁(離九宮)에 가(加)하면 자오상충(子午相沖)이 된다. 자(子)와 축(丑)이 합(合)되므로 응험은 마땅히 축(丑) 년월일시에 있다. 갑오(甲午) 치부(値符)가 감일궁(坎一宮)에 가(加)하면 역시 자오상충(子午相沖)이 된다. 오(午)와 미(未)가 합(合)되므로 반드시 응험은 미일(未日)에 있다. 갑인(甲寅) 치부(値符)가 곤이궁(坤二宮)에 가(加)하면 인신상충(寅申相

沖)이 된다. 인(寅)과 해(亥)가 합(合)되므로 응험은 해일(亥日)에 있다. 갑신(甲申) 치부(値符)가 간팔궁(艮八宮)에 가(加)하면 역시 인신상충(寅申相沖)이 된다. 신(申)과 사(巳)가 합(合)되므로 응험은 사일(巳日)에 있다. 갑술(甲戌) 치부(値符)가 손사궁(巽四宮)에 가(加)하면 진술상충(辰戌相沖)이 된다. 술(戌)과 묘(卯)가 합(合)되므로 응험은 묘일(卯日)에 있다. 갑진(甲辰) 치부(値符)가 건육궁(乾六宮)에 가(加)하면 역시 진술상충(辰戌相沖)이 된다. 진(辰)과 유(酉)가 합(合)되므로 응험은 유일(酉日)에 있다. 이것을 치부상충법(値符相沖法)이라고 한다. 지지(地支)도 이와 같이 정한다.

갑술(甲戌) 치부(値符)가 곤이궁(坤二宮)에 가(加)하면 술미형(戌未刑)이 된다. 묘(卯)와 술(戌)이 합(合)되므로 응험은 묘일(卯日)에 있다. 갑자(甲子) 치부(値符)가 진삼궁(震三宮)에 가(加)하면 자묘형(子卯刑)이 된다. 자(子)와 축(丑)이 합(合)되므로 응험은 축일(丑日)에 있다. 갑인(甲寅) 치부(値符)가 손사궁(巽四宮)에 가(加)하면 인사형(寅巳刑)이 된다. 인(寅)과 해(亥)가 합(合)되므로 응험은 해일(亥日)에 있다. 이것을 치부상형법(値符相刑法)이라고 한다. 지지(地支) 역시 이와 같이 정한다.

치부(値符)가 순공(旬空)에 떨어지면 반드시 출순(出旬)으로 논단한다. 가령 갑자순중(甲子旬中)에는 술해(戌亥)가 공망(空亡)인데 건육궁(乾六宮)에 가했으면 반드시 응험은 술해일(戌亥日)이다. 때문에 술해(戌亥)가 중요하다. 양(陽)과 양(陽)이 비(比)하고 음(陰)과 음(陰)이 비(比)하면 이것은 순공법(旬空法)이다. 지지(地支)

역시 이와 같이 정한다.

만일 충(沖)·형(刑)·공망(空亡)되지 않으면 반드시 천반(天盤) 육의(六儀)를 띤 지지(地支)를 보아 지(支)를 정한다. 충합(沖合)을 참조해 충(沖)을 만나면 그것과 합(合)되는 지(支)로 정하고, 합(合)을 만나면 그것과 충(沖)되는 지(支)로 정한다. 천반(天盤)이 낙(落)한 지지(地支)가 충(沖)·합(合)되지 않으면 성문(星門)의 생극(生剋)으로 정한다. 생(生)을 만나 일(日)을 생(生)하고 극(剋)을 만나 일(日)을 극(剋)하면 응험은 선후의 분별이 있다. 주로 치부(値符)가 먼저 응하고 뒤에 치사(値使)가 응한다.

① 응기(應期)를 정할 때는 우선 용신(用神)의 왕쇠(旺衰)에 근거하여 임한 궁(宮)이 내반(內盤)인지 외반(外盤)인지, 격국(格局)이 복음(伏吟)인지 반음(反吟)인지를 보아 응기(應期)의 빠르고 느림, 멀고 가까움을 판단한다. 빠르고 가까움은 일(日)이나 시(時)에 있고, 멀고 느림은 년(年)이나 월(月)에 있다. 그 다음은 먼저 지지(地支)를 정한 후 천간(天干)을 배정한다. 응기(應期)를 정할 때는 마땅히 지지(地支)를 위주로 하고 그 다음에 천간(天干)을 본다. 그리고 마지막으로 치부낙궁(値符落宮)으로 응기(應期)를 정한 후 치사문낙궁(値使門落宮)으로 응기(應期)를 정한다.

② 먼저 육갑(六甲) 치부낙궁(値符落宮)으로 응기(應期)를 정하고, 형충(沖)되면 합(合)으로 응기(應期)를 삼는다. 공망(空亡)되면

전실(塡實)이나 충실(沖實)로 응기(應期)를 삼는다.

③ 그 다음은 천반(天盤) 육의(六儀)가 낙(落)한 지지(地支)의 충합(沖合)을 본다. 충(沖)을 만나면 합(合)으로 지지(地支)를 정하여 응기(應期)로 삼고, 합(合)을 만나면 충(沖)되는 지지(地支)로 응기(應期)를 정한다.

④ 최후에는 천반(天盤)이 띤 지지(地支)가 충(沖)되지 않고 합(合)도 되지 않으면 성문(星門)의 생극(生剋)으로 응기(應期)를 정한다. 생(生)이 생(生)을 만나는 일(日)이 응기(應期)이고, 극(剋)이 극(剋)을 만나는 일(日)이 응기(應期)다.

⑤ 시간(時干) 낙궁수(落宮數)로 응기(應期)를 삼는데 후천팔괘수(後天八卦數)가 응험률이 비교적 높다.

⑥ 치사문(値使門) 낙궁수(落宮數)로 응기(應期)를 삼고, 치사문(値使門)이 응한 간(干)으로 응기(應期)를 삼는다. 후천팔괘수(後天八卦數)가 응험률이 비교적 높다.

⑦ 역마성(驛馬星)을 충동하는 것으로 응기(應期)를 삼고, 역마성(驛馬星)이 용신(用神)을 충동하는 것으로 응기(應期)를 삼는다.

⑧ 일시지(日時支)가 용신(用神)이면 삼합(三合)·육합(六合)이 응기(應期)다. 일시지(日時支)가 용신(用神)인데 흉사를 예측할 때는 형충극해(刑沖剋害)로 응기(應期)를 삼는다.

⑨ 용신(用神)이 입묘(入墓)되면 지지(地支) 충묘(沖墓)로 응기(應期)를 삼는다.

⑩ 용신(用神)이 공망(空亡)되면 전실(塡實)이나 충실(沖實)로 응

기(應期)를 삼는다. 충실(沖實)은 전실(塡實)만큼 역량이 크지 않다.

⑪ 흉한 일을 예측할 때는 용신(用神) 사묘절(死墓絶)을 응기(應期)로 삼는다.

⑫ 좋은 일을 예측할 때는 용신(用神) 왕상(旺相)을 응기(應期)로 삼는다.

⑬ 경격(庚格)으로 응기(應期)를 정한다. 경(庚)이 임한 년월일시가 경격(庚格)이다. 양일(陽日)에는 경(庚) 아래의 간(干)이 응기(應期)이고, 음일(陰日)에는 경(庚) 위의 간(干)이 응기(應期)다. 그밖에 시간(時干)이 양성(陽星)에 임하면 경(庚) 아래의 간(干)이 응기(應期)이고, 시간(時干)이 음성(陰星)에 임하면 경(庚) 위의 간(干)이 응기(應期)다. 경격(庚格)은 행인·행방불명 사건에 많이 쓴다. 만일 경(庚) 아래에 을기(乙奇)가 임하면 경격(庚格)이 되지 않는다. 을경(乙庚)이 상합(合)되므로 격(格)이 되지 않는다. 경금(庚金)이 입묘(入墓)나 공망(空亡)에 임해도 역시 격(格)이 되지 않는다.

⑭ 용신(用神)이 형충(刑沖)을 만나면 마땅히 지지(地支)를 상합(相合)하는 것으로 응기(應期)를 삼는다.

⑮ 용신(用神)이 합(合)되면 마땅히 지지(地支)를 상충(相沖)하는 것으로 응기(應期)를 삼는다.

1. 기문둔갑(奇門遁甲)의 기본 사로(思路)

 기문둔갑(奇門遁甲) 포국(布局)을 완성하면 궁위(宮位)마다 모두 천반(天盤)의 팔신(八神)·구성(九星)·기의(奇儀)·문(門)과 지반(地盤)의 괘(卦)·성(星)·기의(奇儀)·문(門)의 모든 요소가 거듭 함께 있게 된다. 하나의 고정된 배합의 형식을 구성하고 기문둔갑(奇門遁甲)으로 구성된 배합의 형식은 비교적 많다. 기문둔갑(奇門遁甲)의 격국(格局)은 크게 길과 흉 두 가지인데 길흉을 판단할 때 중요한 원칙이다.

① 삼기(三奇)·삼길문(三吉門)·길성(吉星)·길신(吉神)이 함께 배합되면 길하다.

② 기(奇)가 아닌데 흉문(凶門)·흉성(凶星)이 배합되면 흉하다.

③ 오행(五行)이 상생(相生)·비화(比和)되면 길하다.

④ 오행(五行)이 상극(相剋)·상충(相沖)·상형(相刑)·상해(相害)되면 흉하다.

⑤ 특별히 경금(庚金)을 꺼린다. 갑(甲)은 기문둔갑(奇門遁甲)의 우두머리인데 경금(庚金)은 갑목(甲木)을 극제하는 흉신(凶神)이다. 둔갑술(遁甲術)은 갑(甲)을 은장시켜 경금(庚金)의 상해를 피하게 하는 것이 중요하다. 때문에 기문둔갑(奇門遁甲)에서 갑(甲)이 경(庚)을 만나면 모두 흉하다.

⑥ 하나의 궁(宮)의 천지인신(天地人神) 간의 생극(生剋) 관계를

본다. 천반(天盤)과 지반(地盤)의 관계, 구성(九星)과 지반(地盤) 오행(五行)의 생극(生剋) 관계, 팔문(八門)과 지반(地盤) 생극(生剋) 관계를 본다. 가령 휴문(休門)은 수(水)에 속하는데 이궁(離宮)에 낙(落)하면 문(門)이 궁(宮)을 극(剋)하여 문박(門迫)이 된다. 휴문(休門)이 곤궁(坤宮)에 낙(落)하면 토극수(土剋水)가 되어 궁(宮)이 문(門)을 극(剋)하므로 수제(受制)된다. 휴문(休門)이 건궁(乾宮)에 낙(落)하면 금생수(金生水)가 되어 궁(宮)이 문(門)을 생(生)한다. 휴문(休門)이 진궁(震宮)에 낙(落)하면 문(門)이 궁(宮)을 생(生)한다.

⑦ 용신낙궁(用神落宮)과 예측하는 일 낙궁(落宮) 사이의 오행생극(五行生剋) 관계와 궁(宮)과 궁(宮) 사이의 오행상극(五行相剋)을 비교하여 길흉을 판단한다.

⑧ 일의 빠르고 느림, 거리의 멀고 가까움을 볼 때는 양둔(陽遁)은 1·8·3·4궁은 내(內)·근(近)·쾌(快)가 되고, 9·2·7·6궁은 외(外)·원(遠)·만(慢)이 된다. 음둔(陰遁)은 9·2·7·6궁은 내(內)·근(近)·쾌(快)가 되고, 1·8·3·4궁은 외(外)·원(遠)·만(慢)이 된다. 이 외에 복음(伏吟)은 주로 느리며 가깝고, 반음(反吟)은 빠르며 멀다.

⑨ 용신낙궁(用神落宮)의 왕쇠(旺衰)를 볼 때는 생왕사절표(生旺死絶表)에 의거하여 정하고, 월령(月令)을 겸하여 본다. 팔문(八門)·구성(九星)의 왕쇠(旺衰)는 월령(月令)과 절기에 의하여 판단하는 것이 중요하고, 동시에 낙궁(落宮) 상태를 고려해야

한다. 그 가운데 구성(九星)의 왕쇠(旺衰)와 오행(五行)의 왕쇠(旺
衰)는 같지 않다.

2) 기문둔갑(奇門遁甲)의 운용법칙

기문둔갑(奇門遁甲)은 시간과 공간의 배합이다. 방위의 길흉·에
너지·자장(磁場)의 변환과 이동할 수 있는 일은 고정된 팔괘방위
와 다른 시간에 있다. 그 에너지와 자장(磁場) 또한 같지 않다. 기
문둔갑술(奇門遁甲術)은 가장 좋은 기회를 잡아 싸움에서 적을 이
기고 자아를 초월한다. 시간과 공간의 에너지 전환을 적절하게 운
용할 수 있으면 반드시 전화위복할 수 있어 길에 길을 더한다.

어떤 사람은 기문둔갑술(奇門遁甲術)을 자장개운법(磁場開運法)
또는 대조명술(大氣造命術)이라고 한다. 사용할 때 주의할 것은 각
성(星)·궁(宮)·문(門)·신(神)·반(盤)의 배합이다. 이것은 바로
천시(天時)·지리(地利)·인화(人和)의 기준이며, 잘 활용하면 반
드시 행복하고 안정된 나라를 만들 수 있다.

천시(天時)는 기문둔갑(奇門遁甲)에서 쓰는 시각이다. 즉 구궁성
(九宮星)이 반(盤)에서 비동하는 자장(磁場)의 변화에 있다. 필자
의 견해로는 자백비성(紫白飛星)을 더하여 참고하면 감응의 확실
도를 100분의 50 정도 끌어올릴 수 있다고 생각한다. 지리(地利)는
기문둔갑(奇門遁甲)에서 쓰는 팔문(八門)인 휴(休)·생(生)·상
(傷)·두(杜)·경(景)·사(死)·경(驚)·개(開)를 말하며, 8개 방위

의 길흉을 대표한다. 인화(人和)는 기문둔갑(奇門遁甲)에서 사용하는 구성(九星)인 봉(蓬)·예(芮)·충(衝)·보(輔)·금(禽)·심(心)·주(柱)·임(任)·영(英)을 말하며, 둔갑반(遁甲盤) 방위의 감응을 가리킨다.

기문둔갑(奇門遁甲)의 인사(人事)와 지리(地利)는 삼기(三奇)·팔문(八門)·구성(九星)을 위주로 한다. 『기문둔갑천지서(奇門遁甲天地書)』에 이르기를 을병정(乙丙丁) 삼기(三奇)가 이르렀으나 개휴생(開休生) 삼길문(三吉門)이 없으면 사용하는 것이 좋지 않고, 삼길문(三吉門)이 이르고 삼기(三奇)가 이르지 않았으면 사용해도 좋다고 하였다. 경(經)에 이르기를 생(生)을 등지고 사(死)를 향하면 백전백승하고, 만약 일이 위급하다면 문(門)을 취하고 기(奇)를 버려도 된다고 하였다.

기문둔갑반(奇門遁甲盤)은 팔신(八神)·팔문(八門)·구궁(九宮)·구성(九星)·천반(天盤)·지반(地盤)으로 조성되었다. 만일 길문(吉門)이 길신(吉神)·길성(吉星)·길간(吉干)·길격(吉格)을 만나면 가장 좋은 시기이니 사용하면 반드시 백사가 순조롭고 적은 노력으로 많은 성과를 올린다.

필자의 경험에 의하면 기문둔갑반(奇門遁甲盤)의 팔문(八門)·팔신(八神)·구궁(九宮)·구성(九星)·천반(天盤)·지반(地盤)은 경중과 완급이 있다고 생각한다. 만일 100분으로 볼 때 팔문(八門)은 40, 천반(天盤)은 20, 지반(地盤)은 10, 팔신(八神)은 10, 구성(九星)은 10, 길격(吉格)은 10%를 점한다. 시반(時盤) 1,080국 중에 만일

80분이나 70분이면 사용해도 좋으나 50분보다 낮으면 사용하는 것이 좋지 않다.

만약 천보시(天輔時)를 만나면 20%를 보태고, 오불우시(五不遇時)를 만나면 20%를 뺀다. 구궁성(九宮星)이 오황(五黃)을 만나면 40%를 빼고, 암검살(暗劍殺)을 만나면 20%를 뺀다. 평소 이를 사용하면 반드시 오묘함이 있다. 길함이 적고 흉함이 많으면 복이 와도 짧으니 사용하지 않는 것이 좋고, 길함이 많고 흉함이 적으면 화가 와도 가벼우니 사용해도 좋다.

천지반(天地盤)의 길간(吉干)은 부수(符首)와 을병정(乙丙丁) 삼기(三奇)다. 구성(九星)의 길성(吉星)은 임(任)·충(衝)·보(輔)·금(禽)·심(心)이고, 팔신(八神)의 길신(吉神)은 직부(直符)·육합(六合)·구천(九天)·태음(太陰)·구지(九地)다. 팔문(八門)의 길흉은 개휴생(開休生)이 삼길문(三吉門), 경문(景門)은 중길, 두문(杜門)은 소흉, 상경문(傷驚門)은 흉, 사문(死門)은 대흉하다. 둔갑(遁甲)에서 길격(吉格)은 비조질혈(飛鳥跌穴)·청룡반수(靑龍返首)·옥녀수문(玉女守門)·천둔(天遁)·지둔(地遁)·인둔(人遁)·운둔(雲遁)·풍둔(風遁)·용둔(龍遁)·호둔(虎遁)·신둔(神遁)·진사(眞詐)·중사(重詐)·휴사(休詐) 등이다.

기문둔갑(奇門遁甲)을 사용할 때는 다음을 알아야 한다. 첫째는 길문(吉門)이 길간(吉干)·길성(吉星)·길신(吉神)·길격(吉格)을 만나면 대길하다. 둘째는 길문(吉門)이 흉간(凶干)·흉성(凶星)·흉신(凶神)·흉격(凶格)을 만나면 소길하다. 셋째는 흉문(凶門)이 길간(吉干)·길성(吉星)·길신(吉神)·길격(吉格)을 만나면 소길하다. 넷째는 흉문(凶門)이 흉간(凶干)·흉성(凶星)·흉신(凶神)·흉격(凶格)을 만나면 흉 위에 흉을 더하므로 사용하면 반드시 천형(天刑)이나 인화(人禍)가 따른다.

제2장. 기문해단(奇門解斷)

1. 질병 예측

1) 1996년 3월 16일 오후 4시에 회사에 다니는 손 씨가 찾아왔다.

蛇 景辛 心己	陰 死丙 蓬丁	合 驚癸 任乙
符 杜壬 柱戊	庚	白 開戊 沖壬
天 傷庚乙 芮　癸	地 生丁 英丙	玄 休己 輔辛

병자년(丙子年) 신묘월(辛卯月)
임자일(壬子日) 무신시(戊申時)
양둔삼국(陽遁三局)

"무엇을 알고 싶으십니까?"

"먼저 제 몸 상태가 어떤지요?"

"몸이 좋지 않군요. 장위(腸胃)를 수술한 적이 있는데 왼쪽 장암일 가능성이 있습니다."

"맞아요. 저는 결장암 수술을 한 적이 있는데 왼쪽 아랫배입니다."

"수술은 1991년에 했군요."

"네. 1991년 12월에 했습니다."

"몇 년생이십니까?"

"1943년 정월생입니다."

"그렇다면 장암치료가 비교적 제때 이루어져 수술이 잘 되었고, 지금은 매우 회복이 잘 되어 별일이 없습니다."

"선생님이 보실 때 제가 몇 년 더 살 수 있겠습니까?"

"내년 정축년(丁丑年)이 액년입니다. 음력 6월과 12월이 나쁘지만 내년을 지나면 5년, 10년을 더 사는 것은 문제가 없습니다."

병성(病星)인 천예(天芮)가 간팔궁(艮八宮)에 낙(落)하고, 간(艮)은 토(土)에 속하고, 양둔(陽遁)은 내(內)이니 장위(腸胃)를 나타낸다. 을계(乙癸)와 경계(庚癸)는 흉격(凶格)이고, 경(庚)은 주로 대장을 나타내는데 상문(傷門)을 만나 흉문(凶門)인 상문(傷門) 목(木)이 간토궁(艮土宮)을 극(剋)하니 일이 더 흉해졌다. 또 시간(時干)인 무(戊)가 태칠궁(兌七宮)에 낙(落)하고, 개문(開門)을 만나고, 위에 백호(白虎)가 승(乘)한다. 개문(開門)은 주로 수술을 뜻하고, 백호(白虎)는 주로 형상을 뜻하니 장암수술을 했다고 보았다. 또 간팔궁(艮八宮)은 주로 왼쪽을 나타내므로 왼쪽 결장암수술이라고 판단한 것이다.

1991년은 신미년(辛未年)인데 간팔궁(艮八宮)의 병성(病星)을 축미(丑未)로 충동(沖動)하므로 1991년이라고 보았다. 이 사람의 출생년도가 1943년 계미년(癸未年)이므로 년명(年命)인 계(癸)가 곤이궁(坤二宮)에 낙(落)하여 미토(未土) 묘궁(墓宮)에 들었는데 신미년(辛未年)이 마침 묘(墓)에 드는 해이니 입원하여 수술한 것으로 판단한 것이다.

1997년 정축년(丁丑年)은 마침 54세가 되고, 년주(年柱) 계미(癸未)와 천극지충(天剋地沖)되니 대흉한 해인데 축토(丑土)가 당령(當令)하였다. 천예(天芮) 토성(土星)이 낙궁(落宮)하여 왕상(旺相)한데 충(沖)을 만나니 자연히 액년이 되는 것이다. 1998년 무인년(戊寅年)과 1999년 기묘년(己卯年)은 목왕(木旺)하여 토(土)를 극(剋)하니 몇 년 더 사는 것은 문제가 없다고 한 것이다.

천예성(天芮星)에 을기(乙奇)가 임하였다. 을기(乙奇)는 의사인데 을경(乙庚)이 상합(相合)하므로 수술을 제때하여 치료가 잘 되었다고 하였다. 천심성(天心星)은 주로 의사나 약사를 나타내는데 손사궁(巽四宮)에 낙(落)하여 목(木)이 되니 간팔궁(艮八宮)의 토(土)를 극(剋)하여 현재는 일이 없고 회복이 잘 되었다고 한 것이다. 그리고 일간(日干) 임(壬)은 예측을 구하는 사람인데 진삼궁(震三宮)에 낙(落)하여 직부(直符) 길신(吉神)이 승(乘)하고, 임무(壬戌)는 소사화룡(小蛇化龍) 길격(吉格)이고, 묘월(卯月)에 진궁(震宮)이 왕상(旺相)하여 병성(病星)이 앉은 간팔궁(艮八宮)을 극(剋)하니 지금은 몸이 좋은 것이다.

년명(年命)인 계(癸)는 곤이궁(坤二宮)에 낙(落)하여 비록 묘(墓)에 들지만 아래에 을기(乙奇) 의사와 천임(天任) 길성(吉星)이 임하므로 5년, 10년을 더 사는 것은 문제가 없는 것이다.

2) 1996년 7월 27일 오후 4시에 여 여사가 찾아와 부친의 병세에 관하여 물었다.

陰 杜辛 輔辛	蛇 景丙 英丙	符 死庚癸 芮庚癸
合 傷壬 沖壬	庚	天 驚戊 柱戊
白 生乙 任乙	玄 休丁 蓬丁	地 開己 心己

병자년(丙子年) 을미월(乙未月)
을축일(乙丑日) 갑신시(甲申時)
음둔칠국(陰遁七局)

여 여사의 부친은 1921년 신유년(辛酉年)생이다. 천예성(天芮星)은 병신(病神)인데 곤이궁(坤二宮)에 낙(落)하여 왕상(旺相)하고, 사문(死門)이 경(庚)에 많이 임했으니 암증이다. 곤토(坤土)의 내반(內盤)은 주로 비위이므로 소화계통이다. 비록 직부(直符)가 승(乘)했으나 공망(空亡)을 만나고, 계계(癸癸)로 천망사장(天網四張)이 되고, 경계(庚癸)로 대격(大格)이 되어 모두 대흉한 상이다.

갑인계(甲寅癸)가 곤궁(坤宮)에 낙(落)하여 육의격형(六儀擊刑)이 되어 대흉하니 위암이나 식도암 말기로 본다. 그러나 천심성(天心星)과 을기(乙奇)는 의사인데 천심성(天心星)이 건육궁(乾六宮)에 낙(落)하고, 을기(乙奇)가 간팔궁(艮八宮)에 있어 천예성(天芮星) 낙궁(落宮)을 극할 수 없으니 의사도 속수무책이다.

부친의 병을 예측하는 것이니 년간(年干) 병(丙)이 용신(用神)인데 리구궁(離九宮)에 낙(落)하여 제왕지(帝旺地)이며 공망(空亡)을 만나 불길하다. 건(乾)은 아버지이니 건육궁(乾六宮)을 보야야 하고, 기기(己己)로 지호봉귀(地戶逢鬼) 흉격(凶格)이니 반드시 환자에게 흉한 일이 생기거나 죽는다. 그녀의 부친은 신유년(辛酉年)생이니 년명(年命) 신(辛)이 손사궁(巽四宮)에 낙(落)하여 입묘(入墓)되고 육의격형(六儀擊刑)이 되므로 반드시 사망한다.

그렇다면 언제 운명하는가? 음둔(陰遁)으로 년간(年干) 병(丙)과 병신(病神) 천예(天芮)가 모두 내반(內盤)에 있으니 빠르고 가깝다는 뜻이다. 그러나 년명(年命)인 신(辛)이 외반(外盤)에 있으니 더디고, 성문(星門)이 복음(伏吟)되어 느리다. 년간(年干) 병(丙)이 유월(酉月)에 사(死)하고, 술월(戌月)에 묘(墓)되고, 년명(年命) 갑오신(甲午辛)은 오오자형(午午自刑)이 되니 형(刑)이 합(合)되고 응기(應期)인데 오미합(午未合)되므로 유월(酉月)이나 술월(戌月)의 미일(未日)이다.

이와 같이 예측하자, 여 여사는 병원에 가서 검사를 해봤는데 부친의 식도암이 이미 8cm나 자랐고, 매핵기(梅核氣 : 침을 뱉기도 삼키기도 어려운 목구멍 병)가 있다고 하여 믿을 수가 없어 찾아왔다고 하였다.

그후 1996년 9월 13일 그녀에게서 전화가 왔다. 부친이 9월 7일 백로(白露)에 돌아가셨고, 이미 장례를 다 치루었다고 하였다. 9월 7일은 바로 정유월(丁酉月) 정미일(丁未日)이었다.

3) 2005년 8월 25일 오시(午時)에 한 사람이 찾아와 자기네 공장 기
   술팀장이 아픈데 어떻게 되겠느냐고 물었다.

合 杜丁 輔丁	陰 景己 英己	蛇 死癸乙 芮癸乙
白 傷丙 沖丙	癸	符 驚辛 柱辛
玄 生庚 任庚	地 休戊 蓬戊	天 開壬 心壬

을유년(乙酉年) 갑신월(甲申月)
신사일(辛巳日) 갑오시(甲午時)
음일국(陰一局)

천예성(天芮星)은 병성(病星)인
데 곤궁(坤宮)에 낙(落)하고, 곤
(坤)은 배·비위를 나타내니 복
부에 병이 있다. 사문(死門)은 병세가 비교적 심각함을 나타내는데
계계(癸癸)로 천망사장(天網四張)이 되었다. 『연파조수부(煙波釣叟
賦)』에서는 천망사장(天網四張)이 되면 갈 길이 없다고 하였다.

을(乙)은 의사인데 을을(乙乙)로 일기복음(日奇伏吟)이 되니 의사
도 방법이 없어 탄식스러울 뿐이다. 등사(螣蛇)는 화(火)에 속하니
인체에서 혈맥이나 혈광을 나타낸다. 만약 수술을 했다면 문제를
해결할 수 없다. 간궁(艮宮)은 토(土)에 속하는데 인체에서는 장위
(腸胃)이고, 경(庚)은 흉성(凶星)이며 경경(庚庚)으로 태백동궁(太
白同宮)이 되고 전격(戰格)이 되므로 장위(腸胃)의 병이 심각하니
암증세다. 생문(生門)은 암세포가 생장하는 것이고, 현무(玄武)는
숨기는 것이니 본인은 전혀 모르는 상태다.

백호(白虎)는 흉성(凶星)인데 진삼궁(震三宮)에 낙(落)하고, 갑신

월(甲申月)에 왕한데 상문(傷門)이 가림(加臨)하고, 진궁(震宮)은 묘목(卯木)의 고향이니 간에 해당하므로 간에도 병이 있다. 을기(乙奇)는 의약이고 천심성(天心星)은 의사인데 을기(乙奇)가 곤궁(坤宮)에 낙(落)하고, 천심성(天心星)이 건궁(乾宮)에 낙(落)하였다. 모두 병궁(病宮)을 극하지 못하니 의사도 힘이 되지 않는다.

일간(日干)은 예측을 구하는 사람인데 일간(日干) 신(辛)은 태궁(兌宮)에 낙(落)하고, 태궁(兌宮)은 직부궁(直符宮)이니 영도자가 매우 관심을 가지나 신신(辛辛)으로 자형(自刑)이 되니 본인은 더 치료할 생각이 없다. 결과는 병은 더 심각해졌고, 본인이 고향으로 가기를 희망하자 사장도 그 뜻을 존중하여 보내주었다.

4) 1996년 5월 9일 오후 4시 20분에 파출소에서 근무하는 정 순경이 찾아왔다. 1975년생 조카가 전기공인데 자빠져 다쳐서 입원하였고, 어제 수술을 했는데 언제쯤 퇴원할 수 있는지를 물었다.

地 生戊 柱丁	天 傷乙 心庚	符 杜辛 蓬壬
玄 休丙壬 芮　癸	丙	蛇 景己 任戊
白 開庚 英己	合 驚丁 輔辛	陰 死癸 沖乙

병자년(丙子年) 계사월(癸巳月)
병오일(丙午日) 병신시(丙申時)
양칠국(陽七局)

시간(時干)인 병(丙)이 조카인데 진삼궁(震三宮)에 낙(落)하여 병성(病星)인 천예(天芮)와 동궁

(同宮)하였다. 병상은 허리 부위인데 천예성(天芮星)이 임계(壬癸)에 임하고 내반(內盤)에 있으니 비뇨기관 계통이 문제다.

1975년은 을묘년(乙卯年)이니 년명(年命)은 을(乙)인데 리구궁(離九宮)에 임하고, 을경(乙庚)으로 일기피형(日奇被刑) 흉격(凶格)이 되었고, 상문(傷門)과 구천(九天)이 임했으니 높은 곳에서 떨어져 다치는 상이다. 구천(九天)은 하늘이니 높은 곳이고, 상문(傷門)은 상하고 다치는 문(門)이다. 정 순경이 조카는 전기공인데 전봇대에서 작업하다 떨어져 미추골을 다쳐 어제 입원하여 수술했는데 상처가 심각하지는 않겠는지, 후유증이 남지는 않겠는지, 언제 퇴원하겠는지를 물었다.

시간(時干)인 병(丙)이 진삼궁(震三宮)에 있어 목욕지(沐浴地)이지만 월령(月令)이 왕상(旺相)하고, 동시에 태세(太歲)가 되고, 휴문(休門) 길문(吉門)이 임하고, 천예(天芮) 병성(病星)이 진삼궁(震三宮)에 낙(落)하여 제(制)를 받는다. 서(書)에 이르기를 천예성(天芮星)이 3·4궁(宮)에 낙(落)하면 약을 쓰지 않아도 낫는다고 했으니 비록 비뇨기관 계통이 문제지만 심하지는 않다.

또한 년명(年命)인 을(乙)이 리궁(離宮) 장생지(長生地)에 있고, 계사월(癸巳月)은 리궁(離宮)에 왕상(旺相)되고, 또 천심(天心) 길성(吉星)이 임하였다. 천심성(天心星)은 의사·의약이므로 제때 치료하여 후유증이 남지 않는다. 시간(時干)이 내반(內盤)에 있고, 직사(直使)인 휴문(休門)도 진삼궁(震三宮)에 있으니 길게 잡아도 13일은 넘기지 않을 것이다.

갑오순중(甲午旬中)은 진(震)·사(巳)가 공망(空亡)인데 마침 생문(生門)이 손사궁(巽四宮)에서 공망(空亡)을 만나고, 지반(地盤) 을기(乙奇)가 건육궁(乾六宮)에 입묘(入墓)되어 입원하는 상이다. 전실(塡實)되는 날 생문(生門)이 사문(死門)을 충개(沖開)하여 을기(乙奇)가 묘지(墓地)에서 충출(沖出)되면 퇴원할 수 있다. 5월 19일 병진일(丙辰日)이나 아무리 늦어도 20일 정사일(丁巳日)에는 완치되어 퇴원할 것이라고 했는데 5월 20일 오전에 퇴원하였다.

5) 1996년 5월 23일 밤 8시에 병원에서 근무하는 홍 선생한테서 전화가 왔다. 이모가 5월 21일에 발병하여 입원했는데 병세가 어떻게 되겠느냐고 물었다.

白 生己 英癸	玄 傷丁辛 芮　己	地 杜乙 柱辛
合 休癸 輔壬	丁	天 景丙 心乙
陰 開壬 沖戊	蛇 驚戊 任庚	符 死庚 蓬丙

병자년(丙子年) 계사월(癸巳月)
경신일(庚申日) 병술시(丙戌時)
양팔국(陽八局)

시간(時干) 병(丙)이 경일(庚日)을 극(剋)하여 오불우시(五不遇時)가 된다. 옛사람이 이르기를 오불우시(五不遇時)를 이루면 저 세상으로 간다고 했으니 대흉하다. 병성(病星)인 천예(天芮)가 리구궁(離九宮)에 낙입(落入)되고 외반(外盤)에 있으니 병상은 머리 부위다. 신기(辛己)로 입옥자형(入獄自刑) 흉격(凶格)이 되고, 갑오신(甲午辛)이 리구궁(離九宮)에 낙(落)하여 오오자형(午午自刑)이 되어 육의격형(六儀擊刑)이 되고, 정기(丁奇) 현무(玄武)는 혈액을 나타내고, 흉문(凶門)인 상문(傷門) 목(木)이 화궁(火宮)을 생(生)하여 왕하고, 천예(天芮)가 리궁(離宮)에 낙(落)하여 생(生)을 받아 왕하니 뇌일혈이다.

이모는 웃어른이니 년간(年干)인 병(丙)이 그 부호인데, 병(丙)이 태칠궁(兌七宮)에 낙(落)하여 사지(死地)가 되고, 경문(景門)이 왕상(旺相)하여 궁(宮)을 극(剋)하니 대흉하다. 지반(地盤) 병(丙)은 건육궁(乾六宮)에서 입묘(入墓)되고, 경병(庚丙)은 태백입형(太白入熒)이니 반드시 적이 오는 흉격(凶格)이고, 또 사문(死門)이 임하여 왕상(旺相)하다.

이모도 역시 곤궁(坤宮)을 보아야 한다. 곤(坤)은 어머니이기 때문이다. 곤궁(坤宮)에 두문(杜門) 목(木)이 임하여 곤토궁(坤土宮)을 극(剋)하니 막혀서 통하지 않고, 을신(乙辛)으로 청룡도주(靑龍逃走) 흉격(凶格)이 되고, 을기(乙奇)는 여자인데 곤이궁(坤二宮)에 입묘(入墓)된다.

천심성(天心星)과 을기(乙奇)는 의사·의약인데 모두 병성(病星)을 극(剋)하지 못하고, 도리어 병성(病星)이 왕상(旺相)하여 시간(時干)과 천심성(天心星)을 극(剋)하니 구제할 수 없다. 현무(玄武)는 주로 혼미함을 나타내므로 환자는 깨어나지 못하는데 직사(直使)인 휴문(休門)이 진삼궁(震三宮)에 낙(落)하여 3일을 넘기기 어렵다. 직사문(直使門)이 임한 간(干)이 응기(應期)인데 휴문(休

門)이 계(癸)에 임했으니 5월 26일 계해일(癸亥日)을 넘기기 어렵다. 결과는 5월 26일 새벽 1시경에 세상을 떠났다. 계해일(癸亥日) 임자시(壬子時)였다.

6) 1996년 11월 2일 오후 4시경에 기문둔갑(奇門遁甲)을 연구하는 사람 몇 명이 얘기를 나누다 장 선생이 한 사람을 소개하면서 그의 건강상태를 물었다.

白 驚己 柱壬	合 開庚 心乙	陰 休丙 蓬丁
玄 死辛丁 芮　癸	辛	蛇 生戊 任己
地 景乙 英戊	天 杜壬 輔丙	符 傷癸 沖庚

병자년(丙子年) 무술월(戊戌月)
계묘일(癸卯日) 경신시(庚申時)
음팔국(陰八局)

일간(日干)인 계(癸)가 건육궁(乾六宮) 제왕지(帝旺地)에 있고, 술월(戌月)은 건궁(乾宮)에 당령(當令)하고, 건(乾)은 머리인데 위에 직부(直符)가 승(乘)하니 그 사람의 신분과 맞는다. 그는 대기업의 업주인데 마침 사업이 왕상(旺相)한 시기다. 병성(病星) 천예(天芮)가 진삼궁(震三宮)에 낙(落)하고, 위에 현무(玄武)가 승(乘)하므로 암질이다. 천예성(天芮星)이 정(丁)에 임했는데 정(丁)은 주로 심장을 나타낸다. 정계(丁癸)로 주작투강(朱雀投江) 흉격(凶格)이 되고 정계상충(丁癸相沖)이 되니 심장이 좋지 않다. 때로는 심장박동이 고르지 않고 빨리 뛸 것이다. 진(震)은 주로 간·쓸개를 나타내는데 사문(死門)과 현무(玄武)가 임하고, 신계(辛癸)로 망개천뢰(網蓋天牢) 흉격(凶格)이 되어 오래된 지방간일 가능성이 있다.

시간(時干)은 묻는 질병을 나타내는데 시간(時干)인 경(庚)이 리구궁(離九宮)에 낙(落)하고, 위에 육합(六合)이 승(乘)했으니 한 가지 병이 아니다. 경(庚)이 리궁(離宮)에서 극(剋)을 받고, 개문(開門)과 천심성(天心星)이 모두 리화(離火)의 극(剋)을 받으니 머리 부위에도 문제가 있다. 상문(傷門)은 건육궁(乾六宮)에 있는데 상문(傷門)은 주로 차량·상재(傷災)를 의미한다. 또 천충성(天沖星)이 임하여 계경(癸庚)으로 태백입망(太白入網) 흉격(凶格)이 되어 인신상충(寅申相沖)이 되므로 교통사고를 당한 적이 있을 것이다. 건(乾)은 머리이니 머리 부위에 상처를 입은 적이 있다.

감궁(坎宮)에 두문(杜門)이 임하고, 임병(壬丙)으로 수사입화(水蛇入火) 흉격(凶格)이 되고, 임(壬)은 주로 수도·비뇨기관 계통을 뜻한다. 지반(地盤) 임(壬)은 손사궁(巽四宮)에서 진진자형(辰辰自刑)으로 육의격형(六儀擊刑)이 되고, 손궁(巽宮)은 주로 경락계통이고, 백호(白虎)·경문(驚門)·천주(天柱)의 극(剋)을 받으며 기임(己壬)으로 지망고장(地網高張) 흉격(凶格)이다. 이에 의하여 비뇨생식기 계통에도 병이 있다.

그러나 일간(日干) 계(癸)가 제왕지(帝旺地)에 있고, 병성(病星) 천예(天芮)와 사문(死門)이 진삼궁(震三宮)에 낙(落)하여 본신이 진궁(震宮) 목(木)의 극(剋)을 받으므로 흉이 일어나지는 않는다.

비록 암질과 상재(傷災)가 있으나 지금은 몸이 괜찮다. 시간(時干)은 천심성(天心星)과 을기(乙奇)에 임하여 병이 있어도 제때 치료하면 약이 있다고 판단하였다.

그는 "맞아요. 제 병은 한 가지가 아닙니다. 심장도 좋지 않은 편이고 고혈압과 오래된 지방간도 있습니다. 그리고 1989년 기사년(己巳年)에 서울에 갔다가 교통사고를 당하여 머리를 다쳐 검사를 했는데 뇌낭종과 당뇨병이 있다고 했습니다. 그러나 지금은 심하지 않습니다."라고 말하였다.

2. 연애 · 혼인 예측

1) 1997년 1월 7일 밤 8시 40분에 인근에 사는 아주머니가 찾아왔다. 30세된 아들이 있는데 혼담이 없다가 최근에 들어와 만나보았다고 한다. 여러 가지 조건이 괜찮은데 성사되겠냐고 물었다.

蛇 杜 庚 輔 庚	陰 景 丙 英 丙	合 死 戊 芮 辛 戊
符 傷 己 沖 己	辛	白 驚 癸 柱 癸
天 生 丁 任 丁	地 休 乙 蓬 乙	玄 開 壬 心 壬

병자년(丙子年) 신축월(辛丑月) 기유일(己酉日) 갑술시(甲戌時) 양이국(陽二局)

을(乙)은 여자쪽을 나타내고, 경(庚)은 남자쪽을 나타낸다. 을(乙)이 감일궁(坎一宮)에 있고 경(庚)이 손사궁(巽四宮)에 있는데 감수(坎水)가 손목(巽木)을 생(生)한다.

"이 아가씨는 전문대 이상을 나왔고 일하는 것도 괜찮습니다. 다만 키가 156cm 정도로 작고 피부가 까무잡잡합니다. 여자가 아드님에게 끌리고 있습니다. 맞습니까?"

"네. 정규대학에서 영어를 전공하였고, 지금은 중학교에서 교편을 잡고 있습니다. 소개받은 후 전화도 걸어오고 편지도 보내오는데 아들이 소극적입니다. 아들에게 물어봐도 아무 말도 하지 않으니 집안 어른들이 답답해 하십니다."

경(庚)이 손사궁(巽四宮)에 낙(落)하고 두문(杜門)이 임하니 막혀서 불통이고, 위에 등사(螣蛇)가 승(乘)하여 주로 변한다. 육합(六合)은 혼인을 주도하는데 곤이궁(坤二宮)에 낙(落)하고, 사문(死門)이 임하며 공망(空亡)을 만나고, 갑자무(甲子戊)와 갑오신(甲午辛)이 자오상충(子午相沖)하고, 시간(時干 : 甲戌己)이 상문(傷門)에 임하여 대국(大局)이 복음격(伏吟格)이 되었다. 이러한 이유로 이 혼사는 아들이 원하지 않아 이루어지지 않겠다고 하였다.

경(庚)이 손사궁(巽四宮)에서 복음(伏吟)되고 천보성(天輔星)이 임하며 육합(六合)은 곤이궁(坤二宮)에 낙(落)하여 극(剋)한다. 아들은 지금 연애할 생각이 없고 공부에만 마음이 있다. 대학졸업장을 쥔 이후에 다시 얘기할 생각이라고 판단하였다. 보름 후에 아주머니가 찾아와 예측이 아주 정확했다며 아들은 그 아가씨가 키가 작고 피부가 너무 검어 싫다고 하여 무산되었다고 하였다.

2) 1996년 5월 31일 밤 8시 30분에 출판사에서 편집을 하는 이 여사가 전화를 걸어왔다. 딸이 1970년 경술년(庚戌年)생인데 학교에서 근무하고 있고, 최근에 6세 많은 갑진년(甲辰年)생 교사와 연애 중인데 이 혼사가 어떠냐고 물었다.

合 休壬 蓬丙	白 生庚 任辛	玄 傷丁 沖癸
陰 開戊 心丁	乙	地 杜丙 輔己
蛇 驚己 柱庚	符 死乙癸 芮　壬	天 景辛 英戊

병자년(丙子年) 계사월(癸巳月)
무진일(戊辰日) 임술시(壬戌時)
양육국(陽六局)

갑인순(甲寅旬)이므로 자축(子丑)이 공망(空亡)인데 을기(乙奇)가 공망(空亡)을 만나고 사문(死門)이 임하고, 감일궁(坎一宮)에서 마침 경(庚)이 낙(落)한 구궁(九宮)을 충극(沖剋)하였다. 년명(年命)이 경(庚)인데 생문(生門)이 임하고, 시령(時令)이 이미 사월(巳月)에 이르렀고, 시간(時干) 임(壬)이 손사궁(巽四宮)에서 당령(當令)했으니 을경(乙庚)에 대한 관계를 나타낼 수 없는 이제 막 연애를 시작한 상황이다. 상대방 남자 선생은 혼인한 적이 있고, 아내가 죽지 않았으면 이혼했을 것이라고 했더니, 이혼하였고 부인은 미국으로 갔다고 한다.

년간(年干)은 부모인데 년간(年干) 병(丙)이 태칠궁(兌七宮)에서 시간(時干)을 극(剋)하고, 육합(六合)은 손사궁(巽四宮)에 있다. 이 여사 내외는 이 혼사를 찬성하냐고 물었더니, 그렇다고 한다.

천보성(天輔星)이 남자의 년명(年命) 갑진임(甲辰壬)이 있는 손궁(巽宮)을 극(剋)하고, 임(壬)은 손사궁(巽四宮)에 입묘(入墓)와 육의격형(六儀擊刑)이 되고, 임병(壬丙)으로 수사입화(水蛇入火)가 되어 관재·형벌·금령(禁令)이 그칠 줄 모른다.

그는 공예미술품점을 열어 그림을 팔아서 살아간다. 경(庚)이 생문(生門)에 임했기 때문이다. 남명 갑진임(甲辰壬)이 손사궁(巽四宮)에서 여명 경구궁(庚九宮)을 생(生)한다.

"이 남자 선생은 따님을 매우 원합니다."

"그래요. 그런데 우리 딸이 개성이 너무 강해서 부모 말을 듣지 않습니다. 남자가 능력도 있고 둘이 성격도 잘 맞는다고 합니다. 선생님께서 보시기에 이 혼사가 성사되겠습니까?"

"네. 아름답고 원만합니다."

비록 을(乙)이 경(庚)을 극(剋)하고, 시간(時干)은 묻는 일인데 시간(時干) 임(壬)이 길문(吉門)인 휴문(休門)에 임하고, 휴문(休門)은 또 궁(宮)을 생(生)하며 천봉성(天蓬星)도 궁(宮)을 생(生)하고, 육합(六合) 길신(吉神)이 승(乘)하였다. 육합(六合)은 주로 혼인을 뜻한다. 년명(年命) 갑진임(甲辰壬)이 또 년명(年命) 경(庚)을 생

(生)하고, 사월(巳月)은 화왕(火旺)한데 시간(時干)이 당령(當令)하고, 년간(年干) 병(丙)이 사지(死地)에 처하였다.

이 혼사는 아무리 반대해도 이루어진다고 판단했는데, 1997년 여름에 이 여사가 전화를 걸어와 딸의 고집을 꺾을 수 없어 최근에 그 선생과 혼인시켰다고 하였다. 1997년은 정축(丁丑)과 임(壬)이 정임합(丁壬合)되고, 시간(時干) 임(壬)과 년간(年干) 정(丁)이 상합(相合)되므로 이 혼사가 이루어지는 시기다.

3) 1997년 12월 4일 낮 12시 40분에 방송국에서 근무하는 조 여사가 자신의 결혼생활에 대하여 물었다.

玄 生丙 柱己	白 傷乙 心癸	合 杜壬 蓬辛
地 休戊辛 芮　庚	戊	陰 庚丁 任丙
天 開癸 英丁	符 驚己 輔壬	蛇 死庚 沖乙

조 여사는 신묘년(辛卯年)생이고 남편은 임진년(壬辰年)생이다. 혼인을 예측할 때는 우선 을경(乙庚)을 보는데 을(乙)은 여자쪽이고 경(庚)은 남자쪽이다. 을기(乙奇)가 리구궁(離九宮)에 있고, 상문(傷門)이 임하였고, 건육궁(乾六宮)의 경(庚)을 극(剋)한다. 시간(時干) 임(壬)에 두문(杜門)과 육합(六合)이 임하고, 공망(空亡)을 만났고, 임신(壬辛)으로 등사상전(螣蛇相纏)이 되어 길문(吉門)을 얻어도 평안하지 않으니 바라는 일이 있어도 기만을 당한다.

"조 여사님, 6월쯤부터 매우 상심하고 계시죠? 중요한 것은 남편에 대한 불만입니다. 남편은 집에 오지 않는 날이 많고 당신을 속입니다. 두 사람의 갈등이 매우 심합니다."

"저는 남편이 밖에서 다른 여자를 만나는 것 같은데 선생님이 보시기에 어떻습니까?"

일간(日干)은 조 여사이고 시간(時干) 임(壬)은 남편인데 곤이궁(坤二宮)에 있고, 태칠궁(兌七宮)의 정기(丁奇)를 생(生)한다. 또한 경(庚)도 남편인데 지반(地盤) 을기(乙奇)를 형극(刑剋)하고, 태칠궁(兌七宮)의 정기(丁奇)와 비화(比和)된다. 태칠궁(兌七宮)의 정기(丁奇) 아래에 제3의 남자인 병기(丙奇)가 임하였다. 임(壬)이 정(丁)을 생(生)하고, 정임합(丁壬合)되어 음탕한 합(合)다.

"틀림없습니다. 젊은 아가씨와 어울립니다."

"그동안 몇 차례 다투었는데도 달라지지가 않아요. 어떤 때는 며칠씩 들어오지 않습니다. 딸이 내년에 입학시험을 보는데 관심도 없고, 제가 안팎으로 모든 일을 해야 하니 정말 속이 상합니다. 남편과 결혼한 지 20년이 되었는데 더는 이렇게 살고 싶지 않습니다. 딸과 상의하여 이혼하겠습니다."

일간(日干) 경(庚)은 조 여사인데 사문(死門)이 임하고, 을기(乙奇)에도 상문(傷門)과 백호(白虎)가 임하고, 을(乙)이 경(庚)을 극

(剋)하고, 경(庚)이 을(乙)을 형(刑)하고, 시간(時干) 임(壬)이 일간(日干) 경(庚)을 생(生)한다.

"이혼하실 생각입니까? 남편은 이혼할 생각이 없는데요."
"협의이혼을 하려고 하는데 언제쯤 되겠습니까?"

조 여사의 년명(年命) 신(辛)이 진삼궁(震三宮)에 있는데 남편의 년명(年命) 임(壬)이 있는 곤이궁(坤二宮)을 바로 극(剋)하고, 육합(六合)이 또 공망(空亡)을 만났다. 1998년 인묘월(寅卯月)에 목왕(木旺)하여 곤궁(坤宮)의 토(土)를 충극(沖剋)한다.

"기필코 이혼을 하시려면 여사님 집에서 북쪽에 있는 변호사를 찾아가세요. 남편과 이해관계를 청산하면 협의가 빨리 이루어질 수도 있습니다. 내년 2월 정도에야 가능하겠습니다."

나중에 조 여사한테서 전화가 왔다. 정초에 자전거를 타다가 자빠져 뼈가 부러졌고, 변호사의 도움을 받아 남편과 협의이혼을 했는데, 갑인월(甲寅月) 을사일(乙巳日)에 이혼수속을 모두 마쳤다고 하였다.

4) 1996년 12월 29일 밤 9시 45분에 1972년 임자년(壬子年)생인 젊
   은 여자가 다른 사람의 혼인생활을 봐달라고 하였다.

符 死庚 英丁	蛇 驚丙壬 芮　庚	陰 開戊 柱壬
天 景丁 輔癸	丙	合 休乙 心戊
地 杜癸 沖己	玄 傷己 任辛	白 生辛 蓬乙

병자년(丙子年) 경자월(庚子月)
경자일(庚子日) 정해시(丁亥時)
양칠국(陽七局)

일간(日干) 경(庚)이 손사궁(巽
四宮)에 있고, 시간(時干) 정(丁)
이 진삼궁(震三宮)에 있으니 둘
이 비화(比和)된다. 경(庚)은 남편이고 정(丁)은 제3의 여자다. 경
정(庚丁)은 정정지격(亭亭之格)이며 사적으로 숨겨 관사(官司)가
일어난다. 정계(丁癸)는 주작투강(朱雀投江)이며 구설과 관사(官
司)다. 경문(景門)은 직사(直使)이고, 경상(景傷)은 주로 인친소구
(姻親小口)의 구설이다. 경문(景門)은 암으로 경(庚)을 띠고, 경정
(庚丁)은 또 시격(時格)이 된다.

"최근에 복잡한 일이 있었지요? 혼인분규에 빠져들어 제3자 역할
을 했지요?"
"네. 선생님이 보시기에 그 남자와 결혼하겠습니까?"

경(庚)은 남자쪽인데 위에 직부(直符)가 승(乘)하고 사문(死門)이

임하였다. 을기(乙奇)는 남자의 아내이며 태칠궁(兌七宮)에 있는데 천심성(天心星)과 휴문(休門)·육합(六合)이 임하고, 을무(乙戊)로 이음해양(利陰害陽)이 된다. 을(乙)은 경(庚)을 극(剋)하고, 또 정(丁)을 극(剋)한다.

"아가씨가 좋아하는 그 사람은 부사장이지요? 그는 이혼하고 아가씨와 결혼하려고 하나 그의 아내가 이혼을 원하지 않습니다. 그의 아내는 재무회계에서 일류급입니다. 맞습니까?"
"네. 아무리 설득해도 이혼은 하지 않으려고 하는데 해결될까요?"

여자의 년명(年命) 임(壬)이 리구궁(離九宮)에 있고, 제3의 남자 병(丙)과 동궁(同宮)하고, 임(壬) 아래 경(庚)이 임하여 임경(壬庚)으로 태백금사격(太白擒蛇格)이 되고, 경(庚)은 손사궁(巽四宮)에 있는데 사문(死門)이 임하며 리구궁(離九宮)의 임(壬)을 생한다.

"아가씨는 젊은데 총각을 찾지 왜 유부남을 만나는지요? 만약 정리하기 어려우면 기다렸다가 그들이 이혼하거든 다시 말씀하세요."
"그들이 언제 이혼하겠습니까?"

일시(日時)가 모두 내반(內盤)에 있고, 경정(庚丁)이 시격(時格)이고, 경문(景門) 직사(直使)가 진삼궁(震三宮)에 있으니 빠르면 30일 늦으면 석 달 정도 걸린다. 또 건육궁(乾六宮)의 신을(辛乙)

이 백호창광(白虎猖狂)으로 가패인망(家敗人亡)을 나타내므로 그리 머지않아 그들의 가정에 변고가 생겨 이혼할 것이다. 빠르면 한달, 더디면 석 달 걸린다. 이러한 이유로 내년 4~5월이면 그 남자와 결혼할 것이라고 판단하였다. 나중에 알게 된 바로는 1997년 1월 3일 을사일(乙巳日)에 그 남자의 가정에서 한바탕 충돌이 일어났다. 부인이 술병으로 남자의 오른쪽 뺨에 상처를 입혀 26바늘을 꿰맸고, 오른쪽 눈 부위에도 상처를 입혀 이혼할 핑계가 더 생겼다. 한 달 후 이혼하고 1998년 5월에 이 아가씨와 결혼했다고 한다.

3. 임신 · 출산 예측

1) 1996년 1월 13일 오후 4시에 젊은 남녀가 찾아왔다. 1995년 여름에 결혼했는데 언제 임신하며 아들을 낳을 수 있는지를 물었다. 여자는 1971년 신해년(辛亥年)생이다.

玄 休辛 心己	地 生丙 蓬丁	天 傷癸 任乙
白 開壬 柱戊	庚	符 杜戊 沖壬
合 驚庚乙 芮　癸	陰 死丁 英丙	蛇 景己 輔辛

을해년(乙亥年) 기축월(己丑月)
기유일(己酉日) 임신시(壬申時)
양삼국(陽三局)

일간(日干) 기(己)는 예측을 구하는 사람인데 건육궁(乾六宮)에 낙(落)하고 공망(空亡)을 만났으

니 아직은 임신이 되지 않는다. 시간(時干)은 바라는 일이니 아들
인데 시간(時干) 임(壬)이 진삼궁(震三宮)에 낙(落)하고, 일간(日
干)은 공망지(空亡地)에 임하여 임신되지 않는 것이다. 진(震)은
장남을 뜻하며 머리·태를 나타내니 아들을 임신할 상이고, 곤궁
(坤宮)은 산모이고 곤궁(坤宮)의 천반(天盤)에 임한 성(星)이 태아
인데 천임(天任) 양성(陽星)이 임했으니 아들이고, 임한 상문(傷
門)도 양문(陽門)이니 아들을 임신한다.

천예성(天芮星)은 어머니인데 간팔궁(艮八宮)에 낙(落)하였다. 간
(艮)은 소남, 을(乙)은 아내, 경(庚)은 남편이다. 또 위에 육합(六
合)이 승(乘)했는데 육합(六合)도 태아에 해당한다. 지금 간팔궁
(艮八宮)이 공망(空亡)되고 인월(寅月)에 전실(塡實)되며 을경(乙
庚)이 합(合)하므로 임신한다. 1996년 정월에 임신하여 아들을 낳
겠다고 판단했는데 과연 1996년 정월에 임신하였다.

2) 2004년 2월 24일 유시(酉時)에 윤 여사가 임신 여부를 물어왔다.

天 景 辛 英 丙	符 死 癸 芮 辛	蛇 驚 己 柱 癸
地 杜 丙 輔 丁	乙	陰 開 戊 心 己
朱 傷 丁 沖 庚	勾 生 庚 任 壬	合 休 壬 蓬 戊

갑신년(甲申年) 정묘월(丁卯月)
계유일(癸酉日) 신유시(辛酉時)
양육국(陽六局)

일간(日干)은 윤 여사인데 일간
(日干) 계(癸)가 리궁(離宮)에
낙(落)하였다. 궁(宮) 안의 천예

성(天芮星)은 어머니가 될 윤 여사이고, 사문(死門)은 태반이다. 천
예성(天芮星)은 토(土)에 속하고, 2월은 수사(囚死)에 처한다. 사문
(死門)은 토(土)에 속하고, 극(剋)을 만나고, 계신(癸辛)으로 망개
천뢰(網蓋天牢)가 되어 임신이 되지 않는 것이다.

그렇다면 언제 임신하는가? 천예성(天芮星)은 어머니인데 직부성
(直符星)을 만나니 임신할 수 있다. 태반의 사문(死門)이 왕월에
임하면 임신하는데 사문(死門)은 토(土)에 속하고, 사오미월(巳午
未月) 석 달에는 왕지(旺地)에 임하므로 3개월 안에 임신할 것이
다. 육합(六合)은 태아인데 건궁(乾宮)에 낙(落)하고, 건(乾)은 양
(陽)이니 사내아이가 분명하다. 결과는 음력 5~6월에 임신하여
2005년 3월 10일에 아들을 낳았다.

3) 2005년 9월 8일 8시 40분에 이 여사가 찾아왔다. 출산일이 가까
　워 오는데 정황을 알고자 하였다.

合 開 庚 柱 癸	陰 休 辛 心 戊	蛇 生　乙 蓬 壬 丙
白 驚 壬 丙 芮　丁	壬	符 傷 己 任 庚
玄 死 戊 英 己	地 景 癸 輔 乙	天 杜 丁 沖 辛

을유년(乙酉年) 을유월(乙酉月)
을미일(乙未日) 경진시(庚辰時)
음구국(陰九局)

일간(日干)은 임신부인데 일간
(日干) 을(乙)이 곤궁(坤宮)에
낙(落)하였다. 곤궁(坤宮)은 산실

이고 생문(生門)은 출산이다. 천봉성(天蓬星)은 산파·산부인과 의사이고, 을기(乙奇)도 의사이니 모두 출산하는 상이다. 곤궁(坤宮) 위에 등사(螣蛇)가 임했으니 헛되이 놀라며 혈광이 따르고, 을임(乙壬)은 일기입지(日奇入地)이니 순산하지 못함을 나타낸다. 그러나 을병(乙丙)이 기의순수(奇儀順遂)이니 문제가 없고 모자가 모두 평안하다.

시간(時干) 경(庚)은 일인데 손궁(巽宮)에 낙(落)하고, 천주성(天柱星)은 태궁(兌宮)이 정위(定位)다. 태(兌)는 칼·가위이고, 개문(開門)은 가르고 여는 것이며, 경계(庚癸)는 대격(大格)이니 모두 배를 가르는 수술로 낳는 상이다. 육합(六合)은 출산 후에 봉합(合)하는 상이니 제왕절개로 출산한다는 뜻이다. 시간(時干) 경(庚)도 태아인데 손궁(巽宮)에 낙(落)하였다. 손(巽)은 장녀이니 딸이 분명하다.

언제 출산하는가? 천예(天芮)는 산모인데 진삼궁(震三宮)에 낙(落)하고, 위에 백호(白虎)가 승(乘)하므로 최산신(催産神)이 빠르다. 손궁지(巽宮地)는 진사(辰巳)이니 태아는 어머니 뱃속에 있는데 9월 11일과 12일인 술해일(戌亥日)이 손궁(巽宮)의 진사(辰巳)를 상충(相沖)하니 출산일이다. 손궁(巽宮)의 수는 4이니 4일을 넘기지 않을 것이다. 을미(乙未)는 음일(陰日)이고, 경(庚) 위의 간(干)이 기(己)이므로 9월 12일 기해일(己亥日)에 낳을 것이다. 결과는 9월 12일에 제왕절개 수술로 딸을 낳았다. 수술과정은 비교적 빠르며 순조로웠다.

4) 1996년 11월 8일 오후 4시가 조금 지나 한 아주머니가 찾아왔다.
시집간 딸이 임신한 지 열 달이 가까워 오는데 언제 출산하겠느
냐고 물었다.

陰 景己壬 芮　　庚	蛇 死乙 柱丁	符 驚戊 心壬
合 杜丁 英辛	己	天 開癸 蓬乙
白 傷庚 輔丙	玄 生辛 沖癸	地 休丙 任戊

병자년(丙子年) 기해월(己亥月)
기유일(己酉日) 임신시(壬申時)
음육국(陰六局)

　일간(日干) 기(己)와 시간(時
干) 임(壬)이 모두 손사궁(巽四
宮)에 있으니 비화(比和)되어 모
자가 평안하다. 곤궁(坤宮)은 산실, 지반(地盤) 천예성(天芮星)은
임신부, 천반성(天盤星)은 태아다. 천예성(天芮星)이 천심성(天心
星)을 생(生)하고, 천심성(天心星)은 해월(亥月)에 왕상(旺相)하니
모자가 평안하며 분만도 순조롭다.

　또 곤궁(坤宮)에 임한 문(門)이 태아이고, 천반성(天盤星)이 산실
이다. 경문(驚門)과 천심성(天心星)이 비화(比和)되고 왕상(旺相)
하니 모자가 평안하며 정상분만한다. 비록 무임(戊壬) 격국(格局)
이 그리 좋지 않지만 가장 길한 직부신(直符神)이 승(乘)하므로 반
드시 순산할 것이다.

　곤궁(坤宮) 천반(天盤)의 성(星)이 태아인데 천반(天盤)이 천심성
(天心星)이다. 천심성(天心星)은 건궁(乾宮)에 있는데 건(乾)은 양

(陽)이며 남자다. 다만 기문(奇門)에서 천심성(天心星)은 음성(陰星)이고, 곤궁(坤宮)에 임한 문(門)이 태아이며, 경문(驚門)은 음문(陰門)이다. 또 시간(時干) 임(壬)이 손궁(巽宮)에 낙입(落入)되고, 직부(直符)는 산모이고 육합(六合)은 태아인데 육합(六合)이 진삼궁(震三宮)에 낙(落)하므로 아들이라고 보지만 음문(陰門) 음성(陰星)이 있으므로 아들인지 딸인지 확실하지 않다.

산기는 일반적으로 곤궁(坤宮)의 대충궁(對沖宮) 천반(天盤)에 임한 간(干)이다. 간궁(艮宮) 천반(天盤)은 경(庚)이니 11월 19일 경신일(庚申日)이라고 할 수 있다. 그러나 음일(陰日)은 경(庚) 위의 간(干)을 보아야 하고, 양일(陽日)은 경(庚) 아래의 간(干)을 보아야 한다. 오늘은 기유일(己酉日) 음일(陰日)이므로 경(庚) 위의 간(干)을 보니 기(己)이므로 응기(應期)는 기해월(己亥月)이다. 경(庚) 위의 간(干)이 임(壬)이니 응기(應期)가 11월 21일 임술일(壬戌日)이다. 마침 술일(戌日)은 건육궁(乾六宮)의 공망(空亡)이 전실(塡實)되고, 손사궁(巽四宮)의 임산부 천예(天芮)와 시간(時干) 임(壬)을 충동(沖動)하므로 11월 21일 임술일(壬戌日)이 산기다.

아주머니에게 예정일과 예측이 같고, 모자가 모두 평안하며 순산할 것이라고 말하였다. 결과는 11월 21일 새벽 3시 5분에 순조롭게 사내아이를 낳았는데, 기해월(己亥月) 임술일(壬戌日) 임인시(壬寅時)였다.

5) 1996년 9월 24일 밤 7시가 조금 지나서 만삭이 된 젊은 부인이 찾아왔다. 내일 오전에 아기를 낳을 것 같은데 걱정이 되어 왔다고 하였다.

白 杜辛 輔辛	合 景丙 英丙	陰 死癸 芮癸
玄 傷壬 沖壬	庚	蛇 驚戊 柱戊
地 生乙 任乙	天 休丁 蓬丁	符 開己 心己

병자년(丙子年) 정유월(丁酉月) 갑자일(甲子日) 갑술시(甲戌時) 음칠국(陰七局)

일간(日干) 갑자무(甲子戊)는 예측을 구하는 사람인데 태칠궁(兌七宮)에 낙(落)하고, 경문(驚門)과 등사(螣蛇)가 승(乘)했으니 소녀가 놀라며 두려워하는 상이다. 부인의 배가 크고 뚱뚱한 것은 외응(外應)으로 출산이 임박한 형세이므로 반드시 산육(産育)을 위주로 예측해야 한다.

산육(産育)을 예측할 때는 곤궁(坤宮)은 산실, 지반(地盤) 천예(天芮)는 산모, 곤궁(坤宮)에 임한 성(星)은 태아인데 음양(陰陽)으로 아들 딸을 논한다. 대충궁(對沖宮)의 천반(天盤) 간(干)이 산기이며 평안 여부를 본다. 곤궁(坤宮)에 승(乘)한 태음(太陰)은 보호하는 신(神)이고, 대충궁(對沖宮) 천지반(天地盤)의 2개의 을기(乙奇)는 의사인데 생문(生門)·구지(九地)가 임하므로 산육(産育)이 평안하다고 판단하였다.

곤궁(坤宮)에 임한 천예(天芮)는 음성(陰星)이고 간(干)에 임한 계(癸)도 음간(陰干)이므로 딸을 낳을 가능성이 있다. 곤궁(坤宮)의 대충궁(對沖宮) 천반(天盤) 간(干)이 을(乙)이므로 을(乙)은 응기(應期)의 일간(日干)이고, 갑술기(甲戌己) 시간(時干)은 건육궁(乾六宮)에 낙(落)하고, 개문(開門)·천심성(天心星)·직사(直使)·직부(直符)가 임하므로 출산이 평안하다. 시간(時干)은 예측하는 일인데 복음(伏吟)되어 부동이며 진술상충(辰戌相沖)이 되니 반드시 진시(辰時)에 생육하므로 이튿날인 을축일(乙丑日) 진시(辰時)가 응기(應期)다. 결과는 이튿날 진시(辰時)에 딸을 낳았다.

6) 1997년 3월 25일 유시(酉時)에 젊은 남자한테서 전화가 왔다. 아내가 조산할 것 같아 매우 초조하다고 하였다.

天 驚壬 杜己	符 開辛 心丁	蛇 休　丙 蓬庚乙
地 死庚乙 芮　戊	庚	陰 生癸 任壬
玄 景丁 英癸	白 杜己 輔丙	合 傷戊 沖辛

정축년(丁丑年) 계묘월(癸卯月)
병인일(丙寅日) 정유시(丁酉時)
양삼국(陽三局)

곤궁(坤宮)은 부인인데 격국(格局)이 병경(丙庚)으로 형입태백(熒入太白)이므로 흉하다. 부인이 차를 타고 가다가 충격을 받아 조산하게 되었다. 또 병(丙)은 일간(日干)이며 젊은 남자인데 병신합(丙辛合)이 되고, 신(辛)은 그의 아내인데 리구궁(離九宮)에서 육의격형(六儀擊刑)이 되고, 개문(開門)이 임하여 운전하다가 부딪쳐 조산하게 되었다.

곤궁(坤宮)의 천반성(天盤星)인 천봉(天蓬)은 양성(陽星)이고, 임한 휴문(休門)은 양문(陽門)이다. 또 시간(時干) 정(丁)이 간궁(艮宮)에 낙(落)하여 아들이 분명하다. 직부(直符)는 산모이고 신(辛)은 아내인데 리구궁(離九宮)에 개문(開門)이 임하고, 또 육의격형(六儀擊刑)이 되므로 수술하는 상이다. 곤궁(坤宮)은 산실이고 휴문(休門)·천봉(天蓬)은 태아인데 궁(宮)의 극(剋)을 받으니 수술하는 상이다. 신(辛) 아래에 정(丁)이 임하여 옥신득기(獄神得奇) 길격(吉格)이 되고, 곤궁(坤宮)의 병을(丙乙)도 길격(吉格)이다. 천심성(天心星)·을기(乙奇)는 의사인데 마침 리구궁(離九宮)과 곤이궁(坤二宮)에 임하니 수술은 제때 순조롭게 이루어진다.

언제 낳는 것이 좋은가? 정유시(丁酉時)를 보니 정(丁)은 시간(時干)이니 아기가 되고, 간팔궁(艮八宮)에 입고(入庫)되고, 정계상충(丁癸相沖)이 되고, 정계(丁癸)로 주작투강(朱雀投江)이 되어 흉격(凶格)이니 이 시간은 좋지 않다. 응(應)은 무술시(戊戌時)이며 무간(戊干)이 건육궁(乾六宮)에 낙(落)하고, 개문(開門)과 천심성(天心星)을 만나고, 년간(年干) 정(丁)이 시간(時干) 무(戊)를 생(生)하고, 또 육합(六合)이 승(乘)하니 이때가 가장 순조롭다.

또 양일(陽日)은 경(庚) 아래의 간(干)으로 응기(應期)를 삼는데 진삼궁(震三宮) 경(庚) 아래의 간(干)이 무(戊)이니 무술시(戊戌時)가 응(應)이다. 결과는 즉시 수술준비를 했다가 무술시(戊戌時)에 제왕절개로 아들을 낳았고, 모자가 모두 평안하며 건강하였다.

7) 1997년 2월 7일 밤 7시가 조금 지나서 젊은 남자가 만삭이 된 아내의 출산 여부를 물어왔다.

白 生 己 英 癸	玄 傷 丁辛 芮 己	地 杜 乙 柱 辛
合 休 癸 輔 壬	 丁	天 景 丙 心 乙
陰 開 壬 沖 戊	蛇 驚 戊 任 庚	符 死 庚 蓬 丙

정축년(丁丑年) 임인월(壬寅月)
경진일(庚辰日) 병술시(丙戌時)
양팔국(陽八局)

곤궁(坤宮)은 산실이고 지반(地盤) 천예(天芮)는 산모이며 천반(天盤) 천주성(天柱星)은 태아인데 천예(天芮)가 천주(天柱)를 생(生)하니 모자가 평안하다. 곤궁(坤宮)에 임한 문(門)이 태아인데 두문(杜門)이 비록 궁(宮)을 극(剋)하지만 두문(杜門)이 곤궁(坤宮)에 낙(落)하여 고(庫)에 들고, 인월(寅月)에 두문(杜門)이 왕상(旺相)하고, 구지(九地) 길신(吉神)이 승(乘)하고, 을기(乙奇) 의사가 임하므로 태아는 건강하고 평안하다. 일간(日干)인 경(庚)은 산모이고 시간(時干)인 병(丙)은 태아인데 하나는 건육궁(乾六宮)에 있고 하나는 태칠궁(兌七宮)에 있으니 비화(比和)되어 평안하다.

또한 직부(直符)는 산모이며 건육궁(乾六宮)에 낙(落)하고, 육합(六合)은 태아인데 진삼궁(震三宮)에 낙(落)하여 어머니가 자식을 극(剋)하여 불길한 것 같다. 그러나 인월(寅月)에는 목왕(木旺)하고 금(金)이 수(囚)하니 무방하고, 지반(地盤)에 무술상합(戊戌相

合)이 있으니 무방하다.

곤궁(坤宮) 천반(天盤)은 천주성(天柱星)인데 음성(陰星)이고, 두
문(杜門)은 도리어 양문(陽門)이다. 시간(時干) 병(丙)이 태칠궁
(兌七宮)에 낙(落)하여 음궁(陰宮)이고, 임한 성문(星門)도 음(陰)
에 속한다. 다만 직사(直使) 휴문(休門)이 진삼궁(震三宮)에 낙
(落)하여 양문(陽門)·양궁(陽宮)·양성(陽星)이니 직사낙궁(直使
落宮)이 양(陽)이므로 아들을 낳는다고 판단하였다.

곤궁(坤宮)의 대충궁(對沖宮)과 간궁(艮宮) 천반(天盤)에 임한 간
(干)이 산기인데 임한 간(干)이 임(壬)이므로 임일(壬日) 임시(壬
時)에 출산한다고 판단하였다. 또한 간궁(艮宮)에 개문(開門)이 임
하니 이날 이때 태어난다고 본 것이다. 직사문낙궁(直使門落宮)이
응기(應期)인데 직사(直使) 휴문(休門)이 진삼궁(震三宮)에 낙(落)
하여 사흘 안에 낳을 것을 나타낸다. 결과는 2월 9일 임오일(壬午
日) 임인시(壬寅時)에 사내아이를 순산하였다.

8) 1998년 3월 24일 밤 8시 45분에 임신 6개월 된 젊은 부부가 찾아
   왔다. 병원에서 검사를 했는데 양수가 너무 많아 태아의 머리
   부분에 그림자가 있어 기형아일지도 모른다는 것이다. 그래서
   유산을 시켜야 하는지, 그냥 낳아도 좋은지 몰라 마음이 무겁다
   고 하였다.

玄 死辛 沖壬	地 驚壬 輔戊	天 開戊 英庚
白 景乙 任辛	癸	符 休癸庚 芮　丙
合 杜己 蓬乙	陰 傷丁 心己	蛇 生丙 柱丁

무인년(戊寅年) 을묘월(乙卯月)
경오일(庚午日) 병술시(丙戌時)
양구국(陽九局)

시간(時干)은 태아인데 시간(時干) 병(丙)이 건육궁(乾六宮)에 낙(落)하여 고(庫)에 드니 마침 어머니 뱃속에 있는 상이다. 시간(時干)에 생문(生門)이 임하고 병(丙) 아래에 정기(丁奇)가 임하여 천둔(天遁) 길격(吉格)이고, 태세(太歲)가 곤궁(坤宮)을 생(生)하고 일간(日干) 경(庚)과 비화(比和)되니 태아는 정상이다.

등사(螣蛇)가 승(乘)하여 주로 괴이함과 놀람이 있고, 건(乾)은 머리이므로 태아의 머리 부분에 그림자가 있으니 허황된 상이다. 사문(死門) 직사(直使)가 손사궁(巽四宮)에 낙(落)하고, 시간(時干) 병(丙)이 있는 건궁(乾宮)과 대충(對沖)된다. 직사문(直使門)은 태아를 검사하는 담당의사인데 현무(玄武)가 승(乘)하니 주로 어지럽고 어둡다. 신(辛)이 임하면 착오를 나타내므로 담당의사는 자세히 알지 못한 것이다.

사문(死門)이 손사궁(巽四宮)에 낙(落)했으니 주로 4수이므로 14일 후면 병진월(丙辰月)에 진입하여 진(辰)이 술고(戌庫)를 충(沖)하니 그때 다시 병원에 가서 검사를 받으라고 하였다. 그후 젊은 부부는 병원에서 안심하고 태아를 보호하라는 진단을 받았다. 젊은 부부는 다시 아들인지 딸인지와 순산 여부를 물었다.

곤궁(坤宮) 천반성(天盤星)이 천영(天英星)이다. 천영(天英)은 음성(陰星)이니 딸인 것 같다. 그러나 곤궁(坤宮)에 임한 문(門)으로 판단하면 개문(開門)은 양문(陽門)이고, 육의(六儀) 무(戊)도 양토(陽土)이니 아들이 분명하다. 곤궁(坤宮)은 산실이고 무경(戊庚)은 비궁격(飛宮格)이니 태아에게 어려움이 있는데 개문(開門)이 임했으니 수술하는 상이다. 천예성(天芮星)은 산모인데 태칠궁(兌七宮)에 낙(落)하고, 휴문(休門) 길문(吉門)이 임하고, 직부(直符) 길신(吉神)이며 경병(庚丙)으로 시격(時格)이니 난산할 상이다.

또한 시간(時干) 병(丙)이 술묘(戊墓)에 들어 입묘나망(入墓羅網)이니 출산이 순조롭지 않고, 시간(時干)은 오불우시(五不遇時)가 되었으니 역시 순조롭지 않다. 난산할 조짐이 있으니 제왕절개를 하는 것이 좋고, 태아의 몸무게는 3kg 정도가 될 것이다.

결과는 6월 19일 오후 2시에 제왕절개 수술을 하여 사내아이를 낳았고, 몸무게는 3.3kg이었다. 산기는 이틀 동안 이어졌고, 2시간 동안 극심한 진통을 겪다가 결국은 제왕절개로 아기를 낳았다.

4. 구학 · 고시 예측

1) 1996년 7월 12일 밤 8시 35분에 중년 남자가 아들의 대입시험 정황과 어느 계열에 지원하면 좋은지를 물었다.

玄 開癸 沖壬	白 休壬 輔乙	合 生乙 英丁
地 驚戊 任癸	辛	陰 傷辛 丁 芮　己
天 死丙 蓬戊	符 景庚 心丙	蛇 杜己 柱庚

병자년(丙子年) 을미월(乙未月)
경술일(庚戌日) 병술시(丙戌時)
음팔국(陰八局)

아버지가 아들의 시험을 문의하는 일이니 시간(時干) 병(丙)이 수험생인데 간팔궁(艮八宮)에 낙(落)하여 장생지(長生地)다. 미월(未月) 간팔궁(艮八宮)은 왕상(旺相)하고, 병무(丙戊)로 비조질혈(飛鳥跌穴)이며, 비록 사문(死門)이 임했지만 궁(宮)과 비화(比和)되고, 구천(九天) 길신(吉神)이 승(乘)하였다. 시험장인 천보성(天輔星)은 시간(時干) 병(丙)을 생조(生助)하고, 시험감독인 직부(直符)는 시간(時干)이 극(剋)하고, 문장인 정기(丁奇)는 태칠궁(兌七宮) 장생지(長生地)에 낙(落)하고 시간(時干) 병(丙)에게 생(生)되며, 경문(景門)은 시험지인데 감궁(坎宮)에 낙(落)하여 그리 좋지 않다. 그러나 직부(直符)가 승(乘)하고 천심(天心) 길성(吉星)이 임하여 좋은 점수가 나올 것이다.

"어느 방향에 있는 학교와 무슨 과가 좋겠습니까?"
"아드님이 몇 살입니까?"
"1977년 정사년(丁巳年)생입니다."

년명(年命) 정(丁)이 태칠궁(兌七宮)에 있어 장생지(長生地)가 되고, 천예(天芮) 병성(病星)과 상문(傷門)이 임하여 년간(年干) 병(丙)이 있는 간팔궁(艮八宮)의 생(生)을 받고, 년간(年干)은 학교인데 사문(死門)이 임하였다. 사문(死門)은 주로 지리(地理)·지면(地面)·무기물·죽어가는 사람을 구조하거나 부상당한 사람을 돌보는 것과 관계있으니 대학입학은 문제가 없다.

"동북쪽에 있는 학교가 가장 좋고, 지리·물리·의학 계통이 좋습니다. 아드님은 몸이 그리 좋지 않군요. 지금은 눈에 이상이 있고 앞으로는 심장을 조심해야 합니다."
"네. 어릴 때부터 약한 편이었습니다. 눈은 근시입니다."

결과는 순조롭게 응용물리학과에 입학하였다.

2) 1996년 4월 22일 오전 10시 20분에 한 아주머니가 아들의 대학입학시험에 대하여 물었다.

天 生庚 蓬癸	符 傷戊 任己	蛇 杜壬 沖辛
地 休丙 心壬	丁	陰 景癸 輔乙
玄 開乙 柱戊	白 驚丁辛 芮　庚	合 死己 英丙

병자년(丙子年) 임진월(壬辰月)
기축일(己丑日) 기사시(己巳時)
양팔국(陽八局)

시간(時干) 기(己)는 아들·수험생인데 건육궁(乾六宮) 태양지

(胎養地)에 낙(落)하고, 사문(死門)이 임하고, 공망(空亡)을 만났고, 기병(己丙)으로 화패지호(火悖地戶) 흉격(凶格)이다. 또 정기(丁奇)는 수험생의 문장인데 정기(丁奇)가 감일궁(坎一宮)에 낙(落)하여 화입수향(火入水鄕)이고, 정(丁) 아래에 경(庚)을 만나 문서에 막힘이 있고, 천예(天芮) 병성(病星)·경문(驚門)·백호(白虎)가 임했으므로 선천적으로 부족하며 몸이 그리 좋지 않고, 평상시 학업성적이 별로 좋지 않다.

"그래요. 우리 아들은 어려서부터 병이 많았고, 공부를 못하여 성적이 좋지 않을 겁니다. 선생님께서 보시기에 올해 대학에 들어가겠습니까?"

천보성(天輔星)은 시험장인데 시간(時干)과 비화(比和)되고 정기(丁奇)를 생(生)한다. 그러나 시간(時干)이 공망(空亡)을 만나고, 직부(直符)가 시간(時干)을 극(剋)하고, 경문(景門)은 시험지인데 태칠궁(兌七宮)에서 박(迫)되었다. 년간(年干)은 대학인데 년간(年干) 병(丙)이 진삼궁(震三宮)에 있고, 정기(丁奇)에게 생(生)되고, 시간(時干)에게 극(剋)되므로 합격하기 어렵다.

"아드님이 노력은 하지만 합격하기는 어렵습니다. 아드님이 지금 몇 살입니까?
"1975년 을묘년(乙卯年)생입니다. "

년명(年命) 을(乙)은 간팔궁(艮八宮)에 있어 제왕지(帝旺地)인데 년간(年干) 병(丙)의 극(剋)을 받아 대학에 합격하기 어렵다. 직부(直符) 리화(離火)가 년명(年命) 간토(艮土)를 생(生)하고, 년명(年命)이 또 천보(天輔) 태금(兌金)을 생(生)하고, 을(乙) 아래에 무(戊)가 임했으니 정규대학에 입학할 가능성은 많지 않아 기부입학은 어떠냐고 제안하였다. 결과는 시험성적이 제대로 나오지 않아 돈을 내고 입학하였다. 도덕적인 관점에서 보면 아주 잘못된 방법이나 돈이 양반인 셈이다.

3) 1996년 7월 4일 오후 8시경에 전력회사 간부가 찾아왔다. 아들의 대입시험이 가까워 오는데 성적이 별로 좋지 않아 걱정이라며 예측을 부탁하였다. 아들은 1977년 정사년(丁巳年)생이다.

玄 開辛 英乙	白 休丙己 芮　辛	合 生癸 柱己
地 驚乙 輔戊	丙	陰 傷丁 心癸
天 死戊 沖壬	符 景壬 任庚	蛇 杜庚 蓬丁

병자년(丙子年) 갑오월(甲午月)
임인일(壬寅日) 경술시(庚戌時)
음삼국(陰三局)

정기(丁奇)는 수험생·문장인데 정기(丁奇)가 태칠궁(兌七宮)에 낙(落)하여 비록 삼기(三奇) 정전(正殿) 길격(吉格)이지만 상문(傷門)이 임하여 불길하고, 정계(丁癸)로 주작투강(朱雀投江) 흉격(凶格)이니 반드시 시험성적이 좋지 않을 것이다. 시간(時干) 경(庚)은 그의 아들을 나타내는데 건육궁(乾六宮)에 낙(落)하고, 경정(庚丁)으로 성기(星奇) 수형(受刑)되고 두문(杜門)이 임하여 불길하고, 전체 국(局)이 팔문반음(八門反吟)이므로 반드시 시험이 순조롭지 않다.

정기(丁奇)·경문(景門)은 시험지인데 경문(景門)이 수향(水鄉)에 들고, 정기(丁奇)가 태칠궁(兌七宮)에서 주작투강(朱雀投江) 흉격(凶格)이 되어 시험성적이 신통치 않다. 년간(年干) 병(丙)은 대학인데 리구궁(離九宮)에서 정기(丁奇)와 시간낙궁(時干落宮)을 극(剋)하여 합격하지 못하는 상이다. 다행히 정기(丁奇)·시간(時干)이 시험장소인 천보성낙궁(天輔星落宮)을 극(剋)하여 합격할 수 있는 기미가 보이고, 시간(時干)이 일간(日干)을 생(生)하여 길한 상이다.

일간(日干)은 아버지인데 일간(日干) 임(壬)이 감일궁(坎一宮)에 낙(落)하고 직부(直符)가 임하니 권세있는 사람으로 직장에서 간부직을 맡고 있다. 일간(日干)이 년간낙궁(年干落宮)을 극(剋)하며 천보성낙궁(天輔星落宮)을 생(生)하고, 갑자무(甲子戊)가 또 정기(丁奇)를 생(生)하니 아들을 돈으로 입학시킬 가능성이 있다. 결과는 성적이 최하위보다 약간 높아 돈으로 전자컴퓨터학과에 입학시켰다.

4) 1996년 11월 3일 오후 4시에 석사학위로 의학대학에서 강의하고 있는 김 여사가 찾아왔다. 내년에 일류대 심리학과 박사과정에 들어가려고 하는데 합격하겠느냐고 물었다.

合 驚乙 沖丙	陰 開丙 輔庚	蛇 休庚 英戊
白 死辛 任乙	丁	符 生丁戊 芮　壬
玄 景己 蓬辛	地 杜癸 心己	天 傷壬 柱癸

병자년(丙子年) 무술월(戊戌月)
갑진일(甲辰日) 임신시(壬申時)
음이국(陰二局)

일간(日干) 갑진임(甲辰壬)과 시간(時干) 임(壬)이 함께 건육궁(乾六宮) 관록지(官祿地)에 임하였다. 그러나 술월(戌月)을 만나 당령(當令)하여 왕상(旺相)한데 공망(空亡)을 만나 불길하고, 임계(壬癸)로 격국(格局)이 좋지 않고, 상문(傷門)이 흉문(凶門)이고, 천주(天柱)도 흉성(凶星)이다. 상개(傷開)는 주로 행방불명·변동을 나태내니 불길하다.

정기(丁奇)는 수험생의 문장인데 태칠궁(兌七宮) 장생지(長生地)에 있어 정임(丁壬)으로 길격(吉格)이나 천예(天芮) 흉성(凶星)이 임하여 불길하다. 경문(景門)은 답안지인데 천봉(天蓬) 흉성(凶星)이 임하고 현무(玄武)가 승(乘)하여 기신(己辛)으로 유혼입묘(遊魂入墓) 흉격(凶格)이니 반드시 답안이 이상적이지 않다. 년간(年干) 병(丙)은 학교이고 천보성(天輔星)은 시험장소인데 둘 모두 리구궁(離九宮)에서 일간(日干) 임(壬)이 있는 건육궁(乾六宮)과 정기

(丁奇)가 있는 태칠궁(兌七宮)을 바로 극(剋)하고, 일간(日干)은 또 공망(空亡)을 만났으니 모두 불합격을 나타낸다.

　내 예측이 확실한 것은 아니니 희망을 잃지 말고 노력하여 심리학 박사가 되기를 바란다고 하였다. 결과는 1997년에는 떨어졌으나 1998년에 다시 도전하여 원하던 학교에 들어갔다.

5. 직업 · 취업 예측

1) 1996년 2월 9일 오후 6시가 조금 지나 대학교 졸업반 학생이 취업에 관하여 물어왔다.

陰 開壬 心庚	合 休乙 蓬丙	白 生丁 任戊
蛇 驚癸 柱己	辛	玄 傷己 沖癸
符 死辛戊 禽　丁	天 景丙 英乙	地 杜庚 輔壬

병자년(丙子年) 경인월(庚寅月)
병자일(丙子日) 정유시(丁酉時)
양이국(陽二局)

　청년이 동남 손사궁(巽四宮)에 앉았으니 손사궁(巽四宮)을 참조하여 판단해야 한다. 개문(開門)을 만났는데 개문(開門)은 일이고, 임(壬)은 유동 · 변동이며, 임경(壬庚)은 대충(對沖) 건육궁(乾六宮)의 경임(庚壬)이 되므로 이탕격(移蕩格)이 되어 일의 변동을 나타내니 마침 졸업 후의 일자리가 된다.

서북에서 두문(杜門)을 만났으니 막혀 불통이고, 동남에서 개문(開門)이 임하니 자신의 집 동남쪽에 일자리가 생김을 나타낸다. 손(巽)은 바람이니 주로 교화함이고, 개문(開門)은 공개함이니 선전부문이 된다. 지반(地盤) 경(庚)은 대단위가 되고, 양둔(陽遁)에서 손사궁(巽四宮)은 주로 내(內)이니 가까운 곳을 뜻하고, 천심(天心) 길성(吉星)과 태음(太陰) 길신(吉神)이 승(乘)하니 귀인이 보이지 않게 도와줄 것이다.

년간(年干)과 일간(日干)이 모두 병화(丙火)인데 감일궁(坎一宮)에 낙(落)하고 경문(景門)을 만났으니 이공계열이다. 병을(丙乙)로 일월병행(日月幷行)이니 공과 사가 모두 길하다. 또한 구천(九天) 길신(吉神)이 승(乘)하고, 년간(年干) 병(丙)은 학교나 영도가 되는데 갑일궁(坎一宮)의 수(水)에 낙(落)하고, 개문낙궁(開門落宮)의 목(木)을 생(生)하니 일자리는 순조롭게 구할 수 있다. 비록 사문(死門)이 직사(直使)가 되어 간팔궁(艮八宮)에 낙(落)하여 반음(反吟)이니 순조롭지 않다. 다만 직부(直符)가 승(乘)하여 여러 가지 재화가 먼지가 되고, 또한 시령(時令)이 인월(寅月)이니 목왕(木旺)하며 토사(土死)하고, 사문낙궁(死門落宮)이 비록 일간(日干)과 개문낙궁(開門落宮)이 상극(相剋)하지만 작용하지 않으니 어렵기는 하나 귀인의 도움을 받아 비교적 만족할 것이다.

진사(辰巳)가 공망(空亡)인데 개문(開門)이 공망지(空亡地)에 낙(落)하고, 성문(星門)이 반음(反吟)이 되므로 일의 성패가 구분되기 쉽고 속도가 빠르다. 개문(開門)이 손사궁(巽四宮)에 낙(落)하

여 내반(內盤)은 가깝고 빠르므로 이 달 진일(辰日)이나 사일(巳
日)이 응기(應期)다. 결과는 정월 초이레인 임진일(壬辰日)에는 출
근하지 못했으나 초여드레인 계사일(癸巳日)에 첫 출근을 하였다.
초아흐레인 갑오일(甲午日) 기사시(己巳時)에 그의 집에서 동남쪽
에 있는 방송국과 취업협의서에 서명하였고, 8월에 직책을 맡아 순
조롭게 방송국에서 일하게 되었다.

2) 1996년 11월 4일 오전 8시에 출판사에서 편집하는 여자가 찾아
   왔다. 1974년 갑인년(甲寅年)생 아들이 내년에 무역학과를 졸업
   하는데 대외경제부에 선발되었다고 한다. 그런데 아들은 외교부
   에 들어가고 싶어 하는데 어디가 더 좋겠느냐고 물었다.

蛇 休癸 心丙	符 生己 蓬庚	天 傷辛 任戊
陰 開壬 柱乙	丁	地 杜乙 沖壬
合 驚丁戊 芮 辛	白 死庚 英己	玄 景丙 輔癸

병자년(丙子年) 무술월(戊戌月)
을사일(乙巳日) 경진시(庚辰時)
음이국(陰二局)

　시간(時干) 경(庚)은 그녀의 아
들을 나타내는데 감일궁(坎一宮)
에 낙(落)하고, 사문(死門)이 임

하여 어떻게 해야 할지 근심하는 상이다. 년명(年命) 갑인계(甲寅
癸)는 아들을 나타내는데 계(癸)가 손사궁(巽四宮)에 낙(落)하고,
아래에 태세(太歲) 병(丙)이 임하고, 또 천심(天心) 길성(吉星)과

휴문(休門) 길문(吉門)이 임하여 운세가 괜찮다.

개문(開門)이 진삼궁(震三宮)에 낙(落)하여 외교부가 되고, 시간(時干) 경(庚)은 감일궁(坎一宮)에서 진삼궁(震三宮)을 생(生)하니 외교부로 가고 싶어하는 것이다. 생문(生門)이 리구궁(離九宮)에 낙(落)하여 대외경제부가 되는데 시간(時干) 경(庚)인 감일궁(坎一宮)을 극(剋)한다. 특히 년명(年命) 갑인계(甲寅癸)가 손사궁(巽四宮)에서 대외경제부인 리구궁(離九宮)을 생(生)하니 대외경제부로 가는 것이 좋다. 년명(年命) 계(癸)와 외교부인 진삼궁(震三宮)은 비화(比和)된다. 일간(日干) 을(乙)은 내반(內盤)에 있고, 시간(時干) 경(庚)은 외반(外盤)에 있으니 주로 느리다. 비록 구성반음(九星反吟)은 응기(應期)가 빠르지만 사정에 따라 반복됨이 있다.

"대외경제부로 가는 것이 더 좋겠습니다. 대외경제부는 해외무역부로 외국에 나갈 기회가 많고, 또 외교부보다 자유롭고 발전할 가능성도 더 많습니다."

그후 25일 오후 6시 30분에 전화가 왔다. 경쟁자가 많아 대외경제부로 가기가 쉽지 않을 것 같은데 어떻게 하면 좋겠느냐고 물길래 학교 지도자를 찾아뵙고 도움을 요청하라고 하였다. 결과는 1997년에 졸업한 후 순조롭게 대외경제부에 들어갔다.

3) 1996년 1월 2일 오전 10시 무렵에 어느 부대 장교가 자신의 복무
   정황을 예측해 달라고 하였다.

陰 生乙 蓬庚	合丁 傷 任丙	白 杜己 沖戊
蛇 休壬 心己	辛	玄 景庚 輔癸
符 開癸 柱丁	天 驚辛戊 芮　乙	地 死丙 英壬

을해년(乙亥年) 무자월(戊子月)
무술일(戊戌日) 정사시(丁巳時)
양이국(陽二局)

일간(日干) 무(戊)와 직사(直使) 경문(驚門)이 함께 감일궁(坎一宮)에 낙(落)하여 공망(空亡)이 되니 면직이나 해직될 우려가 있다. 경문(驚門)은 주로 관사(官司)·구설을 나타내고, 신을(辛乙)은 백호창광(白虎猖狂) 흉격(凶格)이니 반드시 관사(官司)에 연루되어 일이 순조롭지 않고, 구천(九天)이 승(乘)하여 변동이 있는 상이다.

개문(開門)은 일과 근무처인데 직부(直符)와 함께 간팔궁(艮八宮)에 낙(落)하여 일간(日干)과 직사문낙궁(直使門落宮)을 극(剋)하니 반드시 부대장이 이 사람을 탐탁하게 생각하지 않을 것이다. 두문(杜門)은 부대이며 비밀을 지키는 기관인데 곤이궁(坤二宮)에 낙(落)하여 일간(日干)과 직사문낙궁(直使門落宮)을 극(剋)하고, 궁(宮)을 극(剋)하여 박(迫)되고, 지반(地盤) 일간(日干) 무(戊)에 백호(白虎)가 승(乘)하므로 살인사건에 연루된다.

직부(直符)·개문(開門) 낙궁(落宮)이 일간낙궁(日干落宮)을 생

(生)하면 승진하고 극(剋)하면 강직되는데, 개문(開門)·직부(直符)·두문(杜門) 낙궁(落宮)이 모두 일간낙궁(日干落宮)을 극(剋)하니 반드시 강직된다. 시기는 지금 개문(開門)이 공망지(空亡地)에 낙(落)했으니 입춘(立春) 후 개문(開門)이 전실(塡實)될 때다. 또 월간(月干) 무(戊)는 같은 일인데 일간(日干) 무(戊)와 동궁(同宮)에 있으니 강직되는 사람은 1~2명이 더 있다. 무(戊)가 지반(地盤) 곤이궁(坤二宮)에 있으니 2명으로 보는 것이다. 결과는 입춘(立春) 후 병자년(丙子年) 인월(寅月) 말에 이 사람과 2명이 함께 면직되었다.

6. 경영 · 구재 예측

1) 1995년 10월 21일 오전 10시경에 기업가인 장 사장이 전화를 걸어와 대형술집을 임대해서 경영하면 성공하겠느냐고 물었다.

陰 死乙 英壬	蛇 驚辛 丁 芮 乙	符 開 己 杜辛 丁
合 景壬 輔癸	辛	天 休庚 心己
白 杜癸 沖戊	玄 傷戊 任丙	地 生丙 蓬庚

을해년(乙亥年) 병술월(丙戌月)
을유일(乙酉日) 신사시(辛巳時)
음팔국(陰八局)

시간(時干) 신(辛)이 일간(日干) 을(乙)을 극(剋)하여 오불우시(五不遇時)가 되어 백사가 흉하니 삼기(三奇)와 길문(吉門)을 얻어도 좋지 않다. 더구나 흉문(凶門)인 경문(驚門) 직사(直使)를 만나고, 일간(日干) 공망지(空亡地)에 낙(落)했으니 임대가 성립되지 않는다. 지반(地盤) 일간(日干) 을(乙)이 장 사장인데 리구궁(離九宮)에 있고, 천예(天芮) 병성(病星)·경문(驚門)·등사(螣蛇)가 승(乘)하고, 또 신을(辛乙)로 백호창광(白虎猖狂) 흉격(凶格)이 되었다.

경문(驚門)은 관사(官司)인데 리구궁(離九宮)에 낙(落)하여 수제(受制)가 되어 원래 기업경영이 잘 되지 않아 관사(官司)가 따르며 남들에게 제어를 받는다. 등사(螣蛇)는 주로 속임수·변동을 뜻하므로 그는 이 상황을 바꿔볼 생각이었다. 정을(丁乙)로 인둔(人遁) 길격(吉格)이 되고, 마침 알고 지내는 사람과 여러 관계를 통과하여 지금의 곤경에서 벗어날 생각으로 새로운 길을 모색 중이다.

천반(天盤) 일간(日干) 을(乙)이 손사궁(巽四宮)에 낙(落)하고, 위에 태음(太陰)이 승(乘)하여 은밀하게 계책을 세우나 사문(死門)이 임한 궁(宮)을 만나 비록 손사궁(巽四宮)이 목(木)에 속하여 사문(死門)의 토(土)를 극할 수 있다. 다만 술토(戌土)는 사문(死門)이 왕상(旺相)한 달이고, 을기(乙奇)가 비록 지반(地盤) 손목(巽木)의 상조(相助)를 얻지만 휴수(休囚)되어 무력하니 성공하기 어렵다.

임대하는 일은 생문(生門)이 주로 집인데 건육궁(乾六宮)에 낙(落)하고, 병경(丙庚)으로 형혹입백(熒惑入白) 흉격(凶格)이 되고, 천봉(天蓬) 도둑성을 만나고, 화(火)가 금향(金鄕)에 드니 문호(門戶)가 파패되고 도둑에게 손실을 당한다. 생문(生門)이 경(庚)에 가(加)하면 주로 재산으로 인한 쟁송이 일어나 파산한다.

1990년 준공한 음식 상가에서 개업했으나 경영부실로 내부관리가 혼란하고, 횡력 독직과 절도로 이미 파산하여 문을 닫게 되었다. 지금 생문낙궁(生門落宮)이 일간(日干) 을(乙)이 낙(落)한 손사궁(巽四宮)을 극(剋)하며 대충(對沖)되므로 임대가 성립되지 않고, 임대가 성립되더라도 돈을 벌 수 없다.

물건구입이나 상가임대·소매·식당·여관·여인숙 등의 장사는 개문(開門)이 용신(用神)인데 곤이궁(坤二宮) 공망지(空亡地)에 낙(落)하고, 기정(己丁)으로 주작입묘(朱雀入墓)가 되고, 기신(己辛)은 유혼입묘(遊魂入墓)이니 모두 흉격(凶格)이고, 일간낙궁(日干落宮)과 상극(相剋)되어 임대가 성립되지 않는다. 설사 임대하더라도 돈을 벌기는 어렵다. 과연 사정이 생겨 임대를 하지 못하였다.

2) 2005년 9월 8일 오후 10시 30분에 연 씨가 찾아왔다. 지금 세계적으로 유가가 오르는데 주유소를 차리면 성공하겠느냐고 물었다.

天 驚辛 心癸	地 開乙 蓬戊	玄 休己 任丙
符 死庚 柱丁	壬	白 生丁 沖庚
蛇 景壬丙 芮　己	陰 杜戊 英乙	合 傷癸 輔辛

을유년(乙酉年) 을유월(乙酉月) 을미일(乙未日) 정해시(丁亥時) 음구국(陰九局)

일간(日干)은 예측을 부탁하는 사람인데 일간(日干) 을(乙)이 리궁(離宮)에 낙(落)하고, 개문(開門)은 투자가 되니 주유소를 개업하는 일이다. 그런데 개문(開門)이 리궁(離宮)에 낙(落)하여 궁(宮)이 문(門)을 극(剋)하니 불길하다. 을무(乙戊)로 이음해양(利陰害陽)이고, 천봉성(天蓬星)은 겁재성(劫財星)이니 구재(求財)에 불리하여 파재(破財)한다.

지금 리궁(離宮)에서 공망(空亡)을 만났으니 틀림없이 투자하기 어렵다. 생문(生門)은 재(財)이며 이익인데 태궁(兌宮)에 낙(落)하였다. 태(兌)는 금(金)에 속하며 유월(酉月)에 왕하니 주유소는 인기있는 장사다. 다만 문(門)이 궁(宮)을 생(生)하여 설기(洩氣)되고, 위에 백호(白虎)가 임하므로 어렵다. 천충성(天沖星)은 동(動)이고 자기 마음대로 되지 않는 것이며, 지반(地盤) 경(庚)은 막힘을 나타내니 설사 주유소를 열어도 돈은 벌지 못한다.

무(戊)는 자본인데 감궁(坎宮)에 낙(落)하고, 감궁(坎宮)은 수가 1이니 1억이나 10억을 투자하려는 것인데 두문(杜門)이 가림(加臨)하여 돈을 준비하지 못할 것이다. 결과는 연 사장이 나중에 번거로운 일이 생겨 손해를 보는 문제로 돈을 갚느라 주유소를 개업하지 못하고 파산과 같은 난관에 봉착하였다.

3) 2004년 5월 4일 진시(辰時)에 발치료실을 운영하는 정 씨가 찾아와 재운과 장래에 대하여 물었다.

蛇 生辛 任乙	陰 傷丙 沖壬	合 杜 乙 輔戊丁
符 休癸 蓬丙	戊	勾 景壬 英庚
天 開己 心辛	地 驚庚 柱癸	朱 死丁 芮己

갑신년(甲申年)·무진월(戊辰月)
계미일(癸未日) 병진시(丙辰時)
양오국(陽五局)

시간(時干)은 일이니 발치료실을 말하는데 시간(時干) 병(丙)이 리궁(離宮)에 낙(落)하여 득지(得地)했으나 진월(辰月)은 사계이고 화(火)가 휴(休)되어 신심의 계단을 상실하였다. 태음(太陰)이 임하여 발치료실의 성질은 음(陰)이며 암(暗)이니 주로 밤에 영업이 잘 된다.

병임(丙壬)으로 수화(水火)가 충극(沖剋)되고 천충성(天沖星)이 임하여 장사가 안정적이지 못하고, 상문(傷門)이 임하여 장사와 재물을 구하는 데 불리하다. 생문(生門)은 재물·이익이고, 일간(日干) 계(癸)는 예측을 구하는 사람이다. 그런데 생문(生門)이 손궁(巽宮)에 낙(落)하여 일간낙궁(日干落宮)과 비화(比和)되어 유리하다. 그러나 생문(生門)이 궁(宮)의 극(剋)을 받아 제(制)되고, 신을(辛乙)로 백호창광(白虎猖狂) 흉격(凶格)이 되고, 등사(螣蛇)는 헛되이 놀람과 괴이함을 나타내니 돈벌이에 이롭지 않다.

개점 구재(求財)는 개문(開門)이 용신(用神)인데 개문(開門)이 공망(空亡)이나 반음(反吟)되면 개점하지 않았으면 개업이 이루어지지 않고, 이미 개점했으면 생산이 중단되거나 문을 닫는다. 지금 개문(開門)이 간궁(艮宮)에 낙(落)하여 입묘(入墓)되고, 공망(空亡)에 낙(落)하고, 기신(己辛)으로 유혼입묘(遊魂入墓)가 되어 정 씨는 심신이 지쳐 발치료실을 계속 하고 싶은 마음이 없는 것이다.

4) 2004년 5월 15일 해시(亥時)에 유 선생이 찾아왔다. 집을 하나 세놨는데 언제 나가겠느냐고 물었다.

蛇 生辛 柱戊	陰 傷庚 心癸	合 杜　丁 蓬己丙
符 休己丙 芮　乙	己	白 景壬 任辛
天 開癸 英壬	地 驚戊 輔丁	玄 死乙 沖庚

갑신년(甲申年) 무진월(戊辰月) 갑오일(甲午日) 을해시(乙亥時) 양사국(陽四局)

일간(日干)은 사람이고 시간(時干)은 물건이며 세놓는 집이다. 일간(日干) 신(辛)이 손궁(巽宮)에 낙(落)하고 시간(時干)은 건궁(乾宮)에 낙(落)했는데, 시간낙궁(時干落宮)이 일간낙궁(日干落宮)을 극(剋)하니 세가 빨리 나감을 나타낸다. 시간(時干) 아래에 경(庚)이 임하고, 천반(天盤) 경(庚)은 리궁(離宮)에 낙(落)하고, 리궁(離宮)은 화(火)에 속하니 집은 화(火)가 왕한 사오월(巳午月)에 나갈 것이다. 결과는 5월 27일인 기사월(己巳月) 병오일(丙午日)에 나갔다.

5) 1995년 3월 10일 오후 1시 30분에 기업가이며 부이사장인 이 여
 사가 찾아왔다. 시내에서 가장 번화한 곳에 상가를 새로 지으려
 고 하는데 전망이 어떠냐고 물었다.

蛇 杜癸 沖丁	陰 景丁 輔庚	合 死庚 英壬
符 傷己 任癸	丙	白 驚丙壬 芮戊
天 生辛 蓬己	地 休乙 心辛	玄 開戊 柱乙

을해년(乙亥年) 기묘월(己卯月)

경자일(庚子日) 계미시(癸未時)

양칠국(陽七局)

 생문(生門)이 직사(直使)인데
간팔궁(艮八宮)에 낙(落)하여 왕
상(旺相)하고, 일간(日干) 경(庚)
이 낙(落)한 곤이궁(坤二宮)과 비화(比和)되어 부동산 장사가 적합
(合)하고, 위에 구천(九天)이 승(乘)하여 크게 발전할 가능성이 있
다. 상가를 세우거나 부동산을 경영하는 일은 개문(開門)이 용신
(用神)인데, 개문(開門)이 건육궁(乾六宮)에 있고 무을(戊乙)로 청
룡합령(靑龍合靈)되어 문(門)이 길하니 이 일은 성공할 수 있다.
 합자기업은 지반(地盤) 일간(日干)이 주(主)이고, 승(乘)한 천반
(天盤) 육의(六儀)는 객(客)이 된다. 지반(地盤) 일간(日干) 경(庚)
이 리구궁(離九宮)에 있고, 위에 천반(天盤) 정기(丁奇)가 임하고,
정기(丁奇)는 지반(地盤) 손사궁(巽四宮)에 있으니 합작할 동료가
외자를 끌어들이는 단골손님은 동남방에 있다. 동업자는 정기(丁
奇)이며 문서가 되고, 합자 항목은 단골손님의 명의로 진행된다. 정

기(丁奇)가 천보(天輔) 길성(吉星)에 임하니 합작하는 동반자는 괜찮고 비교적 점잖은 사람이다.

팔문(八門)이 복음(伏吟)되어 비록 작년 입동(立冬) 후부터 계획했으나 지금은 큰 발전이 없다. 그리고 일간(日干) 경(庚)이 곤이궁(坤二宮)에 낙(落)하여 경병(庚丙)으로 태백입형(太白入熒)이 되고, 경임(庚壬)으로 이탕격(移蕩格)이 되고, 간팔궁(艮八宮)에 천봉성(天蓬星)이 임하고, 신기(辛己)로 입옥자형(入獄自刑)되어 종이 주인을 배신하여도 소송으로 펴기 어렵다.

그녀는 지금 하는 사업이 번거로워 사문(死門)에서 벗어나 따로 살 길을 모색하는 것이다. 반드시 음력 3월이 되면 진토(辰土)가 당령(當令)하여 천봉성(天蓬星)이 수(囚)되는 때이니 큰 발전이 있을 것이다.

하지(夏至) 후에 화(火)가 왕하여 토(土)를 생(生)하니 자금이 확실해졌고, 입동(立冬) 이후에 정식으로 공사를 시작하였다. 1996년 병자년(丙子年)에 어려움 속에서 창업했으나 1997년 정축년(丁丑年)에는 축토(丑土)가 당령(當令)하고 정화(丁火)가 왕상(旺相)하니 크게 성공할 것이다. 결과는 상가를 세워 성공하였다.

6) 1996년 5월 9일 밤 10시경에 한 사람이 찾아왔다. 신축 중인 전자상가에 점포를 하나 사려고 하는데 전망이 어떠냐고 물었다.

陰 景癸 沖丁	合 死丁 輔庚	白 驚庚 英壬
蛇 杜己 任癸	丙	玄 開丙壬 芮　戊
符 傷辛 蓬己	天 生乙 心辛	地 休戊 柱乙

병자년(丙子年) 계사월(癸巳月)
병오일(丙午日) 기해시(己亥時)
양칠국(陽七局)

점포를 사서 경영하는 일은 개문(開門)이 용신(用神)이다. 일간(日干) 병(丙)이 태궁(兌宮)에 있고, 개문(開門)이 임하고, 위에 현무(玄武)가 승(乘)했으니 은밀하게 점포를 사는 일과 부합된다. 병무(丙戊)로 비조질혈(飛鳥跌穴) 길격(吉格)이 되고, 임무(壬戊)로 소사화룡(小蛇化龍) 길격(吉格)이 되어 재물을 구하는 일이 대길하다.

일간(日干)은 사람, 시간(時干)은 일·점포를 나타낸다. 일간(日干) 병(丙)이 시간(時干) 기(己)를 극(剋)하여 구재(求財)를 주동하니 사도 좋다. 부동산 투자를 볼 때는 생문(生門)이 집·점포를 나타낸다. 생문(生門)이 감일궁(坎一宮)에 낙(落)하여 천지반(天地盤)이 을신(乙辛)으로 운둔(雲遁) 길격(吉格)이 되고, 또 용둔(龍遁) 길격(吉格)이고, 재성(財星)이 왕궁(旺宮)에 낙입(落入)되고, 위에 구천(九天)이 승(乘)했으니 앞으로 크게 발전할 것이다.

생문(生門)이 감일궁(坎一宮)에 있어 1층 점포를 사는 것이 좋다고 하니 그럴 생각이라고 한다. 갑자무(甲子戊)는 자본인데 건육궁(乾六宮)에 낙입(落入)했으니 투자액은 6천만 원이나 6억 원 정도다. 갑자무(甲子戊)와 생문(生門)이 상생(相生)되고, 생문(生門)은 이자인데 길격(吉格)을 만났고, 재성(財星)이 왕하니 이롭다.

경문(景門)은 문서이며 집을 사는 일인데 공망(空亡)되었으니 아직 계약하지 않았다. 5월 13일 경술일(庚戌日)이나 14일 신해일(辛亥日)은 공망(空亡)을 충(沖)하니 계약해도 좋다. 5월 13일에 1층 점포를 계약했고, 5월 26일 계해일(癸亥日)에 점포권리증을 받았고, 1996년 11월에는 낙성식을 했고, 1997년 정월에 영업을 시작하여 경제적인 효력이 나타났다.

7) 1995년 5월 19일 밤 10시경에 기업가 양 사장이 찾아왔다. 합자로 주방그릇 공장을 하려고 하는데 성사되겠느냐고 물었다.

地 生壬 英乙	天 傷戊丁 芮 壬	符 杜 庚 柱戊丁
玄 休乙 輔丙	戊	蛇 景己 心庚
白 開丙 沖辛	合 驚辛 任癸	陰 死癸 蓬己

을해년(乙亥年) 신사월(辛巳月) 경술일(戊日日) 정해시(丁亥時) 양오국(陽五局)

개문(開門)이 용신(用神)인데 간팔궁(艮八宮)에 낙(落)하여 입묘(入墓)되었고, 또 일간(日干)

공망지(空亡地)를 만났으니 이 일은 성사되지 않는다. 지반(地盤) 일간(日干) 경(庚)이 태칠궁(兌七宮)에 있으니 주(主)이고, 위에 임한 기(己)는 객(客)인데 기경(己庚)으로 형격반명(刑格返名)이 되어 격국(格局)이 좋지 않다. 또 위에 경문(景門)이 승(乘)하여 문박(門迫)이 되고, 등사(螣蛇)는 주로 사기와 변동을 나타낸다.

천반(天盤) 일간(日干) 경(庚)은 곤이궁(坤二宮)에 낙(落)하여 시간(時干) 공망지(空亡地)에 낙(落)하고, 경무(庚戊)로 천을복궁(天乙伏宮)이 되어 격국(格局)이 좋지 않다. 정기(丁奇)는 문서계약인데 리구궁(離九宮) 공망(空亡)에 낙(落)하고, 정기(丁奇)는 시간(時干)이니 묻는 일을 나타내는데 공망(空亡)되었으니 반드시 허탕칠 것이라고 판단했는데 결과는 무산되었다.

7. 출행 · 출국 예측

1) 1996년 1월 17일 오후 3시경에 출판사에서 편집을 하는 석 여사가 찾아왔다. 둘째 언니가 갑자기 돌아가셔서 부산에 사는 셋째 언니가 비행기로 오려고 하는데 안전하겠느냐고 물었다. 비행기는 김해공항에서 1월 20일 오전 10시 30분에 출발한다고 한다.

地 杜壬 輔壬	天 景戊 英戊	符 死庚 芮庚
玄 傷辛 沖辛	癸	蛇 驚丙 柱丙
白 生乙 任乙	合 休己 蓬己	陰 開丁 心丁

을해년(乙亥年) 기축월(己丑月)
병진일(丙辰日) 계사시(癸巳時)
양구국(陽九局)

동생이 형을 예측할 때는 월간(月干)이 용신(用神)인데 월간(月干) 기(己)가 감일궁(坎一宮)

에 낙(落)했으니 형이 오는 방향이고, 육합(六合)이 승(乘)하고 휴
문(休門)이 임했으니 안전하다. 남쪽에서 북쪽으로 가는 것이니 리
구궁(離九宮)과 감일궁(坎一宮)을 보아야 한다.

성(星)과 문(門)이 복음(伏吟)되어 모두 본궁(本宮)에서 움직이지
않으니 날씨는 정상이다. 리구궁(離九宮)에 구천(九天) 길신(吉神)
이 승(乘)하고, 구천지상(九天之上)은 양병(揚兵)에도 좋으니 비행
기를 타는 상이다. 또 개문(開門)은 비행기인데 월간(月干) 기(己)
를 생(生)하고, 감일궁(坎一宮)에는 육합(六合) 길신(吉神)이 승
(乘)했으니 순조롭다. 갑신순중(甲申旬中)에서는 오미(午未)가 공
망(空亡)이니 비행기가 이륙 후 매우 빨리 전실(塡實)되는 오시(午
時)로 들어간다. 마침 구천(九天)을 만나고, 미시(未時)에는 직부
(直符)가 승(乘)하니 비행기로 와도 안전하다. 과연 순조롭게 왔다.

2) 2004년 10월 19일 해시(亥時)에 신 선생이 찾아와 베트남에 가려
  고 하는데 괜찮겠느냐고 물었다.

地 傷己 任癸	玄 杜丁 沖戊	白 景　癸 輔壬丙
天 生乙 蓬丁	壬	合 死戊 英庚
符 休辛 心己	蛇 開庚 柱乙	陰 驚丙 芮辛

갑신년(甲申年) 갑술월(甲戌月)
신미일(辛未日) 기해시(己亥時)
음구국(陰九局)

일간(日干)은 출행하는 사람인
데 일간(日干) 신(辛)이 간팔궁
(艮八宮)에 낙(落)하였고, 휴문

(休門)이 임하여 길문(吉門)이다. 천심성(天心星)은 길성(吉星)인데 직부(直符) 길신(吉神)과 만났으니 백악이 흩어지며 꾀하는 일이 순조롭다. 갑술월(甲戌月)에 신(辛)은 관대(冠帶)인데 왕상(旺相)하다. 대궁(對宮)은 백호(白虎)이고, 백호(白虎)는 도로이며 달리는 차량인데 일간낙궁(日干落宮)과 대충(對沖)된다. 충(沖)은 동(動)이므로 베트남에 가도 좋다.

베트남은 서남방에 있으니 곤이궁(坤二宮)이다. 방향 궁(宮)과 일간낙궁(日干落宮)이 비화(比和)되니 출행이 길하다. 천보(天輔) 길성(吉星)이 임하니 도움을 받는 것을 나타낸다. 경문(景門)은 출행의 문이며 화려함과 번영을 나타내는 상이므로 출행이 순조롭고 마음이 즐겁다. 결과는 순조롭고 즐겁게 베트남을 다녀왔다.

3) 1995년 8월 12일 밤 9시 37분에 조 선생이 찾아와 남쪽에 있는 도시로 출장을 가는데 어떻겠느냐고 물었다.

玄 開癸 沖壬	白 休壬 輔乙	合 生　乙 英辛 丁
地 驚戊 任癸	辛	陰 傷辛 丁 芮　己
天 死丙 蓬戊	符 景庚 心丙	蛇 杜己 柱庚

을해년(乙亥年) 갑신월(甲申月)
을해일(乙亥日) 병술시(丙戌時)
음팔국(陰八局)

일간(日干)은 출행하는 사람인데 곤이궁(坤二宮)에 낙(落)하여 입묘(入墓)되었고 공망지(空亡

地)다. 비록 을정(乙丁)으로 기의상좌(奇儀相佐) 길격(吉格)을 이루었으나 을신(乙辛)으로 청룡도주(靑龍逃走) 흉격(凶格)이 되었다. 또 시간(時干) 병(丙)이 간팔궁(艮八宮)에 낙(落)하고, 팔문(八門)이 반음(反吟)되고, 시간(時干)에 사문(死門)과 천봉(天蓬) 흉성(凶星)이 임하여 일간(日干)과 대충(對沖)되니 흉하다.

가는 곳이 남쪽이니 리구궁(離九宮)인데 임을(壬乙)로 소사득세(小蛇得勢)가 되어 여자는 상냥하고 남자는 탄식한다. 위에 휴문(休門)이 임하여 수(水)가 되고, 휴문(休門) 수(水)가 리궁(離宮) 화(火)를 극(剋)하니 소식은 오지 않고 도리어 구설을 부르니 흉하며 행인은 분산되는 상이다. 위에 백호(白虎)가 승(乘)하여 도로에서 막힘과 흉함이 있고, 리궁(離宮)도 공망(空亡)되어 불길하다. 또 갑자무(甲子戊)는 자본인데 진삼궁(震三宮)에 낙(落)하여 육의격형(六儀擊刑)이 되고, 무계(戊癸)로 청룡화개(靑龍華蓋)가 된다. 문(門)이 길하면 복을 부르고 흉하면 파패가 많은데, 위에 흉문(凶門)인 경문(驚門)이 승(乘)하여 파재(破財)의 상이다.

무릇 차를 타고 출행할 때는 경문(景門)이 임한 궁(宮)은 도로이고, 상문(傷門)은 거마·차량이다. 지금 경문(景門)이 감일궁(坎一宮)에 낙(落)하여 화(火)가 수향(水鄕)에 들므로 서로 충극(沖剋)하고, 경병(庚丙)으로 태백입형(太白入熒)이 되니 주로 도둑을 만난다. 다행인 것은 위에 직부(直符)가 승(乘)하여 생명은 걱정이 없다. 상문(傷門)은 차량인데 태칠궁(兌七宮)에 낙(落)하여 금극목(金剋木)되니 궁(宮)이 문(門)을 극(剋)하여 묘유상충(卯酉相沖)되고, 신기(辛己)로 입옥자형(入獄自刑)이 되며, 정기(丁己)로 화입구진(火入勾陳)되어 흉격(凶格)이다. 이러한 이유로 이번 남쪽 출행은 순조롭지 못하여 교통사고를 만나거나 파재(破財)·실물이 따른다고 하였다. 조 선생은 출행 후 동료와 흩어져 실물·파재(破財)하였고, 도로에서 차량이 부딪쳐 돌아와 후회하였다.

4) 1996년 7월 30일 오후 6시 30분에 정 씨가 전화를 걸어와 내일 가족이 서남방의 호수로 놀러가는데 괜찮겠느냐고 물었다.

符 死 庚 癸 芮　　辛	天 驚 戊 柱 丙	地 開　　己 心 庚 癸
蛇 景 丙 英 壬	庚	玄 休 丁 蓬 戊
陰 杜 辛 輔 乙	合 傷 壬 沖 丁	白 生 乙 任 己

병자년(丙子年) 을미월(乙未月)
무진일(戊辰日) 신유시(辛酉時)
음칠국(陰七局)

일간(日干) 무(戊)는 무계합(戊癸合)인데 그의 아내를 나타낸다. 계(癸)가 손사궁(巽四宮)에 낙(落)하였고, 천예(天芮)와 사문(死門) 흉성(凶星)이 임하였다. 계신(癸辛)으로 망개천뢰(網蓋天牢) 흉격(凶格)이고, 갑인계(甲寅癸)가 손사궁(巽四宮)에 낙(落)하여 또 육의격형(六儀擊刑)되고, 경신(庚辛)으로 백호간격(白虎干格) 흉격(凶格)을 이루었으니 출행은 좋지 않다. 만약 원행을 한다면 수레가 부서지고 말이 상한다. 그러나 다행히 위에 지극히 길한 직부신(直符神)이 승(乘)하였다.

여행지가 서남쪽이라 곤궁(坤宮)을 보니 개문(開門)·구지(九地)·천심(天心) 길성(吉星)이 있다. 그러나 기계(己癸)로 지형현무(地刑玄武) 흉격(凶格)이 되어 불길하고, 기경(己庚)으로 형격반명(刑格返名) 흉격(凶格)이 되어 불길하다. 비록 용신(用神) 계(癸) 낙궁(落宮)이 가려는 방향의 궁(宮)을 극(剋)하지만 미월(未月)에 곤궁(坤宮)이 당령(當令)하여 목(木)이 토(土)를 극(剋)하기 어렵다. 하물며 미(未)는 계(癸)의 묘지(墓地)이니 가면 불길하다.

차를 타고가는 여행은 경문(景門)이 도로이고 상문(傷門)이 수레·차량이다. 그런데 경문(景門)이 진삼궁(震三宮)에 있고, 위에 등사(螣蛇)가 승(乘)하여 변화를 나타내고, 병임(丙壬)으로 화입천라(火入天羅) 흉격(凶格)이 되어 불리하다. 또 상문(傷門)이 감일궁(坎一宮)에서 공망(空亡)되어 불길하다. 시간(時干)은 주로 일·사정을 나타내는데 시간(時干) 신(辛)이 간팔궁(艮八宮)에 낙(落)하여 두문(杜門)을 만나 막히므로 불통이고, 신을(辛乙)로 백호창광(白虎猖狂) 흉격(凶格)이 되어 동시에 공망(空亡)에 임하였다.

"이번 여행은 취소하는 것이 좋겠습니다. 병에 걸리거나 교통사고가 생길 수 있습니다. 시간(時干)과 상문(傷門)이 공망(空亡)되어 내일 떠날 수 없고, 설사 간다고 해도 자동차가 없습니다."

결과는 7월 30일 저녁에 비가 많이 내렸고, 이튿날에도 작은 비가 내려 정 씨 가족은 여행을 떠나지 못하였다.

5) 1996년 6월 21일 밤 9시 30분에 전 선생이 전화를 걸어왔다. 6월 24일에 독일에 시찰을 가려고 하는데 어떠냐고 물었다.

合 死 辛 沖 庚	陰 驚 庚 輔 丁	蛇 開 丁 英 己 壬
白 景 丙 任 辛	己	符 休 己 壬 芮 禽 乙
玄 杜 癸 蓬 丙	地 傷 戊 心 癸	天 生 乙 柱 戊

병자년(丙子年) 갑오월(甲午月)
기축일(己丑日) 을해시(乙亥時)
음육국(陰六局)

일간(日干) 기(己)는 예측을 부탁하는 사람인데 태칠궁(兌七宮)에 낙(落)하여 장생지(長生地)가 되고, 아래에 을기(乙奇)가 임하고, 휴문(休門)을 만나고, 위에 직부(直符) 길신(吉神)이 승(乘)하고, 천금(天禽) 길성(吉星)이 임하였다. 다만 천예(天芮) 병성(病星)이 임하였다.

독일은 서북방인데 시간(時干) 을기(乙奇)도 서북 건궁(乾宮)에 낙(落)하여 비록 묘지(墓地)가 되나 을무(乙戊)로 이음해양(利陰害陽)이지만 생문(生門) 길문(吉門)과 구천(九天) 길신(吉神)이 임하였다. 일간(日干)과 시간(時干)이 가고자 하는 방향과 비화(比和)되어 출행은 순조롭고 안전하다. 개문(開門) 아래에 임한 지반(地盤) 간(干)이 출발일이 된다. 개문(開門)이 곤이궁(坤二宮)에 있고, 아래에 임한 지반(地盤) 간(干)은 임(壬)이니 임일(壬日)에 출발할 것이다. 6월 24일이 출발 예정일인데 마침 임진(壬辰)이다.

"전 선생님, 출행은 안전하고 순조로우니 몸조심하시고, 약품을 준비해 가십시요. 몇 시에 출발합니까?"

"24일 오후 3시 조금 지나 비행기가 출발한다고 하더군요."

白 傷丙 任庚	合 杜辛 沖丁	陰 景庚 輔壬
玄 生癸 蓬辛	己	蛇 死丁 英乙
地 休戊 心丙	天 開乙 柱癸	符 驚己壬 芮　戊

병자년(丙子年) 갑오월(甲午月)
임진일(壬辰日) 무신시(戊申時)
음육국(陰六局)

나는 다시 비행기 이륙시간으로 포국(佈局)하였다. 시간(時干) 무(戊)가 일간(日干) 임(壬)을 극(剋)하여 오불우시(五不遇時)가 되었으니 용사(用事)하는데 불길한 시간이다. 일간(日干) 임(壬)이 건육궁(乾六宮)에 낙(落)하여 마침 가고자 하는 방위이고, 임무(壬戊)로 소사화룡(小蛇化龍) 길격(吉格)이 되었고, 위에 직부(直符) 길신(吉神)이 승(乘)하였다. 그러나 일간(日干) 임(壬)이 천예(天芮) 병성(病星)에 임하고, 경문(驚門) 흉문(凶門)이 임하고, 기무(己戊)로 견우청룡(犬遇青龍)이 되었다. 문(門)이 흉하면 일이 불길하다.

출행에 비행기를 타는 것은 구천(九天)이 항로이고 개문(開門)이 비행기인데, 구천(九天)과 개문(開門)이 모두 감일궁(坎一宮)에 낙(落)하여 일간(日干) 궁(宮)과 상생(相生)되었다. 그러나 천주(天柱) 흉성(凶星)이 임하고 을계(乙癸)로 화개봉성(華蓋逢星)이 되어 길함이 물러가고 흉함이 들어온다. 또 지반(地盤) 일간(日干) 임(壬)이 곤이궁(坤二宮)에 있고, 위에 경(庚)이 임했는데 경(庚)은 막힘의 신이고, 경임(庚壬)은 상격(上格)이 되므로 원행에 도로를 잃고 남녀의 소식은 통하기 어렵다. 따라서 이 출발시간은 좋지 않으니 역시 몸조심을 해야 한다고 판단하였다.

1996년 7월 15일 전 선생이 전화로 그간의 소식을 알려줬다. 7월 14일에 무사히 귀국하였고, 이번 시찰은 매우 순조로웠으나 감기와 복통을 앓았다고 한다. 그리고 비행기 출발시간이 6월 24일 오후 3시였는데 공항에 큰 비가 내려 오후 6시에 이륙했다고 한다. 오후 6시경은 임진일(壬辰日) 기유시(己酉時)이니 오불우시(五不遇時)가 아니기 때문이다. 개문(開門)과 구천(九天)이 낙(落)한 감일궁(坎一宮)에 임한 천주성(天柱星)은 우사(雨師)이고, 갑인계(甲寅癸)는 수신(水神)이다.

옛사람이 경험한 학설에 의하면 천주(天柱)가 임계(壬癸) 이간(二干)에 승(乘)하여 감태진궁(坎兌震宮)에서 놀거나 천영(天英)·천보(天輔)가 낙(落)한 천상궁(天上宮)이 지하궁(地下宮)을 극(剋)하면 반드시 풍운과 뇌우가 있다고 하였다.

따라서 천주성(天柱星)이 계(癸)에 승(乘)하여 감궁(坎宮)에서 놀고, 천봉성(天蓬星)이 계(癸)에 승(乘)하여 진궁(震宮)에서 놀고, 천보성(天輔星)이 곤이궁(坤二宮)에서 목극토(木剋土)하고, 천영성(天英星)이 태칠궁(兌七宮)에서 화극금(火剋金)하여 천둥이 치고 비가 내린 것이다.

8. 행방불명 예측

1) 1996년 1월 15일 밤 9시경에 유 선생한테서 전화가 왔다. 형님이
   1월 12일 오후에 물고기를 잡으러 저수지에 갔는데 저녁 무렵부
   터 형님과 배가 보이지 않는다는 것이다. 함께 간 사람이 3일 동
   안 저수지를 뒤졌으나 그림자도 보이지 않는다는 것이다.

符 死辛 心己	蛇 驚丙 蓬丁	陰 開癸 任乙
天 景壬 柱戊	庚	合 休戊 沖壬
地 杜庚乙 芮 癸	玄 傷丁 英丙	白 生己 輔辛

을해년(乙亥年) 기축월(己丑月)
신해일(辛亥日) 기해시(己亥時)
양삼국(陽三局)

형을 예측하는 것이니 월간(月干) 기(己)가 용신(用神)이다. 시간(時干)도 기(己)인데 건육궁(乾六宮)에 낙(落)하여 천보(天輔)와 생문(生門)이 임하였다. 그러나 축월(丑月)에는 토(土)가 왕하고 목(木)이 수(囚)되니 도리어 찾기 어렵다. 또 위에 백호(白虎)가 승(乘)하여 형상(刑傷)을 나타내고, 기신(己辛)으로 유혼입묘(遊魂入墓) 흉격(凶格)이 되었다.
 형은 1941년 신사년(辛巳年)생인데 태세(太歲)인 을해(乙亥)와 천극지충(天剋地沖)이 되고, 년명(年命) 신(辛)은 손사궁(巽四宮)에 낙(落)하여 입묘(入墓)가 되어 신기(辛己)로 입옥자형(入獄自刑)이 되고, 또 사문(死門)과 공망(空亡)을 만났다. 비록 위에 직부(直

符)가 임하나 공망(空亡)을 만나면 년명(年命)을 보존하지 못한다. 또 시간(時干)이 일간(日干)을 충극(沖剋)하니 불길하다. 종합하면 그의 형은 저수지에 빠져 죽은 것이 틀림없다.

상문(傷門)은 배인데 감일궁(坎一宮)에 낙(落)하고, 위에 현무(玄武)가 있으니 저수지에 가라앉았다. 구성(九星)이 반음(反吟)되어 속도가 빠르고, 양둔(陽遁) 사궁(四宮)은 내(內)·근(近)·쾌(快)가 되니 안·가까움·빠름을 의미한다. 갑오신(甲午辛)은 입묘(入墓)되므로 충개일(沖開日)이 응기(應期)다. 따라서 1월 16일 임자일(壬子日)에 자오충(子午沖)되면 소식이 있을 것이다. 과연 1월 17일 아침에 유 선생한테서 전화가 왔다. 16일 저녁에 전화를 받았고, 오후 3시경에 저수지에서 시신을 건졌다고 하였다.

2) 1996년 7월 6일 오전 8시 25분에 장 선생이 찾아왔다. 친구 아들이 1982년 임술년(壬戌年)생인데 6월 6일 오전 10시에 학교에서 자전거를 타다가 사라졌다는 것이다.

白 死庚 輔庚	合 驚丁 英丁	陰 開壬 芮壬
玄 景辛 沖辛	己	蛇 休乙 柱乙
地 杜丙 任丙	天 傷癸 蓬癸	符 生戊 心戊

병자년(丙子年) 갑오월(甲午月) 갑진일(甲辰日) 무진시(戊辰時) 음육국(陰六局)

친구의 아들을 보는 것이니 시간(時干)이 용신(用神)이다. 시간(時干) 무(戊)가 건육궁(乾六宮)

에 낙(落)하고 공망(空亡)을 만났으니 마침 도망가는 상이다. 건(乾)은 서북방으로 서울·대도시·절·사원 등을 나타내니 서울이나 서북쪽의 큰 도시로 갔을 것이다. 년명(年命) 임(壬)은 곤이궁(坤二宮)에서 개문(開門)을 만나고, 위에 태음(太陰)이 승(乘)했으니 도망갈 계획을 세운 것이다.

년간(年干) 병(丙)은 가장인데 간팔궁(艮八宮)에 있고, 년명(年命)과 대충(對沖)되고, 천보성(天輔星)은 학교 선생님인데 손사궁(巽四宮)에 있고, 년명궁(年命宮)을 극(剋)한다. 또 시간(時干) 무(戊)가 낙(落)한 건궁(乾宮)과 충극(沖剋)되어 공부에 싫증이 났고, 아버지와 선생님께 꾸중을 들은 후 가출한 것이다.

시간(時干) 무(戊)가 건육궁(乾六宮)에 입고(入庫)되지만 생문(生門)을 만나고, 위에 직부(直符)가 승(乘)했으니 평안무사하다. 년명(年命) 임(壬)이 곤이궁(坤二宮)에서 장생지(長生地)가 되고, 개문(開門) 길문(吉門)과 태음(太陰) 길신(吉神)을 만났으니 평안하다.

뜻을 품고 도망한 것이니 두문(杜門)이 도망쳐 숨은 방향이다. 지금 두문(杜門)과 역마성(驛馬星)이 모두 간팔궁(艮八宮)에 있으니 동북방에서 찾을 수 있다. 용신(用神)이 개휴생두(開休生杜) 사문(四門)에 임하면 돌아갈 뜻이 없는 것이다. 지금 시간(時干) 무(戊)에 생문(生門)이 임하고, 년명(年命) 임(壬)이 개문(開門)에 임하고, 구성(九星)이 복음(伏吟)이 되었으니 주로 느리다. 일간(日干)이 시간(時干)을 생(生)하는 것도 찾기 어려운 상이니 빠른 시간 안에 돌아오지는 않는다. 갑자순(甲子旬)은 술해(戌亥)가 공망

(空亡)인데 시간(時干)이 직부(直符)에 임하여 공망(空亡)되고, 전실(塡實)되는 시(時)가 응기(應期)이니 술월(戌月)에는 찾는다.

3) 1997년 2월 26일 오전 11시 40분에 어떤 집안에서 모녀가 다툰 후 딸이 가출하였다. 딸은 1977년 정사년(丁巳年)생으로 19세이며 고3 졸업반인데 갑자기 없어졌으니 집과 학교에서 매우 다급해졌다. 4월 11일에 부모가 찾아왔다.

陰 休 庚 任 丙	合 生 丁 沖 辛	白 傷 丙 輔 癸
蛇 開 壬 蓬 丁	乙	玄 杜 辛 英 己
符 驚 戊 心 庚	天 死 己 柱 壬	地 景 乙 癸 芮 　 戊

정축년(丁丑年) 임인월(壬寅月)
기해일(己亥日) 경오시(庚午時)
양육국(陽六局)

일간(日干)은 행방불명된 사람인데 일간(日干) 기(己)가 감일궁(坎一宮)에 낙(落)하여 절지(絶地)가 되고, 기임(己壬)으로 지망고장(地網高張) 흉격(凶格)이 되고, 천주(天柱) 흉성(凶星)과 사문(死門) 흉문(凶門)이 임하고, 위에 구천(九天)이 승(乘)하였다. 어떤 사람은 흉함이 많고 길함이 적다고 하며, 심지어는 이미 죽었다고도 하겠지만 그렇지 않다.

행방불명된 사람이 사경상경문(死驚傷景門)에 임하여 오히려 돌아오거나 찾기 쉽다. 그리고 사문(死門)이 비록 궁(宮)을 극(剋)하나 인월(寅月)에는 목왕토사(木旺土死)하니 사문(死門)의 흉이 일어나지 않는다. 천주성(天柱星)이 비록 왕궁(旺宮)에 들지만 월령(月令)에서 휴(休)되니 흉하다고 판단할 수 없다. 다만 화가 나서 나간 것이니 구천(九天)이 임하면 비교적 멀리 갔다고 본다.

큰 일은 반드시 년명(年命)과 함께 보아야 한다. 지금 년명(年命) 정(丁)이 리구궁(離九宮)에 낙(落)하여 관록지(官祿地)에 임하고, 생문(生門) 길문(吉門)과 천충(天沖) 길성(吉星)이 임하여 외반(外盤)에 있으니 계획하고 나갔다. 정신(丁辛)은 주작입옥(朱雀入獄)이 되어 죄인이라면 석방되고, 관직에 있으면 직위를 잃는다. 이 학생은 스스로 가정의 속박에서 벗어나 대입시험 기회를 놓치고, 위에 육합(六合) 길신(吉神)이 승(乘)했으니 밖에서 평안하다.

그럼 어디로 갔을까? 행방불명된 사람은 두문(杜門)이 달아난 방위인데, 두문(杜門)은 태칠궁(兌七宮)에 낙(落)하여 정서쪽이고, 외반(外盤)에 있으니 350km쯤 되는 먼 곳이다. 그리고 지반(地盤) 일간(日干) 기(己)는 마침 이곳에서 신기(辛己)로 입옥자형(入獄自刑)이 되니 주로 종이 주인을 배반함이니 소송을 펴기 어렵다. 학생은 외지에 나가 일을 하니 스스로 고생을 초래하였다.

언제 돌아오는가? 경(庚)이 없고, 일간(日干)은 내반(內盤)에 있고, 년명(年命)은 외반(外盤)에 있으니 비교적 오래 걸리는데, 직사(直使) 개문(開門)이 진삼궁(震三宮)에 낙(落)했으니 3개월 정도로 본다. 갑자순중(甲子旬中)에는 술해(戌亥)가 공망(空亡)인데 공망(空亡)이 나가는 때다. 직사(直使) 개문(開門)이 임한 간(干)이 응기(應期)인데 개문(開門)이 임(壬)에 임하니 임술일(壬戌日)에 돌아올 수 있다고 본다. 과연 3개월 정도가 지난 5월 20일 임술일(壬戌日)에 돌아왔다. 학생은 공장에서 고생하다 조건도 좋지 않고 피부병까지 생겨 스스로 돌아온 것이다.

4) 1996년 11월 23일 밤 9시가 지나 한 선생한테서 전화가 왔다. 오늘 오전 10시경에 도시 변두리에서 어떤 아주머니가 1살된 남자아이를 안고 갔는데 찾을 수 있느냐고 물었다.

白 景乙 心己	合 死壬 蓬癸	陰 驚丁 任辛
玄 杜丙 柱庚	戊	蛇 開庚 沖丙
地 傷戊辛 芮　丁	天 生癸 英壬	符 休己 輔乙

병자년(丙子年) 기해월(己亥月) 갑자일(甲子日) 을해시(乙亥時) 음오국(陰五局)

시간(時干) 을(乙)이 용신(用神)인데 손사궁(巽四宮)에 낙(落)하고, 외반(外盤)에 있으니 어린아이를 동남방 외지로 데려갔다. 70km 정도 떨어진 곳이다. 용신(用神)이 경문(景門)에 임했으니 쉽게 찾을 상이고, 을기(乙己)로 일기입묘(日奇入墓)되고, 경문(景門)은 소흉(小凶)이고, 백호(白虎)는 주로 흉하지만 천심(天心) 길성(吉星)이 임하고, 또 해월(亥月)에는 목(木)이 왕하고 금(金)이 휴(休)하니 백호(白虎)의 흉이 일어나지 않아 어린아이는 아직 위험에 처하지는 않았다.

아기를 안고 달아난 것은 천봉성(天蓬星)이 범인이다. 오늘 천봉성(天蓬星)은 리구궁(離九宮)에 낙(落)하고, 위에 육합(六合)이 승(乘)했으니 단독범행이 아니다. 사문(死門)은 2를 나타내니 2명일 가능성이 있고, 임(壬)은 양(陽)이고 계(癸)는 음(陰)이니 남자와 여자의 소행이다.

비록 상문(傷門)·백호(白虎)·직사문(直使門)이 모두 천봉성(天蓬星) 낙궁(落宮)을 극(剋)하지 못하나, 두문(杜門)이 격(格)을 만나고 병(丙)이 경(庚)을 극(剋)하고 또 위에 구성(九星)을 가(加)하여 반음(反吟)이 되니 반드시 사건을 파헤쳐 아이를 찾을 수 있다. 또 태칠궁(兌七宮)에 경병(庚丙)으로 년격(年格)이 되니 반드시 올해 안에 찾을 수 있다.

훗날 알게 된 결과는 다음과 같다. 어린아이는 그 집에서 세를 사는 외지 노동자가 안고 갔다. 범인은 남자 1명과 여자 1명으로 남자는 차를 빌렸고, 여자와 함께 동남방 고향으로 보냈다. 다행인 것은 집 동쪽에서 빨리 발견하고 경찰이 추격하여 이튿날인 11월 24일 새벽에 아기와 데려간 아주머니가 안전하게 돌아왔다.

5) 1997년 3월 12일 오후 7시가 지나 최 선생한테서 전화가 왔다. 친구 딸이 3월 7일 오후 3시가 조금 지나 편지 한 통을 남겨놓고 집을 나갔는데 닷새가 지나도록 소식이 없다는 것이다. 딸은 19세로 1978년 무오년(戊午年)생이다.

地 死壬己 芮 辛	天 驚丁 柱乙	符 開癸 心己
玄 景乙 英庚	壬	蛇 休戊 蓬丁
白 杜辛 輔丙	合 傷庚 沖戊	陰 生丙 任癸

정축년(丁丑年) 계묘월(癸卯月)
계축일(癸丑日) 임술시(壬戌時)
양일국(陽一局)

　손아랫사람은 시간(時干)이 용신(用神)이다. 시간(時干) 임(壬)이 손사궁(巽四宮)에 낙(落)하여 입묘(入墓)되고, 임신(壬辛)으로 등사상전(螣蛇相纏)이 되어 길문(吉門)을 얻어도 평안하지 못하다. 만약 바라는 일이 있으면 남에게 사기를 당한다.

　갑진임(甲辰壬)은 손사궁(巽四宮)에서 육의격형(六儀擊刑)이 되고, 사문(死門)이 임하고, 시간(時干) 임(壬) 낙궁(落宮)이 일간(日干) 계(癸) 낙궁(落宮)을 극(剋)하니 찾기 어려울 것이라고 판단하는 사람도 있으나 그렇지 않다. 시간(時干) 임(壬)이 천금(天禽) 길성(吉星)에 임하고, 사문(死門)이 손사궁(巽四宮)에 낙(落)하여 극(剋)되고, 묘월(卯月)에는 목(木)이 왕하고 토(土)가 사(死)하니 흉하지 않다. 또 용신(用神)이 사경상경(死驚傷景) 사문(死門)에 임하면 도리어 돌아오기 쉽다.

　임(壬)이 진고(辰庫)에 들어 진진자형(辰辰自刑)이 되니 스스로 어떤 곳으로 피한 것이고, 위에 구지(九地)가 승(乘)했으니 누군가가 숨겨주고 있다. 시간(時干)이 내반(內盤)에 있으니 가까운 곳인데 동남방으로 2km나 7km 지역에 갔다. 큰 일은 년명(年命)과 함께 보아야 한다. 년명(年命) 무(戊)가 태칠궁(兌七宮)에 낙(落)하고, 휴문(休門) 길문(吉門)이 임하고, 위에 등사(螣蛇)가 승(乘)했으니 어떤 사람의 집에 머물고 있다. 무정(戊丁)은 청룡요명(靑龍燿明) 길격(吉格)이 되고, 시간(時干) 임(壬)과 정임합(丁壬合)하고, 무(戊) 아래에 정(丁)이 임하니 남자친구의 집에 있다.

언제 돌아오는가? 시간(時干)은 내반(內盤)에 있고 일간(日干)은 외반(外盤)에 있으니 오래 걸린다. 직사(直使) 개문(開門)이 곤이궁(坤二宮)에 낙(落)했으니 10일이나 12일 정도다. 시간(時干)이 양성(陽星)에 임하면 경(庚) 아래의 간(干)을 보는데 감일궁(坎一宮)의 경(庚) 아래에 무(戊)가 있으니 무일(戊日)에 돌아온다.

결과는 딸이 혼인문제로 가장과 의견이 맞지 않아 가출하여 집에서 동남쪽으로 7km 정도 떨어진 남자친구 집에서 10일 동안 있다가 심한 감기에 걸려 3월 17일 무오일(戊午日)에 스스로 돌아왔다. 감기에 걸린 것은 시간(時干)이 손사궁(巽四宮)에서 천예(天芮) 병성(病星)을 만났기 때문이다. 진사손궁(辰巳巽宮)은 바람이니 감기와 직결된다.

6) 1996년 10월 10일에 유 씨 아주머니가 찾아왔다. 15세된 생질이 10월 5일 오전 9시쯤 가출했는데 닷새가 지나도록 깜깜 무소식이라 식구들이 애를 태우고 있다고 한다. 집을 나간 시간으로 포국하였다.

玄 休乙庚 芮　戊	白 生丁 柱壬	合　傷　丙 心乙庚
地 開壬 英己	乙	陰 杜辛 蓬丁
天 驚戊 輔癸	符 死己 沖辛	蛇 景癸 任丙

병자년(丙子年) 정유월(丁酉月)
을해일(乙亥日) 신사시(辛巳時)
음사국(陰四局)

가출한 시간의 국(局)은 대개 일간(日干)이 용신(用神)이다. 일간(日干) 을기(乙奇)가 손사궁(巽四宮)에 낙(落)하여 목욕(沐浴)·관대지(冠帶地)가 되고, 천금(天禽)과 휴문(休門)이 임하고, 을무(乙戊)로 이음해양(利陰害陽)되어 길문(吉門)을 만났으니 흉하지 않다. 위에 현무(玄武)가 승(乘)하여 역마성(驛馬星)에게 충동되었으니 몰래 도망간 것이다.

고서에 육합(六合)이 도망간 방위라고 했는데 육합(六合)이 곤이궁(坤二宮)에 낙(落)하여 공망(空亡)되었다. 대충궁(對沖宮)을 보면 간팔궁(艮八宮)이니 동북방이고, 외반(外盤)이니 먼 곳이다. 무계합(戊癸合)으로 객(客)이 주(主)를 합(合)하니 누군가에게 잡혀 있다. 경문(驚門)은 경찰·검찰·법원을 나타내니 경찰에게 잡혀 있는 상이고, 지반(地盤) 일간(日干) 을(乙)이 곤이궁(坤二宮)에 입묘(入墓)되고 위에 상문(傷門)이 임했으니 경찰에게 잡힌 상이다. 또 두문(杜門)도 무장경찰을 나타내는데 일간(日干) 을기(乙奇)를 극(剋)하니 역시 구류된 상이다. 다행히 두문(杜門)이 있는 태궁(兌宮)이 공망(空亡)되어 진극되지 않아 수용되었을 뿐이다.

정기(丁奇)는 소식인데 리궁(離宮)에 낙(落)하여 임관지(臨官地)

가 되고, 생문(生門)이 임하고, 위에 백호(白虎)가 승(乘)했으니 반드시 경찰관에게서 소식이 올 것이다. 돌아오는 시기는 일간(日干) 을(乙)의 장생(長生)이 오(午)에 있고, 정(丁) 아래에 임(壬)이 임하여 정임합(丁壬合)이 되었으니 10월 12일 임오일(壬午日)이다.

종합하면 생질은 동북 250~400km 되는 곳에 있다. 경찰에게 수용되었는데 평안하고, 11일이나 12일에는 돌아온다. 결과는 동북쪽에 있는 도시에서 경찰에게 수용된 상태였다. 11일 신사일(辛巳日)에 전화로 알려주었고, 12일 임오일(壬午日)에 차에 태워 돌려보냈다.

9. 재물분실 예측

1) 1994년 12월 19일 오후 4시가 넘어 한 남자가 찾아왔다. 장사를 하는데 사용하지 않은 전표 한 장이 없어졌다고 한다.

地 開丁 柱辛	天 休癸 心乙	符 生戊 蓬己
玄 驚壬己 芮　庚	壬	蛇 傷丙 任丁
白 死乙 英丙	合 景辛 輔戊	陰 杜庚 沖癸

갑술년(甲戌年) 병자월(丙子月)
기묘일(己卯日) 임신시(壬申時)
양일국(陽一局)

경문(景門)은 문서·전표·약속어음·영수증 등을 나타내는데 감일궁(坎一宮)에 낙(落)하여 화입수향(火入水鄉)이 되었고, 경문(景門)이 휴문(休門)에 가(加)하니 주로 문서분실을 나타낸다. 위에 육합(六合)이 승(乘)하고, 천보(天輔) 길성(吉星)이 임하고, 경문낙궁(景門落宮)이 일간(日干)과 시간(時干) 낙궁(落宮)을 생(生)하니 찾을 수 있다.

일간(日干) 기(己)는 예측을 부탁하는 사람이고 시간(時干) 임(壬)은 실물인데, 지금 현무(玄武)와 함께 진삼궁(震三宮)에 낙(落)했으니 잃어버린 전표는 동쪽에 있다. 진삼궁(震三宮)은 목(木)이고 지반(地盤) 육의(六儀)는 경금(庚金)인데, 경문(驚門)도 금(金)이니 잃어버린 곳은 쇠와 나무로 만든 용기다. 문도 있고 입도 있는 목질철피로 된 금고다. 지금 팔문(八門)이 반음(反吟)되었다. 반음(反吟)은 속도가 빠르고 성패의 구분이 쉽다. 또 진궁(震宮)은 양둔(陽遁) 내반(內盤)이니 빠르고 가깝다. 실물은 동쪽에 있고, 가게에서 멀지 않은 곳으로 대략 3일 정도면 찾을 수 있다.

결과는 분실한 지 사흘째되는 날인 12월 22일 임오일(壬午日)에 가게 동쪽의 사무실 금고에서 찾았다. 10월 25일 갑신일(甲申日)에 사용한 전표를 정리할 때 섞여들어간 것이다. 진삼궁(震三宮)은 3·8목(木)이므로 3일 정도면 찾는다고 한 것이고, 임오일(壬午日)에 찾은 것은 경(庚) 위에 승(乘)한 간(干)이 임(壬)이기 때문이다.

2) 1995년 6월 7일 오후 6시에 한 남자가 찾아왔다. 질녀가 6월 중순에 고모를 따라 남쪽으로 여행갈 준비를 하다가 신분증이 없어진 것을 알았다는 것이다. 지난 5월 말에 이사하면서 헌 책들을 팔았는데 그 속에 끼어들어간 것은 아닌지 물었다.

陰 杜丁 英己	合 景庚乙 芮丁	白 死壬 柱庚乙
蛇 傷己 輔戊	庚	玄 驚辛 心壬
符 生戊 沖癸	天 休癸 任丙	地 開丙 蓬辛

을해년(乙亥年) 임오월(壬午月) 기사일(己巳日) 계유시(癸酉時) 양삼국(陽三局)

일간(日干)은 예측을 구하는 사람이고 시간(時干)은 찾는 물건이다. 일간(日干) 기(己)는 진삼궁(震三宮)에 낙(落)하고 시간(時干) 계(癸)는 감일궁(坎一宮)에 낙(落)하여 시간(時干)이 일간(日干)을 생(生)하니 찾을 수 있다.

경문(景門)은 문서나 신분증을 나타내는데 리구궁(離九宮)에 낙(落)하여 외반(外盤)과 남방이 되고, 또 복음(伏吟)이 부동하니 집에서 떠나지 않았다. 리괘(離卦)는 리허중(離虛中)으로 불이며 붉은색이니 붉은색 상자나 궤나 합 속에 있을 것이다. 경문(景門)이 경문(景門)에 가(加)하니 문서는 미동(未動)이지만 출발하기 전에 찾을 수 있다. 일시에 찾을 수 없고 구설과 다툼은 면하기 어렵지만 문서가 미동(未動)이니 집 안 어딘가에 있다.

시간(時干)은 실물인데 시간(時干) 계(癸)가 감일궁(坎一宮)에 낙(落)하고, 천임(天任) 길성(吉星)과 휴문(休門) 길문(吉門)을 만나고, 계병(癸丙)으로 화개패격(華蓋悖格)이 되어 윗사람에게 기쁨이 있다. 윗사람은 연장자이며 위에 구천(九天)이 승(乘)하였다. 구천(九天)은 아버지이며 문서·인장이니 질녀의 부모가 찾을 것이다.

찾는 시간은 음간(陰干)은 경(庚) 위를 찾고 양간(陽干)은 경(庚)

아래를 찾거나 시간(時干)이 일간(日干)을 생하는 날이다. 시간(時干) 계(癸)가 음간(陰干)이고, 서남 곤궁(坤宮) 지반(地盤) 경(庚) 위의 간(干)은 임(壬)이고, 양둔(陽遁) 시간(時干)이 감일궁(坎一宮)에 낙(落)하여 가깝고 빠르다. 본순(本旬) 임일(壬日)이나 계일(癸日)이고, 시간(時干) 계(癸)가 가장 왕하고 일간낙궁(日干落宮)을 생하는 날이다. 질녀의 어머니가 6월 11일인 계유일(癸酉日)에 질녀 동생의 초등학교 교과서를 담아둔 붉은 상자 속에서 찾았다.

3) 1996년 3월 24일 오전 11시 45분에 중년 부인이 찾아왔다. 일주일 전에 6백만 원짜리 수표를 털옷 속에 넣고 집으로 와서 텔레비전 받침대 밑에 두었다가 3월 23일 오후에 쓰려고 보니 없어졌다는 것이다. 하루 머물렀던 조카를 의심하였다.

合 傷庚 任丙	白 杜丁 沖辛	玄 景丙 輔癸
陰 生壬 蓬丁	乙	地 死辛 英己
蛇 休戊 心庚	符 開己 柱壬	天 驚乙癸 芮　戊

병자년(丙子年) 신묘월(辛卯月)
경신일(庚申日) 임오시(壬午時)
양육국(陽六局)

일간(日干) 경(庚)은 수표를 잃어버린 사람인데 손사궁(巽四宮)에 낙(落)하고, 시간(時干) 임(壬)은 잃어버린 물건인데 진삼궁(震三宮)에 낙(落)하였다. 일시(日時)가 비화(比和)되니 물건을 잃은 것도 돈을 잃은 것도 아니다. 현무(玄武)는 좀도둑인데 곤이궁(坤二宮)에 낙(落)하여 공망(空亡)이 되었으니 시간낙궁(時干落宮)을 극(剋)하지 않는다. 수표는 도둑이 훔쳐간 것이 아니다.

갑자무(甲子戌)는 전재(錢財)인데 간팔궁(艮八宮)에 낙(落)하여 무경(戌庚)으로 비궁격(飛宮格)이 되니 분명히 돈을 옮긴 것이다. 무(戌) 아래에 경(庚)이 임하고, 경(庚)은 마침 일간(日干)인데 위에 등사(螣蛇)가 승(乘)했으니 변화와 허황됨을 나타낸다. 본인이 돈을 다른 데로 옮기고 잊어버렸을 가능성이 많다.

지반(地盤) 갑자무(甲子戌)가 건육궁(乾六宮)에 있으니 원래 돈을 놓아둔 곳이다. 건(乾)은 금(金)이고 경문(驚門)은 입을 나타내니 텔레비전 받침대이고, 천예(天芮)는 메리야스나 면직제품을 나타내니 털옷 속에 넣어두었다. 다만 천반(天盤) 갑자무(甲子戌)가 간궁(艮宮)에 낙(落)하였다. 간(艮)은 산이며 그침이고, 양둔(陽遁)은 내반(內盤)이니 집 안의 큰 장농이다. 또 시간(時干) 임(壬)이 진삼궁(震三宮)에 낙(落)하여 3궁은 목(木)에 속하며 내반(內盤)이니 나무로 된 가구 안에 있을 것이다.

시간(時干)과 갑자무(甲子戌)가 모두 내반(內盤)에 있으니 찾는 시간은 비교적 빠른데 경문(驚門) 직사(直使)가 건육궁(乾六宮)에 낙(落)했으니 6일 정도 걸린다. 또 양일(陽日)은 경(庚) 아래의 간(干)이 응기(應期)인데 경신일(庚申日)은 양일(陽日)이며 손사궁(巽四宮) 경(庚) 아래의 간(干)이 병(丙)이니 3월 30일 병인일(丙寅日)에 찾을 것이다.

결과는 더는 조카를 의심하지 않고 사흘 동안 집 안의 가구들을 뒤졌으나 찾지 못하다가, 3월 30일 병인일(丙寅日) 오전 8시에 침대시트를 바꾸려고 농 안에 있는 침대시트를 꺼내 흔들었는데 수표가 발등에 떨어졌다. 거기에 두고 잊어버린 것이다.

4) 1998년 2월 16일 오전 7시 50분에 최 사장한테서 전화가 왔다. 담요공장에 있는 친구가 2월 12일에 먼 곳으로 출장을 갔다고 한다. 그 친구는 밤 9시에 소형 승용차를 자신의 친구집에 두고 기차를 타고 떠났는데 자동차가 없어졌다는 것이다.

陰 傷癸 輔癸	合 杜己 英己	白 景辛 芮辛
蛇 生壬 沖壬	丁	玄 死乙 柱乙
符 休戊 任戊	天 開庚 蓬庚	地 驚丙 心丙

무인년(戊寅年) 갑인월(甲寅月) 갑오일(甲午日) 무진시(戊辰時) 양팔국(陽八局)

일간(日干) 갑오신(甲午辛)이 곤이궁(坤二宮)에서 복음(伏吟)되고 오오자형(午午自刑)이 되었다. 경문(景門)은 도로이고 백호(白虎)는 형상이다. 또 구성(九星)이 복음(伏吟)되어 출행하면 상재(傷災)나 파재(破財)가 따른다. 시간(時干)은 실물인 자동차인데 시간(時干) 무(戊)가 간팔궁(艮八宮)에 낙(落)하였다. 비록 일간(日干)과 비화(比和)되나 대충(對沖)의 의미가 있고, 역마성(驛馬星)이 임하여 잃어버리는 상이니 찾기 어렵다. 상문(傷門)은 자동차인데 손사궁(巽四宮)에 낙(落)하여 일간궁(日干宮)을 극(剋)하고, 또 계계(癸癸)로 천망사장격(天網四張格)이 되어 차를 찾지 못하는 상이다.

"차가 검푸른색입니까?"
"네. 2천만 원 정도 주고 샀습니다. 도둑이 훔쳐갔습니까?"
"네."

현무(玄武)는 차를 훔친 사람인데 태칠궁(兌七宮)에 낙(落)하여 상문(傷門)이 있는 손사궁(巽四宮)을 극(剋)하고, 시간(時干) 갑자무(甲子戊)가 또 현무(玄武)를 생(生)하니 도둑이 훔쳐간 것이 확실하다. 그리고 백호(白虎)와 직사(直使) 생문(生門)은 경찰·형사·도둑을 잡는 사람을 나타낸다. 백호(白虎)가 현무(玄武)를 생(生)하고, 생문(生門)은 현무(玄武)의 극(剋)을 받고, 또 구성(九星)이 복음(伏吟)되었으니 명확하게 해결되지 않는다. 차를 훔친 사람은 이미 남쪽 천 리 밖으로 달아났다. 결과는 지금까지도 찾지 못하고 있다.

10. 형사사건 예측

1) 1995년 1월 16일 오전 9시 40분에 신문사 기자가 찾아왔다. 친구가 사무실에서 돈을 잃어버렸는데 찾을 수 있느냐고 물었다.

符 開壬 英乙	蛇 休戊丁 芮　壬	陰 生庚 柱丁
天 驚乙 輔丙	戊	合 傷己 心庚
地 死丙 沖辛	玄 景辛 任癸	白 杜癸 蓬己

갑술년(甲戌年) 정축월(丁丑月)
정미일(丁未日) 을사시(乙巳時)
양오국(陽五局)

　현무(玄武)는 좀도둑인데 감일궁(坎一宮)에 임하였다. 겨울에는 수왕(水旺)하며 현무(玄武)가 왕상(旺相)하니 청장년이고, 천임성(天任星)은 양성(陽星)이니 남자이고, 양둔(陽遁) 내반(內盤)에 있으니 직장 내부인이고, 경문(景門)이 임했으니 문장을 쓸 줄 아는 사람이다. 그러나 격국(格局)이 신계(辛癸)로 화개천뢰(華蓋天牢)가 되어 천망(天網)에 잘못 들어섰으니 평범한 사람이 좀도둑을 모방한 것으로 본다.

　신문사는 서남방 곤위(坤位)에 있고, 생문(生門)은 재물인데 곤이궁(坤二宮)에 거하고, 시(時)가 축월(丑月)을 만나 생문(生門)과 곤궁(坤宮)이 비화(比和)되고 왕상(旺相)에 승(乘)했으니 2수에 배를 더하면 좀도둑이니 대략 40만원이다. 경(庚)은 백호(白虎)이며 사건을 해결하는 사람인데 곤이궁(坤二宮)에 낙(落)하여 토(土)가 되고, 위에 태음(太陰)이 승(乘)했으니 은밀하게 계획한 일이다.

　현무(玄武)가 낙(落)한 감일궁(坎一宮)의 수(水)를 직극(直剋)하고 팔문(八門)이 반음(反吟)되었으니 도둑은 잡기 쉽고, 반음(反吟)이니 속도가 빠르다. 다만 현무(玄武)가 임한 천임성(天任星)은 긴성(古星)이니 좋은 사람이 착오로 범한 일이고, 일단 돈이 나오면 처리하지 않을지도 모른다. 사건이 해결되는 시간은 경격(庚格)으로 판단하면 경(庚) 아래에 정(丁)이 임했으니 월격(月格)·일격(日格)이 되므로 오늘이다. 그날 밤 8시 10분에 전화가 왔는데 직장에서 함께 일하는 젊은이가 훔쳐간 것이라고 하였다.

2) 1995년 5월 6일 밤 9시 20분에 한 여자한테서 전화가 왔다. 어제 아버지가 검찰청에 소환되었는데 아직 돌아오지 않았다고 한다.

玄 死辛 柱戊	地 驚庚 心癸	天 開丁 蓬丙
白 景己丙 芮　乙	己	符 休壬 任辛
合 杜癸 英壬	陰 傷戊 輔丁	蛇 生乙 沖庚

을해년(乙亥年) 신사월(辛巳月)
정유일(丁酉日) 신해시(辛亥時)
양사국(陽四局)

년간(年干) 을(乙)은 그녀의 아버지인데 건육궁(乾六宮)에 낙(落)하여 을(乙)의 묘궁(墓宮)이 되었으니 감옥에 들어간다. 격국(格局)이 을경(乙庚)으로 일기피형(日奇被刑)이 되니 재산으로 인한 쟁송이다. 건(乾)은 영도인데 생문(生門)과 개문(開門)이 만나고, 위에 등사(螣蛇)가 승(乘)했으니 그녀의 아버지는 재정을 관리하는 영도자다.

그녀의 아버지인 을기(乙奇)가 건육궁(乾六宮)에 낙(落)하여 지반(地盤) 육의(六儀)의 경(庚)에게 형(刑)되고, 다시 천반(天盤) 경(庚)이 리구궁(離九宮)에 낙(落)하여 화(火)가 되니 아버지가 낙

(落)한 건금궁(乾金宮)을 극(剋)한다. 리(離)는 주로 문화인을 나타내고 경문(驚門)은 주로 쟁송을 나타내는데, 위에 구지(九地)가 승(乘)했으니 같은 직장에 있는 사람이 고발한 것이다.

경문(景門)은 고소장인데 진삼궁(震三宮)에 낙(落)하여 공망지(空亡地)가 되었으니 고소가 부실하며, 터무니없이 트집을 잡아 모함한 것이다. 개문(開門)은 법관·검찰청인데 곤이궁(坤二宮)에 낙(落)하여 토(土)가 되고, 일간(日干) 정기(丁奇)와 동궁(同宮)에서 비화(比和)되고, 위에 구천(九天)이 승(乘)하여 영도가 된다. 반드시 검찰청 검사를 만나 동정과 이해를 구하라고 하였다.

개문(開門)이 곤궁(坤宮)에 임하여 궁(宮)이 문(門)을 생(生)하니 반드시 풀려난다. 년간(年干) 을기(乙奇)가 용신(用神)이고, 지반(地盤) 을기(乙奇)는 진삼궁(震三宮)에 있고, 위에 육의(六儀) 병(丙)과 기(己)가 임했으니 병일(丙日)이나 기일(己日)에 석방된다. 양둔(陽遁) 삼궁(三宮)은 내반(內盤)이라 빠르므로 기일(己日)에 석방된다고 판단한 것이다.

후에 알게 된 바에 의하면, 그녀의 아버지는 직장에서 기본적인 건설공사를 책임지는 행정과장인데 무고하게 검찰청에서 심문을 받은 것이다. 그녀는 이튿날인 무술일(戊戌日)에 검찰청 검사를 만나 동정과 이해를 구하였고, 기해일(己亥日)에 석방되었다.

3) 1995년 12월 14일 오전 10시에 한 회사원이 찾아왔다. 함께 일하는 장 씨가 검찰청에 구류되었는데 어떻게 되겠느냐고 물었다.

地 景 丁 柱 辛	天 死 癸 心 乙	符 驚　戊 蓬 壬 己
玄 杜 壬 己 芮　　庚	壬	蛇 開 丙 任 丁
白 傷 乙 英 丙	合 生 辛 輔 戊	陰 休 庚 沖 癸

을해년(乙亥年) 무자월(戊子月)
기묘일(己卯日) 기사시(己巳時)
양일국(陽一局)

직장 동료를 예측하는 일이니 월간(月干) 무(戊)가 용신(用神)인데 곤이궁(坤二宮)에 낙(落)하였고, 무(戊)는 재물인데 천봉(天蓬) 도둑성이 임했으니 돈과 재물 문제로 구류된 것이다. 무기(戊己)로 귀인입옥(貴人入獄)이 되고, 무임(戊壬)으로 청룡(靑龍)이 천뢰(天牢)에 드니 구류되는 상이다. 또 위에 직부(直符)가 승(乘)했으니 혼자 책임지게 되었고, 경문(驚門)이 임했으니 관사(官司)로 두려운 일을 당하는 상이다.

범죄를 예측할 때는 갑오신(甲午辛)이 죄인인데 신(辛)이 감일궁(坎一宮)에 낙(落)하고, 지반(地盤)에서 무(戊)를 만나는데 무(戊)는 돈과 재물을 나타내니 전재(錢財)의 일이다. 신무(辛戊)로 곤룡피상(困龍被傷)이 되었으니 관사(官司)로 파재(破財)한다. 분수를 지키면 길하나 망동하면 화를 당한다. 그러나 천보(天輔)·생문(生門) 길문(吉門)·육합(六合) 길신(吉神)이 임하고, 손사궁(巽四宮) 지반(地盤) 신(辛) 위에 또 정기(丁奇)가 있고, 임계(壬癸) 천라지망(天羅地網)을 만나지 않았으니 재판은 하지 않는다.

직부(直符)는 또 영도인데 월간(月干)과 동궁(同宮)하고, 개문(開門)은 법관인데 월간낙궁(月干落宮)과 갑오신낙궁(甲午辛落宮)이 상생(相生)하니 보석으로 나온다. 그러나 월간(月干) 무(戊)가 봉성(蓬星)에 임했으니 반드시 파재(破財)가 따른다.

천봉성(天蓬星)은 자월(子月)이 왕상(旺相)하는 때다. 곤이궁(坤二宮)과 경문(驚門)은 모두 2수이고 토(土)는 5수이니 파재(破財)는 2천만 원이나 2천 5백만 원 정도이고, 갑오신(甲午辛) 아래에 임한 간(干)은 무(戊)인데 자오상충(子午相沖)되니 무자월(戊子月)에 석방된다. 결과는 12월 29일인 무자월(戊子月) 갑오일(甲午日)에 2천 5백만 원을 내고 보석으로 풀려났다.

4) 1997년 1월 22일 밤 10시에 범죄자로 의심받는 사람의 친척이 찾아왔다. 시내에서 노동을 하는 한 남자와 한 여자가 1996년 11월 23일에 집 동쪽에 사는 1세된 사내아기를 안고 도망갔다가 11월 24일에 돌려보냈는데 잡혀 구류되었다고 한다. 동쪽에 사는 사람이 이 사람들이 아이를 유괴했다고 고소하여 법정에 서게 되었고, 1997년 1월 하순에 개정심리가 열린다고 한다.

地 生癸 任己	天 傷戊 沖丁	符 杜己 輔乙
玄 休丙 蓬戊	庚	蛇 景丁 英壬
白 開辛 心癸	合 驚壬 柱丙	陰 死庚 乙 芮 辛

병자년(丙子年) 신축월(辛丑月)
갑자일(甲子日) 을해시(乙亥時)
양삼국(陽三局)

직부(直符)는 원고인데 곤이궁(坤二宮)에 낙(落)하고, 천을(天乙)은 피고인데 건육궁(乾六宮)

에 낙(落)하였다. 원고가 피고를 생(生)하고, 원고가 또 공망(空亡)되니 화해할 것이다. 천을(天乙) 천예성(天芮星)은 피고인데 건육궁(乾六宮)에 낙(落)하여 을경(乙庚)이 임했으니 이 남녀를 나타내고, 아래에 신(辛)이 임하여 천옥(天獄)인데 을(乙)이 건육궁(乾六宮)에 입묘(入墓)되었으니 구금되어 상황을 지켜보는 것과 부합된다. 그러나 을신(乙辛)으로 청룡도주격(靑龍逃走格)이 되었고, 신(辛)은 죄인인데 위에 을기(乙奇)가 승(乘)하여 석방되는 상이다.

개문(開門)은 법관인데 간팔궁(艮八宮)에 입묘(入墓)되었다. 옛 문헌에 따르면 개문(開門)이 입묘(入墓)되면 관(官)에 묻는 것이 바보라고 하였다. 그러나 법관은 바보가 아니다. 죄의 경중이 확실하지 않으나 피고는 아들이 없어 동쪽 집의 사내아이를 좋아하다 데려왔고, 아기의 집에서 안 후 즉시 돌려보냈다. 원고측에서는 아기를 팔려고 유괴한 것이라고 주장했으나 증거가 불충분하였다.

개문(開門)이 낙궁(落宮)이 되고, 피고 궁(宮)을 생(生)하고, 원고와 비화(比和)되며 대충(對沖)되니 피고에게 유리하다. 경문(驚門)은 변호사인데 감일궁(坎一宮)에 낙(落)하여 원고와 개문(開門)의 극(剋)을 받는다. 그리고 피고와 상생(相生)되어 변호사도 피고에게 유리하다. 개문(開門)은 비록 위에 백호(白虎)가 승(乘)하지만 경(庚)을 만나지 못하여 법정에서 판결을 하지 않고 화해할 가능성이 있다. 법원의 개정심리는 반드시 판결을 내리는 것이 아니다. 경제적·심리적인 손실을 배상하면 집행유예가 될 가능성이 있다.

결과는 1월 29일 오전에 법정에서 공개심리가 열렸고, 쌍방의 변호사가 격렬한 변론을 펼친 끝에 휴정이 선포되었다. 원고의 소장에 있는 피고 형사죄를 없애고 민사 소장을 첨부하여 원고의 경제와 정신적인 손실로 2천만 원을 배상하라고 하였다. 1월 30일에 법원에서 민사소송 부분을 쌍방이 협의하여 화해하였다. 피고는 원고에게 1천만 원을 배상하기로 하였고, 남녀가 각각 5백만 원씩 냈다. 민사소송이 해결된 후 2월 3일 오후 법원에서 남녀 두 사람에게 2년형에 집행유예 3년을 판결받았다. 이튿날 두 사람은 석방되었다.

11. 체육경기 예측

1) 세계가 주목하는 제43회 세계탁구결승전이 1995년 5월 중국 천진시에서 열렸다. 5월 7일 밤 7시부터 9시까지 여자단체결승전이 있었는데 한국과 중국의 대결이었다. 중국에서 하는 시합이니 중국을 주팀으로 보고 한국을 객팀으로 보았다.

陰 驚 辛 杜 戊	合 開 庚 心 癸	白 休 丁 蓬 丙
蛇 死 己 丙 芮　乙	己	玄 生 壬 任 辛
符 景 癸 英 壬	天 杜 戊 輔 丁	地 傷 乙 沖 庚

을해년(乙亥年) 신사월(辛巳月)
무술일(戊戌日) 임술시(壬戌時)
양사국(陽四局)

　지반(地盤) 시간(時干) 임(壬)이 주팀이며 중국팀인데 간팔궁(艮八宮)에 있고, 위에 직부(直

符)가 승(乘)하였다. 직부(直符)는 심판인데 동궁(同宮)에 있으니 심판의 마음이 주팀으로 기울고, 위에 천영성(天英星) 승(乘)했는데 천영(天英)은 화(火)에 속하며 화생토(火生土)하니 주팀에게 힘이 있다. 위에 경문(景門)이 승(乘)했는데 경문(景門)은 기술지도이니 주팀의 훈련지도 방법에 있다. 간팔궁(艮八宮)은 토(土)에 속하고 월령(月令)은 사월(巳月)이니 사화(巳火)가 간토(艮土)를 생조(生助)하여 시령(時令)이 주팀에게 유리하니 중국팀의 사기가 왕성하다.

천반(天盤) 시간(時干) 임(壬)은 객팀이니 한국팀이다. 태칠궁(兌七宮)에 낙(落)하여 금(金)에 속하고, 위에 천임(天任) 토성(土星)이 승(乘)하여 토생금(土生金)이 되고, 또 생문(生門)이 승(乘)하였다. 생문(生門)은 토(土)이니 토생금(土生金)이 되어 한국팀의 실력이 매우 강하다. 그러나 월령(月令)인 사화(巳火)는 화왕금사(火旺金死)하니 시령(時令)이 객팀인 한국팀에게 매우 불리하다.

두 팀은 금메달을 놓고 다투는데 신(辛)이 금메달이다. 지반(地盤) 신(辛)은 태칠궁(兌七宮)에 있고 금(金)에 속한다. 천반(天盤) 신(辛)은 손사궁(巽四宮)에 낙(落)하여 목(木)에 속하며 금극목(金剋木)이 되므로 지반(地盤)이 승리하니 중국팀이 이긴다. 결과는 중국팀이 3 : 0으로 이겨 우승하였다.

2) 1995년 5월 8일 밤 7시 이후에 제43회 세계탁구남자단체결승전이 열렸다. 중국과 스웨덴의 대결로 많은 사람들이 주목하였다.

天 驚乙 英辛	符 開壬己 芮　乙	蛇 休丁 柱己
地 死辛 輔庚	壬	陰 生癸 心丁
玄 景庚 沖丙	白 杜丙 任戊	合 傷戊 蓬癸

을해년(乙亥年) 신사월(辛巳月) 기해일(己亥日) 을해시(乙亥時) 양일국(陽一局)

지반(地盤) 시간(時干) 을(乙)이 주팀이니 중국팀이다. 리구궁(離九宮)에 있고 화(火)에 속하며, 위에 예성(芮星)이 승(乘)하여 토(土)가 된다. 궁(宮)이 성(星)을 생(生)하고, 위에 승(乘)한 개문(開門)은 금(金)에 속하여 화극금(火剋金)이 되고, 궁(宮)이 문(門)을 극(剋)하며 위에 직부(直符)가 승(乘)한다. 직부(直符)는 재판·심판이니 중국팀이 유리하다. 사월(巳月)에는 화왕(火旺)한데 중국팀은 왕궁(旺宮)에 낙입(落入)하였다. 중국팀은 득지(得地)·득시(得時)하여 사기가 매우 왕하고, 기을(己乙)로 지호봉성(地戶蓬星)이 되니 반길반흉하고, 임을(壬乙)로 소사득세(小蛇得勢)하고, 개문(開門)도 길문(吉門)이다.

천반(天盤) 시간(時干) 을(乙)은 객팀이니 스웨덴팀이다. 천반(天盤) 시간(時干) 을(乙)이 손사궁(巽四宮)에 낙(落)하여 목(木)이 되고, 손사궁(巽四宮)의 목(木)이 리구궁(離九宮)의 화(火)를 생(生)하니 중국팀이 유리하다. 손사궁(巽四宮)에 천영성(天英星)이 승(乘)했으니 목생화(木生火)하여 궁(宮)이 성(星)을 생(生)한다. 승(乘)한 경문(驚門)은 흉문(凶門)이며 금(金)이니 금극목(金剋木)이 되어 문(門)이 궁(宮)을 극(剋)하고, 위에 구천(九天)이 승(乘)

하여 금(金)에 속하니 금극목(金剋木)이 된다. 을신(乙辛)으로 청룡도주(靑龍逃走) 흉격(凶格)이 되어 객팀이 불리하다.

금메달은 신(辛)인데 지반(地盤) 신(辛)은 손사궁(巽四宮)에 있어 목(木)에 속하고, 천반(天盤) 신(辛)은 진삼궁(震三宮)에 낙(落)하여 목(木)에 속하니 두 궁이 비화(比和)되어 승부를 가리기 어렵다. 그러나 손사궁(巽四宮) 위에 구천(九天)이 승(乘)하고, 진삼궁(震三宮) 위에 구지(九地)와 사문(死門)이 승(乘)하여 천반(天盤) 낙궁(落宮)이 불리하다.

경문(景門)은 기술지도인데 간팔궁(艮八宮)에 낙(落)하여 주팀 낙궁(落宮)과 상생(相生)되고, 객팀 낙궁(落宮)과 상극(相剋)된다. 사월(巳月)에는 화왕(火旺) 토상(土相) 목휴(木休)하니 중국팀이 유리하다. 중국팀은 맹렬히 싸워 이길 것이다. 결과는 2：2로 승부가 나지 않았다. 그러나 복음국(伏陰局)과 합(合)되어 밤 9시 50분 을해시(乙亥時)에 진입하자 결속하여 3：2로 이겨 우승하였다.

3) 1996년 7월 19일에 온 세계가 주목하는 올림픽경기가 미국의 남부도시 애틀란타에서 열렸다. 7월 18일 밤 10시 30분에 어떤 사람이 중국이 금메달을 몇 개나 따겠느냐고 물었다.

玄 傷庚 英丙	白 杜丁戊 芮　庚	合 景壬 柱戊
地 生丙 輔乙	丁	陰 死癸 心壬
天 休乙 沖辛	符 開辛 任己	蛇 驚己 蓬癸

병자년(丙子年) 을미월(乙未月)
병진일(丙辰日) 기해시(己亥時)
음이국(陰二局)

　지반(地盤) 시간(時干)은 중국 팀인데 감일궁(坎一宮)에 있고 위에 신(辛)이 승(乘)하였다. 신(辛)은 금메달이다. 개문(開門) 길문(吉門)이 임하여 궁(宮)을 생(生)하고, 직부(直符)는 길신(吉神)이지만 천임성(天任星)이 극(剋)하니 곤란이 적지 않겠으나 새로운 국면을 만들 것이다. 금메달인 신(辛)이 감일궁(坎一宮)에 낙(落)하고, 감궁(坎宮)은 수(水)에 속하니 1·6수(水)가 되어 금메달을 10개나 16개를 딸 것이다. 8월 5일에 경기가 모두 끝났는데 중국팀은 금메달 16개를 획득하여 종합 4위를 하였다.

4) 1998년 7월 12일 밤 7시 뉴스에서 내일(7월 13일) 새벽 1시 30분에 프랑스와 브라질이 월드컵 우승을 놓고 다툰다고 하길래 즉시 포국(佈局)하여 보았다.

合 死乙 心己	陰 驚壬 蓬癸	蛇 開丁 任辛
白 景丙 柱丙	戊	符 休庚 沖丙
玄 杜戊辛 芮丁	地 傷癸 英壬	天 生己 輔乙

무인년(戊寅年) 기미월(己未月) 경신일(庚申日) 병술시(丙戌時) 음오국(陰五局)

프랑스는 월드컵경기 개최국으로 주인이니 주팀으로 보고, 브라질팀은 객팀으로 본다. 지반(地盤) 시간(時干) 병(丙)은 주팀인데 태칠궁(兌七宮)에 낙(落)하고, 위에 직부(直符) 길신(吉神)과 휴문(休門) 길문(吉門)이 승(乘)하였다. 직부(直符)는 재판·심판이니 심판의 마음이 주팀으로 향하여 프랑스가 유리하다.

천반(天盤) 시간(時干) 병(丙)은 객팀인데 진삼궁(震三宮)에 낙(落)하고, 위에 백호(白虎) 흉신(凶神)과 경문(景門) 흉문(凶門)이 승(乘)하였다. 미월(未月)에는 태칠궁(兌七宮)의 금(金)이 왕상(旺相)하여 진삼궁(震三宮)의 휴수(休囚) 목(木)을 바로 충극(沖剋)하므로 반드시 주팀인 프랑스가 이긴다.

태칠궁(兌七宮)의 지반성(地盤星)이 천주성(天柱星)인데 진삼궁(震三宮)의 천충성(天沖星)을 바로 충극(沖剋)하여 금(金)이 왕상(旺相)하고 목(木)이 휴수(休囚)된다. 목(木)은 3수이므로 그 문을 3차례나 돌파하여 3 : 0으로 프랑스가 이길 것이다.

또한 신(辛)은 금메달인데 지반(地盤) 신(辛)이 곤이궁(坤二宮)에 있고, 태칠궁(兌七宮)의 주팀을 생조(生助)하고, 천반(天盤) 신(辛)

은 간팔궁(艮八宮)에 있고, 진삼궁(震三宮) 객팀의 극(剋)을 받는다. 다만 휴수(休囚)된 목(木)은 왕상(旺相)한 토(土)를 극할 수 없으니 브라질팀이 이길 가능성은 없다. 결과는 프랑스팀이 3 : 0으로 이겨 제16회 월드컵경기에서 우승하였다.

12. 천시기상 예측

1) 1993년 7월 26일에 시청 관광과 간부인 이 선생이 찾아왔다. 관광명소를 개발 건설하기 위한 1차 공사를 마쳐 1993년 8월 3일 오전 9시에 준공식 겸 개업식을 한다고 한다. 관계 공무원과 지역 유지들이 몇 백명 참석하는데 개업식이 순조로울지, 비가 오지는 않을지를 물었다.

陰 杜壬 心丁	蛇 景戊 蓬己	符 死庚 任乙
合 傷辛 柱丙	癸	天 驚丙 沖辛
白 生癸乙 芮庚	玄 休己 英戊	地 開丁 輔壬

계유년(癸酉年) 기미월(己未月)
병진일(丙辰日) 계사시(癸巳時)
음일국(陰一局)

천주성(天柱星)은 우사(雨師)인데 비록 진삼궁(震三宮)에 낙입(落入)되었으나 임계(壬癸)를 띠지 않고, 천봉성(天蓬星)은 수신(水神)인데 리구궁(離九宮)에 낙입(落入)되고 임계(壬癸)를 띠지 않으니 비가 오지 않을 것이다. 천영성(天英星)은 청명(淸明)을 나타내지만 미월(未月) 진일(辰日)은 아(我)가 생(生)하는 일월(日月)로 왕(旺)이 되고 사시(巳時)에 상(相)이 된다. 다만 천영성(天英星)이 감궁(坎宮)에 낙입(落入)되어 화(火)가 수향(水鄕)에 들고, 또 현무(玄武)와 휴문(休門)의 수(水)가 임하니 흐릴 가능성은 있다.

결과는 8월 3일 하루종일 흐리기는 했으나 비는 전혀 내리지 않았다. 오전 9시 30분에 개업식이 시작되어 '푸른산 푸른물'을 참관하고, 점심을 먹은 후 오후에는 사람들이 하나 둘 순조롭게 돌아갔다.

2) 2005년 8월 17일 밤 9시 30분에 어떤 사람이 8월 19일에 호수로 놀러가기로 했는데 날씨가 어떻겠느냐고 물었다.

蛇 杜己 輔己	符 景癸 英癸	天 死戊辛 芮戊辛
陰 傷庚 沖庚	戊	地 驚丙 柱丙
合 生丁 任丁	白 休壬 蓬壬	玄 開乙 心乙

을유년(乙酉年) 갑신월(甲申月) 계유일(癸酉日) 계해시(癸亥時) 음오국(陰五局)

날씨를 예측할 때는 천주성(天柱星)은 우사(雨師), 천봉성(天蓬星)과 임계(壬癸)는 수신(水神), 천보(天輔)와 백호(白虎)는 바람을 나타낸다. 천주성(天柱星)이 임계(壬癸)를 띠면 비가 내리고, 천주성(天柱星)이 임계(壬癸)를 띠면서 왕하면 큰 비가 내린다. 지금 천주성(天柱星)이 태칠궁(兌七

宮)에 낙(落)하여 상(相)되나 임계(壬癸)를 띠지 않았으니 비는 오지 않을 것이다. 구지(九地)는 흐린 날씨인데 기압이 매우 낮고 구름층이 매우 두텁기 때문이다. 천봉(天蓬)과 임수(壬水)는 수신(水神)인데 모두 감궁(坎宮)에 있고, 백호(白虎)가 승(乘)하니 주로 바람이며, 신(申月)월에는 금(金)이 왕하니 폭우를 나타낸다.

위의 내용을 종합하면 8월 19일은 흐리며 폭우가 내리고 바람이 많이 불 것이다. 결과는 오전 묘시(卯時)에 폭우가 내린 후 내내 흐렸고, 비교적 바람이 강하게 불었으나 밤에는 비가 오지 않아 호수에서 놀 수 있었다.

3) 1996년 6월 24일 오전 9시 15분에 학교 관계자가 학교에서 많은 사람을 초청하여 행사를 하는데 날씨가 어떻겠느냐고 물었다.

陰 生癸庚 芮　壬	合 傷丙 柱戊	白 杜丁 心庚
蛇 休戊 英辛	癸	玄 景己 蓬丙
符 開壬 輔乙	天 驚辛 沖己	地 死乙 任丁

병자년(丙子年) 갑오월(甲午月)
임진일(壬辰日) 을사시(乙巳時)
양구국(陽九局)

갑진임(甲辰壬)은 수(水)인데 간팔궁(艮八宮)에 낙(落)하여 수제(受制)된다. 그러나 위에 직부(直符)가 승(乘)하고 개문(開門)이 임한다. 개문(開門)은 금(金)에 속하며 금생수(金生水)하니 비가 내리는 형상이다. 또 오월(午月)

임일(壬日)은 비록 오월(午月)은 화왕(火旺)하지만 임일(壬日)은 비를 나타낸다. 천봉성(天蓬星)은 수(水)인데 태칠궁(兌七宮)에 낙(落)하여 생(生)을 얻고 현무(玄武)가 임하므로 비가 확실하다. 임진일(壬辰日) 갑진시(甲辰時)는 진(辰)이 수고(水庫)이고 진진상형(辰辰相刑)되니 형(刑)이 파괴되어 수고(水庫)가 수(水)를 크게 파하여 갑진시(甲辰時)에 비가 내리는 것은 당연하다.

을사시(乙巳時)에는 을목(乙木)이 임수(壬水)를 설(泄)하고 사화(巳火)도 수(水)를 제(制)한다. 천영성(天英星)은 화신(火神)이니 주로 개는 것이고, 설사 휴문(休門)이 임하고 등사(螣蛇)가 승(乘)해도 진삼궁(震三宮)에 낙(落)하여 생(生)을 얻어 왕상(旺相)하니 비가 그친다. 천주성(天柱星)은 우사(雨師)인데 1·3·7궁(宮)이 아니라 리구궁(離九宮)에 낙(落)하니 비가 제어를 받는다.

종합하면 6월 24일 오전 9시 이후에는 설령 비가 오더라도 그치거나 작아져 행사를 치룰 수 있다. 결과는 6월 24일 아침에는 비가 내렸으나 오전 9시에 그쳤다. 9시 15분에 교내행사를 마친 후 10시에 다시 많은 비가 내렸다.

4) 1998년 7월 27일 오후 2시에 통신회사 유 사장이 전화를 걸어왔다. 내일(7월 28일) 오전 10시에 지사에서 무선전화망 개통식을 하는데 오전 9시부터 10시 30분 사이의 날씨가 어떤지, 우의를 준비해야 하는지를 물었다.

地 杜丙 心戊	玄 景辛 蓬壬	白 死癸 任庚
天 傷丁 柱己	乙	合 驚己 沖丁
符 生乙庚 芮癸	蛇 休壬 英辛	陰 開戊 輔丙

무인년(戊寅年) 기미월(己未月)
병자일(丙子日) 계사시(癸巳時)
음사국(陰四局)

　천주성(天柱星)은 우사(雨師)인데 비록 진삼궁(震三宮)에 낙(落)하나 임계(壬癸)를 띠지 않고, 천봉성(天蓬星)은 임(壬)을 띠고 리궁(離宮)에 낙(落)하고 경문(景門)이 임하여 화(火)가 수세(水勢)를 설기(洩氣)한다. 천영성(天英星)은 주로 청명함을 나타내는데 감궁(坎宮)에 낙입(落入)하고 임수(壬水)와 휴문(休門)이 임하여 화(火)가 수향(水鄕)에 든다. 계사시(癸巳時)는 계(癸)가 곤이궁(坤二宮)에 낙(落)하여 입묘(入墓)되니 토(土)에게 극(剋)을 받아 비는 오지 않으나 백호(白虎)가 승(乘)하여 바람은 조금 불 것이다. 결과는 7월 28일은 구름이 끼고 바람이 조금 불었으나 하루종일 비가 내리지 않아 개통식을 순조롭게 진행할 수 있었다.

5) 1998년 7월 7일 오전 10시에 통신회사 비서실 실장이 전화를 걸어왔다. 지사에서 8일 오전 9시 18분에 무선통신망 개통식을 하는데 비가 오는지, 우의를 준비해야 하는지를 물었다.

地 生乙 沖丙	玄 傷丙 輔庚	白 杜庚 英戊
天 休辛 任乙	丁	合 景丁戊 芮　壬
符 開己 蓬辛	蛇 驚癸 心己	陰 死壬 柱癸

무인년(戊寅年) 기미월(己未月) 을묘일(乙卯日) 신사시(辛巳時) 음이국(陰二局)

천봉성(天蓬星)은 수(水)인데 간팔궁(艮八宮)에 낙(落)하여 수제(受制)되고 임계(壬癸)를 띠지 않았다. 그러나 천주(天柱)는 우사(雨師)인데 건육궁(乾六宮)에 낙(落)하고 임계(壬癸)를 띠었다. 천주성(天柱星)이 비록 1·3·7궁(宮)에 낙(落)하지 않았으나 건육궁(乾六宮)에 임하여 금(金)에 속한다. 금(金)은 수(水)를 생(生)하고, 또 태음(太陰)이 승(乘)한 것도 먹구름을 나타내니 비가 오나 그렇게 많지는 않을 것이다.

사문(死門)은 토(土)이니 수(水)를 극(剋)하고, 계(癸)는 주로 작은 비를 나타내는데 감일궁(坎一宮)에 낙입(落入)하여 왕하다. 천보성(天輔星)은 바람인데 리구궁(離九宮)에 낙(落)하여 왕상(旺相)하고, 상문(傷門)도 바람인데 위에 현무(玄武)가 승(乘)하니 비가 오는 가운데 바람이 약간 부는 상이다. 따라서 내일은 3·4급의 바람이 불며 비가 오니 우의를 준비하라고 하였다. 결과는 하루종일 비가 내리며 바람이 불었으나 우의를 준비하여 개통식을 순조롭게 진행하였다.

제3장. 둔갑반(遁甲盤) 응용

1. 양오국(陽五局) 갑술순(甲戌旬) 경진시(庚辰時)
서남방 곤궁(坤宮)

朱天休壬 雀沖門乙	九天生丁 地任門壬	九天傷庚 天蓬門丁
勾天開乙 陳芮門丙	天 輔　戊	直天杜己 符心門庚
六天驚丙 合柱門辛	太天死辛 陰英門癸	螣天景癸 蛇禽門己

천봉성(天蓬星)이 진시(辰時)를 만나면 주로 동북방에서 나무가 쓰러져 사람이 상하고, 사방에서 북소리가 들리고, 붉은 옷을 입은 여인이 이르는 것이 응(應)이다. 작용 후 주로 까치가 지저귀고, 까마귀가 울면서 집을 빙빙 돌고, 도둑이 재물을 훔친다. 60일 안에 다리가 아픈 사람이 찾아와 익시를 무리고, 3년 안에 귀자를 낳고 발복한다.

2. 양육국(陽六局) 갑신순(甲申旬) 계사시(癸巳時)
동남방 손궁(巽宮)

九天杜戊 地蓬門丙	九天景壬 天心門辛	直天死庚 符任門癸
朱天傷己 雀英門丁	天 芮　乙	螣天驚丁 蛇輔門己
勾天生癸 陳禽門庚	六天休辛 合柱門壬	太天開丙 陰沖門戊

천봉성(天蓬星)이 사시(巳時)를 만나면 주로 곱사등이가 털옷을 입고, 여자가 술을 갖고 오거나 선생이 오는 것이 응(應)이다. 작용 후 100일 안에 횡재하여 대발하고, 무(武)로 관(官)을 얻어 발달한다.

3. 양칠국(陽七局) 갑술순(甲戌旬) 임오시(壬午時)
동남방 손궁(巽宮)

九天驚乙 地蓬門丁	九天開辛 天心門庚	直天休己 符任門壬
朱天死戊 雀英門癸	天 芮　丙	螣天生癸 蛇輔門戊
勾天景壬 陳禽門己	六天杜庚 合柱門辛	太天傷丁 陰沖門乙

천봉성(天蓬星)이 오시(午時)를 만나면 어떤 사람이 칼을 갖고 산에 오르고, 부인이 청색 옷을 입은 동자를 데리고 오는 것이 응(應)이다. 작용 후 40일에 가주(家主)가 죽고, 60일에 개가 사람소리를 내며 집에 들어온다. 다리를 저는 사람이 지나가면 파재하나 3년 후에는 발왕한다.

4. 양팔국(陽八局) 갑인순(甲寅旬) 기미시(己未時)
서북방 건궁(乾宮)

九天傷壬 天任門癸	直天杜癸 符輔門己	螣天景己 蛇心門辛
九天生戊 地柱門壬	天 英　丁	太天死辛 陰芮門乙
朱天休庚 雀沖門戊	勾天開丙 陳禽門庚	六天驚乙 合蓬門丙

천봉성(天蓬星)이 미시(未時)를 만나면 주로 동자가 우마를 뒤쫓아오고, 해오라기가 북쪽에서 날아오며, 붉은 옷을 입은 여인이 이르는 것이 응(應)이다. 작용 후 60일 안에 도둑이 집에 들어 재물을 훔쳐가니 흉패한다.

5. 양구국(陽九局) 갑자순(甲子旬) 임신시(壬申時)
중앙 정궁(正宮)

直天驚戊 符英門壬	螣天開庚 蛇禽門戊	太天休丙 陰柱門庚
九天死壬 天任門辛	天 蓬　癸	六天生丁 合沖門丙
九天景辛 地輔門乙	朱天杜乙 雀心門己	勾天傷己 陳芮門丁

천봉성(天蓬星)이 신시(申時)를 만나면 물을 취하는 사람이 있고, 서쪽에서 우산을 쓴 사람이 온다. 어린아이가 물장난을 하며 북을 두드리고 소리치는 것이 응(應)이다. 작용 후 20일에 닭 둥지로 뱀이 들어가고, 100일 안에 젊은 부인이 목을 매고, 음욕을 저질러 관사가 일어난다.

6. 양일국(陽一局) 갑자순(甲子旬) 계유시(癸酉時)
서북방 건궁(乾宮)

勾天杜乙 陳任門辛	朱天景己 雀輔門乙	九天死丁 地心門己
六天傷辛 合柱門庚	天 英　壬	九天驚癸 天芮門丁
太天生庚 陰沖門丙	螣天休丙 蛇禽門戊	直天開戊 符蓬門癸

천봉성(天蓬星)이 유시(酉時)를 만나면 서쪽에서 새가 줄지어 날아오고, 까마귀떼가 날아가면서 우는 것이 응(應)이다. 작용 후 100일 안에 귀자를 낳고, 중의 중개로 상음인(商音人 : 金星人)을 들여 재산이 대발한다.

7. 양일국(陽一局) 갑술순(甲戌旬) 갑술시(甲戌時)
북방 감궁(坎宮)

九天杜辛 地輔門辛	九天景乙 天英門乙	直天死己 符芮門己
朱天傷庚 雀沖門庚	天 禽　壬	螣天驚丁 蛇柱門丁
勾天生丙 陳任門丙	六天休戊 合蓬門戊	太天開癸 陰心門癸

천봉성(天蓬星)이 술시(戌時)를 만나면 주로 노인이 지팡이를 짚고 오고, 수염난 사람이 참대광주리를 메고 오고, 서쪽에서 뇌우가 오는 것이 응(應)이다. 작용 후 흰 개가 스스로 오고, 80일에 군기를 주워 큰 부자가 된다.

8. 양일국(陽一局) 갑술순(甲戌旬) 을해시(乙亥時)
동북방 간궁(艮宮)

九天驚乙 天心門辛	直天開己 符芮門乙	螣天休丁 蛇輔門己
九天死辛 地禽門庚	天 柱　壬	太天生癸 陰英門丁
朱天景庚 雀蓬門丙	勾天杜丙 陳沖門戊	六天傷戊 合任門癸

천봉성(天蓬星)이 해시(亥時)를 만나면 어린아이가 떼지어 오고, 여인이 효복(孝服)을 입는 것이 응(應)이다. 작용 후 60일에 도둑을 잡아 돈과 곡식을 얻고, 3년 안에 약을 팔거나 신부(神符)와 신물(神物)로 돈을 번다.

9. 양일국(陽一局) 갑술순(甲戌旬) 병자시(丙子時)
동북방 간궁(艮宮)

太天死癸 陰柱門辛	六天驚戊 合沖門乙	勾天開丙 陳禽門己
螣天景丁 蛇心門庚	天 任　壬	朱天休庚 雀蓬門丁
直天杜己 符芮門丙	九天傷乙 天輔門戊	九天生辛 地英門癸

천예성(天芮星)이 자시(子時)를 만나면 가을과 겨울은 길하나 봄과 여름에는 흉하다. 날아다니는 새가 싸우니 놀라고, 서남쪽에서 불빛이 오르고, 두 사람이 서로 쫓아가는 것이 응(應)이다. 작용 후 고양이나 개가 미쳐서 사람을 물어 관사를 일으키고, 60일 안에 여인이 목을 매 죽는다.

10. 양일국(陽一局) 갑술순(甲戌旬) 정축시(丁丑時)
서방 태궁(兌宮)

朱天杜庚 雀任門辛	九天景辛 地輔門乙	九天死乙 天心門己
勾天傷丙 陳柱門庚	天 英　壬	直天驚己 符芮門丁
六天生戊 合沖門丙	太天休癸 陰禽門戊	螣天開丁 蛇蓬門癸

천예성(天芮星)이 축시(丑時)를 만나면 서북쪽에서 북소리가 들리는 것이 응(應)이다. 7일 안에 숲 속에서 거북과 자라가 나오고, 60일에 도둑이나 관사(官司)가 있고 파재(破財)하니 흉하다.

11. 양일국(陽一局) 갑술순(甲戌旬) 무인시(戊寅時)
북방 감궁(坎宮)

六天生戊 合禽門辛	勾天傷丙 陳蓬門乙	朱天杜庚 雀沖門己
太天休癸 陰輔門庚	天 心　壬	九天景辛 地任門丁
螣天開丁 蛇英門丙	直天驚己 符芮門戊	九天死乙 天柱門癸

천예성(天芮星)이 인시(寅時)를 만나면 주로 몸이 마른 임신부가 이르고, 여름과 가을에는 도롱이를 입은 사람이 오고, 봄과 겨울에는 가죽 옷을 입은 사람이 오는 것이 응(應)이다. 작용 후 기(奇)와 문(門)이 왕상하면

60일 안에 소와 혈재가 들어오며 관록이 이르고 자손이 대발한다.

12. 양일국(陽一局) 갑술순(甲戌旬) 기묘시(己卯時)
서남방 곤궁(坤宮)

九天傷辛 地輔門辛	九天杜乙 天英門乙	直天景己 符芮門己
朱天生庚 雀沖門庚	天 禽　壬	螣天死丁 蛇柱門丁
勾天休丙 陳任門丙	六天開戊 合蓬門戊	太天驚癸 陰心門癸

천예성(天芮星)이 묘시(卯時)를 만나면 색옷을 입은 여자가 물건을 주고, 귀인이 말을 타고오고, 개 두 마리가 서로 물고, 소가 우는 것이 응(應)이다. 작용 후 60일에 동쪽 사람이 재산을 들인다. 개가 어린아이를 상하게 하고, 혈산(血産)을 들이고, 3년 안에 부인이 난산한다.

13. 양일국(陽一局) 갑술순(甲戌旬) 경진시(庚辰時)
동방 진궁(震宮)

螣天開丁 蛇沖門辛	太天休癸 陰任門乙	六天生戊 合蓬門己
直天驚己 符芮門庚	天 輔　壬	勾天傷丙 陳心門丁
九天死乙 天柱門丙	九天景辛 地英門戊	朱天杜庚 雀禽門癸

천예성(天芮星)이 진시(辰時)를 만나면 동쪽에서 나무가 쓰러져 사람이 상하고, 북을 치며 즐거워하고, 붉은 옷을 입은 여자가 온다. 까치가 집을 돌면서 울고, 도둑때문에 파재한다. 작용 후 60일에 절름발이가 찾아와 약혼을 파하고, 후에 귀자를 낳고 발왕한다.

14. 양일국(陽一局) 갑술순(甲戌旬) 신사시(辛巳時)
동남방 손궁(巽宮)

直天景己 符芮門辛	螣天死丁 蛇柱門乙	太天驚癸 陰英門己
九天杜乙 天蓬門庚	天 沖　壬	六天開戊 合禽門丁
九天傷辛 地心門丙	朱天生庚 雀任門戊	勾天休丙 陳輔門癸

천예성(天芮星)이 사시(巳時)를 만나면 주로 어떤 부인이 소녀와 함께 이르는 것이 응(應)이다. 작용 후 40일에 후손이 없는 사람을 들이고, 땅문서나 물로 인하여 큰 돈을 번다.

15. 양일국(陽一局) 갑술순(甲戌旬) 임오시(壬午時)
중앙 중궁(中宮)

太天休辛 陰蓬門辛	六天生乙 合心門乙	勾天傷己 陳任門己
螣天開庚 蛇英門庚	天 芮　壬	朱天杜丁 雀輔門丁
直天驚丙 符禽門丙	九天死戊 天柱門戊	九天景癸 地沖門癸

천예성(天芮星)이 오시(午時)를 만나면 주로 흰 옷을 입은 언청이가 이르고, 임신부가 지나가는 것이 응(應)이다. 작용 후 60일에 고양이가 사람을 문다. 후에 매매로 큰 돈을 벌고, 동쪽 이웃의 산업이 크게 발전하여 부귀를 누린다.

16. 양일국(陽一局) 갑술순(甲戌旬) 계미시(癸未時)
서북방 건궁(乾宮)

勾天杜丙 陳英門辛	朱天景庚 雀禽門乙	九天死辛 地柱門己
六天傷戊 合任門庚	天 蓬　壬	九天驚乙 天沖門丁
太天生癸 陰輔門丙	螣天休丁 蛇心門戊	直天開己 符芮門癸

천예성(天芮星)이 미시(未時)를 만나면 사냥꾼이 오고, 흰 옷을 입은 중이 차(茶)를 갖고 지나가는 것이 응(應)이다. 작용 후 7일에 새가 나무를 돌면서 운다. 1년 안에 온역이 동하고 집에 불이 나 가운이 탕패한다.

17. 양일국(陽一局) 갑신순(甲申旬) 갑신시(甲申時)
서남방 곤궁(坤宮)

螣天杜辛 蛇輔門辛	太天景乙 陰英門乙	六天死己 合芮門己
直天傷庚 符沖門庚	天 禽　壬	勾天驚丁 陳柱門丁
九天生丙 天任門丙	九天休戊 地蓬門戊	朱天開癸 雀心門癸

천예성(天芮星)이 신시(申時)를 만나면 동쪽에서 우산을 쓴 사람이 오고, 승도나 수염기른 사람이 오는 것이 응(應)이다. 소나 말에 사람이 상하고, 개가 사람을 문다. 작용 후 200일 안에 우음인(羽音人 : 水姓人)의 산업이 진전되고, 1년 안에 물소와 야생 새가 집에 들어와 질병이 생긴다.

18. 양일국(陽一局) 갑신순(甲申旬) 을유시(乙酉時)
동북방 간궁(艮宮)

九天傷丙 天柱門辛	直天杜庚 符冲門乙	螣天景辛 蛇禽門己
九天生戊 地心門庚	天 任　壬	太天死乙 陰蓬門丁
朱天休癸 雀芮門丙	勾天開丁 陳輔門戊	六天驚己 合英門癸

천예성(天芮星)이 유시(酉時)를 만나면 주로 서쪽으로 말이 지나가고, 새떼가 울면서 날아가는 것이 응(應)이다. 작용 후 100일 안에 승도와 작합한다. 상음인(商音人 : 金星人)의 재산이 늘고, 귀자를 낳으며 왕기가 발한다.

19. 양일국(陽一局) 갑신순(甲申旬) 병술시(丙戌時)
서방 태궁(兌宮)

太天杜乙 陰任門辛	六天景己 合輔門乙	勾天死丁 陳心門己
螣天傷辛 蛇柱門庚	天 英　壬	朱天驚癸 雀芮門丁
直天生庚 符冲門丙	九天休丙 天禽門戊	九天開戊 地蓬門癸

천예성(天芮星)이 술시(戌時)를 만나면 주로 노인이 지팡이를 짚고 오고, 서쪽에서 뇌우가 있고, 수염을 기른 사람이 물건을 메거나 짊어지고 오는 것이 응(應)이다. 후에 흰 개가 스스로 오고, 60일에 군마와 기계(器械)를 얻어 횡재 대발한다.

20. 양일국(陽一局) 갑신순(甲申旬) 정해시(丁亥時)
서북방 건궁(乾宮)

朱天驚癸 雀英門辛	九天開戊 地禽門乙	九天休丙 天柱門己
勾天死丁 陳任門庚	天 蓬　壬	直天生庚 符沖門丁
六天景己 合輔門丙	太天杜乙 陰心門戊	螣天傷辛 蛇芮門癸

천예성(天芮星)이 해시(亥時)를 만나면 어린아이가 무리를 이루고, 부인이 효복(孝服)을 입고 오는 것이 응(應)이다. 60일에는 도둑으로 인하여 재물을 얻고, 3년 후에 부적과 신수(神水)로 약을 지어 많은 돈을 번다.

21. 음구국(陰九局) 갑오순(甲午旬) 경자시(庚子時)
동남방 손궁(巽宮)

六天驚戊 合沖門癸	太天開丙 陰任門戊	螣天休庚 蛇蓬門丙
勾天死癸 陳芮門丁	天 輔　壬	直天生辛 符心門庚
朱天景丁 雀柱門己	九天杜己 地英門乙	九天傷乙 天禽門辛

천충성(天沖星)이 자시(子時)를 만나면 주로 선금(仙禽 : 학)이 울고, 종소리가 들리는 것이 응(應)이다. 작용 후 생기(生氣)가 집에 들고, 1년 안에 전잠을 배나 수확하고, 신부가 죽은 뒤 구설로 인하여 재물을 얻는다.

22. 음구국(陰九局) 갑오순(甲午旬) 신축시(辛丑時)
동방 진궁(震宮)

勾天生癸 陳輔門癸	六天傷戊 合英門戊	太天杜丙 陰芮門丙
朱天休丁 雀沖門丁	天 禽　壬	螣天景庚 蛇柱門庚
九天開己 地任門己	九天驚乙 天蓬門乙	直天死辛 符心門辛

천충성(天沖星)이 축시(丑時)를 만나면 주로 구름과 안개가 사방을 둘러싸고, 어린아이가 무리를 이루고, 부인이 오는 것이 응(應)이다. 작용 후 검은 고양이가 흰 새끼를 낳고, 옛거울을 얻어 돈을 번다. 1년 안에 귀자를 낳고, 승도 때문에 토지문서를 얻는다.

23. 음구국(陰九局) 갑오순(甲午旬) 계묘시(癸卯時)
북방 감궁(坎宮)

直天杜辛 符心門癸	九天景乙 天芮門戊	九天死己 地輔門丙
螣天傷庚 蛇禽門丁	天 柱　壬	朱天驚丁 雀英門庚
太天生丙 陰蓬門己	六天休戊 合沖門乙	勾天開癸 陳任門辛

천충성(天沖星)이 묘시(卯時)를 만나면 색옷을 입은 여인이 물건을 주고, 귀인이 말을 타고오고, 개 두 마리가 울며 물어뜯거나 소가 우는 것이 응(應)이다. 작용 후 60일에 동쪽 사람의 산업이 진전되고, 3년 안에 부인의 산난이 있다.

24. 음구국(陰九局) 갑진순(甲辰旬) 을사시(乙巳時)
동북방 간궁(艮宮)

朱天死乙 雀任門癸	勾天驚己 陳輔門戊	六天開丁 合心門丙
九天景辛 地柱門丁	天 英　壬	太天休癸 陰芮門庚
九天杜庚 天沖門己	直天傷丙 符禽門乙	螣天生戊 蛇蓬門辛

천충성(天沖星)이 사시(巳時)를 만나면 주로 소와 양이 다투고, 여자 둘이 울부짖으며 욕설을 퍼붓고, 서쪽에서 북소리가 들리는 것이 응(應)이다. 작용 후 60일 안에 뱀이 닭을 물고, 소가 집으로 들어오고, 여인이 계약서를 보내온다. 100일 안에 귀자를 낳고 크게 발전한다.

25. 음구국(陰九局) 갑진순(甲辰旬) 병오시(丙午時)
남방 리궁(離宮)

太天驚癸 陰柱門癸	螣天開戊 蛇沖門戊	直天休丙 符禽門丙
六天死丁 合心門丁	天 任　壬	九天生庚 天蓬門庚
勾天景己 陳芮門己	朱天杜乙 雀輔門乙	九天傷辛 地英門辛

천충성(天沖星)이 오시(午時)를 만나면 주로 동쪽 사람의 집에 불이 나고, 흰 옷을 입은 사람이 고함을 치고, 산새가 지저귀며 우는 것이 응(應)이다. 작용 후 60일 안에 구리로 된 옛 기물을 얻어 부자가 된다.

26. 음구국(陰九局) 갑진순(甲辰旬) 정미시(丁未時)
북방 감궁(坎宮)

九天杜庚 天心門癸	九天景辛 地芮門戊	朱天死乙 雀輔門丙
直天傷丙 符禽門丁	天 柱　壬	勾天驚己 陳英門庚
螣天生戊 蛇蓬門己	太天休癸 陰沖門乙	六天開丁 合任門辛

천충성(天沖星)이 미시(未時)를 만나면 주로 북소리가 울리고, 어린아이가 상복을 입고, 소나 말떼가 지나가고, 서북쪽 사람이 고함치는 것이 응(應)이다. 작용 후 60일 안에 흰 양이 집으로 들어오고 육축이 흥왕한다.

27. 음구국(陰九局) 갑진순(甲辰旬) 무신시(戊申時)
서방 태궁(兌宮)

螣天休戊 蛇英門癸	直天生丙 符禽門戊	九天傷庚 天柱門丙
太天開癸 陰任門丁	天 蓬　壬	九天杜辛 地沖門庚
六天驚丁 合輔門己	勾天死己 陳心門乙	朱天景乙 雀芮門辛

천충성(天沖星)이 신시(申時)를 만나면 주로 남쪽에서 흰 옷을 입은 사람이 말을 타고 지나가고, 하급관리가 다투는 것이 응(應)이다. 작용 후 100일 안에 여자가 중개인이 되고, 인구를 더하며 재산도 늘어난다.

28. 음구국(陰九局) 갑진순(甲辰旬) 기유시(己酉時)
서북방 건궁(乾宮)

九天景辛 地蓬門癸	朱天死乙 雀心門戊	勾天驚己 陳任門丙
九天杜庚 天英門丁	天 芮　壬	六天開丁 合輔門庚
直天傷丙 符禽門己	螣天生戊 蛇柱門乙	太天休癸 陰沖門辛

천충성(天沖星)이 유시(酉時)를 만나면 먼 곳에서 서신이 오고, 동쪽 사람의 집에서 여우이야기를 하고, 아우성치는 사람이 있고, 부인이 불꾸러미를 들고 있는 것이 응(應)이다. 작용 후 3년 안에 귀자를 낳고 횡재한다.

29. 음구국(陰九局) 갑진순(甲辰旬) 경술시(庚戌時)
중앙 중궁(中宮)

六天開丁 合芮門癸	太天休癸 陰柱門戊	螣天生戊 蛇英門丙
勾天驚己 陳蓬門丁	天 沖　壬	直天傷丙 符禽門庚
朱天死乙 雀心門己	九天景辛 地任門乙	九天杜庚 天輔門辛

천충성(天沖星)이 술시(戌時)를 만나면 주로 서쪽에서 셋이나 다섯 사람이 와서 물건을 찾고, 법사와 무당이 마주 가는 것이 응(應)이다. 작용 후 60일에 닭이 나무 위에 올라가 울어대고, 먼 곳에서 소식이 오고, 외인의 재물을 얻는다. 1년 안에 어린아이가 소에게 밟혀 상한다.

30. 음구국(陰九局) 갑진순(甲辰旬) 신해시(辛亥時)
동남방 손궁(巽宮)

勾天傷己 陳沖門癸	六天杜丁 合任門戊	太天景癸 陰蓬門丙
朱天生乙 雀芮門丁	天 輔　壬	螣天死戊 蛇心門庚
九天休辛 地柱門己	九天開庚 天英門乙	直天驚丙 符禽門辛

천충성(天沖星)이 해시(亥時)를 만나면 절름발이가 청색 옷을 입고 오고, 동쪽 사람의 집에 불이 나는 것이 응(應)이다. 작용 후 100일 안에 고양이가 흰 쥐를 잡고, 1년 안에 재물과 사람을 들이며 토지문서를 얻는다.

31. 양팔국(陽八局) 갑진순(甲辰旬) 임자시(壬子時)
동남방 손궁(巽宮)

螣天休癸 蛇輔門癸	太天生己 陰英門己	六天傷辛 合芮門辛
直天開壬 符沖門壬	天 禽　丁	勾天杜乙 陳柱門乙
九天驚戊 天任門戊	九天死庚 地蓬門庚	朱天景丙 雀心門丙

천보성(天輔星)이 자시(子時)를 만나면 주로 서쪽에서 붉은 옷을 입은 사람이 큰 소리를 지르면서 오는 것이 응(應)이다. 작용 후 60일에 상음인(商音人 : 金星人)의 재물을 들인다. 원숭이가 방에 들어오고, 보병(寶瓶)이 울며, 관직이 오르고 벼슬에 나간다. 귀자를 낳고 12년에 흥왕한다.

32. 양팔국(陽八局) 갑진순(甲辰旬) 계축시(癸丑時)
중앙 중궁(中宮)

直天杜壬 符沖門癸	螣天景癸 蛇任門己	太天死己 陰蓬門辛
九天傷戊 天芮門壬	天 輔　丁	六天驚辛 合心門乙
九天生庚 地柱門戊	朱天休丙 雀英門庚	勾天開乙 陳禽門丙

천보성(天輔星)이 축시(丑時)를 만나면 주로 동쪽에서 개가 짖고, 어떤 사람이 칼을 들고와 싸운다. 작용 후 흰 토끼와 꿩이 들어오고, 60일 안에 승도가 우음인(羽音人 : 水姓人)에게 선물하고, 손방(巽方)의 사람이 와서 서류계약을 맺고 간다. 주년(週年)에 자식을 낳고 등급을 더한다.

33. 양팔국(陽八局) 갑인순(甲寅旬) 갑인시(甲寅時)
동남방 손궁(巽宮)

直天杜癸 符輔門癸	螣天景己 蛇英門己	太天死辛 陰芮門辛
九天傷壬 天沖門壬	天 禽　丁	六天驚乙 合柱門乙
九天生戊 地任門戊	朱天休庚 雀蓬門庚	勾天開丙 陳心門丙

천보성(天輔星)이 인시(寅時)를 만나면 주로 관리가 철기를 갖고 오고, 연예인이 물건을 보내오는 것이 응(應)이다. 작용 후 60일 안에 토지문서가 들어오고, 11년에 귀자를 낳고 대발한다.

34. 양팔국(陽八局) 갑인순(甲寅旬) 병진시(丙辰時)
서북방 건궁(乾宮)

勾天開丙 陳芮門癸	朱天休庚 雀柱門己	九天生戊 地英門辛
六天驚乙 合蓬門壬	天 沖　丁	九天傷壬 天禽門乙
太天死辛 陰心門戊	螣天景己 蛇任門庚	直天杜癸 符輔門丙

천보성(天輔星)이 진시(辰時)를 만나면 흰 양과 누런 개가 싸우고, 채소상인과 기름장수가 충돌하고, 흰 옷을 입은 어린아이가 울고, 임신부가 이르는 것이 응(應)이다. 1년 안에 귀자를 낳고 재산이 크게 발전한다.

35. 양팔국(陽八局) 갑인순(甲寅旬) 무오시(戊午時)
동북방 간궁(艮宮)

太天死辛 陰英門癸	六天驚乙 合禽門己	勾天開丙 陳柱門辛
螣天景己 蛇任門壬	天 蓬　丁	朱天休庚 雀沖門乙
直天杜癸 符輔門戊	九天傷壬 天心門庚	九天生戊 地芮門丙

천보성(天輔星)이 오시(午時)를 만나면 주로 승도가 물건을 쥐고 있고, 여인이 붉은 옷을 입고 지나가는 것이 응(應)이다. 60일에 귀인이 기이한 물건을 보내오고, 사방에서 금은이 들어온다. 1년 안에 과부를 얻어 재산이 크게 발전한다.

36. 양팔국(陽八局) 갑인순(甲寅旬) 기미시(己未時)
남방 리궁(離宮)

九天傷壬 天任門癸	直天杜癸 符輔門己	螣天景己 蛇心門辛
九天生戊 地柱門壬	天 英　丁	太天死辛 陰芮門乙
朱天休庚 雀沖門戊	勾天開丙 陳禽門庚	六天驚乙 合蓬門丙

천보성(天輔星)이 미시(未時)를 만나면 가축 둘이 서로 떠받고, 누군가가 가죽털을 갖고 오고, 승도 무리가 지나가는 것이 응(應)이다. 작용 후 서북쪽 사람이 재물로 다투고, 100일 안에 재물을 들이며 문서계약을 한다.

37. 양팔국(陽八局) 갑인순(甲寅旬) 경신시(庚申時)
북방 감궁(坎宮)

六天驚乙 合柱門癸	勾天開丙 陳沖門己	朱天休庚 雀禽門辛
太天死辛 陰心門壬	天 任　丁	九天生戊 地蓬門乙
螣天景己 蛇芮門戊	直天杜癸 符輔門庚	九天傷壬 天英門丙

천보성(天輔星)이 신시(申時)를 만나면 발병을 앓는 사람이 술을 갖고 오고, 세 가지 색의 옷을 입은 사람이 오고, 서북쪽에서 북소리가 울리는 것이 응(應)이다. 작용 후 반 년 안에 뱀이 우물에서 나오고, 흰 옷을 입은 사람이 소와 양을 보내오고, 부인이 재물을 얻어 가정이 발전한다.

38. 양팔국(陽八局) 갑인순(甲寅旬) 신유시(辛酉時)
서남방 곤궁(坤宮)

九天生戊 地心門癸	九天傷壬 天芮門己	直天杜癸 符輔門辛
朱天休庚 雀禽門壬	天 柱　丁	螣天景己 蛇英門乙
勾天開丙 陳蓬門戊	六天驚乙 合沖門庚	太天死辛 陰任門丙

천보성(天輔星)이 유시(酉時)를 만나면 먼 곳에서 서신이 오고, 동쪽 사람이 여우이야기를 하거나 어떤 사람이 고함을 치고, 여인이 불꾸러미를 들고 오는 것이 응(應)이다. 작용 후 3년 안에 귀자를 낳고 횡재한다.

39. 양팔국(陽八局) 갑인순(甲寅旬) 임술시(壬戌時)
동방 진궁(震宮)

螣天景己 蛇禽門癸	太天死辛 陰蓬門己	六天驚乙 合沖門辛
直天杜癸 符輔門壬	天 心　丁	勾天開丙 陳任門乙
九天傷壬 天英門戊	九天生戊 地芮門庚	朱天休庚 雀柱門丙

천보성(天輔星)이 술시(戌時)를 만나면 셋이나 다섯 명이 와서 물건을 찾고, 법사와 무당이 마주 행한다. 작용 후 60일에 닭이 나무에 올라가 울고, 먼 곳에서 소식이 오고, 부인의 재물을 얻고, 어린아이가 소에게 다친다. 1년 안에 증험된다.

40. 양팔국(陽八局) 갑인순(甲寅旬) 계해시(癸亥時)
동남방 손궁(巽宮)

直天杜癸 符輔門癸	螣天景己 蛇英門己	太天死辛 陰芮門辛
九天傷壬 天沖門壬	天 禽　丁	六天驚乙 合柱門乙
九天生戊 地任門戊	朱天休庚 雀蓬門庚	勾天開丙 陳心門丙

천보성(天輔星)이 해시(亥時)를 만나면 주로 절름발이가 이르고, 청색 옷을 입은 사람이 오고, 동북쪽 집에서 불빛이 비치는 것이 응(應)이다. 작용 후 100일 안에 고양이가 흰 쥐를 잡고, 1년 안에 전산(田産)을 들인다.

41. 음이국(陰二局) 갑신순(甲申旬) 무자시(戊子時)
서방 태궁(兌宮)

太天傷乙 陰芮門丙	螣天杜丙 蛇柱門庚	直天景庚 符英門戊
六天生辛 合蓬門乙	天 沖　丁	九天死戊 天禽門壬
勾天休己 陳心門辛	朱天開癸 雀任門己	九天驚壬 地輔門癸

천금성(天禽星)이 자시(子時)를 만나면 임신부와 자색 옷을 입은 사람이 오는 것이 응(應)이다. 작용 후 50일에 문인이 물건을 보내오고, 3년 안에 무(武)로 관직을 얻고, 20년에 부수입으로 많은 이익을 얻고, 인정(人丁)이 창성하며 재물이 왕성하다.

42. 음이국(陰二局) 갑신순(甲申旬) 기축시(己丑時)
서북방 건궁(乾宮)

朱天景癸 雀沖門丙	勾天死己 陳任門庚	六天驚辛 合蓬門戊
九天杜壬 地芮門乙	天 輔　丁	太天開乙 陰心門壬
九天傷戊 天柱門辛	直天生庚 符英門己	螣天休丙 蛇禽門癸

천금성(天禽星)이 축시(丑時)를 만나면 효부가 석기를 갖고 오고, 어린아이가 손뼉을 치며 휘파람을 불고, 북을 치며 고함치는 것이 응(應)이다. 작용 후 도박이나 지하에 저장고를 만들어 재물을 얻는다. 3년 안에 도둑의 재물로 부자가 된다.

43. 음이국(陰二局) 갑신순(甲申旬) 경인시(庚寅時)
중앙 중궁(中宮)

螣天死丙 蛇輔門丙	直天驚庚 符英門庚	九天開戊 天芮門戊
太天景乙 陰沖門乙	天 禽　丁	九天休壬 地柱門壬
六天杜辛 合任門辛	勾天傷己 陳蓬門己	朱天生癸 雀心門癸

천금성(天禽星)이 인시(寅時)를 만나면 주로 닭이 울며 개가 짖고, 도인이 종려나무로 만든 삿갓을 쓰고 오는 것이 응(應)이다. 작용 후 우음인(羽音人 : 水姓人)이 토지문서를 들이고 인정(人丁)이 발왕한다.

44. 음이국(陰二局) 갑신순(甲申旬) 신묘시(辛卯時)
동남방 손궁(巽宮)

九天傷壬 地禽門丙	朱天杜癸 雀蓬門庚	勾天景己 陳沖門戊
九天生戊 天輔門乙	天 心　丁	六天死辛 合任門壬
直天休庚 符英門辛	螣天開丙 蛇芮門己	太天驚乙 陰柱門癸

천금성(天禽星)이 묘시(卯時)를 만나면 주로 동쪽에서 큰 바람이 일어나고, 서쪽에서 새들이 지저귀고, 임신부가 오는 것이 응(應)이다. 작용 후 반 년 안에 횡재하여 집안이 일어난다.

45. 음이국(陰二局) 갑신순(甲申旬) 임진시(壬辰時)
동방 진궁(震宮)

六天開辛 合心門丙	太天休乙 陰芮門庚	螣天生丙 蛇輔門戊
勾天驚己 陳禽門乙	天 柱　丁	直天傷庚 符英門壬
朱天死癸 雀蓬門辛	九天景壬 地沖門己	九天杜戊 天任門癸

천금성(天禽星)이 진시(辰時)를 만나면 주로 구류인(九流人)이 서로 다투며 소리를 지르고, 동쪽에서 까마귀가 울어대는 것이 응(應)이다. 작용 후 60일에 승도나 고독한 사람이 물건을 보내온다.

46. 음이국(陰二局) 갑신순(甲申旬) 계사시(癸巳時)
서남방 곤궁(坤宮)

勾天杜己 陳柱門丙	六天景辛 合沖門庚	太天死乙 陰禽門戊
朱天傷癸 雀心門乙	天 任　丁	螣天驚丙 蛇蓬門壬
九天生壬 地芮門辛	九天休戊 天輔門己	直天開庚 符英門癸

천금성(天禽星)이 사시(巳時)를 만나면 목이 흰 까마귀가 떼를 지어 날아오고, 법사와 무당이 서로 치고, 귀인이 말을 타고 지나가는 것이 응(應)이다. 작용 후 70일 안에 부인이 귀자를 낳고 성가하여 재산이 대발한다.

47. 음이국(陰二局) 갑오순(甲午旬) 갑오시(甲午時)
중앙 중궁(中宮)

九天杜丙 地輔門丙	朱天景庚 雀英門庚	勾天死戊 陳芮門戊
九天傷乙 天沖門乙	天 禽　丁	六天驚壬 合柱門壬
直天生辛 符任門辛	螣天休己 蛇蓬門己	太天開癸 陰心門癸

천금성(天禽星)이 오시(午時)를 만나면 흰 옷을 입은 사람이 오고, 개가 입에 꽃을 물고, 꿩이 싸우고, 풍우가 온다. 작용 후 어떤 이가 스스로 오고, 도박놀이를 하고, 공사(公事)로 재물을 얻는다. 검은 닭이 흰 닭을 낳고 재산이 발왕한다.

48. 음이국(陰二局) 갑오순(甲午旬) 을미시(乙未時)
남방 리궁(離宮)

九天驚乙 天英門丙	九天開丙 地禽門庚	朱天休庚 雀柱門戊
直天死辛 符任門乙	天 蓬　丁	勾天生戊 陳沖門壬
螣天景己 蛇輔門辛	太天杜癸 陰心門己	六天傷壬 合芮門癸

천금성(天禽星)이 미시(未時)를 만나면 나이많은 절름발이가 꽃을 어깨에 메고 지나가고, 청색 옷을 입은 사람이 물건을 갖고 오는 것이 응(應)이다. 작용 후 60일 안에 우음인(羽音人：水姓人)이 철기를 들여 발왕한다.

49. 음이국(陰二局) 갑오순(甲午旬) 병신시(丙申時)
북방 감궁(坎宮)

直天死辛 符任門丙	九天驚乙 天輔門庚	九天開丙 地心門戊
螣天景己 蛇柱門乙	天 英　丁	朱天休庚 雀芮門壬
太天杜癸 陰沖門辛	六天傷壬 合禽門己	勾天生戊 陳蓬門癸

천금성(天禽星)이 신시(申時)를 만나면 주로 공중에서 날아다니는 새가 울고, 법사와 무당이 지물을 들고 오는 것이 응(應)이다. 작용 후 100일 안에 여자가 진주나 비취 같은 보석을 얻어 돌아오고, 1년 안에 귀자를 낳고 집안을 일으킨다.

50. 음이국(陰二局) 갑오순(甲午旬) 무술시(戊戌時)
동북방 간궁(艮宮)

太天生癸 陰蓬門丙	螣天傷己 蛇心門庚	直天杜辛 符任門戊
六天休壬 合英門乙	天 芮　丁	九天景乙 天輔門壬
勾天開戊 陳禽門辛	朱天驚庚 雀柱門己	九天死丙 地沖門癸

천금성(天禽星)이 술시(戌時)를 만나면 주로 동북쪽에서 종소리나 북소리가 들리고, 청색 옷을 입은 여자가 바구니를 들고 오는 것이 응(應)이다. 작용 후 60일 안에 흰 쥐가 들어오고, 과부의 재물을 얻어 발달한다.

51. 음이국(陰二局) 갑오순(甲午旬) 기해시(己亥時)
서방 태궁(兌宮)

朱天傷庚 雀芮門丙	勾天杜戊 陳柱門庚	六天景壬 合英門戊
九天生丙 地蓬門乙	天 沖　丁	太天死癸 陰禽門壬
九天休乙 天心門辛	直天開辛 符任門己	螣天驚己 蛇輔門癸

천금성(天禽星)이 해시(亥時)를 만나면 주로 서북방에서 부인의 웃음소리가 들리고, 광풍에 나무가 부러지며 집이 무너지고, 사람이 고함을 지르는 것이 응(應)이다. 작용 후 100일 안에 대장장이의 기물이나 승도의 재산이 들어온다.

52. 양육국(陽六局) 갑진순(甲辰旬) 임자시(壬子時)
서북방 건궁(乾宮)

六天開丙 合輔門丙	勾天休辛 陳英門辛	朱天生癸 雀芮門癸
太天驚丁 陰沖門丁	天 禽　乙	九天傷己 地柱門己
螣天死庚 蛇任門庚	直天景壬 符蓬門壬	九天杜戊 天心門戊

천심성(天心星)이 자시(子時)를 만나면 사람이 다투고, 서북에서 북소리가 들리는 것이 응(應)이다. 작용 후 90일 안에 얼굴이 붉은 이가 중개해주고, 상음인(商音人)의 고동(古銅) 족자를 들이고, 12년에 전잠이 발왕한다.

53. 양육국(陽六局) 갑진순(甲辰旬) 계축시(癸丑時)
서방 태궁(兌宮)

九天杜己 地沖門丙	九天景戊 天任門辛	直天死壬 符蓬門癸
朱天傷癸 雀芮門丁	天 輔　乙	螣天驚庚 蛇心門己
勾天生辛 陳柱門庚	六天休丙 合英門壬	太天開丁 陰禽門戊

천심성(天心星)이 축시(丑時)를 만나면 주로 서남쪽에서 불빛이 일어나고, 절름발이가 물건을 보내오고, 5일 안에 고양이 두 마리가 스스로 오는 것이 응(應)이다. 작용 후 40일에 먼 곳의 사람이 물건을 보내오고, 상음인

(商音人 : 金星人)의 재산과 문서계약이 들어온다.

54. 양육국(陽六局) 갑인순(甲寅旬) 갑인시(甲寅時)
서북방 건궁(乾宮)

九天杜丙 地輔門丙	九天景辛 天英門辛	直天死癸 符芮門癸
朱天傷丁 雀沖門丁	天 禽　乙	螣天驚己 蛇柱門己
勾天生庚 陳任門庚	六天休壬 合蓬門壬	太天開戊 陰心門戊

천심성(天心星)이 인시(寅時)를 만나면 물새가 이르고, 종과 북소리가 들리고, 청색 옷을 입은 여자가 바구니를 들고 오는 것이 응(應)이다. 작용 후 어린 식구가 불에 타고, 60일에 공사(公事)가 있고, 100일에 금과 은이 들어오고, 3년에 아내로 인하여 재물을 얻고 귀자를 낳는다.

55. 양육국(陽六局) 갑인순(甲寅旬) 병진시(丙辰時)
동북방 간궁(艮宮)

直天死癸 符芮門丙	螣天驚己 蛇柱門辛	太天開戊 陰英門癸
九天景辛 天蓬門丁	天 沖　乙	六天休壬 合禽門己
九天杜丙 地心門庚	朱天傷丁 雀任門壬	勾天生庚 陳輔門戊

천심성(天心星)이 진시(辰時)를 만나면 서북에서 구름이 일어나고, 청색 옷을 입은 사람이 물고기를 갖고 오고, 여자와 승도가 동행한다. 작용 후 우물에서 구름 같은 기운이 나오고, 3일 안에 귀자를 낳은 후 과거에 급제하고 부귀를 누린다.

56. 양육국(陽六局) 갑인순(甲寅旬) 정사시(丁巳時) 서방 태궁(兌宮)

螣天杜己 蛇冲門丙	太天景戊 陰任門辛	六天死壬 合蓬門癸
直天傷癸 符芮門丁	天 輔　乙	勾天驚庚 陳心門己
九天生辛 天柱門庚	九天休丙 地英門壬	朱天開丁 雀禽門戊

천심성(天心星)이 사시(巳時)를 만나면 어떤 이가 아기를 안고 오고, 자색 옷을 입은 이가 말을 타고 가고, 거북이가 나무에 오르는 것이 응(應)이다. 작용 후 15일 안에 먼 곳 사람의 재물을 들이고, 절름발이의 중개로 토지문서가 들어오고, 육축이 왕하고, 과부가 당에 앉는다.

57. 양육국(陽六局) 갑인순(甲寅旬) 무오시(戊午時) 북방 감궁(坎宮)

勾天生庚 陳英門丙	朱天傷丁 雀禽門辛	九天杜丙 地柱門癸
六天休壬 合任門丁	天 蓬　乙	九天景辛 天冲門己
太天開戊 陰輔門庚	螣天驚己 蛇心門壬	直天死癸 符芮門戊

천심성(天心星)이 오시(午時)를 만나면 주로 갑자기 풍우가 오고, 뱀이 길을 가로질러 가고, 여자가 붉은 치마를 입고 술병을 들고 오는 것이 응(應)이다. 작용 후 60일 안에 절름발이가 살아 있는 물건을 보내오고, 5년 안에 횡재하여 발달한다.

58. 양육국(陽六局) 갑인순(甲寅旬) 기미시(己未時)
서남방 곤궁(坤宮)

朱天傷丁 雀任門丙	九天杜丙 地輔門辛	九天景辛 天心門癸
勾天生庚 陳柱門丁	天 英　乙	直天死癸 符芮門己
六天休壬 合沖門庚	太天開戊 陰禽門壬	螣天驚己 蛇蓬門戊

천심성(天心星)이 미시(未時)를 만나면 주로 법술인이 빈 그릇을 갖고 지나가고, 흰 옷을 입은 노인이 오는 것이 응(應)이다. 작용 후 상음인(商音人 : 金姓人)의 전택(田宅) 매매계약서를 들여 부자가 된다.

59. 양육국(陽六局) 갑인순(甲寅旬) 경신시(庚申時)
동방 진궁(震宮)

太天開戊 陰柱門丙	六天休壬 合沖門辛	勾天生庚 陳禽門癸
螣天驚己 蛇心門丁	天 任　乙	朱天傷丁 雀蓬門己
直天死癸 符芮門庚	九天景辛 天輔門壬	九天杜丙 地英門戊

천심성(天心星)이 신시(申時)를 만나면 주로 승도가 오고, 사방에서 징과 북소리가 울리고, 온갖 새가 지저귀고, 붉은 치마를 입은 여자가 술을 보내오는 것이 응(應)이다. 작용 후 3년 안에 과부가 집안 일을 돌본다.

60. 양육국(陽六局) 갑인순(甲寅旬) 신유시(辛酉時)
동남방 손궁(巽宮)

九天景辛 天心門丙	直天死癸 符芮門辛	螣天驚己 蛇輔門癸
九天杜丙 地禽門丁	天 柱　乙	太天開戊 陰英門己
朱天傷丁 雀蓬門庚	勾天生庚 陳沖門壬	六天休壬 合任門戊

천심성(天心星)이 유시(酉時)를 만나면 주로 서남쪽에서 중과 여자도사가 불을 들고 오고, 북쪽에서 종과 북소리가 들리는 것이 응(應)이다. 작용 후 70일 안에 말과 소와 관부의 재물을 얻고, 먼 곳에서 소식이 온다.

61. 양육국(陽六局) 갑인순(甲寅旬) 임술시(壬戌時)
중앙 중궁(中宮)

六天休壬 合禽門丙	勾天生庚 陳蓬門辛	朱天傷丁 雀沖門癸
太天開戊 陰輔門丁	天 心　乙	九天杜丙 地任門己
螣天驚己 蛇英門庚	直天死天 符芮門壬	九天景辛 天柱門戊

천심성(天心星)이 술시(戌時)를 만나면 주로 남쪽에서 도둑이야 하는 고함소리가 들리고, 어린아이가 소를 몰고오는 것이 응(應)이다. 작용 후 100일 안에 귀자를 낳고, 닭이 돌 위에서 울고, 개가 까닭없이 짖어대면 2년 후에 과거급제한다.

62. 양육국(陽六局) 갑인순(甲寅旬) 계해시(癸亥時)
서북방 건궁(乾宮)

九天杜丙 地輔門丙	九天景辛 天英門辛	直天死癸 符芮門癸
朱天傷丁 雀沖門丁	天 禽　乙	螣天驚己 蛇柱門己
勾天生庚 陳任門庚	六天休壬 合蓬門壬	太天開戊 陰心門戊

천심성(天心星)이 해시(亥時)를 만나면 주로 닭이 울고 개가 짖는다. 노인이 가죽 옷을 입고 모자를 쓰고 철기를 들고 오는 것이 응(應)이다. 작용 후 7일 안에 먼 곳의 사람의 와서 잔 후 재물을 남기고 간다.

63. 음오국(陰五局) 갑신순(甲申旬) 기축시(己丑時)
동북방 간궁(艮宮)

直天開庚 符沖門己	九天休己 天任門癸	九天生癸 地蓬門辛
螣天驚丁 蛇芮門庚	天 輔　戊	朱天傷辛 雀心門丙
太天死壬 陰柱門丁	六天景乙 合英門壬	勾天杜丙 陳禽門乙

천주성(天柱星)이 축시(丑時)를 만나면 주로 북쪽에서 목수가 도끼를 쥐고 있고, 나무에 금화가 생기는 것이 응(應)이다. 작용 후 60일에 우음인(羽音人 : 水姓人)이 금은으로 된 기물을 들인다. 3년 안에 불이나 가산이 패하고, 뱀을 부리며 개와 장난치는 땅꾼이나 백정 같은 사람이 나온다.

64. 음오국(陰五局) 갑신순(甲申旬) 경인시(庚寅時)
서방 태궁(兌宮)

九天驚己 天輔門己	九天開癸 地英門癸	朱天休辛 雀芮門辛
直天死庚 符沖門庚	天 禽　戊	勾天生丙 陳柱門丙
螣天景丁 蛇任門丁	太天杜壬 陰蓬門壬	六天傷乙 合心門乙

천주성(天柱星)이 인시(寅時)를 만나면 주로 소와 말 소리가 요란하고, 승도가 우산을 들고 오고, 뇌우가 있고, 까치가 지저귀는 것이 응(應)이다. 작용 후 도둑과 연루된 관송으로 파재하고, 여자는 산고로 흉사한다.

65. 음오국(陰五局) 갑신순(甲申旬) 임진시(壬辰時)
중앙 중궁(中宮)

朱天傷辛 雀心門己	勾天杜丙 陳芮門癸	六天景乙 合輔門辛
九天生癸 地禽門庚	天 柱　戊	太天死壬 陰英門丙
九天休己 天蓬門丁	直天開庚 符沖門壬	螣天驚丁 蛇任門乙

천주성(天柱星)이 진시(辰時)를 만나면 주로 서쪽에서 어떤 사람이 금으로 만든 기물을 갖고 오는 것이 응(應)이다. 작용 후 7일 안에 음인(陰人)의 재물을 들이고, 3년 안에 대발한다.

66. 음오국(陰五局) 갑신순(甲申旬) 계사시(癸巳時)
동남방 손궁(巽宮)

螣天杜丁 蛇柱門己	直天景庚 符沖門癸	九天死己 天禽門辛
太天傷壬 陰心門庚	天 任 戊	九天驚癸 地蓬門丙
六天生乙 合芮門丁	勾天休丙 陳輔門壬	朱天開辛 雀英門乙

천주성(天柱星)이 사시(巳時)를 만나면 검은 소가 수레를 끌고, 돼지가 산에 오르고, 종과 북소리가 울리는 것이 응(應)이다. 작용 후 20일 안에 상음인(商音人 : 金姓人)의 재물을 들이고, 60일 안에 여자가 물에 뛰어들고, 야생동물이 집으로 들어온다. 1년 안에 귀자를 낳고 크게 발전한다.

67. 음오국(陰五局) 갑오순(甲午旬) 갑오시(甲午時)
서방 태궁(兌宮)

太天杜己 陰輔門己	螣天景癸 蛇英門癸	直天死辛 符芮門辛
六天傷庚 合沖門庚	天 禽 戊	九天驚丙 天柱門丙
勾天生丁 陳任門丁	朱天休壬 雀蓬門壬	九天開乙 地心門乙

천주성(天柱星)이 오시(午時)를 만나면 말을 타고오는 이가 있다. 겨울이면 눈이 내리고 여름과 가을이면 까마귀가 울면서 날아간다. 작용 후 5일에 임신부가 병을 띤채 효복을 입고 운다. 60일 안에 물가에서 옛 청동기나 놋그릇을 얻고, 재물이 나가고 어린식구가 흉하다.

68. 음오국(陰五局) 갑오순(甲午旬) 을미시(乙未時)
서남방 곤궁(坤宮)

勾天休丁 陳英門己	六天生庚 合禽門癸	太天傷己 陰柱門辛
朱天開壬 雀任門庚	天 蓬　戊	螣天杜癸 蛇沖門丙
九天驚乙 地輔門丁	九天死丙 天心門壬	直天景辛 符芮門乙

천주성(天柱星)이 미시(未時)를 만나면 주로 여자와 승도가 동행하고, 동북쪽에서 우산을 쓴 사람이 말을 타고 지나가는 것이 응(應)이다. 작용 후 여자 때문에 여우를 만나고, 퇴패하여 매우 흉하다.

69. 음오국(陰五局) 갑오순(甲午旬) 병신시(丙申時)
동방 진궁(震宮)

六天景庚 合任門己	太天死己 陰輔門癸	螣天驚癸 蛇心門辛
勾天杜丁 陳柱門庚	天 英　戊	直天開辛 符芮門丙
朱天傷壬 雀沖門丁	九天生乙 地禽門壬	九天休丙 天蓬門乙

천주성(天柱星)이 신시(申時)를 만나면 주로 매가 땅에 내려앉는 새를 잡고, 청색 옷을 입은 사람이 일산을 쓰고 오는 것이 응(應)이다. 작용 후 3년 안에 천화(天火)가 집을 태우고 가업이 크게 패하니 흉히다.

70. 양오국(陽五局) 갑오순(甲午旬) 정유시(丁酉時)
동남방 손궁(巽宮)

九天開乙 地柱門己	朱天休壬 雀沖門癸	勾天生丁 陳禽門辛
九天驚丙 天心門庚	天 任　戊	六天傷庚 合蓬門丙
直天死辛 符芮門丁	螣天景癸 蛇輔門壬	太天杜己 陰英門乙

천주성(天柱星)이 유시(酉時)를 만나면 주로 동쪽에서 크고작은 수레 여러 대가 연락하면서 지나가는 것이 응(應)이다. 작용 후 70일 안에 여자의 머리장식품을 얻어 돈을 번다.

71. 음오국(陰五局) 갑오순(甲午旬) 기해시(己亥時)
남방 리궁(離宮)

直天生辛 符芮門己	九天傷丙 天柱門癸	九天杜乙 地英門辛
螣天休癸 蛇蓬門庚	天 沖　戊	朱天景壬 雀禽門丙
太天開己 陰心門丁	六天驚庚 合任門壬	勾天死丁 陳輔門乙

천주성(天柱星)이 해시(亥時)를 만나면 주로 서쪽에서 종소리가 들리고, 산 아래에서 어떤 사람이 고함치는 것이 응(應)이다. 작용 후 100일 안에 불을 끄다가 재물을 얻으니 매우 이롭다.

72. 음삼국(陰三局) 갑진순(甲辰旬) 임자시(壬子時)
동북방 간궁(艮宮)

九天休乙 地輔門乙	朱天生辛 雀英門辛	勾天傷己 陳芮門己
九天開戊 天沖門戊	天 禽　丙	六天杜癸 合柱門癸
直天驚壬 符任門壬	螣天死庚 蛇蓬門庚	太天景丁 陰心門丁

천임성(天任星)이 자시(子時)를 만나면 풍우가 오고, 물가에서 닭이 울고, 동남쪽에서 어떤 이가 칼을 차고 지나간다. 작용 후 100일 안에 부인이 이혼하고, 수성인(水姓人)이 문전에 이르러 잡아떼고, 재산이 물러간다. 후에 남자는 도둑, 여자는 창녀가 된다.

73. 음삼국(陰三局) 갑진순(甲辰旬) 계축시(癸丑時)
서방 태궁(兌宮)

六天杜癸 合禽門乙	太天景丁 陰蓬門辛	螣天死庚 蛇沖門己
勾天傷己 陳輔門戊	天 心　丙	直天驚壬 符任門癸
朱天生辛 雀英門壬	九天休乙 地芮門庚	九天開戊 天柱門丁

천임성(天任星)이 축시(丑時)를 만나면 청색 옷을 입은 부인이 술을 갖고 오고, 서쪽에서 북소리가 들린다. 작용 후 반 년 안에 재물이 들어온다. 1년 안에 앵무새가 집으로 들어오고 구설로 재물을 얻는다. 3년 후에 고양이와 개가 서로 문다. 주로 과거에 발하여 길하다.

74. 음삼국(陰三局) 갑인순(甲寅旬) 갑인시(甲寅時)
동북방 간궁(艮宮)

六天杜乙 合輔門乙	太天景辛 陰英門辛	ª℄天死己 蛇芮門己
勾天傷戊 陳沖門戊	天 禽　丙	直天驚癸 符柱門癸
朱天生壬 雀任門壬	九天休庚 地蓬門庚	九天開丁 天心門丁

천임성(天任星)이 인시(寅時)를 만나면 여자가 무리를 짓거나 불을 들고 오고, 동자가 손을 들고 크게 웃는 것이 응(應)이다. 작용 후 60일 안에 시루가 울고, 할아버지가 죽는다. 100일 안에 육축을 들이고, 여인과 재보가 들어오며 전잠이 왕성해진다. 후에 언청이와 혼인을 다툰 일로 패한다.

75. 음삼국(陰三局) 갑인순(甲寅旬) 을묘시(乙卯時)
중앙 중궁(中宮)

直天傷癸 符柱門乙	九天杜丁 天沖門辛	九天景庚 地禽門己
ª℄天生己 蛇心門戊	天 任　丙	朱天死壬 雀蓬門癸
太天休辛 陰芮門壬	六天開乙 合輔門庚	勾天驚戊 陳英門丁

천임성(天任星)이 묘시(卯時)를 만나면 주로 노인이 지팡이를 짚고 오고, 까치가 지저귀는 것이 응(應)이다. 작용 후 7일 안에 어떤 사람이 동철로 된 기물을 보내온다. 60일 안에 도박으로 돈을 따며 관록이 이르니 길하다.

76. 음삼국(陰三局) 갑인순(甲寅旬) 정사시(丁巳時) 서방 태궁(兌宮)

勾天驚戊 陳禽門乙	六天開乙 合蓬門辛	太天休辛 陰沖門己
朱天死壬 雀輔門戊	天 心　丙	ᵃŒ天生己 蛇任門癸
九天景庚 地英門壬	九天杜丁 天芮門庚	直天傷癸 符柱門丁

천임성(天任星)이 사시(巳時)를 만나면 개 두 마리가 다투고, 야인이 땔나무를 지고 가고, 관리가 일산을 들고 가는 것이 응(應)이다. 작용 후 60일에 외지인의 재물을 얻고, 남쪽 사람이 물고기를 보내온다. 1년 안에 귀자를 낳고 부귀가 발달한다.

77. 음삼국(陰三局) 갑인순(甲寅旬) 무오시(戊午時) 동남방 손궁(巽宮)

九天開丁 天任門乙	九天休庚 地輔門辛	朱天生壬 雀心門己
直天驚癸 符柱門戊	天 英　丙	勾天傷戊 陳芮門癸
ᵃŒ天死己 蛇沖門壬	太天景辛 陰禽門庚	六天杜乙 合蓬門 丁

천임성(天任星)이 오시(午時)를 만나면 주로 서쪽에서 황색 새들이 날아오고, 승도와 선비가 동행하는 것이 응(應)이다. 작용 후 40일에 귀인의 재물을 얻고, 자색 옷을 입은 사람이 집에 들어오고, 귀자를 낳는다.

78. 음삼국(陰三局) 갑인순(甲寅旬) 기미시(己未時)
동남 진궁(震宮)

太天景辛 陰英門乙	ᵃℂ天死己 蛇禽門辛	直天驚癸 符柱門己
六天杜乙 合任門戊	天 蓬　丙	九天開丁 天沖門癸
勾天傷戊 陳輔門壬	朱天生壬 雀心門庚	九天休庚 地芮門丁

천임성(天任星)이 미시(未時)를 만나면 주로 흰 새가 서남쪽에서 날아오고, 북쪽에서 종소리와 북소리가 들리는 것이 응(應)이다. 작용 후 7일에 밖의 여인이 흰 옷이나 흰 지물을 보내오고, 주로 육축이 흥왕한다.

79. 음삼국(陰三局) 갑인순(甲寅旬) 경신시(庚申時)
서남방 곤궁(坤宮)

朱天生壬 雀蓬門乙	勾天傷戊 陳心門辛	六天杜乙 合任門己
九天休庚 地英門戊	天 芮　丙	太天景辛 陰輔門癸
九天開丁 天禽門壬	直天驚癸 符柱門庚	ᵃℂ天死己 蛇沖門丁

천임성(天任星)이 신시(申時)를 만나면 주로 갑자기 풍우가 오고, 사람이 북을 치고, 승도가 누런 옷을 입고 지나가는 것이 응(應)이다. 작용 후 7일 안에 여자가 불에 타고, 가산을 탕진하여 실패하니 흉하다.

80. 음삼국(陰三局) 갑인순(甲寅旬) 신유시(辛酉時)
북방 감궁(坎宮)

ªŒ天死己 蛇芮門乙	直天驚癸 符柱門辛	九天開丁 天英門己
太天景辛 陰蓬門戊	天 沖　丙	九天休庚 地禽門癸
六天杜乙 合心門壬	勾天傷戊 陳任門庚	朱天生壬 雀輔門丁

천임성(天任星)이 유시(酉時)를 만나면 서남쪽에서 승도가 불을 갖고 오고, 북쪽에서 종과 북소리가 들리는 것이 응(應)이다. 작용 후 70일 안에 관원의 재물을 얻고, 우마가 들어오고, 기쁜 소식이 오고, 돈과 재물이 풍미한다.

81. 음삼국(陰三局) 갑인순(甲寅旬) 임술시(壬戌時)
남방 리궁(離宮)

九天休庚 地沖門乙	朱天生壬 雀任門辛	勾天傷戊 陳蓬門己
九天開丁 天芮門戊	天 輔　丙	六天杜乙 合心門癸
直天驚癸 符柱門壬	ªŒ天死己 蛇英門庚	太天景辛 陰禽門丁

천임성(天任星)이 술시(戌時)를 만나면 여인이 베를 안고 오고, 서북쪽에서 북소리가 나고, 북쪽에서 사람이 나무에 상한다. 작용 후 60일 안에 뱀에게 물리는 사람이 있으니 흉하다. 만약 노인이 어린아이와 함께 이르면 화가 풀려 복이 된다.

82. 음삼국(陰三局) 갑인순(甲寅旬) 계해시(癸亥時)
동북방 간궁(艮宮)

六天杜乙 合輔門乙	太天景辛 陰英門辛	ªŒ天死己 蛇芮門己
勾天傷戊 陳沖門戊	天 禽　丙	直天驚癸 符柱門癸
朱天生壬 雀任門壬	九天休庚 地蓬門庚	九天開丁 天心門丁

천임성(天任星)이 해시(亥時)를 만나면 주로 서쪽에서 사람이 경쇠를 울리고, 어떤 사람이 불을 들고 고함치는 것이 응(應)이다. 작용 후 1년 안에 불을 끄다가 재물을 얻으니 크게 이롭다.

83. 양삼국(陽三局) 갑자순(甲子旬) 갑자시(甲子時)
남방 리궁(離宮)

ªŒ天杜己 蛇輔門己	太天景丁 陰英門丁	六天死乙 合芮門乙
直天傷戊 符沖門戊	天 禽　庚	勾天景壬 陳柱門壬
九天生癸 天任門癸	九天休丙 地蓬門丙	朱天開辛 雀心門辛

천영성(天英星)이 자시(子時)를 만나면 주로 서북쪽에서 목탁소리가 들리고, 몇 사람이 불을 들고 나무를 베는 것이 응(應)이다. 작용 후 1년 안에 장애인이 억지를 부리며 말썽을 피우고 파가(破家)한다. 3년 안에 스스로 목을 베어 자살하고, 어린아이가 뜨거운 물이나 불에 데인다.

84. 양삼국(陽三局) 갑자순(甲子旬) 을축시(乙丑時)
동북방 간궁(艮宮)

九天傷丙 地禽門己	九天杜癸 天蓬門丁	直天景戊 符沖門乙
朱天生辛 雀輔門戊	天 心　庚	ᵃŒ天死己 蛇任門壬
勾天休壬 陳英門癸	六天開乙 合芮門丙	太天驚丁 陰柱門辛

천영성(天英星)이 축시(丑時)를 만나면 동북쪽에서 법사·무당·승도가 오고, 징소리가 울린다. 작용 후 한 달 안에 가옥이 불에 타고, 1년 안에 개가 사람의 말을 하는 등 백 가지 괴이한 일이 나타난다. 사망하거나 크게 패하니 흉하다.

85. 양삼국(陽三局) 갑자순(甲子旬) 정묘시(丁卯時)
서북방 건궁(乾宮)

九天驚癸 天柱門己	直天開戊 符沖門丁	ᵃŒ天休己 蛇禽門乙
九天死丙 地心門戊	天 任　庚	太天生丁 陰蓬門壬
朱天景辛 雀芮門癸	勾天杜壬 陳輔門丙	六天傷乙 合英門辛

천영성(天英星)이 묘시(卯時)를 만나면 주로 어떤 사람이 초롱을 들고 지나가거나 쌀을 갖고 오고, 천둥소리가 들리는 것이 응(應)이다. 작용 후 60일 안에 여자가 재물과 보물을 가져와 집안을 일으킨다.

86. 양삼국(陽三局) 갑자순(甲子旬) 무진시(戊辰時)
남방 리궁(離宮)

ªŒ天開己 蛇輔門己	太天休丁 陰英門丁	六天生乙 合芮門乙
直天驚戊 符沖門戊	天 禽　庚	勾天傷壬 陳柱門壬
九天死癸 天任門癸	九天景丙 地蓬門丙	朱天杜辛 雀心門辛

천영성(天英星)이 진시(辰時)를 만나면 주로 서북쪽에서 여자가 물건을 갖고 오고, 닭이 나무 위에 올라가는 것이 응(應)이다. 작용 후 70일에 야생동물이 집으로 들어오고, 재산이 크게 발전한다.

87. 양삼국(陽三局) 갑자순(甲子旬) 기사시(己巳時)
북방 감궁(坎宮)

直天景戊 符沖門己	ªŒ天死己 蛇任門丁	太天驚丁 陰蓬門乙
九天杜癸 天芮門戊	天 輔　庚	六天開乙 合心門壬
九天傷丙 地柱門癸	朱天生辛 雀英門丙	勾天休壬 陳禽門辛

천영성(天英星)이 사시(巳時)를 만나면 주로 어떤 사람이 문서를 안고 일산을 쓰고 오거나 도자기를 주는 것이 응(應)이다. 작용 후 60일 안에 이성(異姓)인의 재산을 얻고, 남쪽 사람이 살아있는 생물을 보내오고, 1년 안에 귀자를 낳고 발달한다.

88. 양삼국(陽三局) 갑자순(甲子旬) 신미시(辛未時)
동방 진궁(震宮)

勾天死壬 陳蓬門己	朱天驚辛 雀心門丁	九天開丙 地任門乙
六天景乙 合英門戊	天 芮　庚	九天休癸 天輔門壬
太天杜丁 陰禽門癸	ª㊀天傷己 蛇柱門丙	直天生戊 符沖門辛

천영성(天英星)이 미시(未時)를 만나면 주로 임신한 부인이 지나가고, 서북쪽에서 북소리가 들리는 것이 응(應)이다. 작용 후 90일 안에 가장이 물에 빠져 죽고, 1년 안에 온역(瘟疫)으로 크게 망한다.

89. 양삼국(陽三局) 갑자순(甲子旬) 임신시(壬申時)
동남방 손궁(巽宮)

朱天休辛 雀英門己	九天生丙 地禽門丁	九天傷癸 天柱門乙
勾天開壬 陳任門戊	天 蓬　庚	直天杜戊 符沖門壬
六天驚乙 合輔門癸	太天死丁 陰心門丙	ª㊀天景己 蛇芮門辛

천영성(天英星)이 신시(申時)를 만나면 주로 임신부가 흐느껴 울고, 서쪽에서 종소리가 들리고, 승도가 물건을 들고 지나가는 것이 응(應)이다. 작용 후 60일 안에 금이 들어오고, 70일 안에 대흉해진다.

90. 양삼국(陽三局) 갑자순(甲子旬) 계유시(癸酉時)
중앙 중궁(中宮)

太天杜丁 陰任門己	六天景乙 合輔門丁	勾天死壬 陳心門乙
ᵃŒ天傷己 蛇柱門戊	天 英　庚	朱天驚辛 雀芮門壬
直天生戊 符沖門癸	九天休癸 天禽門丙	九天開丙 地蓬門辛

천영성(天英星)이 유시(酉時)를 만나면 서쪽에서 어떤 이가 시끄럽게 싸우고, 새가 지저귀며 까치가 울고, 흰 옷을 입은 여자가 지나가는 것이 응(應)이다. 작용 후 주로 여자와 어린아이의 발에 병이 생기고, 100일 안에 입술과 혀로 재물을 얻는다.

각종 팔진도(八陣圖)

팔진도(八陣圖)

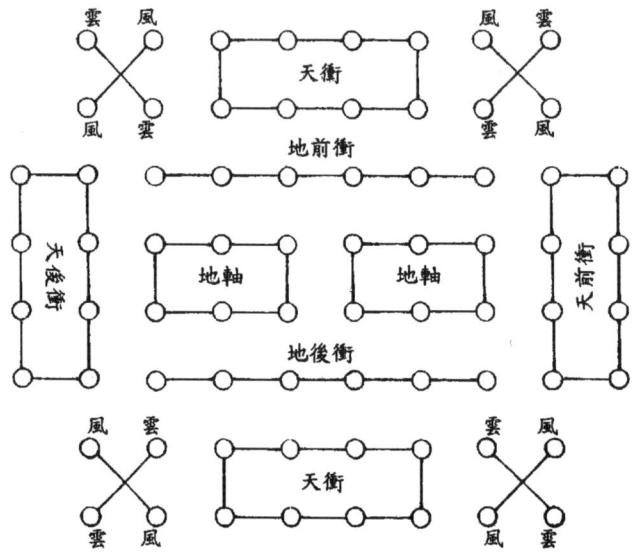

적졸오영(積卒五營)

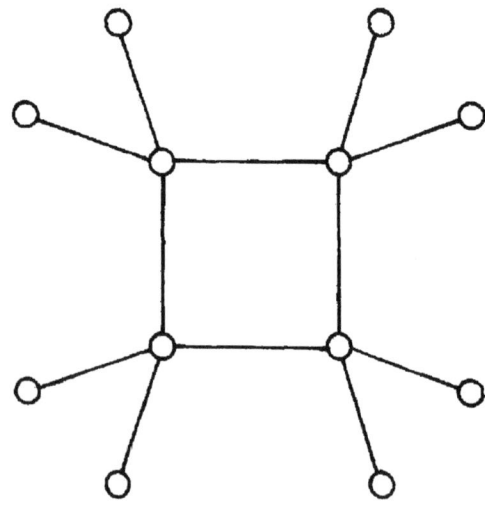

팔익도(八翼圖)

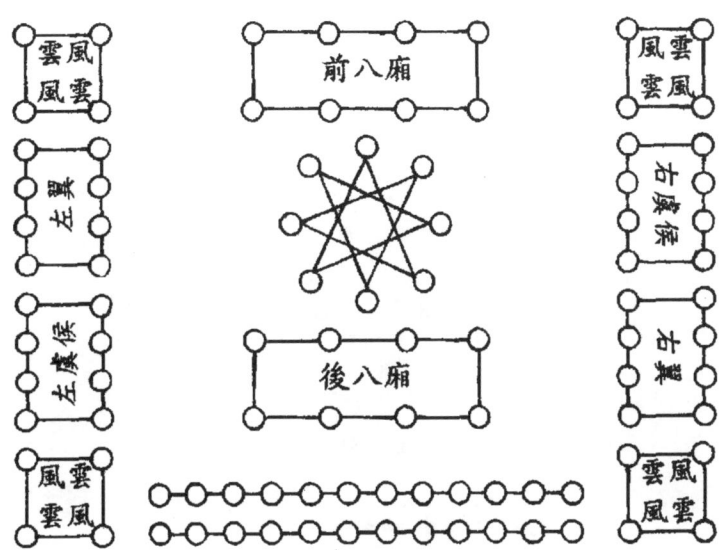

기병곤진도(騎兵滾陣圖)

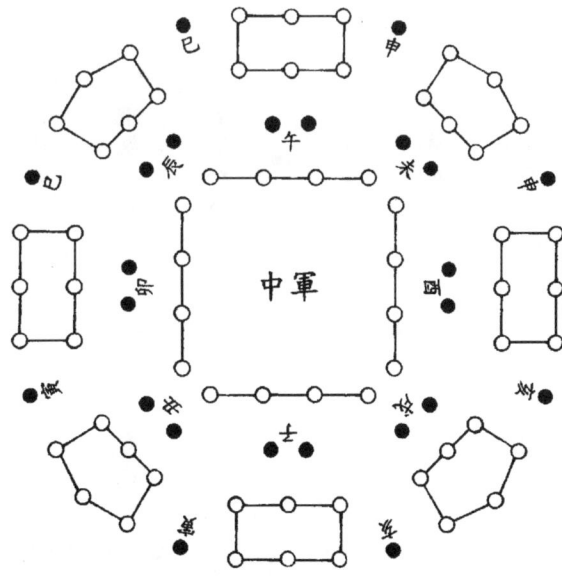

기병귀영도(騎兵歸營圖)

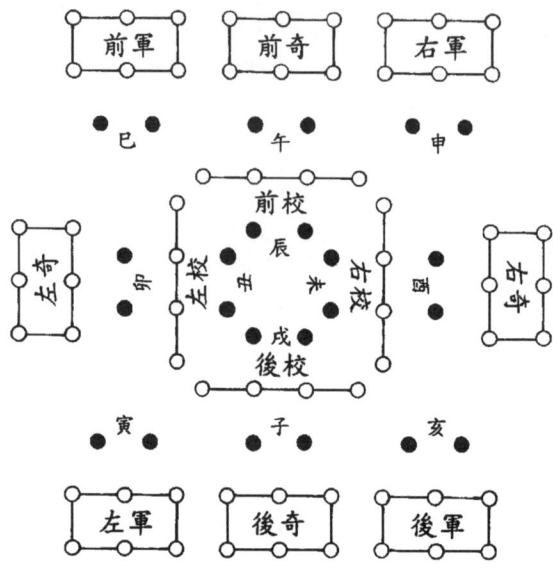

전군(前軍) 전기(前奇) 우군(右軍)

巳 午 申

前校
辰
卯 左校 丑 未 右校 酉
戌
後校

寅 子 亥

좌군(左軍) 후기(後奇) 후군(後軍)

유기이십사진 분속팔진전도(遊騎二十四陣分屬八陣全圖)

前衝六陣

辰屬前校　巳屬前軍　午屬前奇

右衝六陣

未屬右校　申屬右軍　酉屬右奇

左衝六陣

卯屬左奇　寅屬左軍　丑屬左校

後衝六陣

子屬後奇　亥屬後軍　戌屬後校

예진도(銳陣圖)

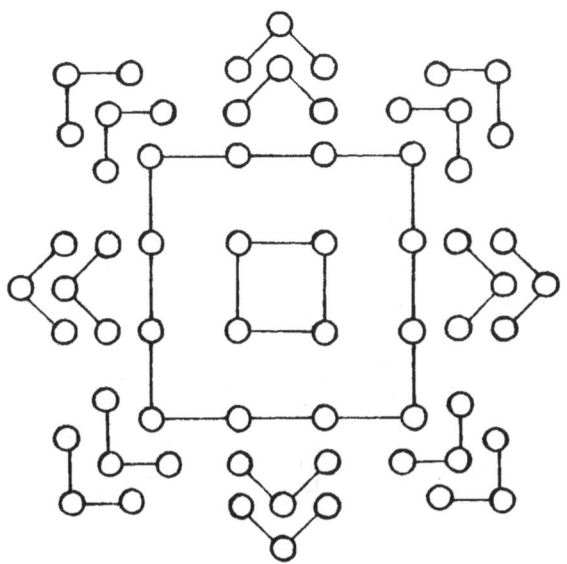

원진도(圓陣圖)

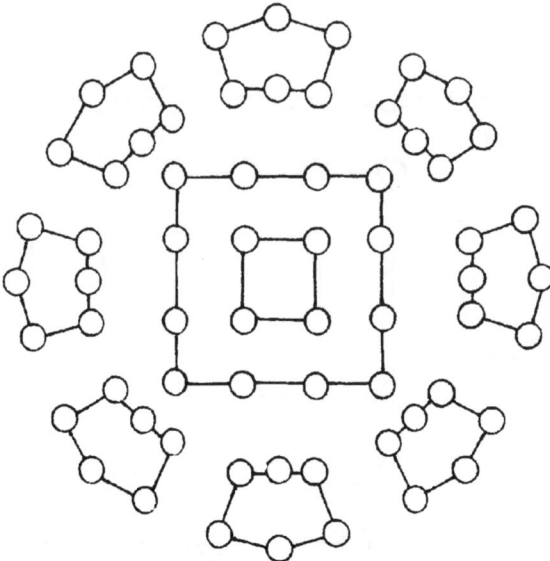

직진도(直陣圖)

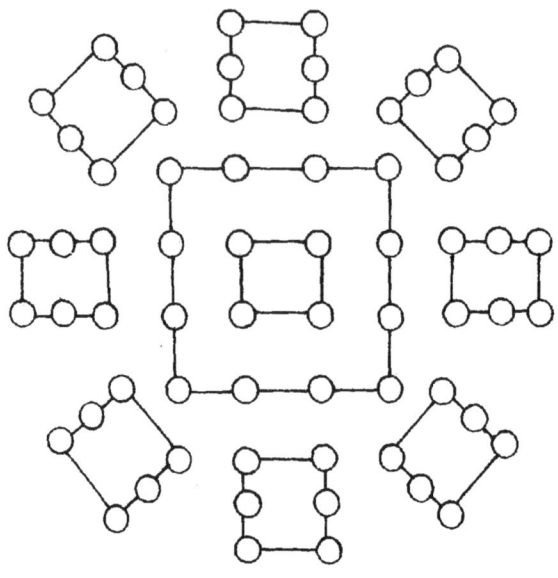

방진도(方陣圖)

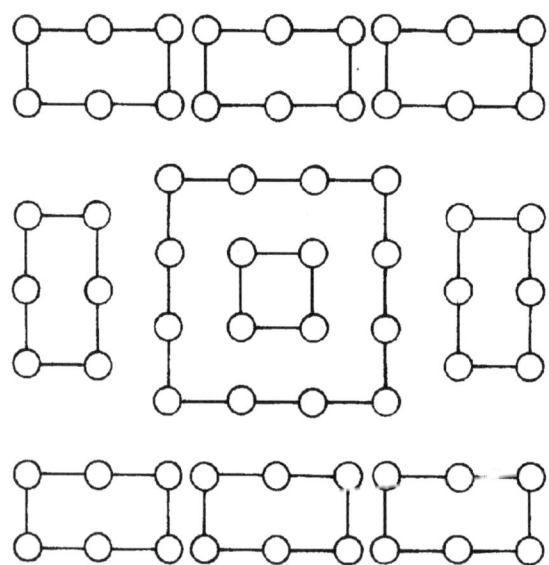

곡진도(曲陣圖)

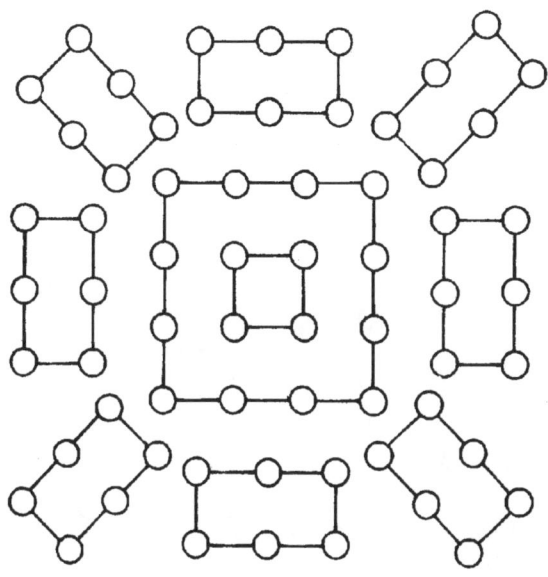

구당팔진도(瞿塘八陣圖)

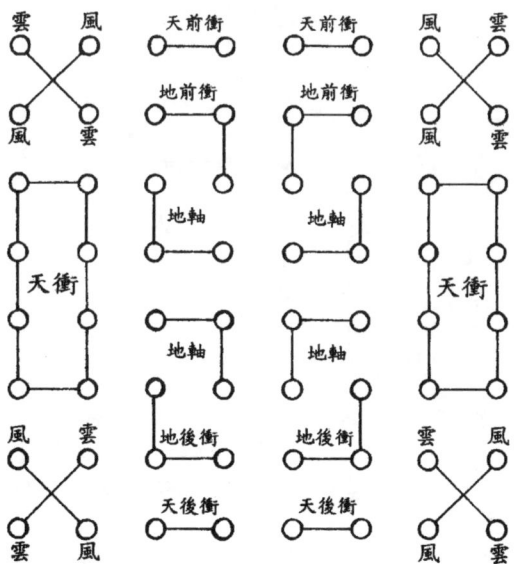

구당팔진도(瞿塘八陣圖)

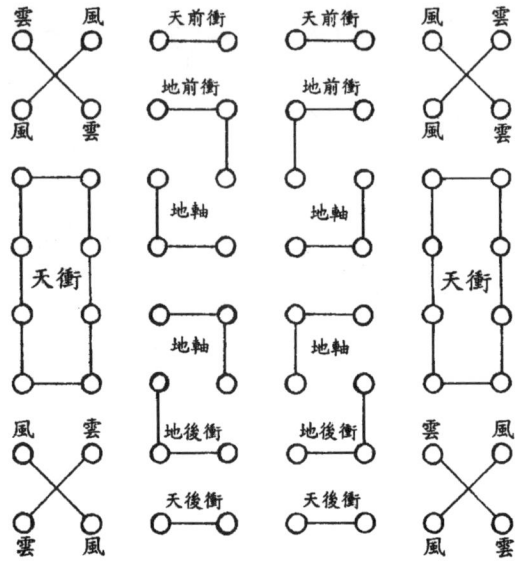

팔진개문분사정사충지전도(八陣開門分四正四衝之全圖)

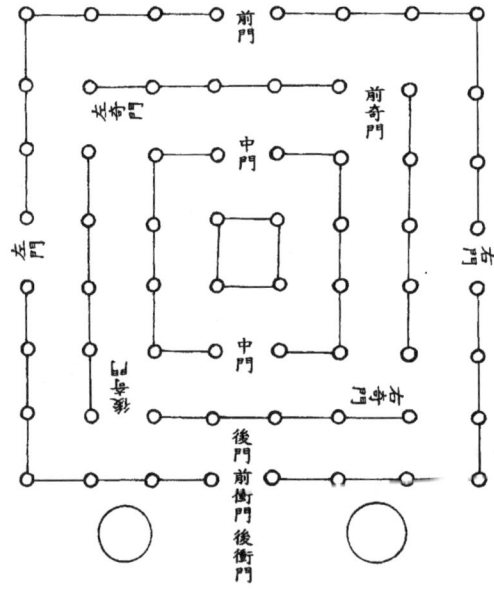

어복강팔진도(魚腹江八陣圖)

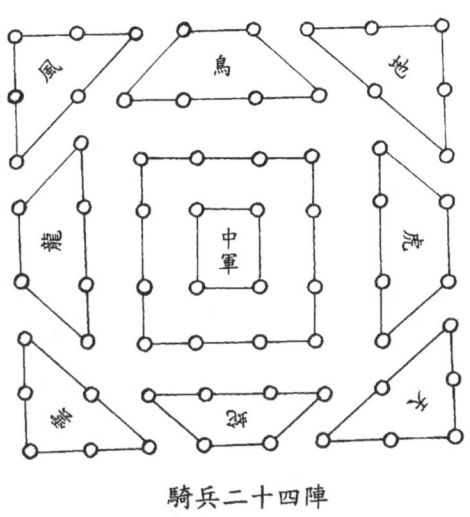

騎兵二十四陣

낙서팔진도(洛書八陣圖)

성문배괘(星門配卦)

星	門	配卦	吉凶	垂 象
蓬	休	坎爲水	小凶	舡渡重灘之卦 外虛中實之象
	生	水山蹇	吉	飛雁銜蘆之卦 背明向暗之象
	傷	水雷屯	小凶	龍居淺水之卦 萬物始生之象
	杜	水風井	小凶	珠藏深淵之卦 守靜安常之象
	景	水火旣濟	小凶	舟楫濟川之卦 陰陽配合之象
	死	水地比	小凶	衆星拱北之卦 水行地上之象
	驚	水澤節	小凶	船行風橫之卦 寒暑有節之象
	開	水天需	大吉	雲靄中天之卦 密雲不雨之象
芮	休	地水師	大吉	天馬出群之卦 以寡伏衆之象
	生	地山謙	小凶	地中有山之卦 仰高就下之象
	傷	地雷復	小凶	淘沙見金之卦 反復往來之象
	杜	地風升	小凶	靈鳥 翔之卦 顯達光明之象
	景	地火明夷	小吉	鳳凰垂翼之卦 出明入暗之象
	死	坤爲地	大凶	生載萬物之卦 君唱臣和之象
	驚	地澤臨	大凶	鳳入 群之卦 以上臨下之象
	開	地天泰	大吉	天地交暢之卦 小往大來之象
衝	休	雷水解	大吉	春雷行雨之卦 憂散喜生之象
	生	雷山小過	大吉	飛鳥遺音之卦 上逆下順之象
	傷	震爲雷	凶	震驚百里之卦 有聲無形之象
	杜	雷風恒	小凶	日月常明之卦 四時不ß之象
	景	雷火豊	小吉	日麗中天之卦 背暗向明之象
	死	雷地豫	小凶	鸞鳳生雛之卦 萬物發榮之象
	驚	雷澤歸妹	小凶	浮雲蔽日之卦 陰陽不交之象
	開	雷天大壯	吉	先曲後順之卦 Ø羊觸藩之象

星	門	配卦	吉凶	垂　象
輔	休	風水渙	大吉	順水行舟之卦　大風吹物之象
	生	風山漸	大吉	高山植木之卦　積小成大之象
	傷	風雷益	小凶	鴻鵠遇風之卦　滴水添河之象
	杜	巽爲風	大凶	風行草偃之卦　上行下效之象
	景	風火家人	大吉	入海求珠之卦　開花結子之象
	死	風地觀	小凶	雲捲晴空之卦　春風競發之象
	驚	風澤中浮	小凶	鶴鳴子和之卦　事有定期之象
	開	風天小畜	小凶	匣藏寶劍之卦　密雲不雨之象
心	休	天水訟	大吉	從鷹逐兎之卦　天水相違之象
	生	天山遯	大吉	豹隱南山之卦　近善遠惡之象
	傷	天雷无妄	小凶	石中蘊玉之卦　守舊安常之象
	杜	天風 .	大凶	風雲相濟之卦　君臣會合之象
	景	天火同人	小吉	游魚從水之卦　管鮑分金之象
	死	天地否	小凶	天地不交之卦　人口不圓之象
	驚	天澤履	小凶	如履虎尾之卦　安中防危之象
	開	乾爲	小凶	六龍御天之卦　廣大包容之象
柱	休	澤水困	小凶	河中無水之卦　守己待時之象
	生	澤山咸	大吉	山澤通氣之卦　至誠感神之象
	傷	澤雷隨	大凶	良工琢玉之卦　如水推車之象
	杜	澤風大過	小凶	寒木生花之卦　本末俱弱之象
	景	澤火革	小吉	豹變爲虎之卦　改舊從新之象
	死	澤地萃	小凶	魚龍會聚之卦　如水就下之象
	驚	兌爲澤	大凶	江湖養物之卦　天降雨澤之象
	開	澤天ㅕø	小吉	神劍斬蛟之卦　先損後益之象

星	門	配卦	吉凶	垂　　象
任	休	山水蒙	大吉	人藏烟草之卦　萬物始生之象
	生	艮爲山	小凶	游魚避網之卦　積小成高之象
	傷	山雷頤	小凶	龍隱深潭之卦　近善遠惡之象
	杜	山風蠱	小凶	三蟲食血之卦　以惡害義之象
	景	山火賁	小吉	猛虎／岩之卦　光明通泰之象
	死	山地剝	大凶	去舊生新之卦　群陽剝盡之象
	驚	山澤損	小凶	鑿石見玉之卦　握土爲山之象
	開	山天大畜	大吉	積小成高之卦　龍潛大壑之象
英	休	火水未濟	小凶	竭海求珠之卦　憂中望喜之象
	生	火山旅	大吉	如鳥焚巢之卦　樂極哀生之象
	傷	火雷頤˘	小凶	日中爲市之卦　頤中有物之象
	杜	火風鼎	小凶	調和鼎　之卦　去舊取新之象
	景	離爲火	大凶	飛禽遇網之卦　大明當天之象
	死	火地晉	小凶	龍劍出匣之卦　以臣遇君之象
	驚	火澤	小凶	猛虎陷穽之卦　二女同居之象
	開	火天大有	大吉	金玉滿堂之卦　大明中天之象
禽	休	坎爲水	小凶	船涉重灘之卦　外虛中實之象
	生	艮爲山	小凶	游魚避網之卦　積小成高之象
	傷	震爲雷	凶	震驚百里之卦　有聲無形之象
	杜	巽爲風	大凶	風行草偃之卦　上行下效之象
	景	離爲火	大凶	飛鳥在網之卦　大明堂天之象
	死	坤爲地	大凶	生載萬物之卦　君唱臣和之象
	驚	兌爲澤	大凶	江湖養物之卦　天降雨澤之象
	開	乾爲天	小凶	六龍御天之卦　廣大包容之象

문궁연괘(門宮演卦)

宮＼門	休門	生門	傷門	杜門	景門	死門	驚門	開門
坎宮	坎爲水	山水蒙	雷水解	風水渙	火水未濟	地水師	澤水困	天水訟
艮宮	水山蹇	艮爲山	雷山小過	風山漸	火山旅	地山謙	澤山咸	天山遯
震宮	水雷屯	山雷Æ	震爲雷	風雷益	火雷Æ`	地雷復	澤雷隨	天雷无妄
巽宮	水風井	山風蠱	雷風恒	巽爲風	火風鼎	地風升	澤風大過	天風 .
離宮	水火既濟	山火賁	雷火豊	風火家人	離爲火	地火明夷	澤火革	天火同人
坤宮	水地比	山地剝	雷地豫	風地觀	火地晉	坤爲地	澤地萃	天地否
兌宮	水澤節	山澤損	雷澤歸妹	風澤中浮	火澤	地澤臨	兌爲澤	天澤履
乾宮	水天需	山天大畜	雷天大壯	風天小畜	火天大有	地天泰	澤天ɟø	乾爲天

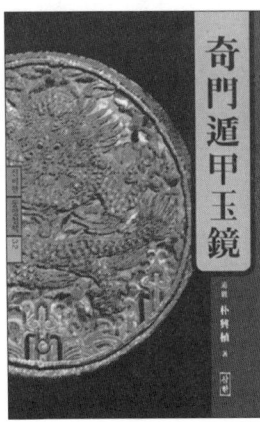

기문둔갑옥경

∙∙∙∙∙∙∙∙∙∙∙∙∙∙∙∙∙∙∙∙∙∙∙∙

신비한 동양철학 32

가장 권위있고 우수한 학문 !

우리나라의 기문역사는 장구하지만 상세한 문헌은 전무한 상태라 이 책을 발간하기로 했다. 기문둔갑은 천문지리는 물론 인사명리 등 제반사에 관한 길흉을 판단함에 있어서 가장 우수한 학문이며 병법과 법술방면으로도 특징과 장점이 있다. 초학자는 포국편을 열심히 익혀 설국을 자유자재로 할 수 있도록 하고 개인의 이익보다는 보국안민에 일조하기 바란다.

∙ 도관 박흥식 저

정본·관상과 손금

∙∙∙∙∙∙∙∙∙∙∙∙∙∙∙∙∙∙∙∙∙∙∙∙∙∙∙∙∙∙∙∙∙∙∙∙∙∙

신비한 동양철학 42

바로 알고 사람을 사귑시다

이 책은 관상과 손금은 인생을 행복으로 이끌기 위해 있다는 관점에서 다루었다. 그야말로 관상과 손금의 혁명이라고 할 수 있을 것이다. 여러분도 관상과 손금을 통한 예지력으로 인생의 참주인이 되기 바란다. 용기를 불어넣어 주고 행복을 찾게 하는 것이 참다운 관상과 손금술이다. 이 책으로 미래의 좋은 예지력을 한번쯤 발휘해 보기 바란다. 이 책이 일상사에 고민하는 분들에게 해결방법을 제시해 줄 것이다.

∙ 지장룡 감수

조화원약 평주

신비한 동양철학 35

명리학의 정통교본!

이 책은 자평진전, 난강망, 명리정종, 적천수 등과 함께 명리학의 교본에 해당하는 것으로 중국 청나라 때 나온 난강망이라는 책을 서낙오 선생께서 설명을 붙인 것이다. 기존의 많은 책들이 격국과 용신으로 감정하는 것과는 달리 십간십이지와 음양오행을 각각 자연의 이치와 춘하추동의 사계절의 흐름에 대입하여 인간의 길흉화복을 알 수 있게 했다.

•동하 정지호 편역

용의 혈•풍수지리 실기 100선

신비한 동양철학 30

실전에서 실감나게 적용하는 풍수지리의 길잡이!

이 책은 풍수지리 문헌인 조선조 고무엽(古務葉) 태구승(泰九升) 부집필(父輯筆)로 된 만두산법(巒頭山法), 채성우의 명산론(明山論), 금랑경(錦囊經) 등을 알기 쉬운 주제로 간추려 풍수지리의 길잡이가 되고자 했다. 그리고 인간의 뿌리와 한 사람의 고유한 이름의 중요성을 풍수지리와 연관하여 살펴보아야 하기 때문에 씨족의 시조와 본관, 작명론(作名論)을 같이 편집했다.

•호산 윤재우 저

천직·사주팔자로 찾은 나의 직업

신비한 동양철학 34

역경없이 탄탄하게 성공할 수 있는 방법 !

잘 되겠지 하는 막연한 생각으로 의욕만 갖고 도전하는 것과 나에게 맞는 직종은 무엇이고 때는 언제인가를 알고 도전하는 것은 근본적으로 다르고, 결과 또한 다르다. 더구나 요즈음은 I.M.F.시대라 하여 모든 사람들이 정신까지 위축되어 생기를 잃어가고 있다. 이런 때 의욕만으로 팔자에도 없는 사업을 시작했다고 하자, 결과는 불을 보듯 뻔하다. 그러므로 이런 때일수록 침착과 냉정을 찾아 내 그릇부터 알고, 생활에 대처하는 지혜로움을 발휘해야 한다.

· 백우 김봉준 저

통변술해법

신비한 동양철학 ㉑

가닥가닥 풀어내는 역학의 비법 !

이 책은 역학에 대해 다 알면서도 밖으로 표출되지 않아 어려움을 겪는 사람들을 위한 실습서다. 특히 틀에 박힌 교과서적인 역술의 고정관념에서 벗어나, 한차원 높게 공부할 수 있도록 원리통달을 설명하는데 중점을 두었다. 실명감정과 이론강의라는 두 단락으로 나누어 역학의 진리를 설명했기 때문에 누구나 쉽게 이해할 수 있다. 역학계의 대가 김봉준 선생의 역서 「알기쉬운 해설 · 말하는 역학」의 후편이다.

· 백우 김봉준 저

주역육효 해설방법 上·下

신비한 동양철학 38

한 번만 읽으면 주역을 활용할 수 있는 책 !

이 책은 주역을 해설한 것으로, 될 수 있는 한 여러 가지 사설을 덧붙이지 않고 주역을 공부하고 활용하는데 필요한 요건만을 기록했다. 따라서 주역의 근원이나 하도낙서, 음양오행에 대해서도 많은 설명을 자제했다. 다만 누구나 이 책을 한 번 읽어서 주역을 이해하고 활용할 수 있도록 하는데 중점을 두었다.

· 원공선사 저

사주명리학 핵심

신비한 동양철학 ⑲

맥을 잡아야 모든 것이 보인다 !

이 책은 잡다한 설명을 배제하고 명리학자들에게 도움이 될 비법만을 모아 엮었기 때문에 초심자가 이해하기에는 다소 어려운 부분도 있겠지만 기초를 튼튼히 한 다음 정독한다면 충분히 이해할 것이다. 신살만 늘어놓으며 감정하는 사이비가 되지말기를 바란다.

· 도관 박흥식 저

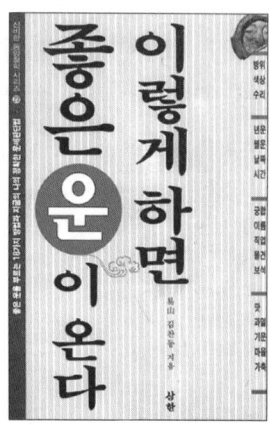

이렇게 하면 좋은 운이 온다

신비한 동양철학 ㉗

한 가정에 한 권씩 놓아두고 볼만한 책 !

좋은 운을 부르는 방법은 방위·색상·수리·년운·월운·날짜·시간·궁합·이름·직업·물건·보석·맛·과일·기운·마을·가축·성격 등을 정확하게 파악하여 자신에게 길한 것은 취하고 흉한 것은 피하면 된다. 간혹 예외인 경우가 있지만 극소수에 불과하고 대부분은 적중하기 때문에 좋은 효과를 본다. 이 책의 저자는 신학대학을 졸업하고 역학계에 입문했다는 특별한 이력을 갖고 있기 때문에 더 많은 화제가 되고 있다.

· 역산 김찬동 저

말하는 역학

신비한 동양철학 ⑪

신수를 묻는 사람 앞에서 말문이 술술 열린다!

이 책은 그토록 어렵다는 사주통변술을 이해하기 쉽고 흥미롭게 고담과 덕담을 곁들여 사실적인 인물을 궁금해 하는 사람에게 생동감있게 통변하고 있다. 길흉작용을 어떻게 표현하느냐에 따라 상담자의 정곡을 찔러 핵심을 끄집어내고 여기에 대한 정답을 내려주는 것이 통변술이다. 역학계의 대가 김봉준 선생의 역작이다.

· 백우 김봉준 저

술술 읽다보면 통달하는 사주학

신비한 동양철학 ㉗

술술 읽다보면 나도 어느새 도사 !

당신은 당신 마음대로 모든 일이 이루어지던가. 지금까지 누구의 명령을 받지 않고 내 맘대로 살아왔다고, 운명 따위는 믿지도 않고 매달리지 않는다고, 이렇게 말하는 사람들이 많다. 그러나 그것은 우주법칙을 모르기 때문에 하는 소리다.

· 조철현 저

참역학은 이렇게 쉬운 것이다

신비한 동양철학 ㉔

음양오행의 이론으로 이루어진 참역학서 !

수학공식이 아무리 어렵다고 해도 1, 2, 3, 4, 5, 6, 7, 8, 9, 0의 10개의 숫자로 이루어졌듯이, 사주도 음양과 목, 화, 토, 금, 수의 오행으로 이루어졌을 뿐이다. 그러니 용신과 격국이라는 무거운 짐을 벗어버리고 음양오행의 법칙과 진리만 정확하게 파악하면 된다. 사주는 단지 음양오행의 변화일 뿐이고, 용신과 격국은 사주를 감정하는 한가지 방법에 지나지 않는다.

· 청암 박재현 저

동양철학전문출판 삼한

나의 천운 운세찾기

신비한 동양철학 ⑫

놀랍다는 몽골정통 토정비결 !

이 책은 역학계의 대가 김봉준 선생이 놀랍다는 몽공토정비결을 연구 ·분석하여 우리의 인습 및 체질에 맞게 엮은 것이다. 운의 흐름을 알리고자 호운과 쇠운을 강조했으며, 현재의 나를 조명해보고 판단할 수 있도록 했다. 모쪼록 생활서나 안내서로 활용하기 바란다.

· 백우 김봉준 저

쉽게푼 역학

신비한 동양철학 ❷

쉽게 배워서 적용할 수 있는 생활역학서 !

이 책에서는 좀더 많은 사람들이 역학의 근본인 우주의 오묘한 진리와 법칙을 깨달아 보다 나은 삶을 영위하는데 도움이 될 수 있도록 가장 쉬운 언어와 가장 쉬운 방법으로 풀이했다. 역학계의 대가 김봉준 선생의 역작이다.

· 백우 김봉준 저

이름이 운명을 바꾼다

신비한 동양철학 ㉕

이름은 제2의 자신이다 !

이름에는 각각 고유의 뜻과 기운이 있어서 그 기운이 성격을 만들고 그 성격이 운명을 만든다. 나쁜 이름은 부르면 부를수록 불행을 부르고 좋은 이름은 부르면 부를수록 행복을 부른다. 만일 이름이 거지 같다면 아무리 운세를 잘 만나도 밥을 좀더 많이 얻어 먹을 수 있을 뿐이다. 이 책의 저자는 신학대학을 졸업하고 역학계에 입문했다는 특별한 이력을 갖고 있기 때문에 더 많은 화제가 되고 있다.

· 역산 김찬동 저

작명해명

신비한 동양철학 ㉖

누구나 쉽게 배워서 활용할 수 있는 체계적인 작명법 !

일반적인 성명학으로는 알 수 없는 한자이름, 한글이름, 영문이름, 예명, 회사명, 상호, 상품명 등의 작명방법을 여러 사례를 들어 체계적으로 분석하여 누구나 쉽게 배워서 활용할 수 있도록 서술했다.

· 도관 박홍식 저

동양철학전문출판 **삼한**

관상오행

신비한 동양철학 ⑳

한국인의 특성에 맞는 관상법 !

좋은 관상인 것 같으나 실제로는 나쁘거나 좋은 관상이 아닌데도 잘 사는 사람이 왕왕있어 관상법 연구에 흥미를 잃는 경우가 있다. 이것은 중국의 관상법만을 익히고, 우리의 독특한 환경적인 특징을 소홀히 다루었기 때문이다. 이에 우리 한국인에게 알맞는 관상법을 연구하여 누구나 관상을 쉽게 알아보고 해석할 수 있도록 자세하게 풀어놓았다.

· 송파 정상기 저

물상활용비법

신비한 동양철학 31

물상을 활용하여 오행의 흐름을 파악한다 !

이 책은 물상을 통하여 오행의 흐름을 파악하고, 운명을 감정하는 방법을 연구한 책이다. 추명학의 해법을 연구하고 운명을 추리하여 오행에서 분류되는 물질의 운명 줄거리를 물상의 기물로 나들이 하는 활용법을 주제로 했다. 팔자풀이 및 운명해설에 관한 명리감정법의 체계를 세우는데 목적을 두고 초점을 맞추었다.

· 해주 이학성 저

운세십진법 · 本大路

신비한 동양철학 ❶

운명을 알고 대처하는 것은 현대인의 지혜다!

타고난 운명은 분명히 있다. 그러니 자신의 운명을 알
고 대처한다면 비록 운명을 바꿀 수는 없지만 충분히
향상시킬 수 있다. 이것이 사주학을 알아야 하는 이유
다. 이 책에서는 자신이 타고난 숙명과 앞으로 펼쳐질
운명행로를 찾을 수 있도록 운명의 기초를 초연하게
설명하고 있다.

· 백우 김봉준 저

국운 · 나라의 운세

신비한 동양철학 ㉒

역으로 풀어본 우리나라의 운명과 방향!

아무리 서구사상의 파고가 높다하기로 오천년을 한결
같이 가꾸며 살아온 백두의 혼이 와르르 무너지는 지
경에 왔어도 누구하나 입을 열어 말하는 사람이 없으
니 답답하다. IMF라는 특수한 상황에서 불확실한 내일
에 대한 해답을 이 책은 명쾌하게 제시하고 있다.

· 백우 김봉준

동양철학전문출판 삼한

명인재

신비한 동양철학 43

신기한 사주판단 비법 !

살(殺)의 활용방법을 완벽하게 제시하는 책!

이 책은 오행보다는 주로 살을 이용하는 비법이다. 시중에 나온 책들을 보면 살에 대해 설명은 많이 하면서도 실제 응용에서는 무시하고 있다. 이것은 살을 알면서도 응용할 줄 모르기 때문이다. 그러나 이 책에서는 살의 활용방법을 완전히 터득해, 어떤 살과 어떤 살이 합하면 어떻게 작용하는지를 자세하게 설명하고 있다.

· 원공선사 지음

사주학의 방정식

신비한 동양철학 18

가장 간편하고 실질적인 역서 !

이 책은 종전의 어려웠던 사주풀이의 응용과 한문을 쉬운 방법으로 터득할 수 있게 하는데 목적을 두었고, 역학의 내용이 어떤 것이며 무엇이 어디에 속하는지를 알고자 하는데 있다.

· 김용오 저

원토정비결
....
신비한 동양철학 53

반쪽으로만 전해오는 토정비결의 완전한 해설판

지금 시중에 나와 있는 토정비결에 대한 책들을 보면 옛날부터 내려오는 완전한 비결이 아니라 반쪽의 책이다. 그러나 반쪽이라고 말하는 사람이 없다. 그것은 주역의 원리를 모르기 때문이다. 따라서 늦은 감이 없지 않으나 앞으로의 수많은 세월을 생각하면서 완전한 해설본을 내놓기로 한 것이다.

· 원공선사 저

내가 보고 내가 바꾸는 DIY사주
....
신비한 동양철학 40

내가 보고 내가 바꾸는 사주비결 !

이 책은 기존의 책들과는 달리 한 사람의 사주를 체계적으로 도표화시켜 한 눈에 파악할 수 있고, DIY라는 책 제목에서 말하듯이 개운하는 방법을 제시하고 있다. 초심자는 물론 전문가도 자신의 이론을 새롭게 재조명해 볼 수 있는 케이스 스터디 북이다.

· 석오 전 광 지음

동양철학전문출판 삼한

남사고의 마지막 예언

신비한 동양철학 29

이 책으로 격암유록에 대한 논란이 끝나기 바란다

감히 이 책을 21세기의 성경이라고 말한다. 〈격암유록〉
은 섭리가 우리민족에게 준 위대한 복음서이며, 선물이
며, 꿈이며, 인류의 희망이다. 이 책에서는 〈격암유록〉
이 전하고자 하는 바를 주제별로 정리하여 문답식으로
풀어갔다. 이 책으로 〈격암유록〉에 대한 논란은 끝나기
바란다.

· 석정 박순용 저

진짜부적 가짜부적

신비한 동양철학 7

부적의 실체와 정확한 제작방법

인쇄부적에서 가짜부적에 이르기까지 많게는 몇백만원
에 팔리고 있다는 보도를 종종 듣는다. 그러나 부적은
정확한 제작방법에 따라 자신의 용도에 맞게 스스로
만들어 사용하면 훨씬 더 좋은 효과를 얻을 수 있다.
이 책은 중국에서 정통부적을 연구한 국내유일의 동양
오술학자가 밝힌 부적의 실체와 정확한 제작방법을 소
개하고 있다.

· 오상익 저

한눈에 보는 손금

신비한 동양철학 52

논리정연하며 바로미터적인 지침서

이 책은 수상학의 연원을 초월해서 동서합일의 이론으로 집필했다. 그야말로 완벽하리만치 논리정연한 수상학을 정리한 것이다. 그래서 운명적, 철학적, 동양적, 심리학적인 면을 예증과 방편에 이르기까지 아주 상세하게 기술했다. 이 책은 수상학이라기 보다 한 인간의 바로미터적인 지침서 역할을 해줄 것이다. 독자 여러분의 꾸준한 연구와 더불어 인생성공의 지침서가 될 수 있을 것이다.

· 정도명 저

만세력 | 사륙배판 · 신국판
사륙판 · 포켓판

신비한 동양철학 45

찾기 쉬운 만세력

이 책은 완벽한 만세력으로 만세력 보는 방법을 자세하게 설명했다. 그리고 역학에 대한 기본적인 내용과 결혼하기 좋은 나이 · 좋은 날 · 좋은 시간, 아들 · 딸 태아감별법, 이사하기 좋은 날 · 좋은 방향 등을 부록으로 실었다.

· 백우 김봉준 저

수명비결

신비한 동양철학 14

주민등록번호 13자로 숙명의 정체를 밝힌다

우리는 지금 무수히 많은 숫자의 거미줄에 매달려 허우적거리며 살아가고 있다. 1분 · 1초가 생사를 가름하고, 1등 · 2등이 인생을 좌우하며, 1급 · 2급이 신분을 구분하는 세상이다. 이 책은 수명리학으로 13자의 주민등록번호로 명예, 재산, 건강, 수명, 애정, 자녀운 등을 미리 읽어본다.

· 장충한 저

운명으로 본 나의 질병과 건강상태

신비한 동양철학 9

타고난 건강상태와 질병에 대한 대비책

이 책은 국내 유일의 동양오술학자가 사주학과 더불어 정통명리학의 양대산맥을 이루는 자미두수 이론으로 임상실험을 거쳐 작성한 표준자료다. 따라서 명리학을 응용한 최초의 완벽한 의학서로 질병을 예방하고 치료하는데 활용한다면 최고의 의사가 될 것이다. 또한 예방의학적인 차원에서 건강을 유지하는데 훌륭한 지침서로 현대의학의 새로운 장을 여는 계기가 될 것이다.

· 오상익 저

오행상극설과 진화론

신비한 동양철학 5

인간과 인생을 떠난 천리란 있을 수 없다

과학이 현대를 설정하여 설명하고 있으나 원리는 동양 철학에도 있기에 그 양면을 밝히고자 노력했다. 우주에 서 일어나는 모든 일을 과학으로 설명될 수는 없다. 비과학적이라고 하기보다는 과학이 따라오지 못한다고 설명하는 것이 더 솔직하고 옳은 표현일 것이다. 특히 과학분야에 종사하는 신의사가 저술했다는데 더 큰 화 제가 되고 있다.

· 김태진 저

사주학의 활용법

신비한 동양철학 17

가장 실질적인 역학서

우리가 생소한 지방을 여행할 때 제대로 된 지도가 있 다면 편리하고 큰 도움이 되듯이 역학이란 이와같은 인생의 길잡이다. 예측불허의 인생을 살아가는데 올바 른 안내자나 그 무엇이 있다면 그 이상 마음 든든하고 큰 재산은 없을 것이다.

· 학선 류래웅 저

쉽게 푼 주역

신비한 동양철학 10

귀신도 탄복한다는 주역을 쉽고 재미있게 풀어놓은 책

주역이라는 말 한마디면 귀신도 기겁을 하고 놀라 자빠진다는데, 운수와 일진이 문제가 될까. 8×8=64괘라는 주역을 한 괘에 23개씩의 회답으로 해설하여 1472괘의 신비한 해답을 수록했다. 당신이 당면한 문제라면 무엇이든 해결할 수 있는 열쇠가 이 한 권의 책 속에 있다.

• 정도명 저

핵심 관상과 손금

신비한 동양철학 54

사람을 볼 줄 아는 안목과 지혜를 알려주는 책

오늘과 내일을 예측할 수 없을만큼 복잡하게 펼쳐지는 현실에서 살아남기 위해서는 사람을 볼줄 아는 안목과 지혜가 필요하다. 시중에 관상학에 대한 책들이 많이 나와있지만 너무 형이상학적이라 전문가도 이해하기 어렵다. 이 책에서는 누구라도 쉽게 보고 이해할 수 있도록 핵심만을 파악해서 설명했다.

• 백우 김봉준 저

진짜궁합 가짜궁합

신비한 동양철학 8

남녀궁합의 새로운 충격

중국에서 연구한 국내유일의 동양오술학자가 우리나라 역술들의 궁합법이 잘못되었다는 것을 학술적으로 분석·비평하고, 전적과 사례연구를 통하여 궁합의 실체와 타당성을 분석했다. 합리적인 「자미두수궁합법」과 「남녀궁합」 및 출생시간을 몰라 궁합을 못보는 사람들을 위하여 「지문으로 보는 궁합법」 등을 공개한다.

· 오상익 저

좋은꿈 나쁜꿈

신비한 동양철학 15

그날과 앞날의 모든 답이 여기 있다

개꿈이란 없다. 꿈은 반드시 미래를 예언한다. 이 책은 프로이드의 정신분석학적인 입장이 아닌 미래판단의 근거에 입각한 예언적인 해몽학이다. 여러 형태의 꿈을 체계적으로 정리했으니 올바른 해몽법으로 앞날을 지혜롭게 대처해 보자. 모쪼록 각 가정에서 한 권씩 두고 이용하면 생활하는데 많은 도움이 될 것이다.

· 학선 류래웅 저

완벽 만세력

신비한 동양철학 58

착각하기 쉬운 썸머타임 2도 인쇄

시중에 많은 종류의 만세력이 나와있지만 이 책은 단
순한 만세력이 아니라 완벽한 만세경전으로 만세력 보
는 법 등을 실었기 때문에 처음 대하는 사람이라도 쉽
게 볼 수 있도록 편집되었다. 또한 부록편에는 사주명
리학, 신살종합해설, 결혼과 이사택일 및 이사방향, 길
흉보는 법, 우주천기와 한국의 역사 등을 수록했다.

· 백우 김봉준 저

주역 · 토정비결

신비한 동양철학 40

토정비결의 놀라운 비결

지금 시중에 나와 있는 토정비결에 대한 책들을 보면
옛날부터 내려오는 완전한 비결이 아니라 반쪽의 책이
다. 그러나 반쪽이라고 말하는 사람이 없다. 그것은 주
역의 원리를 모르기 때문이다. 따라서 늦은 감이 없지
않으나 앞으로의 수많은 세월을 생각하면서 완전한 해
설본을 내놓기로 했다.

· 원공선사 저

현장 지리풍수

신비한 동양철학 48

현장감을 살린 지리풍수법

풍수를 업으로 삼는 사람들이 진(眞)과 가(假)를 분별할 줄 모르면서 24산의 포태사묘의 법을 익히고는 많은 법을 알았다고 자부하며 뽐내고 있다. 그리고는 재물에 눈이 어두워 불길한 산을 길하다 하고, 선하지 못한 물(水)을 선하다 하면서 죄를 범하고 있다. 이는 분수 밖의 것을 망녕되게 바라기 때문이다. 마음 가짐을 바로 하고 고대 원전에 공력을 바치면서 산간을 실사하며 적공을 쏟으면 정교롭고 세밀한 경지를 얻을 수 있을 것이다.

· 전항수 · 주관장 편저

완벽 사주와 관상

신비한 동양철학 55

사주와 관상의 핵심을 한 권에

자연과 인간, 음양(陰陽)오행과 인간, 사계와 절후, 인상(人相)과 자연, 신(神)들의 이야기 등등 우리들의 삶과 관계되는 사실적 관계로만 역(易)을 설명해 누구나 쉽게 이해할 수 있도록 썼으며 특히 역(易)에 대한 관심과 흥미를 갖게 하고자 인상학(人相學)을 추록했다. 여기에 추록된 인상학(人相學)은 시중에서 흔하게 볼 수 있는 상법(相法)이 아니라 생활상법(生活相法) 즉 삶의 지식과 상식을 드리고자 했으니 생활에 유익함이 있기를 바란다.

· 김봉준 · 유오준 공저

동양철학전문출판 삼한

해몽 · 해몽법

신비한 동양철학 50

해몽법을 알기 쉽게 설명한 책

인생은 꿈이 예지한 시간적 한계에서 점점 소멸되어 가는 현존물이기 때문에 반드시 꿈의 뜻을 따라야 한다. 이것은 꿈을 먹고 살아가는 인간 즉 태몽의 끝장면인 죽음을 향해 달려가고 있는 인간이기 때문이다. 꿈은 우리의 삶을 이끌어가는 이정표와도 같기에 똑바로 가도록 노력해야 한다.

· 김종일 저

역점

신비한 동양철학 57

우리나라 전통 행운찾기

주역을 무조건 미신으로 치부해버리는 생각은 버려야 한다. 주역이 점치는 책에만 불과했다면 벌써 그 존재가 없어졌을 것이다. 그러나 오랫동안 많은 학자가 연구를 계속해왔고, 그 속에서 자연과학과 형이상학적인 우주론과 인생론을 밝혀, 정치·경제·사회 등 여러 방면에서 인간의 생활에 응용해왔고, 삶의 지침서로써 그 역할을 했다. 이 책은 한 번만 읽으면 누구나 역점가가 될 수 있으니 생활에 도움이 되길 바란다.

· 문명상 편저

명리학연구

신비한 동양철학 59

체계적인 명확한 이론

이 책은 명리학 연구에 핵심적인 내용만을 모아 하나의 독립된 장을 만들었다. 명리학은 분야가 넓어 공부를 하다보면 주변에 머무르는 경우가 많아, 주요 내용을 잃고 헤매는 경우가 많다. 그러므로 뼈대를 잡는 것이 중요한데, 여기서는 「17장. 명리대요」에 핵심 내용만을 모아 학문의 체계를 잡는데 용이하게 하였다.

· 권중주 저

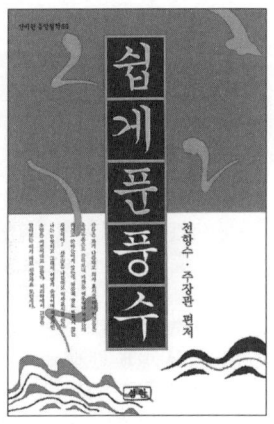

쉽게 푼 풍수

신비한 동양철학 60

현장에서 활용하는 풍수지리법

산도는 매우 광범위하고, 현장에서 알아보기 힘들다. 더구나 지금은 수목이 울창해 소조산 정상에 올라가도 나무에 가려 국세를 파악하는데 애를 먹는다. 그러므로 사진을 첨부하니 많은 도움이 되길 바란다. 물론 결록에 있고 산도가 눈에 익은 것은 혈 사진과 함께 소개하니 참고하기 바란다. 이 책을 열심히 정독하면서 답산하면 혈을 알아보고 용산도 할 수 있을 것이다.

· 전항수 · 주장관 편저

동양철학전문출판 삼한

올바른 작명법

신비한 동양철학 61

세상의 부모들에게 가장 소중한 것이 무엇이냐고 물으면 누구든 자녀라고 할 것이다. 그런데 왜 평생을 좌우할 이름을 함부로 짓는가. 이름이 얼마나 소중한지를. 이름의 오행작용이 사람의 일생을 어떻게 좌우하는지를 모르기 때문이다. 세상만물은 음양오행의 영향을 받지 않는 것이 없다. 봄이 가면 여름이 오고, 여름이 가면 가을이 오고, 가을이 가면 겨울이 오고, 겨울이 가면 봄이 오는 것 또한 음양오행의 원리다.

• 이정재 저

신수대전

신비한 동양철학 62

흉함을 피하고 길함을 부르는 방법

신수를 보는 방법은 여러 가지가 있는데 대부분이 주역과 사주추명학에 근거를 둔다. 수많은 학설 중에서 몇 가지를 보면 사주명리, 자미두수, 관상, 점성학, 구성학, 육효, 토정비결, 매화역수, 대정수, 초씨역림, 황극책수, 하락리수, 범위수, 월영도, 현무발서, 철판신수, 육임신과, 기문둔갑, 태을신수 등이다. 역학에 정통한 고사가 아니면 제대로 추단하기 어려운데 엉터리 술사들이 넘쳐난다. 그래서 누구나 자신의 신수를 볼 수 있도록 몇 가지를 정리했다.

• 도관 박흥식

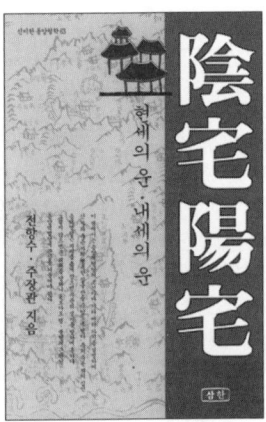

음택양택

신비한 동양철학 63

현세의 운·내세의 운

이 책에서는 음양택명당의 조건이나 기타 여러 가지를 설명하여 산 자와 죽은 자의 행복한 집을 만들 수 있도록 했다. 특히 죽은 자의 집인 음택명당은 자리를 옳게 잡으면 꾸준히 생기를 발하여 흥하나, 그렇지 않으면 큰 피해를 당하니 돈보다도 행·불행의 근원인 음양택명당에 관심을 기울여야 한다.

· 전항수·주장관 지음

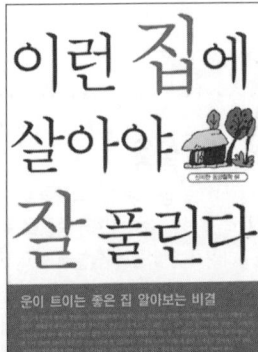

이런 집에 살아야 잘 풀린다

신비한 동양철학 64

운이 트이는 좋은 집 알아보는 비결

힘든 상황에서 내 가족이 지혜롭게 대처하고 건강을 지켜주는, 한마디로 운이 트이는 집은 모두의 꿈일 것이다. 가족이 평온하게 생활할 수 있는 집, 나가서는 발전을 가져다 줄 수 있는 그런 집이 있다면 얼마나 좋을까? 그런 소망에 한 걸음이라도 가까워지려면 막연하게 운만 기대해서는 안 된다. '호랑이를 잡으려면 호랑이 굴로 들어가라'는 속담이 있듯이 좋은 집을 가지려면 그만한 노력이 있어야 한다.

· 강현술·박홍식 감수

749

사주에 모든 길이 있다
신비한 동양철학 65

사주를 간명하는데 조금이라도 도움이 되었으면 하는 바람에서 이 책을 쓰게 되었다. 간명의 근간인 오행의 왕쇠강약을 세분해서 설명했다. 그리고 대운과 세운, 세운과 월운의 연관성과, 십신과 여러 살이 운명에 미치는 암시와, 십이운성으로 세운을 판단하는 방법을 설명했다.

· 정담 선사 편저

사주학
신비한 동양철학 66

5대 원서의 핵심과 실용

이 책은 사주학을 체계적으로 공부하려는 학도들을 위해 꼭 알아야 할 내용과 용어를 수록하는데 중점을 두었다. 이 학문을 공부하려고 찾아온 사람들에게 여러 가지 질문을 던져보면 거의 기초지식이 시원치 않다. 그런 상태로 사주를 읽으려니 제대로 될 리가 없다. 이 책으로 용어와 제반지식을 터득하면 빠른 시일에 소기의 목적을 이룰 수 있을 것이다.

· 글갈 정대엽 저

주역 기본원리

신비한 동양철학 67

주역의 기본원리를 통달할 수 있는 책

이 책에서는 기본괘와 변화와 기본괘가 어떤 괘로 변
했을 경우 일어날 수 있는 내용들을 설명하여 주역의
변화에 대한 이해를 돕는데 주력하였다. 그러나 그런
내용을 구분할 수 있는 방법을 전부 다 설명할 수는 없
기에 뒷장에 간단하게설명하였고, 다른 책들과 설명의
차이점도 기록하였으니 참작하여 본다면 조금이나마
도움이 될 것이다.

· 원공선사 편저

사주특강

신비한 동양철학 68

자평진전과 적천수의 재해석

이 책은 『자평진전(子平眞詮)』과 『적천수(滴天髓)』를
근간으로 명리학(命理學)의 폭넓은 가치를 인식하고,
실전에서 유용한 기반을 다지는데 중점을 두고 썼다.
일찍이 『자평진전(子平眞詮)』을 교과서로 삼고, 『적천
수(滴天髓)』로 보완하라는 서낙오(徐樂吾)의 말에 깊이
공감한다.

청월 박상의 편저

복을 부르는방법

신비한 동양철학 69

나쁜 운을 좋은 운으로 바꾸는 비결

개운하는 방법은 여러 가지가 있으나, 이 책의 비법은 축원문을 독송하는 것이다. 독송이란 소리내 읽는다는 뜻이다. 사람의 말에는 기운이 있는데, 이 기운은 자신에게 돌아온다. 좋은 말을 하면 좋은 기운이 돌아오고, 나쁜 말을 하면 나쁜 기운이 돌아온다. 이 책은 누구나 어디서나 쉽게 비용을 들이지 않고 좋은 운을 부를 수 있는 방법을 실었다.

· 역산 김찬동 편저

인터뷰 사주학

신비한 동양철학 70

쉽고 재미있는 인터뷰 사주학

얼마전까지만 해도 사주학을 취급하는 사람들은 미신을 다루는 부류로 취급되었다. 그러나 지금은 하루가 다르게 이 학문을 공부하는 사람들이 폭증하고 있는 것으로 보인다. 젊은 층에서 사주카페니 사주방이니 사주동아리니 하는 것들이 만들어지고 그 모임이 활발하게 움직이고 있다는 점이 그것을 증명해준다. 그뿐 아니라 대학원에는 역학교수들이 점차로 증가하고 있다.

· 글갈 정대엽 편저

육효대전

신비한 동양철학 37

정확한 해설과 다양한 활용법

동양의 고전 중에서도 가장 대표적인 것이 주역이다. 주역은 옛사람들이 자연의 법칙을 거울삼아 인간이 생활을 영위해 나가는 처세에 관한 지혜를 무한히 내포하고, 피흉추길하는 얼과 슬기가 함축된 점서)인 동시에 수양·과학서요 철학·종교서라고 할 수 있다.

·도관 박흥식 편저

사람을 보는 지혜

신비한 동양철학 73

관상학의 초보에서 완성까지

현자는 하늘이 준 명을 알고 있기에 부귀에 연연하지 않는다. 사람은 마음을 다스리는 심명이 있다. 마음의 명은 자신만이 소통하는 유일한 우주의 무형의 에너지이기 때문에 잠시도 잊으면 안된다. 관상학은 사람의 상으로 이런 마음을 살피는 학문이니 잘 이해하여 보다 나은 삶을 삶을 영위할 수 있도록 노력해야 한다.

·이부길 편저

명리학 | 재미있는 우리사주

신비한 동양철학 74

사주 세우는 방법부터 용어해설 까지‼

몇 년 전 『사주에 모든 길이 있다』가 나온 후 선배 제현들께서 알찬 내용의 책다운 책을 접했다면서 매월 한 번만이라도 참 역학의 발전을 위하여 학술세미나를 열자는 제의를 받았다. 그러나 사주의 작성법을 설명하지 않아 독자들에게 많은 질타를 받고 뒤늦게 이 책을 출판하기로 결심했다. 이 책은 한글만 알면 누구나 역학과 가까워질 수 있도록 사주 세우는 방법부터 실제 간명, 용어해설에 이르기까지 분야별로 엮었다.

· 정담 선사 편저

성명학 | 바로 이 이름

신비한 동양철학 75

사주의 운기와 조화를 고려한 이름짓기

사람은 누구나 타고난 운명, 즉 숙명이라는 것이 있다. 숙명인 사주팔자는 선천운이고, 성명은 후천운이 되는 것으로 이름을 지을 때는 타고난 운기와의 조화를 고려함이 중요하다. 따라서 역학에 대한 깊은 이해가 선행되어야 함은 지극히 당연한 일이다. 부연하면 작명의 근본은 타고난 사주에 운기를 종합적으로 분석하여 부족한 점을 보강하고 결점을 개선한다는 큰 뜻이 있다고 할 수 있다.

· 정담 선사 편저

운을 잡으세요 | 개운비법

신비한 동양철학 76

염력강화로 삶의 문제를 해결한다!

염력(念力)이 강한 사람은 운명을 개척하며 행복하게 살고, 염력이 약한 사람은 운명의 노예가 되어 불행하게 살아간다. 때문에 행복과 불행은 누가 주는 것이 아니라 자기 자신이 만든다고 할 수 있다. 한 마디로 말해 의지의 힘, 즉 염력이 운명을 바꾸는 것이다. 이 책에서는 이러한 염력을 강화시켜 삶에서 일어나는 문제를 해결하는 방법을 알려준다. 누구나 가벼운 마음으로 읽고 실천한다면 반드시 목적을 이룰 수 있을 것이다.

・역산 김찬동 편저

작명정론

신비한 동양철학 77

이름으로 보는 역대 대통령이 나오는 이치

사주팔자가 네 기둥으로 세워진 집이라면 이름은 그 집을 대표하는 문패라고 할 수 있다. 사람은 태어나면서 사주를 통해 운을 타고나고 이름이 주어진 순간부터 명(命)이 작용한다. 사주와 이름이 곧 운명을 결정한다는 것이다. 따라서 이름을 지을 때는 사주의 격에 맞추어야 한다. 사주 그릇이 작은 사람이 원대한 뜻의 이름을 쓰면 감당하지 못할 시련을 자초하게 되고 오히려 이름값을 못할 수 있다. 즉 분수에 맞는 이름으로 작명해야 하기 때문에 사주의 올바른 분석이 필요하다.

・청월 박상의 편저

동양철학전문출판 삼한

원심수기 통증예방 관리비법

신비한 동양철학 78

쉽게 배워 적용할 수 있는 통증관리법

이 책을 세상에 내놓는 것은 우리 전통 민중의술도 세상의 그 어떤 의술에 못지 않게 아주 훌륭한 치료술이 있고 그 전통이 수백 년, 또는 수천 년을 내려오면서 전해지고 있는데 현재 사회를 보면 무조건 외국에서 들어온 것만이 최고라고 하는 식으로 하여 우리의 전통 민중의술을 뿌리째 버리려고 하는데 문제가 있는 것 같기에 우리것을 지키고자 하는데 그 첫째의 목적이 있다 할 수 있을 것이다.

· 원공 선사 저

사주비기

신비한 동양철학 79

역학으로 보는 대통령이 나오는 이치!!

이 책에서는 고서의 이론을 근간으로 하여 근대의 사주들을 임상하여, 적중도에 의구심이 가는 이론들은 과감하게 탈피하고 통용될 수 있는 이론만을 수용했다. 따라서 기존 역학서의 아쉬운 부분들을 충족시키며 일반인도 열정만 있으면 누구나 자신의 운명을 감정하고 피흉취길할 수 있는 생활지침서로 활용할 수 있을 것이다.

청월 박상의 편저

찾기 쉬운 명당

신비한 동양철학 44

풍수지리의 모든 것!

이 책은 가능하면 쉽게 풀려고 노력했고, 실전에 도움이 되도록 했다. 특히 풍수지리에서 방향측정에 필수인 패철(佩鐵)사용과 나경(羅經) 9층을 각 층별로 간추려 설명했다. 그리고 이 책에 수록된 도설, 즉 오성도, 명산도, 명당 형세도 내거수 명당도, 지각(枝脚)형세도, 용의 과협출맥도, 사대혈형(穴形) 와겸유돌(窩鉗乳突) 형세도 등은 국립중앙도서관에 소장된 문헌자료인 만산도단, 만산영도, 이석당 은민산도의 원본을 참조했다.

· 호산 윤재우 저

명리입문

신비한 동양철학 41

명리학의 필독서!

이 책은 자연의 기후변화에 의한 운명법 외에 명리학도들이 궁금해 했던 인생의 제반사들에 대해서도 상세하게 기술했다. 따라서 초보자부터 심도있게 공부한 사람들까지 세심히 읽고 숙독해야 하는 책이다. 특히 격국이나 용신뿐 아니라 십신에 대한 자세한 설명, 조후용신에 대한 보충설명, 인간의 제반사에 대해서는 독보적인 해설이 들어 있다. 초보자들에게는 더할 수 없이 훌륭한 길잡이가 될 것이다.

· 동하 정지호 편역

동양철학전문출판 삼한

육효점 정론

신비한 동양철학 80

육효학의 정수!

이 책은 주역의 원전소개와 상수역법의 꽃으로 발전한 경방학을 같이 실어 독자들의 호기심을 충족시키는데 중점을 두었습니다. 주역의 원전으로 인화의 처세술을 터득하고, 어떤 사안의 답은 육효법을 탐독하여 찾으시기 바랍니다.

· 효명 최인영 편역

작명 백과사전

신비한 동양철학 81

36가지 이름짓는 방법과 선후천 역상법 수록

이름은 나를 대표하는 생명체이므로 몸은 세상을 떠날지라도 영원히 남는다. 성명운의 유도력은 후천적으로 가공 인수되는 후존적 수기로써 조성 운화되는 작용력이 있다. 선천수기의 운기력이 50%이면 후천수기도의 운기력도50%이다. 이와 같이 성명운의 작용은 운로에 불가결한조건일 뿐 아니라, 선천명운의 범위에서 기능을 충분히 할 수 있다.

· 임삼업 편저 | 송충석 감수

사주대성

신비한 동양철학 33

초보에서 완성까지

이 책은 과거 현재 미래를 모두 알 수 있는 비결을 실었다. 그러나 모두 터득한다는 것은 어려울 것이다.역학은 수천 년간 동방의 석학들에 의해 갈고 닦은 철학이요 학문이며, 정신문화로서 영과학적인 상수문화로서 자랑할만한 위대한 학문이다.

・도관 박흥식 저

해몽정본

신비한 동양철학 36

꿈의 모든 것 !

막상 꿈해몽을 하려고 하면 내가 꾼 꿈을 어디다 대입시켜야 할지 모를 경우가 많았을 것이다. 그러나 이 책은 찾기 쉽고, 명료하며, 최대한으로 많은 갖가지 예를 들었으니 꿈해몽을 하는데 어려움이 없을 것이다.

・청암 박재현 저

동양철학전문출판 삼한

적천수 정설

신비한 동양철학 82

적천수 원문을 쉽고 자세하게 해설

적천수(滴天髓)는 명나라 개국공신인 유백온(劉伯溫) 선생이 처음으로 저술한 후 여러 사람이 각각 자신의 주장을 내세워 해설하여 오늘날에는 많은 분량이 되었다. 그러나 원래 유백온(劉伯溫) 선생이 저술한 적천수(滴天髓)의 원문은 내용이 그렇게 많지가 않다. 저자는 적천수(滴天髓) 원문을 보고 30년 역학(易學)의 경험을 총동원하여 감히 해설해 보았다.

· 역산 김찬동 편역

궁통보감 정설

신비한 동양철학 83

궁통보감 원문을 쉽고 자세하게 해설

『궁통보감(窮通寶鑑)』은 5대원서 중에서 가장 이론적이며 사리에 맞는 책이라고 생각한다. 이 책은 조후(調候)를 중심으로 설명하며 간명한 것이 특징이다. 역학을 공부하는 학도들에게 도움을 주려고 먼저 원문에 음독을 단 다음 해설하였다. 그리고 예문은 서낙오(徐樂吾) 선생이 해설한 것을 그대로 번역하였고, 저자가 상담한 사람들의 사주와 점서에 있는 사주들을 실었다.

· 역산 김찬동 편역

왕초보 내 사주

신비한 동양철학 84

초보 입문용 역학서

이 책은 역학을 너무 어렵게 생각하는 초보자들에게 조금이나마 도움을 주고자 쉽게 엮으려고 노력했다. 이 책을 숙지한 후 역학(易學)의 5대 원서인 『적천수(滴天髓)』, 『궁통보감(窮通寶鑑)』, 『명리정종(命理正宗)』, 『연해자평(淵海子平)』, 『삼명통회(三命通會)』에 접근한다면 훨씬 쉽게 터득할 수 있을 것이다. 이 책들은 저자가 이미 편역하여 삼한출판사에서 출간한 것도 있고, 앞으로 모두 갖출 것이니 많이 활용하기 바란다.

· 역산 김찬동 편저

스스로 공부하게 하는 방법과 천부적 적성

신비한 동양철학 85

내 아이를 성공시키고 싶은 부모들에게

자녀를 성공시키고 싶은 마음은 부자나 가난한 사람이나 모두 같을 것이다. 그러나 가난한 부모를 둔 아이들은 공부할 수 있는 환경이 열악하다. 빈익빈 부익부 현상이 배우는 아이들 때부터 시작되기 때문이다. 그러니 가난한 집 아이가 좋은 성적을 내기는 매우 어렵고, 원하는 학교에 들어가기도 어렵다. 그러나 실망하기에는 아직 이르다. 내 아이가 훌륭한 인재로 성장해 아름답고 멋진 삶을 살아가는 방법이 이 책에 있다.

· 청암 박재현 지음

음파메세지(氣) 성명학

신비한 동양철학 51

새로운 시대에 맞는 새로운 성명학

지금까지의 모든 성명학은 모순의 극치를 이루고 있다. 이제 새로운 시대에 맞는 음파메세지(氣) 성명학이 탄생했으니 차근차근 읽어보고 복을 계속 부르는 이름을 지어 사랑하는 자녀가 행복하고 아름다운 삶을 살아갈 수 있도록 하는데 도움이 되었으면 한다.

• 청암 박재현 저

정법사주

신비한 동양철학 49

독학과 강의용 겸용의 책

이 책은 사주추명학을 연구하고자 하는 분들에게 심오한 주역의 이해를 돕고자 하는 의도에서 시작되었다. 음양오행의 상생상극에서부터 육친법과 신살법을 기초로 하여 격국과 용신 그리고 유년판단법을 활용하여 운명판단에 첩경이 될 수 있도록 했고, 추리응용과 운명감정의 실례를 하나 하나 들어가면서 독학과 강의용 겸용으로 엮었다.

• 원각 김구현 저